독경—讀經

독경

讀經

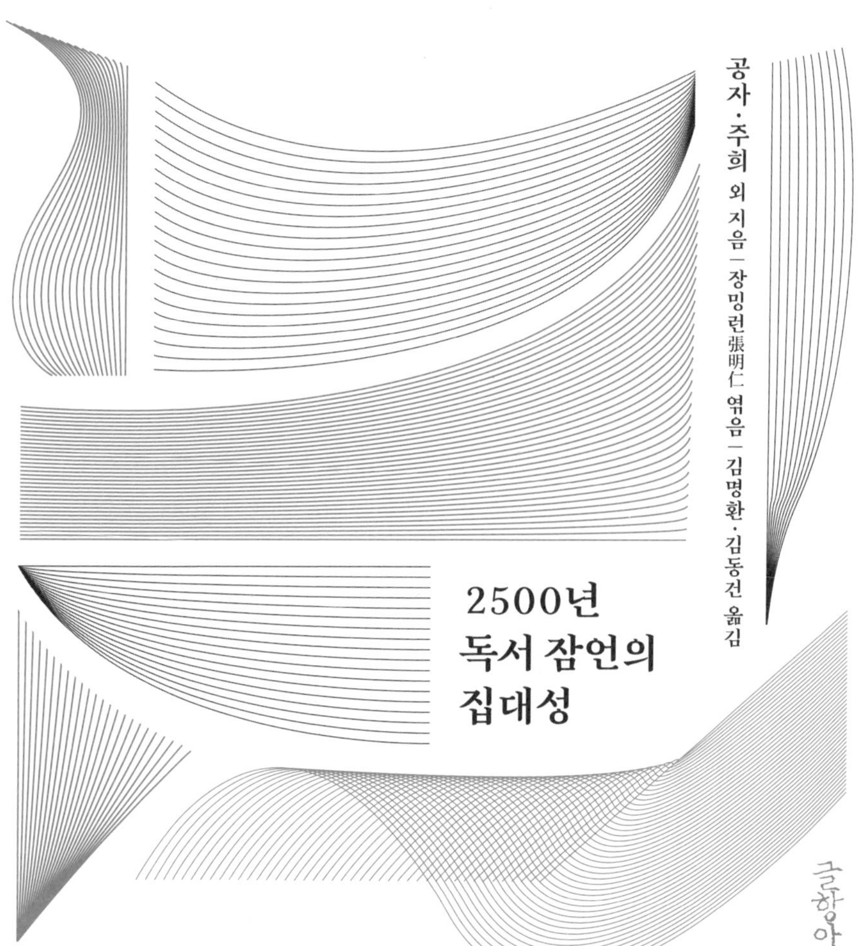

공자·주희 외 지음 | 장밍런張明仁 엮음 | 김명환·김동건 옮김

2500년 독서 잠언의 집대성

글항아리

머리말

책을 읽는다는 것은 무엇인가? 이를 한마디로 정의하기 어려운 이유는, 세상에는 그만큼 많은 종류의 책이 있고 그것을 읽는 목적도 다양하기 때문일 것이다. 사람들은 정보를 받아들이기 위해 책을 읽기도 하고 시험을 치르기 위해서도 읽는다. 교양을 쌓기 위해 읽기도 하고 자신을 위로하거나 자기계발을 위해서도 읽는다. 이제 책은 여러 이유로 소비되는 문화 상품이 되었다.

이 책에는 중국 역대 명인들의 독서와 관계된 발언이 모여 있다. 독서에 대한 방법을 언급한 말만 모아도 이렇게 많으니, 그만큼 독서는 정답이 없어 보인다. 그럼에도 불구하고 독서의 궁극적인 목적을 한마디로 정리하자면, 지금보다 좀 더 나은 사람이 되는 것이다. 그 내용을 조금 살펴보자.

요즘 사람들은 책을 읽을 줄 모른다고 비판하면서, 책을 읽어도 읽기 전과 읽은 후가 같다면 책을 읽지 않은 것과 같다고 한다. 책을 통해 자신을 새롭게 하라는 조언이다. 배움(學)은 깨닫는다(覺)와 같은 말이라고 했다. 깨달음이 없으면 책을 읽는 의미가 없다는 조언으로, 곱씹을수록 감탄스러운 말이다. 범부凡夫는 스스로 범부가 되었고 영웅은 스스로 노력해서 영웅이 되었지 하늘이 내리지 않았다고 했다. 자신의 노력과 결단에 의해 인간이 변화할 수 있다는 말이다.

책을 잘 읽으면 깨달을 수밖에 없고, 깨닫게 되면 인생을 헛되게 살 수 없다. 훌륭한 독서란 책을 읽고 깨달아서 각자의 하나뿐인 소중한 삶을 더 충실히 살아가는 데 있다. 대충 살고 말겠다면 책을 읽지 않아도 된다. 하지만 더 나은 사람으로 잘 살고자 한다면 책을 읽어야 한다. 다른 사람들은 어떻게 생각했는지, 어떤 시대정신으로 당대를 살았는지 알아야 하기 때문이다.

중국의 긴 역사 속에서 반짝이는 별처럼 많은 사람이 명멸해 왔다. 오랜 세월이 지나도 그들의 말이 기억되고 읽혀지는 고전古典이 된 이유는 그만큼 사람들의 마음에 큰 울림을 주었기 때문이다. 그들은 모두 이전 시대의 책을 잘 읽은 분들이다. 그러나 그러한 분들의 책도 이미 바다처럼 많아 이루 다 읽을 수 없을 정도다. 더구나 초학자들은 어디에서 어떻게 시작해야 할지 난감하다.

그래서 이런 책이 나온 것 같다. 이 책은 장밍런張明仁 선생의 『고금명인독서법古今名人讀書法』을 번역한 것이다. 중국 역대 학자들의 글에서 독서와 관련된 글을 뽑아 시대 순으로 모아놓았다. 그분들이 남긴 독서법을 통해 책을 어떻게 읽어야 하는지 알게 되고, 더 나아가 어떻게 살아가야 하는지 깨달을 수 있기를 바란다.

오랜 기다림 끝에 이 책이 나오게 되었다. 시작은 2012년이었으나, 게으름과 여러 핑계로 여태까지 미뤄졌다. 이 책이 나오기까지 10년이 넘는 세월을 기다려주신 글항아리 출판사 강성민 대표님께 깊이 감사드린다. 원문의 뜻에서 벗어나지 않으면서 읽기 쉽도록 번역했지만 아쉬운 부분이 있을 것이다. 또한 번역의 오류는 전적으로 역자들이 감당해야 할 책임이다. 인생이라는 먼 길을 함께 걷는 여러 동학과 이 책을 나누고 싶다.

2023년 2월

역자 일동

제5부 남북조南北朝·수隋

제6부 당唐

제7부 송宋

제8부 금金

제9부 원元

제10부 명 明

제11부 청 清

일러두기

1. 이 책은 고금古今 명인名人들의 독서와 관련된 다양한 방법을 뽑아 한 권으로 묶은 것이다. 따라서 초학자가 독서의 요령을 터득할 수 있는 기초 자료가 될 것이며, 독서법을 연구하는 사람에게도 도움 될 만한 자료가 있을 것이다.

2. 고금에 얽매이거나 유파를 구분하지 않고 자료를 선정했다. 총 300여 명, 800여 개의 항에 이른다. 초고에서는 근대와 옛사람이 차지하는 분량이 비슷했다. 그 뒤에 근대의 저작은 대체로 편폭이 길고 구하기가 어렵지도 않을 뿐더러 서점에 한 권의 책으로 묶은 작품이 많이 있으므로, 조금 수정을 가하여 간단명료하게 만들었다. 그리하여 전체 분량이 초고와 비교하면 30~40퍼센트 줄어들었다.

3. 편차 순서는 시대를 기준으로 했다. 독자들은 이 책을 통해서 역대 학자의 사상적 연원과 변천의 흔적을 엿볼 수 있을 것이다. 동주東周 시대의 공자孔子로부터 시작하여 현대에서 끝나는데, 대체로 공자 이후로는 서적과 저술로 전해지는 것이 점점 많아지기에 비교적 믿을 만하다.

4. 이 책에 채록한 여러 대가大家에 대해서는, 그 고향과 자字, 관직과 경력, 저서를 간단히 기술했다.(한국어판에서는 내용을 대폭 보강했다. — 옮긴이)

5. 이 책에 채록한 각 문장 뒤에는 모두 글의 원문과 출처나 편명을 밝혀두었다.

6. 이 책에서 선택한 자료는 평소 여러 책을 읽다가 수시로 기록하여 모아두었던 것이 대부분이다. 그러므로 참고한 서명을 통계 내는 것은 상당히 어려운 일이다. 유통되고 있는 독서법에 대한 전문서적을 조사해보았으나 이 책에서 수록된 자료만큼 다 갖추지는 못했다. 그러나 엮은이의 소견과 지식에 도움을 준 자료가 몇 종류 있었기에, 이 책의 말미에 그 목록을 덧붙여 참고할 수 있도록 했다.

1939년 4월

엮은이

제1부

周 주

周 진

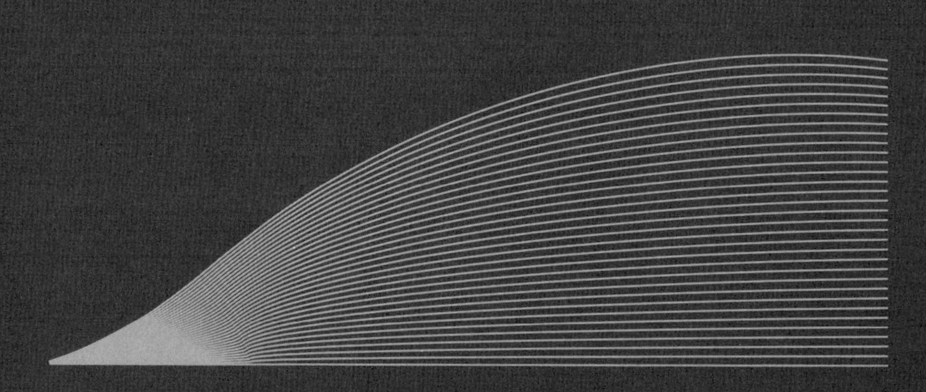

1

공자
孔子

춘추시대 유학자다. 이름이 구丘이고 자字가 중니仲尼이며 노나라 곡부 사람이다. 주나라의 예악禮樂을 정리해 유학의 기초 경전인 육경을 다듬어 정리했다. 30대부터 제자 양성을 시작했고, 50대에 이르러 노나라의 중도재中都宰를 지냈는데 잘 다스렸다. 이에 노 정공定公의 신임을 얻어 대사구大司寇에 올랐다. 중앙정계에 들어와 권세가인 삼환三桓의 세력을 약화시키는 과업을 맡았으나 끝내 좌절되어 실각했다. 이후 13년 동안 천하를 주유하며 뜻이 맞는 군주를 찾았으나 실패했다. 제자들이 공자의 말을 기록하여 『논어論語』 등의 책을 지었다.

1. 배우고 그것을 때때로 익히면 또한 기쁘지 않겠는가?
學而時習之, 不亦說乎? 『논어論語』 「학이學而」

〔해설〕 왕숙王肅이 말했다.

"시時는, '때때로 배운 것을 외우고 익힌다'는 말이다. 때때로 외우고 익히면, 배움이 그치지 않으니 그 때문에 기쁜 것이다."

王肅曰: "時者, 以時誦習之. 誦習以時, 學無廢業, 所以爲悅懌."

유보남劉寶楠이 말했다.

"풍諷과 송誦은 모두 입으로 익히는 것이다. 그러므로 이 주석

〔위의 왕숙의 말을 가리킨다〕에서, '외우고 익힌다誦習'라고 말했다. 다만 옛사람이 학문으로 삼은 것에는, 악기를 아름답게 연주하는 것〔操縵〕, 시를 짓기 위해 널리 비유를 습득하는 것〔博依〕, 예의를 행하기 위해 여러 의례와 의복 제도를 익히는 것〔雜服〕, 육예六藝에 해당하는 활쏘기·말타기·붓글씨·수학 계산〔興藝〕 등이 있다. 이 주석에서 오로지 '외우고 익힌다'는 뜻으로 말한 것 역시 하나의 단서를 들어서 보여준 것이다."
劉寶楠曰: "諷·誦, 皆是口習, 故此注〔指上王肅言〕言誦習也. 但古人爲學, 有操縵·博依·雜服·興藝諸事, 此注專以'誦習'言者, 亦擧一端以見之也."

사양좌謝良佐가 말했다.
"때때로 익힌다는 것은, '익히지 않는 순간이 없다'라는 말이다. 앉아 있을 때 시동尸童처럼 앉는 것은 앉을 때의 익힘이고, 서 있을 때 재계齊戒하듯이 서 있는 것은 섰을 때의 익힘이다."
謝良佐曰: "時習者, 無時而不習: 坐如尸, 坐時習也, 立如齊, 立時習也."

주희朱熹가 말했다.
"배우고 나서 또 때때로 그것을 익히면, 배운 것이 익숙해져 마음속에서 희열이 생겨난다. 그 때문에 나아가는 것을 스스로 그만둘 수 없게 된다."
朱熹曰: "旣學而又時時習之, 則所學者熟, 而中心喜悅, 其進自不能已也."

2. 제자는 집에 들어오면 효도하고, 밖에 나가서는 어른을 공경하며, 행동은 신중하고 말은 믿음직하게 하며, 두루 여러 사람을 좋아

하되 어진 사람을 가까이해야 한다. 실행하고 남은 역량이 있으면 곧 문文을 배워야 한다.

弟子入則孝, 出則弟, 謹而信, 汎愛衆, 而親仁, 行有餘力, 則以學文.

『논어』「학이」

〔해설〕 주희가 말했다.

"문文은 『시경』『서경』 등 육예六藝의 글이다."

朱熹曰: "文, 謂『詩』『書』六藝之文."

또 주희가 말했다.

"홍씨洪氏는, '여력이 없는데 문예〔文〕를 배우면 문예가 그 본질〔質〕을 덮어버리고, 여력 있는데도 문예를 배우지 않으면 본질만이 두드러지게 되어 촌스러워진다'라고 했다. 내가 생각해보니, 힘써 행하면서 문예를 배우지 않으면 성현께서 이뤄놓은 법칙을 살펴볼 수 없고 사리事理의 당연함도 알 수 없다. 그래서 실천하는 것이 간혹 사사로운 욕심에서 나오게 되니, 단지 촌스러워지는 실수를 저지르는 것에서 끝나지 않는다."

又曰: "洪氏曰: '未有餘力而學文, 則文滅其質; 有餘力而不學文, 則質勝而野.' 愚謂: 力行而不學文, 則無以考聖賢之成法; 識事理之當然, 而所行或出於私意, 非但失之於野而已."

3. 이전에 들은 것을 반복해 익히고 새로운 것을 깨우치면 다른 사람의 스승이 될 수 있다.

溫故而知新, 可以爲師矣. 『논어』「위정爲政」

〔해설〕 주자가 말했다.

"온溫은 '거듭 복습하다'는 뜻이고, 고故라는 것은 '예전에 들어 아는 것'이며, 신新이란 것은 '지금 깨우친 것'이다. 말하자면 배울 때 예전에 들어서 아는 것을 때때로 익히고 항상 새로 깨우친 것이 있으면, 배운 것이 내 안에 있어서 그 응용이 무궁하게 된다. 그러므로 다른 사람의 스승이 될 수 있다."

朱子曰: "溫, 尋繹也. 故者, 舊所聞; 新者, 今所得. 言學能時習舊聞, 而每有新得, 則所學在我, 而其應不窮, 故可以爲人師."

4. 배우기만 하고 생각하지 않으면 허망하고, 생각만 하고 배우지 않으면 위태로워진다.

學而不思則罔, 思而不學則殆. 『논어』「위정」

〔해설〕 주자가 말했다.

"마음속에서 배운 것을 탐구하지 않기 때문에 아는 것이 없어 깨우칠 수 없고, 그 일을 익히지 않기 때문에 두려워서 편안하지 못하는 것이다."

朱子曰: "不求諸心, 故昏而無得; 不習其事, 故危而不安."

5. 자공子貢이 물었다.

"공문자孔文子는 무엇 때문에 시호諡號에 '문文'자를 넣었습니까?"

공자께서 말씀하셨다.

"영리하면서도 배우기를 좋아하고, 아랫사람에게 묻는 것을 부끄럽게 여기지 않았다. 이 때문에 '문文'이라고 했다."

子貢問曰: "孔文子何以謂之文也?" 孔子曰: "敏而好學, 不恥下問, 是以謂之文也." 『논어』「공야장公冶長」

〔해설〕 유월兪樾이 말했다.

"'하문下問'이란 것은, 반드시 존귀한 사람이 미천한 사람에게 자신을 낮추는 것만을 이르는 것이 아니다. 무릇 능숙한 사람이 능숙하지 못한 이에게 묻고, 많이 아는 사람이 조금 아는 이에게 묻는 것이 모두 하문下問이다."

兪樾曰: "下問者, 非必以貴下賤之謂. 凡以能問於不能, 以多問於寡, 皆是."

6. 공자께서 말씀하셨다.

"너희는 어째서 나에 대해 '그 사람은 깨닫는 일에 분발해서 먹는 것도 잊고, 깨치고 나서는 즐거워서 근심도 잊었으며, 자신이 늙어가는 것도 알지 못한다'라고 말하지 않았느냐?"

子曰: "女奚不曰, 其爲人也, 發憤忘食, 樂以忘憂, 不知老之將至云爾." 『논어』「술이述而」

〔해설〕 주자가 말했다.

"〔배워서〕 깨닫지 못했을 때는 분발해서 먹는 것을 잊었고, 깨우치고 나서는 즐거워 근심을 잊었다. 이 두 가지로써 날마다 부지런히 했더니 남은 인생이 얼마 되지 않는다는 것도 알아차리지 못했다."

朱子曰: "未得, 則發憤忘食; 已得, 則樂以忘憂; 以是二者, 俛焉日有孶孶, 而不知年數之不足."

7. 공자께서 말씀하셨다.

"알지 못하면서 창작하는 자가 있는데, 나는 그런 일이 없다. 많이 듣고 그 가운데 좋은 것을 택해서 본받고, 많이 보고 그것을 기록하는 것이, 알고 난 다음 일이다."

子曰: "蓋有不知而作之者, 我無是也. 多聞擇其善者而從之, 多見而識之, 知之次也." 『논어』「술이」

〔해설〕 주자가 말했다.

"지識는 '기록하다'이다. 따르는 것을 선택하지 않을 수 없는데, 기록할 때는 좋은 점과 나쁜 점을 모두 보존해 참고 자료로 갖추어야 한다."

朱子曰: "識, 記也. 所從不可不擇; 記則善惡皆當存之, 以備參考."

8. 공자께서 말씀하셨다.

"배울 때는 미치지 못할 듯이 하고, 오히려 배운 것을 잊어버릴까 두려워해야 한다."

子曰: "學如不及, 猶恐失之." 『논어』「태백泰伯」

〔해설〕 정자程子가 말했다.

"'배울 때 미치지 못할 듯이 하고, 오히려 배운 것을 잊어버릴까 두려워해야 한다'는 것은, 기회를 놓칠 수 없다는 말이다. 그저 '일단 내일을 기다리자'라고 말해서는 안 된다."

程子曰: "'學如不及, 猶恐失之', 不得放過. 纔說'姑待明日', 便不可也."

9. 자로子路가 비읍費邑의 수령으로 자고子羔를 천거하자, 공자께서 말씀하셨다.

"다른 사람의 아들을 해치려는 것이냐?"

자로가 말했다.

"비읍에는 다스릴 백성이 있고, 제사를 지낼 사직社稷[1]도 있습니다. 어찌 반드시 책을 읽은 이후에야 학문을 하는 것이겠습니까?"

공자께서 말씀하셨다.

"이 때문에 나는 말만 잘하는 자를 싫어한다!"

子路使子羔爲費宰. 子曰: "賊夫人之子?" 子路曰: "有民人焉, 有社稷焉, 何必讀書, 然後爲學." 子曰: "是故惡夫佞者!" 『논어』「선진先進」

〔해설〕 범씨范氏[2]가 말했다.

"옛날에는 배우고 난 이후에 정치에 입문했기 때문에, 정치를 하면서 배운다는 것은 들어본 적이 없다. 도道의 근본은 자신을 수양하는 데 있으니, 자신을 수양한 뒤에 다른 사람을 다스릴 수 있다. 이러한 말이 전적典籍[3]에 실려 있기에 그러한 책을 읽고 자세히 알게 된 뒤에 배운 것을 실행할 수 있으니, 어찌 책을 읽지 않을 수 있겠는가? 자로는 자고가 정치를 하는 것으로 배우도록 했으니, 선후와 본말의 순서를 잃었다. 자신의 잘못을 알아차리지 못하고 말재주로 다른 사람을 막았기 때문에 공자께서 그 말재주를 미워하신 것이다."

范氏曰: "古者學而後入政, 未聞以政學者也. 蓋道之本在於修身, 而後及於治人, 其說具於方冊, 讀而知之, 然後能行, 何可以不讀書也? 子路乃欲使子羔以政爲學, 失先後本末之序矣. 不知其過而以口給禦人, 故夫子惡其佞也."

10. 공자께서 말씀하셨다.

1 사직社稷: 옛날 천자나 제후가 토지신과 곡식신에게 제사지내던 곳을 말한다.

2 범씨范氏: 범순부范醇夫를 말한다. 송나라 때 관리를 지냈다고 하며, 구체적인 행적은 확인되지 않는다.

3 전적典籍: 원문은 방책方冊으로, 고서古書인 목판이나 죽간을 가리킨다. 여기에서 전적은 유가경전을 의미한다.

"사賜(자공子貢)야! 너는 나를 많이 배워서 아는 사람이라고 생각하느냐?"

자공이 대답했다.

"그렇습니다. 아닙니까?"

공자께서 말씀하셨다.

"아니다. 나는 하나의 이치로 꿰뚫어 본다."

子曰: "賜也! 女以予爲多學而識之者與?" 對曰: "然, 非歟?" 曰: "非也, 予一以貫之."『논어』「위영공衛靈公」

〔해설〕 사양좌가 말했다.

"성인聖人의 도道는 커서 다른 사람이 두루 살펴 보아도 다 알 수 없다. 따라서 자공이 성인은 많이 배워서 그것을 기억한다고 생각하는 것도 당연하다. 그러나 성인이 어찌 널리 배우는 것에 힘쓰겠는가? 예컨대 하늘이 이 세상의 삼라만상에 대해 하나하나 깎고 조각하지 않는 것과 같다. 그러므로 '나는 하나의 이치로 꿰뚫어 본다'고 했다."

謝氏曰: "聖人之道大矣, 人不能徧觀而盡識, 宜其以爲多學而識之也. 然聖人豈務博者哉? 如天之於衆形, 匪物物刻而雕之也. 故曰: '予一以貫之.'."

11. 내가 하루 종일 먹지 않고 밤새도록 자지 않으면서 생각한 적이 있었으나 도움 되는 바가 없었으니, 배우는 것보다 못했다.

吾嘗終日不食, 終夜不寢, 以思, 無益, 不如學也.『논어』「위영공」

〔해설〕 주자가 말했다.

"이 말은 '생각만 하고 배우지 않는 자'를 위해 말한 것이다. 반드시 구하려고 마음을 수고롭게 하는 것은, 마음을 비워서[4] 저절로 깨치는 것만 못하다."

朱子曰: "此爲思而不學者言之. 蓋勞心以必求, 不如遜志而自得也."

12. 태어나면서 알게 되는 것이 가장 좋고, 배워서 알게 되는 것이 그 다음이며, 몰라서 배우는 것이 또 그 다음이다. 모르는데도 배우지 않으면, 가장 못난 사람이 된다.

生而知之者, 上也; 學而知之者, 次也; 困而學之, 又其次也. 困而不學, 民斯爲下矣. 『논어』 「계씨季氏」

〔해설〕 공안국孔安國이 말했다.

"곤困은, 모르는 것이 있음을 말한다."

유보남劉寶楠이 말했다.

"모른다는 것은, 마음에 답답한 것이 있다는 뜻이다."

孔安國曰: "困, 謂有所不通." 劉寶楠曰: "不通者, 心有所隔塞也."

13. 군자는 배워서 지식을 모으고, 질문해서 사리를 판단하며, 너그러운 마음으로 자리에 거처하고, 어진 마음으로 행동한다.

君子學以聚之, 問以辨之, 寬以居之, 仁以行之. 『역易』 「문언文言」

〔해설〕 이광지李光地[5]가 말했다.

"'학이취지學以聚之'와 문이변지問以辨之' 다음에 '관이거지寬以居之'라는 구절을 이어 붙인 것은 대단히 오묘하다. 이는 마치

4 마음을 비워서: 원문은 손지遜志로, 손遜은 '비우다謙虛, 따르다恭順'의 뜻이고, '지志'는 마음이 지향하는 것心之所之이다. 따라서 손지는 '억지로 하려는 마음을 비운다'는 뜻이다.

화력이 센 불로 음식을 익히다가, 뭉근한 불로 천천히 익혀서 맛이 스며들도록 해야만 맛있게 잘 익는 것과 같다."

李光地曰: "學以聚之問以辨之下, 著一句'寬以居之', 大妙. 如用武火將物煮熟, 却要用慢火煨, 滋味纔入, 方得他爛."

14. 공자께서 제자를 돌아보고 말씀하셨다.

"뜻을 여러 곳에 두지 않아야, 정신이 한 곳으로 응결된다."

孔子顧謂弟子曰: "用志不分, 乃凝於神." 『장자莊子』「규생逵生」

15. 공자께서 말씀하셨다.

"알고 싶으면 묻고, 잘하고 싶으면 배워라."

孔子曰: "欲知則問, 欲能則學." 『시자尸子』[6]

16. 공자께서 말씀하셨다.

"『시경』을 외우고 나서 『서경』을 읽는 것은 옛사람과 더불어 거처하는 것이고, 『서경』을 읽고 『시경』을 외우는 것은 옛사람과 더불어 도모하는 것이다."

孔子云: "誦詩讀書, 與古人居, 讀書誦詩, 與古人謀." 『시자』

5 이광지李光地(1642~1718): 청나라 때의 학자. 푸젠福建 안계安溪 사람으로 자가 진경晉卿이고 호가 용촌榕村 또는 후암厚庵이며, 시호가 문정文貞이다. 경학과 악률, 역산曆算, 음운音韻 등에 정통했으며, 황제의 칙명으로 『성리정의性理精義』『주자대전朱子大全』 등을 편수했다.

6 『시자尸子』: 전국 시대 진晉나라 사람 시교尸校(?~?)가 지은 책. 제가諸家의 설을 절충하고 있으나 유가에 가깝고, '의義'를 요지로 하여 수신, 제가, 치국, 평천하의 도를 설명했다.

17. 공자께서 『시경』을 읽다가 「소아小雅」[7] 편에 이르자, 한숨 쉬고 탄식하며 말씀하셨다.

"나는 「주남周南」[8]과 「소남召南」[9]에서 주周나라의 도가 융성해진 이유를 보았다. 「백주柏舟」[10]에서는 한 부인이 지조를 지키며 자신의 뜻을 바꾸지 않음을 보았다. 「기욱淇奧」[11]에서는 배워서 군자가 될 수 있음을 보았다. 「고반考槃」[12]에서는 세상을 피해 은둔한 선비가 고민하지 않음을 보았다. 「모과木瓜」[13]에서는 선물을 보내는 예禮가 행해지는 것을 보았다. 「치의緇衣」[14]에서는 어진 이를 좋아하는 마음이 지

7 「소아小雅」: 『시경』의 체제 가운데 하나로, 서주西周 말에서 동주東周 초에 창작되었다. 따라서 당시 조정의 실책을 지적하거나 사회 혼란을 반영한 시가 많다.

8 「주남周南」: 『시경』「국풍」 중 앞부분에 실린 편명이다. 주周나라 문왕文王과 왕비 후비后妃의 덕이 주나라와 남방의 나라에 영향을 미쳐 교화시킨 것을 찬양한 민요시다.

9 「소남召南」: 『시경』「국풍」 중 주남周南 다음 편명이다. 소공召公 석奭이 남방의 제후를 다스려 교화가 남방의 제후국에 베풀어진 것을 찬양한 민요시다.

10 「백주柏舟」: 「용풍鄘風」의 시. 위衛나라 세자 공백共伯이 요절하자, 그의 아내 공강共姜이 부부의 의리를 지켰다. 그러나 그녀의 부모가 그녀의 뜻을 거슬러 시집보내려고 하자, 공강이 거절하고 이 시를 지어 부모의 바람을 끊게 했다.

11 「기욱淇奧」: 「위풍衛風」의 시. 위衛나라 무공武公의 덕을 찬미한 시다. 무공이 학문에 뛰어 나고, 또 그 신하들의 간언을 들어서, 예로써 스스로 절제했던 까닭에, 천자의 나라인 주周나라에 들어가 재상이 될 수 있었다는 내용이다.

12 「고반考槃」: 「위풍衛風」의 시. 구설에서는 "장공莊公을 풍자한 시다. 선공先公의 업적을 잇지 못하고, 현자로 하여금 물러나 곤궁하게 살도록 했다"고 했으나, 주희는 "현자가 계곡 사이에서 은거하면서, 대인으로서 관용이 있고 근심하는 뜻이 없어서, 비록 혼자 자고 깨어나서 말을 하지만, 오히려 스스로 이 즐거움을 잊지 않겠다고 맹세한 것을 찬미한 시다"라고 했다.

13 「모과木瓜」: 「위풍衛風」에 실린 제齊나라 환공桓公을 찬미한 시다. 위나라가 적인狄人에게 패하고 쫓겨나 조읍漕邑에 거처하고 있었다. 이때 제 환공이 위나라를 구원하여 다시 봉지를 제공해주고, 수레와 말, 기물과 의복 등을 보내주었다. 위나라 사람들이 그에 보답하고자 이 시를 지었다.

14 「치의緇衣」: 「정풍鄭風」의 시. 서序에서 "정鄭나라 무공武公을 찬미한 시다. 환공과 무공 두 부자가 모두 주나라의 사도司徒가 되어 직책을 잘 수행하자, 나라 사람이 그 직책이 어울린다고 여겼다. 그 덕을 찬미해 나라를 소유하고 좋은 직책을 잘 수행한 공이 있음을 밝힌 것이다"라고 했고, 『예기』에서는 "「치의」에서 현자를 지극히 좋아하는 것을 볼 수 있다"라고 했다.

극한 것을 보았다. 「계명雞鳴」[15]에서는 옛날 군자가 임금에 대한 공경을 잊지 않음을 보았다. 「벌단伐檀」[16]에서는 어진 이가 일을 먼저하고 자기 몫을 뒤로하는 것을 보았다. 「실솔蟋蟀」[17]에서는 요 임금의 검소한 덕德이 위대한 것을 보았다. 「하천下泉」[18]에서는 난세亂世를 만나 밝은 임금을 그리워함을 보았다. 「칠월七月」[19]에서는 빈공豳公이 주周나라를 만든 법을 보았다. 「동산東山」[20]에서는 주공周公이 공公을 앞세우고 사私를 뒤로 미루었음을 보았다. 「낭발狼跋」[21]에서는 주공에게 원대한 뜻이 있었기에 성인이 되었음을 보았다. 「녹명鹿鳴」[22]에서

15 「계명鷄鳴」: 「제풍齊風」의 시. 서序에서는 "제나라 애공哀公이 주색에 빠져 정치에 게으르고 나태했다. 그러므로 정숙하고 어진 아내가 새벽부터 밤까지 남편을 경계하여 서로 보완해주는 도리를 진술했다"라고 했다.

16 「벌단伐檀」: 「위풍魏風」의 시. 서序에서는 "탐욕을 풍자한 시다. 지위에 있는 자가 욕심 많고 야비하여 공 없이 봉록을 받아서, 군자가 나아가 벼슬하지 못했다"라고 했다. 즉 열심히 일하면서 공 없이는 먹지 않는 군자를 노래함으로써 당시 탐욕스러운 관리를 비판한 시로 보았다.

17 「실솔蟋蟀」: 「당풍唐風」의 시. 서序에서는 "진晉나라 희공僖公을 풍자한 것이다. 검소함이 예에 맞지 않았기 때문에 이 시를 지어 걱정하면서, 때에 맞게 예로써 스스로 즐기기를 바랐다. 이것은 진나라 시인데 '당唐'이라고 한 까닭은, 그 풍속이 깊이 근심하고 멀리 생각하며 검소하면서도 예를 따르는 데 근거해 요임금이 남긴 유풍이 있었기 때문이다"라고 했다. 주나라 때 진晉 땅은 요임금이 세운 당나라의 옛터에 자리 잡았으므로 이같이 평했다.

18 「하천下泉」: 「조풍曹風」의 시. 서序에서는 "나라가 다스려짐을 생각한 시다. 조曹나라 사람이, 공공共公이 백성을 침탈하여 살 곳을 얻지 못함을 싫어하여, 근심해서 옛 명왕明王과 현백賢伯을 생각한 것이다"라고 했다.

19 「칠월七月」: 「빈풍豳風」의 시. 서序에서는 "왕조를 건립하는 일[王業]에 대해 진술한 시다. 주공이 변고를 만났기 때문에, 선조인 후직后稷과 선공先公의 교화가 근원을 둔 것과 왕조를 건립하는 어려움을 말한 시다"라고 했다.

20 「동산東山」: 「빈풍豳風」의 시. 종군하는 병사가 집과 가족을 간절히 생각하는 내용이다.

21 「낭발狼跋」: 「빈풍豳風」의 시. 서序에서 "주공周公이 비록 비방과 의심을 만났으나 이에 대처할 때 보편타당한 법도를 잃지 않았다. 그러므로 시인이 그것을 찬미한 것이다"라고 했다.

22 「녹명鹿鳴」: 「소아小雅」의 시. 첫 장에 등장하는 시로 "여러 신하와 좋은 손님들에게 잔치하는 시다"라고 했다.

는 임금과 신하 사이에 예禮가 있음을 보았다. 「동궁彤弓」[23]에서는 공功이 있으면 반드시 보답을 받는다는 것을 보았다. 「고양羔羊」[24]에서는 훌륭한 정치에 백성이 화답하는 것이 있음을 보았다. 「절남산節南山」[25]에서는 충신忠臣이 세상에 대해 근심하는 것을 보았다. 「요아蓼莪」[26]에서는 효자가 부모님이 길러주신 은혜를 생각하는 것을 보았다. 「사월四月」[27]에서는 효자가 부모님에 대한의 제사를 생각하는 것을 보았다. 「상상자화裳裳者華」[28]는 옛날에 어진 이에게 대대로 녹을 주는 것을 보았다. 「채숙采菽」[29]에서는 옛날에 어진 왕이 제후를 공경하는 것을 보았다."

孔子讀『詩』, 及『小雅』, 喟然而歎曰: "吾於『周南』『召南』, 見周道之所以盛也. 於「柏舟」, 見匹婦執志之不可易也. 於「淇澳」, 見學之可以爲君子也. 於「考槃」, 見遁世之士而不悶也. 於「木瓜」, 見包且[30]之禮行也. 於「緇衣」, 見好賢之心至也. 於「雞鳴」, 見古之君子不忘其敬也. 於

23 「동궁彤弓」: 「소아」의 시. 서序에서는 "천자가 공이 있는 제후에게 물건을 하사하는 시다"라고 했다.

24 「고양羔羊」: 「국풍國風」의 시. 서序에서는 "「고양」은 「작소」의 공이 나타난 것이다. 소공이 다스린 나라들이 문왕의 정치에 교화되어 관직에 있는 자들이 모두 검소하고 정직하여 덕이 「고양」과 같았다"라고 했다.

25 「절남산節南山」: 「소아」의 시. 태사 윤씨가 제대로 일을 못 하여 백성이 괴로워한다는 내용으로, 당시 천자의 잘못을 빗대어 표현했다.

26 「요아蓼莪」: 「소아」의 시. 부모가 돌아가신 후 그 은혜를 기리며 효를 다하지 못했음을 슬퍼하는 내용이다.

27 「사월四月」: 「소아」의 시. 어지러운 시대를 만나 서글퍼하는 내용이다.

28 「상상자화裳裳者華」: 「소아」의 시. 서에서는 "유왕幽王을 풍자한 시다. 옛 벼슬아치가 대대로 녹을 받아, 소인이 높은 지위에 있게 되면 참소하고 아첨하는 자가 함께 벼슬에 나아가, 현자의 무리를 물리치고 공신의 대代를 끊어 버린 것을 읊은 시다"라고 했다.

29 「채숙采菽」: 「소아」의 시. 서에서는 "유왕을 풍자한 시다. 왕이 제후들을 업신여겨 제후들이 와서 조회하여도 예로써 물건 등을 하사하지 않고, 자주 제후들을 불러 모아서 신의가 없어져 군자가 그 기미를 보고 옛날을 그리워한 것이다"라고 했다.

30 포차包且: 일반적으로 '포저苞苴'로 쓴다. '포苞'는 물건을 싸는 것이고 '저苴'는 물건 밑에 까는 것으로 뇌물로 보내는 물건을 이른다. 여기서는 선물을 보낸다는 뜻으로 사용되었다.

「伐檀」, 見賢者之先事後食也. 於「蟋蟀」, 見陶唐儉德之大也. 於「下泉」, 見亂世之思明君也. 於「七月」, 見豳公之所造周也. 於「東山」, 見周公之先公而後私也. 於「狼跋」, 見周公之遠志所以爲聖也. 於「鹿鳴」, 見君臣之有禮也. 於「彤弓」, 見有功之必報也. 於「羔羊」, 見善政之有應也. 於「節南山」, 見忠臣之憂世也. 於「蓼莪」, 見孝子之思養也. 於「四月」, 見孝子之思祭也. 於「裳裳者華」, 見古之賢者世保其祿也. 於「采菽」, 見古之明王所以敬諸侯也." 『공총자孔叢子』[31]

18. 공자께서 말씀하셨다.

"배우지 않고서 생각하기만 좋아하면 비록 알더라도 넓지 못하고, 배웠다고 하더라도 자신의 몸을 게을리하여 행하지 않는다면 배워도 존경받지 못한다. 성실함으로 서지 못하면 비록 섰더라도 오래가지 못하고, 성실함이 몸에 익지 않았는데 말하기만 좋아하면 비록 말하더라도 믿을 수 없다. 좋은 자질이 있어도 군자의 도를 듣지 못했다면 작은 일에 묻혀 큰일을 해치게 되니 재앙이 반드시 자신에게 미칠 것이다."

子曰: "不學而好思, 雖知不廣矣; 學而慢其身, 雖學不尊矣; 不以誠立, 雖立不久矣; 誠未著而好言, 雖言不信矣; 美材也, 而不聞君子之道, 隱小物以害大物者, 災必及身矣." 『한시외전漢詩外傳』[32]

31 『공총자孔叢子』: 공자 이하 자사子思·자고子高·자순子順 등 일족의 말과 행실을 모은 책으로, 모두 21편이다. 전한前漢의 공부孔鮒(공자의 9대손)가 지었다고 전해지기도 하지만, 『주자어류朱子語類』에는 후대 사람들이 선대의 유문을 모아 만들었을 것이라고 했다. 11번째 편은『소이아小爾雅』라고 전해져 송나라 때 이후 주석가들이 인용하기도 한다. 『문헌통고文獻通考』에는 7권이라고 되어 있으나 『사고전서 자부 유가류』에 수록된 현행본은 3권이다.

32 『한시외전漢詩外傳』: 전한 때의 경학자 한영韓嬰(기원전 200?~기원전 130)이 지은 『시경』 해설서다. 원래 내전內傳 4권, 외전外傳 6권이었다. 『시경』을 해설하면서 고사古事와 고어古語, 설화說話를 인용해서 앞에 쓰고, 그 뒤에 『시경』의 시구를 기술하는 형태로 되어 있다. 남송 이후 내전은 사라지고 『외전』만 전해지며, 지금 전하는 『한시외전』은 후인들의 수정이 가해진 책이다.

19. 공자께서 말씀하셨다.

"배우지 않으면 어떻게 행동하며, 생각하지 않으면 어찌 이해하겠는가? 제자들이여, 열심히 노력하거라!"

孔子曰: "弗學何以行? 弗思何以得? 小子勉之!" 『중론中論』[33] 「치학治學」

20. 비록 맛있는 요리가 있어도 먹어보지 않으면 그 맛을 알지 못하고, 비록 지극한 도道가 있어도 배우지 않으면 그것이 좋은 줄 알지 못한다. 이런 까닭으로 배운 뒤에야 자신의 부족함을 알게 되고 남을 가르쳐본 뒤에야 학문의 어려움을 알게 된다. 부족함을 알게 된 뒤에 스스로 반성할 수 있고 어려움을 알게 된 뒤에 스스로 힘쓸 수 있다. 그러므로 "가르치는 것과 배우는 것은, 서로 발전시킨다"라고 한다. 『서경』「열명」편에서 "다른 사람을 가르치는 일은 배우는 것이 절반이다"라고 한 것은, 이것을 일컫는 것이다.

대학大學의 방법은 다음과 같다. 욕망이 일어나기 전에 막는 것을 '예豫'라 한다. 배우기에 적절한 때를 '시時'라고 하며, 능력의 정도에 맞추어 적절하게 가르치는 것을 '손孫'이라고 한다. 학생들이 서로 살펴보고 이해하도록 하는 것을 '마摩'라고 한다. 이 네 가지는, 교육이 일어나게 된 원인이다.

그러나 욕망이 일어난 뒤에 금지하면 저항이 강해서 배운 것을 감당하지 못하고, 배우기 적절한 시기를 놓치고 나서 배우면 부지런히 애를 써도 학업을 성취하기 어려우며, 난잡하게 가르치고 능력에 알맞게 하지 못하면 혼잡하여 정리할 수 없고, 홀로 배워서 함께 공

33 『중론中論』: 후한의 서간徐梓(171~217)이 지은 유학서儒學書. 상하 2권으로 이루어져 있고, 권마다 각각 10편으로 구성되어 있다. 상권에는 치학治學, 법상法象, 수본修本, 허도虛道, 귀험貴驗, 귀언貴言, 예기藝紀, 복변覆辨, 지행智行, 작록爵祿 등이, 하권에는 고위考僞, 견교譴交, 역수曆數, 논수요論壽夭, 심대신審大臣, 신소종愼所從, 망국亡國, 상벌賞罰, 민수民數 등이 수록되어 있다. 본말의 관계를 중시하며, 후한 말 격렬한 논쟁의 대상이었던 명실名實 문제도 비중 있게 다루었다.

부하는 벗이 없으면 융통성이 없고 견문이 좁아진다. 동료를 업신여기는 것은 그 스승을 배반하는 것이고, 스승의 비유를 가벼이 여기는 것은 그 학문을 버리는 것이다. 이 여섯 가지는 교육이 없어지게 되는 이유다.

잘 배우는 자는 스승이 편안히 노닐더라도 공功이 배가 되고, 거듭 스승에게 공을 돌린다. 잘 배우지 못하는 자는 스승이 부지런하더라도 공은 절반밖에 되지 않고, 거듭 스승을 원망한다.

묻기를 잘하는 자는 단단한 나무를 다듬는 것처럼 한다. 그중 쉬운 부분을 먼저 다듬고 어려운 나무 마디와 눈을 나중에 다듬는다. 그렇게 오랫동안 하다보면 서로 기뻐하며 이해하게 된다. 묻기를 제대로 못하는 자는 이와 반대로 한다. 질문에 잘 대답하는 자는 종을 두드리는 것처럼 한다. 작게 두드리는 자에게는 작게 울리고 크게 두드리는 자에게는 크게 울리며, 거듭 두드리는 것이 있는지 기다린 후에 그 소리내기를 끝낸다. 물음에 대답을 잘하지 못하는 사람은 이와 반대로 한다. 이것이 모두 학문을 진전하게 하는 도道다.

雖有嘉肴, 弗食, 不知其旨也; 雖有至道, 弗學, 不知其善也. 是故學然後知不足; 教然後知困. 知不足然後能自反也; 知困然後能自強也; 故曰"教學相長"也.『兌命』曰"斅, 學半", 其此之謂乎.

大學之法: 禁於未發之謂豫, 當其可之謂時, 不陵節而施之謂孫, 相觀而善之謂摩, 此四者, 教之所由興也. 發然後禁, 則扞格而不勝; 時過然後學, 則勤苦而難成; 雜施而不孫, 則壞亂而不修; 獨學而無友, 則孤陋而寡聞; 燕朋, 逆其師; 燕辟, 廢其學; 此六者, 教之所由廢也.

善學者, 師逸而功倍, 又從而庸之. 不善學者, 師勤而功半, 又從而怨之. 善問者, 如攻堅木, 先其易者, 後其節目; 及其久也, 相說以解. 不善問者反此. 善待問者如撞鐘; 叩之以小者則小鳴, 叩之以大者則大鳴; 待其從容, 然後盡其聲. 不善答問者反此. 此皆進學之道也.「學記」

부록附錄

2

단목사
端木賜

단목사端木賜(기원전 520~기원전 456)는 자가 자공子貢이고, 위衛나라 사람이다. 공자의 뛰어난 10명의 제자 가운데 한 사람으로 언어 방면에 능통하여 언변에 뛰어났다. 노魯나라와 위衛나라에서 재상을 지냈다. 상업에도 능통하여 일찍이 조曹나라와 노나라에서 많은 재산을 모아, 공자의 제자 중에서 가장 부유했다.

1. 자공子貢이 말했다.

"배울 때 싫증 내지 않는 것이 지혜이고, 가르칠 때 게을리하지 않는 것이 인仁이다."

子貢曰: "學不厭, 智也; 敎不倦, 仁也." 『맹자』「공손추 상」

3

복상
卜商

복상卜商(기원전 507~?)은 자가 자하子夏이고 위衛나라 사람이다. 공문십철孔門十哲의 한 사람으로 문학에 뛰어났다. 복자卜子라고 높여 부르기도 한다. 그는 군주들에게 『춘추』를 읽고 교훈을 얻어야 한다고 주장했다. 공자가 죽은 뒤 위魏나라에 가서 문후文侯의 스승이 되었다. 저서로 『역전易傳』이 있다.

1. 날마다 자기가 몰랐던 것을 알고, 달마다 자기가 잘하는 것을 잊지 않으면, 배우기를 좋아한다고 할 만하다.

日知其所亡, 月無忘其所能; 可謂好學也已矣. 『논어』「자장」

〔해설〕 주자가 말했다.

"'망亡'은, '무無'로 읽어야 하니, '자기에게 아직 있지 않은 것'을 말한다."

윤씨尹氏[34]가 말했다.

"배우기를 좋아하는 자는 날마다 새로운 것을 배우되 잊어버리지 않는다."

34 윤씨尹氏: 북송北宋 때의 학자 윤돈尹焞(1071~1142). 하남河南 사람으로 자가 언명彦明 또는 덕충德充이고, 호가 화정和靖이다. 젊었을 때 정이를 스승으로 삼았다. 원우元祐 4년(1089) 과거에 응시했으나 원우 시기의 여러 신하들을 주륙해야 한다는 시제를 본 후 과거를 포기했다. 내성 함양을 중시하고 박람을 추구하지 않았다고 한다.

朱子曰: "亡, 無也, 謂己之所未有." 尹氏曰: "好學者, 日新而不失."

2. 자하가 말했다.

"넓게 배우되 독실하게 뜻을 지니고 절실히 묻되 가까운 곳에서 생각하면, 인仁이 그 가운데 있다."

子夏曰: "博學而篤志, 切問而近思, 仁在其中矣." 『논어』「자장」

〔해설〕 소씨蘇氏(소동파)가 말했다.

"넓게 배우면서 독실하게 뜻을 지니지 않으면 배운 것이 많아져도 완성할 수 없고, 두루뭉술하게 묻고 먼 곳에서부터 생각하면 수고로우나 이루어지는 것이 없다."

蘇氏曰: "博學而篤不志, 則大而無成; 泛問遠思, 則勞而無功."

3. 자하가 말했다.

"날마다 익히면 배운 것을 잊지 않고, 스스로 노력하면 뒤처지지 않는다. 세상의 훌륭한 말을 자주 들으면 뜻이 더욱 넓어진다."

子夏曰: "日習則學不忘, 自勉則身不墮, 亟聞天下之大言, 則志益廣." 『중론』

4

증삼
曾參

증삼曾參(기원전 505~기원전 435)은 자가 자여子輿이고, 노魯나라 남무성南武城 사람이며 효성으로 이름이 높았던 공자의 제자다. 공자의 사상을 이어받아 공자의 손자 공급孔伋에게 전수했으며, 높여서 증자曾子라고 부른다. 공자는 일찍이 증삼을 '노둔하다'고 평가한 적이 있지만 증삼은 항상 자신의 수신에 주의하며 공부를 통해 공자의 충서忠恕를 실천하려고 노력했다. 저서로『효경孝經』이 있다.

1. 제자가 증자께 물었다.

"선비는 어떻게 해야만 통달했다고 할 수 있습니까?"

증자께서 대답하셨다.

"잘하지 못하면 배우고 의심이 나면 묻고, 실행하려면 현자를 본받아야 한다. 그렇게 하면 비록 험난한 길이 있더라도, 따라서 행동하면 통달하게 될 것이다. 지금의 제자들은 다른 사람에게 자신을 낮추는 것을 병통으로 여기고 현자를 섬길 줄 모르며, 모르는 것을 부끄러워하면서 다시 묻지도 않아서, 글을 지으려고 하면 그 지식이 부족하다. 이 때문에, 어리석고 사리에 어두워진다. 어리석고 사리에 어두운 채로 세상을 마치게 될 뿐인 사람을 일러, '궁민窮民'이라고 한다."

弟子問於曾子曰: "夫士何如則斯可謂之達矣?" 曾子曰: "不能則學, 疑則問, 欲行則比賢. 雖有險道, 循行達矣. 今之弟子, 病下人, 不知事

賢, 恥不知而又不問, 欲作則其知不足, 是以惑闇. 惑闇終其世而已矣, 是謂窮民也."『대대례기大戴禮記』「증자제언 상曾子制言 上」

2. 군자는 배우고 나서는 배운 것이 넓지 않은 것을 근심하고, 널리 배우고 나서는 그것을 익히지 못한 것을 근심하고, 익히고 나서는 배운 것에 대해 제대로 아는 것이 없음을 근심하고, 제대로 알고 나서는 실행할 수 없음을 근심하고, 실행하고 나서는 겸손할 수 있음을 귀하게 여긴다. 군자의 학문은 이 다섯 가지를 다할 뿐이다.

君子旣學之, 患其不博也; 旣博之, 患其不習也; 旣習之, 患其無知也; 旣知之, 患其不能行也; 旣行之, 貴其能讓也; 君子之學, 致此五者而已.『대대례기』「입사立事」

3. 많이 알아도 가까이하는 것이 없고, 널리 배워도 지향하는 것이 없으며, 많이 말하기를 좋아해도 일정한 견해가 없는 것은, 군자가 관여하지 않는다. 군자는 많이 알아도 선택하고 널리 배워도 계획하며 많이 말해도 신중하게 한다.

多知而無親, 博學而無方, 好多而無定者, 君子弗與也; 君子多知而擇焉, 博學而算焉, 多言而愼焉.『대대례기』「입사」

4. 군자는, 배움은 반드시 그 수업을 통해서 하고 묻는 것은 반드시 그 차례대로 한다. 물어도 해결되지 않을 때는 기회를 보아 선생님의 안색을 살피고 다시 물어본다. 비록 설명해주지 않더라도 강하게 다투지 않는다.

君子學必由其業, 問必以其序. 問而不決, 承間觀色而復之; 雖不說, 亦不彊爭也.『대대례기』「입사」

5. "능숙하면서도 능숙하지 않은 사람에게 묻고, 많이 알면서도 조금 아는 사람에게 물으며, 있어도 없는 것처럼 하고, 가득 차도 비어 있는 듯하며, 업신여김을 당해도 따지지 않는 것을, 지난날 나의 친구가 이런 일에 힘쓴 적이 있었다."
"以能問於不能, 以多問於寡; 有若無, 實若虛; 犯而不校, 昔者吾友嘗從事於斯矣."『논어』「태백」

〔해설〕 주자가 말했다. "교校는, '헤아려 따지다'이다. '우友'는, 마융馬融[35]이 안연顔淵[36]이라 여겼는데, 이 해석이 옳다. 안자의 마음은 오직 의리義理가 무궁하다는 것만을 알 뿐, 남과 나 사이에 구분이 있다고 보지 않았다. 그 때문에 이같이 할 수 있었다."
朱子曰: "校, 計校也. 友, 馬氏以爲顔淵, 是也. 顔子之心, 惟知義理之無窮, 不見物我之有間, 故能如此."

6. 그쳐야 할 곳〔목표〕을 안 뒤에 일정함이 있고, 일정함이 있은 뒤에 고요해질 수 있으며, 고요해진 뒤에 편안해질 수 있고, 편안해진 뒤에 정밀하게 생각할 수 있으며, 정밀하게 생각한 뒤에 그쳐야 할 곳을 얻을 수 있다.
知止而后有定; 定而后能靜; 靜而后能安; 安而后能慮; 慮而后能得.
『대학大學』

---

35 마융馬融(79~166): 후한後漢의 학자. 산시陝西 무릉茂陵 출생. 자가 계장季長이다. 남군南郡의 태수太守와 의랑議郞을 지냈으나 병으로 관직을 떠났다. 음악을 좋아하고 사치하여 세인의 비난을 받았으나, 학자로 높이 인정받았다.

36 안연顔淵(기원전 521~기원전 490): 춘추시대 노나라의 현인이자 공자가 가장 아꼈던 제자로, 공문십철孔門十哲 중 한 사람이다. 연淵은 그의 자며 이름이 회回로 안자顔子 혹은 '복성複聖' '아성亞聖'으로 불리기도 한다. 학문과 덕이 높아 공자도 그를 학문을 좋아하는 사람이라고 칭송했다.

〔해설〕 주자가 말했다.

"'지止'는 도달해서 머물러야 할 목표이니, 바로 지극한 선(至善)이 있는 곳을 말한다. 그것을 알면 뜻에 일정한 방향이 생긴다. '정靜'은 마음이 함부로 움직이지 않는 것을 말한다. '안安'은 처한 상황을 편안히 여기는 것을 말한다. '여慮'는 일을 처리함에 정밀하고 상세한 것을 말하고, '득得'은 도달해서 머무를 곳을 얻는 것이다."

朱子曰: "止者, 所當止之地, 卽至善之所在也. 知之, 則志有定向. 靜, 謂心不妄動; 安, 謂所處而安; 慮, 謂處事精詳; 得, 謂得其所止."

5

공급
孔伋

공급孔伋(기원전 483~기원전 402)은 자가 자사子思이고 공자의 손자다. 공자의 수제자 중 한 사람인 증자曾子(증삼)의 가르침을 받아 공자의 학통을 이었으며, 이후 맹자가 그의 학문을 계승했다. 우주와 심성에 대한 문제를 정밀히 연구하여 후세의 유가 학자들에게 철학적 기반을 마련했으며, 『중용』을 저술해 공자 사상의 핵심을 조술했다는 평가를 받는다. 유교에서 공자, 맹자, 안자(안회), 증자와 더불어 오대성인으로 추앙하고 있다.

1. 널리 배우고, 자세하게 물으며, 신중하게 생각하고, 분명하게 분별하며, 독실하게 행하라.

배우지 않을지언정 배울 때는 능숙하지 않은 것을 내버려두지 말고, 묻지 않을지언정 물을 때는 알지 못하는 것을 내버려두지 말며, 생각하지 않을지언정 생각할 때는 이해하지 못하는 것을 내버려두지 말고, 분별하지 않을지언정 분별할 때는 분명하지 않은 것을 내버려두지 말며, 실행하지 않을지언정 실행할 때는 독실하게 행하지 않는 것을 내버려두지 말라.

다른 사람이 한 번 해서 잘하면 자기는 그것을 백 번 하고, 다른 사람이 열 번 해서 잘하면 자기는 그것을 천 번을 해라.

정말로 이 방법에 능숙하게 되면, 비록 어리석은 자라도 반드시 현명하게 되고 비록 유약한 자라도 반드시 강건하게 될 것이다.

博學之, 審問之, 愼思之, 明辨之, 篤行之. 有弗學, 學之弗能弗措也; 有弗問, 問之弗知弗措也; 有弗思, 思之弗得弗措也; 有弗辨, 辨之弗明弗措也. 有弗行, 行之弗篤弗措也.[37] 人一能之己百之, 人十能之己千之. 果能此道矣, 雖愚必明, 雖柔必強. 『중용』

〔해설〕 주자가 말했다.

"군자의 학문은 하지 않으면 그만이지만, 하면 반드시 완성하기를 구한다. 그러므로 항상 그 공력을 백배로 하는 것이다. 이것은 고생하며 공부한 끝에 알게 되는 것이고 부지런히 노력해서 행하는 것이니, 용감한 일이다."

朱子曰: "君子之學, 不爲則已, 爲則必要其成; 故常百倍其功. 此困而知, 勉而行者也; 勇之事也."

2. 자상子上[38]은 여러 가지를 익혔는데 자사에게 배우기를 청하자, 자사가 말했다.

"선인先人께서 가르치신 것이 있다. 배울 때 반드시 성인의 학문에서 시작하는 것은 그 자질〔材〕을 이룰 수 있기 때문이요, 연마할 때 반드시 숫돌로 하는 것은 칼날을 날카롭게 할 수 있기 때문이다.

그러므로 공자의 가르침은 반드시 『시경』과 『서경』에서 시작하여 『예경禮經』와 『악경樂經』에서 마쳤으며, 다른 설은 참여시키지 않으셨다. 다시 무엇을 청하겠느냐!"

子上雜所習, 請於子思, 子思曰: "先人有訓焉, 學必由聖, 所以致其材也; 厲必由砥, 所以致其刃也. 故夫子之教, 必始於詩書, 而終於禮樂, 雜說不與焉, 又何請!" 『공총자』 「잡훈雜訓」

37 有弗行, 行之弗篤弗措也: 원서에 이 구절이 누락되어 『중용』을 근거로 보충했다.

38 자상子上: 자사子思의 아들인 공백孔白(?~?)을 가리킨다. 자상子上은 그의 자다.

3. 자사가 자상에게 말했다.

"백아! 내가 깊이 생각한 적이 있었으나 얻은 것이 없었는데, 배우니 깨닫는 것이 있었다. 또 내가 일찍이 발돋움하여 멀리 바라본 적이 있었으나 볼 수가 없었는데, 높은 곳에 올라가니 바라볼 수 있었다. 이 때문에 비록 타고난 본성이 있더라도 배움을 더해야 의혹이 없다는 것이다."

子思謂子上曰: "白乎! 吾嘗深有思而莫之得也, 於學則有寤焉; 吾嘗企有望而莫之見也, 登高則睹焉. 是故雖有本性, 而加之以學, 則無惑矣." 『공총자』「잡훈」

4. 자사가 말했다.

"배우기 때문에 재능이 더해지고, 숫돌에 갈기 때문에 칼날이 더욱 날카로워진다. 내가 고요한 곳에서 깊이 생각한 적이 있었으나 배우는 것보다 빠르지 않았고, 또 발돋움해서 멀리 바라보았으나 높은 곳에 오르는 것보다 널리 보지 못했다. 그러므로 바람결을 따라 소리치면 그 소리가 더 빨라지지 않으나 듣는 이는 많아지고, 언덕에 올라 손짓으로 부르면 팔이 더 늘어나지 않지만 보는 자는 더 멀리서 본다. 그러므로 물고기는 물결을 타고 헤엄치며, 새는 바람을 타고 날며, 초목은 시기에 맞춰 자라는 것이다."

子思曰: "學所以益才也, 礪所以致刃也. 吾嘗幽處而深思, 不若學之速; 吾嘗跂而望, 不若登高之博見. 故順風而呼, 聲不加疾, 而聞者衆; 登丘而招, 臂不加長, 而見者遠. 故魚乘於水, 鳥乘於風, 草木乘於時." 『설원說苑[39]』「건본建本」

39 『설원說苑』: 한나라 학자 유향劉向(기원전 77?~기원전 6)이 말년에 편찬한 교훈적인 설화집. 「군도君道」「신술臣術」「건본建本」「입절立節」 등 고대의 제후, 선현들의 업적이나 일화를 주제별로 수록했다. 모두 20권이다.

6

공명선
公明宣

공명선公明宣(?~?)은 노魯나라 남무성南武城 사람이다. 증자의 제자로 문하에 있을 적에 글을 읽지 않았다. 그러나 증자는 그가 부모를 섬기고 빈객을 접대하고 조정에서 아랫사람을 대하는 것을 통해 학문을 하고 있음을 인정했던 일화로 유명하다.

공명선이 증자에게 배웠는데, 3년 동안 글을 읽지 않았다.

그러자 증자가 말했다.

"선아! 네가 나의 문하에 있으면서, 3년 동안 배우지 않는 것은 무슨 까닭이냐?"

공명선이 말했다.

"어찌 감히 배우지 않았겠습니까? 제가 선생님께서 집 뜰에 계시는 것을 보니, 부모님이 계실 때는 성내고 꾸짖는 소리가 개나 말에게 이른 적이 없었습니다. 제가 그것을 기뻐해서 배우고 있으나 아직 잘하지 못합니다. 제가 선생님께서 손님을 접대하시는 것을 보니, 공손하고 검소하되 게으름을 피우지 않으셨습니다. 제가 기뻐서 배우고 있으나 아직 잘하지 못합니다. 제가 선생님께서 조정에 계시는 것을 보니, 아랫사람들을 엄격하게 대하지만 그들을 비방하거나 해를 끼치지 않았습니다. 제가 기뻐서 배우고 있으나 아직 잘하지 못합니다. 제가 이 세 가지 일을 기뻐해서 배우고 있으나 아직 잘하지 못합니다. 제가 어찌 감히 배우지도 않으면서 선생님의 문하에 있겠습니까?"

증자가 자리에서 일어나 사과하며 말했다.

"내가 깨닫지 못했구나. 너는 배우는 것이다!"

公明宣學於曾子, 三年不讀書. 曾子曰: "宣而居參之門, 三年不學, 何也?" 公明宣曰: "安敢不學? 宣見夫子居宮庭, 親在, 叱咤之聲, 未嘗至於犬馬; 宣說之, 學而未能. 宣見夫子之應賓客, 恭儉而不懈惰; 宣說之, 學而未能. 宣見夫子之居朝廷, 嚴臨下而不毁傷; 宣說之, 學而未能. 宣說此三者, 學而未能; 宣安敢不學, 而居夫子之門乎?" 曾參避席謝之曰: "參不及, 宣其學而已!" 『설원』「반질反質」

7

묵적
墨翟

묵적墨翟(기원전 468~기원전 376)은 송宋나라 사람인데 노魯나라 사람이라는 설도 있으며 춘추 말 전국 초에 활동했던 사상가 겸 정치가다. 공인 출신으로, 유학이 '번거로운 예의를 가지고 백성의 생산 활동을 방해하고 재물을 낭비함으로써 백성을 가난하게 만들 뿐'이라고 생각했다. 검소했다고 전해지는 하나라의 우임금을 추앙하며 허례허식을 버리고 절용설節用說과 모든 사람을 똑같이 사랑하고 이롭게 하는 겸애兼愛 사상을 바탕으로 전쟁을 비판하면서 묵가 학파를 창시했다. 저서로 『묵자墨子』[40]가 있다.

묵자 선생이 남쪽에서 유세하시다가 위衛나라로 갈 때, 수레 짐칸에 실은 책이 매우 많았다.현당자弦唐子[41]가 그것을 보고 이상하게 여기며 말했다.

"선생님께서 공상과公尙過[42]를 가르치실 때는 '옳고 그름만 헤아

40 『묵자墨子』: 묵적의 저서. 현재 53편이 전해지며, 묵자와 그 문하인들이 보충해가며 완성한 것으로 보인다. 그중 「경經 상」「경 하」「경설 상」「경설 하」「대취大取」「소취小取」 등 6편은 묵자의 인식론과 논리학 등을 살펴볼 수 있다. 『묵경墨經』 혹은 『묵변墨辯』으로 불린다.

41 현당자弦唐子: 묵자의 제자다.

42 공상과公尙過: 묵자의 제자다. 공상과公上過라고 쓰기도 한다.

릴 줄 알면 된다'라고 하셨는데, 지금 선생님께서 매우 많은 책을 실은 것은 어떤 이유입니까?"

묵자께서 답하셨다.

"옛날 주공 단周公 旦[43]은 아침에는 100권의 책을 읽고 저녁에는 70명의 선비를 만났다. 그리하여 주공 단은 천자를 보필해서, 그가 닦은 업적이 지금까지 전해진다. 나는 위로는 임금을 섬길 일이 없고 아래로는 농사의 어려움도 없으니, 내가 어찌 감히 이것을 그만두겠느냐? 나는 '같은 결과로 귀결되는 일도 진실로 어긋나는 경우가 있다'라는 것을 들었다. 이 때문에 백성이 듣고 따르는 것이 균일하지 않다. 그리고 이런 이유로 책이 많아지게 된 것이다. 지금 공상과의 마음은 정미한 부분까지 꼼꼼히 헤아리고 살펴, 같은 곳으로 귀결되는 일에 대해서는 이미 그 요점을 알고 있다. 이 때문에 책으로 가르치지 않았던 것인데, 그대는 어째서 이상하게 생각하느냐?"

子墨子南遊使衛, 關中(猶云扃中)載書甚多; 弦唐子見而怪之曰: "吾夫子教公尙過曰'揣曲直而已' 今夫子載書甚多, 何有也?" 子墨子曰: "昔者周公旦朝讀書百篇, 夕見漆(七)十士; 故周公旦佐相天子, 其修至於今. 翟上無君上之事, 下無耕農之難, 吾安敢廢此? 翟聞之, 同歸之物, 信有誤者, 然而民聽不鈞(均), 是以書多也. 今若過之心者, 數逆於精微, 同歸之物, 旣已知其要矣, 是以不教以書也. 而子何怪焉?" 『묵자墨子』「귀의貴義」

43 주공周公 단旦(기원전 1100?~?): 산시陝西 기산岐山 사람으로 성이 희姬이고, 이름이 단旦이다. 숙단叔旦이라고도 한다. 주 문왕 희창姬昌의 넷째 아들이고, 무왕 희발姬發의 이복동생이다. 강태공, 소공 석奭과 함께 주나라를 창건한 공신이다. 주나라 땅에 봉해졌기 때문에 주공周公으로 일컬어진다. 주 문공文公으로도 불리며 산둥 곡부曲阜에 봉해져 노나라의 시조가 되었다. 무왕을 도와 상나라의 마지막 왕 주를 멸망시키고, 동이東夷의 반란을 평정했으며 무왕이 죽은 뒤에는 어린 조카 성왕을 도와 주 왕조의 기틀을 확립했다.

8

맹가
孟軻

맹가孟軻(기원전 372?~기원전 289?)는 자가 자여子輿이며 추鄒나라 사람이다. 유가의 대표적인 사상가이자 교육가. 높여서 맹자孟子라 부른다. 노나라 귀족 출신으로 공문의 적통을 대표하는 공자의 손자 자사子思를 사숙했다. 천인합일天人合一, 성선설性善說 등을 주장했다. 주 왕실의 힘이 극도로 미약하고, 제후들이 승부를 다투는 싸움을 벌이는 혼란한 시대 상황 속에서 맹자는 무력에 의한 패도를 버리고 인의왕도仁義王道의 덕치로 다스릴 것을 주장했다. 저서로 『맹자孟子』가 있다.

1. 널리 배우고 상세히 설명하는 것은, 돌이켜서 요점을 설명하기 위한 것이다.

博學而詳說之, 將以反說約也. 『맹자』「이루 하離婁 下」

〔해설〕 주자가 말했다.

"글에서 널리 배우고 그 이치를 상세하게 설명하는 까닭은, 지식이 많은 것을 자랑하고 화려함을 다투려고 하는 것이 아니다. 자세히 이해하고 본질을 관통하고 돌이켜 반성해서 설명이 지극히 요약된 경지에 도달하기를 바라는 것이다."

朱子曰: "言所以博學於文而詳說其理者, 非欲以誇多而鬪靡也; 欲其融會貫通, 有以反而說到至約之地."

2. 시를 해설하는 자는, 글자 하나 때문에 한 구의 뜻을 해쳐서는 안 되고 한 구의 의미 때문에 글 전체의 뜻을 해쳐서도 안 된다. (자신의 마음으로) 작자의 뜻을 거슬러 헤아려야 글의 의미를 이해할 수 있다. 만일 한 구절의 뜻만 가지고 해석한다면, 『시경』「운한雲漢」시에서,

주나라에서 남아있는 백성은 周餘黎民
간신히 살아남은 이도 없다 靡有孑遺

라고 했으니, 이 말을 그대로 믿는다면 주나라에 남은 백성이 하나도 없다는 말이 된다.

說詩者, 不以文害辭, 不以辭害志. 以意逆志, 是爲得之. 如以辭而已矣,「雲漢」之詩曰 '周餘黎民, 靡有孑遺.', 信斯言也, 是周無遺民也.

『맹자』「만장 상萬章 上」

〔해설〕 주자가 말했다.

"시를 해설하는 방법을 말하자면, 글자 하나 때문에 한 구절의 의미를 해쳐서는 안 되고 한 구절 때문에 글을 지은 뜻을 해쳐서는 안 되며, 마땅히 자신의 뜻을 가지고 작자의 뜻을 헤아려 받아들여야만 글의 의미를 이해할 수 있다. 만약 그 글만 가지고 해설할 뿐이라면, 제시된 예와 같이『시경』「운한雲漢」편에서 말한 것처럼, 주나라의 백성은 남아있는 사람이 전혀 없다는 말이 된다. 따라서 오직 자신의 뜻을 가지고 작자의 뜻을 헤아려 본다면 시인의 의도가 가뭄을 근심하는 데에 있는 것이지, 정말 남아있는 백성이 없다고 말한 것이 아님을 알 수 있다."

朱子曰: "言說詩之法, 不可以一字而害一句之義, 不可以一句而害設辭之志, 當以己意迎取作者之志, 乃可得之. 若但以其辭而已, 則如『雲漢』所言, 是周之民眞無遺種矣. 惟以意逆之, 則知作詩者之志在於憂旱, 而非眞無遺民也."

3. 한 지방의 훌륭한 선비가 되어야 그 지방에서 훌륭한 선비와 벗하고, 한 나라의 훌륭한 선비가 되어야 그 나라의 훌륭한 선비와 벗하며, 천하의 훌륭한 선비가 되어야 천하의 훌륭한 선비와 벗할 수 있다. 천하의 훌륭한 선비를 벗하는 것으로도 아직 충분하지 않다고 여겨, 또 과거로 거슬러올라가 옛사람의 말과 행동을 논하니, 옛사람의 시를 외우고 옛사람의 글을 읽고도, 그 사람을 알지 못하면 되겠는가? 이 때문에 그 사람이 살았던 시대를 논하는 것이다. 이것을 상우尙友[44]라고 한다.

一鄕之善士, 斯友一鄕之善士; 一國之善士, 斯友一國之善士; 天下之善士, 斯友天下之善士. 以友天下之善士爲未足, 又尙論古之人, 頌其詩, 讀其書, 不知其人, 可乎? 是以論其世也; 是尙友也. 『맹자』「만장 상」

〔해설〕 주자가 말했다.

"'그 시대를 논한다論其世'는 것은, 그 당시 일을 실행한 자취를 논하는 것이다. 말하자면, 이미 그 사람의 말을 살펴보았으면 그 사람됨의 실상을 알지 않을 수 없다. 이 때문에 다시 그 사람의 행실을 고찰하는 것이다."

朱子曰: "論其世, 論其當世行事之跡也. 言旣觀其言, 則不可以不知其爲人之實; 是以又考其行也."

4. 맹자께서 말씀하셨다.

44 상우尙友: 독서를 통해서 옛사람을 벗으로 삼는 일을 가리킨다.

“왕께서 지혜롭지 않게 행동하는 것을 이상하게 생각하지 마십시오. 비록 세상에서 잘 자라는 식물이 있더라도, 하루만 따뜻하게 해주었다가 열흘 동안 차게 하면 살 수 없을 것입니다. 제가 왕을 뵙는 시간도 적은데다가, 제가 물러나면 차갑게 하는 자가 이르니, 제가 만일 싹을 틔운 것이 있었다고 하더라도 어떻게 되겠습니까?

지금 바둑을 두는 것은 작은 기술이지만 마음을 집중하고 뜻을 다하지 않으면 깨칠 수 없습니다. 혁추奕秋는 나라 전체에서 바둑을 가장 잘 두는 자입니다. 가령 혁추가 두 사람에게 바둑을 가르치는데, 그중 한 사람은 마음을 집중하고 뜻을 다해서 오직 혁추의 가르침만을 듣고, 또 한 사람은 비록 그 가르침을 듣기는 하지만 마음 한쪽에선 큰 기러기와 고니가 날아오면 활과 주살을 당겨 사냥할 것을 생각한다면, 비록 함께 배우더라도 같지 않을 것입니다. 이것이 그 지혜가 같지 않기 때문이겠습니까?”

왕이 대답했다.

“그렇지 않다.”

孟子曰, “無或(同惑)乎王之不智也. 雖有天下易生之物也, 一日暴之, 十日寒之, 未有能生者也. 吾見亦罕矣, 吾退而寒之者至矣, 吾如有萌焉, 何哉! 今夫奕之爲數, 小數也; 不專心致志, 則不得也. 奕秋通國之善弈者也; 使奕秋誨二人奕, 其一人專心致志, 惟奕秋之爲聽; 一人雖聽之, 一心以爲有鴻鵠將至, 思援弓繳而射之, 雖與之俱學, 弗若之矣. 爲是其智弗若與?” 曰: “非然也.” **『맹자』「고자 상告子 上」**

5. 학문의 방도에는 다른 것이 없다. 그 흐트러진 마음을 다잡는 것뿐이다.

學問之道無他, 求其放心而已矣. **『맹자』「고자 상」**

〔해설〕 주자가 말했다.

"이와 같이만 할 수 있다면 의지와 기개는 맑고 분명해지고 의리義理가 밝게 드러나서, 높은 수준에 도달할 수 있다. 그렇지 않으면 흐리멍덩해지고 산만해져서, 비록 학문에 종사한다고 말하더라도 끝내 깨달아 밝히는 것이 없을 것이다."

朱子曰: "能如是, 則志氣淸明, 義理昭著, 而可以上達. 不然, 則昏昧放逸, 雖曰從事於學, 而終不能有所發明矣."

6. 『서경』의 내용을 다 믿는다면 『서경』이 없는 것만 못하다. 나는 「무성武成」[45] 편에서 겨우 두세 가지[46] 내용만 취할 뿐이다.

盡信『書』, 則不如無『書』; 吾於「武成」, 取二三策而已矣. 『맹자』「진심 상盡心 上」

〔해설〕 정자가 말했다.

"천명天命을 받들어 폭군을 정벌하는 뜻과 정사를 좋게 되돌려 어진 정치를 시행하는 법을 취할 뿐이다."

程子曰: "取其奉天伐暴之意, 反政施仁之法而已."

7. 사람은 모두 음식으로 굶주림을 낫게 하는 법은 알지만, 학문으로 어리석음을 낫게 하는 법은 알지 못한다.

人皆知以食愈饑, 而莫知以學愈愚. 『설원說苑』「건본建本」

45 무성武成: 『서경』「주서」의 편명이다. 주나라 무왕이 은나라를 정벌하고 나서, 군인과 말을 돌려보내고, 여러 신에게 제사하고 여러 제후에게 고한 것과 그 정사政事를 기록한 내용을 담았다.

46 두세 가지: 원문은 '이삼책二三策'으로, 여기서 책策은 죽간竹簡을 가리킨다. 죽간은 보통 서책을 말하는데, 여기서는 「무성」 편의 일부라는 의미로 사용되었다.

8. 맹자께서 말씀하셨다.

"사람은 모두 자기의 밭에 거름을 주는 것은 알지만, 자기의 마음에 거름을 주는 것은 알지 못한다. 밭에 거름을 주는 것은 싹을 북돋아서 곡식을 얻는 것에 불과하지만, 마음에 거름을 주는 것은 행동을 바꾸고 욕심을 없애는 것이다. 마음에 거름을 준다는 것은 무엇을 말하는가? 널리 배우고 많이 듣는 것이다. 행동을 바꾼다는 것은 무엇을 말하는가? 한번 욕심을 내더라도 지나치게 탐하지 않는 것이다."

孟子曰: "人皆知糞其田, 而莫知糞其心. 糞田不過利苗得粟, 糞心易行而無所欲. 何謂糞心? 博學多聞; 何謂易行? 一欲止淫." **『계암만필戒菴漫筆』[47] 권2, 「맹자고본산본孟子古本删本」**

47 『계암만필戒菴漫筆』: 명나라 학자 이후李詡가 편찬한 책으로 모두 8권이다. 이후는 자가 후덕厚德이고, 강음江陰 사람이다. 조정과 민간의 전고典攷·시문詩文·쇄어瑣語와 해학 비슷한 사항 등을 잡다하게 기록한 것으로 명나라 총서 『설부說郛』에 수록되어 있다.

9

열어구
列禦寇

열어구列御寇는 전국시대 정鄭나라 사상가이자 문학가다. 도가학파의 대표적 인물로 천동설, 지동설, 우주무한설 등의 학설을 제시했으며, 당나라 현종玄宗 때 충허진인沖虛眞人으로 봉해졌다. 저서로 『열자列子』[48]가 있다.

심도자心都子가 말했다.

"큰길은 갈림길이 많아서 양을 구할 수 없고,[49] 학자는 지향하는 것이 많아서 일생을 잃어버린다. 학문이 본래 같지 않은 것도 아니고 근본이 하나가 아닌 것도 아닌데, 결말은 이처럼 달라진다. 오직 같은 곳으로 돌아가고 한 가지 근본을 돌이켜야 잃는 것이 없을 것이다."

心都子曰: "大道以多歧亡羊, 學者以多方喪生. 學非本不同, 非本不一, 而末異若是; 唯歸同反一, 爲亡得喪." 『열자』「설부說符」

48 『열자列子』: 열어구의 저술. 정확한 저작연대는 알 수 없으나, 대체로 춘추전국시대에 지어졌다고 본다. 8편으로 되어 있으며, 많은 우언과 고사를 활용하여 경각심을 주는 교훈이 담겼다. 『충허경沖虛經』『충허진경沖虛眞經』으로도 불린다.

49 갈림길이 (…) 구할 수 없고: 원문은 다기망양多岐亡羊인데 상황이 복잡하고 변화가 많아서 방향을 잃어버리고 갈림길에 잘못 들어서는 것을 비유한 말이다.

10

장주
莊周

장주莊周(기원전 369?~기원전 286?)는 고대 송나라 출신 철학가이자 문학가. 노자의 사상을 이어 도가 사상을 크게 일으켜, 노자와 더불어 '노장老莊'으로 불렸다. 장자의 사상은 위魏, 진晉의 현학玄學에서 특히 중시되며, '죽림칠현'의 사상적 기준을 제공하는 동시에 불교 사상과 결합하여 '장석莊釋(장자와 석가의 학)'을 이루었고, 나아가서 선禪 사상의 형성에도 큰 영향을 미쳤다. 또한 자유분방한 사상을 표현하는 독특한 비유와 문체는 매우 특출한 명문名文으로서 문학적 가치도 높다. 그는 자연을 숭배하며 내성외왕 사상을 제안했다. 저서로 『장자莊子』[50]가 있다.

제나라 환공桓公[51]이 당堂 위에서 책을 읽고 있는데, 수레바퀴 장인

50 『장자莊子』: 장자의 저술로 알려진 책. 지금의 『장자』는 서진西晉의 곽상이 52편본을 33편(내편 7편, 외편 15편, 잡편 11편)으로 정리한 것이다. 이중 내편 7편이 가장 오래되었으며, 특히 「소요유逍遙遊」「제물론齊物論」 2편은 장자 사상의 정수가 담겨 있다. 다른 편들은 위 2편의 사상을 다양한 각도에서 덧붙이고 펼쳐나간 것으로, 전국 말부터 한나라 초에 걸쳐 구성된 것이다. 도가 사상가들이 원본 『장자』를 편찬하면서 장주에게 가탁했다는 설도 있다.

51 제齊나라 환공桓公: 춘추시대 제나라의 16대 임금(재위 기원전 685~기원전 643)이다. 성이 강姜, 휘가 소백小白, 강태공姜太公의 12세손이며, 춘추시대의 패왕이다. 고혜高傒와 포숙아의 활약에 의해 공자 규와의 왕위 계승 분쟁에서 승리해 제나라의 군주가 되었다. 관중을 재상으로 삼고 제나라를 강대한 나라로 만들었으며, 실권을 잃어버린 중국 동주 왕실을 대신해 회맹을 거행했다.

윤편輪扁이 당 아래에서 수레바퀴를 깎고 있다가 망치와 끌을 놓고는 당 위로 보고 환공에게 물었다.

"감히 여쭤보건대 공께서 읽는 글은 누구의 말입니까?"

환공이 말했다.

"성인의 말씀이다."

윤편이 말했다.

"그 성인은 살아 있습니까?"

환공이 말했다.

"이미 돌아가셨다."

윤편이 말했다.

"그렇다면 임금께서 읽고 계신 것은 옛사람의 찌꺼기일 뿐입니다."

환공이 말했다.

"내가 독서를 하는데 수레바퀴를 만드는 장인 따위가 어찌 왈가왈부할 수 있단 말이냐! 설명할 것이 있다면 괜찮지만 설명할 것이 없다면 죽일 것이다!"

윤편이 말했다.

"신의 일로 비춰 살펴보면, 수레바퀴를 너무 깎으면 헐거워서 견고하지 않고, 덜 깎으면 꽉 끼어 들어가지 않습니다. 너무 깎지 않거나 덜 깎지 않는 것은, 손에서 터득해서 마음속에서 반응한 것이기에 입으로 말할 수 없으나 그사이에 일정한 규칙이 존재합니다. 이 때문에 저는 제 자식에게도 이 법을 깨우쳐줄 수 없고, 제 자식도 저에게서 전해 받을 수 없습니다. 이러한 까닭에 제가 나이 일흔이 되어 늙도록 수레바퀴를 깎고 있는 것입니다. 옛사람은 전할 수 없는 도와 함께 죽었습니다. 그러므로 공께서 읽는 것은 옛사람의 찌꺼기에 지나지 않는 것입니다."

桓公〔齊桓公〕讀書於堂上, 輪扁斲輪於堂下, 釋椎鑿而上問桓公曰: "敢問公之所讀爲何言邪?" 公曰: "聖人之言也." 曰: "聖人在乎?" 曰:

“已死矣.” 曰: “然則君之所讀, 古人之糟粕已夫!” 桓公曰: “寡人讀書, 輪人安得議乎! 有說則可, 无說則死!” 輪扁曰: “臣也以臣之事觀之. 斲輪徐則甘而不固, 疾則苦而不入. 不徐不疾, 得之於手, 而應於心. 口不能言[52], 有數存焉於其間. 臣不能以喩臣之子, 臣之子亦不能受之於臣. 是以行年七十而老斲輪. 古之人與其不可傳也死矣, 然則君之所讀者, 故人之糟魄已夫!” 『장자莊子』「천도天道」

52 能言능언: 원문은 ‘言而’로 되어 있으나, 『사고전서』『장자주莊子注』 등에 따라 바로잡았다.

11

순황
荀況

순황荀況(기원전 298~기원전 238)은 자가 경卿이고 조趙나라 사람이다. 전국시대 학자로 높여서 순자荀子라고 부르며, 성악설性惡說을 주장한 것으로 잘 알려져 있다. 유물론적 경향의 유학자로 나라의 구성원들이 자신의 직분에 만족하는 군거화일群居和一의 질서와 예의禮義라는 수단을 제기했으며, 제가의 사상을 비판적으로 흡수해 선진先秦사상을 집대성했다. 저서로 『순자荀子』[53]가 있다.

1. 눈은 한 번에 두 가지를 보지 말아야 분명하게 볼 수 있고, 귀는 한 번에 두 가지를 듣지 말아야 또렷이 들을 수 있다. (…) 그러므로 군자는 하나에 집중한다.

目不兩視而明, 耳不兩聽而聰, (…) 故君子結於一也. 『순자荀子』「권학勸學」

53 『순자荀子』: 순황의 사상을 모은 책이다. 처음에는 『손경신서孫卿新書』라고 했다. 현존하는 판본은 20권 33편으로 되어 있으나 원래 12권 322편이던 것을 한나라 유향劉向이 중복된 것을 정리해서 32편으로 만들었다. 이후 당나라 때 양경楊倞이 20권 32편으로 개편하고, 주를 달고 『손경자孫卿子』라 개칭했다가 『순자』라고 간략히 불리게 되었다. 문헌학적으로는 편의 순서에 따라 수신파전승修身派傳承이 6편, 치국파治國派 9편, 이론파理論派 6편, 나머지는 순자 문인들의 잡록雜錄으로 유별할 수 있으며, 내용적으로는 권학勸學·예론禮論·성악론性惡論이 중심을 이룬다.

2. 학문은 어디에서 시작하여 어디에서 끝나는가?

"그 방법은 경전經典을 외우는 데서 시작하고 전례典禮[54]를 읽는 데서 끝난다. 그 의의는 선비가 되는 데서 시작하여 성인이 되는 데서 끝난다. 진심으로 쌓고 힘써 오래도록 행하면 학문의 경지에 들어가는데, 진정한 학문은 죽은 후에야 끝나는 것이다. 그러므로 학문의 방법은 끝이 있으나 그 의의는 잠시라도 잊어서는 안 된다."

學惡乎始? 惡乎終? 曰: "其數則始乎誦經, 終乎讀禮. 其義則始乎爲士, 終乎爲聖人. 眞積力久則入, 學至乎沒而後止也. 故學數有終, 若其義, 則不可須臾離[55]也." 『순자』「권학」

3. 비슷한 부류[56]로 견주는 것에 대해 통달하지 않으면, (…) 잘 배웠다고 할 수 없다. 배운다는 것은, 본래 하나의 이치로 사물을 꿰뚫어 보는 것을 배우는 것이다.

倫類不通 (…), 不足謂善學. 學也者, 固學一之也. 『순자』「권학」

〔해설〕 양경楊倞[57]이 말했다.

"하나의 이치로써 전체를 꿰뚫어 보고, 비슷한 부류의 사물과 접촉했을 때 지식을 확장시키는 것을 말한다."

楊倞曰: "謂一以貫之, 觸類而長也."

54 전례典禮: 각종의 제도와 행사 관련 의식에 관한 저술을 가리킨다.

55 離: 『사고전서』에는 '사舍'로 되어 있다.

56 비슷한 부류: 원문은 윤류倫類인데, 여기서 윤倫은 비슷한 부류를 가리키고, 유類는 '비기다, 견주다, 비교하다'의 뜻으로 사용되었다. 즉 비슷한 사물로써 견주어 표현하는 것을 말한다.

57 양경楊倞: 당나라 때의 학자. 『순자』에 주석을 달고 다시 정리하여 『손경자孫卿子』라고 했다. 현재 순자의 원래 판본인 『손경신서孫卿新書』대신 그의 주석본만 전하고 있다.

4. 외우고 해설하여 꿰뚫어 보고, 깊이 헤아려 생각해서 통달한다.
誦數以貫之, 思索以通之. 『순자』 「권학」

〔해설〕 유월兪樾이 말했다.

"송수誦數는 '외우고 해설하다誦說'와 같은 말이다."

兪樾曰: "誦數, 猶誦說也."

5. 마음을 어떻게 해야 알 수 있는가?

"비우고〔虛〕 한 가지만 생각하되〔一〕 고요해야 한다.〔靜〕

마음은 항상 여러 생각을 품고 있지 않은 적이 없으나 비어있는 상태가 될 때가 있다. 마음은 항상 여러 가지 생각으로 가득 차 있지[58] 않은 적이 없으나 한 가지만 생각할 때가 있다. 마음은 항상 움직이지 않은 적이 없으나 고요한 상태가 될 때가 있다.

사람이 태어나면서 지각을 지니는데, 지각이 있으면 뜻을 갖게 된다. 뜻을 갖는다는 것은 여러 생각을 품고 있다는 것이다. 그러나 비어 있는 상태가 될 때가 있다고 하는 것은, 이미 품고 있는 생각 때문에 새로운 것을 받아들이는 데 방해가 되지 않는 것이니, 그것을 비어있는 상태〔虛〕라고 한다.

마음이 생겨나면서 지각을 지니는데, 지각이 있으면 다름을 분별하게 된다. 다름을 분별한다는 것은, 동시에 여러 가지를 지각하는 것이다. 동시에 여러 가지를 지각하면 생각이 나뉘게 된다. 한 가지만 생각한다는 것은, 저 생각 때문에 이 생각이 방해를 받지 않는 것이니, 그것을 한 가지만 생각하는 상태〔一〕라고 한다.

마음이 잠자면 멍해지고 마음이 게으르면 제멋대로 움직이며 마

58 여러 (…) 있지: 원문은 '만滿'인데 양경은 '양兩'이 옳다고 보았다. 마음이 동시에 여러 감정을 지니는 것을 말한다. '만滿' 역시 마음이 감정들로 가득한 상태를 말하는 것이니 비슷한 의미다.

음을 사용하면 어떤 일을 꾀하게 된다. 그러므로 마음은 움직이지 않은 적이 없다. 그러나 고요할 상태가 될 때가 있다는 것은, 멍한 상태가 지나쳐 지각을 어지럽히지 않는 것이니, 그것을 고요한 상태〔靜〕라고 한다."

心何以知? 曰: "虛壹而靜. 心未嘗不臧也, 然而有所謂虛; 心未嘗不滿也, 然而有所謂一; 心未嘗不動也, 然而有所謂靜. 人生而有知, 知而有志; 志也者, 臧也; 然而有所謂虛, 不以所已臧, 害所將受, 謂之虛. 心生而有知, 知而有異; 異也者, 同時兼知之; 同時兼知之, 兩也; 然而有所謂一, 不以夫一害此一, 謂之壹. 心臥則夢, 偷則自行, 使之則謀, 故心未嘗不動也; 然而有所謂靜, 不以夢劇亂知, 謂之靜." 『순자荀子』「해폐解蔽」

12

한비
韓非

한비韓非(기원전 280?~기원전 233)는 전국 말기의 정치가 겸 사상가. 한韓나라 왕족으로, 젊어서 진秦나라의 이사李斯와 함께 순자에게 배워 뒷날 법가法家 사상을 크게 완성했다. 한비자가 말하는 법은 상앙商鞅에 뿌리를 두고 있으며, 방법은 신불해申不害에 근원을 두고 있다. 통치자의 이익을 위해 유능한 인재를 기용해야 한다고 주장했다. 저서로 『한비자韓非子』[59]가 있다.

남쪽의 영郢나라 사람이 북쪽의 연燕나라 재상에게 국서國書를 보낼 일이 있어, 밤에 글을 쓰는데 불빛이 밝지 않았다. 그래서 촛불을 들고 있던 자에게 말했다.

"촛불을 높이 들어라擧燭."

그렇게 말하다가 국서에 '거촉擧燭'이라고 썼는데, 그것은 원래 편지에 쓰려던 뜻이 아니었다.

그런데 연나라 재상이 그 국서를 받아보고 기뻐하며 말했다.

"촛불을 들라는 것은 밝음을 숭상하라는 뜻이고, 밝음을 숭상하는 것은 어진 이를 발탁하여 국정을 맡기라는 것이다."

59 『한비자韓非子』: 전국 말기 법치주의를 주창한 한비와 그 일파의 저술을 모아 엮은 책. 한비가 죽은 후 전한 중기(기원전 2세기 말) 이전에 지금의 형태로 정리된 것으로 추정된다. 55편 20책으로 되어 있으며, 원래 『한자韓子』라 불리던 것을 후에 당나라의 한유韓愈의 저술과 구분하기 위해 지금의 이름으로 바꿔 불렀다.

연나라 재상이 왕에게 이 내용을 아뢰니, 왕이 크게 기뻐했다. 나라가 이로부터 잘 다스려지게 되었다.

나라가 잘 다스려지기는 했지만, 그것은 원래 편지에 쓰려던 뜻이 아니었다. 지금 세상의 학자들은 대체로 이러한 부류와 같다.

郢人有遺燕相國書者, 夜書, 火不明, 因謂持燭者曰: "擧燭[60]." 而過書 '擧燭', 擧燭非書意也. 燕相受書而說之曰: "擧燭者, 尙明也. 尙明也者, 擧賢任之." 燕相白王, 王大說. 國以治. 治則治矣, 非書意也. 今世學者多似此類. 『한비자韓非子』「외저설좌 상外儲說左 上」

60 燭: 『사고전서』에는 '燭' 뒤에 '云'이 있다.

13

여불위
呂不韋

여불위呂不韋(?~기원전 235): 전국 말기 진秦나라 정치가로 복양濮陽 사람이다. 원래 양적陽翟의 큰 상인으로 국경을 넘나들며 장사해 거금을 모았다. 재상이 되어 중부仲父라는 칭호로 불리며 중용되었으나, 태후太后(진시황의 모후이자 여불위의 첩)의 간통 사건에 휘말려 귀양 가다가 자결했다. 『여씨춘추呂氏春秋』[61]를 편찬했다.

1. 학문은 사람에게 어떤 유익함을 줄 수 있는 것이 아니라, 하늘이 내려준 본성을 깨치는 것이다. 즉 하늘이 부여한 본성을 온전히 보존해서 훼손시키지 않을 수 있어야 '좋은 학문'이라고 부를 수 있다.
凡學, 非能益也, 達天性也. 能全天之所生, 而勿敗之; 是謂善學. **『여씨춘추』「존사尊師」**

2. 배울 때는 반드시 학업에 진전이 있도록 힘써야 한다. 마음은 미혹되지 말고, 읽고 읊조리는 데 힘쓰며, 스승께 묻고 듣는 것을 공손하게 하고, 기분이 좋은지 살펴본 후 글의 뜻을 물으며, 듣고 보는 것을 유순하게 해서 그 뜻을 거스르지 말고, 물러나 배운 것을 깊이 생

61 『여씨춘추呂氏春秋』: 진나라 재상 여불위가 선진시대의 여러 학설, 역사적 사실과 이야기 등을 모아 8람覽, 6론論, 12기紀로 분류해서 수록한 책이다. 총 26권이며 유가儒家, 법가法家, 노장가老莊家 순으로 되어 있다.

각해서 말씀하신 것을 연구하며, 때때로 학설을 분별해 도를 논의하고, 말재주에 얽매이지 말고 반드시 법도에 맞게 하며, 그 뜻을 깨쳐도 자랑하지 말고 잃어도 부끄러워하지 말며, 반드시 타고난 본성을 돌이켜보아야 한다.

凡學, 必務進業. 心則無營, 疾諷誦, 謹司聞, 觀驩愉, 問書意, 順耳目, 不逆志, 退思慮, 求所謂, 時辨說, 以論道, 不苟辨, 必中法, 得之無矜, 失之無慙, 必反其本. 『여씨춘추』「존사」

〔해설〕 고유高誘[62]가 말했다.

"本본은, 본성本性을 말한다."

高誘曰: "本, 謂本性也."

3. 학문을 잘하는 사람은, 다른 사람의 장점을 빌려서 자신의 단점을 보완한다.

善學者, 假人之長, 以補其短. 『여씨춘추』「용중用衆」

4. 공구孔丘〔공자〕와 묵적墨翟〔묵자〕은 낮에는 경서를 암송하며 학업을 익혔고, 밤에는 꿈에서 문왕과 주공 단을 만나 모르는 것을 물어보았다[63]고 한다. 뜻을 쓰는 것이 이처럼 정밀했으니, 어떤 일이든 통달하지 않겠으며, 무엇을 하던 이루지 못했겠는가? 그러므로 "정밀하고 익숙하게 공부하면 귀신이 와서 그것을 알려줄 것이다精而熟之, 鬼將告之"라고 했으나, 실제 귀신이 그것을 알려준 것이 아니라, 그것

62 고유高誘: 삼국시대 위나라에서 활동한 학자. 탁군涿郡 사람이며, 어려서 노식盧植에게 배웠다. 인성人性은 천지의 성性에 근본 한다고 강조했으며, 정치할 때도 천도와 인성에 근본할 것을 주장했다. 경서나 제자서에 주석을 달았는데 특히 『회남자淮南子』의 주석이 유명하다.

을 정밀하고 익숙하게 한 것이다.
蓋聞孔丘·墨翟, 晝日諷誦習業, 夜親見文王·周公旦而問焉. 用志如此其[64]精也, 何事而不達, 何爲而不成? 故曰: "精而熟之, 鬼將告之" 非鬼告之也, 精而熟之也. 『여씨춘추』「박지博志」

5. 영월甯越[65]은 중모中牟에 사는 시골 사람인데, 농사일을 괴로워하다가 자신의 벗에게 말했다.

"어떻게 해야 이 괴로움에서 벗어날 수 있겠는가?"

"공부하는 것보다 나은 것이 없네. 30년을 공부한다면 현달할 수 있을 것이네."

"나는 15년 만에 현달하겠네. 다른 이가 쉬려고 할 때 나는 쉬지 않고 다른 이가 누우려고 할 때 나는 눕지 않겠네."

15년 지나 주周나라 위공威公[66]의 스승이 되었다.
甯戚[67], 中牟之鄙人也. 苦耕稼之勞, 謂其友曰: "何爲而可以免此苦也?" 其友曰: "莫如學; 學三十歲, 則可以達矣." 甯越曰: "請以十五歲. 人將休, 吾不敢休, 人將臥, 吾不敢臥." 十五歲而爲周威公之師. 『여씨춘추』「박지」

63 밤에는 (…) 물어보았다: 문왕과 주공은 공자와 묵자보다 이전 시대 사람이다. 곧 여기서 '직접 만났다親見'는 것은 실제로 만났다는 것이 아니라 꿈에서 만나 대화할 정도로 간절했다는 것이다. 공자는 『논어』「술이」에서 "심하구나. 내가 쇠약해짐이여! 오래되었구나. 내가 꿈에서 주공을 다시 뵈지 못한지가子曰, '甚矣. 吾衰也! 久矣, 吾不復夢見周公!'"라고 했다.

64 其: 『사고전서』본에는 '眞'으로 되어 있다.

65 영월甯越: 전국 조趙나라 중모中牟 사람이다.

66 위공威公: 주공의 후손으로 성姓이 희姬이고, 이름이 조竈다.

67 越: 원문에는 '戚'으로 되어 있다. 『사고전서』본에 따라 교정했다.

제2부

漢 한

14

복승
伏勝

복승伏勝(기원전 264~기원전 170)은 전한 때의 경학가로 자가 자천子賤이고 제남濟南 사람이다. 복희의 후예라고 전한다. 『사기』에는 복생伏生으로 되어 있다. 진秦나라 때 박사博士를 지냈으며, 진시황이 분서갱유를 단행할 때 벽 속에 『상서』를 숨겼다가 수십 편을 잃어버리고 28편을 보존해 한나라 초기에 꺼내 전했는데, 이것이 『금문상서今文尙書』다. 한나라 문제文帝가 『상서』에 능하다는 소문을 듣고 조조鼂錯를 보내 그에게 배우게 했다. 장생張生과 구양생歐陽生 등도 배웠으며, 그 학맥이 이어져 상서학파가 되었다. 저서로 『상서대전尙書大傳』[1]이 있다.

배운다는 것은, 본받는 것이다.

學, 效也. 『상서대전尙書大傳』

1 『상서대전尙書大傳』: 중국 최초의 역사서로 평가되는 『상서』에 주석과 본문을 추가한 책이다. 중국 전한 시대의 복생(복승)이 편찬한 것을 제자들이 엮었다고 전한다. 이 책에는 한나라 이전의 『상서』에는 나타나지 않는 내용인 기자동래설箕子東來說이 추가되어 있다.

15

한영
韓嬰

한영韓嬰(기원전 200?~기원전 130)은 전한 때의 학자로 연燕나라 사람이다. 한생韓生이라고 한다. 한시학韓詩學의 개창자로,『시경』과『주역』을 깊이 연구했다. 무제 때 동중서董仲舒와 황제 앞에서 토론하면 동중서가 당해내지 못했다고 한다. 그의 이론은 전한 초기에『시경』을 전수한『노시魯詩』『제시齊詩』『모시毛詩』와 함께 사가四家로 꼽혔다. 저서로『한시외전韓詩外傳』이 있다.

잘하지 못하면 배우고 알지 못하면 물어라. 비록 알더라도 반드시 겸손해야 한다. 그렇게 한 이후에야 아는 것이 된다.

不能則學, 不知則問; 雖知必讓, 然後爲知. 『한시외전』 권4

16

가의
賈誼

가의賈誼(기원전 200~기원전 168)는 전한 때의 사상가이자 정치가로 낙양洛陽 사람이다. 정삭正朔과 복색服色을 고치고, 법도를 마련하고, 예악을 제정했으며 정치 개혁에 관해 여러 글을 남겼다. 시문에 뛰어나고 제자백가에 정통하여 문제의 총애를 받아 22세에 박사가 되었다. 이후 문제가 그를 공公·경卿에 임명하려 했으나, 다른 대신들의 미움을 사 좌천되었으며, 33세의 젊은 나이에 세상을 떠났다. 「과진론過秦論」「논정사소論政事疏」「치안책治安策」「복조부鵩鳥賦」 등은 한대의 명문장으로 유명하다. 저서로 『신서新書』[2]가 있다.

1. 자기가 좋아하는 것을 선택하되, 반드시 먼저 수업을 받아야만 그것을 맛볼 수 있고, 자기가 즐기는 것을 선택하되 반드시 먼저 익히는 것이 있어야만 그것을 누릴 수 있다.

공자께서 말씀하셨다.

"어려서 이루어지면 타고난 천성과 같아지고, 습관을 들이면 본래 그랬던 것처럼 자연스러워진다."

2 『신서新書』: 가의賈誼의 저술로 유가적 민본 사상에 근거를 둔 강력한 국가를 구상한 내용이다. 오늘날 전해지는 편제는 사세事勢, 연어連語, 잡사雜事의 세 범주로 나뉘어 있다. 사세는 문제를 위하여 정사를 진술한 것이고, 연어는 예제에 대한 견해이며, 잡사는 역사 고사들을 모아놓은 것이다. 한나라가 탄탄한 정치 기반을 구축하는 데 큰 도움을 주었다.

擇其所嗜, 必先受業, 迺得嘗之. 擇其所樂, 必先有習, 迺得爲之. 孔子曰: "少成若天性, 習慣如[3]自然." 『한서漢書』「가의전賈誼傳」

2. 습관은 지혜와 함께 자라나기 때문에 부지런히 갈고 닦으면 부끄럽지 않게 되고, 교화는 마음과 함께 이루어지기 때문에 도道에 합치되면 본성처럼 된다.

習與智長, 故切而不媿[4]; 化與心成, 故中道若性. 『한서』「가의전」

3 如: 원문에는 '成'으로 되어 있으나, 『한서漢書』에 따라 바로잡는다.

4 媿: 『한서』에는 '愧'로 되어 있다.

17

조조
鼂錯

조조鼂錯(?~기원전 154)는 중국 전한의 정치가로 영천潁川 사람이다. 경제景帝 때 어사대부가 되어 제후들의 세력을 누르려다가 오초칠국吳楚七國의 난을 불러일으켰으며, 반대파의 참언으로 처형되었다.

황태자가 읽은 책이 많은데도 나라를 다스리는 방법과 계책을 깊이 알지 못하는 것은, 책의 뜻을 물어보지 않았기 때문이다. 일반적으로 많은 것을 외웠으면서도 그 뜻을 알지 못하는 것을, 이른바 '고생만 하고 이룬 것이 없다'라고 한다.

皇太子所讀書多矣, 而未深知術數者, 不問書說也. 夫多誦而不知其說, 所謂'勞苦而不爲功.'『한서』「조조전」

18

공장 孔臧

공장孔臧은 전한 때의 관료다. 노국 사람으로 공자의 후손이며, 공안국의 종형이다. 문제 때 고조의 공신으로 요후蓼候에 봉해졌던 아버지 공취孔聚의 작위를 이어받았다. 학문을 권하고 현인을 등용하는 법을 논의하여 문학에 유능한 사람들이 나오게 되는 계기를 마련했다.

듣건대, 네가 친구들과 서적과 주석을 강론하고 익힐 때, 부지런히 밤낮으로 뜻을 굳건히 해서 태만하지 않는다고 하니 좋구나. 사람이 도道를 향해 나아갈 때는, 오직 그 뜻을 묻고 필요한 것을 취해서 조금씩 나아가며 부지런해야 많은 것을 얻는다. 산의 시냇물은 매우 부드럽지만, 그 때문에 돌이 뚫어지고, 굼벵이는 매우 약하지만, 그 때문에 나무가 쓰러진다. 물 한 방울이 돌을 뚫을 수 있는 것이 아니고, 굼벵이 한 마리가 나무를 쓰러뜨리는 것이 아니다. 그러나 연약한 형체로도 견고하고 강한 물체를 무너뜨릴 수 있으니, 이것이 어찌 차근차근 나아가는 효과가 아니겠느냐?

聞汝與諸友生講肄書傳, 滋滋晝夜, 衎衎不怠, 善矣. 人之進道, 惟問其志, 取必以漸, 勤則得多. 山霤至柔, 石爲之穿; 蝎蟲至弱, 木爲之弊. 夫霤非石之鑿, 蝎非木之鑿[5], 然而能以微脆之形, 陷堅剛之體, 豈非積漸之致乎? 『공총자』

5 鑿착: 『사고전서』본에는 '鑽찬'으로 되어 있다.

19

공안국
孔安國

공안국孔安國(?~?): 전한前漢 때의 관리이자 경학자. 자가 자국子國이며, 공자의 11대손이며 공장孔臧의 사촌 동생이다. 신공에게 노시魯詩를, 복생에게 『상서』를 배웠다고 전한다. 노나라의 공왕共王이 공자의 옛 집을 헐었을 때 과두문자蝌蚪文字로 된 『고문상서古文尙書』 『예기禮記』 『논어論語』 『효경孝經』이 나왔으나, 당시 아무도 이 글을 읽지 못했다. 공안국이 이것을 금문今文과 대조하고 고증하여 해독한 뒤에 주석을 붙였다. 그 과정에서 고문학古文學이 대두되었다. 저서로 『고문상서전古文尙書傳』[6]이 있다.

왕이 될 자는 여러 사람의 의견을 많이 듣고서 사업을 일으키고 옛 성현의 가르침에서 배우기를 구해야 얻는 것이 있다.
王者求多聞以立事, 學於古訓, 乃有所得. 『고문상서전古文尙書傳』

6 『고문상서전古文尙書傳』: 한나라 때 공안국이 왕명에 따라 지었다고 전해져 왔다. 동진 때 매색梅賾이 이 책을 나라에 올려 세상에 알려지게 되었는데, 후대의 사람들은 『고문상서전』의 일부가 매색의 위작인 점을 의심했다. 이후 청대의 염약거閻若璩(1636~1704)에 의해 위작이라는 것이 밝혀졌으며, 다산 정약용도 『매씨서평梅氏書評』에서 그 점을 밝힌 바 있다.

20

동중서
董仲舒

동중서董仲舒(기원전 176?~기원전 104)는 전한 때의 유학자로 호가 계암자桂巖子이며, 광천廣川 사람이다. 『춘추春秋』의 공양학公羊學을 수학했다. 그는 역사 발전을 난세, 승평세, 태평세의 3단계로 구분해 명분을 바로잡고 교화에 매진할수록 천하가 태평세월을 누린다고 여겼으며, '천인감응설'을 주장했다. 그가 정치의 올바른 지침에 대한 대책으로 한 무제에게 올린 「천인삼책天人三策」은 무제가 유교를 본격적으로 장려하는 계기가 된 명문으로 손꼽힌다. 사마천은 "한나라가 일어나 다섯 임금을 거치는 동안 『춘추』에 능통한 사람은 오직 동중서뿐이었다"라고 평하기도 했다. 저서로 『춘추번로春秋繁露』[7]가 있다.

1. 일은 힘써 노력하는 것에 달려 있을 뿐이다. 학문에 힘써 노력하면 견문이 넓어지고 아는 것이 더욱 분명해진다. 도를 행하는 데 힘써 노력하면 덕이 날마다 일어나고 큰 보람이 있다. 이것이 모두 빨리 이루어지게 하고 즉시 효과가 있도록 할 수 있는 것이다. 『시경』에

7 『춘추번로春秋繁露』: 공자의 『춘추』를 해설한 책이다. 동중서가 지었으며, 총 17권 82편으로 이루어졌다. 「춘추공양전」에서 해설이 미진한 부분들에 대해 자문자답하는 형식으로 자신의 뜻을 드러냈으며, 의심할 여지가 있는 곳은 일목요연하게 논리를 펼쳐 공자의 『춘추』를 보충했다.

서 "밤낮으로 게을리하지 않는다夙夜匪解"[8] 라고 한 것과 『서경』에서 "힘쓰고 힘쓰소서茂哉茂哉"[9] 라고 한 것이, 모두 '힘써 노력하라'라는 말이다.

事在強勉而已矣. 強勉學問, 則聞見博而知益明; 強勉行道, 則德日起而大有功. 此皆可使還[10]至而立有效者也. 『詩』曰"夙夜匪解", 『書』云"茂哉茂哉", 皆強勉之謂也. 『한서漢書』「동중서전董仲舒傳」

2. 군자는 자신의 단점을 숨기지 않는다. 알지 못하면 묻고 잘하지 못하면 배운다.

君子不隱其短. 不知則問, 不能則學. 『춘추번로春秋繁露』

8 밤낮으로 (…) 않는다夙夜匪解: 『시경』「대아大雅·증민烝民」의 구절이다. 여기서 '解해'는, '게으르다懈'는 뜻이다.

9 힘쓰고 힘쓰소서茂哉茂哉: 『서경』「고요모皐陶謨」의 구절이다. 원문은 '懋哉懋哉'로 되어 있다.

10 還환: 여기서는 '선旋'으로 읽고, '빠르게速'의 뜻이다.

21

유안
劉安

유안劉安(기원전 179~기원전 122)은 전한 때의 정치가이자 학자로 패沛땅 사람이다. 회남여왕淮南厲王 유장劉長[11]의 아들이며, 높여서 회남자淮南子라고 부른다. 독서와 거문고를 좋아했고, 즉위 후 백성을 잘 다스려 명망이 높았다. 사상적으로 노장을 주축으로 여러 파의 사상을 통합하려 했고, 도가사상에 근거한 통일된 이론으로 당시 유교 중심의 이론과 대항하고자 했다. 저서로 『회남자淮南子』[12]가 있다.

1. 천하에 순백색의 여우가 없는데 순백색의 여우 갖옷이 있는 것은 여러 마리의 여우에서 흰 털을 모았기 때문이다.[13] 잘 배우는 사람은, 제나라 왕이 닭을 먹을 때 반드시 닭발 수십 개를 먹은 후에 만족하는 것처럼 해야 한다.[14]

11 유장劉長: 한 고조 유방이 조나라를 지날 때 만난 여인을 통해 얻은 막내아들. 고조 11년(기원전 196) 회남왕 경포黥布가 반란을 일으키자, 고조는 유장을 회남왕으로 삼고 그 지역을 다스리게 했다. 효문제가 즉위한 후에는 자신이 황제의 지친이라 여기고 교만해져서 나라의 법을 자주 어겼음에도 관대하게 용서해주었는데, 기원전 174년에 반란을 일으켰다가 유배를 당했다. 유배지로 가는 길에 음식을 거부하고 굶어 죽었다. 죽은 이후 추증되어 회남여왕淮南厲王에 봉해졌다.

12 『회남자淮南子』: 유안이 빈객과 방술가 수천을 모아서 편찬한 책으로, 본래 서명은 『회남홍렬淮南鴻烈』이다. 원래 내외편과 잡록이 있었다고 하나, 지금은 내편 21권만 전한다. 노장도가와 음양오행가·유가·법가 등의 사상이 혼합되어 있으며, 형이상학적 내용부터 천문·지리·시령時令 등 자연과학, 중앙집권체제를 정당화하는 정치학과 병학兵學, 개인의 처세훈 등의 다양한 내용을 열기하고, 끝에 요략要略으로 총정리한 1편을 붙였다.

天下無粹白狐, 而有粹白之裘, 掇之衆白也. 善學者如齊王之食雞, 必食其蹠數十而後足. 『회남자淮南子』「설산훈說山訓」

2. "공부할 겨를이 없다"라고 말하는 자는 비록 겨를이 나더라도 공부할 수 없다.

謂"學不暇"者, 雖暇亦不能學. 『회남자』「설산훈」

13 세상에는 (…) 때문이다: 이 말은 『여씨춘추』「맹하기孟夏紀·용중用衆」 편에서 인용한 말이다. 임금이 설 수 있는 근원은 백성에게서 나온다는 점을 다음과 같이 밝혔다. "세상에는 순백의 여우가 없는데도, 순백의 여우 가죽옷이 있는 것은 여러 마리의 여우에서 흰 털을 모았기 때문이다. 무릇 여러 사람에게서 장점을 모으는 것, 이것이 삼황오제가 크게 공명을 세울 수 있었던 이유다. 일반적으로 군주가 설 수 있는 근원은 바로 백성에게서 나오는 것이다天下無粹白之狐, 而有粹白之裘, 取之衆白也. 夫取於衆, 此三皇·五帝之所以大立功名也. 凡君之所以立, 出乎衆也."

14 잘 배우는 사람은 (…) 만족했다: 『여씨춘추』「맹하기·용중」 편에 나온다. 『여씨춘추』에는 '수십 개'가 '수천 개'로 되어 있다.

22

유덕
劉德

유덕(劉德, ?~기원전 130)은 전한 때의 사람으로, 경제의 셋째 아들이다. 민간에 좋은 책이 있으면 책을 헌납 받아 필사한 뒤 원본은 보관하고 복사본과 상금을 주었더니 많은 사람이 그에게 책을 바쳤다. 이 과정에서 『주관周官』『상서』『예기』『맹자』『노자』 등 선진시대의 고문 경전을 구해 전승했다. 태학太學을 설치하고 학자들을 모아 학생들을 가르쳤으며, 예악을 중수重修하여 무제에게 팔일무八佾舞를 바치는 등 한나라 유학 부흥에 큰 역할을 했다. 하간왕河間王에 봉해졌고, 시호가 헌獻이다.

하간의 헌왕 유덕은, 학문을 닦을 때 옛것을 좋아하고, 실질적인 일에서 옳은 것을 구했다. 또한 민간에서 좋은 책을 얻으면 반드시 잘 베껴서 돌려주고 그 진본眞本을 남겨두었으며, 황금과 비단을 더 내려주고 책을 구하게 했다.
河間獻王德, 修學好古, 實事求是. 從民間得善書, 必爲好寫與之, 留其眞, 加金帛賜以招之. 『한서』「경십삼왕전景十三王傳」

〔해설〕 안사고顔師古[15]가 말했다.

"실사구시實事求是란, 사실을 알아내기 위해 노력하고 매번 진실로 옳은 것을 구하는 것이다."

하작何焯[16]이 말했다.

"실사구시 네 글자는, 책을 읽고 이치를 깊이 연구하는 핵심이다."

顔師古曰: "實事求是, 務得事實, 每求眞是也." 何焯曰: "實事求是四字, 是讀書窮理之要."

15 안사고顔師古(581~645): 당唐나라 때의 학자, 이름이 주籒이며 사고가 자다. 『안씨가훈顔氏家訓』의 저자인 안지추顔之推의 손자로, 젊은 시절부터 가학을 이어 훈고訓詁에 정통하며 문장에 뛰어났다. 태종의 칙명으로 오경의 주석인 『오경정의五經正義』 편찬에 참여했으며, 태자 승건承乾을 위하여 『한서』에 주를 달면서 이전 시대의 여러 주석을 집대성했다. 『한서』의 주석은 그의 문자학·역사학을 온축한 것으로, 오늘날도 『한서』 해석의 중요한 근거가 된다.

16 하작何焯(1661~1722): 청대의 학자. 자가 윤천潤千, 기첨起瞻이며 호가 다선茶仙이다. 의문선생義門先生으로 불렸다. 고증학에 조예가 깊어 사부四部에서 잡설에 이르는 방대한 문헌을 탐구하여 진위를 변별하고 원류를 파악했으며, 일일이 오류를 변별해 수정했다. 『한서』와 『삼국지』를 교정하여 인물에 대해 논했다. 달중광, 강신영, 왕사굉과 더불어 '첩학사대가帖學四大家'로 불린다.

23

동방삭
東方朔

동방삭東方朔(기원전 154?~기원전 93?)은 한 무제武帝 때의 관리로 성이 장張, 자가 만천曼倩이며 염차厭次 사람이다. 스스로 추천해 낭郎이 되었다. 말솜씨가 뛰어나면서도 지혜롭고 익살스러워 우스갯소리로 무제를 즐겁게 했으며, 황제의 기분을 살펴 적절하게 바른 소리를 했다. 그의 유유자적한 달관의 경지는 훗날 도교 사상에도 큰 영향을 미쳤으며, 도교의 신선으로 추앙되기도 했다. 저서로 『동방대중집東方大中集』[17]이 있다.

신臣 동방삭은, 어려서 부모를 여의고 형수 밑에서 자랐습니다. 12세에 글을 배워서 3년 만에 문서에 일을 기록할 수 있었고, 15세에 검술을 배웠으며, 16세에 『시경』과 『서경』을 배워 22만 자를 외웠습니다. 19세에는 『손자병법』[18]과 『오자병법』[19]에서 전쟁에서 진을 치는 방법과 군사를 운용하는 요령을 배웠는데, 또한 22만 자를 외웠습니다.
臣朔少失父母, 長養兄嫂, 年十二學書, 三冬文史足用, 十五學擊劒,

17 『동방대중집東方大中集』: 동방삭의 문집으로 소騷 7편, 소疏 2편, 편지 3편, 서문 1편 등으로 이루어져 있다.

18 『손자병법』: 춘추시대 오吳나라 손무孫武가 지었다고 전해진다. 그 후손인 손빈孫臏이 지었다는 설도 있다. 원래 82편이었던 것을 삼국시대 위魏나라 조조曹操가 정수만 추려 현재의 편제가 되었다고 한다. 「시계始計」「작전作戰」「모공謀攻」「군형軍形」「병세兵勢」「허실虛實」「군쟁軍爭」「구변九變」「행군行軍」「지형地形」「구지九地」「화공火攻」「용간用間」 등 총 13편의 구성을 통해 군사 운용의 기본적인 원칙과 변화무쌍한 전술을 다뤘다.

十六學『詩』『書』, 誦二十二萬言. 十九學『孫·吳兵法』, 戰陣之具, 鉦鼓之敎, 亦誦二十二萬言. 『동방대중집東方大中集』「응조상서應詔上書」

19 『오자병법』: 전국 초기의 병법가인 오기吳起가 저술했다고 전해지는 병법서로, 『손자병법』과 함께 중국의 병법서를 대표한다. 48편이었다는 기록이 있으나 6편만 남아 전한다. 부대 편제 방법, 상황과 지형 활용 방법, 사기를 올리는 방법, 군대 운용 방법 등 '싸움에서 이기는 방법'을 논하고 있으며, 이를 위해 국가 조직의 기강을 다지는 일이 중요하다는 것을 강조했다.

24

유향
劉向

유향劉向(기원전 77?~기원전 6)은 전한 때의 학자로 한 고조의 배다른 동생인 유교劉交(초 원왕元王)의 4세손이다. 자가 자운子雲, 성도成都 사람이다. 궁중 도서 교정에 힘쓰고 해제서 『별록別錄』을 편집하여 중국 목록학의 시조로 간주된다. 『시경』 『서경』에 나타난 여인들 가운데 모범과 경계로 삼을 만한 사례를 모아 『열녀전』을 지었으며, 또 외척의 횡포를 견제하고 천자에게 본보기와 경계심을 심어주기 위해 『홍범오행전론』 등의 저서를 남겼다. 그외에 『신서新序』[20] 『설원說苑』[21] 등이 있다.

1. 군자는 널리 배우면 배운 것을 익히지 못할까 근심하고, 익히고 나면 실행할 수 없을까 근심하며, 실행할 수 있으면 겸손할 수 없을까를 근심한다.

君子博學, 患其不習; 旣習之, 患其不能行之; 旣能行之, 患其不能以

20 『신서新序』: 유향이 편찬한 고사집. 잡사雜事, 자사刺奢, 절사節士, 의용義勇, 선모善謀 등 총 10편 176건의 이야기가 들어 있다. 과거사를 거울삼아 후대에 가르침을 주고자 저술했다. 세심한 구성에 서사가 간결하고 의론이 유창하며, 뛰어난 묘사와 의인화 등 문학적으로 높이 평가받는다.

21 『설원說苑』: 유향이 편찬한 교훈적 일화집. 어떤 사실에 대해 설명을 달리하는 여러 책의 내용을 발췌해서 정리하되 시비를 정하지 않고 양 설을 모두 수록했다. 군도君道·신술臣術·건본建本·입절立節·귀덕貴德·복은復恩·정리政理·존현尊賢·정간正諫·법계法誡·선세善說·봉사奉使·권모權謀·지공至公·지무指武·담총談叢·잡언雜言·변물辨物·수문修文·반질反質 등 20편 20권으로 구성되었다.

讓也.『설원』「총담叢談」

2. 군자는 배우는 것을 부끄럽게 여기지 않고 묻는 것도 부끄럽게 여기지 않는다. 모르는 것을 묻는 것이 아는 것의 근본이고 깊이 생각하는 것이 아는 방법이다. 이것은, 다른 사람의 지식을 통해 더 알게 되는 것을 중요하게 여기고, 단지 자신이 아는 것만 옳다고 여기는 것을 중요하게 여기지 않는다는 말이다.

君子不羞學, 不羞問. 問訊者, 知之本; 念慮者, 知之道也. 此言貴因人知而加知之, 不貴獨自用其知而知之.『설원』「총담」

25

양웅
揚雄

양웅揚雄(기원전 53~기원후 18)은 전한 때의 문인으로 본명이 양웅楊雄인데 성을 바꿨다. 성제成帝 때 궁정 문인이 되어 성제의 사치를 풍자한 문장을 남겼다. 『역경』에 의거하여 『태현』을 저술했으며, 한자를 창제했다는 전설 속의 인물 창힐과 관련하여 『훈찬편訓纂篇』을 저술했다. 유가와 도가 사상을 융합하여 엄밀하고 상세한 철학 체계를 창조했으며, 사마상여 이후 전한 시대의 가장 유명한 사부가辭賦家로 평가받으며, 인성론人性論에서 선악 양성兩性의 혼교설混交說을 주창했다. 왕망王莽이 권력을 찬탈하고 황제가 되자 벼슬을 버리고 귀향했으나 후에 왕망 정권을 찬미하는 글을 써 비난을 받기도 했다. 저서로 『법언法言』[22]이 있다.

1. 어떤 사람이 말했다.
"배워도 보탬이 없다면, 어떤 자질입니까?"
내가 대답했다.
"생각해보지 않았다. 칼을 가진 자는 칼을 갈고 옥을 가진 자는 옥을

22 『법언法言』: 양웅이 『논어』와 『맹자』를 본받아 편찬한 사상서. 총 14편으로 이루어져 있으며, 제도와 문물을 총망라하여 13개 대주제를 설정하고, 문답형식을 취해 자신의 생각을 풀어냈다. 이 책은 원시유가原始儒家의 인위적 도덕교화를 기조로 하여 그 예악과 군신 질서의 이상을 도가적 무위의 정치와 결부시키고 있으며, 만물 생육의 법칙인 천도에 따라 백성의 양육을 꾀해야 하고 천명을 피할 수 없음을 인정했다.

다듬는다. 갈지 않고 다듬지 않는다면, 그것을 어디에다 쓰겠는가? 갈고 다듬으면 자질이 그 가운데 드러나지만 그렇지 않으면 버리게 된다. 뽕나무 벌레의 새끼가 처음 태어나 나나니벌을 만났을 때, 나나니벌이 데려가서 '날 닮아라, 날 닮아라'라고 오랜 시간 기원하면 곧 나나니벌과 닮게 된다고 한다.[23] 빠르구나! 70명의 제자가 공자를 닮아간 것이! 배움으로써 그 자질을 다스리고, 생각함으로써 그것을 정교하게 하며, 벗과 함께 그것을 갈고 닦고 명예로써 그것을 높이며, 게을리 하지 않음으로써 마친다면, 학문을 좋아한다고 이를 만하다!"

或曰: "學無益也, 如質何?" 曰: "未之思矣: 夫有刀者礱諸, 有玉者錯諸; 不礱不錯, 焉攸用? 礱而錯諸, 質在其中矣; 否則輟. 螟蛉之子殪[24]而逢蜾蠃, 祝之曰'類我類我', 久則肖之矣. 速哉! 七十子之肖仲尼也! 學以治之, 思以精之, 朋友以磨之, 名譽以崇之, 不倦以終之, 可謂好學也已矣!" 『법언法言』「학행學行」

2. 배움에 힘쓰는 것은 스승을 구하는 것에 힘쓰는 것보다 나은 것이 없다. 스승은 사람의 모범이 되기 때문이다.

務學不如務求師: 師者, 人之模範也. 『법언』「학행」

3. 많이 들으면 요점을 파악할 수 있고 많이 보면 탁월한 견해를 가질 수 있다. 따라서 적게 들으면 요점을 파악할 수 없고 적게 보면 탁

23 뽕나무 벌레가 (…) 한다: 『시경』「소아·소완小宛」 편에서 인용한 말이다. 명령螟蛉(뽕나무 벌레)이 새끼를 낳으면, 과라蜾蠃(나나니벌)가 업어가서 잘 가르쳐 자신과 같이 선하게 기른다는 뜻의 비유로 사용했다. 『법언』에서도 이 뜻을 빌려와 쓴 것이다. 그러나 실제로는 나나니벌이 벌레 몸에 알을 까고 부화하여 유충이 되면 먹이로 삼는다.

24 殪에: 원래는 '죽다' '다하다'의 뜻이나, 여기서는 '아직 본성이 형성되지 않았을 때'를 말한다. 처음 태어났을 때 가만히 있는 것이 마치 죽은 것과 같기 때문에 그렇게 표현했다.

월한 견해를 가질 수 없다.
多聞則守之以約, 多見則守之以卓; 寡聞則無約也, 寡見則無卓也.『법언』「오자吾子」

4. 장경長卿의 부賦[25]는 인간 세상에서 지은 것 같지 않으나, 어찌 신의 조화가 이른 것이겠는가? 가장 중요한 것은 그가 1000편의 부를 읽었기에 그렇게 지을 수 있었다는 것이다.
속담에 이런 말이 있다.
"여러 신묘한 글을 익히면, 뛰어난 사람이라 하더라도 많이 익힌 사람의 수준을 넘어서지 못한다."
長卿賦不似從人間來, 其神化所至耶! 大諦能讀千賦則能爲之. 諺云: "伏習衆神, 巧者不過習者之門."『전한문全漢文』「여환담서與桓譚書」

5. 양웅은 어려서부터 배우기를 좋아했는데, 장구에 얽매이지 않고 뜻을 풀이하는 데에 통달할 뿐이었다. 책을 널리 읽어 보지 않은 것이 없었으며 (…) 묵묵히 깊은 생각에 빠지기를 좋아했다.
雄少而好學, 不爲章句, 訓詁通而已. 博覽無所不見, (…) 默而好深湛之思.『한서』「양웅전」

25 장경長卿의 부賦: 전한 때의 문인 사마상여司馬相如(기원전 179~기원전 117)의 자다. 사마상여는 부를 잘 지었다고 전하며,「자허부子虛賦」「상림부上林賦」등의 작품을 남겼다. 부賦는 한문 문체의 하나로 운문과 산문이 합쳐진 문체인데, 산문의 성격이 좀 더 두드러진다. 양웅은 사마상여에게 부를 배운 적이 있으며 그 실력을 믿고 인정했다고 한다.

26

유흠
劉歆

유흠劉歆(기원전 53?~기원전 25?)은 전한 말기의 학자로, 자가 자준子駿, 영숙穎叔이다. 아버지인 유향과 함께 궁중의 비장서를 교열했으며, 부친의 사후 유업을 계승해 중국 최초의 도서 분류 목록인 『칠략七略』[26] 을 완성했다.

옛사람의 학문을 이어받으려고만 하는 학자[27]는, 오직 훼손되어 완전하지 않은 자료를 끌어안고 지키려고만 한다. 그래서 자신의 견해가 무너질 수 있다는 사사로운 뜻에 두려움을 가져, 선한 것을 따르고 옳은 것에 복종하는 공적인 마음이 없다. 간혹 시기심과 질투심을 품고서 실상을 살펴보지 않고, 소신 없이 다른 사람의 의견을 따르고 남의 주장에 따라 옳고 그름을 판단하니 어찌 슬프지 않겠는가?
綴學之士, 猶欲抱殘守缺, 挾恐見破之私意, 而無從善服義之公心; 或懷妬嫉, 不考情實, 雷同相從, 隨聲是非, 豈不哀哉! 『이양태상박사서移讓太常博士書』

26 『칠략七略』: 유흠이 완성한 책의 분류. 아버지 유향이 지은 『별록』에 입각해 집략輯略·육예략六藝略·제자략諸子略·시부략時賦略·병서략兵書略·술수략術數略·방기략方技略으로 분류했다.

27 옛사람의 (…) 학자: 원문은 '철학지사綴學之士'인데 새로운 학문을 배우려 하지 않고, 옛사람의 학문만을 고수하며 편집하는 데 종사하는 융통성 없는 선비를 가리킨다.

27

포함
包含

포함包含은 자가 자량子良이고, 회계會稽 사람이다.

1. 배울 때 그 의미를 깊이 생각하지 않으면, 그 뜻이 애매해져서 얻는 것이 없다.
學不尋思其義, 則茫然無所得. 『논어정의論語正義』「위정爲政」

2. 학문은, 알려고 하는 것이 독실하게 좋아하는 것보다 못하고, 좋아하는 것이 깊이 즐기는 것보다 못하다.
學問, 知之者, 不如好之者篤; 好之者, 不如樂之者深. 『논어정의』「옹야雍也」

28

왕충
王充

왕충王充(30?~100?)은 중국 후한의 사상가로 자가 중임仲任이고, 상우上虞 사람이다. 공맹으로 대표되는 유교적 권위를 비판하며 당대에 유행한, '하늘에는 합목적적 의지 활동의 능력이 있고 이것이 사람의 일에 영향을 끼친다'는 천인상관설天人相關說이나, 예언설인 참위설讖緯說을 부정했다. 아울러 자연으로서의 천天과 그에 따라 나타나는 모든 현상은 '기氣'의 작용이라고 주장했다. 저서로 『논형論衡』[28]이 있다.

1. 세상에서 허황된 책을 믿는 사람들은, 책에 실린 것이 모두 성현이 전한 것이어서 옳지 않은 일이 없다고 여긴다. 그러므로 그것을 믿고 옳다며 여기고 외우고 읽는다. 그리고 정확하게 주석한 글이 허황한 책의 내용과 서로 어긋나는 것을 보면, 모두 근거 없는 글이라 믿을 수가 없다고 여긴다.

저들은 드러나지 않는 사실도 알 수 있고 모호한 마음도 바로잡을 수 있으면서, 분명하게 드러나는 글과 시비를 파악하기 쉬운 내용은 뭉뚱그려 실제 일이 아니라고 주석하며, 정밀한 곳에 집중하지 않고 그

28 『논형論衡』: 왕충의 당대 학계 비판서. 실증주의의 입장에서 진실한 것을 구명하고자 했으며, 유교와 전국 제자의 설을 비롯해 정치·풍속·속설 등 다방면에서 실증적이고 합리적인 비판을 가했다. 특히 한대 유학의 허망함을 지적하고 속유의 미신 숭배를 배격했다. 현재 85편이 남아 있다.

사정에 대해 자세하게 생각하지 않는다.

世信虛妄之書, 以爲載于竹帛上者, 皆聖賢所傳, 無不然之事; 故信而是之, 諷而讀之. 睹眞是之傳與虛妄之書相違, 則幷謂短書, 不可信用. 夫幽冥之實尙可知, 沈隱之情尙可定, 顯文露書, 是非易見, 籠總幷傳, 非實事, 用精不專, 無思於事也. 『논형論衡』「서허書虛」

2. 왕충은 집이 가난해 책이 없었다. 그래서 항상 낙양의 시장에서 노닐며 팔고 있는 책을 읽었다. 그는 한번 보면 즉시 외워 기억할 수 있어서, 마침내 제자백가의 학설에 두루 능통하게 되었다.

王充家貧無書, 常游洛陽市肆, 閱所賣書. 一見卽能誦憶, 遂博通衆流百家之言. 『후한서後漢書』「왕충전王充傳」

29

반고
班固

반고班固(32~92)는 후한 때의 역사가로 자가 맹견孟堅이고, 안릉安陵 사람이다. 아버지 반표班彪의 유지를 받아 기전체로 전한의 역사서 『한서漢書』[29]를 20여 년에 걸쳐 완성했으며, 진종陳宗·윤민尹敏·맹이孟異 등과 함께 『세조본기』를 편술하기도 했다. 반고는 사마천과 비견되는 역사가이자 당시의 중요한 문학 형식인 부賦의 작가로서 후한 최고의 지위를 차지했다.

기예는 자신으로 말미암아 정립되고, 명성은 다른 사람에 의해서 이루어진다.

藝由己立, 名自人成. 『반난대집班蘭臺集』[30] 「여제초서與弟超書」

29 『한서漢書』: 사마천의 『사기史記』를 잇는 중국의 정사正史. 그 기술 체재는 역대 정사의 기준이 되었다. 저자 반고는 한나라가 상대上代 성왕들의 이상을 실현할 큰 사명을 지고 있다는 신념으로 120권에 달하는 분량의 책을 완성했으며, 그중 「팔표八表」와 「천문지天文志」는 누이동생인 반소班昭가 이어 쓴 것이다.

30 『반난대집班蘭臺集』: 후한 반고의 저술이다.

30

이우
李尤

이우李尤는 후한 때의 문인으로 자가 백인伯仁, 광한廣漢의 낙성雒城 사람이다. 어려서부터 문장으로 이름이 났다. 화제和帝 때 시중侍中 가규賈逵가 사마상여와 양웅의 풍조가 있다고 천거하여 난대령사蘭臺令史에 임명되었다. 황제의 명령을 받아 유진劉珍 등과 『동관한기東觀漢記』를 편찬했다.

정사를 보고 일을 처리하다가 聽政理事
피곤해지면 책을 읽는다 怠則覽書
기대어 휴식을 취하며 傾倚偃息
몸 가는 대로 행동하다가 隨體興居
마음에서 문득 생각이 떠오르면 寤心起意
잔치에서보다 더 즐겁구나 由愈宴娛

「독서침명讀書枕銘」

31

왕부
王符

왕부王符(83~170)는 후한 말의 학자로 자가 절신節信이고, 임경臨涇 사람이다. 가문이 미천하여 고향 사람들에게 천대를 받았지만, 어려서부터 학문을 좋아했고, 마융馬融·두장竇章·장형張衡·최원崔瑗 등과 가깝게 지냈다. 문란한 정치를 비판하며 학문·도덕을 존중하고, 덕에 의한 교화정치를 주장했으며, 운명론이나 미신도 배척했다. 입신출세주의에 반대해 은거하며 30여 권의 책을 썼으며, 도가의 자연관과 순자의 자연법칙설에서 비롯된 천도천명관天道天命觀을 주장했다. 저서로 『잠부론潛夫論』[31]이 있다.

1. 이런 까닭으로 장인이 그 일을 잘하려고 한다면 반드시 그와 관계된 도구를 먼저 다듬어야 하고, 선비가 자신의 뜻을 펼치려고 한다면 반드시 그에 관한 책을 먼저 읽어야 한다.
『주역』에서 "군자는 옛 성현의 말씀과 그 덕행을 많이 기억해서, 자기의 덕을 쌓는다君子以多志前言往行, 以畜其德"[32]고 했으니, 이러한 까닭으로 사람이 배우는 것은 사물이 다듬어지는 것과 같다. 그러므로

31 『잠부론潛夫論』: 후한의 유학자 왕부가 쓴 정치에 관한 책. 10권 35편이다. 난세에 처하여 세속에 영합하지 않고 문란한 정치를 비판했으며, 이름을 드러내기를 원치 않아 '잠부론潛夫論'이라 했다. 별도로 서록敍錄이 있어 각 편의 주지를 개괄적으로 설명했다.

32 군자는 (…) 쌓는다: 『주역』「대축大畜」상象에 나온다. "하늘이 산 가운데에 있는 것이 대축이니, 군자가 보고서 옛 성현들의 말씀과 지나간 행실을 많이 알아 덕을 쌓는다天在山中 大畜 君子以 多識前言往行 以畜其德"라고 했다.

하후夏后의 서옥(璜)[33]과 초나라 화씨和氏의 벽옥(璧)[34]은, 비록 박옥璞玉[35]을 알아본 변화卞和의 자질이 있었더라도, 쪼거나 다듬지 않았다면 돌덩어리에서 분리해내지 못했을 것이다.
종묘에서 쓰는 제기祭器[36]나 조회朝會·제사 때 입는 예복禮服은, 처음에는 산과 들의 나무와 누에고치의 실일 뿐이었다. 그러나 이것을 뛰어난 장인[37]에게 맡겨 먹줄을 치고 공구로 마름질하게 하고 여공[38]에게 맡겨 오색실을 가미해 베틀로 짜게 해서 종묘의 제기와 수놓은 예복으로 완성하면, 귀신에게 제수를 올릴 수 있고 왕과 제후에게 바칠 수 있게 된다.
하물며 돈후하고 방정한 자질과 총명하고 민첩한 재주를 가진 군자를, 좋은 벗으로 돕게 하고 훌륭한 스승으로 가르치게 하며, 『예기』와 『악기』로 격식을 갖추게 하고, 『시경』과 『서경』으로 이끌어주며, 『주역』으로 깨치게 하고 『춘추春秋』로 의리에 밝게 하면, 어찌 이룰 수 있는 것이 없겠는가?
是故工欲善其事, 必先利其器; 士欲宣其義, 必先讀其書. 『易』曰: "君子以多志前言往行, 以畜其德." 是以人之有學也, 猶物之有治也; 故夏后之璜, 楚和之璧, 雖有玉璞卞和之資, 不琢不錯, 不離礫石. 夫瑚簋之器, 朝祭之服, 其始也乃山野之木, 蠶繭之絲耳; 使巧倕加繩墨,

33 하후夏后의 서옥璜: 제사·장례 때 입던 의복에 차는 패옥佩玉으로 주나라 초기 동성同姓의 제후국인 노나라에 하사한 보물이다.

34 초나라 화씨和氏의 벽옥璧: '화씨지벽和氏之璧'의 고사. 초나라의 벽옥을 잘 분별했던 변화卞和라는 사람이 형산에서 귀한 옥돌을 얻어 바쳤는데, 이를 알아보지 못한 여왕과 무왕에 의해 월형刖刑을 받았다가, 문왕文王이 즉위 후 명옥임을 알아보고 큰 상을 내렸다고 한다.

35 박옥璞玉: '옥박玉璞'이라고도 하며, 쪼거나 갈지 않은 천연 그대로의 옥돌을 말한다.

36 종묘에서 쓰는 제기祭器: 원문은 '호궤瑚簋'인데 종묘에서 메기장黍과 찰기장稷을 담는 제기다. 은나라에서는 호瑚를 사용했고, 주나라에서는 궤簋를 사용했다.

37 뛰어난 장인: 원문은 '교수巧倕'다. 요임금 때의 솜씨 좋은 장인이다. 여기서는 교수와 같은 뛰어난 장인이라는 뜻이다.

38 여공女工: 방직紡織·자수刺繡·재봉裁縫 등의 일을 하는 여성 장인.

而制之以斤斧, 女工加五色, 而制之以機杼, 則皆成宗廟之器·黼黻之章, 可羞於鬼神, 可御於王公; 而況君子敦貞之質, 察敏之才, 攝之以良朋, 教之以明師, 文之以『禮』『樂』, 導之以『詩』『書』, 贊之以『周易』, 明之以『春秋』, 其不有濟乎? 『잠부론潛夫論』「찬학讚學」

2. 어두운 방에서 물건을 찾는 경우는 불보다 좋은 것이 없고, 당대에 도道를 찾는 경우는 고전古典보다 나은 것이 없다. 전典이라는 것은 경서經書이니, 옛 성인이 지은 것이다. 옛 성인은 도道의 정수를 얻어서 몸소 실천하고, 현인이 스스로 힘써 도에 들어가기를 바랐다. 그러므로 성인이 경전을 지어서 후대의 현인에게 남겨주었다. 비유컨대 뛰어난 장인 수倕[39]가 컴퍼스·곱자·수평기·먹줄과 같은 기구로 표준을 만들어 후세에 남긴 것과 같다.
索物於夜室者, 莫良於火; 索道於當時者, 莫良於典. 典者, 經也; 先聖之所制. 先聖得道之精者, 以行其身, 欲賢人自勉以入於道; 故聖人之制經以遺後賢也, 譬猶巧倕之爲規矩準繩以遺後世也. 『잠부론』「서록敍錄」

3. 널리 배워서 지식을 넓히고, 의심이 나면 묻기를 생각하라.
博學多識, 疑則思問. 『잠부론』「서록」

4. 무릇 선비의 학문은 근본적인 것을 귀하게 여기고 지엽적인 것을 천하게 여긴다. 대인은 화려하지 않고 군자는 실질에 힘쓴다.
凡士之學, 貴本賤末. 大人不華, 君子務實. 『잠부론』「서록」

39 수倕: 황제黃帝 때의 뛰어난 장인.

32

조기
趙岐

조기趙岐(109?~201)는 후한 때의 경학가이자 화가로 초명初名이 가嘉이고, 자가 태경台卿이었으나, 후에 난을 피하여 이름을 바꾸었다. 장릉長陵 사람이다. 어려서부터 재능이 있었으나, 환제 때 환관에게 죄를 짓고 도망가서 북해의 매병賣餠에 이르렀다. 손숭孫嵩이 그를 구해 집의 이중벽 속에 수년 동안 감춰줬는데, 이때 『맹자』를 깊이 연구해 주석을 달고 편장을 나누어 『맹자장구孟子章句』[40]를 지었다.

1. 맹자는 비유에 뛰어나고 말이 절박하지 않았으나, 뜻은 독자적 경지에 이르렀다. 그의 말에 "시를 해설하는 자는, 단어 때문에 시의 내용을 잘못 해석해서는 안 되고 시의 내용 때문에 시의 뜻을 잘못 해석해도 안 된다. 자기의 마음을 가지고 시의 뜻을 헤아려 받아들여야, 시의 의미를 이해할 수 있다"라고 했는데, 이 말은 후세 사람들이 그 뜻을 깊이 구해서 그의 문장을 해석하기를 바란 것이니, 단지 시를 설명하는 데 그친 것은 아니다.
孟子長於譬喩, 辭不迫切, 而意以獨至. 其言曰: "說詩者, 不以文害辭,

40 『맹자장구孟子章句』: 조기가 저술한 『맹자』주석서. 『맹자』는 원래 '양혜왕'에서 '진심'까지 7편으로 되어 있었는데 조기가 상하로 구분하여 지금의 14편 체제로 만들었다. 어휘의 뜻풀이와 명물 제도 해설에 편중하는 방식 대신 문의文意를 해석하는 데에 중점을 두었다. 이것이 후대의『맹자정의孟子正義』의 주석으로 채택되었다.

不以辭害志, 以意逆志, 是爲得之." 斯言殆欲使後人深求其意, 以解其文, 不但施於說詩也.「맹자제사孟子題辭」

2. 널리 배워서 그 미묘한 말뜻을 자세히 다 알아서 설명하는 것은, 그 요점을 간략하고 분명하게 말하려는 것이다. 뜻을 자세히 알지 못하면 다 설명할 수가 없다.

廣學悉其微言而說之者, 將以約說其要; 意不盡知, 則不能盡說之也.
『맹자』「이루離婁」 주석

33

정현
鄭玄

정현鄭玄(127~200)은 후한 때의 경학가로 자가 강성康成이고, 고밀高密 사람이다. 평생 오로지 유교 경전을 정리하고 연구해서 그때까지의 학설을 정리하고 자신의 주석으로 종합함으로써 전한 이래 지식인들 사이에서 200년 넘게 이어진 '금문경학'과 '고문경학'의 논쟁에 실질적인 종지부를 찍었다. 제자들은 정현 사후에 그와 나눈 문답을 책으로 정리했고, 정현의 저서와 학문은 '정학鄭學'으로 불렸다. 『시경詩經』『예기禮記』 등에 대한 주석서가 있다.

1. 배울 것은 성인의 도이며, 그 도는 옛 서적에 실려 있다.
所學者聖人之道, 在方策[41]. 『예기』「학기學記」 주석

2. 쉬운 것을 먼저 다스리고 어려운 것을 나중에 다스려, 점진적으로 들어가야 한다.
先易後難, 以漸入. 『예기』「학기」주석

3. 배운 것을 마음으로 이해하지 못하면 잊어버리기 쉽다.

41 方策: '방方'은 나무 판版이고, '책策'은 죽간簡으로, 서적, 전적 등을 가리킨다. 후대에는 역사책을 가리키는 뜻으로도 사용되었다.

學不心解, 則忘之易. 『예기』「학기」 주석

4. 생각해서 얻으면, 깨우침이 깊어진다.
思而得之則深. 『예기』「학기」 주석

5. 배울 시기가 지나가면 생각이 방탕해진다.
時過則思放也. 『예기』「학기」 주석

6. 「예운禮運」에서 "학문을 갈고 닦아서 김매듯이 한다"고 했는데, "옳은 것은 보존하고 그릇된 것은 없애는 부류다"라고 주석했다.
『禮運』: "講學以耨之." 注曰: 存是去非類也. 『예기』「예운禮運」 주석

7. 지금을 알고 나면 마땅히 옛것도 알아야 한다.
旣知今, 亦當知古. 『시경정의詩經正義』에서 『정지鄭志』 인용

8. 천하의 일은 앞일을 가지고 뒷일을 증명하니, 서로 합치되지 않는 것을 어찌 다 믿을 수 있겠는가? 이러한 까닭으로 모두 믿는 것도 잘못이고, 믿지 않는 것도 잘못이다.
天下之事, 以前驗後, 其不合者, 何可悉信? 是故悉信亦非, 不信亦非.
『시경정의』「생민生民」에서 『정지』 인용

9. 비록 알더라도 오히려 그것을 물어서 신중히 한다.

雖知, 猶問之, 重愼也. 『의례儀禮』 「사혼례士昏禮」 주석

10. 강성康成 정현鄭玄이 아들을 경계하는 글에서 "옛 성인의 원래 뜻을 생각하고 이어받아라"라고 했는데, 이 말은 그가 배웠던 것을 직접 말한 것이다. 그가 배움에 대해 논한 말 가운데, 「학기學記」의 주석에서 "배우는 것은 성인의 도道이며, 그 도는 옛 서적〔方策〕에 실려 있다"라고 한 것이 있는데, 공영달孔穎達[42]은 이 주석에 대해 "정현은 배우는 것이 오직 자질구레한 재예才藝와 관계된 일일까 걱정했기 때문에, '배우는 것은 성인의 도다'라고 말했다"라고 풀이했다.

나〔진례陳澧[43]를 말함〕는 생각한다. "정현은 배우는 사람이 벽을 보고 근거 없이 날조할까[44] 걱정했기 때문에, 다시 '옛 서적에 있다'라고 한 것이다. 정현이 말한 학문의 큰 요지는 대체로 이와 같다."

鄭康成戒子書云: "念述先聖之元意." 此自言其所學也. 其論學之語, 則「學記」注有云: "所學者聖人之道, 在方策." 孔疏云: "鄭恐所學者唯小小才藝之事, 故云所學者聖人之道." 澧〔陳澧〕謂: "鄭恐學者嚮壁虛造, 故又云'在方策'也. 鄭君論學大旨蓋如此." 『동숙독서기東塾讀書記』[45]

42 공영달孔穎達(574~648): 당나라 초의 학자. 공자의 31대손으로 어려서부터 재능이 뛰어났다. 수隋나라 양제煬帝 때 명경과明經科에 급제하여 관직에 나갔으나, 양제가 그의 재능을 시기하여 암살하려 했다. 당 태종에게 중용되어 신임을 받았으며, 위징魏徵과 함께 『수서隋書』를 편찬했다. 문장·천문·수학 및 여러 경전에 정통했기에 왕명에 따라 고증학자 안사고顔師古 등과 오경五經 해석의 통일을 시도해 『오경정의五經正義』를 편찬했다.

43 진례陳澧(1810~1882): 청대의 유학자. 광둥 번우番禺 사람. 자가 난보蘭甫고, 호가 동숙東塾이다. 학해당學海堂에서 10년 동안 가르쳤고, 만년에는 국파정사菊坡精舍 산장山長이 되었다. 청 고증학의 근원이 주희朱熹에게 있다고 여겨 주희에 대한 비판에 반대했다. 한학漢學을 위주로 정현의 주석을 종주로 삼았다.

44 벽을 보고 근거 없이 날조할까: 원문은 '향벽허조嚮壁虛造'인데 청대의 고증학자 염약거가 『서경』의 위작 여부를 밝혀내면서, 당시의 풍조를 비판한 말이다.

45 『동숙독서기東塾讀書記』: 청대 진례陳禮가 경학의 '심득心得'에 대해 고증하고 논평한 저작으로, 일종의 학술사이며 청대 학술필기의 전범으로 꼽힌다.

34

순열
荀悅

순열荀悅(148~209)은 후한 말의 학자로 자가 중예仲豫이고 영음潁陰 사람이다. 조조曹操의 부름을 받고 황문시랑黃門侍郎이 되어 헌제獻帝에게 강의했다. 조조가 실권을 잡고 후한 왕조가 쇠퇴하자, 인의를 바탕으로 하여 시폐時弊를 구제하려는 정책을 논한 『신감申鑑』[46] 을 저술했으며, 『한서』를 간편한 편년체로 고친 『한기漢紀』 30권을 편찬했다. "문장은 간략하지만 일은 상세하고 논변이 대체로 적중했다詞約事詳 論辨多美"는 평을 들었다.

1. 계로季路[47]는 "어찌 반드시 독서를 한 이후에야, 학문을 하는 것이겠습니까?"[48]라 했고, 극자성棘子成은 "군자는 본바탕을 두텁게 할 뿐이니, 글을 배워서 무엇을 하겠는가君子質而已矣, 何以文爲?"라고 했

46 『한기신감漢紀申鑑』: 『한기漢紀』와 『신감申鑑』을 각각 이르는 것이다. 『한기』는 반고가 저술한 『한서』의 내용을 시대순으로 재편집한 역사서다. 진나라 이세 황제 원년부터 왕망의 신나라가 멸망하기까지의 역사를 기술했으며, 후대 기전체 역사서의 모범이 되었다. 『신감』은 정치의 향방, 사물의 도리 등과 나라를 다스리는 데에 필요한 경제와 관련된 생각을 기술하여 헌제에게 봉정한 것으로, 당시의 정권이 조조에게 이행됨을 우려하여 지었다. 저자인 순열의 이름을 따서 『소순자小荀子』라고도 한다. 205년에 완성되었으며 「정체政體」「시사時事」「속혐俗嫌」「잡언 상」「잡언 하」등 5편이 각 1권씩 총 5권으로 되어 있다.

47 계로季路: 공자의 제자 자로.

48 어찌 (…) 것이겠습니까?: 『논어』「선진」 편에 나온다. 자로가 자고子羔를 노나라 비費읍의 수령으로 천거하자, 공자가 '그를 해치려고 하느냐?'고 하자, 자로가 이 말에 대해 대답한 말이다.

다.[49]

땅굴에 들어가 있는 사람은 하늘의 밝음을 보지 못하고, 겨울철의 그루터기를 지키는 사람은 여름철의 화려한 꽃을 알지 못한다. 이것은 전체를 두루 살펴보는 방법이 아니다.

그러나 넓게 보는 사람은 그중에 나쁜 것이 있음을 알지 못해, 나쁜 것도 아울러 좋게 여긴다. 이것이 커다란 밭에서 가라지가 벼와 함께 풍성하게 자라나는 이유이니, 훌륭한 농부가 슬퍼하는 까닭이다.

또 질박한 선비는 아름다운 것을 선별하지 못해, 아름다운 것도 함께 버린다. 이것이 곤산崑山에서 생산되는 옥을 돌덩이와 함께 버리는 이유이니, 변화卞和가 애석해하는 까닭이다.

그러므로 공자께서는 "군자는 글에서 널리 배우고 예로써 자신을 검속해야 또한 도에서 어긋나지 않을 수 있다博學於文, 約之以禮; 亦可以弗畔矣夫"[50]라고 했다.

季路之言: "何必讀書, 然後爲學." 棘子成曰: "君子質而已矣, 何以文爲?" 夫潛地窟者, 而不覩天明; 守冬株者, 而不識夏榮; 非通照之術也. 然博覽之家, 不知其穢, 兼而善之, 是大田之莠與苗竝興; 則良農之所悼也. 質樸之士, 不擇其美, 兼而棄之, 是崑山之玉, 與石俱捐; 則卞和之所痛也. 故孔子曰: "博學於文, 約之以禮; 亦可以弗畔矣夫."

『순시중집荀侍中集』「경적론經籍論」

49 극자성棘子成은 (…) 했다: 『논어』「안연」 편에 나온다. 극자성은 춘추시대 위衛나라의 대부로 "군자는 진실하면 그만이지, 어찌 문채를 낼 필요가 있겠는가君子質而已矣 何以文爲"라며 바탕을 강조했다. 훌륭하지만 지나친 면이 있어 문채의 무시로 이어질 소지가 있다. 그래서 자공이 "애석하도다. 선생의 말씀이 군자답기는 하나, 사마도 혀를 따라가지 못하는 것을惜乎 夫子之言 君子也 駟不及舌"이라며 안타까워했다.

50 군자는 (…) 있다: 『논어』「옹야雍也」 편에 나오는 구절이다.

35

서간
徐幹

서간徐幹(171~217)은 자가 위장偉長이고, 북해北海 사람이다. 후한 때의 문장가로 부와 시에 특히 뛰어났다. 조조, 공융孔融, 진림陳琳 등과 함께 건안칠자建安七子로 불렸으며, 장구章句를 중시하는 훈고학을 지양止揚했다. 그가 남긴 시 「실사室思」는 내용이 절절하고 시정이 풍부해 사람을 감동시키는 명작으로 꼽힌다. 저서로 『중론中論』[51]이 있다.

1. 홀로 생각하면 막혀서 통하지 못하고, 홀로 행하면 어려움에 빠져 성취하지 못한다.
獨思則滯而不通, 獨爲則困而不就. 『중론中論』「치학治學」

2. 배우는 자는 대의大義를 먼저 밝히고 사물의 명칭을 뒤에 익혀야 한다. 대의를 거론하면 사물의 명칭을 익히는 것은 따라오기 때문이다. 그러나 비속한 유학자는 널리 배운답시고 사물의 명칭을 익히는

51 『중론中論』: 서간의 책으로 위진魏晉 현학玄學의 중요한 쟁점이었던 본말의 관계에 대해 논했다. 후한 말 뜨거웠던 명실名實과 재성才性 문제도 비중 있게 다루었다. 상하 2권이며 권마다 10편으로 구성되었다. 현학에 일정한 영향을 주었지만 조조 정권의 지배이론을 제공하기도 했다.

데 힘쓰고 기계에 대해 자세히 살피며, 훈고詁訓[52]에서 고찰하고 그 장구章句만 따다 써서, 그 대의가 지극히 미치는 것을 살펴 선왕이 마음에 둔 것을 깨달을 수 없다. 이것은 여사女史[53]들이 시를 외우고 내시가 윗사람의 명령을 전달하기만 하는 것과 다를 것이 없다.

凡學者大義爲先, 物名爲後; 大義擧而物名從之. 然鄙儒之博學也: 務於物名, 詳於器械, 考於詁訓, 摘其章句, 而不能統其大義之所極, 以獲先王之心. 此無異乎女史誦詩, 內豎傳令也. 『중론』「치학」

52 훈고訓詁: 경서에 대한 자구의 뜻풀이나 고증 혹은 그 학문을 말한다.

53 여사女史: 고대 여성 관직 명칭. 후궁이나 왕비가 행해야 할 일을 담당하여, 그 일을 기록하고 그와 관련된 문서를 맡아보았다.

제3부

삼국 三國

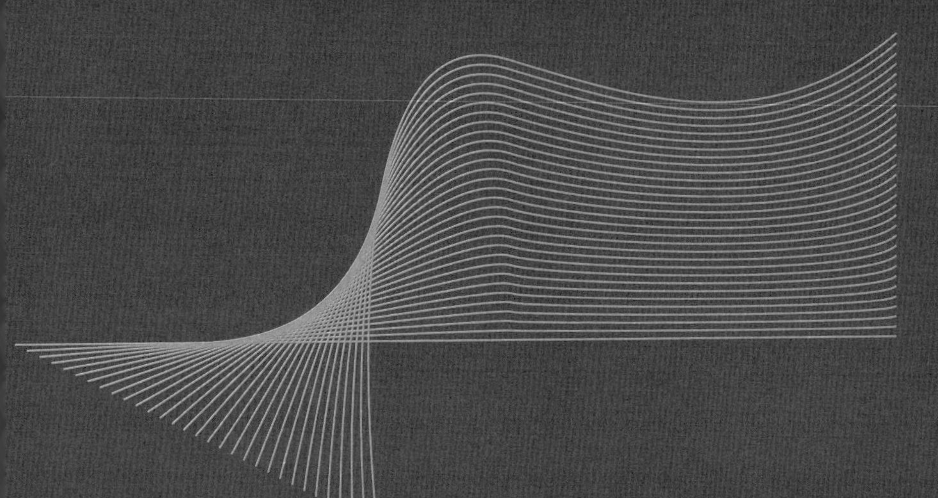

36

제갈량
諸葛亮

제갈량諸葛亮(181~234)은 자가 공명孔明이고, 호가 와룡臥龍, 복룡伏龍이며 촉蜀나라 양도陽都 사람이다. 삼국시대 촉한蜀漢의 정치가이자 군사가. 207년 조조에게 쫓겨 형주에 와 있던 유비에게 삼고초려三顧草廬로 초빙되어 '천하삼분지계天下三分之計'를 진언했다. 오나라와 연합하여 적벽의 싸움에서 조조의 위군을 대파하고, 파촉 땅을 얻어내 유비가 촉한을 세울 수 있도록 도왔다. 221년 승상이 되었고 유비가 죽은 후에도 무향후武鄕侯로서 남방 만족을 정벌했으며, 위나라 사마의와 대전 중에 병사했다. 저서로 『제갈충무후집諸葛忠武侯集』이 있다.

배우려면 마음을 안정시켜야 하고 재능을 계발하려면 배워야 한다. 배우지 않으면 재능을 넓힐 수 없고 마음이 안정되지 않으면 배움을 완성할 수 없다. 게으르면 정신을 가다듬을 수 없고 경솔하면 본성을 닦을 수 없다.

夫學須靜也, 才須學也. 非學無以廣才, 非靜無以成學. 慆慢則不能勵精, 險躁則不能治性. 『계자서戒子書』

37

동우
董遇

동우董遇는 삼국시대 위魏나라의 문장가로 자가 계직季直이고, 홍농弘農 사람이다. 가난했지만 꾸준한 독서로 학문적 성취를 이루어 많은 이가 그에게 배우고자 찾아왔으며, 후한 말기 헌제 때 황제의 스승이 되기도 했다. 『노자老子』를 해석하는 데 뛰어나 주석을 달았다.

배우려고 오는 사람이 있으면, 동우는 받아들여 가르치지 않고, "반드시 먼저 100번 읽어야 한다"라고 했다. 말하자면 100번 책을 읽으면 그 의미가 저절로 보인다는 뜻이다. 배우러 온 자가 말했다.

"간절하게 바라는 바이지만 읽을 겨를이 없습니다."

동우가 말했다.

"세 가지 한가한 때를 이용해야 하네."

어떤 이가 물었다.

"세 가지 한가한 때란 무슨 뜻입니까?"

동우가 말했다.

"겨울은 한 해 중에 한가한 때고, 밤은 하루 중에 한가한 때며, 장마철은 계절 중에 한가한 때라네."

人有從學者, 遇不肯教, 而云: "必當先讀百遍. 言讀書百遍, 而義自見." 從學者云: "苦渴無日." 遇言: "當以三餘." 或問: "三餘之意?" 遇言: "冬者歲之餘, 夜者日之餘, 陰雨者時之餘也." **『삼국지三國志』「왕랑전王朗傳」배주裵注**

38

하안
何晏

하안何晏(193?~249)은 위나라의 정치가이자 사상가로 자가 평숙平叔이고, 완宛땅 사람이다. 어머니 윤씨尹氏가 조조의 부인이 되면서 위나라 궁정 안에서 자랐고, 위나라 공주를 아내로 맞았다. 젊어서부터 수재로 명성을 얻었다. '정시正始의 음音'으로 일컬어져 청담의 모범이 되었으며, 왕필과 더불어 위진 현학의 시조로 받들어진다. 『논어』『역경』『노자』를 통하게 하여 유교의 도와 성인관을 노장풍으로 해석했다. 저서로 『논어집해論語集解』[1]가 있다.

1. 배우지 않고 생각만 하면 끝내 깨닫는 것이 없고, 단지 사람의 정신을 피곤하게 할 뿐이다.
不學而思, 終卒不得, 徒使人精神疲殆. 『논어집해』「위정爲政」

2. 선善에는 근원이 있고 일에는 끝나는 곳이 있다. 천하에는 여러 갈래의 길이 있지만 한 곳으로 귀결되고, 수백 가지 생각이 있지만

1 『논어집해論語集解』: 하안 등 여러 학자가 저술한 『논어』 주석서. 한漢·위魏 여러 『논어』 주석 가운데 정밀하고 좋은 것만 모아서, 고주古註와 고훈古訓을 보존했다. 여기에 방언이나 속어로 해석하거나 노장사상을 도입하는 등 독자적인 견해를 덧붙였다. 남송 이후 흩어져 없어지고 일본에만 전해지다가, 청나라 때에 역수입되어 재간행되었다.

하나에 이르게 된다. 그 근원을 알면 모든 선이 드러난다. 그러므로 많이 배우기를 기대하지 않아도 하나의 원리로써 알게 되는 것이다.
善有元, 事有會. 天下殊塗而同歸, 百慮而一致; 知其元, 則衆善擧矣, 故不待多學而一以知之. 『논어집해』「위영공衛靈公」

3. '절문切問'이란 자신이 배웠으나 깨닫지 못한 일에 관해 간절히 묻는 것이고, '근사近思'란 자신이 미칠 수 없는 일에 관해 생각하는 것이다. 배우지도 않은 것을 두루뭉술하게 묻고 아직 통달하지도 못한 것을 깊고 멀리 생각한다면, 배운 것에 대해 정밀하지 못하고 생각한 것에 대해 이해하지 못할 것이다.
切問者, 切問於己所學未悟之事; 近思者, 思己所未能及之事. 汎問所未學, 遠思所未達, 則於所學者不精, 所思者不解. 『논어집해』「자장子張」

39

손권
孫權

손권孫權(182~252)은 삼국시대 오吳의 태제太帝(재위 225~252)다. 자가 중모仲謀이고, 부춘富春 사람이다. 주유周瑜의 보좌로 강동江東을 차지하고 유비와 함께 적벽에서 조조를 대패시킨 후 오나라를 세워 강남 지역을 다스리면서 삼국시대가 시작되었다. 안후이, 후난 등지의 산월 민족과 이민족을 토벌하는 등 국내외의 경영에 노력했다.

「강표전江表傳」에 다음과 같은 말이 있다.

처음 손권이 여몽呂蒙[2]과 장흠蔣欽[3]에게 말했다.

"경들은 지금 중요한 지위에 올라서 사무를 담당하고 있으니, 학문으로 자신을 갈고 닦아야 하오."

여몽이 말했다.

"군대 안은 항상 업무가 많고 고달파서, 아마도 독서할 여유가 없을 것 같습니다."

손권이 말했다.

2 여몽呂蒙(178?~220?): 삼국시대 오나라의 장수. 주유와 노숙의 뒤를 이어 대도독에 올랐다. 호위장군을 지내 여호위呂虎威라고도 불린다. 완성皖城을 공격하여 점령하고 유수濡須의 전투에서 방어에 성공했다. 또한 장사長沙, 영릉零陵, 계양桂陽 등 삼군을 취했고, 관우의 형주를 탈취했다.

3 장흠蔣欽(?~219): 삼국시대 오나라의 장수. 손책孫策이 원술袁術에게 의탁하고 있을 무렵 손책의 측근이 된 후 단양, 오, 회계 3군을 평정하는 데 공을 세웠고, 적벽대전 등에서도 공을 세웠다. 이후 여몽과 함께 손권에게 학문의 필요성을 듣고 부지런히 공부했다.

"내가 어찌 경이 경서經書를 연구하여 박사가 되는 것을 바라겠소? 다만 옛 일을 대강이나마 훑어봐야 한다는 것뿐이오. 경은 일이 많다고 하지만, 어찌 나보다 많겠소? 나는 어렸을 때 『시경』 『서경』 『예기』 『좌전』 『국어』는 두루 읽었고, 오직 『역경』만 읽지 못했소. 나라를 다스리게 된 이후로는 삼사三史[4]와 제자백가諸子百家와 병서兵書를 살펴보았는데, 크게 도움 되는 바가 있었다고 생각하오. 경들은 뜻과 성품이 밝고 총명하여 배우면 분명히 얻는 바가 있으리니, 어찌 독서하지 않을 수가 있겠소? 우선 『손자병법』 『육도』 『좌전』 『국어』와 삼사三史를 서둘러 읽으시오. 공자께서는, '종일 먹지 않고 밤새도록 잠을 자지 않고서 생각했으나 유익함이 없었으니, 배우는 것보다 못했다'라 하셨고, 광무제光武帝는, 전쟁을 마주한 상황에서도 손에서 책을 놓지 않았으며, 조조曹操[5] 역시 스스로, '늙었어도 배움을 좋아한다'고 했는데, 경들만 어찌 스스로 힘쓰지 않을 수 있겠소?"

그 후 여몽은 학문을 시작하여, 뜻을 돈독히 하고 게으름을 피우지 않았으니, 그의 식견은 명망 있는 선비들도 감당하지 못했다.

『江表傳』曰: "初權謂蒙(呂蒙)及蔣欽曰: '卿今竝當塗掌事, 宜學問以自開益?' 蒙曰: '在軍中常苦多務, 恐不容復讀書.' 權曰: '孤豈欲卿治經作博士邪? 但當令涉獵見往事耳. 卿言多務, 孰若孤; 孤少時歷『詩』『書』『禮記』『左傳』『國語』, 唯不讀『易』, 至統事以來, 省三史·諸家·兵書, 自以爲大有所益. 如卿二人意性朗悟, 學必得之, 寧當不爲乎? 宜急讀『孫子』『六韜』『左傳』『國語』及三史. 孔子言: 終日不食, 終夜不寢, 以思, 無益, 不如學也. 光武當兵馬之務, 手不釋卷; 孟德亦自謂

4 삼사三史: 『사기』 『한서』 『후한서』의 총칭.

5 조조曹操(155~220): 맹덕孟德은 조조의 자다. 조조는 중국 후한 말기의 정치인이자 위나라 건국의 기초를 닦은 인물로, 패국沛國 초현譙縣(지금의 안후이 보저우亳州) 사람이다. 후한 헌제獻帝(재위 189~220) 때 승상을 지냈으며, 위왕魏王으로 봉해졌다. 아들인 조비曹丕가 위나라 황제에 오른 뒤에는 무황제武皇帝로 추존되었다. 어려서부터 책을 즐겼으며, 여러 분야에서 재능을 드러냈다. 고대 병법을 연구해 『손자병법』에 주석을 붙인 『위무주손자魏武註孫子』를 남겼다. 시부에도 뛰어나 두 아들인 조비曹丕, 조식曹植과 함께 '삼조三曹'라 불리기도 한다.

老而好學, 卿何獨不自勉勖邪?' 蒙始就學, 篤志不倦, 其所覽見, 舊儒不勝." 『삼국지三國志』 「여몽전呂蒙傳」 배송지裵松之 주

40

위소
韋昭

위소韋昭(204~273)는 삼국시대 오나라의 중신이자 정치가, 역사가. 자가 홍사弘嗣다. 이름은 진나라 사마소司馬昭의 이름자를 피해 요曜를 썼다. 손화의 명령을 받아 『박혁론博弈論』을 지었고, 손량孫亮 때는 화핵華核·설영薛瑩 등과 『오서吳書』를 찬술했으며, 손휴孫休 때는 중서랑박사좨주中書郎博士祭酒가 되어 여러 책을 교정했다. 손호孫皓가 즉위한 뒤 눈 밖에 나 하옥되었다가 죽었다.

들어보니, 군자는 장년이 되어서도 공을 세우지 못한 것을 부끄러워하고, 죽을 때가 되어서도 명성이 없는 것을 싫어한다. 그러므로 공자께서는, "배울 때는 미치지 못할 듯이 하고, 오히려 배운 것을 잊어버릴까 두려워해야 한다"고 하셨다. 이 때문에 옛날의 지사志士는, 나이 들어가는 것을 슬퍼하고 명성이 세워지지 않은 것을 두려워했다. 그래서 정신을 다하고 지조를 굳건히 해서 새벽에 일어나 밤늦게 잠들 때까지 편안히 쉴 겨를이 없었다. 그렇게 세월을 보내고 매일의 공력을 쌓았다. 영월寧越처럼 부지런하고 동생董生(동중서)처럼 철저하게 해서, 점차 덕의德義의 깊은 경지에 젖어들고 학문과 예술의 영역에서 마음껏 노닐게 되었다. (…) 고금의 성공하여 이름 있는 선비들을 두루 살펴보니, 모두 특이한 이력을 쌓은 행적이 있었다. 그러나 정신과 몸이 수고롭더라도 고생 중에 부지런히 사색하고, 평소에 그의 일을 게을리 하지 않았으며, 곤궁해도 그의 평소 행동을 바꾸지 않았다. 이 때문에 복식卜式[6]은 농사와 목축에 뜻을 세웠고 황패黃霸[7]는 감옥에서 도道를 받아서 마침내 영화롭고 현달하여 불후의 명성을 이루었다.

蓋聞君子恥當年而功不立, 疾沒世而名不稱. 故曰: "學如不及, 猶恐失之." 是以古之志士, 悼年齒之流邁, 而懼名稱之不建也. 勉精厲操, 晨興夜寐, 不遑寧息. 經之以歲月, 累之以日力. 若寧越之勤, 董生之篤. 漸漬德義之淵, 棲遲道藝之域. (…) 歷觀古今功名之士, 皆有積累殊異之迹, 勞神苦體, 契闊勤思, 平居不墮其業, 窮困不易其素. 是以卜式立志於耕牧, 而黃霸受道於囹圄, 終有榮顯之福, 以成不朽之名. 『박혁론博奕論』

6 복식卜式: 전한前漢 때의 정치가다. 허난성 사람으로, 농사와 목축을 일삼아 산에서 10여 년 동안 양을 길러 1000여 마리로 늘려 부자가 되었고, 무제 때 재산을 나누어 변방의 수비를 도와 벼슬을 얻었다.

7 황패黃霸(?~기원전 51): 전한 때의 관리로, 자가 차공次公이며 회양淮陽 사람이다. 한나라 선제宣帝가 선대 무제를 기려 종묘의 음악을 올리려고 조서를 내렸는데, 하후승夏侯勝이 반대했고, 황패는 이에 동조했다는 이유로 함께 하옥되었다. 황패는 옥에서 하후승에게 경서 수업을 받고자 했는데, 하후승이 사양하자 '아침에 도를 들으면 저녁에 죽어도 좋다'는 말로 답해 수업을 받았다.

제4부

뙵 진

41

두예
杜預

두예杜預(224~284)는 자가 원개元凱이고, 두릉杜陵 사람이다. 서진西晉의 무장으로 병법에 능했다. 용병을 잘하여 군공을 많이 세웠고 오나라를 평정한 공으로 당양현當陽縣 후侯에 봉해졌으며, 죽은 후 정남대장군征南大將軍에 추증되어 두정남杜征南으로도 불린다. 『진율晉律』 『좌전左傳』에 대한 주해가 유명하며, 현존하는 가장 오래된 『춘추』 주석서인 『춘추좌씨경전집해春秋左氏經傳集解』[1]를 남겼다.

배우는 자는 일의 시작을 찾아내 그 일의 결과를 미뤄 이해하며, 그 지엽적인 것을 찾아내서 근원이 미치는 것을 모두 살펴보아야 한다. 마음을 느긋하고 차분하게 해서 스스로 성인의 높은 뜻을 탐구하고, 좋아하는 것을 충분하고 풍부하게 배워서 글의 깊은 정취를 스스로 추구해야 한다. 마치 강과 바다가 육지를 적시고 단비가 땅을 기름지게 하며, 스르르 얼음이 녹고 즐거이 이치가 받아들여지도록 한 이후에야 깨달음을 얻게 되는 것이다.[2]

學者原始要終, 尋其枝葉, 究其所窮. 優而柔之, 使自求之, 饜而飫之,

1 『춘추좌씨경전집해春秋左氏經傳集解』: 두예가 정리한 『춘추』 주석서. 『춘추』의 경문經文과 『좌씨전左氏傳』을 한 권의 책으로 정리하여, 경문에 대응하도록 『좌씨전』의 문장을 분류하여 춘추의례설을 확립하고, 춘추학으로서의 좌씨학을 집대성했다. 훈고 면에서도 선유 학설의 좋은 점을 모아 『좌씨전』을 춘추학의 정통적 위치로 올려놓았다.

使自趨之. 若江海之浸, 膏澤之潤, 渙然冰釋, 怡然理順, 然後爲得也.

『춘추좌씨전서春秋左氏傳序』

2 마치 강과 (…) 될 것이다: 강과 바다가 깊어야 육지를 적시는 것이 멀리까지 미치듯이 깊게 공부해야 하고, 단비가 적셔주는 것이 넓어야 윤택한 땅이 많아지듯 널리 공부해야 하며, 말끔히 얼음이 녹듯 의심이 없어지도록 해야 하며, 이치가 자연스럽게 받아들여지도록 즐겁게 공부해야 함을 말한 것이다.

42

우부
虞溥

우부虞溥는 서진西晉 때의 학자로 자가 윤원允源이고, 창읍昌邑 사람이다. 인품 형성에 대한 학습과 교육의 작용을 강조했다. 학교는, '학자를 크게 완성시키는 일이며, 덕을 세우는 기초'라고 하며 널리 세울 것을 주장했고, 인재를 육성하려면 '먼저 그 바탕을 닦고, 그 후에 격식을 가꾸어야 한다'고 했다. 『춘추경전春秋經傳』에 주석을 달았다.

1. 성인의 도는 담백해서 맛이 잘 느껴지지 않는다. 그러므로 학문을 전공하는 자가 좋아하지 않는다.

그러나 한 해가 지나 본 것이 더욱 넓어지고 익힌 것이 더욱 많아지면, 날마다 듣지 못한 것을 듣고 날마다 보지 못한 것을 보게 된다. 그런 후에 마음이 열리고 뜻이 분명해지며 학업을 중시하고 벗들과 어울리는 것을 즐기게 되며, 홀연히 깨닫지 못하는 사이에 큰 가르침이 자신을 길러내고 지극한 도가 마음에 들어온다. 그러므로 학문이 사람을 물들이는 것이, 건물에 단청을 칠하는 것보다 심하다. 나는 단청이 오래되어 빛바랜 것을 보았지만, 학문이 오래되어 퇴색한 것은 본 적이 없다. (…) 배우는 자는 재주가 미치지 못하는 것을 근심하지 말고 의지가 서지 않음을 근심해야 한다. 그러므로 "천리마가 되기를 바라는 말은 또한 천리마의 짝이 되고, 안연이 되기를 바라는 자는 또한 안연의 무리가 될 수 있다"라고 한다. 또 "새기다가 그만두면 썩은 나무인지도 알 수 없고, 새기되 그만두지 않으면 쇠나 돌도

부술 수 있다"라고 하니, 이것이 그 효험이 아니겠는가?
夫聖人之道淡而寡味, 故治學者不好也. 及至期月, 所觀彌博, 所習彌多, 日聞所不聞, 日見所不見, 然後心開意明, 敬業樂群, 忽然不覺大化之陶己, 至道之入神也. 故學之染人, 甚於丹青. 丹青吾見其久而渝矣, 未見久學而渝者也. (…) 學者不患才不及, 而患志不立. 故曰, "希驥之馬, 亦驥之乘, 希顔之徒, 亦顔之倫也." 又曰, "鍥而舍之, 朽木不知, 鍥而不舍, 金石可虧." 斯非其效乎? 『진서晉書』「우부전虞溥傳」

2. 한 잔의 물이 모여 큰 강을 이루고 작은 먼지가 쌓여 높은 곳을 더 높인다. 뜻을 세우지 않고 부지런히 하지 않으면 성취할 길이 없다. 여러 학생이 만약 세속의 일을 끊어버리고 진심으로 오로지 학문을 가까이해서, 하나씩 거듭해서 끊임없이 하고 차근차근 쌓아나간다면, 또한 속도와 순서의 다름만 있을 뿐이지 어찌 막혔다고 통하지 않고 멀다고 이르지 못하겠는가?
積一勺以成江河, 累微塵以崇峻極. 匪志匪勤, 無由濟也. 諸生若絕人間之務, 心專親學, 累一以貫之, 積漸以進之, 則亦或遲或速, 或先或後耳. 何滯而不通, 何遠而不至邪? 『진서』「우부전」

43

부현
傅玄

부현傅玄(217~278)은 위진 시기의 명신이자 문학가, 사상가로 자가 체혁體奕이며 북지군北地郡 니양현泥陽縣 사람이다. 할아버지는 부섭傅燮이고 아버지는 부간傅幹이다. 어릴 적부터 경학에 전심하여 『부자傅子』[3] 등의 저술을 지었다. 높은 벼슬에 올랐지만 학문을 폐하지 않고 계속했다.

사람이 배우는 것은, 갈증이 나서 강물과 바닷물에서 마시는 것과 같다. 많이 마시면 많이 차고 적게 마시면 적게 찬다.[4]
人之學者, 猶渴而飮河海也, 大飮則大盈, 小飮則小盈. 『부자傅子』

3 『부자傅子』: 서진의 부현이 지은 책. 청담 사상이 유행했던 당시 분위기를 벗어나 유도儒道를 존숭하고 치도治道를 논했다. 농업을 중시하며 백성을 나누어 업을 정하자는 '분민정업分民定業'과 같은 그의 경제사상을 엿볼 수 있으며, 본래 내內, 외外, 중편中篇으로 구성되어 120권이 있었다.

4 많이 (…) 찬다: 정이천程伊川은 "여럿이 강물에서 마시되, 각각 자신의 양을 채우는 것이다羣飮於河, 各充其量"라고 했다. 즉 넓은 학문의 세계에서 자신이 원하는 만큼 채운다는 뜻이다.

44

속석
束晳

속석束晳(261?~300?)은 원서에는 원래 간소柬胥로 되어 있었으나 속석束晳의 오기이므로 바로잡는다. 서진 때의 학자로 자가 광미廣微다. 다문박학했다. 장화張華가 불러 연掾으로 삼았고, 얼마 뒤 적조賊曹에 속했다가 좌저작랑佐著作郎과 박사 등을 지냈다. 『진서晉書』의 제기帝紀와 십지十志를 편찬한 뒤 상서랑이 되었다. 저서에 『오경통론五經通論』『발몽기發蒙記』『보망시補亡詩』[5] 등이 있었지만 다 없어지고, 지금은 『속광미집束廣微集』만 전한다.

탐도선생耽道先生은 담박하고 한가롭게 거처하며, 정신을 가다듬고 맑은 기운을 호흡해서, 그 뜻을 구름 밖까지 높였으나, 몸은 누추한 집에서 편안하게 지냈다. 휘장을 드리워 방석에 몸을 기대고 하얀 무명을 입고 책을 읽으며, 음성의 높낮이를 조절하고 빨리 읽거나 천천히 읽으며, 글에 담겨 있는 뜻을 유유히 음미하면서 그 뜻을 받아들이기도 하고 자신의 의견을 펴기도 했다.

『시경』의 「권이卷耳」 편[6]을 암송하면 충신이 기뻐하고, 「요아蓼

5 『보망시補亡詩』: 속석이 『시경』「소아」에 「남해南陔」「백화白華」「화서華黍」「유경由庚」 등 생시笙詩 6편이 음악만 있고 가사가 없어, 이를 보충해서 지은 것이다.

6 「권이卷耳」: 『시경』「주남」의 편명이다. 『모시서毛詩序』에서는 '후비가 현자를 등용하려는 뜻을 읊은 시'라고 했다.

莪」 편[7]을 읊조리면 효자가 슬퍼하며, 「석서碩鼠」 편[8]을 칭송하면 탐욕스러운 백성이 사라지고, 「백구白駒」[9]를 부르면 어진 선비들이 고향으로 돌아간다고 한다. 그래서 순임금은 시를 읊조리면서 종신토록 보냈고, 공자는 『역易』을 읽으면서 삶을 마감했으며, 원헌原憲[10]은 노래에 잠겨 가난함을 잊었고 안회顔回는 근면히 공부하면서 가난을 가벼이 여겼으며, 예관倪寬[11]은 입으로 외면서 김을 매었고, 매신買臣[12]은 읊조리면서 땔나무를 했다. 성현들도 이리 부지런히 공부했는데, 하물며 보통의 소인은 어떻게 해야 하겠는가!

耽道先生, 澹泊閒居, 操練精神, 呼吸清虛, 抗志雲表, 戢形陋廬. 垂帷帳以隱几, 被紈素而讀書, 抑揚嘈囋, 或疾或徐, 優游蘊藉, 亦卷亦舒. 頌『卷耳』則忠臣喜, 詠『蓼莪』則孝子悲, 稱『碩鼠』則貪民去, 唱『白駒』而賢士歸. 是故重華詠詩以終己, 仲尼讀『易』以終身, 原憲潛吟而忘賤, 顔回精勤以輕貧, 倪寬口誦而芸耨耨, 買臣行吟而負薪, 賢聖其猶孳孳, 況中才與小人!『독서부讀書賦』

7 「요아蓼莪」: 『시경』「소민지십」의 편명이다. 『모시서』에서는 "유왕을 풍자한 시다. 백성이 수고로워 효자가 부모를 받들어 섬기기를 다하지 못했다"라고 했다.

8 「석서碩鼠」: 『시경』「위풍魏風」의 편명이다. 『모시서』에서는 "과중하게 세금을 거두는 것을 풍자한 시다. 나라 사람들이 그 군주가 과중하게 세금을 거두어 백성을 잠식하여 그 정사를 닦지 않고 탐욕스러우며 사람들을 두려워하여 큰 쥐와 같음을 풍자한 것이다"라고 했다.

9 백구白駒: 『시경』「기보지십」의 편명이다. 현자가 떠나가는 것을 만류하지 못한 시다.

10 원헌原憲(기원전 515?~?): 자가 자사子思이며, 공자의 제자 중 한 사람이다. 공자가 세상을 떠난 후 위衛나라에 은거했다. 자공이 위나라의 재상이 되어 그를 문안했다가 가난하게 사는 것을 부끄럽게 여겨 "그대는 무슨 병이 있습니까?" 하고 물었다. 원헌이 "내가 들으니, 재산이 없는 자를 '가난하다貧'고 하고, 도를 배웠으나 실행할 수 없는 자를 '병들었다病'라고 하는데 나의 경우는 가난한 것이니, 병든 것은 아닙니다"라고 말했다.

11 예관倪寬(?~기원전 103?): 전한 때의 경학가. 자가 중문仲文이며 아관兒寬이라고도 한다. 어려서 아버지를 여의고 가난했는데, 농사일을 하면서도 쉬는 시간마다 경서를 읽고 암송했다고 한다. 이후 공안국의 제자가 되었고, 벼슬에 오른 후 농업을 장려하고 관개수로인 육보거六輔渠를 정비했다. 경학과 역법에 정통하고 문장에 능해 무제의 명으로 사마천과 함께 태초력太初曆을 제작했다.

12 매신買臣: 한나라 때의 학자 주매신朱買臣(기원전 174?~기원전 115?)을 말한다. 주매신은 집이 매우 가난하여 항상 땔나무를 팔아 겨우 생계를 이었는데, 땔나무를 지고 다니면서도 늘 글을 읽곤 했다고 하며, 학문을 익혀 훗날 승상 자리에까지 올랐다.

45

사마월
司馬越

사마월司馬越(?~311)은 서진西秦 하내河內 온현溫縣 사람이다. 서진의 2대 황제인 혜제惠帝(사마충)가 즉위한 후 권력을 남용했던 계모 황태후 양씨(무제의 황후)의 친정 양준楊駿 일가를 토벌하는 데 공을 세웠다. 혜제는 훗날 독살되었는데 그가 한 것이라고 전한다. 그는 '팔왕의 난八王之亂'을 종식시키고 306년 회제(사마치)를 옹립했다.

동해왕東海王 월越이 아들 비毗를 경계시키며 말했다.

"일반적으로 학문이 보탬이 되는 것은 얕다. 그러나 그 얕은 것이 안정을 주는 것은 깊다. 예의와 법도를 익히는 방법은 본보기가 되는 이를 공경히 우러러보는 것보다 나은 것이 없고, 성인이 남긴 말을 외워 음미하는 것은 그 말의 취지를 직접 받들어 실행하는 것보다 나은 것이 없다."

東海王越勅子毗曰, "夫學之所益者淺. 淺之所安者深. 閒習禮度, 不如式瞻儀形, 諷味遺言, 不若親承音旨." 『진서晉書』「왕모전王母傳」

46

완첨
阮瞻

완첨阮瞻은 동진東晉 때의 관리로, 죽림칠현 중 한 명인 완함阮咸의 아들이다. 그는 귀신이 없다는 '무귀론無鬼論'을 주장했는데, 어느 날 진짜 귀신을 만나 병들어 죽었다고 전한다.

완첨은 독서할 때 그 의미를 깊이 연구해서 구하려 하지 않고, 묵묵히 그 요점을 깨우쳤다.

讀書不甚研求, 而默識其要. 『진서晉書』「완첨전阮瞻傳」

47

갈홍
葛洪

갈홍葛洪(283?~343?)은 동진東晉 때의 의약학자이자 도사. 할아버지와 아버지는 오나라의 관리였는데, 오나라가 망한 후 일족이 장쑤 지역으로 이주했다. 가난하게 살았지만, 땔감을 팔아 종이를 사고 책이 있는 곳이면 멀더라도 가서 베껴 유학은 물론 제자백가의 사상이 담긴 책 등 당시의 주된 사상을 두루 공부했다. 오랫동안 연단술에 종사하면서 양생과 불로에 관해 연구했으며, 누구나 신선이 될 수 있다고 생각했다. 저서로 『포박자抱朴子』[13]가 있다.

1. 주공周公은 지극히 뛰어난 성인이지만 날마다 100권의 책을 읽었고, 공자는 하늘이 내려준 덕을 타고났지만 책을 엮은 가죽끈이 세 번 끊어지도록 독서했으며[14], 묵적墨翟은 매우 어진 현자였으나 수레에 가득 문서를 실었고, 동중서董仲舒는 당대에 이름난 학자였으나 3년 동안 농사일을 돌보지 않았다. 예관倪寬은 경서經書를 휴대하고

13 『포박자抱朴子』: 갈홍이 신선방약과 불로장수의 비법을 서술한 도교 서적. 내편 20권, 외편 50권으로, 내편은 신선, 방약, 괴경, 변화, 양생, 장생, 재앙 방지, 도교나 신선도의 이론과 실천(도술)을 설명했다. 이론 면에서는 혜강의 영향이 현저하며, 도술 중에서는 좌자左慈에 유래하는 연금, 연단술이 가장 중시된다. 외편은 유교적 입장에서 당시의 사회와 문화를 비판한 내용이다.

14 책을 엮은 (…) 독서했으며: 원문은 '위편삼절韋編三絶'인데 공자가 『역경』을 좋아하여 죽간의 가죽끈이 세 번 끊어지도록 열심히 읽었다는 말에서 유래한다.

밭의 김을 맸고, 노생路生[15]은 부들을 잘라 엮어서 글씨를 썼으며, 황패黃霸는 옥중獄中에 갇혀서 학업을 받았고, 영자寧子[16]는 새벽부터 밤까지 부지런히 움직이면서 공부를 두 배로 했다.

그러므로 도의 심오한 경지를 다 보고 은미한 말의 뜻을 끝까지 헤아려볼 수 있어서, 아득히 먼 옛날의 일을 오늘날의 일과 같이 보고 온 천지의 일을 집안의 일 같이 알고, 해와 달·오성의 운행을 살펴보고 천체天體[17]의 변화를 미루어 계산하며, 흥성과 쇠퇴의 원인을 자세히 살펴 지난 과거사에서 선과 악을 증험하고, 손바닥에서 천지의 일을 헤아려 아직 일어나지 않은 일을 마치 이루어진 일처럼 분명히 알 수 있었다. 그러므로 덕을 융성하게 닦고 사업을 크게 이루어 당세에 최고가 되었고 고결한 덕과 아름다운 명성은 온 세상이 다할 때까지 전해질 수 있었다.

夫周公上聖, 而日讀百篇; 仲尼天縱, 而韋編三絕; 墨翟大賢, 載文盈車; 仲舒命世, 不窺園門. 倪寬帶經以芸鋤, 路生截蒲以寫書, 黃霸抱桎梏以受業, 寧子勤夙夜以倍功, 故能究覽道奧, 窮測微言, 觀萬古如同日, 知八荒若戶庭, 考七耀之盈虛, 步三五之變化, 審盛衰之方來, 驗善惡於往昔, 料玄黃於掌握, 甄未兆以如成, 故能盛德大業, 冠於當世, 清芳令聞, 播於罔極也. 『포박자抱朴子』「욱학勖學」

2. 어렸을 때는 뜻이 한결같아서 잊기 어렵지만, 나이가 들면 정신

15 노생路生: 전한의 관료였던 노온서路溫舒(?~?)를 말한다. 자가 장군長君이고, 거록鉅鹿의 동리東里 사람이다. 조부에게 천문과 역법을 배웠으며, 마을 문지기였던 아버지가 노온서에게 양을 목축하게 하자 연못에서 부들을 뽑아서 글판을 만들고 글씨를 쓰며 공부했다. 훗날 임회 태수가 되어 치적을 쌓았고 재직 중 사망했다.

16 영자寧子: 전국시대의 영월寧越을 가리킨다.

17 천체天體: 원문은 '보삼오步三五'인데 보步는, '짐작으로 미루어 계산하다, 추측하다'의 뜻이고, 삼오三五에서, 삼三은 해·달·별을 가리키고, 오五는 오성五星(수성·금성·화성·목성·토성)을 가리킨다. 즉 천체의 변화를 미루어 계산한다는 말이다.

이 산만해져 잃어버리기 쉽다. 그러므로 학업을 닦는 일은 이른 시기에 힘써야 한다. 정신이 집중되었을 때 습관과 본성이 이루어져, 자연스러운 것과 다르지 않게 된다.

少則志一而難忘, 長則神放而易失, 故修學務早. 及其精專, 習與性成, 不異自然也. 『포박자』「욱학勖學」

3. 고서古書가 비록 많더라도 반드시 모두 좋은 것은 아니다. 따라서 고서를 배우는 자의 산과 연못으로 삼아, 글을 쓰는 자가 그 안에서 풀과 나무를 베거나 낚시와 사냥을 할 수 있도록 해야 한다.

古書雖多, 未必盡美. 要當以爲學者之山淵, 使屬筆者得采伐漁獵其中. 『포박자』「균세鈞世」

4. 내가 여러 책에서 필요한 것만 베껴서 엮고 그 요점을 뽑으니, 공을 들인 것은 적으나 거둘 것은 많았고, 생각은 번거롭지 않았으나 보는 시야는 넓어졌다.

余抄綴衆書, 撮其精要, 用功少而所收多, 思不煩而所見博. 『포박자』

48

석륵
石勒

석륵石勒(274~333)은 오호십육국五胡十六國의 하나인 후조後趙의 제1대 황제(재위 319~333)다. 산시성山西省에 살고 있던 흉노족 갈종羯種 추장의 아들로 태어났다. 유연劉淵이 한漢을 세우자 장군으로 임명되었고, 동진東晉의 장군 왕준王浚을 꺾은 후 국호를 조趙라 하고 왕이 되어 세력이 화북 일대까지 미쳤다. 통치자로서도 유능했고, 귀복歸服한 한인들의 다스림에 뛰어난 수완을 보였다. 학교도 세우고, 학자도 중용했으며 관리 등용에도 능했다. 불승 불도징佛圖澄에게 귀의했다.

석륵이 글을 몰라 다른 사람에게 『한서』를 읽게 시켰는데, 역이기酈食其가 여섯 나라의 후손을 세워 함께 항우와 싸우자고 권하여 인장印章을 새겨서 그들에게 주려고 했다는 이야기[18]를 듣고 매우 놀라, "이 방법은 당연히 실패할 것이다. 어찌 끝내 천하를 소유할 수 있겠는가?"라고 했다. 유후留侯[19]가 그렇게 하는 것은 적절하지 않다고 간언한 것을 들은 뒤, 곧 "유방이 천하를 다스리게 된 것은 이 같은 사람을 둔 것에 힘입었을 뿐이구나"라고 했다.

18 역이기酈食其가 (…) 이야기: 역이기(?~기원전 204)는 한 고조의 모사謀士다. 유방이 그의 말을 듣고 진秦에게 멸망한 초楚·연燕·제齊·한韓·위魏·조趙 등 6국 후손들을 제후로 세워 함께 항우項羽에게 대적하려고 그들의 인장印章을 새겨 놓았으나, 이 일은 적절하지 않다고 말한 장량張良의 간언을 듣고 인장을 다시 녹여버렸다.

石勒不知書, 使人讀『漢書』, 聞酈食其勸立六國後, 刻印將授之, 大驚曰, "此法當失! 何得遂有天下?" 至留侯諫, 迺曰, "賴有此耳." 『세설신어世說新語』「식감識鑒」

19 유후留侯: 한의 개국공신 장량張良(?~기원전 186). 자가 자방子房, 시호가 문성공文成公이다. 진승·오광의 난이 일어났을 때 유방의 진영에 속했으며, 후일 항우와 유방이 만난 '홍문의 연회'에서는 유방을 위기에서 구했다. 선견지명이 있는 책사로서 한나라의 서울을 진나라의 고지인 관중으로 정하고자 한 유경의 주장을 지지했다. 고조 유방이 나라를 세운 뒤 장량에게 제나라 땅 3만 호 중에서 마음대로 선택하게 하니, 장량은 '제가 폐하를 처음 만난 곳이 유留 땅이니, 유후로 봉해주시면 족합니다' 하여 유후가 되었다.

49

대규
戴逵

대규戴逵(326~396)는 동진의 화가로 자가 안도安道. 음악·서예·조각·공예에 모두 능했다. 성현의 도상圖像은 교묘하기로 유명하며, 그의 벗이자 진晉나라 때 명필 왕희지王羲之의 다섯째 아들 왕휘지王徽之와의 일화로 인해 '승흥방우乘興訪友(흥이 일어나 친구를 방문하다)' '설야방대雪夜訪戴(눈 내린 밤에 대규를 찾아가다)' 등의 고사가 전해진다.

안도安道 대규戴逵는 범선范宣[20]에게 배웠는데, 범선이 행동하는 것을 보고 본받아서 했다. 범선이 책을 읽으면 역시 책을 읽고 범선이 책을 베껴 쓰면 역시 책을 베껴 썼다.

戴安道就范宣學, 視范所爲, 范讀書, 亦讀書, 范抄書, 亦抄書. 『세설신어』「교예巧藝」

20 범선范宣: 진晉나라의 은둔한 현자. 자가 선자宣子이고, 삼례三禮에 정통했다. 저서로 『예역논난禮易論難』이 있다.

50

유유
劉柳

유유劉柳(?~416)는 동진 때의 재상으로 좋은 집안에서 태어나 어릴 때 과거에 급제하여 상서와 여러 주의 자사를 지냈다. 『노자』를 즐겨 읽었다.

부적傅迪[21]은 독서를 좋아했으나 그 바른 뜻을 이해하지 못했고, 유유劉柳는 오직 『노자』만 읽을 뿐이었다. 부적이 항상 유유를 업신여기자, 유유는 다음과 같이 말했다.

"그대가 읽은 책이 비록 많긴 하지만 이해하는 것이 없으니, 책 상자書簏라고 할 만하다."

당시 사람들은 유유의 말을 중요하게 여겼다.

傅迪好讀書而不解其義, 柳〔劉柳〕唯讀『老子』而已. 迪每輕之, 柳云: "卿讀書雖多而無所解, 可謂書簏矣." 時人重其言. 『진서晉書』「유교전劉喬傳」

21 부적傅迪(?~421): 자가 장유長猷이고 동진 때의 관리다. 관직은 오병상서에 이르렀다.

51

도잠
陶潛

도잠陶潛(365~427)은 동진의 시인으로 자가 연명淵明이고 호가 오류선생五柳先生이며, 시호가 정절靖節이다. 주좨주州祭酒로 시작하여 405년에 팽택彭澤의 영令이 되었으나, 80일 만에 「귀거래사歸去來辭」를 읊고 벼슬을 떠나 전원생활을 즐겼다. 집 앞에 버드나무 다섯 그루가 있어 스스로 오류선생이라 칭했다. 평이하게 자연 풍경을 읊은 시가 많으며 중국의 서경시敍景詩가 이때부터 발달했다. 송대 이학이 성행하면서 그의 시가 크게 인정을 받게 되었다. 『도연명집陶淵明集』[22]이 있다.

오류선생五柳先生은 독서를 좋아했으나 깊은 이해를 구하지 않았고, 깨달음이 있으면 그때마다 즐거워하며 밥 먹는 것을 잊었다.
好讀書, 不求甚解, 每有會意, 輒欣然忘食. 『오류선생전五柳先生傳』

〔해설〕『둔음잡록鈍吟雜錄』[23]에서 말했다.

22 『도연명집陶淵明集』: 도잠의 문집. 원집은 본래 8권으로, 양梁나라의 소명태자昭明太子가 편찬했으며, 9권과 10권은 후대인들이 덧붙인 것이다.

23 『둔음잡록鈍吟雜錄』: 청나라 풍반馮班(1614~1681)의 저서. 「가계家誡」 2권, 「정속正俗」 1권, 「독고천설讀古淺說」 1권, 「엄씨규류嚴氏糾謬」 1권, 「일기日記」 1권, 「계자첩誡子帖」 1권, 「유언遺言」 1권, 「통감강목규류通鑑綱目糾謬」 1권, 「장사지명將死之鳴」 1권이다. 풍반의 저술은 상당히 많은데 태반이 일실되었다. 조카인 풍무馮武가 유고에서 모은 9종의 글이 전한다.

"도잠은 책을 읽을 때, 단지 주요한 의미만을 보고 깊은 이해를 구하지는 않았다. 이른바 '깊은 이해甚解'라는 것은, 정강성鄭康成(정현)이 『예기』를 주석하고 모공毛公이 『시경』을 해석한 것과 같은 종류의 책이다.[24] 그러나 세상 사람들은 독서할 때 대의大義가 통하지 않는 것만을 매우 괴로워할 뿐 정밀한 뜻을 살피지 않는다. 그렇게 하고는 '우리는 도연명을 본받는다'라고 변명하니, 자신을 그르칠 뿐만 아니라 다른 사람도 그르친다"라고 했다.

『鈍吟雜錄』曰: "陶公讀書, 止觀大意, 不求甚解. 所謂甚解者, 如鄭康成之『禮』, 毛公之『詩』也. 世人讀書, 正苦大意未通耳. 乃云'吾師淵明', 不惟自誤, 更以誤人."

24 이른바 (…) 책이다: 책에 대해 깊은 이해를 구하지 않았다는 뜻으로 해석한 것이다. 그는 『둔음잡록』에서 "주자는 예를 말할 때면 정강성을 일컫는데, 후대의 유학자들은 따르지 않고 도리어 진호가 『예기』를 주석한 것을 쓰고, 정자程子는 『시경』의 소서小序를 매우 믿었는데, 후대의 유학자들은 따르지 않고 주자를 따른다朱子言禮, 稱鄭康成, 後儒不從也, 却用陳澔注『禮記』. 程子極信『詩·小序』, 後儒不從也, 從朱子"라고 했다.

제5부

수 隋

남북조 南北朝

52

소균
蕭鈞

소균蕭鈞(473~494)은 남조 제齊나라 고제高帝의 아들로, 큰아버지 소도도蕭道度에게 출계出繼했다. 무제武帝 영명永明 중에 강주자사江州刺史가 되었다. 거듭 승진하여 비서감秘書監과 무군장군撫軍將軍을 역임했다. 효심이 깊었고 배우기를 좋아했으며 문장도 잘 지었다고 한다. 왕지심王智深, 강엄江淹과 문장으로 교유했다. 일찍이 직접 세서細書로 『오경五經』을 써서 상자 속에 넣어두고 잊을 때를 대비하니 당시 선비들이 다투어 본받았다. 해릉왕海陵王 연흥延興 원년(494) 소란蕭鸞이 집권하자 살해당했다.

소균은 항상 손수 작은 글씨로 오경五經[1]을 베끼기 시작하여 모두 한 권이 되면 건상巾箱〔비단을 바른 작은 상자〕 안에 두어서 잊어버릴 것에 대비했다.

시독侍讀[2] 하개賀玠가 물었다.

"전하의 집에는 본래 서적〔墳索〕[3]이 있는데, 어찌해서 반드시 조

1 오경五經: 『시경』 『서경』 『역경』 『예기』 『춘추』다. 이 명칭은 한 무제 건원乾元 5년에 시작되었다.

2 시독侍讀: 황제나 태자 앞에서 학문을 강독하는 벼슬.

3 분삭墳索: 삼분三墳〔전설상의 전적〕과 팔삭八索을 아우르는 말이다. 삼분은 복희伏羲·신농神農·황제黃帝의 전적을 말하고, 팔삭八索은, 팔괘八卦에 관한 설, 또는 '팔왕八王의 법'이라는 설이 있다. 모두 고대의 전적을 가리키는 말로 사용되나, 여기서는 그냥 서적을 말한다.

그맣고 가늘게 써서 별도로 건상에 보관하십니까?"

소균이 대답했다.

"서책을 보관하는 상자에 오경五經이 있으면, 살펴보기에 매우 편리합니다. 또 한 번 손수 베껴 쓰면 오래도록 잊지 않을 수 있습니다."

여러 왕이 듣고는 다투어 본받아서 건상오경巾箱五經을 만들었다. 건상오경은 이때부터 시작되었다.

鈞常手自細書寫五經, 都爲一卷, 置於巾箱中, 以備遺忘. 侍讀賀玠問曰, "殿下家自有墳索, 何須蠅頭細書, 別藏巾箱中?" 答曰, "巾箱中有五經, 於檢閱旣易, 且一更手寫, 則永不忘." 諸王聞而爭效爲巾箱五經. 巾箱五經, 自此始也. 『남사南史』「형양원왕도탁전衡陽元王道度傳」

53

도홍경
陶弘景

도홍경陶弘景(452~536)은 남조南朝 때 양梁나라의 도사. 화양은거華陽隱居라 자호했다. 유·불·도 삼교를 아우를 것을 주장하고 청정·무위·인과와 윤회 등의 사상을 널리 알렸다. 양나라 무제武帝의 신임이 두터웠으며, 국가의 길흉·정토征討 등 대사에 자문을 받아 산중재상山中宰相이라고 불렸다. 연단煉丹 화학 방면에서 갈홍의 뒤를 이은 인물로 평가되며 『고금도검록古今刀劍錄』속에 강철을 제련하는 기술을 소개하기도 했다. 저서로 『고금도검록古今刀劍錄』[4] 등이 있다.

1. 선善을 위주로 하는 이가 스승이 된다. 그러므로 고정적인 스승은 없다.
主善爲師, 故無常師. 『귀곡자鬼谷子』 오합忤合 주

2. 도홍경은 읽은 책이 만 권이나 되었으나, 하나라도 알지 못하면 매우 부끄러워했다.

4 『고금도검록古今刀劍錄』: 도홍경이 역대 제왕들과 각국 인물들의 명검名劍과 명도名刀에 대하여 기술한 책이다. 하나라 계啓부터 양나라 무제(502~549)에 이르기까지 모두 40가지의 기사가 수록되어 있는데, 현재 전해지는 판본에는 여러 부분에 오류가 발견되어 후대인들에 의해 첨삭이 가해진 것으로 보인다.

陶弘景讀書萬卷, 一事不知, 以爲深恥.『전거을기田居乙記』[5]

5 『전거을기田居乙記』: 명明나라 방대진方大鎭이 편찬한 책. 잠견潛見·전재筌宰·벌열伐閱·거식居息 네 부분으로 나뉘며 4권이다. 옛사람의 격언이나 훌륭한 일을 기록했다. 조선 후기의 실학자 한치윤이 찬술한『해동역사海東繹史』에 인용되어 있기도 하다.

54

양원제
梁元帝

양원제梁元帝(508~554)는 소역蕭繹으로 남조 양나라 무제의 일곱 번째 아들이다. 왕승변王僧辯에게 명해 후경侯景을 평정하게 하고, 강릉江陵에서 즉위했다. 승성承聖 3년(554) 서위의 군대가 공격해오는데도 용광전龍光殿에서 『노자』를 강독했으며, 백관은 군복을 입고 들었다. 위나라 군대가 도착해도 시부詩賦 읊기를 그치지 않았고 성이 함락되자 위나라 사람에게 살해당했다. 어렸을 때 병으로 눈 한쪽을 잃었지만, 책 읽기를 좋아했고 서화에도 뛰어났다. 장서만 14만 권에 이르렀는데, 성이 함락될 때 모두 불타버렸다. 『금루자金樓子』[6] 등을 지었다.

독서 할 때는 반드시 오경五經을 근본으로 삼아야 하니, 말하자면 '성인의 글이 아니면 읽지 말라'는 것이다. 오경은 100번 읽으면 그 뜻이 절로 드러난다. 그 외의 여러 책은 스스로 훑어보면 충분하다. 정사正史에는 성공과 실패, 얻은 것과 잃은 것이 이미 드러나 있으니, 이것을 나라를 다스릴 때 급선무로 삼아야 할 것이다. 따라서 오경 이외

6 『금루자金樓子』: 양나라 효원황제孝元黃帝가 지은 책으로, 그가 번藩에 있었을 때 일찍이 스스로 '금루자'라고 불렀기 때문에 책 제목으로 삼았다. 고금의 보고 들은 사적과 치홀정사治忽貞邪에 대해 포괄하여 싣고, 의론을 덧붙여 여러 자질을 겸할 것을 권고하고 있으며, 모두 20권이다. 『수서』에서 『송사』「예문지」까지는 이 책의 항목이 남아 있고 15편으로 되어 있었던 것으로 보이나, 후대의 기록에는 서명이 없어 명나라 말에 일실된 것으로 추정된다.

에는 정사를 최우선으로 삼는 것이 마땅하다.

凡讀書必以五經爲本, 所謂非聖人之書勿讀. 讀之百遍, 其義自見. 此外衆書, 自可泛觀耳. 正史旣見成敗得失, 此經國之所急. 五經之外, 宜以正史爲先. 『금루자金樓子』

55

유협
劉勰

유협劉勰(465~521)은 중국 남북조 양나라의 문학 비평가로 소명태자의 신임이 두터웠으며, 태자의 『문선』 편찬에 그의 창작이론이 많은 영향을 미쳤다. 어릴 때 고아가 되어 학문에 열중하면서 결혼도 하지 않고 사문沙門 승우僧祐에 귀의해 함께 10여 년을 생활하면서 경론經論에 정통하게 되었다. 정림사定林寺의 장경藏經을 정리했고, 만년에 출가하여 법명을 혜지慧地라 했지만, 얼마 후 사망했다. 저서로 『문심조룡文心雕龍』[7]이 있다.

완성된 문장을 품평하다가 예전의 담론과 같아지는 경우는, 다른 사람의 의견을 따라서 한 것이 아니라 형세가 본래 다를 수 없기 때문이다. 또 이전의 담론과 다른 경우는, 구차하게 다르게 하려고 한 것이 아니라 이치상 본래 같을 수 없기 때문이다. 같은 것과 다른 것은 옛날과 지금을 따질 필요가 없다. 매우 상세하게 분석하여 오직 알맞은 설을 구하는 데 힘쓸 뿐이다.

7 『문심조룡文心雕龍』: 유협이 쓴 문예이론서. 저작 연대는 501~502년으로 추정되며, 중국 고대의 문학 작품을 섭렵해서 문학의 근본 원리와 갈래, 문학의 창작 원리를 설명하고 있다. 총 10권 50편이 모두 사륙변려체四六騈儷體로 되어 있으며, 마지막 「서지序志」 편은 전체의 자서自序에 해당한다. 전반 25편에서는 문학의 근본 원리를 논술하고 문체론을 폈다. 후반 25편에서는 문장 작법과 창작론에 관하여 논술했다. 문학이란 내용이 충실해야 하고 그로부터 자연히 꽃피어야 하는 것이라고 하며, 기교에만 치우친 미문 위주의 경향을 비판했다.

品列成文, 有同乎舊談者, 非雷同也, 勢自不可異也. 有異乎前論者, 非苟異也, 理自不可同也. 同之與異, 不屑古今. 擘肌分理, 唯務折衷.

『문심조룡文心雕龍』「서지序志」

56

원준
袁峻

원준袁峻(237?~316?)은 진晉나라 때의 경학자로 자가 효니孝尼다. 유학儒學으로 이름이 알려졌다. 충신하고 공정했으며, 아랫사람에게 묻는 것을 부끄러워하지 않았다. 269년경에 급사중給事中이 되었다. 문집 2권이 남아 있다.

원준은 어려서 아버지를 여의었으나, 뜻을 굳건히 하고 학문을 좋아했다. 집이 가난해서 책이 없었고, 항상 사람들에게 책을 빌려오면 반드시 모두 베꼈다. 날마다 50장의 종이에 쓰는 것을 자신이 완수할 과업으로 삼아서, 종이의 수만큼 쓰지 않으면 그치지 않았다.
峻早孤, 篤志好學. 家貧無書, 每從人假借, 必皆抄寫. 自課日五十紙, 紙數不登, 則不休息. 『양서梁書』「원준전袁峻傳」

57

왕균
王筠

왕균王筠(481~549)은 남북조 양나라의 문학가로 16살 때 「작약부芍藥賦」를 지었다고 한다. 양나라 소명태자와 심약沈約, 사조謝朓 등에게 인정을 받았다. 처음에 상서서 전중랑尙書殿中郎이 되었다가 태자세마太子洗馬로 옮겨 동궁관기東宮管記를 관장했다.

나는 어려서부터 책을 베껴 쓰는 것을 좋아했는데, 늙어서는 더욱 독실해졌다. 비록 우연히 보거나 언뜻 보았더라도, 모두 즉시 간략하게 기록했다가 나중에 거듭해서 자세히 살펴보면 기쁨이 솟아나는 것이 더욱 심해졌다. 이렇게 습관과 성격이 이루어져, 글씨를 쓰는 일에 싫증이 나는 것을 깨닫지 못했다.

余少好抄書, 老而彌篤. 雖遇見瞥觀, 皆卽疏記, 後重省覽, 歡興彌深. 習與性成, 不覺筆倦. 『남사南史』「왕균전자서王筠傳自序」

56

이선
李先

이선李先은 자가 용인容仁이고, 북위北魏 중산中山 노노盧奴 사람이다.

후위後魏의 태조가 이선에게 말했다.

"사람의 정신과 지혜에 보탬이 될 수 있는 책 중 천하에서 가장 좋은 책은 무엇인가?"

이선이 대답했다.

"오직 경서經書가 있을 뿐입니다."

太祖問先曰, "天下何書最善, 可以益人神智?" 先對曰, "唯有經書."

『위서魏書』「이선전李先傳」

57

형소
邢邵

형소邢邵(496~?)의 소邵는 소劭로 쓰기도 한다. 형장邢臧의 동생이다. 처음에 위魏나라에서 벼슬을 했는데, 난으로 인해 숭산嵩山으로 피신했다. 북제가 들어선 뒤 여러 차례에 걸쳐 태상경太常卿과 중서감中書監으로 관직을 옮겼고, 국자좨주國子祭酒를 대행했다. 문집 31권이 있었다고 하나 전해지지 않고, 명나라 사람이 집록한 『형특진집邢特進集』이 있다.

형소는 소유한 책이 매우 많았으나 그다지 교감校勘[8]하지는 않았다. 사람들이 책을 교감하는 것을 보면, 항상 웃으며 "어찌 저리도 어리석은가! 천하의 책은 죽을 때까지 읽어도 다 읽을 수 없는데, 어찌 처음부터 다시 이 책을 교감할 수 있단 말인가? 또한 잘못 쓴 것에 대해 생각해보는 것도, 다른 즐길 거리가 되는 것을"이라고 했다.
邵有書甚多而不甚讎校. 見人校書, 常笑曰, "何愚之甚! 天下書至死讀不可遍, 焉能始復校此, 且誤書思之, 更是一適." 『북제서北齊書』「형소전邢邵傳」

8 교감校勘: 하나의 작품이나 문서에 대해, 다른 여러 판본이나 원고와 비교하여 차이를 밝히거나 오류를 바로잡는 작업을 말한다.

60

유주
劉晝

유주劉晝(514~565)는 북제北濟의 문학가로 어려서 고아가 되어 가난하게 지냈지만, 학문을 좋아했다. 처음에는 『삼례』와 『춘추』를 배웠고 대의大義에 통달했다. 나중에 도성에 들어가 업령鄴令에게 서적 5000권이 있다는 사실을 알고 그 아들의 박사博士가 될 것을 청해 마음대로 책을 볼 기회를 얻어 밤낮을 쉬지 않았다. 고향으로 돌아와 수재秀才가 되었고 시험에 응했지만 급제하지 못하자 한을 품고 글공부를 하지 않았다. 효소제孝昭帝가 즉위하여 직언을 좋아하자 유주는 여러 차례 글을 올렸는데, 말은 비록 간절하고 곧았지만, 세상에서 요구하는 바가 아닌 것이 많아 끝내 채용되지 않았고, 좌절 끝에 죽었다. 저서로 『유자劉子』[9]가 있다.

1. 배움은 마음에서부터 나온다. 마음은 몸의 주체이고 귀와 눈은 외부에서 살피는 것이다. 만약 마음에서 배우려는 뜻이 없으면, 소리

9 『유자劉子』: 10권 55편으로 이루어져 있으며 비유와 우언을 사용하여 이치를 설명했다. 독창적인 우언은 적고 대부분 옛 책의 내용을 답습했다. 그 예로 「이신履信」 편의 '잠정岑鼎'은 『한비자』 『여씨춘추』 『신서』 등에도 나오는 이야기이며, 「인현因顯」 편의 '일고천금一顧千金'은 『전국책戰國策』에서 따오고, 「탐애貪愛」 편 중의 '석우분금石牛糞金'은 『한비자』의 '지백벌구유智伯伐仇由'를 모방한 것이다. 『유자신론劉子新論』이라고도 하는데 어떤 사람이 유주를 위해 지어준 것이라고도 하고, 또 어떤 사람은 이미 없어진 『금상벽언金箱璧言』의 별칭이라 여기기도 한다.

내어 읽는 것을 들어도 들리지 않고 책을 보아도 보이지 않는다. 만일 학업에 숙련되기를 바란다면 반드시 마음을 바로잡는 것을 먼저 한 이후에야, 이치와 의미가 마음에 들어올 것이다.

學者出於心, 心爲身之主, 耳目候於外. 若心不在學, 則聽誦不聞, 視簡不見. 如欲練業, 必先正心, 而後理義入焉. 『유자劉子』「전학專學」

2. 혁추弈秋는 전국에서 바둑을 제일 잘 두는 사람이다. 그러나 바둑을 두고 있을 때 생황을 불며 지나가는 자가 있어서 잠깐 그 소리를 듣게 되면 바둑에서 패할 것이다. 바둑의 도가 매우 심오해서가 아니라 생황이 마음을 어지럽혀 미약하게나마 흐트러짐이 생기기 때문이다.

예수隸首[10]는 세상에서 가장 계산을 잘하는 자다. 그러나 울며 지나가는 기러기가 있어서 활을 메기고 그것을 헤아려 막 쏘려는 순간에 '3×5'를 물으면 알지 못할 것이다. 계산하기 어려워서가 아니라 기러기가 정신을 어지럽혀서 그 뜻이 너무 흐리멍덩해지기 때문이다.

혁추의 바둑과 예수의 계산은, 정미함을 궁구하고 헤아리기를 다해서 어긋나지 않는다. 그러나 마음이 생황과 기러기에 있으면 바둑에서 지고 계산이 바르지 않게 되니, 이것은 마음을 오로지 한 곳에만 쓰지 않고 바깥일에 마음을 두었기 때문이다.

弈秋, 通國之善弈者也. 當弈之時, 有吹笙過者, 乍而聽之, 則弈敗矣. 非弈道暴深, 情有暫闇, 笙滑之也. 隸首, 天下之善算也, 有鳴鴻過者, 彎弧擬之, 將發未發之間, 問以三五, 則不知也, 非三五難算, 意有暴

10 예수隸首: 황제黃帝 헌원씨軒轅氏의 신하로서 산법算法에 뛰어났다고 한다. 방전方田·속미粟米·쇠분衰分·소광少廣·상공商功·균수均輸·영부족嬴不足·방정方程·구고句股 등 구장九章의 산법을 만들고 산수算數를 고안하여 농업과 제사에 쓰는 물건의 장단, 대소, 경중 따위를 명확하게 하여 백성을 크게 이롭게 했다.

昧, 鴻亂之也. 弈秋之弈·隸首之算, 窮微盡數, 非有差也, 然而心在笙鴻而弈敗算撓者, 是心不專一, 遊情外務也.『유자』「전학」

61

안지추
顔之推

안지추顔之推(531~591)는 육조 시대의 문인이자, 학자. 양梁, 북제北齊, 북주北周, 수隨 왕조를 거치면서 관료로서 당대 최고의 학식을 자랑했다. 그는 가족과 가정 도덕의 확립을 가장 중시해서 『안씨가훈顔氏家訓』[11]을 지었으며, 노장을 배척하고 유불의 조화를 주장했다.

1. 책을 읽고 학문하는 까닭은, 본래 마음을 열고 눈을 밝게 하여 행하는 데 이롭게 하려는 것일 뿐이다.
夫所以讀書學問, 本欲開心明目, 利於行耳. 『가훈家訓』「면학勉學」

2. 배우는 것은, 나무를 심어 봄에 그 꽃을 감상하고 가을에는 그 열매를 수확하는 것과 같다. 학문을 익히고 문장을 논하는 것이 봄의 꽃이요, 자신을 수양하고 행동을 유익하게 하는 것이 가을의 열매다.

사람이 태어나 어렸을 때는 정신이 집중되고 예리하지만, 장성한 이후에는 생각이 산만해지고 안일해지니, 진실로 일찍 가르쳐 기회를 잃어버리지 않게 해야 한다.

11 『안씨가훈顔氏家訓』: 안지추가 지은 가훈서로, 2권 20편 총 206가지의 이야기가 실려 있다. 안지추는 자신이 겪은 구체적인 체험과 사례를 통해 가족 도덕·대인관계·처세방법·생활방식과 태도·학문과 교양·언어와 잡기 등에 관하여 자손들에게 교훈을 남겨주고자 했다. 이 책은 중국에 예부터 전해 내려오는 명문가의 여러 가훈家訓 중 시대적으로도 제일 앞선 것이다.

나는 일곱 살 때 『영광전부靈光殿賦』[12]를 외웠는데, 지금 10년이 지났는데 하나도 잊어버리지 않았다. 스무 살을 넘어서는 암송한 경서를 한 달 동안만 방치해도 곧 기억이 엉성하고 조잡해진다. 그러나 사람은 뜻대로 되지 않는 경우가 많으니 왕성한 젊은 나이에도 배우는 시기를 잃어버릴 수 있다. 오히려 만년에라도 배워야 하며 스스로 포기해서는 안 된다.

夫學者, 猶種樹也, 春玩其華, 秋登其實. 講論文章, 春華也, 修身利行, 秋實也. 人生小幼, 精神專利, 長成以後, 思慮散逸, 固須早教, 勿失機也. 吾七歲時, 誦『靈光殿賦』, 至於今日, 十年一理, 猶不遺忘. 二十之外, 所誦經書, 一月廢置, 便至荒蕪矣. 然人有坎壈, 失於盛年, 猶當晩學, 不可自棄! 『가훈』「면학」

3. 『서경』에서는 "묻기를 좋아하면 여유 있게 된다好問則裕"[13]라고 했고, 『예기』에서는 "혼자서만 공부하고 함께 공부할 벗이 없으면 융통성이 없고 견문이 좁아진다獨學而無友, 則孤陋而寡聞"[14]라고 했으니, 함께 연구하고 의논해야 서로 명료해지는 것이다.

자신의 견해는 문을 닫고 독서하면 자신만 옳다고 여기게 되지만, 많은 사람이 널리 앉아 있으면 견해의 오류로 인해 부끄러움을 느끼는 일이 많을 것이다.

『書』曰, "好問則裕." 『禮』云, "獨學而無友, 則孤陋而寡聞." 蓋須切磋, 相起明也. 見有閉門讀書, 師心自是, 稠人廣坐, 謬誤羞慚者多矣. 『가훈』「면학」

12 『영광전부靈光殿賦』: 후한 때 왕연수王延壽가 지었다. 영광전靈光殿은 한 경제의 아들 공왕恭王이 세운 건물인데, 한나라 중엽 도적들이 횡행할 때 이 건물만 홀로 보존되었다고 한다.

13 묻기를 (…) 된다: 『서경』「중훼지고仲虺之誥」에 나온다. "묻기를 좋아하면 넉넉해지고, 자기 소견대로만 하면 작아진다好問則裕 自用則小"라고 했다.

14 홀로 공부하고 (…) 좁아진다: 『예기』「학기學記」에 나오는 구절이다.

4. 배움은, 견문을 넓힐 수 있는 것을 귀하게 여긴다. 주요 나라와 행정구역, 산과 하천, 관직과 직위, 성씨와 가계, 의복, 음식, 기물, 그릇, 제도 등을 모두 철저히 밝혀서 그 근원과 유래를 구하려고 해야 한다.
夫學者貴能博聞也. 郡國·山川·官位·姓族·衣服·飮食·器皿·制度, 皆欲根尋, 得其原本. 『가훈』「면학」

5. 천하의 책을 살펴볼 때, 두루 읽지 않고서 망령되이 평론(雌黃)[15] 해서는 안 된다. 혹 저 책에서는 옳지 않다고 하는데 이 책에서는 옳다고 하는 경우가 있고, 혹은 근본은 서로 같은데 결과가 서로 다른 경우도 있으며, 혹은 두 책에서 모두 빠진 것도 있으니, 한쪽에 치우쳐 그것만 맹신해서는 안 된다.
觀天下書未徧, 不得妄下雌黃. 或彼以爲非, 此以爲是, 或本同末異, 或兩文皆欠, 不可偏信一隅也. 『가훈』「면학」

6. 다른 사람에게 빌린 서적은 모두 아끼고 보호해야 한다. 빌려오기 전에 찢어졌거나 손상이 되었으면 곧 보수하거나 고쳐야 하니, 이 또한 사대부가 해야 할 여러 행동 가운데 하나다.

제양濟陽의 강록江祿[16]은 독서가 끝나지 않았으면 비록 시급한 일이 있더라도 반드시 책을 덮고 가지런히 정리한 후에 일어날 수 있었다. 그 때문에 손상을 입거나 파손되는 책이 없어서 사람들은 그가

15 평론雌黃: 자황雌黃은 옛사람이 글자를 쓸 때 누른 종이를 사용했는데, 오류가 있으면 자황색 종이를 바른 후에 고쳐 사용했다. 여기에서 시문詩文을 첨삭하여 다듬는 일이나 변론의 시비를 가리는 일을 가리키는 말로 사용되었다.

16 강록江祿: 남조 양나라의 학자다. 자가 언하彦遐이고, 제양濟陽 고성考城 사람이다. 어려서부터 학문에 독실했으며 재능이 있었다. 체형은 왜소했으나 정신이 밝고 뛰어났다. 『열선전列仙傳』 10권을 지었는데, 세상에 유행했다.

빌려달라고 해도 싫어하지 않았다. 간혹 책상에 어지럽게 펼쳐져 있거나 한 질의 책이 분산되어 있으면, 아이들이나 시녀에 의해 더럽혀지거나, 비바람이나 개[17]와 쥐로 인해 훼손되는 일이 많아서, 진실로 덕德을 닦는 데 해가 된다.

나는 성인의 글을 읽을 때마다 엄숙하고 공경히 대하지 않은 적이 없었다. 그 때문에 종이에 오경五經의 뜻이나 현달한 분의 성명이 있으면 감히 더럽게 사용하지 못했다.

借人典籍, 皆須愛護. 先有缺壞, 就爲補治, 此亦士大夫百行之一也. 濟陽江祿, 讀書未竟, 雖有急速, 必掩卷整齊, 然後得起, 故無損敗, 人不厭其求假焉. 或有狼藉几案, 分散部秩, 多爲童幼婢妾之所點汙, 風雨犬(一本作蟲)鼠之所毁傷, 實爲累德. 吾每讀聖人之書, 未嘗不肅敬對之, 其故紙有『五經』詞義, 及賢達姓名, 不敢穢用也. 『가훈』「치학治學」

17 어떤 본에는 벌레로 되어 있음. — 원주

62

왕통
王通

왕통王通(584~617)은 수나라의 유학자로 당나라 왕발王勃의 조부이며, 시호가 문중자文中子다. 문제文帝 인수仁壽 연간에 장안에 와서 「태평십책太平十策」을 상주했는데, 채택되지 않은 것을 알고 하분河汾 일대로 돌아와 제자를 가르쳐, 제자가 수천 명에 이르렀고 하분문하河汾門下라는 말이 나왔다. 양제의 부름을 받았지만 응하지 않고 『문중자』 10권(또는 『중설中說』)을 세상에 남겼다. 일찍이 『춘추』를 모방해 『원경元經』(또는 『육경六經』)을 지었다.

1. 널리 구하지 않은 까닭에 깨달을 수 있고, 잡스럽게 배우지 않은 까닭에 분명해질 수 있다.

不廣求, 故得, 不雜學, 故明. 『중설中說』「위상魏相」

2. 배우는 것이 어찌 널리 배우고 암송하는 것을 말하겠는가? 반드시 도를 관통해야 한다. 문장을 짓는 것이 자질구레하게 쓰는 것을 말하겠는가? 반드시 의義를 이루어야 한다.

學者, 博誦云乎哉? 必也貫乎道. 文章[18], 苟作云乎哉? 必也濟乎義. 『중설』「천지天地」

18 章: 사고전서 본에는 '者'로 되어 있다.

제
6
부

唐 당

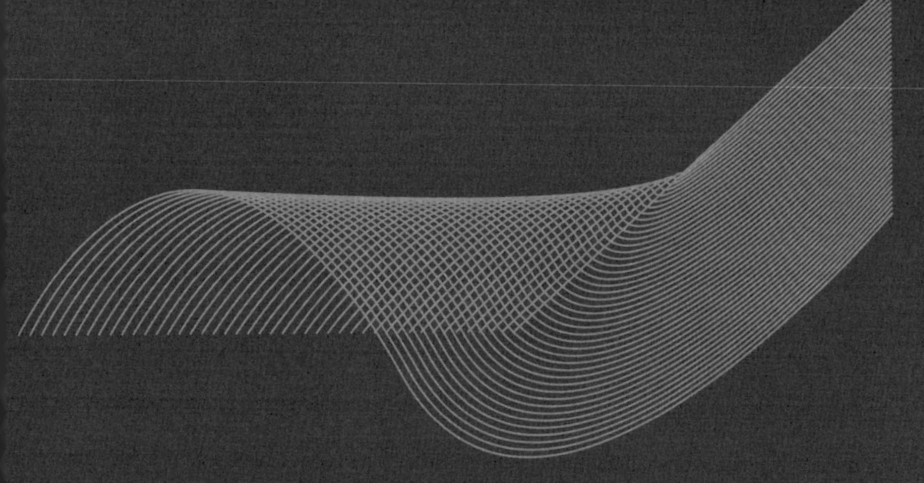

63

당 태종
唐太宗

당 태종唐太宗(599~649)은 당나라를 세운 이연李淵의 둘째 아들이자 당나라의 2대 황제(재위 626~649)다. 수 양제의 폭정으로 내란의 양상이 짙어지자 태원 방면 군사령관이었던 아버지와 거병하여, 장안을 점령하고 당나라를 건립했다. 왕위 쟁탈전을 치르면서 무덕武德 9년(626) 아버지의 양위를 받아 즉위했다. 양제의 실패를 거울삼아 명신 위징魏徵 등의 의견을 받아들여 사심을 누르고 백성을 불쌍히 여기는 '공정한 정치'에 힘써 그의 치세는 '정관貞觀의 치'라 칭송받았고, 후세 제왕의 모범이 되었다.

위에서 본보기를 취하면 겨우 그 중간이 될 수 있고, 중간에서 본보기를 취하면 가장 아래가 되는 것을 벗어날 수 없다.
取法於上, 僅得其中, 取法於中, 不免爲下. 『제범帝範』

64

공영달
孔穎達

공영달孔穎達(574~648)은 당나라 초의 학자. 자가 중달仲達이고, 형수衡水 사람이다. 공자의 31대손으로 어려서부터 재능이 뛰어났다. 수隋나라 양제煬帝 때 명경과明經科에 급제하여 관직에 나갔으나, 양제가 그의 재능을 시기하여 암살하려 했다. 당 태종에게 중용되어 신임을 받았으며, 위징魏徵과 함께 『수서隋書』를 편찬했다. 문장·천문·수학 및 여러 경전에 정통했기에 왕명에 따라 고증학자 안사고顔師古 등과 오경五經 해석의 통일을 시도해 『오경정의五經正義』[1]를 편찬했다.

1. 배우면 지식이 넓어지고 견문이 많아지며, 옛날과 지금의 일을 알 수 있다.

學則博識多聞, 知古知今. 『예기정의禮記正義』「학기學記」

1 『오경정의五經正義』: 당 태종이 공영달·안사고 등을 시켜 만든 오경 해석서. 태종이 이름을 직접 하사했으며 653년 반포되었다. 한漢·위魏·육조六朝의 주석에서 적당한 설을 모았으며, 나중에 두 번의 교정을 거쳐 확정했다. 채용된 경서와 주석의 종류는, 『주역周易』은 왕필王弼·한강백韓康伯의 주, 『상서尙書』는 공안국의 전傳, 『모시毛詩』는 모형毛亨의 전傳과 정현의 전箋, 『예기禮記』는 정현의 주, 『춘추좌씨전』은 두예杜預의 주다. 이 책은 관리 등용시험 및 학자에게 있어 절대적인 권위를 가졌으며, 위魏·진晋 이래 분열되었던 학설이나 사상의 통일을 달성케 하는 역할을 했으며, 오늘날까지 경전 해석의 기본 문헌으로 인정받고 있다.

2. 배움은 풀과 나무를 번식시키는 것과 같다. 배움은 사람들로 하여금 날로 성장하고 날로 진보하게 하니, 풀과 나무에 가지와 잎이 자라는 것과 같다. 배우지 않으면 재주와 지식이 날로 퇴보해서, 풀과 나무에 가지와 잎이 떨어지는 것과 같아질 것이다.

夫學如殖草木也. 令人日長日進, 猶草木之生枝葉也. 不學則才知日退, 將如草木之墜枝葉也. 『좌전정의左傳正義』 소공昭公 18년

65

유지기
劉知幾

유지기劉知幾(661~721)는 당나라의 역사가로 역사 평론이라는 새로운 지평을 열었다. 고종부터 현종까지 근 30년간 사관을 지냈다. 저서가 매우 많았으나 『사통史通』의 일부만 전해진다.

1. 예로부터 학자는, 장단점에 대해 담론하는 것이 많았다. 『공양전公羊傳』[2]에 정통한 자는 『좌씨전左氏傳』[3]을 유독 싫어했고, 태사太史[4]

2 『공양전公羊傳』: 『춘추』에 주석을 한 삼전(『공양전』 『곡량전』 『좌씨전』) 중 하나. 정식 명칭은 『춘추공양전春秋公羊傳』이다. 저자는 자하의 제자라는 설도 있고, 전국 제나라 사람 공양고公羊高라는 설도 있다. 구전되다가 전한 경제 때 공양수公羊壽와 호모자도胡母子都가 기록했다. 『춘추』에 담긴 미언대의微言大義를 문답 형식으로 풀이하고 있는데, 전한 금문경학의 주요 경전이었으며, 청나라 후기에 이 경전을 연구해 민족적 위기를 극복하려는 시도가 나타나기도 했다.

3 『좌씨전左氏傳』: 『춘추』 삼전 중 하나. 정식 명칭은 『춘추좌씨전春秋左氏傳』이다. 총 30권으로 『사기』에는 주나라의 좌구명左丘明이 지었다 하나 명확하지 않으며, 전한 때 성립된 것으로 추정하고 있다. 춘추시대에 일어난 주요 정치적·사회적·군사적 사건을 포괄적으로 설명하는데, 고대 중국인의 생각, 생활양식 등을 전하는 역사적 이야기로 이루어져 있어 뛰어난 구성력과 탁월한 묘사력을 가진 문학 작품으로 평가되기도 한다. 춘추 삼전 중에서도 재미있는 내용이 많아 후한 말부터는 『춘추』라 하면 『춘추좌씨전』을 가리킬 만큼 애독되었다.

4 태사太史: 전한 때의 역사가 사마천司馬遷(기원전 145?~기원전 86?)을 이른다. 자가 자장子長이고, 산시성陝西省 용문龍門에서 출생했다. 부친 사마담司馬談이 죽으면서 『사기』의 완성을 부탁했는데, 그 유지를 받들어 기원전 108년 태사령이 되면서 황실 도서에서 자료 수집을 시작했다. 흉노에게 투항한 이릉李陵을 변호하다 무제의 노여움을 사 48세 되던 해에 궁형宮刑을 받고, 옥중에 갇혔을 때도 저술을 계속했으며 기원전 95년 황제의 신임을 회복하여 환관의 최고직 중서령中書令이 되었다.

의 『사기史記』[5]에 익숙한 자는 반고班固의 『한서』를 지나치게 싫어했다. 대체로 저것의 장점을 가지고 이것의 단점을 공격하고 이것의 옳은 점을 가지고 저것의 그릇된 점을 진술하는 것에 능숙하니, 양쪽의 좋은 점을 아우르는 자는 드물었다.

또 세상에 보여주려는 학자는, 하나의 경서만을 깊이 연구하거나 하나의 역사서에만 전적으로 집중했다. 『춘추』만을 말하는 자는 종주국 주나라가 멸망하고 나서 여섯 영웅〔六雄〕[6]이 할거하던 전국시대가 있음을 알지 못하고, 『사기』나 『한서』만을 논하는 자는 유씨劉氏의 한漢나라가 망하고 그 땅이 삼국으로 분열되었음을 깨닫지 못하니, 또한 무릉武陵에 은거한 사람들이 도원桃源에 자취를 감추고서, 이 시기가 진晉나라에 해당하는 데도 여전히 포악한 진秦나라의 땅이라고 말하는 것과 같다.

가령 학문이 1000년을 다 연구하고 책이 다섯 수레를 가득 채우더라도, 어질고 정직한 이를 보고서 그 좋은 점을 깨닫지 못하고 모순점을 만나도 그 그릇됨을 알지 못한다면, 갈홍葛洪이 말한 '책을 갈무리하는 상자요, 오경五經을 소유한 주인'일 뿐이니, 공자께서 "비록 많다고 한들 또한 어디에 쓰리오?"라고 말한 것은 바로 이것을 일컫는 것이다.

夫自古學者, 談稱多矣. 精於『公羊』者, 尤憎『左氏』, 習於太史者, 偏嫉孟堅, 夫能以彼所長而攻此所短, 持此之是而述彼之非, 兼善者鮮矣. 又觀世之學者, 或耽玩一經, 或專精一史, 談『春秋』者, 則不知宗周既隕, 而人有六雄. 論『史』『漢』者, 則不悟劉氏云亡, 而地分三國, 亦猶

5 『사기史記』: 사마천이 저술한 역사서. 오제부터 한 무제 태초년간(기원전 104~기원전 101)까지 중국과 그 주변 민족의 역사를 포괄하여 저술한 통사. 역대 중국 정사의 모범이 된 기전체紀傳體의 효시로서, 제왕의 연대기인 본기本紀 12편, 제후왕을 중심으로 한 세가世家 30편, 역대 제도 문물의 연혁에 관한 서書 8편, 연표인 표表 10편, 시대를 상징하는 뛰어난 개인의 활동을 다룬 전기 열전列傳 70편, 총 130편으로 구성되어 있으며, 52만6500자에 이른다. 사마천은 『사기』가 완성된 2년 후에 사망했다. 사마천은 자신의 저서를 『태사공서太史公書』라고 불렀지만 후한 시대에 들어와 『사기』라고 불리게 되었다.

6 여섯 영웅六雄: 전국시대 한韓·조趙·위魏·연燕·제齊·초楚 여섯 나라를 가리킨다.

武陵隱士, 滅迹桃源, 當此晉年, 猶謂暴秦之地. 假有學窮千載, 書總五車, 見良直而不覺其善, 逢牴牾而不知其失, 葛洪所謂'藏書之箱篋, 五經之主人', 而夫子有云, "雖多亦安用爲?" 其斯之謂也. 『사통史通』「잡설 하雜說下」

〔해설〕 포기룡浦起龍[7]이 이 조목을 보고 평했다.

"독서할 때 오로지 하나의 학설만을 고집해서 지나치게 보호하고 한쪽만을 따른다면, 저절로 또한 하나의 병폐가 된다. 만약 여러 책을 널리 섭렵하고 나서도 가슴속에서 푸른색과 흰색을 혼동한다면 또한 쓸데없이 읽은 것이다."

浦起龍按此條謂, "讀書顓泥一家, 局護偏遺, 自亦一病. 至若博涉群書, 而胸迷蒼素, 又爲徒讀矣."

2. 어려서부터 독서하면서 명분과 사리에 대해 이야기하는 것을 좋아해서, 그가 깨달은 것은 모두 마음속에서 얻은 것이고, 익히 들은 것에서 나온 것이 아니었다. 그러므로 처음 젊었을 때 반고의 『전한서前漢書』[8]와 사승謝承[9]의 『후한서後漢書』[10]를 읽고는, 『전한서』에는 없어야 할 『고금인표古今人表』[11]가 있고, 『후한서』는 마땅히 경시제更

7 포기룡浦起龍(1679~1762): 청나라 때의 학자로 자가 이전二田이고, 호가 해선孩禪·동산외사東山外史·삼산창보三山傖父이며, 무석현無錫縣 상복향上福鄉 사람이다. 당나라의 역사학자 유지기가 저술한 『사통史通』의 주석서인 『사통통석史通通釋』을 저술했다.

8 『전한서前漢書』: 일반적으로 『한서漢書』라고 한다. 후한後漢의 반고가 지었으며, 기전체紀傳體 역사서다. 『사기』의 체제를 따랐으나 조금 변화를 주었다. 서書를 고쳐 지志라 하고, 열전列傳을 고쳐 전傳이라 하며, 본기本紀를 고쳐서 기紀라 하고, 세가世家는 없앴다. 전한의 한 고조 원년(기원전 206)에서 신新나라 지황 4년(23)까지 모두 230년의 역사를 기록했다.

9 사승謝承: 후한 말의 정치가·역사가. 자가 위평偉平이다. 『후한서』 100여 권을 찬술했다. 기록으로 남은 『후한서』 중 가장 오래된 것이다. 범엽范曄이 『후한서』를 지은 후 소실되었다.

始帝[12]에서부터 기紀[13]를 정립해야 하는데 그렇게 하지 않은 것을 이상하게 생각했다. 당시에 그 말을 들은 자들은, 어린아이가 무엇을 알기에 감히 예전의 현인을 가볍게 논하느냐고 나무랐다. 이에 부끄러워 자신을 잃고 이유를 밝혀 대답하지 않았다.

그 후에 장형張衡[14]과 범엽範曄[15]이 편집한 『후한서』를 보니 정말로 이 두 가지 일을 잘못된 것이라고 했으며, 그들이 옛사람의 뜻에

10 『후한서後漢書』: 원래는 사승의 『후한서』, 설형薛瑩의 『후한기後漢記』, 화교華嶠의 『후한서』, 사침謝沈의 『후한서』, 애산송袁山松의 『후한서』, 진晉나라 장영張瑩의 『후한남기後漢南記』, 사마표司馬彪의 『속한서續漢書』, 범엽의 『후한서』 등 8명의 『후한서』가 있었으나, 오직 범엽이 쓴 『후한서』만 남아 정사正史가 되었다. 기존의 저술들을 바탕으로 독자적 견해로 쓴 것이다. 후한의 13대 196년의 사실史實을 기록했는데 기紀 10권, 지志 30권, 열전列傳 80권으로 되어 있다.

11 『고금인표古今人表』: 『전한서』의 마지막 편으로, 고대의 인물로 경經을 삼고 인물에 대한 품평으로 위緯를 삼았다. 대부분 한나라 이전의 옛사람만을 대상으로 했고, 한나라 이후는 기록하지 않았으니 매우 드문 현상이다. 다양한 원인 분석이 있으나, 황제나 권문세족에 대해 감히 품평할 수 없고, 인물의 인격이 매우 복잡하고 겪게 되는 일이 매우 다양해서 표로써 정리하거나 품평하는 것이 적합할 수 없다는 의견이 지배적이다. 여기서도 이것을 문제 삼은 것으로 보인다.

12 경시제更始帝: 경시는 한나라 유현劉玄의 연호다. 23년에서 25년까지로 모두 3년이다. 왕망王莽 지황地皇 4년에, 녹림군綠林軍이 한나라 황제의 후손인 유현을 옹립하여 황제로 모시고, 전한을 잇는다는 의미로 국호를 한漢이라고 했다. 그해 9월 적미군赤眉軍이 왕망을 살해하고 신新나라를 멸망시켰다. 경시 3년 9월에 적미군이 장안에 침입하자 유현이 달아났다. 이로 인해서 그 정권도 멸망했다. 그해 6월에 유수劉秀가 다시 황제라 칭하고 국호를 역시 한漢이라고 하고, 연호를 건무建武라고 했다. 여기서는 왕망의 신나라를 멸망하고 전한의 전통을 이은 유현의 한나라를 후한後漢의 시작으로 보아야 하며, 『전한서』가 신나라 지황地皇 4년까지 기록했으므로, 『후한서』는 경시제更始帝부터 기록해야 한다는 뜻이다.

13 기紀: 중국 역사서의 체제 중 하나다. 전적으로 황제의 사적과 황제와 관련이 있는 큰 사건을 기록한 것이다.

14 장형張衡(78~139): 후한의 과학자 겸 문인. 자가 평자平子이고, 허난성 남양南陽 사람이다. 천구의天球儀인 혼천의渾天儀를 비롯해, 지진계地震計인 후풍지동의候風地動儀를 만들었다. 후풍지동의는 지진이 일어난 방향의 용구龍口로부터 둥근 공이 튀어나오도록 만들어놓은 장치로서, 지진의 예보까지 가능했다고 한다. 하간왕河間王의 재상宰相으로서 호족豪族들의 발호를 견제하는 데 큰 공을 세웠다.

15 범엽范曄(398~445): 남조 송宋의 역사가. 자가 울종蔚宗이고, 산음山陰에서 태어났다. 경문과 역사에 재주가 뛰어나 좋은 글을 만들었다고 하며, 귀족 출신이었으나 반역을 일으켜 잡혀 죽었다. 그때까지의 후한의 역사를 근거로 『후한서後漢書』를 편찬했다.

은연중에 합치되는 것은 이루 다 기록할 수 없다. 비로소 세속의 선비와는 더불어 말하기 어렵다는 것을 알았다.

그 후로는 옛사람과 다른 의견이 있으면 마음속에 축적해서, 곧 몇 해가 지나 홀로 서는 나이가 되어서 깨달은 것을 말하는 것이 날로 많아졌다.

自小觀書, 喜談名理, 其所悟者, 皆得之襟腑, 非由染習. 故始在總角, 讀班·謝兩『漢』, 便怪前書不應有『古今人表』, 後書宜爲更始立『紀』, 當時聞者共責以爲童子何知, 而敢輕議前哲. 於是赧然自失, 無辭以對. 其後見張衡·范曄集, 果以二事爲非, 其有暗合於古人者, 蓋不可勝紀. 始知流俗之士, 難與之言. 凡有異同, 蓄諸方寸, 及年已過立, 言悟日多. 『사통史通』「자서自序」

66

장삼
張參

장삼張參은 당나라 하간河間 사람으로 현종玄宗 개원 연간에 명경明經으로 천거되어 대력大曆 초에 사봉원외랑司封員外郎이 되었고, 곧 국자사업國子司業에 임명되었다. 오경을 자세히 교정하여 『오경문자五經文字』 3권을 편찬했는데, 3200여 자를 수록하고 편방偏旁에 따라 160부로 나누었다. 개성開成 연간에 비석에 새겼는데 이것이 당석경唐石經이다.

장삼은 나이가 지긋할 때도 항상 구경九經을 손수 베껴 썼다. 책을 읽는 것이 책을 베끼는 것보다 못하다고 여겼기 때문이다.
張參年老, 常手寫九經, 以爲讀書不如寫書. 『연감류함淵鑑類函』[16]

16 『연감류함淵鑑類函』: 원래의 명칭은 『어정연감류함禦定淵鑑類函』이다. 장영張英·왕사정王士禎·왕담王惔 등이 편찬했으며 모두 450권이다. 유함類函은 유서類書의 다른 명칭이다. 그 내용은 당나라에서 명나라 가정 연간까지의 전고典故를 널리 채록한 것이다.

67

맹교
孟郊

맹교孟郊(751~814)는 당나라 시인으로 한유와 가까이 지내며 복고주의에 동조해 작품도 악부나 고시가 많았다. 그의 작품에는 외면적인 고풍 속에 예리하고 창의적 감정과 사상이 담겨 있어, 북송의 강서파에 영향을 끼쳤다. 사적이 『신당서』「한유전韓愈傳」에 부록으로 실려 있다. 저서로 『맹동야집孟東野集』[17]이 있다.

부싯돌을 부딪쳐야 불을 만들 수 있으니
부딪치지 않으면 원래 연기도 피우지 못한다
사람은 배워야 비로소 도를 알게 되니
배우지 않고 절로 그렇게 될 수 없다
모든 일을 반드시 자기가 실행해야지
남의 지식이 나의 현명함은 아니라네
모름지기 청춘엔 일찍부터 공부해야 하니
젊음이 어찌 영원할 수 있겠는가?

17 『맹동야집孟東野集』: 맹교孟郊의 문집. 앞부분에 송민구宋敏求(1019~1076)의 서문이 있는데, 세간에 전하길 그 문집은 변汴(지금의 허난성 카이펑開封) 땅의 오루본吳鏤本 5권 124편, 주안혜본周安惠本 10권 331편, 촉蜀 사람인 건준蹇濬이 편찬한 총 2권 180편 등을 엮고, 한유가 맹교에게 준 문구의 뜻을 취하여 『함지집咸池集』이라고 이름 붙였다고 한다. 나머지 여러 사람이 잡다하게 기록한 것은 편질編帙로 삼지 않았다. 여러 판본이 각기 다른데, 송민구는 일실된 부분을 총괄하고 중복된 부분을 삭제하여 14류類로 나누어 시 511편을 얻었으며 또한 잡문 2편을 끝부분에 부록으로 실어 모두 10권이 되었다.

擊石乃有火, 不擊元無煙. 人學始知道, 不學非自然. 萬事須己運, 他得非我賢. 青春須早爲, 豈能長少年.『권학시勸學詩』

68

한유
韓愈

한유韓愈(768~824)는 당나라 유학자 겸 문장가로 고문古文 부흥에 힘썼으며, 당송팔대가의 한 사람으로 일컬어진다. 산문 문체를 개혁해 대구와 음조를 중시한 화려한 형식의 변려체를 배격하고 고문, 즉 한대 이전의 자유스러운 형식을 표본으로 하는 의고체를 제창하여, 유가 사상을 기초로 한 문이재도文以載道를 주창했다. 유학자로서는 석가와 노자를 배척하고, 도통道統의 관념을 주창하여 송학宋學의 선구가 되었다. 저서로 『한창려집韓昌黎集』[18]이 있다.

1. 옛 학자는 반드시 스승이 있었다. 스승이란 도道를 전해주고 학업을 가르치며 의혹을 풀어주는 사람이다.

태어나면서부터 아는 사람이 아니라면 어찌 의혹이 없을 수 있겠는가? 의혹이 있는데도 스승으로부터 배우지 않는다면, 의혹을 삼은 것이 끝내 풀리지 않을 것이다. 내 앞에 태어나 도를 들었다면, 진실로 나보다 앞서므로 나는 그를 좇아서 스승으로 삼을 것이고, 내 뒤에 태어나도 그가 도를 들었다면 또한 나보다 앞서므로 나는 그를 좇아서 스승으로 삼을 것이니, 나는 도를 스승으로 삼기 때문이다. 어찌 그 나이가 나보다 많거나 적음을 따지겠는가? 이런 이유로 귀

18 『한창려집韓昌黎集』: 한유韓愈의 시문집으로 총 40권이다. 앞의 10권은 시이고, 뒤의 30권은 문이다. 당대 고문 운동을 창도했다.

한 이도 없고 천한 이도 없으며, 나이가 많은 이도 없고 나이가 어린 이도 없이, 도가 존재하는 곳이 스승이 존재하는 곳이다.
古之學者必有師, 師者, 所以傳道·受業·解惑也. 人非生而知之者, 孰能無惑? 惑而不從師, 其爲惑也, 終不解矣. 生乎吾前, 其聞道也, 固先於吾, 吾從而師之, 生乎吾後, 其聞道也, 亦先乎吾, 吾從而師之, 吾師道也. 夫庸知其年之先後生於我乎? 是故無貴·無賤·無長·無少, 道之所存, 師之所存也. 『사설師說』

2. 학업은 근면함에서 정밀해지고 노는 것에서 거칠어지며, 행동은 생각함에서 이루어지고 게으름에서 무너진다.
業精於勤, 荒於嬉, 行成於思, 毁於惰. 『진학해進學解』

3. 선생께서는 입으로는 육예[19]의 문장을 끊임없이 읊조렸고 손으로는 제자백가[20]의 책을 그치지 않고 펼쳐보았습니다. 사건을 기록한 것에서는 반드시 그 핵심을 뽑아냈고, 명언을 모은 것에서는 반드시 그 심오한 도리를 밝혀냈습니다. 많이 배우기를 탐하고 배운 것에서는 얻기에 힘써서 작은 가르침이든 큰 가르침이든 버리지 않으셨습니다. 등잔 기름에 불을 붙여 밤에도 계속 공부했고, 항상 부지런하며 1년 내내 공부하셨습니다.
先生口不絕吟於六藝之文, 手不停披於百家之編, 記事者必提其要, 纂言者必鉤其玄, 貪多務得, 細大不捐. 焚膏油以繼晷, 恒兀兀以窮年. 『진학해進學解』

19 육예: 유가의 육경인 『예』 『악』 『서』 『시』 『역』 『춘추』를 가리킨다.

20 제자백가: 본래는 춘추전국시대에 존재했던 학술상의 각종 학파를 가리키나, 후에는 여러 학자나 작자를 가리키는 말로 사용되었다.

4. 옛날 자신만의 이론을 정립한 자의 수준에 도달하기를 바라는 자는, 그것이 빨리 이루어지기를 바라지 말고 권세나 이익에 유혹되지 말며, 뿌리를 북돋아서 그 열매가 맺기를 기다리고, 기름을 더하여 그 빛을 바라야 합니다. 뿌리가 무성한 나무는 그 열매가 맺히고, 기름이 풍성한 호롱은 그 빛이 환하며, 어질고 올바른 사람은 그 말이 매우 온화합니다.

그러나 또한 어려운 것이 있으니, 제가 행하는 것이 그 경지에 이른 것인지 아직 이르지 못한 것인지 스스로 알지 못하는 것입니다. 비록 그렇지만 학문을 한 것이 20여 년이 되었습니다. 처음에는 하夏·은殷·주周 삼대와 전한과 후한의 서적이 아니면 감히 보려 하지 않았고, 성인의 뜻이 아니면 감히 마음에 담아두지 않았습니다. 조용히 자리할 때는 마치 잊어버릴 듯이 조심했고 움직일 때는 다 실행하지 못하고 남겨둘까 신중히 했으며, 사색 등의 일에는 엄격히 했고, 미혹될 것 같은 것을 아득히 멀리했습니다.

마음속에서 깨달아 손으로 써내려갈 때는, 오직 진부한 말을 제거하는 데 힘썼으나 참으로 어려웠습니다. 내가 쓴 문장을 남에게 보였을 때는, 다른 사람이 비난하고 비웃어도 그것이 비난과 조소인 줄 알지 못했습니다.

이같이 여러 해 동안 이어가 고치지 않아도 되는 경지에 이르렀습니다. 그런 후에야 옛글 가운데 옳은 것과 거짓된 것을 인식하게 되었고, 비록 옳은 것이라도 더불어 지극하지 않은 것이 있다면 그것을 명백하게 구분하여 제거하는 데 힘쓰고 나서야 서서히 얻는 것이 있었습니다.

마음속에서 깨달아서 손에서 써내려갈 때 부드럽게 끊임없이 쓸 수 있었습니다. 문장을 남에게 보였을 때 비웃으면 기쁘게 여기고 칭찬하면 근심으로 여기며, 오직 다른 사람의 말이 있는 것만을 보존했습니다. 이같이 여러 해 동안 한 후에 대단히 홍성하게 되었습니다.

나는 또한 문장이 잡될까 두려워서, 잡된 글을 보면 멀리하고 마음을 평온하게 하여 살피니 문장이 모두 순정해졌습니다. 그렇게 한 후에 마음대로 되었습니다. 비록 그렇게 되기는 했지만, 실력을 양성시키지 않을 수 없어서, 인仁과 의義의 길에서 다니고『시경』과『서경』의 근원에서 노닐어서, 도를 잃어버리는 일이 없고 근원을 끊어버리는 경우도 없이 평생을 여기에 몸 바칠 따름입니다.

기氣는 물과 같고, 말言은 떠다니는 물체와 같습니다. 물이 성대하면 물체는 크든 작든 모두 뜨게 되는데, 기와 말의 관계도 이와 같습니다. 기가 풍성하면 말의 길이와 소리의 높낮이와 관계없이 모두 마땅할 것입니다.

將蘄至於古之立言者, 則無望其速成, 無誘於勢利, 養其根而俟其實, 加其膏而希其光. 根之茂者其實遂, 膏之沃者其光燁, 仁義之人, 其言藹如也. 抑又有難者, 愈之所爲, 不自知其至猶未也. 雖然, 學之二十餘年矣! 始者非三代兩漢之書不敢觀, 非聖人之志不敢存. 處若忘, 行若遺, 儼乎其若思, 茫乎其若迷. 當其取於心而注於手也, 惟陳言之務去, 戛戛乎其難哉. 其觀於人, 不知其非笑之爲非笑也. 如是者亦有年, 就不改, 然後識古書之正僞, 與雖正而不至者焉, 昭昭然白黑分矣, 而務去之, 乃徐有得也. 當其取於心而注於手也, 汩汩然來矣! 其觀於人也, 笑之則以爲喜, 譽之則以爲憂, 以其猶有人之說者存也, 如是者亦有年, 然後浩乎其沛然矣! 吾又懼其雜也, 迎而距之, 平心而察之, 其皆醇也, 然後肆焉. 雖然, 不可以不養也, 行之乎仁義之途, 遊之乎『詩』『書』之源, 無迷其途, 無絕其源, 終吾身而已矣. 氣, 水也, 言, 浮物也, 水大而物之大小畢浮. 氣之與言猶是也, 氣盛, 則言之短長, 與聲之高下者皆宜. 『답이익서答李翊書』

5. 손으로 책을 펼치고 눈으로 보며, 입으로 그 말씀을 외고 마음으로 그 뜻을 생각한다.

手披目視, 口頌其言, 心惟其義. 『상양양우상공서上襄陽于相公書』

6. 성격이 본래 문학을 좋아했으나 곤궁함과 슬픔, 근심을 알려줄 것이 없었기 때문에, 드디어 유가 경전, 『사기』, 제자백가의 학설을 깊이 연구했습니다. 그리고 글의 뜻풀이에 깊이 몰두하고 구두句讀[21]를 반복해서 고려했으며 사업에서 갈고 닦아, 문장에서 드러낼 수 있었습니다.

性本好文學, 因困厄悲愁, 無所告語, 遂得究窮於經傳『史記』百家之說. 沈潛乎訓義, 反復乎句讀, 礱磨乎事業, 而奮發乎文章. 「상병부이시랑서上兵部李侍郎書」

7. 책을 읽어서 학문을 하고 말씀을 모아서 문장을 짓는 것은, 독서량의 많음을 자랑하거나 문장의 화려함을 다투려는 것이 아니다. 학문은 도를 닦기 위한 것이고 문장은 이치를 드러내기 위한 것일 뿐이다. 만약 일을 행할 때 그 일의 마땅함을 얻고 말을 할 때 그 말의 핵심을 갖추고 있다면, 비록 내가 직접 대면하지 않더라도 나는 그가 문장과 학문에 뛰어나다는 것을 믿을 것이다.

讀書以爲學, 纘言以爲文, 非以誇多而鬥靡也. 蓋學所以爲道, 文所以爲理耳. 苟行事得其宜, 出言適其要, 雖不吾面, 吾將信其富於文學也. 「송진수재동서送陳秀才彤序」

21 구두句讀: 글귀나 문구를 읽을 때 쉬는 부분을 '구句' 또는 '두讀'라고 했는데, '구두'로 붙여 읽을 때 '구句'는 말의 뜻이 완성된 작은 단락을 말하는 것이고, '두讀'는 문장의 말뜻이 다 끝나지 않았지만 잠시 끊어 읽을 수 있는 곳으로 '句'보다 더 작은 단락을 말한다.

69

유종원
柳宗元

유종원柳宗元(773~819)은 당나라 때 문인으로 덕종德宗 정원貞元 9년(793)에 진사에 급제해 벼슬을 하고 한유, 유우석 등과 친교를 맺었으나, 중앙 개혁이 실패하면서 좌천되었고, 유주 자사를 지내다가 죽었다. 시와 문장이 600여 편에 달하며, 시보다 문장에서 더 큰 성취를 이루었다. 한유와 고문운동을 제창했다. 한유·소식·소순·소철·증공·왕안석과 더불어 '당송팔대가'로 불리며, 전원시에도 뛰어나 왕유·맹호연·위응물과 나란히 칭송된다. 저서로 『유하동집柳河東集』이 있다.

1. 『서경』에 근거해서 바탕을 구하고, 『시경』에 근거해서 보편적인 마음을 구하며, 『예기』에 근거해서 마땅함을 구하고, 『춘추』에 근거하여 결단력을 구하며 『역경』에 근거하여 움직임의 기미를 구하니, 이것이 내가 도를 취하는 근원이다.

곡량씨[22]의 『곡량전』[23]을 참고해서 문장의 기세를 다듬었고, 『맹자』와 『순자』를 참고해서 문맥을 유창하게 했으며, 『장자』와 『노자』

22 곡량씨穀梁氏: 『춘추』의 삼대 주석서 중 『곡량전穀梁傳』을 지었다고 전해지는 사람이다. 이름을 희喜, 숙淑, 적赤 등으로 다양하게 기록하고 있으며, 어느 시대의 사람인지도 명확하지 않다.

23 『곡량전穀梁傳』: 『춘추』 삼전 중 하나로 『춘추곡량전春秋穀梁傳』이다. 저자는 노나라의 곡량자穀梁子라고 전해지며, 공자가 지은 노나라 춘추경문春秋經文을 명분名分과 의리義理를 내세워 해석했다.

를 참고해서 글의 단서를 펼쳤고, 『국어』[24]를 참고해서 글의 취지를 넓혔으며, 『이소』[25]를 참고해서 깊은 심정을 표출했고, 태사공 사마천의 저술을 참고해서 간결함을 드러냈다. 이것이 내가 널리 미뤄보고 서로 통하게 해서 문장을 짓는 방법으로 삼은 것이다.

本之『書』以求其質, 本之『詩』以求其恒, 本之『禮』以求其宜, 本之『春秋』以求其斷, 本之『易』以求其動, 此吾所以取道之原也. 參之『穀梁氏』以厲其氣, 參之『孟』『荀』以暢其支, 參之『莊』『老』以肆其端, 參之『國語』以博其趣, 參之『離騷』以致其幽, 參之太史以著其潔, 此吾所以旁推交通而以爲之文也. 『등위중립서等韋中立書』

2. 글은 행동하는 것으로 근본을 삼으니, 먼저 그 마음을 성실하게 해야 한다. 그 외의 일로는 먼저 육경을 읽어야 하고, 『논어』와 『맹자』를 다음으로 읽어야 하는데, 모두 경서經書의 말이기 때문이다. 『좌씨전』 『국어』, 장주의 『장자』, 굴원의 문장은 조금만 채택하고, 곡량자의 『곡량전』, 태사공 사마천의 『사기』 등은 매우 엄정하고 간결하니 출입할 수 있어야 한다. 나머지 책은 문장이 완성되는 뒷날을 기다렸다가 토론해야 할 것이다. 그것은 결국 공자에서 벗어나지 않는 것이다.

大都文以行爲本, 在先誠其中. 其外者當先讀六經, 次『論語』·孟軻書, 皆經言. 『左氏』『國語』·莊周·屈原之辭, 稍采取之, 穀梁子·太史公甚峻潔, 可以出入, 餘書俟文成異日討也. 其歸在不出孔子. 『보원군진수재

24 『국어國語』: 『좌전左傳』과 상대해 『춘추외전春秋外傳』이라고도 한다. 좌구명의 저작으로 전해지나, 각국 사관의 기록을 한대에 와서 편집한 것으로 추정된다. 춘추시대 주周, 노魯, 제齊, 진晉, 정鄭, 초楚, 오吳, 월越 등 8국에 일어났던 사건을, 주로 간결한 대화로 적은 역사서이며, 총 21권으로 구성되어 있다.

25 『이소離騷』: 초楚나라 굴원屈原이 지은 부賦. 굴원이 반대파의 참소로 조정에서 쫓겨나서, 임금을 만날 기회를 잃은 슬픔을 읊었다. 중국 문학 사상 가장 오래된 장편 서정시이며 초사楚辭의 기초가 된 작품이다.

피사명서報袁君陳秀才避師名書』

70

이고
李翺

이고李翺(774~836)는 당나라의 사상가이자 문인으로 한유에게 고문을 배웠다. 성품이 강직하여 재상 이봉길李逢吉을 대면한 자리에서 그의 잘못을 논박하다가 여주자사廬州刺使로 좌천된 적도 있다. 사상적으로 한유가 불교를 배척한 것과는 달리 불교사상을 채택하여 심성心性 문제에 대한 새로운 이해를 보였다. 저서 『복성서復性書』는 한유의 『원성原性』과 더불어 인간의 본성을 논한 것으로 송대 성리학의 선구가 되었다. 『이문공집李文公集』[26]이 있다.

『춘추』를 읽을 때는 『시경』이 있은 적이 없는 듯이 읽고, 『시경』을 읽을 때는 『역경』이 있은 적이 없는 듯이 읽으며, 『역경』을 읽을 때는 『서경』이 있은 적이 없는 듯이 읽고, 굴원의 『이소』와 장주의 『장자』를 읽을 때는 육경이 있은 적이 없는 듯이 읽어야 한다.

其讀『春秋』也, 如未嘗有『詩』也, 其讀『詩』也, 如未嘗有『易』也, 其讀『易』也, 如未嘗有『書』也, 其讀屈原·莊周也, 如未嘗有六經也. 『답왕재언서答王載言書』

26 『이문공집李文公集』: 당나라 때 문인 이고李翺의 문집. 총 18권으로 되어 있다.

71

황보식
皇甫湜

황보식皇甫湜(777?~835?)은 당나라의 문인으로 한유에게 고문을 배워, 이고李翶, 장적張籍과 이름을 나란히 했다. 한문대제자韓門大弟子의 한 사람이다. 원래 문집이 있었지만 전하지 않고, 송나라 때 펴낸『황보지정문집皇甫持正文集』[27]이 현전하고 있다.

시에 유장경劉長卿[28]의 시구와 같은 것도 없으면서 완적阮籍[29]을 노병老兵이라고 부르고, 저술 중에 낙빈왕駱賓王[30]의 문장과 같은 글이 없으면서 송옥宋玉[31]을 죄인이라 매도하며, 글자의 구성 원리도 알지 못하면서 직稷과 설契[32]에 대해 당당히 이야기하고, 책을 읽을 때는 끊어 읽는 것도 알지 못하면서 복건服虔[33]과 정현鄭玄을 낮추어 보니, 이

27 『황보지정집皇甫持正集』: 황보식의 문집으로 모두 6권이다.『당서』「예문지」에서는 3권이라 했지만, 조공무의『군재독서지』에서는 6권에 잡문이 38편이라 하였으니 지금의 판본과 부합된다.

28 유장경劉長卿(709~780): 당나라 때의 시인. 자가 문방文房이다. 시어가 정련되고 구의句意가 청신했으며, 특히 오언시에 뛰어나서 '오언장성五言長城'이라 했다. 전원과 산수의 묘사는 도연명과 왕유王維, 맹호연孟浩然과 통하는 것이 있다. 관리로서도 강직한 성격을 그대로 나타내 자주 권력자의 뜻에 거슬리는 언동을 해 두 차례나 유배를 당했다. 이 때문에 실의와 은둔 정서를 그린 것이 많으며, 일부 작품엔 동란 시대의 사회현실이 반영되어 있다.

29 완적阮籍(210~263): 중국 삼국시대 위魏나라의 사상가 겸 시인으로 자가 사종嗣宗이다. 죽림칠현의 한 사람으로, 노장의 학문을 연구했으며, 정계에서 물러난 후에는 술과 청담으로 세월을 보냈다. 대표작인『영회詠懷』85수는 자기의 내면을 제재로 한 철학적 작품이다.

시기의 큰 병폐다.

詩未有劉長卿一句, 已呼阮籍爲老兵矣! 筆語未有駱賓王一字, 已罵宋玉爲罪人矣! 書字未識偏傍, 高談稷·契, 讀書未知句度, 下視服·鄭, 此時之大病. 『답이생제이서答李生第二書』

30 낙빈왕駱賓王(619?~687?): 당나라 때의 문인. 왕발王勃, 양형楊炯, 노조린盧照隣과 함께 '초당사걸初唐四傑'로 불렸다. 변방의 성에서 지낸 경험이 있어 변방에 관한 시를 적지 않게 남겼다. 시어사를 지낼 때 도적과 연루되어 옥에 갇혔으나 시를 통해 억울함을 호소하여 풀려났다고 한다. 당 예종 때인 684년 서경업이 측천무후를 토벌하겠다고 군대를 일으켰을 때 낙빈왕은 그의 각료가 되어 모든 격문을 작성했는데, 서경업의 반란이 실패로 돌아간 후 행방불명되었다.

31 송옥宋玉(기원전 298~기원전 222): 전국 후기 초나라 사부辭賦의 작가. 언성鄢城 사람이다. 작품의 예술적 완성도가 매우 높아 굴원 이후 가장 뛰어난 초사 작가로 인정받는다. 후세에는 이 두 사람을 합쳐서 '굴송屈宋'이라고 했다.

32 직稷과 설薛: 순의 신하인 후직后稷과 설契을 말한다. 글자도 모르면서 직·설과 같은 훌륭한 신하에 대해 함부로 평가한다고 비판한 것이다.

33 복건服虔: 후한 때 사람으로 자가 자신子愼이다. 고문경학을 숭상했으며, 저서에 『춘추좌씨전해春秋左氏傳解』 등이 있다. 동진 때 그의 춘추좌씨학이 학관에 세워졌으며, 남북조 시대에는 그의 주석이 북방에 성행했다. 그러나 공영달이 『춘추정의春秋正義』를 저술할 때 두예杜預의 주석만 채용하여 그의 주석은 전하지 않는다.

72

백거이
白居易

백거이白居易(772~846)는 당나라의 시인으로 시가 경험적이고 시어는 일상적이며, 발상은 심리의 자연에 따르고 구성은 논리의 필연에 따랐다. 주제는 보편적이어서 '유려평이流麗平易'한 문학의 폭을 넓히고 두드러진 개성을 드러냈다. 『백씨장경집白氏長慶集』[34]이 있다.

독서하는 자는 오대五代[35]의 경전으로 목표를 삼아야지, 장구를 분석하거나 어구를 풀이하는 주석서에 전념해서는 안 된다.
讀書者, 以五代典謨爲旨, 不專於章句詁訓之文也. 『책림策林』

34 『백씨장경집白氏長慶集』: 백거이가 지은 시문집. 백거이의 친구였던 원진元稹이 백거이의 글을 모아 전집을 50권으로 만든 후 장경長慶 4년에 편찬했기에 『백씨장경집』이라고 불렀다. 후집 20권은 백거이 자신이 만들고 스스로 기記를 붙이기도 했다. 모두 75권이었으나 송나라 때 4권이 없어지고 71권만 전한다. 백거이가 만년에 향산에 거처해 『백향산집白香山集』으로도 불린다.

35 오대五代: 당唐·우虞·하夏·은殷·주周를 가리킨다.

73

위모
魏暮

위모魏暮는 위징魏徵의 5대손으로 당 문종에게 직언하여 간관으로 발탁되었다.

위모는 일찍이 자서子書[36]에서 요점이 되는 말을 선별하고 뽑아서, 종류별로 서로 모아 20권을 만들고, 『위씨수략魏氏手略』이라고 했다.
暮嘗鈔撮子書, 以類相從, 二十卷, 號曰『魏氏手略』. 『구당서舊唐書』「위모전魏暮傳」

36 자서子書: 중국 고대 도서는 경서經書·사서史書·자서子書·집서集書로 나뉜다. 이중에서 자부子部에 속하는 서적을 말한다. 『노자』『장자』『한비자』 등의 제자백가의 책이 여기에 속한다.

74

노동
盧仝

노동盧仝(795?~835)은 당나라 때의 시인으로 '초당사걸'의 한 사람인 노조린의 직계 자손이다. 벼슬에 뜻이 없어 일찍부터 소실산少室山에 숨어 살면서 스스로 옥천자玉川子라 불렀다. 뒤에 낙양으로 이주했는데, 가난했지만 집안에는 서책이 가득했다. 한유가 그의 재능을 아껴 많은 후원을 했다. 재상 이훈李訓 등이 환관 소탕을 도모하다가 실패한 감로지변甘露之變에 휩쓸려 살해되었다. 저서로 『시집詩集』[37]이 있다.

의義를 찾아 조용히 살아가면
수명을 연장할 수 있으리니
시골의 생도를 본받아서
거친 습성으로 억지로 부르짖지 마라

尋義低作聲, 便可養年壽, 莫學村學生, 麤氣強叫吼. 『기남포손시寄男抱孫詩』

37 『시집詩集』: 노동의 저서로서 그의 자호를 붙여 『옥천자시집玉川子詩集』으로 불렸다. 『당서』「예문지」에는 1권으로 기록되어 있다. 『서록해제書錄解題』에서는 2권으로 기록되어 있으며, 별도로 『외집外集』 1권이 있다고 했다. 명나라 정덕正德 연간의 간행본에는 2권으로 기록되었고 『전당시全唐詩』에서는 22편을 더하여 3권으로 엮었다.

75

피일휴
皮日休

피일휴皮日休(834~902)는 당나라 시인으로 자가 일소逸少였으나 나중에 습미襲美로 고쳤다. 호가 취음선생醉吟先生 또는 간기포의間氣布衣이며 녹문산에 살면서 스스로 취옹선생醉翁先生이라 불렀다. 황소가 장안을 함락시켰을 때 붙잡혀 죽었다. 잠명류箴銘類에 뛰어났다. 저서로 『장자문수莊子文藪』[38]가 있다.

문학이 사람에게 미치는 영향은 약에 비유할 수 있다. 잘 복용하면 효과가 있으나 잘못 복용하면 도리어 해가 된다.

文學之於人也, 譬乎藥, 善服有濟, 不善服反爲害. 『녹문은서鹿門隱書』

38 『장자문수莊子文藪』: 『피자문수皮子文藪』의 오기. 『피자문수』는 피일휴皮日休의 문집으로 『문수』라고도 부른다. "함통 병술년(866)에 과거에서 낙방하고 고향으로 돌아가 지은 글들을 차례로 편집하다가 상자 속 원고들을 꺼내 보니 우거진 숲처럼 많았기 때문에 제목을 이렇게 달았으며, 모두 200편이다"라고 기록된 자서가 남아 있다.

제7부

宋 송

76

전석
田錫

전석田錫(940~1003)은 가주嘉州 공아洪雅 사람이다. 직간을 잘한다고 일컬어졌으며 후세에 많은 영향을 끼친 문학가다. 『함평집咸平集』[1]이 있다.

성인의 도는 경전에 펼쳐져 있다. 육경六經은 말이 고상하고 그 뜻이 원대해서, 강구하고 토론하지 않으면 그 근원을 헤아릴 수 없다. 여러 역사서는 사적이 다르니, 서로 다른 부분을 참고해서 헤아리고 종합하지 않으면, 그 번잡한 것을 어찌 다 기억할 수 있겠는가? 제자백가의 책은 이단의 설이 넘쳐나고 학자들의 문집에는 경서를 근본으로 한 말이 적다. 정밀한 뜻을 섭렵해서 반성의 거울로 삼고 요지를 들어서 두루 통용되는 것을 살피며, 날마다 보는 책으로 삼되 날마다 새로 닦는 덕을 바탕으로 하지 않으면, 비록 머리가 세더라도 경전의 뜻을 전부 이해할 수 없을 것이다.

聖人之道, 布在方冊;『六經』則言高旨遠; 非講求討論, 不可測其淵源. 諸史則跡異事殊; 非參會異同, 豈能記其繁雜? 子書則異端之說勝, 文集則宗經之辭寡. 非獵精義以爲鑑戒, 擧綱要以觀會通, 爲日覽之書, 資日新之德; 則雖白首, 未能窮經.『송사宋史』「전석전田錫傳」

1 『함평집咸平集』: 송나라 전석의 문집으로 총 50권이다.

77

형병
邢昺

형병邢昺(932~1010)은 송나라 학자로 태종 태평흥국 초에 급제했다. 진종眞宗 함평 2년(999) 처음으로 한림시강학사翰林侍講學士가 설치되었을 때 수임首任으로 발탁되었다. 강연講筵에서 자주 시사를 비유로 들어 인용해 크게 권장받았다. 예부상서까지 올랐다. 황명을 받들어 두호杜鎬, 서아舒雅, 손석孫奭, 이모청李慕清, 최악전崔偓佺 등과 삼례三禮, 삼전三傳, 『효경』『논어』『이아』 등의 의소義疏를 교정했고, 진종에게 『효경』『논어』『좌전』 등을 강론했다. 저서로 『논어정의論語正義』[2]가 있다.

1. 사람의 재주와 학문은 적절하게 사용할 때 귀해진다. 많이 배우고도 활용할 수 없다면 배우지 않은 것과 같다.
人之才學, 貴於適用; 若多學而不能用, 則如不學也. 『논어정의論語正義』「자로」

2 『논어정의論語正義』: 형병邢昺이 중국 위魏나라 하안何晏의 『논어집해論語集解』에 소疏를 달아 저술한 『논어』 주석서. 총 20권이며, 진종의 칙명에 따라 편찬했다고 한다. 『논어주소論語注疏』로 불리며, "정의왈正義曰"이라고 시작되어 『논어정의』 또는 줄여서 『정의』라고도 부른다. 양나라 황간이 지은『논어의소論語義疏』의 오류를 수정하고, 명물이나 제도 등의 내용을 보충했으며, 장구에 대한 설명이 자세한 편이다. 훈고 위주의 한학이 의리 위주의 송학으로 변하는 중간 위치에 있는 책으로 평가된다.

2. 예전에 배운 것을 익혀서 잊지 않게 하는 것이 '온고溫故'이고, 평소에 알지 못한 것을 배워서 알도록 하는 것이 '지신知新'이다. 예전에 배운 것을 익히고 나서 다시 새로운 것을 안다면 다른 사람의 스승이 될 수 있다.

舊所得者, 溫尋使不忘, 是溫故也; 素所未知, 學使知之, 是知新也. 旣溫尋故者, 又知新者, 則可以爲人師矣. 『논어정의』「위정」

78

송수
宋綬

송수宋綬(991~1040)는 북송 때의 관리로 장서가로도 이름이 났다.

송선헌은 다양한 분야를 공부했고 진귀한 서적을 소장하는 것을 좋아해 모두 손수 대조하고 교감했다. 항상 다음과 같이 말했다.

"책을 교감하는 것은 먼지를 터는 것과 같다. 한 면의 먼지를 털면 다른 한 면에 먼지가 생기기 때문에, 한 책을 두고 항상 서너 번씩 교감하지만, 여전히 빠졌거나 잘못된 부분이 있다."

宋宣獻博學喜藏異書, 皆手自校讎. 常謂: "校書如掃塵. 一面掃, 一面生. 故有一書, 每三四校, 猶有脫謬." 『몽계필담夢溪筆談』[3]

3 『몽계필담夢溪筆談』: 북송의 학자 심괄沈括이 수필체로 저술한 백과사전식 문헌. 대략 1086년에서 1093년 사이에 완성되었다. 현존하는 『몽계필담』은 총 26권으로 되어있으며, 천문학·수학·지리·지질·물리·생물·의학·약학·군사·문학·역사·고고학·음악 등 광범위한 내용을 담고 있다. 심괄은 자가 존중存中이고 호가 몽계장인夢溪丈人이다.

79

구양수
歐陽修

구양수歐陽修(1007~1072)는 북송의 문인이자 정치가로 호가 취옹醉翁, 육일거사六逸居士다. 4세 때 아버지를 잃고 가난 속에서도 어머니로부터 갈대를 붓으로 삼고 모래를 종이로 삼아 글자를 익혔다고 한다. 인종仁宗 천성天聖 8년(1030)에 진사시에 급제해 서경유수추관西京留守推官을 시작으로 벼슬길에 들어섰다. 문학가로서의 구양수는 고문古文을 부흥시킨 당송팔대가에 속하는 뛰어난 문장가이며, 당시의 화려함에 반대하여 송시의 특질을 확립하는 데 중추적인 역할을 했다. 걸출한 사인詞人이기도 했으며 『신당서新唐書』와 『신오대사新五代史』를 저술한 역사가이기도 했다. 『구양문충집歐陽文忠集』[4]이 있다.

1. 시를 지을 때는 반드시 옛 시인과 오늘날의 시인 시를 많이 외워야 한다. 시만 그렇게 해야 하는 것이 아니라, 그 외의 문장도 모두 그렇게 해야 한다.
作詩須多誦古今人詩; 不獨詩爾, 其他文字皆然. 『시필試筆』

2. 옥은 다듬지 않으면 물건을 이룰 수 없고 사람은 배우지 않으면

4 『구양문충집歐陽文忠集』: 송나라 때 간행된 구양수의 문집. 구양수 생전의 저작을 남송의 주필대周必大(1126~1204)가 153권과 부록 5권으로 편집했다.

도를 알 수 없다. 그러나 옥의 성질은 변하지 않는 고유한 덕성德性이 있으므로 비록 다듬어서 물건을 만들지 않아도 옥 자체에 해를 끼치지 않는다. 그러나 사람의 본성은 외부의 사물에 영향을 받아 변해가기 때문에, 배우지 않으면 군자는 고사하고 소인이 되니, 유념하지 않을 수 있겠는가!

玉不琢, 不成器, 人不學, 不知道. 然玉之爲物, 有不變之常德, 雖不琢以爲器, 而猶不害爲玉也. 人之性因物則遷, 不學則捨君子而爲小人, 可不念哉! 『필설筆說』「회학설誨學說」

3. 근년에 손신로孫莘老[5]가 문충공 구양수와 친밀해지자, 틈을 타서 글에 관해 물은 적이 있었다. 구양수가 답했다.

"다른 방법은 없고, 오직 부지런히 독서하고 글을 많이 지으면 저절로 솜씨가 좋아진다. 세상 사람들은 글을 짓는 것이 적고 또 독서를 게을리 한다고 근심하면서, 한 편의 글을 써낼 때마다 다른 사람보다 뛰어나기를 구한다. 이같이 하면서 지극한 경지에 이를 수 있는 자는 드물다. 결점은 반드시 다른 사람의 지적을 받아야만 고칠 수 있는 것이 아니고, 많이 지어보면 저절로 결점을 볼 수 있다."

이것은 공이 일찍이 시험한 적이 있는 것으로 다른 사람에게 알려준 것이기에 더욱 의미가 있다.

頃歲, 孫莘老識歐陽文忠公, 嘗乘間以文字問之. 云: "無他術, 唯勤讀書, 而多爲之, 自工. 世人患作文字少, 又嬾讀書, 每一篇出卽求過人, 如此少有至者. 疵病不必待人指摘, 多作自能見之." 此公以其嘗試告

5 손신로孫莘老: 손각孫覺(1027~1090)을 이른다. 신로莘老는 신각의 자다. 북송 고우高郵 사람으로 호원胡瑗을 스승으로 섬겼다. 경학과 병법에 정통했다고 한다. 『주역』을 좋아했고 『춘추』에 정밀해 곡량적穀梁赤의 설을 위주로 하면서 좌구명과 공양고 및 한당 제가의 설을 참고하여 『춘추경해春秋經解』를 저술했다. 그 밖에 『역전易傳』과 『주의奏議』 등의 의 저서가 있다.

人, 故尤有味. 『지림志林』[6]「기육일어記六一語」[7]

4. 영숙(구양수)이 말했다.

"문장을 짓기 위해서는 세 가지를 많이 해야 한다. 많이 보고 많이 짓고 많이 생각해야 한다."

永叔(歐陽修)謂爲文有三多: 看多, 做多, 商量多也. 『후산시화後山詩話』[8]

6 『지림志林』: 송나라 소식이 편찬한 『동파지림東坡志林』으로 모두 5권이다. 손이 가는 대로 기록한 수필의 일종이라 『동파수택東坡手澤』이라고도 하며, 소식이 20년간 친히 겪은 일이나, 명신들의 업적, 조정의 교화, 지리, 몽환夢幻과 유괴幽怪, 기술技術, 귀양살이의 고통과 힘든 생활 등 다양한 내용을 서술하고 있다.

7 기육일어記六一語: 현존하는 『지림』에는 없는 편명이다. 이 글은 『지림』의 「기유記游」편 '학문學問' 장에 실려 있다. '육일六一'은 구양수의 호 '육일거사'로 편찬자가 소식의 『지림』에 실린 구양수의 말을 기록하여 구양수의 학문관을 드러낸 것이다.

8 『후산시화後山詩話』: 송나라 때의 시인 진사도陳師道(1053~1101)가 지은 시화집詩話集. 작가와 작품에 대한 비평을 위주로 했는데, 구양수와 소식의 말을 전하는 것이 많으며, 70여 항목으로 구분하고 있다. 진사도는 강서시파江西詩派의 주요 시인으로 소식과 황정견黃庭堅의 시론을 따랐고, 당나라 시인 두보를 추종하여 시를 배울 때는 두보의 작품을 따라야 한다고 했다.

80

소순흠
蘇舜欽

소순흠蘇舜欽(1008~1048)은 북송의 시인으로 호가 창랑옹滄浪翁이며 초서에 능했다. 성당 시대의 시풍을 되살리는 운동을 통해 새로운 송시의 개척자가 되어 송시의 창시자라고 할 수 있는 매요신梅堯臣과 더불어 '소매蘇梅'라고 불렸다. 그는 구양수 등이 본격적으로 고문운동을 제창하기 전부터 고문을 창작했다. 또한 범중엄范仲淹의 경력정학운동을 지지하여 개혁에 반대하는 수구세력의 공격과 모함을 많이 받았다. 『소학사집蘇學士集』[9]이 있다.

소자미蘇子美(소순흠)가 장인인 두기공杜祁公[10]의 집에 머물러 있을 때, 매일 저녁 책을 읽었는데 술 한 말을 기준으로 삼았다. 몰래 그를 엿보니, 소순흠은 『한서』「장량전」을 읽고 있었는데, 장량과 자객이 진시황을 저격하는 부분에 이르자 손바닥을 어루만지며 "저격한 것이 적중하지 않았구나. 아쉽다!"라고 하고는 큰 술잔 하나에 술을 가득 부어 다 마셨다. 또 책을 읽다가, 장량이 '처음에 제가 하비下邳에서 일어나 임금과 유留에서 만났으니, 이것은 하늘이 저를 폐하께 보내준 것입니다'라고 말한 부분에 이르자, 다시 책상을 어루만지며,

9 『소학사집蘇學士集』: 소순흠의 저서로 총 16권으로 이뤄져 있다.

10 두기공杜祁公: 북송의 대신 두연杜衍(978~1057)을 가리킨다. 두정헌杜正獻으로 불리기도 했다. 자가 세창世昌이고, 월주越州 산음山陰 사람이다. 여러 주군을 두루 다스리며, 송사를 잘 해결하는 것으로 명성이 자자했다.

"임금과 신하가 서로 만나는 것이 이렇게 어렵구나!"라고 말하고는 다시 큰 술잔 하나를 들었다. 두기공이 웃으며 말했다.

"이 같은 술안주가 있으니 술 한 말이 많다고 할 수 없겠구나."

蘇子美客外舅杜祁公家, 每夕讀書以一斗爲率. 密覘之, 子美讀『漢書』「張良傳」, 至良與客狙擊秦皇帝, 撫掌曰: "惜乎擊之不中!" 遂滿引一大白. 又讀至良曰: "始臣起下邳, 與上會於留, 此天以授陛下." 又撫案曰: "君臣相遇, 其難如此!" 復擧一大白. 公笑曰: "有如此下酒物, 一斗不足多也." 진계유陳繼儒[11]의 『독서십육관讀書十六觀』[12]

11 진계유陳繼儒(1558~1639): 명나라 때의 문인. 자가 중순仲醇이고, 호가 미공眉公이며, 송강松江 화정華亭 사람이다. 시문과 서예에 뛰어나서 동기창董其昌과 함께 명성이 높았다. 29세 때 벼슬에 나갈 뜻을 포기한 뒤, 곤산崑山 남쪽에서 은거했다. 동림서원東林書院의 고헌성顧憲成으로부터 초청을 받았으나 응하지 않고, 생애를 마칠 때까지 풍류와 자유로운 문필생활로 일생을 보냈다. 『보안당비급寶顔堂秘笈』『진미공비급陳眉公秘笈』 등의 총서叢書를 남겼다.

12 『독서십육관讀書十六觀』: 명나라 진계유가 독서에 대한 옛사람들의 말을 모아 편찬한 책. 옛사람의 성어成語를 채집했으며, 여회呂誨(1041~1071) 이하로 모두 16조로 책을 엮어서 독서법으로 삼았다.

81

소순
蘇洵

소순蘇洵(1009~1066)은 북송의 문학가로 날카로운 논법과 정열적인 필치의 평론이 구양수의 인정을 받았다. 정치, 역사, 경서 등에 관한 평론도 많이 썼으며, 문장이 힘차고 웅장하여 모방하는 이가 많았다. 당송팔대가의 한 사람이다. 저서로 『가우집嘉祐集』[13]이 있다.

저 소순은 어린 시절에 배우지 못했고 25세가 되어서야 비로소 독서할 줄 알게 되어 학식이 있는 군자들과 교유했습니다. 그러나 나이가 이미 늦었음에도, 다시 뜻을 굳건하게 하고 행동을 엄격하게 해서 옛사람의 글을 배우는 것으로 스스로 기약하려 하지 않고, 저의 동료들과 비교해서 동료보다 뛰어나면 마침내 '됐다'라고 여겼습니다.

그 후 곤궁함이 더욱 심해진 뒤[14]에 옛사람의 글을 가져다 읽어보니, 비로소 옛사람들이 말을 한 의도가 제 생각과 크게 다르다는 것을 깨달았습니다. 이때 저 자신을 되돌아보고 스스로 재주를 생각해보니, 다시 여기에 머물러 그만두어서는 안 될 것 같았습니다. 이 일로 말미암아 예전에 지은 수백 편의 글을 모두 불태우고, 『논어』

13 『가우집嘉祐集』: 소순의 문집. 『소로천선생집蘇老泉先生集』이라고도 한다. 의론이 종횡으로 펼쳐졌고 필력이 웅건하며, 기세가 분방하고 언어가 질박해 전국 종횡가 같은 기풍이 있었다.

14 곤궁함이 (…) 뒤에: 소순은 27세에 진사시에서 낙방하고, 관리가 되기를 단념하고 정치와 역사 평론의 저술에 힘썼는데 그 시기로 보인다.

『맹자』, 한유의 글과 기타 여러 성인과 현인의 글을 가져다 꼿꼿이 단정하게 앉아서 하루 종일 읽은 것이 7, 8년이었습니다.

처음에 그 속에 들어가서는 당황하여 어찌할 바를 모르다가 그 밖에서 널리 보고서는 매우 놀라게 되었습니다. 그렇게 오랫동안 하자, 읽은 것이 더욱 정밀해져서 가슴 속이 확연히 밝아지고 다른 사람의 말은 진실로 당연한 것처럼 여겨지게 되었습니다. 그러나 아직도 감히 제 말을 스스로 드러내지는 못했습니다.

시기가 오래 지나자, 가슴속에 쌓인 말이 날로 더욱 많아져 자제할 수 없게 되었습니다. 시험 삼아 그것을 드러내어 글로 써보고 연이어 두세 번 읽어보니 물 흐르듯이 쉽게 써지는 것을 깨달았습니다. 그러나 아직도 감히 스스로 옳다고 여기지는 못합니다.

洵少年不學, 生二十五歲, 始知讀書, 從士君子游. 年旣已晩, 而又不遂刻意厲行, 以古人自期; 而視與己同列者, 皆不勝己, 則遂以爲可矣. 其後困益甚, 然後取古人之文而讀之, 始覺其出言用意, 與己大異; 時復內顧, 自思其才, 則又似夫不遂止於是而已者. 由是盡燒其曩時所爲文數百篇, 取『論語』『孟子』·韓子及其他聖人賢人之文, 而兀然端坐, 終日以讀之者, 七八年矣. 方其始也, 入其中而惶然, 博觀於其外而駭然以驚; 及其久也, 讀之益精, 而其胸中豁然以明, 若人之言固當然者, 然猶未敢自出其言也. 時旣入, 胸中之言日益多, 不能自制, 試出而書之, 已而再三讀之, 渾渾乎覺其來之易矣. 然猶未敢以爲是也.

『상구양내한서上歐陽內翰書』

82

소옹
邵雍

소옹邵雍(1011~1077)은 북송의 학자이자 시인이다. 진사로 영천 추관潁川推官에 보직되었으나 나가지 않고, 사는 집을 안락와安樂窩라 하고 안락선생安樂先生이라 자호했다. 시호가 강절康節이다. 왕안석 등의 신법에 반대한 여공저, 사마광 등 보수적 성향의 인물들과 사귀며 학자로 평생을 보냈다. 『주역』의 이치에 정통하고 상수학象數學에 능했다. 도가사상의 영향을 받아 유교의 역철학易哲學을 발전시킨 수리철학이 특징이며, 선천학先天學이라는 새로운 역학을 창시해 만물은 모두 태극에서 말미암아 변화, 생성한다고 주장했다. 시풍은 백거이에 근원을 두었는데, 대체로 논리를 근본으로 삼고 수식을 말단으로 삼는 한편 억지로 교묘하게 읊는 것을 배격했다. 『격양집擊壤集』[15]이 있다.

1. 배울 때는 반드시 자신의 능력을 헤아려야 한다. 자신의 능력을 헤아리기 때문에 오래 할 수 있다.
學必量力, 量力故能久. 『황극경세皇極經世·외편外篇』[16]

15 『격양집擊壤集』: 송나라 소옹의 시집으로 『이천격양집伊川擊壤集』으로 부른다. 총 20권이다.

2. 세상 사람들은 "독서하는 사람은 적지 않지만, 독서를 잘할 수 있는 사람은 적다"라고 말한다. 만약 천리天理의 참된 즐거움을 얻는다면 어떤 책인들 읽지 못하겠으며, 어떤 견고한 논설인들 깨뜨리지 못하겠으며, 어떤 이치인들 정통하지 않겠는가?
天下言"讀書者不少, 能讀書者少." 若得天理眞樂, 何書不可讀? 何堅不可破? 何理不可精? 『송원학안』[17]

3. 『논어』「술이」편에서 '많이 듣고 그중에서 좋은 것을 선택해서 따른다多聞擇其善者而從之'라고 한 것은 비록 많이 듣더라도 반드시 좋은 것을 선택해서 그것을 따라야 한다는 뜻이고, '많이 보고 분별하다多見而識之'라고 한 것에서, '지識'는 '분별하다'의 의미이니, 비록 많이 보더라도 반드시 그것을 분별할 수 있어야 한다는 뜻이다.
"多聞擇其善者而從之", 雖多聞必擇善而從之; 多見而識之, 識, 別也, 雖多見必有以別之. 『송원학안』

16 『황극경세皇極經世』: 북송의 소옹이 편찬했다. 모두 12권으로 되어 있고, 64편이 실려 있다. 처음부터 6권까지는 『원회운세元會運世』 34편이 실려 있고, 다음 10권까지는 『성음율려聲音律呂』 16편, 다음에는 『관물내편觀物內篇』 12편, 마지막에는 『관물외편觀物外篇』 2편으로 각각 구성되어 있다. 이 책은 일日·월月·성星·신辰·비飛·주走·동動·식植의 수數를 궁구하여 천지 만물의 이치를 다 밝히려는 것으로, 『사고전서』에서도 "말이 집약되어 있고 의미는 광범위하니, 천하 사람이 할 수 있는 일은 모두 드러냈다辭約而義廣, 天下之能事畢矣"라고 평가했다.

17 『송원학안宋元學案』: 모두 100권으로 되어 있다. 명말청초의 학자 황종희黃宗羲가 처음 정리한 것을 아들 백가百家가 편집하고, 전조망全祖望이 증보한 중국 송·원시대의 학술사서學術史書. 현재의 완성본은 광서光緖 5년(1879)에 장여림張汝霖이 허난성 창사에서 복간한 판본이며, 책이 완성되어 유통되기까지 거의 200여 년이 걸렸다. 송원 시대의 성리학자와 철학자의 평생과 사상의 요점을 이해하기 위한 초보적 성격의 편집서로, 91개의 학파를 중심으로 서술하고, 그에 속한 2700여 명들의 전기·학설을 열거하면서 편집자의 비평을 첨가했다. 각 학파에 관해 서술하기 전에 사제관계의 표表를 실어 학문의 계통을 한눈에 알아볼 수 있도록 해놓았는데, 주돈이周敦頤나 정호程顥·정이程頤 형제 등을 중심으로 하고, 왕안석의 신학新學과 소동파 등의 촉학蜀學은 원우당안元祐黨案·경원당안慶元黨案 등과 함께 권말에 수록했다.

4. 강절康節(소옹)이 말했다.

"학문이 즐거움에 이르지 않는다면 학문이라고 할 수 없다."

또 말했다.

"학문은 그치지 않는 데 있다. 그러므로 『문중자文中子』[18]에서도 '죽은 이후에 멈출 뿐이다'라고 했으니, 곧 증자曾子가 『논어』「태백」편에서 '죽은 이후에 끝난다'라고 말한 것이다."

康節曰: "學不至於樂, 不可謂之學." 又: "學在不止. 故『文中子』云'沒身而已, 卽曾子死而後已'之說." 『서재노학총담庶齋老學叢談』[19]

5. 강절 선생이 학문을 권하며 이렇게 말했다.

"20세부터 30세 전까지는 아침에는 경전經傳을, 저녁에는 역사서를, 낮에는 제자백가서를, 밤에는 문집을 읽어야 한다."

康節先生勸學曰: "二十歲之後, 三十歲之前, 朝經暮史, 晝子夜集." 『곤학기문困學紀聞』[20]

18 『문중자文中子』: 수나라 왕통王通이 지은 것으로 전해지나 분명하지 않다. 전10권으로 『논어』를 모방하여 대화 형식으로 되어 있다. 왕도王道·천지天地·사군事君·주공周公·문역問易·예악禮樂·술사述史·위상魏相·입명立命·관랑關朗 등의 편이 있다. 왕도를 첫머리에 놓은 것은 문중자의 가르침이 소왕素王을 계승하고 있기 때문이다. 이 책은 불교가 널리 성했던 당시에 『논어』의 참뜻을 밝혔다는 점에서 높이 평가된다.

19 『서재노학총담庶齋老學叢談』: 원나라 성여재盛如梓가 편찬했다. 성여재는 구주衢州 사람으로, 서재庶齋는 그의 자호다. 이 책은 경사에 대해 변론하고 시문을 평론한 내용이 주를 이루며 조정과 민간의 숨겨진 이야기에 대해서도 언급했으며, 모두 수시로 수습하여 완성했다. 3권으로 구분되어 있으나, 2권이 다시 별도로 나누어져 실제로는 4권이다.

20 『곤학기문困學紀聞』: 남송의 왕응린王應麟이 편찬했다. 「설경說經」 8권, 「천문天文」「지리地理」「제자諸子」 2권, 「고사考史」 6권, 「평시문評詩文」 3권, 「잡지雜識」 1권 등 총 20권으로 2628가지에 이르는 고증과 평론을 망라했다. 『몽계필담夢溪筆談』『용재수필容齋隨筆』과 아울러 송대 3대 필기류筆記類로 손꼽힌다.

83

주돈이
周敦頤

주돈이周敦頤(1017~1073)는 북송의 관리이자 유학자로 호가 염계濂溪. 본래 이름이 돈실敦實이었으나 송나라 영종英宗(재위 1063~1067)의 초명인 종실宗實을 피해 바꾸었다. 그는 도가와 불교의 주요 인식과 개념을 받아들여 우주의 원리와 인성에 관한 형이상학적인 유학 이론을 개척했고, 정호·정이 형제와 주희 등을 거치며 이른바 정주학파程朱學派라고 불리는 중국 유학의 중심적 흐름을 형성했다. 한나라 때의 훈고학을 거치며 끊어졌던 성性과 도道에 관한 철학적 논의를 되살려 유학을 새롭게 부흥시켰으며 중국 성리학의 기초를 닦은 인물로 평가된다. 저서로 『통서通書』[21]가 있다.

1. 어떤 이가 물었다.
"성인聖人도 배워서 될 수 있습니까?"
"배워서 될 수 있습니다."
"요령이 있습니까?"
"있습니다."

21 『통서通書』: 『역통서易通書』 『주자통서周子通書』라고도 하며, 북송의 학자 주돈이의 대표작이다. '성誠'을 도덕의 근본 규범을 간주하여 도덕론을 설명하고 있으며, 주자에 의해 주해된 송대 이학理學의 중요 저서다. 모두 40장으로 각 장은 비교적 짧은 문장으로 기술되어 있다. 『주역』의 이치를 잘 드러냈으며, 본래 『태극도설太極圖說』과 병행해 쓰였다고 한다.

"그 요령을 듣고 싶습니다."

주돈이가 답했다.

"잡됨이 없이 오직 한 가지만 하는 것이 요령입니다. 순일한 것은 욕심이 없습니다. 욕심이 없으면 고요히 있을 때는 마음이 텅 비고 움직일 때는 마음이 바르게 됩니다. 고요히 있을 때 마음이 비면 밝아지고, 밝아지면 천하의 이치에 통달하게 됩니다. 움직일 때 마음이 바르게 되면 공정해지고, 공정해지면 천하의 일에 두루 미칠 수 있게 됩니다. 밝아서 이치에 통달하고 공정해서 천하에 두루 미치면, 성인의 경지에 가까울 것입니다."

聖可學乎? 曰可. 曰有要乎? 曰有. 請聞焉. 曰一爲要. 一者, 無欲也; 無欲則靜虛動直: 靜虛則明, 明則通; 動直則公, 公則溥, 明通公溥, 庶矣乎! 『통서通書』「성학聖學」

2. 생각하는 것이 성인의 경지에 이르는 일의 근본이다.

思者, 聖功之本. 『통서』「사思」

3. 이윤伊尹이 뜻을 둔 것에 뜻을 두고, 안자顏子(안연)가 배운 것을 배우되, 그 경지를 넘어서면 성인이 될 수 있고 그 경지에 도달하면 현인이 될 수 있으나, 미치지 못하더라도 훌륭한 명성을 잃지는 않을 것이다.

志伊尹之志, 學顏子之所學, 過則聖, 及則賢, 不及則亦不失於令名. 『통서』「지학志學」

84

사마광
司馬光

사마광司馬光(1019~1086)은 북송의 정치가이자 사학가·문학가로 호가 우수迂叟이며, 속수선생涑水先生으로도 불린다. 시호가 문정文正이다. 어렸을 때부터 역사 서적에 심취하여 손에서 놓지 않았다. 상수학象數學을 중심으로 한 천인상관의 철학을 남겼으며, 당시의 봉건제 질서를 '천명天命'이라 하고, 이것을 근거로 해서 천명에 근거하지 않은 변법을 단행한 강남의 신흥 지주파인 왕안석에 반대한 대지주파의 철학을 역설했다. 유학 교화의 모범으로서 사람들에게 추앙받았다. 『자치통감資治通鑑』[22]을 저술했으며 『전가집傳家集』[23]이 있다.

1. 사마온공司馬溫公은 어렸을 때, 단순히 읽고 외우는 것이 남들보

22 『자치통감資治通鑑』: 사마광이 19년 동안 저술한 역사서. 주나라 위열왕威烈王이 진晉나라 3경卿(한韓·위魏·조趙)을 제후로 인정한 기원전 403년부터 오대 후주後周의 세종世宗 때인 960년에 이르기까지의 역사를 1년씩 묶어 편년체로 기술했으며, 16기紀 24권으로 구성되었다. 치도의 자료가 되고 역대를 통하여 거울이 된다는 뜻으로 제목을 붙였으며, 역대 사실을 밝혀 정치의 규범으로 삼고 또한 왕조 흥망의 원인과 대의명분을 밝히고자 했다. 따라서 17사史 외에 야사·문집 등 20여 종의 전적을 참조하되, 사실을 있는 그대로 기술하지 않고 독특한 사관에 의해 기사를 선택하고, 정치나 인물의 득실을 평론하여 감계鑑戒가 될 만한 사적을 많이 습록했다.

23 『전가집傳家集』: 『사고전서』에 수록된 사마광의 시문집. 총 80권으로 『사마문정공전가집司馬文正公傳家集』이라고도 한다. 부賦 1권, 시詩 14권을 제외하면, 표表·서계書啓·서序·기記·논論·장주章奏·제조制詔·의변議辨·책문策問·평의評議·사섬史剡·비지碑志·제문祭文 등 65권이 문장이다.

다 못한 것을 걱정했다. 그래서 여럿이 강습할 때 형제들이 이미 다 외우고 놀며 휴식을 취해도, 홀로 문을 닫고 열심히 책을 읽어서 다른 사람보다 배나 잘 외울 수 있게 된 후에 그만두었다. 힘쓰는 것이 많아야 원대한 것을 얻을 수 있으며, 그 정밀하게 외운 것은 죽을 때까지 잊지 않는다. 그래서 사마온공은 일찍이 이렇게 말했다.

"책은 완전히 암송하지 않으면 안 된다. 혹 말을 타고 있거나 깊은 밤에 잠을 못 이룰 때, 그 문장을 읊조리고 그 뜻을 생각하면 얻는 바가 많을 것이다."

司馬溫公幼時, 患記問不若人; 群居講習, 衆兄弟旣成誦游息矣, 獨下帷絕編, 迨能倍諷, 乃止. 用力多者收用遠, 其所精誦, 乃終身不忘也. 溫公嘗言: "書不可不成誦. 或在馬上, 或中夜不寢時, 詠其文, 思其義, 所得多矣." 『여씨가숙기呂氏家塾記』[24]

2. 사마온공이 예전에 나에게 다음과 같이 말했다.

"배우는 자가 독서할 때, 1권부터 책의 맨 끝까지 읽을 수 있는 경우는 많지 않다. 때로 중간부터 읽기도 하고 혹은 끝부터 읽어나가는 등 마음대로 읽기 시작하지만, 또한 대부분 책을 끝까지 읽을 수 없다. 내 성격은 집중력이 아주 뛰어난 편이지만 여전히 이같이 하는 것을 근심했다. 전에 오직 학사 하섭何涉[25]의 책상 위를 본 적이 있는데, 그는 오직 책 한 권만을 두고 처음부터 끝까지 읽으면서 잘못된

24 『여씨가숙기呂氏家塾記』: 남송 때 동남삼현東南三賢으로 불렸던 여조겸呂祖謙(1137~1181)의 『여씨가숙독시기呂氏家塾讀詩記』를 이르는 것으로 보인다. 조선 시대, 김안국은 중종에게 "『여씨독서기』는 동래선생 여조겸이 쓴 책인데, 『시경』을 주해하고 여러 설을 모아 처음부터 끝까지 두루 관통되어 참으로 주자의 집전을 보는 데 도움이 되므로, 경연에서 진강하고 학자가 강습할 때 참고하기에 유익합니다"라고 한 바 있다.

25 하섭何涉: 자가 제천濟川이며, 남곤南袞 사람이다. 독서하는 데 매우 힘써서, 육경과 제자백가, 지리지, 의서 등 모든 학문에 통하지 않은 것이 없었다. 그는 벼슬을 하는 곳마다 대부분 학관學館을 세워, 비록 군중에 있을 때도 여러 장수를 위하여 『춘추좌씨전』을 강의했다고 한다.

곳을 바로잡고 글자를 교감하며 마지막 편까지 이르렀고, 끝나지 않으면 다른 책을 읽지 않겠다고 맹세했다."

司馬溫公嘗爲某言: "學者讀書, 少能自第一卷讀至卷末; 往往或從中, 或從末, 隨意讀起, 又多不能終篇. 光性最專, 猶嘗患如此. 從來惟見何涉學士案上, 惟置一書讀之, 自首至尾, 正錯校字, 以至終篇; 未終, 誓不他讀." 『명도잡지明道雜志』[26]

3. 사마온공은 독서당讀書堂에 문집과 역사서 1만여 권을 비치하고 새벽부터 저녁까지 책을 펼쳐 읽었는데, 비록 수십 년이 지나도 모두 깨끗해서 마치 손길이 닿은 적이 없는 것과 같았다. 그는 일찍이 아들에게 훈계하며 이렇게 말했다.

"장사치는 재물을 저장하지만, 유가儒家는 오직 책만 있을 뿐이니 소중히 아낄 줄 알아야 한다. 나는 해마다 맑은 날을 마주하면, 곧 해가 기우는 방향으로 책상을 설치하고 그 위에 여러 책을 펼쳐 그 속을 쪼인다. 책을 보고자 할 때는 반드시 먼저 책상이 깨끗한지를 살펴보고 깔개를 깐 후에 책을 펴서 보고, 혹 반복해서 자세히 보려고 할 때는 네모난 목판으로 받쳤고 손이 땀에 젖게 한 적이 없었다. 한 면을 다 읽을 때마다 오른손 엄지와 집게손가락으로 살며시 들어 넘기기 때문에 그 종이를 구기거나 무르게 하지도 않았다. 그런데 매번 너희를 보니, 손톱으로 책장을 집어 넘기거나 혹은 두 손가락에 침을 묻혀서 책장을 끼워 넘기니 전혀 책을 소중히 아끼는 뜻이 아니다. 승려와 노장의 무리도 그들의 책을 존중할 줄 아는데, 우리 유자가 그보다 못하구나! 너희는 유념하라!"

26 『명도잡지明道雜志』: 북송의 장뢰張耒가 편찬했다. 1권으로 된 것도 있고, 정正과 속續 2권으로 나뉜 것도 있으며 80여 칙으로 되어 있다. 당시의 잡다한 일에 대한 기록과 시화와 시평이 실려 있다. 소식·사마광·왕안석·황정견·심괄·유공보 등의 문인에 대해서도 두루 언급했다.

溫公讀書堂置文史萬餘卷, 晨夕披閱, 雖數十年皆新, 若未經手觸者. 嘗誡其子曰: "賈豎藏貨財, 儒家惟書耳, 當知寶惜. 吾每歲視晴明日, 卽設案向日側, 列群書其上, 以暴其胸. 若欲看, 必先視几案淨潔, 藉以茵褥, 然後啓卷看之. 或欲行看, 卽承以方版, 未嘗手汗沾漬. 每看畢一頁, 卽以右手大指與點鹽指輕輕揭過, 故不至揉熟其紙. 每見汝輩以指爪撮起, 或以雙指用唾挾起, 甚非珍重之意. 浮圖·老氏, 猶知尊敬其書; 吾儒反不如耶! 汝曹念之!' 『독서작문보讀書作文譜』[27] 권12

27 『독서작문보讀書作文譜』: 명말청초에 교육가로 활동한 당표唐彪의 저서. 당표가 수년간 교육현장에서 직접 아동을 가르치며 얻은 현실적이고 교훈적인 경험을 바탕으로, 저술한 『가숙교학법家塾教學法』의 본편이다. 마음을 담아 배움의 기반을 먼저 다질 것을 주장하면서 여러 가지 공부법을 제시하고, 역대 문장의 정수를 모아 모범적인 예로 적용했다. 총 12권으로 이루어졌으며, 독서와 작문에 관하여 권마다 하나의 주제를 설정하고 그 분야에 대한 자신의 경험과 이론을 체계적으로 논하고 있다. 우리나라에도 유입되어 계몽기 작문 교재인 『실지응용작문법』에 문장 수사와 관련된 내용이 원용되기도 했다.

85

증공
曾鞏

증공曾鞏(1019~1083)은 북송의 문인으로 당송팔대가의 한 사람이다. 노력형 인물로 문장에서도 끈기 있는 의론을 특색으로 했으며, 객관적인 서술에 뛰어났다. 39세 때 소동파와 함께 진사시에 합격했으며, 오랫동안 지방관을 전전했다. 동생 증포曾布는 신법당新法黨의 유력한 일원이었지만, 증공 자신은 신법을 비판하는 태도를 보였다. 저술에 고금의 전각을 모은 『금석록金石錄』 500권과 시문집인 『원풍유고元豐類稿』(『남풍유고南豐類稿』[28])가 있다.

진후산陳後山[29]이 처음에 자신이 지은 문장을 가지고 와서 남풍南豐〔증공〕 선생에게 보였는데, 선생이 물었다.

"이전에 『사기』를 읽은 적이 없느냐?"

진후산이 대답했다.

28 『남풍유고南豐類稿』: 증공의 시문집 『원풍유고』를 이른다. 증공은 '남풍선생'으로도 일컬어졌으며, 증조曾肇·증포曾布·증우曾紆·증굉曾紘·증협曾協·증돈曾敦 등 가문의 다른 이름난 사람들과 더불어 남풍칠증南豐七曾으로 불렸기 때문에 문집 이름을 이렇게 표기한 것으로 보인다.

29 진후산陳後山: 북송의 시인 진사도陳師道(1053~1101)를 가리킨다. 자가 이상履常, 무기無己이고, 호가 후산거사後山居士이며, 팽성彭城 사람이다. 평생토록 명예와 이익을 추구하지 않고 시 창작에 힘썼으며, 소식과 교유해 소문육군자蘇門六君子(황정견·진관秦觀·조보지晁補之·장뢰·진사도·이치李廌)로 꼽힌다. 황정견의 시를 좋아하여 손에서 놓지 않았으며, 말년에는 두보를 으뜸으로 여기고 두보시를 배우는 데 온 힘을 쏟아 황정견과 진여의陳與義 등과 함께 강서시파江西詩派라고 불렸다.

"그 책은 어려서부터 읽었습니다."

남풍이 말했다.

"그렇지 않은 것 같구나. 일단 다른 책은 놓아두고 2, 3년 동안 『사기』를 익숙하게 읽도록 해야겠구나."

진사도가 남풍의 말처럼 『사기』를 읽고 난 후에 다시 문장을 가지고 남풍에게 보이니, 남풍이 말했다.

"이 정도면 충분하구나."

陳後山初擕文卷見南豐先生, 先生問曰: "曾讀『史記』否?" 後山對曰: "自幼年即讀之矣." 南豐曰: "不然, 要當且置他書, 熟讀『史記』三兩年爾!" 如南豐之言讀之, 後再以文卷見南豐, 南豐曰: "如是足也." **『왕씨여사록王氏餘師錄』**[30]

30 『왕씨여사록王氏餘師錄』: 『여사록餘師錄』이라고도 하며, 송나라 왕정덕王正德이 편찬한 시문 비평과 관련된 저서다.

86

장재
張載

장재張載(1020~1077)는 북송의 학자로 미현郿縣 횡거진橫渠鎭에 정착해 살았기 때문에 횡거 선생이라고 불렸다. 송나라의 이학을 창시한 오현 가운데 한 사람으로, 정호·정이 형제의 스승이기도 하다. 공자와 맹자의 교육사상을 계승하여 도덕 수양 문제를 바탕으로 유심주의적 성리학적 교육관의 기초를 확립했다. 예禮를 숭상하고 역易으로써 종宗을, 중용中庸으로써 체體를 삼았으며, 우주의 본체를 태허太虛라고 했다. 만물의 상이함은 음양 2기의 상교하는 정도의 차이에 의한다고 했고 또한 만물은 모두 태허의 현상이므로 그 사이에 아무런 구별이 없이 물아일체이며 사생死生도 또한 참眞의 생멸生滅이 아니라 집산集散에 불과한 것이라고 했다. 저서로 『정몽正蒙』[31]이 있다.

1. 배움은 타고난 자질이 좋은지 나쁜지를 따지지 않고, 또 오로지 부지런히 힘쓰는 것에 달린 것도 아니다. 다만 지향과 관심이 어떤지

31 『정몽正蒙』: 장재의 저서. 우주 만물은 기일원氣一元으로 되고 그 일원기一元氣를 태허太虛라고 한다. 이것은 무형이지만 항상 활동하고 정지하는 일 없이 모이고 흩어지며 모이면 모양이 생기고 흩어지면 소멸한다. 기는 태허로서 항상 존재하고 결코 무가 되지는 않는다. 만물은 일기一氣의 집산으로써 생멸하기 때문에 사람도 물체도 본질적으로는 차별이 없고 인물·만물·천인天人·사생死生은 일체일여一體一如이다. 기에는 청탁의 구별이 있으므로 인간에게 현·우·선·악·재·부재의 구별이 생긴다. 그것을 보충하기 위해 독서와 예를 존중하지 않으면 안 된다고 했다.

를 살펴볼 뿐이다.

學者不論天資美惡, 亦不專在勤苦; 但觀其趣嚮着心處如何. 『경학리굴經學理窟』[32]

2. 학문을 해서 크게 도움을 얻는 것은 스스로 기질을 변화시킬 수 있느냐에 달려 있다. 그렇지 않으면 끝내 깨달아 밝혀내는 것이 없어서 성인의 심오한 경지를 볼 수 없을 것이다. 그러므로 배우는 자는 먼저 기질을 변화시켜야 한다. 기질을 변화시키는 것은 마음을 비우는 것과 서로 밀접한 관계가 된다.

爲學大益, 在自能變化氣質; 不爾, 卒無所發明, 不得見聖人之奧. 故學者先須變化氣質; 變化氣質, 與虛心相表裏. 『경학리굴』

3. 배움은 마음으로 깨우치는 것을 귀중하게 여기니, 묵은 것을 고수하는 것은 아무런 효과가 없다.

學貴心悟, 守舊無功. 『경학리굴』

4. 책을 볼 때는 반드시 책의 내용을 총괄해서 글쓴이의 뜻을 찾아내야 한다.

觀書必總其言, 而求作者之意. 『경학리굴』

5. 학문이 넓어질수록 의미는 더욱 정미해진다. 순임금이 묻기를

32 『경학리굴經學理窟』: 장재가 경전의 의미를 설명하여 불교와 도교의 잘못을 변석辨析한 책으로, 이후 문인들이 기록한 것이다. 총 5권이며, 「주례」「시」「서」「종법」「예악」「기질」「의리학」「대원大原」「자도自道」「제사」「월령통月令統」「상기喪紀」 12편으로 되어 있다.

좋아하고 흔한 주변의 말을 살피기 좋아한 것도[33], 모두 정미함을 다하기 위해서다.

學愈博則義愈精微, 舜好問, 好察邇言, 皆所以盡精微也. 『경학리굴』

6. 책을 많이 읽어도 잘 잊는 것은 단지 이치가 정밀하지 않기 때문이다.

書多閱而好忘者, 只爲理未精耳. 『경학리굴』

7. 독서를 적게 하면 비교검토를 통해 정밀한 뜻을 얻을 길이 없다. 독서로써 이 마음을 유지하니, 한시라도 책을 놓으면 곧바로 덕성이 나태해진다. 독서를 하면 이 마음이 항상 보존되지만, 독서를 하지 않으면 끝내 의리가 드러나지 않게 될 것이다. 글은 반드시 완전하게 암송해야 한다. 정밀한 생각은 한밤중에 하는 경우가 많지만 조용히 앉아 있을 때도 생각할 수 있다. 기억하지 못하면 생각이 일어나지 않는다. 다만 근본 내용을 꿰뚫어 이해할 수 있게 된 후에야 글도 기억하기 쉬워진다. 책을 읽는 까닭은 자신의 의심을 풀어주고 자신이 분명하게 알지 못하는 것을 분명하게 하려는 것이니, 매번 견문과 지식이 더해지면 곧 학문이 진전할 것이다. 의심하지 못했던 곳에 의심이 생기는 것이 바야흐로 진전한 것이다.

讀書少, 則無由考校得義精. 蓋書以維持此心; 一時放下, 則一時德性有懈. 讀書則此心常在, 不讀書則終看義理不見. 書須成誦. 精思多在夜中, 或靜坐得之; 不記則思不起. 但須通貫得大原後, 書亦易記. 所

33 순임금이 (…) 것도: 『중용』 「순기대지舜基大知」에 나오는 말이다. "순은 묻기를 좋아하고 비근한 말을 살피기를 좋아하며 악함을 감추고 선함을 드러냈다. 그 양극단을 잡아 중간을 백성에게 적용했으니 이것이 순임금이 된 까닭이다公子曰 舜問而 好察邇言 隱惡而 楊善. 執其兩端 用其中於民 其斯以爲舜乎"라고 했다.

以觀書者, 釋己之疑, 明己之不達, 每見每知所益, 則學進矣; 於不疑處有疑, 方是進矣. 『경학리굴』

8. 의미와 사리에 의심이 생기면, 곧 옛 견해를 씻어버리고 새로운 뜻을 받아들여야 한다. 마음속에서 순간적으로 깨닫는 것이 있으면 곧바로 기록해 두어야 한다. 생각하지 않으면 깨달은 것이 다시 막히게 될 것이니, 다시 반드시 친구의 도움을 받아야 한다.
義理有疑, 則濯去舊見, 以來新意. 心中苟有所開, 卽便箚記; 不思則還塞之矣, 更須得朋友之助. 『經學理窟』

9. 의심할 줄 모르는 것은 다만 참된 공부를 하지 않아서일 뿐이다. 참된 공부를 하고 나면 반드시 의심이 생긴다. 통하지 않는 곳이 생기는 것이 곧 의심이다. 전체로 비유하자면 어느 한쪽 면만을 터득했거나 혹은 한 부분을 완전히 이해하지 못했으면 모름지기 의심이 있어야 하는데, 이곳이 질문하고 배울 곳이다. 의심이 없는 것은 깊이 생각한 적이 없는 것이다.
不知疑者, 只是不便實作; 旣實作, 則須有疑. 必有不行處, 是疑也. 譬之通身, 會得一邊, 或理會一節未全, 則須有疑, 是問是學處也; 無則只是未嘗思慮來也. 『경학리굴』

10. 의심할 만한 것이 있는데도 의심하지 않는 것은 배운 적이 없는 것이다. 배우면 반드시 의심해야 한다. 길 가는 것에 비유하면, 남산으로 가려고 하면 반드시 도로가 난 쪽을 물어야 하는 것과 같다. 만약 편안히 앉아만 있으면 어찌 의심할 수 있겠는가?
在可疑而不疑者, 不曾學; 學則須疑. 譬之行道者, 將之南山, 須問道

路之出自. 若安坐, 則何嘗有疑?『경학리굴』

11. 다른 사람이 의심하지 않을 수 있으면 곧 덕이 나아간 것이다. 자기가 크게 근본을 둔 곳에 의혹이 없으면, 비록 공력을 더하지 않더라도 생각이 반드시 항상 여기 있을 것이니, 오래도록 쌓이면 점차 변화됨을 저절로 깨닫게 된다. 배우는 사람은 스스로 만족스럽게 여기는 것을 싫어해야 하니 스스로 만족하면 다시 나아가지 못한다.
人能不疑, 便是德進. 蓋己於大本處不惑, 雖未加工, 思慮必常在此, 積久自覺漸變. 學者惡其自足, 足則不復進.『경학리굴』

12. 배움에 뜻을 둔 자는 모두 기질이 좋고 나쁨을 다시 따지지 말고, 다만 지향하는 뜻이 어떤지를 보아야 한다. "보통의 사내에게서도 그 뜻을 빼앗을 수 없다"[34]라고 했으니, 오직 배운 것을 굳세고 과감하게 행할 수 없음을 근심해야 한다.
有志於學者, 都更不論氣之美惡, 只看志如何; "匹夫不可奪志也", 惟患學者不能堅勇.『어록語錄』

13. 새로운 뜻을 많이 구해서 어리석음을 깨우친다. 자신의 학문이 부진할 때는 억지로 힘을 쓰는 경우가 아니면 스스로 떨쳐 일어날 수 없다.
多求新意以開昏蒙. 吾學不振, 非強有力者不能自奮.『어록』

34 보통의 (…) 빼앗을 수 없다:『논어』「자한」에 나오는 말이다. 원문은 다음과 같다. "삼군〔큰 병력〕이어도 그 장수를 빼앗을 수 있으나, 필부에게서 그 뜻을 빼앗을 수는 없다 三軍可奪帥也 匹夫不可奪志也."

14. 책을 읽을 때 서로 비슷한 글자라고 해서 그 뜻에 얽매여서는 안 된다. 그렇지 않으면 글자마다 서로 방해하게 된다. 마땅히 문맥의 흐름에 적합한 뜻을 살펴보아야 한다. 예컨대 '충실지위미充實之謂美'[35]의 '미美' 자는 실속이 있다는 의미이니, '시지언미詩之言美[36]'에서 '좋다'는 의미로 쓰인 '미美' 자와는 그 무게가 같지 않다.

凡觀書, 不可以相類泥其義; 不爾, 則字字相梗. 當觀其文勢上下之意, 如'充實之謂美', 與『詩』之言美, 輕重不同. 『어록』

35 충실지위미充實之謂美: 『맹자』「진심 하」에 나오는 말이다. "꽉 차서 실속이 있는 것을 미美라 한다"는 뜻이다.

36 시지언미詩之言美: 『시전대전』「노송·경」 편의 주석에 "『시경』에 실린 시의 말은 좋은 것과 나쁜 것이 같지 않아서 혹은 권면하고 혹은 경계시키지만 모두 사람으로 하여금 그 성정의 바름을 얻게 할 수 있다詩之言美惡不同, 或勸或懲, 皆有以使人得其情性之正"에서 나온 말이다.

87

왕안석
王安石

왕안석王安石(1021~1086)은 북송의 정치가이자 학자로 신종神宗의 시참지정사時參知政事가 되어 당시의 재정적 위기를 헤쳐보려고 신법을 만들어 부국강병책을 썼지만 집정한 지 9년 만에 보수파의 반대로 하야했다. 어려서부터 문재를 인정받았으며, 유가 경전뿐 아니라 제자백가의 서적에서 의서, 소설까지 다양한 서적들을 읽으며 기존의 해석에 얽매이지 않고 자유롭게 해석했다. 뛰어난 산문과 서정시를 남겨 당송팔대가의 한 사람으로 꼽힌다. 특히 산문은 현실주의 풍격을 지니고 있으며 후대에 큰 영향을 끼쳤다. 만년에는 한자의 연원과 제자製字 원리 등을 연구하여 『자설字說』이라는 책을 남기기도 했다. 『임천집臨川集』[37]이 있다.

경서만 읽을 뿐이라면 경서를 알기에 부족하다. 그러므로 나는 제자

37 『임천집臨川集』: 왕안석의 시문집. 본래 130권으로 알려졌으나 『송사』「예문지」에는 『왕안석집』 100권이라 했다. 현재 통행되는 100권 본은 1140년 첨대화가 교정하여 중각한 것이며, 황차산黃次山의 서문에 따르면 원래 두 개의 이본이 있다 했으니, 송대에도 이미 여러 판본이 있었던 것으로 보인다.

백가의 책에서 『난경難經』[38] 『소문素問』[39] 『본초本草』[40] 같은 의학 서적과 여러 자질구레한 설에 이르기까지 읽지 않은 글이 없었고, 농부와 여공女工 등에 이르기까지 질문하지 않은 사람이 없었다. 그렇게 한 후에야 경서의 대체를 알 수 있어 의심이 없어지게 되었다.

후세에 배우는 자들은 선왕先王의 시대와는 달라서, 이같이 하지 않으면 성인을 완전히 알 수 없다. 양웅이 비록 성인의 책이 아니면 좋아하지 않았다고 했으나, 『묵자』 『안자晏子』[41] 『추자鄒子』[42] 『장자』 『신자申子』[43] 『한비자』를 어찌 읽지 않았겠는가? 그는 자신의 지식을 지극히 한 이후에 독서에 필요한 책을 골라 선택할 수 있었다. 그

38 『난경難經』: 고대 의학서인 『황제팔십일난경黃帝八十一難經』의 약칭. 3권 혹은 5권으로 되어 있다. 『난경』은 『황제내경黃帝內經』의 의문이나 난해한 곳, 요지를 상세히 밝힌 저서로 중국 의학의 사대 경전 중 하나로 꼽힌다.

39 『소문素問』: 현존하는 최초의 중국 의학이론서. 대략 전국시대에 저술되었다. 황제黃帝와 명의 기백岐伯의 문답으로 구성되어 있다. 그 내용은 해부학·생리학·치료법 등을 상세히 기술했다.

40 『본초本草』: 고대의 의약서로서 『신농본초경神農本草經』의 약칭이다. 기록한 약에 풀 종류가 많기 때문에 『본초本草』라고 칭했다. 『본초』의 명칭은 『한서』 「평제기平帝紀」에서 처음으로 보이지만 『한서』 「예문지」에서는 보이지 않는다. 남조 양나라 완효저阮孝緖의 『칠략七錄』에 처음으로 『신농본초경』이 기록됐는데, 수록된 약이 365종이다. 명나라 때 이시진李時珍이 여러 설을 모아서 오류를 살펴 바로잡고 정리하여 『본초강목本草綱目』 52권을 지었는데, 수록된 약물이 1892종이고, 약방藥方은 1만1000여 가지다.

41 『안자晏子』: 춘추시대 제나라의 대부였던 안영晏嬰의 저서인 『안자춘추晏子春秋』를 이른다. 안영은 이유夷維 사람으로 자가 중仲이다. 부친의 뒤를 이어 상대부가 되었고, 영공靈公, 장공莊公, 경공景公 등 삼대에 걸쳐 50여 년 동안 군주를 보좌했다. 그의 정치적 입장은 인의로 나라를 다스리고 평화로 외교한다는 '인의치국仁義治國, 화평외교和平外交'로 요약된다. 『안자춘추』는 8권 215장으로 되어 있는데, 그의 말과 행동을 기록한 것을 바탕으로 후대에 정리한 것으로 추정된다.

42 『추자鄒子』: 전국시대 제나라의 사상가 추연鄒衍의 저서로, 모두 49편이었다고 하며 지금은 전하지 않는다. 추연은 맹자보다 약간 늦게 등장하여 음양오행설을 제창했다. 세상의 모든 사상事象은 토土·목木·금金·화火·수水의 오행상승 원리에 의하여 일어나는 것이라 했고, 이에 의하여 역사의 추이나 미래를 예측했다고 한다.

43 『신자申子』: 전국시대 한나라 때의 정치가 신불해申不害(?~기원전 337?)가 지은 법가의 사상서로 모두 6편이었다고 하나, 지금은 전하지 않는다. 신불해는 본래 정나라의 하급 관료였으나 한나라 소후昭侯의 재상이 되어 부국강병을 꾀했다. 그는 도가 사상을 바탕으로 법과 형법으로 나라를 다스리자는 형명학刑名學을 주장했다.

러므로 이단의 학문이 그를 어지럽힐 수 없었다. 그러므로 요령 있게 골라낼 수 있는 것이 우리의 도를 밝히는 방법일 뿐이다.

讀經而已, 則不足以知經. 故某自百家諸子之書, 至於『難經』『素問』『本草』·諸小說, 無所不讀; 農夫女工, 無所不問; 然後於經爲能知其大體而無疑. 蓋後世學者, 與先王之時異矣; 不如是, 不足以盡聖人故也. 揚雄雖爲不好非聖人之書, 然於『墨』『晏』『鄒』『莊』『申』『韓』亦何所不讀; 彼致其知而後讀以有所去取, 故異學不能亂. 故能有所去取者, 所以明吾道而已. 『답증자고서答曾子固書』

88

진열
陳烈

진렬陳烈(1012~1087)은 송나라 인종仁宗 때의 은사隱士로서 계보선생季甫先生이라고 불렸다. 진양陳襄·주희맹周希孟·정목鄭穆과 함께 해빈사선생海濱四先生. 구양수의 추천으로 국자직강國子直講이 되었으나 나가지 않았고 복주교수福州教授가 되었으나 녹을 받지 않았으며, 집안에 남은 곡식으로 가난한 사람을 구제했다.

예전에 진렬 선생이 기억력이 없음을 괴로워하다가, 하루는 『맹자』의 "학문의 도는 다른 것이 없고 그 흐트러진 마음을 다잡는 것일 뿐이다"라는 구절을 읽고 문득 깨달아서 말했다.

"내 마음을 다잡은 적이 없는데 어떻게 책을 기억할 수 있겠는가?"

마침내 문을 닫고 고요히 앉아서 100여 일 동안 책을 읽지 않고 흐트러진 마음을 다잡았다. 다시 독서하자 마침내 한 번 보면 잊어버리는 일이 없었다.

昔陳烈先生苦無記性; 一日讀『孟子』"學問之道無他, 求其放心而已矣!", 忽悟曰: "我心不曾收得, 如何記得書?" 遂閉門靜坐, 不讀書百餘日, 以收放心. 却去讀書, 遂一覽無遺. 『주자어류朱子語類』

89

이잠
李潛

이잠李潛은 송나라 때의 학자로 이학理學과 시문으로 명성이 있었다. 그의 자제들이 당시 개봉부에 호적을 올려 과거에 응시하려 하자, 이건행이 "건주 사람으로서 개봉부의 호적에 올리면, 임금 섬기기를 구하고자 하면서 임금을 속이는 것이다"라고 하며 자제들을 말린 일화가 있다.

1. 성인을 배우려는 자는 경서에 뜻을 두는 것에서 시작해야 한다. 마음에 이미 주로 삼는 것이 있으면 여러 책을 섞어 배우더라도 네모난 것과 둥근 것, 가벼운 것과 무거운 것이 모두 그림쇠·곱자·저울에 의해 바르게 되는 것과 같아진다.
學聖人者, 但自用意經書中. 心旣有所主, 則散學諸書, 方圓輕重皆爲規矩權衡所正.『송원학안』

2. 독서할 때 다른 사람의 해석을 보지 마라. 성인의 말을 보면 깨닫기 쉽지만, 다른 사람의 해석을 보면 더욱 미혹된다.
讀書不要看別人解; 看聖人之言易曉, 看別人解則愈惑.『송원학안』

90

손각
孫覺

손각孫覺은 자가 신로莘老이고 고우高郵 사람이다. 저서로 『역전易傳』『춘추전春秋傳』이 있다.

손신로孫莘老(손각)는 독서를 좋아했다. 만년에 눈병이 나자 병사 중에 글자를 깨우쳐 글을 조금 이해하는 두 사람을 골라 구두句讀한 책을 주었다. 그러고 나서 항상 눈을 감고 단정하게 앉아서 두 사람에게 곁에서 거듭 글을 읽도록 했다. 한 사람이 읽기를 마치면 다른 사람으로 바꾸고 술 한 잔을 마시고 물러나게 하니 병졸도 또한 스스로 즐거워했다. 노년의 독서법으로 삼을 만하다.

孫莘老喜讀書. 晩年病目, 乃擇卒伍中識字稍解者二人, 授以句讀; 每瞑目危坐, 命二人更讀於旁, 終一, 則易一人, 飮之酒一杯使退, 卒亦自喜. 可爲老年讀書法. 『취옹매어醉翁寐語』

91

서적
徐積

서적徐積(1028~1103)은 북송의 학자로 호원胡瑗에게 배웠다. 이백의 시를 좋아했고, 효성으로 이름이 났다. 『시경』과 『춘추』 『예기』를 고증하고 주석했으며, 천도와 인도의 합일을 주장했다. 『문집文集』과 『어록語錄』[44]이 있다.

절효선생 서적徐積은 『사기』 「화식열전」을 읽다가 "남들이 버릴 때 나는 사들이고, 다른 사람이 살 때 나는 내다 판다"는 부분을 보고, 드디어 작문하는 법을 깨달았다.[45]
節孝先生徐積因讀『史記』「貨殖列傳」, 見"人棄我取, 人取我與", 遂悟作文之法. 『독서법휘讀書法彙』「인유원덕어引喩元德語」

44 문집文集』과 『어록語錄』: 문집의 제목은 『절효집節孝集』으로, 경정景定 갑자년(1264)에 옹몽정翁蒙正이 합편合編하여 간행했으며 명나라 가정 연간(1522~1566)에 회안병비부사淮安兵備副使 유우劉祐가 다시 옹몽정의 판본에 근거하여 중간重刊한 것을 저본으로 하여 『사고전서 집부 별집류』에 부록『사실事實』 1권과 함께 수록되어 있다. 『어록語錄』은 문하생 강단례江端禮(1060~1097)가 기록한 것으로 1권이며, 『사고전서 자부 유가류』에 『절효어록節孝語錄』이라는 제목으로 수록되어 있다.

45 절효선생 (…) 깨달았다: 『절효어록節孝語錄』에는 "공이 말하길 '내가 어렸을 때 『사기』 「화식전貨殖傳」을 읽다가, 이른바 '다른 사람이 버릴 때 나는 사들이고, 다른 사람이 사들일 때 나는 내다판다'는 부분을 보고, 드디어 공부하는 법을 깨달았다. 배울 때는 다른 사람이 알 수 없는 것을 알 수 있어야 하고, 문장을 지을 때는 다른 사람이 쓸 수 없는 것을 쓸 수 있어야 좋게 된다. 다른 사람이 모두 아는 일은 간략하게 할 만하다'公曰: '某少讀『貨殖傳』, 見所謂'人弃我取, 人取我與', 遂悟爲學法. 蓋學能知人所不能知, 爲文能用人所不能用, 斯爲善矣. 人所共知事, 可略也'"라고 되어 있다.

92

소송
蘇頌

소송蘇頌(1020~1101)은 북송의 관리이자 학자로 철종 때 재상이 되었으며, 수학·천문학·지리학·동식물학 등 다양한 방면에 뛰어났다. 그의 선조는 당나라 말기에 왕조王潮를 따라 민閩으로 들어가서 명문세가가 되었다. 의약학과 천문학 방면에 지대한 공헌을 했다. 저서로 『도경본초圖經本草』『신의상법요新儀象法要』가 있다.

배우지 않으면 어떻게 바로 자기의 주장을 세울 수 있으며, 책을 읽지 않으면 어떻게 익힐 수 있겠는가? 끝까지 게을리 하지 않는다면 성현의 경지에 이를 수 있다.

非學何立? 非書何習? 終以不倦, 聖賢可及. 『곤학기문』

93

정호
程顥

정호程顥(1032~1085)는 북송 중기의 유학자. 호가 명도明道이며, 동생 정이와 함께 이정二程이라 불린다. 이들은 주염계에게 오랫동안 배웠으며, 이른바 '낙학洛學'이라 불리는 새로운 학파를 창시하여 훗날 주희가 성리학을 집대성하는 데 중요한 토대를 제공했다. 제자諸子·노장·불교도 공부했으나, 결국 유학으로 복귀하여 다양한 자연현상을 질서 지우는 우주의 근본원리를 '이理'라 부르고, 사람은 이를 직관적으로 파악해서 순응해야 한다는 '이기일원론理氣一元論' '성즉이性則理' 학설을 주장했다. 아우 정이程頤가 지은 저서와 합쳐 간행하여 『이정전서二程全書』[46]를 남겼다.

1. 배울 때는 철저하게 연구하고 심오한 경지에 이르게 하며 자신에게 익숙하게 해야 한다.
學只要鞭辟近裏著己而已. 『어록語錄』

2. 배우는 자는 이 마음을 신중하게 유지해야지 급하게 서둘러서는

46 『이정전서二程全書』: 송나라의 성리학자 정호와 정이 형제의 문집을 모은 책. 주희가 집록, 선별, 편차 작업을 해두었던 것을 1606년 명나라 학자 서필달徐必達이 교정하여 간행했다. 『주자대전』과 함께 유학자들이 반드시 읽었던 책이다.

안 되고, 깊고 두텁게 길러 그 사이에서 충분히 젖어 들게 한 이후에 스스로 얻을 수 있다. 그저 급하게 서둘러 구하려 하면 결국엔 사사로운 욕심일 뿐이어서, 끝내 도에 이를 수 없다.

學者須敬守此心, 不可急迫; 當栽培深厚, 涵泳於其間, 然後可以自得. 但急迫求之, 終是私己, 終不足以達道.『어록』

3. 사람의 학문이 부진한 것은, 과감하지 않기 때문이다.

人之學不進, 只是不勇.『어록』

4. 성정이 고요한 사람이 학문을 할 수 있다.

性靜者可以爲學.『어록』

5. 세상에는 독서와 글쓰기를 기예로 여기는 자가 있다. 글쓰기를 기예라고 하는 것은 괜찮지만, 독서를 기예라 한다면 책에서 얻는 것이 얕을 것이다.

世有以讀書爲文爲藝者, 曰爲文謂之藝, 猶可也; 讀書謂之藝, 則求諸書者淺矣.『어록』

6. 마음에 간직한 것이 간단명료하지 않으면, 물이 범람하는 것과 같아 쓸 데가 없을 것이다.

所守不約, 汎濫無功.『어록』

7. 명도 선생(정호)은 시에 대해 잘 말씀하셨지만, 절대로 장구를

해석한 적은 없었다. 다만 여유롭고 조용하게 음미하고 가락에 따라 읊조려 사람들이 깨칠 수 있도록 했다.
明道先生善言詩, 他又渾不曾章解句釋, 但優游玩味, 吟哦上下, 便使人有得處. 『상채어록上蔡語錄』[47]

47 『상채어록上蔡語錄』: 송나라 학자 사양좌謝良佐의 말을 기록한 것을 주자가 산정刪定한 것으로, 송대의 신유학 형성에 큰 영향을 끼쳤다. 사양좌는 자가 현도顯道이고, 상채 사람이다. 정호와 정이의 4대 제자 중 한 명으로 북송오자로 일컬어지는 주희 이전 학자들과 남송의 주희를 잇는 연결 고리라는 사상사적 위치에 있다.

94

정이
程頤

정이程頤(1033~1107)는 북송 중기의 유학자로 호가 이천伊川이며, 형 정호와 함께 주염계에게 배웠고, 형과 함께 '이정'이라 불리며 정주학의 창시자가 되었다. 그는 형과 달리 사물을 분석적으로 탐구, 다른 학자들처럼 질료質料로서의 기氣를 인정할 뿐 아니라, 한걸음 더 나가 형상形相으로서의 이理를 내세워 이기理氣의 철학으로 발전시킨데 큰 공적을 쌓았다. 또 이理를 우주의 근원이라 하고 여기에 절대선을 부여함으로써 인간성을 이理로 보는 새로운 성선설의 싹을 보였다. 저서로 『역전易傳』[48]과 문집 등이 있다.

1. 마음을 함양하려면 반드시 삼가는 공부(敬)에 힘써야 하고, 학문을 진작하는 것은 지식을 깊이 연구하는 데 달려 있다.
涵養須用敬, 進學則在致知. 『어록語錄』

48 『역전易傳』: 정이가 지은 주역 해석서. 상경·하경·단전彖傳·상전象傳 및 문언편文言篇을 해석했고, 계사繫辭·설괘說卦·잡괘雜卦의 제전諸傳에는 주가 없다. 총 4권으로『이천역전伊川易傳』이라고도 하며, 송대 역학의 정통을 확보하고 있다. 서문에 원부元符 2년 정월이라고 기록되어 있어서 1099년에 완성된 것이라고 짐작된다. 그러나 제자인 양시楊時(1053~1135)에 따르면 미완성인 채로 문인에게 보인 것이며 얼마 후 산일된 것을 구산이 수집하여 교합했다고 한다. 역의 도리는 지극히 미묘하고 역이 나타내는 상象도 지극히 분명하나, 체용體用은 일원一源하며 현미顯微는 무간無間한 것이라고 설명했다.

2. 사람의 생각은 솟아나는 샘과 같아서, 길어내면 더욱 새로워진다.
人思如湧泉, 汲之愈新. 『어록』

3. 배우는 자는 먼저 의심할 줄 알아야 한다.
學者先要會疑. 『어록』

4. 옛날에 배우는 자는 넉넉히 탐구하고 깊이 깨달아서 선후와 차례가 있었지만, 지금 배우는 자는 도리어 한바탕 의론만 일삼으며 고원한 것에만 힘쓸 뿐이다.
古之學者優柔厭飫, 有先後次第; 今之學者, 却做一場說話, 務高而已. 『어록』

5. 이치를 깊이 연구하는 것(窮理)에도 여러 가지 방법이 있다. 독서를 통해서 의리를 풀이해서 밝히고, 과거와 현재의 인물을 논평해서 그 옳음과 그름을 분별하며, 일과 사물을 직접 체험하여 그것을 합당하게 처리하는 것이, 모두 이치를 깊이 연구하는 방법이다. 어떤 이가 물었다.

"격물格物은 사물마다 그 이치를 깊이 연구하는 것입니까? 아니면 한 가지 사물의 이치를 깊이 연구함으로써 만물의 이치를 모두 알게 되는 것입니까?"

"어떻게 곧바로 널리 통달할 수 있겠는가? 단지 한 가지 사물의 이치를 깊이 연구하는 것만으로 여러 이치에 통달한다는 것은, 비록 안자顔子라도 이같이 할 수 있다고 말할 수 없다. 오늘 한 가지 사물의 이치를 깊이 연구하고, 다음 날 또 한 가지 사물의 이치를 깊이 연구해서 오래도록 익힌 것이 많아진 후에 환하게 통달하는 지점이 있을 것이다."

窮理亦有多端, 或讀書講明義理; 或論古今人物, 別其是非; 或應接事物, 而處其當然; 皆窮理也. 或問: "格物, 須物物格之, 還是格一物而萬物皆知?" 曰: "怎生便會該通? 若只格一物, 便通衆理, 雖顔子亦不能如此道. 須是今日格一件, 明日格一件, 積習旣多, 然後脫然有貫通處." 『어록』

6. 어떤 이가 물었다.

"어떻게 공부해야 스스로 터득했다고 말할 수 있습니까?"

"대체로 학문을 할 때 듣고 알게 된 것을 모두 터득했다고 할 수 없다. 터득이란 것은 반드시 묵묵히 속으로 깨달아 마음으로 통달하는 것이다."

或問: "如何學可謂之自[49]得?" 曰: "大凡學問, 聞之知之者皆不爲得; 得者, 須默識心通." 『어록』

7. 스스로 터득한 자는 간직하는 것이 견고하고, 자신 있는 자는 행동할 때 의심하지 않는다.

自得者所守固, 而自信者所行不疑. 『어록』

8. 배움에는 '자득自得'보다 귀한 것이 없다. 자득한다는 것은 외부에 달려 있는 것이 아니기 때문에 '스스로 터득한다'라고 말하는 것이다.

學莫貴於自得; 非在外也, 故曰自得. 『어록』

49 自: 『이정유서二程遺書』에는 '有'자로 되어 있다.

9. 나태한 마음이 한번 생기면, 곧 자신을 해치고 자신을 버리게 된다.

懈心一生, 便自暴自棄.『어록』

10. 배우는 사람 가운데 글의 뜻에 얽매이지 않는 자는 그 글의 뜻을 완전히 저버려 도리어 멀어지게 되고, 글의 뜻만을 이해하려는 자는 글의 뜻에만 얽매여 통하지 않게 된다. 예컨대 자탁유자子濯孺子가 장군이 되었을 때의 일에서, 맹자는 단지 그가 스승을 배반하지 않은 뜻만 취했을 뿐인데, 사람들은 이에 앞서 임금을 섬기는 도리가 어떠해야 하는지에 대해 이해하려고 한다.[50] 또 만장萬章이, 순舜이 창고를 고치고 우물을 팠던 일에 대해 질문했을 때 맹자는 단지 중요한 뜻만 가지고 그에게 대답했을 뿐인데, 사람들은 우물을 파다가 어떻게 나왔는지, 창고 지붕을 고치다 어떻게 내려올 수 있었는지에 대해 이해하려고 한다.[51] 이러한 공부는 헛되이 마음과 체력을 낭비하는 것이다.

學者不泥文義者, 又全背却遠去; 理會文義者, 又滯泥不通. 如子濯孺子爲將之事, 孟子只取其不背師之意; 人須就上面理會事君之道如何也. 又如萬章問舜完廩浚井事, 孟子只答他大意; 人須要理會浚井如何出得來, 完廩又怎生下得來. 若此之學, 徒費心力!『어록』

50 자탁유자子濯孺子가 (…) 한다:『맹자』「이루 하離婁下」에 나오는 고사. 정나라 자탁유자가 위나라를 침범했다가 패하여 쫓기게 되었다. 이때 자탁유자는 병이 들어 활을 들 수 없었는데, 자신을 쫓는 자가 유공사庾公斯라는 것을 알고 살았다고 생각했다. 그 이유는 유공사의 스승이, 곧 자신의 제자인 윤공타尹公他이고, 윤공타가 바른 사람이기 때문에 제자로 받아들인 유공사도 바른 사람일 것이라는 추측에서였다. 과연 유공사는 화살촉을 제거하고 활을 쏜 후에 돌아갔다. 그러나 사적인 사제의 일로 공적인 임금의 명령을 어겼다는 비판이 생겼다.

51 만장萬章이 (…) 한다:『맹자』「만장萬章」에 나오는 고사다. 순의 아버지와 계모는 항상 순을 죽이려고 했다. 그래서 창고를 수리하게 한 다음 사다리를 없애고 창고에 불을 지르고, 우물을 파게 하고 덮어버렸으나, 모두 기지를 발휘하여 살아날 수 있었다.

11. 깊이 생각하지 않으면 도에 나아갈 수 없다. 깊이 생각하지 않고 이해하는 것은 쉽게 잃어버릴 수 있다. 그러나 배우는 자가 아무런 생각이나 고려 없이도 이해하는 경우가 있는데, 어째서인가? 아무런 생각이나 고려 없이도 이해하는 것은, 곧 깊이 생각하여 그것을 이해했기 때문이다. 아무런 생각이나 고려 없는 것을 '생각하지 않아도 저절로 터득되는 것'이라고 여기는 자는 아직까지 없었다.
不深思則不能造於道; 不深思而得者, 其得易失. 然學者有無思無慮而得者, 何也? 以無思無慮[52]而得者, 乃所以深思而得之也. 以無思無慮爲不思而自以爲得者[53], 未之有也. 『어록』

12. 배우는 자는 당면한 세상의 일을 두루 알고 있지 않으면 안 된다. 천하의 일은 비유하자면 한 집안의 일과 같으니, 내가 하지 않으면 다른 이가 하고 갑이 하지 않으면 을이 한다.
學者不可不通世務. 天下事譬如一家, 非我爲, 則彼爲; 非甲爲, 則乙爲. 『어록』

13. 지금 사람들은 제대로 독서할 줄 모른다. 예컨대 "『시경』의 시 300편을 외우더라도, 정사를 맡겼을 때 통달하지 못하고 사방에 사신으로 갔을 때 홀로 대응하지 못하면, 비록 많이 외운들 어디에 쓰겠는가?"[54]라고 말한 것과 같으니, 반드시 『시경』을 읽지 않았을 때는 정사에 통달하지 못하고 사신으로 가서 홀로 대응할 수 없다가, 『시경』을 읽고 난 뒤에는 곧 정사에 통달하고 사방에 사신으로 가서

52 無思無慮: 원서에는 '無慮無思'로 되어 있으나, 『이정유서』에 따라 바로잡는다.

53 以無思無慮爲不思而自以爲得者: 원서에는 "以無思無慮爲不思, 而自以爲得者"로 구두를 끊었으나 문맥에 따라 수정한다.

54 『시경』의 (…) 쓰겠는가: 『논어』 「자로」 편에 나오는 말이다.

홀로 대응할 수 있어야, 비로소『시경』을 읽은 것이다.

또 "사람이면서『주남』『소남』[55]을 배우지 않으면, 그것은 담장을 마주하고 서 있는 것과 같다"[56]라고 말한 것과 같으니,『시경』을 읽지 않았을 때는 담장을 마주하고 있는 것 같다가 읽은 뒤에는 담장을 마주하고 있는 것과 같지 않게 되어야 독서한 효험이 있는 것이다.

今人不會讀書. 如"誦『詩』三百, 授之以政, 不達; 使於四方, 不能專對, 雖多亦奚以爲!" 須是未讀『詩』時, 不達於政, 不能專對, 旣讀『詩』後, 便達於政, 能專對四方, 始是讀『詩[57]』. "人而不爲『周南』『召南』, 其猶正牆面而立." 須是未讀『詩』時, 如面牆, 到[58]讀了後便不面牆, 方是有驗.『근사록近思錄』[59]

55 『주남』『소남』:『시경』의 편차인 풍國·아雅·송頌 가운데 풍의 앞부분에 자리한 편명으로, 여기서는『시경』을 가리킨다.

56 담장을 (…) 같다: 이 말은 아주 가까운 곳에 있어서 하나의 물건도 볼 수 없고, 한 걸음도 나아갈 수 없다는 뜻으로 사용된 비유다.『논어』「양화」편에 나온다.

57 詩: 원서에는 '書'로 되어 있으나,『근사록近思錄』에 따라 바로잡는다.

58 未讀『詩』時, 如面牆, 到: 원서에는 빠져 있다.『근사록』에 따라 보충한다.

59 『근사록近思錄』: 송나라 때 신유학의 생활 및 학문 지침서. 1175년 주희와 여조겸이 주돈이·정호·정이·장재 네 학자의 글에서 학문의 중심 문제들과 일상생활에 요긴한 부분들을 뽑아 편집했다. 제목의 '근사'는 논어의 "널리 배우고 뜻을 돈독히 하며, 절실하게 묻고 가까이 생각하면切問而近思 인仁은 그 가운데 있다"는 구절에서 따온 것이다. 622조의 항목이 14권으로 분류되었는데, 각 권의 편명은 후대 학자들이 붙인 것이 굳어진 것으로서, 도체道體·위학爲學·치지致知·존양存養·극기克己·가도家道·출처出處·치체治體·치법治法·정사政事·교학敎學·경계警戒·변이단辨異端·관성현觀聖賢으로 구성되어 있다.

95

포종맹
蒲宗孟

포종맹蒲宗孟(1028~1093)은 북송의 관리로 소식 등과 친하게 지냈다. 신종 때 집현전교리集賢殿校理로 있으면서 간신인 여혜경呂惠卿을 도와 수실법手實法을 만들고 한림학사에 발탁되어 상서우승尙書右丞에 올랐다. 황제가 인재가 없다고 한탄할 때 "조정의 인재가 절반은 사마광의 간사한 말에 속아 넘어갔습니다"라고 해 지방관으로 좌천됐다.

날이 차도 옷을 입지 않을 수 있었고 굶주려도 먹지 않을 수 있었지만, 책에 이르러서는 하루라도 잊어버릴 수가 없었다.
寒可無衣, 饑可無食, 至於書不可一日失!『곤학기문』

96

소식
蘇軾

소식蘇軾(1036~1101)은 북송의 문인으로 자가 자첨子瞻, 호가 동파東坡다. 아버지 소순蘇洵, 동생 소철蘇轍과 함께 3소三蘇라 불리며, 당송팔대가 중 한 사람이다. 구법파舊法派의 중심인물로 활약했으며, 특히 구양수와 비교된다. 「적벽부赤壁賦」를 비롯한 시·사詞·고문古文 등에 능하며 서화書畫도 유명했다. 그의 시는 청신웅방淸新雄放하고 제재가 광범위하여 의론을 중시하고 수사를 잘하여 당시 시단에서 제자인 황정견黃庭堅과 함께 '소황蘇黃'이라 불릴 만큼 영향력이 있었다. 산문은 형식주의의 서곤체西崑體를 반대했으며 자연스러운 가운데 호방함을 드러내는 문장을 주장하여 북송의 시문혁신운동을 집대성했다.

1. 상아·물소 뿔·진주·옥·기이하고 진귀한 물건은 사람의 귀와 눈에 기쁨을 주지만 사용하기에는 적절하지 않다. 쇠·돌·풀·나무·실·삼베·오곡·여섯 가지 재료[60]는 사용하기에는 적절하지만 그것을 사용하면 해지고 그것을 채취하면 고갈된다.

사람의 귀와 눈에 기쁨을 주면서 사용하기에 적절하며, 그것을 사용해도 해지지 않고 그것을 채취해도 고갈되지 않으며, 현명한 사람과 못난 사람이 얻는 것이 각각 그 재능에서 비롯되고, 어진 사람

60 다섯 (…) 재료: 다섯 가지 곡식은 기장黍稷·조粟·벼稻·보리麥·콩菽을 말하며, 여섯 가지 재료는 기물을 만들 때 사용되는 흙土·쇠金·돌石·나무木·가죽皮·풀草을 가리킨다.

과 지혜로운 사람이 보는 것이 각각 그 분수에 따르며, 재능과 분수가 같지 않아도 구하여 얻지 못하는 것이 없는 것은, 오직 책뿐이다.
象·犀·珠·玉·怪珍之物, 有悅於人之耳目, 而不適於用. 金·石·草·木·絲·麻·五穀·六材, 有適於用, 而用之則弊, 取之則竭. 悅於人之耳目, 而適於用; 用之而不弊, 取之而不竭; 賢不肖之所得, 各因其才; 仁智之所見, 各隨其分; 才分不同, 而求無不獲者; 其惟書乎! 『이씨산방장서기李氏山房藏書記』

2. 옛날 서적은 싫증내지 말고 100번 읽어야 하니
 익숙하게 읽고 깊이 생각하면 절로 알게 되리라
舊書不厭百回讀, 熟讀深思子自知. 『송안형수재실해서귀送安惇秀才失解西歸』

3. 「아우 자유를 놀리다嘲子由」 시에서 말했다.

먼지 낀 책을 책상에 쌓아두고
좀벌레처럼 공부하지만
누가 알랴 성인의 뜻이
옛 책 속에 있지 않음을

嘲子由云: '堆几盡埃簡, 攻之如蠹蟲, 誰知聖人意, 不在古書中.' 『소동파집蘇東坡集』

4. 이방숙李方叔[61]이 말했다.

"소동파는 사람을 가르칠 때, 『전국책』을 읽도록 해서 이해利害에 대해 설명하는 법을 배우게 했고, 가의賈誼·조조晁錯[62]·조충국趙充

國[63]의 상소문을 읽도록 해서 일을 논하는 법을 배우게 했으며, 『장자』를 읽도록 해서 이성理性에 대해 논하는 것을 배우게 했다. 또 반드시 『논어』 『맹자』 『예기』 「단궁檀弓」[64]을 익숙하게 읽도록 해서 뜻과 취향이 바르고 합당하기를 바랐고, 한유韓愈와 유종원柳宗元의 글을 읽고 수 백편을 외우도록 해서 작문의 체제를 알게 했다.

李方叔云: "東坡教人讀『戰國策』, 學說利害; 讀賈誼·晁錯·趙充國章疏, 學論事; 讀『莊子』, 學論理性. 又須熟讀『論語』『孟子』『檀弓』, 要志趣正當; 讀韓·柳, 令記得數百篇, 要知作文體面. 『한창려집서설韓昌黎集序說』

5. 소동파가 왕랑王郎에게 준 편지에서, "어린 나이에 배우려는 사람은 항상 책 한 권을 갖고 여러 차례 그것을 읽어야 한다. 독서는 온갖 재화가 다 있는 바다에 들어가는 것과 같아서, 보통 사람의 정신과 힘으로는 모두 다 거둬들일 수 없으니, 다만 자신이 구하려고 하는 것만 얻을 뿐이다. 그러므로 배우기를 원하는 사람도 매번 한결같은 뜻으로 그것만을 구해야 한다. 만약 고금의 흥망치란興亡治亂[65]과

61 이방숙李方叔: 이치李廌(1059~1109)로 자가 방숙이다. 호가 제남선생齊南先生·태화일민太華逸民이다. 북송 화주華州 사람인 그는 소식의 제자로 6세에 아버지를 여의고 어린 나이에 문장을 가지고 소식을 알현했다가 매우 칭찬을 받았다.

62 조조晁錯(기원전 200~기원전 154): 한나라 초기의 정치가. 『사기』와 『한서』의 전傳에는 '鼂錯'로 되어 있다. 어렸을 때 장회張恢에게 신불해·상앙의 법가 학문을 배웠다. 한나라 문제 때, 태상장고太常掌故가 되었고, 일찍이 명을 받들어 옛 진秦나라 박사인 복생에게서 『상서』를 전수받은 적이 있어서, 후에 태자가령太子家令이 되었다. 한나라 경제 때 어사대부에 임명되어 『삭번책削藩策』을 제출해 한나라 초에 동성 유劉씨 왕이 중앙 조정에 할거하여 위협하던 국면을 변화시켰다.

63 조충국趙充國(기원전 137~기원전 52): 한나라 명신이자 명장. 자가 옹숙翁叔이며 농서군 상규上邽 사람이다. 용기와 지략이 뛰어나서 신작神爵 원년(기원전 61)에 선제宣帝가 그의 계책을 써서 강羌족의 반란을 평정하고 또 둔전屯田을 실행했다.

64 『예기』 「단궁檀弓」: 『예기』는 오경의 하나로 '예'에 대한 기록 또는 주석의 뜻을 담고 있다. 「단궁」은 통론通論에 해당하는 편으로 상례에 대한 규정과 각종 일화가 집중되어 있다.

65 흥망치란興亡治亂: 국가의 흥성·멸망·안정·변란 등과 관련된 각각의 정황을 말한다.

성현의 작용作用[66]에 대해 구하려고 한다면, 일단 이 뜻만 가지고 구해야지 다른 생각을 품어서는 안 된다. 또 다시 한 차례가 되어서, 사적事跡이나 문물文物과 같은 종류를 구하려고 한다면 또한 그렇게 해야 한다. 다른 모든 것이 이와 같다. 만약 배움이 완성되면 여러 방면에서 적을 맞이하더라도 두루 훑어보기를 좋아하는 자와는 서로 비교할 수 없다"라고 했다.

東坡與王郎書曰: "少年爲學者, 每一書皆作數次讀之. 當如入海百貨皆有; 凡人之精力不能兼收盡取, 但得其所欲求者耳. 故願學者每次作一意求之; 如欲求古今[67]興亡治亂·聖賢作用, 且只作此意求之, 勿生餘念; 又別作一次求事跡文物之類, 亦如之. 他皆倣此. 若學成, 八面受敵, 與慕涉獵者不可同日而語[68]. 『주자어류』「인구부시화引裘夫詩話」

6. 어떤 사람이 문충공 소식에게 물었다.

"공의 박학다식함을 배울 수 있습니까?"

"배울 수 있다. 내가 『한서』를 읽었을 때 여러 번 읽고 나서야 비로소 읽기를 마쳤다. 예컨대 치도治道[69], 인물, 지리, 관제官制, 병법兵法, 재화財貨 등과 같은 종류는 한 번 읽을 때마다 한 가지 일에 대해 널리 알려고 했더니, 여러 번 읽지 않아도 일마다 정밀하게 알게 되었다. 그런 후 다양하게 응용해서 서로 비교하고 종합하면,[70] 여러 방

66 작용作用: 행위나 사상이 후대에 미친 영향을 말한다.

67 今: 원서에는 '人'으로 되어 있으나, 『주자어류』에 따라 바로잡는다.

68 不可同日而語: 차이가 너무 커 함께 거론하거나 비교할 수 없다는 뜻. 『전국책』「조이趙二」 편에 나온다.

69 치도治道: 나라를 다스리는 방침이나 정책·조치 등의 방법을 말한다.

70 서로 비교하고 종합하면: 원문은 '삼오착종參伍錯綜'으로 이것저것 변화를 주어서, 서로 비교하고 총괄하여 살펴보는 것을 말한다. 『주역』「계사 상」의 "역상易象을 셋으로 세고 다섯으로 세어서 변화를 주고 그 수를 서로 비교하고 종합한다參伍以變, 錯綜其數"에서 유래한 말이다.

면으로 적을 맞이하더라도 세차게 적에게 반응해서 (적이) 막을 수 없을 것이다."

有人問蘇文忠公(軾)曰: "公之博洽可學乎?" 曰: "可, 吾讀『漢書』, 蓋數過而始盡之. 如治道·人物·地理·官制·兵法·貨財之類, 每一過博求一事, 不待數過而事事精覈矣. 參伍錯綜, 八面受敵, 沛然應之而莫禦焉." 『전거을기田居乙記』

7. 어떤 이가 소자첨蘇子瞻(소식)에게 독서의 방법을 묻자, 소식이 "부세제도와 병농兵農의 관계 및 여러 사물 등의 부류와 관계된 책을 읽을 때는, 항상 한 가지 일에서 하나씩 이해해야 종신토록 잊지 않을 수 있다"라고 했다. 여기서 소식이 기억력이 뛰어난 자가 아님을 알 수 있다. 내 관점으로 논의해보면, 장공長公(소식)이 말한 것은 진실로 독서의 핵심적인 방법이다. 다만 시간과 노력이 더 소모될 뿐이다. 소식이 한번은 어떤 후배에게 물었다.

"근래에 어떤 책을 읽느냐?"

그 사람이 대답했다.

"이러저러한 책(某書)을 읽습니다."

소식이 문득 물었다.

"그 가운데에 어떤 좋은 정자亭子가 있느냐?"

그 사람은 놀라 어찌할 줄 몰라 했다.

소식이 물은 것을 알지 못하겠지만, 곧 앞에서 말한 뜻이다.

或問蘇子瞻讀書之法, 蘇曰: "讀書如錢穀·兵農及諸事物之類, 每一事作一次理會, 可以終身不忘." 子瞻非強記者, 卽此可見. 以余論之, 長公所言, 實讀書要法. 第頗費工力耳. 子瞻嘗問一後進: "近讀何書?". 其人答: "讀某書." 子瞻輒問: "其中有某好亭子?" 其人愕然罔措. 不知

子瞻所問, 卽前意也. 『소실산방필총少室山房筆叢』[71] 권39

8. 소동파蘇東坡가 황주黃州로 좌천되었을 때, 하루 과제로 『한서』를 손수 베끼는 일을 했는데, 스스로 말하기를 "『한서』를 읽을 때 모두 세 번을 베껴 썼다. 처음에는 한 단락을 베껴 쓰면서 세 글자로 머리말에 적었고, 다음에는 두 글자로, 지금은 한 글자로 머리말에 적었다"라고 했다.

사농공司農公 주재상朱載上[72]이 소동파를 찾아뵙고 그 책을 보기를 청하자, 동파가 말했다.

"그대가 머리말 한 글자를 들어 시험해보시오."

주재상이 동파의 말대로 하자, 동파는 대답할 때마다 수백 마디의 말을 외웠지만 한 글자도 어긋나는 것이 없었다. 몇 번을 시험해 보아도 모두 그와 같았다.

주재상은 훗날 아들 주신중朱新仲[73]에게 이 얘기를 해주며 말했다.

"동파처럼 뛰어난 사람도 오히려 이와 같은데, 보통 사람의 자질로 어찌 부지런히 독서하지 않을 수 있겠느냐?"

주신중도 이것으로 그 아들 주로朱輅와 주숙양朱叔暘을 가르쳤다

71 『소실산방필총少室山房筆叢』: 명나라 호응린胡應麟이 평생에 걸쳐 고증한 잡설들을 모은 책이다. 정집 32권과 속집 16권으로 되어 있으며, 경적회통經籍會通(4권), 사서점필史書佔畢(6권), 구류서론九流緖論(3권), 사부정화四部正訛(3권), 삼분보유三墳補遺(2권), 이유철유二酉綴遺(3권), 화양박의華陽博議(2권), 장악위담莊嶽委譚(2권), 옥호하람玉壺遐覽(4권), 쌍수환초雙樹幻鈔(3권), 단연신록丹鉛新錄(8권), 예림학산藝林學山(8권)이다. 인용한 전적이 매우 광범위하지만 오류도 역시 많다.

72 주재상朱載上: 서주舒州 동성桐城 사람으로, 벼슬로 황주교수黃州教授를 지냈다.

73 주신중朱新仲: 본명은 주익朱翌(1097~1167)이다. 신중新仲은 그의 자다. 서주舒州 사람으로 호가 첨산거사灊山居士·성사노인省事老人이다. 『휘종실록』 편찬에 참여했으며, 진회秦檜의 편에 가담하지 않았다가 소주韶州에 유배간 이후 이학理學을 일으켰다. 『첨산문집灊山文集』 40권이 있었다고 하나 전하지 않는다.

고 한다.

東坡謫黃州, 日課手鈔『漢書』, 自言讀『漢書』凡三鈔: 初則一段事鈔, 三字爲題; 次則兩字; 今則一字. 朱司農載上謁坡, 乞觀其書, 坡云: "足下試擧題一字." 公如其言, 坡應聲輒誦數百言, 無一字差缺. 凡數挑皆然. 公他日以語其子新仲曰: "東坡尙如此, 中人之性, 豈可不勤讀書?" 新仲嘗以是誨其子輅·叔暘云. 『기구속문耆舊續聞』

9. 옛사람의 문장은 가볍고 쉽게 여겨서는 안 된다. 반복해서 익숙하게 읽고 특별히 신경 써서 깊이 생각해야 거의 그 문장을 바로 볼 수 있다. 소동파의 「낙방한 안돈을 전송하다送安惇落第」라는 시에서, "옛글은 싫증내지 않고 백 번 읽어야 하니 익숙하게 읽고 깊이 생각해야 절로 알게 되리라"라고 했는데, 나는 이 말을 좌석의 오른쪽에 새기고 예복의 띠에 써두었다. 동파가 해남海南의 담주儋州에 있을 때 바야흐로 유유주柳柳州[74]의 시를 몹시 칭송했는데, 훗날 어떤 사람이 죄를 얻어 해남에 이르렀다가 여자운黎子雲[75]의 뛰어난 재주를 보고 말하기를 "해남에는 절대로 볼 만한 책이 없는데, 마침 그 집에는 유종원의 글이 있었습니다"라고 했다. 그러자 동파는 날마다 오래도록 글을 깊이 음미했다. 아, 비록 동파가 책을 보더라도 또한 정성을 들여 깊이 연구해야만 곧 마음 쓴 곳을 볼 수 있었던가!

古人文章, 不可輕易, 反復熟讀, 加意思索, 庶幾其見之. 東坡『送安惇落第』詩云: "故書不厭百回讀, 熟讀深思子自知." 僕嘗以此語銘座右而書諸紳也. 東坡在海外[76], 方盛稱柳柳州詩, 後嘗有人得罪過海, 見

74 유유주柳柳州: 유종원柳宗元(773~819)을 가리킨다. 유주자사柳州刺史를 지냈기 때문에 '유유주柳柳州'로 일컬어진다.

75 여자운黎子雲: 해남海南 담주儋州 사람이다. 집은 가난했으나 학문을 좋아해 형제가 함께 독서했다. 송나라 소성紹聖 때 소동파가 담주儋州로 좌천되자 항상 왕래하며 시에 대해 토론했다.

76 해외海外: 여기서는 해남 담주를 말한다.

黎子雲秀才說“海外絕無書, 適渠家有柳文.” 東坡日久玩味. 嗟乎! 雖東坡觀書, 亦須着意研窮, 方見用心處耶? **『허언주시화許彦周詩話』**[77]

77 『허언주시화許彦周詩話』: 남송 때 허개許顗가 편찬한 시가평론서. 『언주시화彦周詩話』라고도 한다. 언주彦周는 허개의 자다.

97

소철
蘇轍

소철蘇轍(1039~1112)은 북송의 문인으로 호가 영빈穎濱, 난성欒城이다. 아버지 소순, 형 소식과 함께 3소라 불리며, 당송팔대가 중의 한 사람이다. 고문학자이면서도 불교의 영향이 농후한 작품들을 남겼으며, 시문 외에도 많은 고전의 주석서와 『난성집欒城集』[78] 『시전詩傳』 등의 저서가 있다.

1. 공(소철)이 말했다.

"책을 읽을 때 글 짓는 법을 배웠다면, 남은 일은 시인이 되는 것뿐이다."

公曰: "讀書須學爲文, 餘事作詩人耳." 『난성선생유언欒城先生遺言』

2. 공이 말했다.

"책을 백 번 읽으면 경서의 뜻이 저절로 보인다."

公曰: "讀書百遍, 經義自見." 『난성선생유언欒城先生遺言』

78 『난성집欒城集』: 소철의 시문집으로 모두 84권이다.

3. 원우元祐[79] 연간에 공(소철)이 소자용蘇子容과 유공보劉貢父[80]와 함께 성중省中에 있을 때, 두 사람이 각자 "저희는 어렸을 때 독서한 것을, 나이가 들면서 잊어버렸습니다"라고 말하자, 공도 역시 그러하다고 했다. 그러자 유공보가 말했다.

"그대가 글을 짓는 것을 보면, 기억력이 매우 좋으신 듯합니다."

공이 그렇지 않다고 사양했다. 두 사람이 모두 말했다.

"저희는 어렸을 때부터 서적들을 외워도 초절抄節[81]하는 것에서 벗어나지 못하지만 나중에는 거의 잊어버렸습니다. 그런데 그대 집안의 형제들을 보면 초절하지 않고도 글을 쓸 때 인용한 근거가 매우 정밀하고 자세하니, 진실로 기억력이 좋으십니다."

元祐間, 公(蘇轍)及蘇子容·劉貢父同在省中, 二人各云: "某輩少年所讀書, 老而遺忘," 公亦云然. 貢父云: "觀君爲文, 強記甚敏." 公辭焉. 二人皆曰: "某等自少記憶書籍, 不免抄節, 而後稍不忘; 觀君家昆仲, 未嘗抄節, 而下筆引據精切, 乃眞記得者也." 『난성선생유언欒城先生遺言』

4. 난성欒城(소철)이 말했다.

"책 보는 것은 약을 복용하는 것과 같아서 복용한 약이 많으면 힘이 저절로 생긴다."

欒城云: "看書如服藥, 藥多力自行." 『진계유독서십육관陳繼儒讀書十六觀』

79 원우元祐: 송나라 철종의 연호로, 1086년에서 1094년까지이다.

80 소자용蘇子容과 유공보劉貢父: 소자용蘇子容은 송나라 철종 때의 재상인 소송蘇頌이고, 유공보劉貢父는 송나라 때 사마광과 『자치통감』을 편찬한 유반劉攽이다.

81 초절抄節: 중요한 구절만 가려 뽑아서 베낀다는 뜻이다.

97

황정견
黃庭堅

황정견黃庭堅(1045~1105)은 북송의 문인으로 호가 산곡도인山谷道人, 부옹涪翁, 예장황선생豫章黃先生이다. 문장의 수사와 꾸밈을 추구하고 깊이에 힘을 쏟아 '강서시파'의 조종으로 추대받았다. 두보를 추앙했으며, 학문에 있어서는 과거의 문장이나 시구로 학문을 도야하되 얽매이지 말고 새롭게 거듭나야 한다는 점을 강조했다. 이어 시인은 예술적 기교의 속박을 벗어나 스스로 일가를 이루어야 한다고 했다. 산문도 잘 지었고 서법에도 능했는데, 해서, 행서, 초서 등 3체를 모두 잘 써서 '송사가宋四家'의 일원이 되었고 '시서쌍절'이란 평가를 얻었다. 장뢰, 조보지, 진관 등과 함께 '소문사학사'로 불린다. 『산곡집山谷集』[82]이 있다.

1. 대체로 배우는 자는 널리 배우는 것을 좋아하지만, 항상 정밀하지 못한 것이 문제다. 백 권의 책을 두루뭉술하게 읽는 것은 한 권의 책을 정밀하게 읽는 것만 못하다. 여력이 있은 이후에 여러 책을 보게 된다면 여러 편들을 섭렵해도 또한 그 정밀함을 얻을 수 있다. 무릇 나를 중심으로 책을 보면 곳곳에서 유익함을 얻겠지만, 책을 가지고 나를 넓히려고 하면 책을 손에서 놓는 순간 아득히 잊어버릴 것

82 『산곡집山谷集』: 황정견의 문집. 모두 70권이며,『내집』13권,『외집』14권,『별집』20권,『사詞』1권,『간척簡尺』2권,『연보』3권으로 되어 있다.

이다.

大率學者喜博而常病不精; 汎濫百書, 不若精于一也. 有餘力然後及諸書, 則涉獵諸篇亦得其精. 蓋以我觀書, 則處處得益; 以書博我, 則釋卷而茫然.「여이기중첩與李幾仲帖與李幾仲帖」

2. 책을 읽을 때는 정밀하게 보려고 해야지 널리 보려고 해서는 안 되며, 마음을 쓸 때는 온전하게 하려고 해야지 혼잡하려고 해서는 안 된다. 책을 읽을 때 널리 보는 것에 힘쓰면 항상 뜻을 다하지 못하게 되고, 마음을 쓸 때 온전하지 않으면 결국 완전한 공은 없게 된다. 경서를 공부하는 법은 그 문장을 음미하고 뜻과 이치를 토론하는 것이 전부는 아니다. 한 마디 한 구절이 모두 마음을 기르고 성정性情을 도야하며, 부모를 섬기고 정무政務에 종사하며, 친구와 사귀고 다른 사람을 대접하며, 유익한 것과 해로운 것· 근심스러운 것과 즐거운 것 등으로, 한결같이 책에서 그것을 살펴 본 이후에 옛사람의 남긴 유산을 맛보아서 그 맛을 알 수 있을 것이다.

讀書欲精不欲博, 用心欲純不欲雜. 讀書務博, 常不盡意; 用心不純, 訖無全功. 治經之法, 不獨玩其文章, 談說義理而已; 一言一句, 皆以養心治性, 事親從政, 取友接物, 得失憂樂, 一考之於書, 然後嘗古人之糟粕而知味矣.「서증한경수재書贈韓瓊秀才」

3. 독서법은 경서經書를 위주로 하는 것이 중요하다. 경서에 관한 학술이 심오하면, 역사서를 볼 때 사람의 현명함과 어리석음을 쉽게 알 수 있고 일이 생겼을 때 성패를 쉽게 밝힐 수 있다. 또한 책을 읽을 때 먼저 정밀하도록 힘을 써야지, 널리 읽는 것에 힘을 써서는 안 된다. 여력이 있어야만 곧 여러 책을 마음대로 볼 수 있다.

凡讀書法要以經爲主. 經術深邃, 則觀史易知人之賢不肖; 遇事得失,

易以明矣. 又讀書先務精而不務博; 有餘力乃能縱横. 『선정독서결先正讀書訣』[83]

4. 옛사람의 말에 "적을 상대할 때 목표를 하나로 하면 천 리 밖에 있는 적장敵將도 죽일 수 있다"[84]고 했으니, 반드시 마음에서 수고롭게 노력한 공을 거두어야 책을 읽어도 곧 맛이 있다. 그렇게 해야 책을 버리고 돌아다니며 휴식할 때도 책의 맛이 여전히 마음속에 남아 있게 되는데, 그것을 오래도록 하면 옛사람이 마음 쓴 곳을 볼 수 있다. 이와 같이 하면 한두 책에 마음을 다 써도 그 나머지는 대나무 몇 마디를 쪼개는 것과 같아서, 주요한 문제가 해결되면 그 나머지 문제도 모두 매우 쉽게 해결된다.
古人有言曰: "幷敵一向, 千里殺將." 要須心地收汗馬之功, 讀書乃有味. 棄書而游息時, 書味猶在心中, 久之乃見古人用心處. 如此, 則盡心于一兩書, 其餘如破竹數節, 皆迎刃而解也. 『선정독서결先正讀書訣』

83 『선정독서결先正讀書訣』: 청나라 때의 주영년이 편찬한 종교 철학류 저서다.
84 『손자병법』「구지九地」에 나오는 말이다.

99

진관
秦觀

진관秦觀(1049~1100)은 북송의 관리이자 문인으로 자가 태허太虛인데 후에 소유少游로 고쳤으며, 호가 한구거사邗溝居士, 회해선생淮海先生이다. 고문과 사에 능했는데, 특히 남녀 애정과 애달픈 신세를 한탄하는 서정적인 내용의 묘사에 뛰어나서 완약파 사인詞人의 대표적인 작가로 알려지게 되었다. 『송사』에는 진관이 "문장이 화려하면서도 세심하다"고 기록되어 있다. '소문사학사' 중 한 명이다. 『회해집淮海集』[85]이 있다.

나는 어릴 때는 책을 읽으면 한번 보아도 곧잘 외울 수 있고, 그것을 외워 적어도 그다지 틀리지 않았다. 그러나 이 재능만 믿고 자만해서 농담하며 음주하는 자를 따라다니며 놀기를 좋아하여 열흘 사이에 책을 잡은 날이 며칠 되지 않았다. 그 때문에 비록 뛰어난 기억력을 지녔지만, 항상 부지런하지 않음에서 무너졌다.

최근 몇 년 동안에 자못 마음을 다지고 노력하여 스스로 경계하고 다스리며 이전의 행동을 후회했지만, 총명함이 쇠퇴하여 거의 어릴 때의 십분의 일에도 미치지 못했다. 매번 하나의 일을 살펴볼 때 반드시 되풀이해서 따지며 끝까지 보았으나, 책을 덮으면 아득해져도 곧 다시 살펴보지 않았다. 비록 부지런히 애쓴 노력은 있었지만

85 『회해집淮海集』: 진관의 문집으로 모두 40권이다.

항상 잘 잊어버리는 것에서 무너졌다.

근래에 『제사齊史』(『북제서北齊書』)를 읽다가, 손건孫搴[86]이 형소邢邵에게 "나의 정예 기병 3000명은 그대의 허약한 병사 수만 명을 당해낼 수 있다我精騎三千, 足敵君羸卒數萬"고 대답한 글을 보고, 마음속으로 그 말을 좋게 여겼다. 이어서 경전經傳·제자백가서·역사서의 일 가운데 문장으로 쓸 만한 것을 취해 약간의 조목을 얻어서, 정리하여 약간의 책을 만들고 『정기집精騎集』[87]이라고 제목을 붙인다. 아! 어려서 부지런히 배우지 않으면 어찌할 수가 없구나! 어른이 되어서는 잘 잊어버리니, 이 책으로 채우기를 바란다.

予少時讀書, 一見輒能誦, 暗疏之亦不甚失; 然負此自放, 喜從滑稽飮酒者遊, 旬朔之間, 把卷無幾日. 故雖有強記之力, 而常廢於不勤. 比數年來頗發憤, 自懲艾, 悔前所爲, 而聰明衰耗, 殆不如曩時十一二. 每閱一事, 必尋繹數終, 掩卷茫然, 輒不復省. 雖有勤苦之勞, 而常廢於善忘. 比讀『齊史』, (卽『北齊書』) 見孫搴答邢邵云: "我精騎三千, 足敵君羸卒數萬." 心善其說, 因取經傳·子·史事之可爲文用者, 得若干條, 勒爲若干卷, 題曰『精騎集』云. 噫! 少而不勤, 則無如之何矣! 長而善忘, 庶幾以此補之! 「정기집서精騎集序」

86 손건孫搴: 북위 말에서 동위 때의 인물이다. 자가 언거彦擧이고 낙안樂安 사람이다. 집안이 미천해 일찍이 학문에 뜻을 두고 부지런히 배웠다. 형소邢邵가 학문이 얕고 행동이 경박하다며 다시 독서하기를 권하자 "나의 정예 3000 기병은 그대의 허약한 군사 수만을 대적할 수 있다"고 답했다.

87 『정기집精騎集』: 북송 사람 진관의 문집이다. 전형적인 시편유서時編類書로 세시 관련 내용을 주로 다루고 있다. 또한 시나 문장을 읽거나 지을 때 필요한 고실이나 성어들을 용이하게 검색할 수 있다.

100

황리
黃履

황리黃履(1030~1101)는 북송의 관리로 선인태후宣仁太后가 청정하던 시기에 유안세劉安世가 우정언右正言에 올라 장돈章惇의 죄상을 논핵했는데, "장돈은 채확蔡確, 황리黃履, 형서邢恕와 안팎으로 서로 결탁하여 스스로 사직신社稷臣이라고 칭하며 탐천貪天할 마음을 품었다"라고 하여 세상 사람들이 이 4인을 '사흉四凶'으로 지목한다고 하여 쫓겨났다.

황안중(황리黃履)이 바야흐로 독서에 매진할 때, 이른 아침에는 경서 가운데 항상 배운 것을 오백 번씩 읽었고, 식사 후에는 외울 만한 것을 백 번씩 읽었고, 밤에는 제자백가서 가운데 항상 배운 것을 삼백 번씩 읽었다. 항상 독서할 때는 단정하게 꼿꼿이 앉아 움직이지 않고 자구마다 분명하게 읽었다.

安中方精專讀書, 早晨經書每授五百遍, 飯後史書可誦者百遍, 夜讀子書每授三百遍. 每讀書危坐不動, 句句分明.『여씨동몽훈呂氏童蒙訓』

101

조효손
趙孝孫

자가 중수仲修다.

이언평李彦平[88]이 말했다.

"선화宣和[89] 경자庚子(1120)에 나는 벽옹辟雍[90]에 입학해서, 중수仲修 조효손趙孝孫과 숙사를 함께 사용했었다. 그는 이천伊川 선생의 뛰어난 제자이자 조안자趙顔子의 아들로서 나보다 열 살 연장자였다. 신축년(1121) 봄에 남궁南宮[91]에서 함께 시험을 봤는데, 중수는 뽑히고 나는 떨어졌다. 중수가 격려하며 말했다.

"공은 한창 젊은 나이이니 한 번 떨어진 것이 무슨 해가 되겠는가? 우선 돌아가서 책을 읽는 것이 좋겠네."

내가 좋지 않게 생각하자 조효손이 말했다.

"공은 『논어』를 읽지 않았는가?"

나는 곧바로 응답했다.

"삼척동자도 모두 이 책을 읽는데, 하필이면 제가 읽지 않았겠습

88 이언평李彦平: 송나라 때의 문인 이형李衡(1100~1178)을 이른다. 이형은 강도江都 사람으로 자가 언평彦平이며, 호가 낙암樂菴이다. 벼슬은 비각수찬秘閣修撰에 이르고 성의로 백성을 교화시켰다. 외척 장열張說이 절도사가 돼 병권을 장악하는 데 반대하다 비서각 수찬으로 밀려났다. 벼슬을 그만둔 뒤 곤산에 은거하여 경학 연구에 몰두했다. 1만여 권의 책을 수집한 장서가로 유명하다.

89 선화宣和: 송 휘종의 연호로 1119년에서 1125년까지다.

90 벽옹辟雍: 본래 서주西周의 천자가 귀족의 자제를 교육하기 위해 설립한 대학이었다. 전한 이후에도 역대로 존재했으며, 북송 때는 제사를 지내기도 했다.

91 남궁南宮: 황실이나 왕후 자제들이 공부하는 곳이다.

니까?"

조효손이 웃으며 말했다.

"공이 이미 이 책을 읽을 줄 안다면, 또한 『논어』「학이學而」 편의 '학이시습지學而時習之'[92]를 말할 터인데, 무엇을 가지고 배움(學)이라고 생각하는가?"

내가 멍하니 대답할 바를 몰라 하자, 중수가 천천히 말했다.

"배운다는 것은 단지 책 내용을 기억하고 의심나는 것을 묻고 문장을 외우고 뜻풀이하는 것을 말하는 것도 아니고, 글을 가다듬고 문장을 꾸미는 것을 말하는 것도 아니며, 성인聖人을 배우는 것이네. 성인을 배우려고 이미 마음먹었다면, 진실로 하다가 말다가 하는 일은 없어야 하네. 집을 드나들고 일어나 움직일 때도 배우고 음식을 먹고 유람할 때도 배우며, 질병으로 삶과 죽음의 기로에 설 때도 또한 배워야 하네. 사람은 모름지기 『논어』「이인里仁」 편의 '다급해져도 반드시 인에 처하고 곤경에 빠져도 반드시 인에 처한다造次必於是, 顚沛必於是'와 「위영공」 편의 '걸어다닐 때는 이 말(성인의 말)이 눈앞에 펼쳐져 있어 그것을 보는 듯이 하고, 수레를 탈 때는 수레 끌채 앞 횡목에 이 말이 가로로 씌어져 있어 그것을 보는 듯이 해라立則見其參於前, 在輿則見其倚於衡也'는 뜻을 깨달아야, 곧 성인을 배울 수 있다네."

나는 그 말을 듣고 문득 깨달은 바가 있어서 더 말해주기를 바랐다.

"학문을 하는 도에 대해 삼가 가르침을 듣고 싶습니다. 감히 묻겠습니다. 사업事業은 어찌해야 합니까?"

중수가 말했다.

"사업事業은 바로 학문을 하는 가운데 생겨나니, 다만 하나의 군을 진작시키는 것과 같아서 시행할 때 『논어』 가운데 세 구절을 이해하면 곧 그 활용이 무궁할 것이네."

92 학이시습지學而時習之: 『논어』「학이」 편의 첫 구절로, 배우고 때때로 익힌다는 뜻이다.

내가 말했다.

"그 내용을 듣고 싶습니다."

중수가 말했다.

"『논어』「학이」편의 '정사에 집중하되 백성에게 믿음을 주고, 씀씀이를 절약하되 사람을 사랑하며, 때맞게 백성을 부리는 것敬事而信, 節用而愛人, 使民以時'이 이것이네."

나는 그 말을 깊이 새겨서, 매일 다음과 같이 말했다.

"내가 평소 몸가짐이나 행동을 조심하고 조정에서 벼슬하며 군주를 섬기게 된 것은, 모두 조군의 말로 깨우칠 수 있었기 때문이다."

李彦平曰: "宣和庚子, 某入辟雍, 同舍趙孝孫仲修, 伊川先生高弟, 趙顔子之子也, 於某有十年之長. 辛丑春同試南宮, 仲修中選, 而某被黜. 仲修勉之曰: '公盛年一跌何傷, 姑歸讀書可也.' 某意不懌, 趙曰: '公頗讀『論語』否?' 卽應之曰: '三尺之童, 皆讀此, 何必某?' 仲修笑曰: '公旣知讀此, 且道「學而時習之」, 以何者爲學?' 某茫然不知所對, 仲修徐曰: '所謂學者, 非記問誦說之謂, 非絺章繪句之謂, 所以學聖人也. 旣欲學聖人, 自無作輟. 出入起居之時, 學也; 飮食遊觀之時, 學也; 疾病死生之時, 亦學也. 人須是識得「造次必於是, 顚沛必於是」·「立則見其參於前, 在輿則見其倚於衡也」, 方可以學聖人.' 某聞其言, 頓若有悟, 請益曰: '爲學之道, 敬聞命矣; 敢問事業何如?' 仲修曰: '事業正自爲學中來, 只如作一郡, 行得『論語』中三句, 便用之不盡.' 彦平曰: '願聞之!' 仲修曰: '敬事而信, 節用而愛人, 使民以時是也.' 彦平佩服其言, 每曰: '吾平生操心行己, 立朝事君, 皆趙君之言有以發之.'" 『초씨필승중수권독논어焦氏筆乘仲修勸讀論語』

102

유안세
劉安世

유안세劉安世(1048~1125)는 북송의 학자로 호가 원성선생元城先生, 시호가 충정忠定이다. 어려서 사마광을 스승으로 모셨다. 사마광이 재상이 되었을 때 천거를 받아 국사관에서 요직을 맡았다. 간의대부로서 사안을 변론할 때 강직해서 사람들이 "전상호殿上虎(궁전 위의 호랑이)"라고 불렀다. 저서로 『진언집盡言集』[93]이 있다.

선생〔유안세〕이 일찍이 소동파가 직접 한 말을 기억하며, 다음과 같이 말했다.

"소동파가 어릴 적에 그의 아버지·동생과 함께 정공鄭公[94]이 지은 『사북어록使北語錄』을 읽었는데, '부정공이 대요국大遼國[95]의 군주에게 설득하면서, "병력을 동원하여 전쟁을 하면 병사들이 죽임을 당해서 나라의 임금이 그 피해를 보게 되고, 벼슬과 포상을 날마다 더

93 『진언집盡言集』: 유안세의 문집으로 모두 13권이다.

94 정공鄭公: 부필富弼(1004~1083)을 가리킨다. 송나라 인종 때의 명신이다. 자가 언국彦國이다. 저서로 『부정공집富鄭公集』이 있다. 거란이 침입하자, 거란에 사신으로 가서 거란의 군주를 설득했다. 시호가 문충文忠이다.

95 대요국大遼國: 요遼(916~1125)를 가리킨다. 거란족 야율아보기耶律阿保機가 세워 몽골·만주·화북 지역의 일부를 지배했다. 처음에는 거란契丹이라고 했다 947년에 요遼로 고쳤으며, 983년에 다시 거란契丹이라 했다가 1066년 다시 요遼라고 고쳤다. 1125년에 금나라에 멸망당했다.

해주면 백성이 그 이로움을 받게 됩니다. 그러므로 북조北朝[96]의 신하 가운데, 병력을 사용하기를 권하는 자는, 곧 자신을 위해 계획하는 것이지 북조를 위해 계획하는 것이 아닙니다"라 하자, 요국의 임금이 이로움과 해로움이 어디에 있는지를 분명히 알게 되었으므로 병력을 사용하지 않았다'고 한 부분에서 이르러서, 세 사람 모두는 그 말에 탄식하며 명백하게 일의 핵심을 찔렀다고 여겼다. 이때 아버지 소순蘇洵이 두 아들에게, '옛사람 중에도 이러한 뜻을 가진 자가 있었느냐?'고 하자, 소동파가 '엄안嚴安[97]도 또한 이러한 뜻이 있었으나, 다만 이와 같이 분명하지는 않았습니다'라고 대답했고, 소순은 웃으며 그렇다고 여겼다."

선생이 다시 말씀하셨다.

"선배들이 독서할 때는 대부분 이와 같이 했다. 그러므로 학문學問이라고 했으니, 반드시 적용할 때 드러낼 수 있어야 귀하게 여길 만하다. 그렇지 않으면 쓸모없는 유학자일 따름이다. 한나라 무제武帝 때 엄안은 글을 올려 병력을 사용하는 것에 대해 간언했는데, 그 대략은 다음과 같다. '지금 남이南夷[98]를 호령하고 야랑夜郎[99]에게 조회朝會[100]받으며, 흉노匈奴를 깊이 침입하여 용성龍城[101]을 불태울 것을 의논하는 자들은 미화하지만, 이것은 신하를 이롭게 하는 것이지 천하를 위하는 좋은 계책은 아닙니다.' 정공의 말은 그 연원이 여기에

96 북조北朝: 보통 남북조 시대의 북위北魏·동위東魏·서위西魏·북제北齊·북주北周 따위가 북방에 세운 나라를 가리키나, 여기서는 중국 북방 민족이 세운 나라를 말한다.

97 엄안嚴安(기원전 156~기원전 87): 임치 사람이다. 오랑캐를 정복해 국경을 넓히는 일은 인신人臣의 이익은 될지언정 천하의 좋은 계책은 아니요, 변란을 부르는 단서가 된다는 상소를 올렸다.

98 남이南夷: 남만南蠻. 남쪽 지방에 사는 민족을 낮잡아 이르던 말이다.

99 야랑夜郎: 전국시대에 건국하여 한나라 성제成帝에 멸망해 대략 300년간 존속했다. 한나라 때 중국 서남 지역 국가 가운데 하나로서, 지금의 구이저우성 서쪽에 있던 부족이다.

100 조회朝會: 제후·신하 및 외국의 사신들이 조정에서 천자를 만나 보던 일을 말한다.

101 용성龍城: 흉노의 우두머리가 하늘에 제사를 지내던 곳이다.

서 나온 것이다."

先生〔卽安世〕嘗記東坡自言: "少時與其父竝弟同讀鄭公『使北語錄』, 至於'說大遼國主云: 「用兵則士士物故, 國君受其害; 爵賞日加, 人民受其利. 故凡北朝之臣, 勸用兵者, 乃自爲計, 非爲北朝之計也.」 遼主明知利害所在, 故不用兵.' 三人皆嘆其言, 以爲明白而切中事機. 時老蘇謂二子曰: '古人有此意否?' 東坡對曰: '嚴安亦有此意, 但不如此明白.' 老蘇笑以爲然." 先生又云: "前輩讀書, 例皆如此. 故謂之學問, 必見於用乃可貴. 不然, 卽腐儒耳. 武帝時, 嚴安上書諫用兵, 其略云: '今徇南夷, 朝夜郎, 深入匈奴, 燔其龍城, 議者美之; 此人臣之利, 非天下之長策也.' 鄭公之言, 其源出此." 『원성어록元城語錄』 하권

103

양시
楊時

양시楊時(1053~1135)는 북송의 학자로 자가 중립中立이고 호가 귀산龜山이며, 푸젠 장락將樂 귀산龜山 아래에 살아서, '양귀산楊龜山'으로 불렸다. 정이에게서 배웠으며 도학으로 명성이 높아 "남쪽에는 양중립이 있고 북쪽에는 여순도가 있다南有楊中立, 北有呂舜徒"고 했다. 저서로 『이정수언二程粹言』[102]과 『구산집龜山集』[103]이 있다.

1. 그 꽃술을 머금고 그 열매를 먹으며, 생각할 때 정밀하게 하고 하나의 도에 관통하라.
含其英, 茹其實; 精於思, 貫於一. 『서잠書箴』

2. 귀산龜山 양씨楊氏가 나중소羅仲素[104]에게 말했다.
"내가 일찍이 여러 구절로 학자에게 독서법을 가르치면서 '몸으로 체험하고 마음속으로 검증하며, 한가하고 고요하게 집중하는 가

102 『이정수언二程粹言』: 양시가 송나라의 정호와 정이의 원전을 바탕으로 주요한 부분을 모아 정리하여 10편으로 편집한 책이다.

103 『구산집龜山集』: 송대 양시의 문집으로 총 32권이다. 서발 1권, 어록 4권, 문답 2권, 변 2권, 서 7권, 잡저 1권, 기타 1권, 지명 9권, 시 5권으로 구성되어 있다.

104 나중소羅仲素: 나종언羅從彦(1072~1135)을 말한다. 중소仲素는 그의 자다. 호가 예장선생豫章先生이며, 양시·이통李侗·주희와 함께 '민학사현閩學四賢'으로 불린다. 성리학의 대가인 양시의 제자이며, 주희의 아버지인 주송朱松과 주희의 스승인 이통의 스승이다.

운데서 조용히 마음속으로 이해하고, 책에서 하는 말과 현상에서 드러나는 의미의 밖에서 초연하게 스스로 터득하라'라고 했는데, 이것은 나 스스로 이같이 했기 때문이다."

龜山楊氏語羅仲素曰: "某嘗有數句敎學者讀書之法云: '以身體之; 以心驗之, 從容默會於幽閒靜一之中; 超然自得於書言象意之表.' 蓋某所自爲者如此.『성리대전性理大典』

3. 양귀산楊龜山(양시)이 말했다.

"배우는 자는 의심하는 것이 있어야만 덕德을 증진시킬 수 있다. 그러나 힘을 쓰는 것이 깊어야만 의심할 수 있다. 지금의 선비는 독서로써 배운다고 여기면서, 스스로 의심할 만한 것이 없다고 여긴다. 이 때문에 그 배움이 상대보다 나아질 수 없다."

楊龜山曰: "學者須有所疑, 乃能進德; 然須用力深, 方有疑. 今世之士, 讀書爲學, 蓋自以爲無可疑者, 故其學莫能相尙."『인보류기人譜類記』

104

여희철
呂希哲

여희철呂希哲(1039~1116)은 북송의 학자로 호가 형양滎陽이다. 어려서 초천지焦千之·손복孫復·석개石介·호원胡瑗에게 학습했고, 또 정호·정이·장재를 좇아서 배웠다. 벼슬에 나가지는 않았다. 저서로 『여씨잡기呂氏雜記』[105]가 있다.

1. 형양공滎陽公 여희철呂希哲이 다음과 같이 말했다.

"어린 나이에 배울 때는 오직 책을 자세하게 보는 것이 가장 유익하다. 책을 자세히 보면 정밀하게 기억할 수 있고, 자세하게 이해할 수 있다."

滎陽公〔卽希哲〕嘗言: "少年爲學, 唯檢書最有益; 才檢便記得精, 便理會得子細." 『여씨동몽훈呂氏童蒙訓』[106]

105 『여씨잡기呂氏雜記』: 여희철의 저술로, 상하 2권이다. 송대 인종에서 휘종에 이르는 왕조의 사건이 많이 기록되어 있다. 지금 남아 있는 판본은 청대의 『영락대전』에서 뽑은 내용이다.

106 『여씨동몽훈呂氏童蒙訓』: 『동몽훈童蒙訓』으로 줄여 부른다. 모두 3권이며, 송대 여본중呂本中(1084~1145)이 편찬했다. 여본중은 증조부 여공저呂公著·조부 여희철·아버지 여호문呂好問을 위주로 하고, 그 조상의 장점을 기릴 수 있는 일과 관련된 인물의 사소한 사건과 언론을 두루 모아서 실었다. 조상을 빛내기 위해, 그 덕과 업적을 후세에 길이 전하고 후손을 격려하기 위한 책이다. 내용은 대체로 효도를 핵심으로 한 유가의 정통사상으로, 경전의 뜻에 근본을 둔 정론이나 격언이다. 역사서에 전해지지 않는 자료가 많이 실려 있어 연구할 만한 가치가 있다.

2. 또 일찍이 말했다.

"책을 읽고 비슷한 말을 종류별로 묶어서 한 곳에 모아두면, 우열과 시비를 알 수 있다."

又嘗言: "讀書編類語言相似者事做一處, 便見優劣是非『여씨동몽훈』

3. 영양공榮楊公은 배우는 사람에게 책 읽는 것을 가르칠 때, 반드시 글자마다 분명하게 읽게 하고, 구마다 가장 아래에 있는 한 글자는 더욱 소리를 크게 내어서 기억이 오래가게 했다.

榮陽公教學者讀書, 須要字字分明, 每句最下一字, 尤須聲重而記牢. 『여씨동몽훈』

105

왕빈
王蘋

왕빈王蘋(1082~1153)은 송나라 학자로 호가 진택震澤이며, 정이와 양시의 제자다. 정이의 이학을 계승했지만, 심학心學의 관점에서 해석하여 심학이 발전하는 데 중요한 역할을 했다. 저서로 『왕저작집王著作集』[107]이 있다.

왕신백王信伯이 말했다.

"책을 읽을 때는 의미를 깊이 음미해보아야 한다. 예를 들어 어떤 신기한 물건을 아침저녁으로 감상하며 소중히 여기면 반드시 저절로 알게 되는 것과 같으니, 급하게 여겨서는 안 된다."

王信伯云: 讀書須是玩味, 如一奇物, 朝夕玩愛, 必自知之, 不可迫切也. 여본중呂本中의 『사우잡지師友雜志』

107 『왕저작집王著作集』: 송대 왕빈王蘋의 문집이며 총 9권으로 구성되어 있다.

106

조열지
晁說之

조열지晁說之(1059~1129)는 송대 학자로 자가 이도以道, 백이伯以다. 사마광의 인품을 흠모하여, '경우생景迂生'으로 자호했다. 『역경』에 밝아서 주희의 『주역본의』의 저본이 되는 『고주역古周易』 8권과 『역관易觀』 1권, 『경씨역식京氏易式』 등을 지었다. 저서로 『논어강의論語講義』 『경우생집景迂生集』[108]이 있다.

널리 공부하되 분명하지 않은 것을 그냥 넘기는 것은, 옛 현인〔先哲〕을 업신여기는 것이고 후대의 학자〔後生〕를 속이는 것이다.

博學而不闕疑[109]; 則誣先哲而欺後生. 『송원학안宋元學案』

108 『경우생집景迂生集』: 「역원성기보易元星紀譜」와 「역규易規」가 전하는 조열지의 문집이다. 20권으로 구성되어 있다.

109 闕疑궐의: 『논어』 「위정」 편에 나오는 말이다. 말의 뜻이 분명하지 않아서 마음에 미심쩍은 것이 있으면 주관적인 추측을 하지 않고 판단을 보류하는 것을 의미한다.

107

진관
陳瓘

진관陳瓘(1057~1124)은 북송 사람으로 상수학에 밝았으며 학문이 높고 강직했다. 호가 요옹了翁, 화엄거사華嚴居士다. 진사 갑과에 올랐다. 간관이 되었을 때 채경蔡京을 써서는 안 된다고 극언했으므로 채경이 깊이 유감을 품어 누차 귀양을 갔었는데 사면을 받아 돌아오곤 했다. 시호가 충숙忠肅이며, 요재了齋 선생이라 칭했다. 저술로 『요옹역설了翁易說』 『존요집尊堯集』[110]이 있다.

1. 배움은 단지 글자를 읽고 외우거나 글을 짓고 엮는 것뿐만이 아니라, 자신의 흐트러진 마음〔放心〕을 구하려는 것이다. 그러므로 『주역周易』 대축大畜괘에서 "군자는 옛 성현의 말과 행실을 많이 알아서 자신의 덕을 쌓는다"라고 했다. 이른바 '안다識'는 것은 그 말이 옳은지 그른지를 알고, 그 행동이 그른지 올바른지를 아는 것이다. 이같이 하기 때문에 그 덕을 기를 수 있다.

學者非徒讀誦言語, 撰綴文字而已; 將以求吾之放心也. 故『大畜』之卦曰: "君子以多識前言往行, 以畜其德." 所謂識者, 識其是非也, 識其邪正也; 如是故能畜其德. 『송원학안』

110 『존요집尊堯集』: 진관이 지은 책. 철종의 사관이 왕안석의 『일록日錄』에 근거하여 『신종실록』을 개수한 것에 대해 그 무망誣妄을 깊이 밝혀 군신의 의리를 바루고 시비를 분변하기 위하여 저술했다고 한다. 그가 합포에 귀양 가서 지었기 때문에 『합포존요집合浦尊堯集』이라 한다.

2. 배우는 자가 독서할 때는 반드시 한 글자씩 분명하게 새겨야 한다.

學者讀書, 須要字字分明.『송원학안』

108

나종언
羅從彦

나종언羅從彦(1072~1135)은 송나라 학자로 호가 예장豫章이며, 양시의 문인이다. 양시는 이정의 문인으로 도를 나종언에게 전했고, 나종언은 이통에게 전했으며, 이통은 주희에게 전했다. 이 때문에 양시·이통·주희와 함께 민학 사현閩學四賢으로 불렸다. 『예장문집豫章文集』이 있다.

도道를 배울 때는 생각을 위주로 해야 한다. 맹자는 "마음이 맡은 일은 생각하는 것이다心之官則思"[111]라 했고, 『서경書經』에서는 "생각하면 지혜롭게 되고, 지혜로우면 통하지 않는 것이 없다思則睿, 睿作聖"[112]라고 하고, 또 "광인이라도 생각하면 성인이 될 수 있다惟狂克念作聖"[113]라고 했다. 불가佛家에서는 완전히 이와 반대로 한다.

學道以思爲主. 孟子曰: "心之官則思." 『書』曰: "思則睿, 睿作聖" "惟狂克念作聖." 佛家一切反是. 『송원학안』

111 마음이 (…) 것이다: 『맹자』「고자 상」에 나온다. 공도자가 군자가 되는 것에 대해 묻자 맹자가 답한 것으로, 큰 것, 즉 마음이 확고히 서면 그 작은 것, 귀나 눈은 마음을 빼앗지 못한다. 이 말은 주요한 사물을 먼저 세우고, 대국을 알며 전체를 파악하는 사상을 확립하면 판단력을 잃어 이욕利慾 등 유혹에 빠지지 않는다는 뜻을 내포하고 있다.

112 생각하면 (…) 없게 된다: 『서경』「홍범洪範」 편에 나온다. 경문에는 "思曰睿 (…) 睿作聖"으로 되어 있다. 『서경대전』에서는 이 구절을 "예睿는 은미한 것에 통하는 것이요 (…) 성聖은 통하지 않음이 없다는 것이다"라고 했다.

113 광인이라도 (…) 있다: 『서경』「군석君奭」에 나온다. 경문에는 "성인이라도 생각하지 않으면 광인이 되고, 광인이라도 생각하면 성인이 될 수 있다惟聖罔念, 作狂; 惟狂克念, 作聖"라고 했다.

109

여본중
呂本中

여본중呂本中(1084~1145)은 송나라 성리학자로 호가 자미紫微, 동래東萊다. 조정趙鼎과 서로 가까웠는데 진회의 미움을 사서 파직되었다. 도학자로서 '동래선생東萊先生'이라 불리며, 시를 잘 써 황정견과 진사도의 구법句法을 터득했다. 쇄소응대灑掃應對의 일이 훈고보다 우선한다며 하학상달의 학문을 강조했다. 또한 유학과 불교의 사상적 요지가 크게는 같다고 보았다. 송 휘종 때 강서 출신인 황정견을 시종詩宗으로 하고 이론을 계승한 25명의 시인을 모아 『강서시사종파도江西詩社宗派圖』를 짓기도 했다. 저서로 『동몽훈童蒙訓』『동래시집東萊詩集』[114] 등이 있다.

1. 일찍이 선배들은 "후배들 중에 남보다 재능이 뛰어난 자는 두려워할 필요가 없고, 오직 독서할 때 거듭해서 생각하며 이치를 연구하는 후배만이 두려워할 만하다"라고 했고, 또 "독서할 때는 다만 조용히 거듭해서 생각해야 한다. 무릇 의리義理의 심오함은 오직 거듭해서 생각하고 마음을 써서 연구해야 깨달을 수 있으니, 대충대충 하고 번거로움을 싫어하는 자는 결코 성공할 수 있는 이치가 없다"고 했다.

『논어』의 '온고이지신溫故而知新'에 대해서도, 선유先儒들은 '온溫

114 『동래시집東萊詩集』: 여본중의 문집으로 20권이다.

은 거듭하다(尋)의 의미이니, 그 뜻은 이전에 들은 것을 거듭해서 탐구하고 다시 새로운 것을 아는 것'이라 했고, '학이불사즉망學而不思則罔'의 뜻에 대해서도, 선유는 '배우고 그 뜻을 거듭 생각하지 않으면 까마득히 잊어서 얻는 것이 없다'고 했다. 이처럼 '거듭 탐구하고 거듭 생각하는 것尋繹尋思'에 대한 선유들의 해설에서도 얻는 것이 이미 많은데, 하물며 참으로 거듭 탐구하고 거듭 생각할 수 있는 자는 어떠하겠는가?

前輩嘗說: "後生才性過人者不足畏. 惟讀書尋思推究爲可畏耳." 又云"讀書只怕尋思, 蓋義理精深, 惟尋思用意爲可以得之; 鹵莽厭煩者, 決無有成之理." 『論語』'溫故而知新' 先儒以爲'溫, 尋也', 尋繹故者, 又知新者. '學而不思則罔', 先儒以爲學不尋思其義, 則罔然無所得. 尋繹尋思, 就先儒分上, 所得已多, 況眞能尋繹尋思者乎? 『자미잡설紫薇雜說』

2. 이군행李君行과 전명지田明之[115]는 모두 "독서할 때는 다른 사람이 해석한 것을 보려고 할 필요가 없다. 성인의 말씀은 이해하기 쉽지만 그 말을 해설한 것을 읽으면 더욱 헷갈릴 것이다"라고 했다. 그러나 전성백田誠伯[116]은 다음과 같이 말한다.

"그렇지 않다. 반드시 먼저 옛사람의 해석을 보아야 하니, 부질

115 전명지田明之: 송대 전술고田述古를 가리킨다. 명지明之는 그의 자다. 본래 안구安丘 사람이었으나 하남에 이주해 살았다. 안정安定에게서 배웠고 경서를 깊이 연구했다. 독서할 때 『주역』 『중용』 『논어』 『맹자』를 위주로 하고, 간간히 『노자』 『양자楊子』 등을 읽었으며, 거듭해서 익혀 깊은 뜻을 밝히려 했다. 저서로 『설역요說易要』가 있다.

116 전성백田誠伯: 송대 학자 전유田腴를 가리킨다. 성백誠伯은 그의 자다. 안구安丘 사람이며 장횡거에게 배웠고 건주虔州의 이잠李潛과 교유했다. 3년마다 경서 하나를 연구하여 학문에 두루 통해 견줄 자가 없었다. 숙부인 전술고田述古는 경서만 읽고 제자서나 역사서를 연구하지 않았으며, 성인의 말이 아니면 연구할 필요가 없다고 했으나, 그는 "널리 배우고 자세히 해설한 후에 돌이켜서 요점을 간략하게 설명할 수 있다고 했으니, 열람하지 않는 것은 널리 보고 자세히 해설하는 것을 말하는 것이 아니다博學詳說, 然後反約. 如不覽, 非博學詳說之謂也"라고 했다.

없이 고집부리지 말고 그중에서 좋은 설을 선별해서 따라야 한다. 만약 아무것도 보지 않는다면, 얼마나 공부를 해야 예전 유학자들이 책을 본 경지에 도달할 수 있는지 알 수 없다."

李君行·田明之俱說, 讀書須是不要看別人解者. 聖人之言易曉, 看解說則愈惑矣. 田誠伯說, 不然. 須是先看古人解; 但不當有所執, 擇其善者從之. 若都不看, 不知用多少工夫, 方可到先儒見處也. 『여씨동몽훈』

3. 전성백田誠伯이 다음과 같이 말했다.

"독서할 때는 아무개의 해설과 그렇게 해설을 하게 된 마음을 모두 벗겨낸 후에야 경전의 뜻을 깊이 연구할 수 있다."

田誠伯言, 讀書須是盡去某人說, 某人說之心, 然後經可窮矣. 『여씨동몽훈』

4. 글짓기는 억지로 할 수 없고, 일을 겪어야 지을 수 있는 것이다. 반드시 가득 채운 나머지에서 드러내고 흠뻑 젖은 후에 흘러야 최고점에 이를 수 있다. 이른바 '가득 채우고 흠뻑 젖는 것旣溢已足'은 반드시 학문이 해박該博한 가운데 오는 것이다.

作文不可強爲, 須遇事乃作. 須是發於旣溢之餘, 流於已足之後, 方是極頭. 所謂旣溢已足者, 必從學問該博中來也. 『기구속문耆舊續聞』[117]

117 『기구속문耆舊續聞』: 진곡陳鵠이 지었다. 변경고사汴京故事와 남쪽으로 천도한 후 사람들의 언행을 기록한 내용이 많다.

110

이청조
李淸照

이청조李淸照(1084~1156?)는 북송 말 남송 초 문학가. 18세인 1101년에 명망 있는 집안의 자제이자 금석문 연구가인 조명성[118]과 혼인했다. 남편과 사이가 좋았는데, 조명성이 벼슬길에 올라 지방관으로 부임하자 떨어져 지내게 되었고, 이때의 심경을 시로 남기며 본격적인 시작을 했으며, 사詞에 특히 능했다. 이청조는 실의에 빠진 남편을 도와 10년 넘도록 금석학 연구에 몰두했고, 그 결과 『금석록』을 완성했다. 1129년 남편과 사별한 이후의 행적은 확실하지 않다. 『이안거사문집易安居士文集』『이안사易安詞』 등 7권의 수필과 6권의 사집을 냈으나 전하지 않는다. 저서로 『수옥사漱玉詞』[119]가 있다.

나는 뜻밖에 좋은 기억력을 타고나서, 식사를 마치고 귀래당歸來堂에 앉아 차를 끓이면서 쌓아둔 경서와 역사책을 가리켜 어떤 사건이 어떤 책의 몇 권, 몇 항, 몇 번째 줄에 있는지 말하곤 했다. 그리고 맞는

118 조명성趙明誠(1081~1129): 밀주密州 제성諸城 사람. 금석학자. 자가 덕보德父다. 이청조의 남편이고, 승상 조정지趙挺之의 아들이다. 젊어 태학생이 되어 음보로 입사했다. 대관 2년(1108) 아내와 함께 청주 옛 집으로 돌아와 여러 해 은거했다. 아내와 함께 옛날의 도서와 비각碑刻, 자획字畫, 고기古器, 이명彝銘 등을 널리 수집했다. 저서로 『금석록金石錄』이 있다.

119 『수옥사漱玉詞』: 청나라 말에 후인들이 편집해 간행한 이청조의 작품집이다. 50여 수의 사詞 작품이 수록되어 있다.

지 여부로 승부를 다투는 방법으로 차 마시는 순서를 정했다. 맞히면 찻잔을 들고 크게 웃으며 마음껏 차를 마셨고, 맞히지 못하면 차를 마시지 못하고 자리에서 일어났다.

余性偶強記, 每飯罷, 坐歸來堂, 烹茶, 指堆積書史, 言某事在某書某卷第幾頁第幾行, 以中否角勝負爲飮茶先後. 中卽擧杯大笑, 至茶傾覆懷中, 反不得飮而起. 『금석록후서金石錄後序』

111

송 고종
高宗

고종高宗(1107~1187)은 송나라의 10번째 황제이자 남송 1대 황제(재위 1127~1162)로 초기에는 전란을 다스리고 나라를 지키기 위해 주전파를 기용했으나, 금나라의 강세를 직접 목격한 후에는 황권을 강화하기 위해 황잠선黃潛善·왕백언汪伯彦 등 주화파를 중용했다. 남송을 안정된 국면으로 이끌고 정치를 공고히 했으며, 금나라와 남북 대치 국면을 형성했다.

고종은 일찍이 『한광무기漢光武紀』를 직접 써서, 집정執政 서부徐俯[120]에게 내려주며 말했다.

"경이 나에게 『광무기』를 읽도록 권해서, 내가 열 번을 생각하며 읽었으나 한 번 베끼는 것만 못했다. 지금 그것을 경에게 내리노라."

천자도 이처럼 부지런히 학문을 닦았다.

高宗嘗御書『漢光武紀』賜執政徐俯曰: "卿勸朕讀『光武紀』, 朕思讀十遍, 不如寫一遍. 今以賜卿." 聖學之勤如此. 『학림옥로鶴林玉露』[121]

120 서부徐俯(1075~1141): 송나라 학자. 자가 사천師川이고, 호가 동호거사東湖居士이며, 홍주洪州 분녕分寧 사람이다. 아버지는 서희徐禧이고, 황정견의 생질이다. 건염建炎(1127~1130) 초에, 우간의대부·중서사인에 임명되었다. 이때 서부가 고종을 대면하여 『한광무기漢光武紀』를 숙독하도록 권했다.

121 『학림옥로鶴林玉露』: 남송 때의 수필집으로 나대경羅大經이 편찬했다. 선진시대에서부터 송조에 이르기까지의 학자와 문인에 대해 평론한 것이 많다.

112

이통
李侗

이통李侗(1093~1163)은 남송의 학자로서 연평 선생延平先生이라 불린다. 정이의 제자인 양시와 그의 제자인 나종언을 스승으로 모시고, 『춘추』『중용』『논어』『맹자』 등을 전수받았다. 초야에 거처하며 40년 동안 세상의 일과 사절했다. 그는 '이와 심은 하나理與心一'라는 설을 제기하며, '조용히 앉아 마음을 깨끗이 해서 천리를 체득默坐澄心, 體認天理'하는 방법을 주장했다. 주희가 무이산에 있을 때 이통에게 배워서 그 어록으로 『연평문답』을 집성했다. 정호와 정이의 낙학洛學을 주희에게 전수해주었고, 주희는 이를 바탕으로 성리학을 집대성할 수 있었다. 저서로 『연평문답延平答問』[122]과 『어록語錄』이 있다.

1. 독서할 때, 책에서 말하는 것이 자신의 일이 아닌 것이 없음을 알고 자신의 몸에서 그것을 구한다면, 아직 내가 이르지 못한 성현의 도달점에도 모두 부지런히 나아갈 수 있을 것이다. 만약 문자文字에 국한되어 말이나 외우고 설명하는 데 쓴다면, 쓸데없는 물건에 정신이 팔려 자기의 의지를 잃는 자가 되지 않겠는가!
讀書知其所言莫非吾事, 而卽吾身以求之, 則凡聖賢之所至, 而吾所

122 『연평문답延平答問』: 주자가 자신의 스승 이통에게 배운 것을 정리한 책으로, 사제간에 문답한 내용이 담겨 있다. 주자의 귀신관을 살펴볼 수 있다. 퇴계退溪가 발문跋文을 써서 조선에서 유행하기도 했다.

未至者, 皆可勉而進矣. 若只求之文字, 以資誦說, 其不爲玩物喪志者幾希! 『송사宋史』「이통전李侗傳」

2. 연평延平 이씨李氏가 말했다.

"독서는 연단鍊丹[123]하는 것과 같아서, 처음에는 맹렬할 불길로 단련하다가 점차로 약한 불길로 다스리면서, 반복해서 깊이 음미하면 도리道理가 저절로 드러날 것이다.

李氏延平曰: "讀書如鍊丹, 初時烈火煆煉, 漸漸慢火養, 反復玩味, 道理自出." 『독서설약』

123 연단鍊丹: 도사가 진사辰砂로 황금이나 불로불사의 묘약을 제련하는 연금술을 말한다.

113
호굉
胡宏

호굉胡宏(1105~1161)은 남송의 성리학자로 오봉 선생五峰先生으로 불렸다. 어려서는 부친 호안국을 따라서 이학을 학습하여, 맹자·주돈이·장재·정호·정이·사양좌 등의 사상적 영향을 받았고, 20세에 태학에 들어가서는 양시·번광원樊光遠·장구성張九成 등의 이학의 대가와 친밀하게 왕래했다. 제자로는 장식張栻·한황韓璜·오익吳翌 등이 있다. 부친 호안국과 함께 '호상학파湖湘學派'를 세웠다. 저서로『지언知言』[124]『황왕대기皇王大紀』[125] 등이 있다.

1. 무릇 의문점이 있으면 정밀하게 생각해야 한다. 생각이 정밀해진 이후에 강론講論해야 도움 되는 것이 있다. 만약 하나의 뜻만 보고 곧바로 하나의 설을 세운다면, 처음부터 전체적인 의미(大體)를 구하거나 경중을 따지려고 하지 않는 것이니, 이것을 천착穿鑿이라고

124 『지언知言』: 호굉의 제자 장식張栻이 스승의 철학적 내용을 담아 1168년 간행한 책. 호굉이 죽고 7년 뒤 장식이 서문을 지어 간행하면서 "도학의 핵심"이라고 극찬했다. 호굉은 세계를 관계성의 총체인 도로 파악하고 선악의 기준으로 규정할 수 없다고 생각했으며, 심성의 관계를 '성체심용性體心用'으로 규정하여 성性과 심心을 각각 존재론적 위상과 개체적 위상에 놓고 '치찰존양致察存養'의 방법을 제시했다. 주희는 1171년에『지언』에 나타나는 호상학파의 논리를 비판하여『지언의의知言疑義』를 지었다.

125 『황왕대기皇王大紀』: 호굉이 고종 신유년(1141)에 완성한 책으로 모두 80권이다. 위로는 반고로부터 시작하여 주 난왕周赧王에 이르기까지 2000년간의 사실을 경전經傳을 토대로 하여 두루 채집하고 논단을 덧붙여 편년체로 구성했다. 방대한 분량을 채록하다 보니 맞지 않는 부분이 더러 있기는 하지만, 나필로羅泌路의 기록과 비교해보면 절실한 부분이 꽤 많은 것이 특징이다.

한다. 천착하는 학문은 죽을 때까지 성인이 마음 쓴 곳을 보지 못한다.
凡有疑, 則精思之; 思精而后講論, 乃能有益. 若見一義, 卽立一說, 初未嘗求大體, 權輕重, 是謂穿鑿. 穿鑿之學, 終身不見聖人之用. 『송원학안』

2. 배울 때는 널리 배우려 해야지 잡되게 해서는 안 되고, 배운 것을 준수할 때는 요약하려 해야지 좁게 하려 해서는 안 된다. 뒤섞는 것은 넓게 하는 것과 비슷하고 좁게 하는 것은 요약하는 것과 비슷하니, 배우는 자들은 살피지 않으면 안 된다.
學欲博, 不欲雜; 守欲約, 不欲陋. 雜似博, 陋似約, 學者不可不察也. 『송원학안』

114

장구성
張九成

장구성張九成(1092~1159)은 남송의 성리학자로 호가 무구無垢, 장포거사橫浦居士다. 양시에게서 배웠으며 유교와 불교를 두루 섞었다. 『송사』에서는 그를 두고 "경학을 깊이 연구하여 뜻풀이한 것이 많으나, 젊어서 승려와 교유한 까닭에 의론은 편벽된 것이 많다"라고 했다. 저서로 『맹자전孟子傳』[126] 『횡포집橫浦集』[127]이 있다.

1. 벗과 함께 연구하고 배우는 것(講習)은, 정말로 세상에서 가장 즐거운 일이다. 그러나 불행하게 홀로 공부해야 한다면, 당연히 책을 통해 옛사람을 벗으로 삼는 것[128]이 좋다. 그러므로 『논어』를 읽을 때는 공자와 그 문하의 여러 성현을 상대하듯이 읽고, 『맹자』를 읽을 때는 맹자를 상대하듯이 읽으며, 두보의 시와 소식의 문장을 읽을 때도

126 『맹자전孟子傳』: 장구성이 지은 『맹자』 주석서. 의義와 이利, 경經과 권權의 논변을 밝히고 맹자가 왕도를 높이고 패도를 하찮게 여긴 것에 대해 큰 공이 있는 점을 드러내고자 저술했다. 매 장마다 해석 한 편을 만들어 커다란 뜻을 밝혔고, 문구 해석을 위주로 하지 않았다. 『사고전서 경부 사서류』에 수록되어 있다.

127 『횡포집橫浦集』: 장구성의 문집으로 문인인 낭욱郞昱이 엮었다. 부·시 4권, 잡문 16권이다.

128 옛사람을 벗으로 삼는 것: 상우尙友는 과거의 인물과 벗이 된다는 말이다. 『맹자』 「만장 하」에 "천하의 훌륭한 선비를 벗으로 삼는 것을 충분하다고 여기지 말고, 또 과거로 거슬러서 옛사람에 대해 논한다. 그 사람의 시를 읊조리고, 그 사람의 글을 읽으면서 그 사람을 알지 못한다면 되겠는가? 이 때문에 그 세상을 논하는데, 이것이 상우尙友다以友天下之善士爲未足, 又尙論古之人. 頌其詩, 讀其書, 不知其人, 可乎? 是以論其世也, 是尙友也"라고 했다.

정신을 집중하고 조용히 생각하면서, 마치 두 사람을 직접 보는 듯이 해야 한다. 이처럼 마음을 쓴다면 비록 천 년 후에 태어나더라도 천 년 전의 사람을 만날 수 있다.

朋友講習, 固天下樂事. 不幸獨學, 則當尙友古人可也. 故讀『論語』如對孔門聖賢; 讀『孟子』如對孟子; 讀杜詩蘇文, 則又凝神靜慮, 如目擊二公, 如此用心, 雖生千載之下, 可以見千載人矣. 『성리대전性理大全』[129]

2. 역사를 보는 관점을 다음과 같이 논한다.

"만약 당唐나라 왕조의 사건을 본다면, 마치 자신이 그 속에 참여한 것처럼 해야 한다. 즉 그 임금의 성정情性은 어떠하며 임명한 재상은 어떤 인물인지를 봐야 하고, 당시에 조정에 있는 사대부들 중에서 누가 군자君子이고 누가 소인小人인지 봐야 하며, 어떤 사건을 처리한 것 가운데 누가 합당하게 처리했고 누가 잘못 처리했는지 봐야 한다. 이 모든 것이 가슴속에서 환하게 이해되고 있어야, 입으로 강의하고 손으로 그려낼 수 있다. 그렇게 하면 적절한 상황에 능숙하게 대처할 수 있어서, 훗날 일을 맡을 때 분명히 다른 사람보다 뛰어날 것이다. 과거의 기뻐할 만한 일과 경악할 만한 일을 모두 마음속에 깊이 쌓고 이것을 붓으로 표현해낼 수 있다면, 그 문장文章은 헛된 말이 되지 않을 것이다."

論觀史曰: 如看唐朝事, 則若身預其中; 人主情性如何? 所命相如何? 當時在朝士大夫孰爲君子, 孰爲小人? 其處事孰爲當, 孰爲否? 皆令胸次曉然, 可以口講而指畫; 則機會圓熟, 他日臨事必過人矣. 凡前可喜可愕之事, 皆當蓄之於心; 以此發之筆下, 則文章不爲空言矣. 『성리대전』

129 『성리대전性理大全』: 명나라 호광胡廣 등이 황제의 칙명에 따라 1415년에 완성했다. 주돈이, 장재, 소옹, 주희, 채원정 등 송원대 성리학자 120여 명의 성리설을 한데 모았다. 70권이다.

115

정경로
鄭耕老

정경로鄭耕老(1108~1172)는 송나라 학자로 소흥紹興 15년(1145)에 벼슬길에 나갔으며, 만년에는 향리로 돌아가 학문을 강론했다. 『난해시화蘭陔詩話』에서는 "공의 경학은 깊이가 있었다. 목란파木蘭坡 가에 서당을 짓고 경학을 강론했는데 유명인사들이 그와 교유했다"라고 했다. 저서로 『시경훈석詩經訓釋』『주역훈석周易訓釋』『중용훈석中庸訓釋』『홍범훈석洪範訓釋』『논어훈석論語訓釋』『맹자훈석孟子訓釋』 등이 있다.

자신을 세우는 것〔立身〕은 학문에 힘쓰는 것을 우선으로 삼고, 학문에 힘쓰는 것은 책 읽는 것을 근본으로 삼는다. 지금 육경과 『논어』『맹자』『효경』을 취하여 글자를 세어보면 다음과 같다. 『모시毛詩』는 3만9224자이고, 『상서』는 2만5700자이고, 『주례』는 4만5806자이고, 『예기』는 9만9020자이고, 『주역』은 2만4207자이고, 『춘추좌씨전』은 19만6845자이고, 『논어』는 1만2700자이고, 『맹자』는 3만4685자이고, 『효경』은 1903자다. 크고 작은 아홉 편의 경전의 글자가 도합 48만90자다.

우선 이것을 중간 정도의 재능을 가진 이로 기준을 삼아서 날마다 300자씩 외운다면, 4년 반을 넘지 않아도 다 외울 수 있다. 혹 타고난 재능이 조금 우둔해서 중간 정도 재능의 절반을 가진 이도, 날마다 150자씩 외운다면 또한 9년 만에 다 외울 수 있다.

진실로 그것을 자세하게 읽고 익숙하게 익혀서, 귀로 들어가고 마음속에서 분명하게 해서 오래도록 잊지 않게 하는 것은, 전적으로 날마다 쌓은 공력에 달려 있는 것이다. 속담에 이르기를 "사絲가 쌓여서 촌寸이 되고 촌이 쌓여 척尺이 된다. 촌과 척이 그치지 않고 쌓으면 마침내는 한 필匹이 될 것이다"[130]라고 했다. 이 말은 비록 보잘것없지만 큰 깨우침을 줄 수 있으니, 후학들은 힘써야 할 것이다!

立身以力學爲先, 力學以讀書爲本. 今取『六經』及『論語』『孟子』『孝經』以字計之, 『毛詩』三萬九千二百二十四字, 『尙書』二萬五千七百字, 『周禮』四萬五千八百六字, 『禮記』九萬九千二十字, 『周易』二萬四千二百七字, 『春秋左氏傳』一十九萬六千八百四十五字, 『論語』一萬二千七百字, 『孟子』三萬四千六百八十五字, 『孝經』一千九百三字, 大小九經合四十八萬九十字. 且以中材爲率, 若日誦三百字, 不過四年半可畢; 或以天資稍鈍, 中材之半, 日誦一百五十字, 亦止九年可畢. 苟能熟讀而溫習之, 使入耳著心, 久不忘失, 全在日積之功耳. 里諺云: "積絲成寸, 積寸成尺, 寸尺不已, 遂成丈匹" 此語雖小, 可以喩大, 後生其勉之! 『송원학안』「독서기讀書說」

130 사絲가 (…) 될 것이다: 사絲는 길이의 정도를 나타내는 수량사다. 촌寸·척尺·장丈·필匹 역시 길이를 나타내는 단위다.

116

왕십붕
王十朋

왕십붕王十朋(1112~1171)은 남송의 정치가이자 시인으로 호가 매계梅溪이며, 시호가 충문忠文이다. 온주溫州 낙청樂清 매계촌梅溪村에서 태어났다. 경학과 사학에 능통했고, 시와 문으로 명성이 자자했다. 효종이 즉위하자 금나라에 항거하고 나라를 회복하는 계획을 아뢰었으며, 여러 주를 다스리는 동안 재해에서 백성을 구하고 폐해를 없애는 공적이 있었다. 『매계집梅溪集』[131]이 있다.

왕장원王狀元(왕십붕)의 『독례당기讀禮堂記』에 이르기를, "벼슬하는 자는 책을 읽지 않은 적은 없다. 책을 읽을 수 있는데도 배운 것을 실행하지 않는 것은, 봉새처럼 울면서 새매처럼 나는 짓[132]을 잘하는 것이다. 비록 가슴 속에 만 권의 책이 있더라도 자신이 행동할 때 책의 가르침을 숨기는 것을 '책을 읽지 않았다不讀書'고 하는 것이다."
王狀元(十朋)『讀禮堂記』云: "爲仕者未嘗不讀書, 能讀而不能行, 是能鳳鳴而鷙翰; 雖胸中有萬卷, 身爲行秘書, 謂之不讀書." 『서재노학총담庶齋老學叢談』

131 『매계집梅溪集』: 왕십붕의 문집. 전집前集이 20권, 후집後集이 29권으로 왕응진汪應辰(1118~1176)의 「묘지墓誌」를 덧붙여놓았다.

132 이것은 (…) 나는 짓을: 겉으로는 좋은 것을 취하지만 내용을 깊이 새기지 않는 야비한 짓을 비유한 말. 즉 껍데기를 고집하면서 실질을 실행하지 않는다는 것이다.

117

주희
朱熹

주희朱熹(1130~1200)는 송나라의 유학자로 도학과 이학을 합친 송학을 집대성했다. '주자朱子'라고 높여 이르며, 그의 사상과 관련한 학문을 주자학이라고 한다. 사서를 집주集注하면서 자연적인 올바른 이치〔理〕와 그것이 인간 본성으로 내면화된 성性을 중심으로 재해석함으로써, 이른바 성리학의 기반을 다졌으며, 북송오자北宋五子라 일컬어지는 주돈이, 정호, 정이, 장재, 소옹의 사상을 종합하고, 이理와 기氣의 관계를 새롭게 정립시켰다. 주희는 철학뿐 아니라, 역사에도 깊은 관심을 가져 사마광의 『자치통감』을 재편집하여, 1172년에 『자치통감강목資治通鑑綱目』을 완성했다. 주희의 성리학은 오랫동안 동아시아를 지배해왔으며, 특히 조선 지식인에 절대적인 영향을 미쳤다. 저서로 『주자전서朱子全書』가 있다.

1. 학문을 하는 길은 사물의 이치를 연구하는 것〔窮理〕보다 우선해야 하는 것은 없고, 사물의 이치를 연구하는 요점은 반드시 책을 읽는 것〔讀書〕에 달려 있으며, 책을 읽는 방법은 순서에 따라 매우 정밀하게 읽는 것〔循序致精〕보다 중요한 것이 없고, 매우 정밀하게 읽는 것의 근본은 또한 신중한 마음의 상태를 유지하면서 뜻을 지키는 것〔居敬持志〕에 달려 있습니다. 이것은 바꿀 수 없는 이치입니다.

무릇 천하의 일에는 이치가 없을 수 없습니다. 임금과 신하가 되면 임금과 신하의 이치가 있고, 아버지와 아들이 되면 아버지와 아들의 이치가 있으며, 형제·부부·친구가 되어서는 일상생활을 하거나 사물에 대응하는 사이에서도, 또한 각각 그 이치가 존재하지 않은 것이 없습니다. 그것을 깊이 연구하면 임금과 신하처럼 큰 관계에서부터 온갖 사물의 미세한 것에 이르기까지, 그것이 그렇게 된 이유(所以然)와 당연히 그렇게 해야 할 것(所當然)을 모두 알 수 있어서 조금의 의심도 없을 것입니다. 그래서 선善하면 따르고 악惡하면 제거해서 털끝만 한 폐해도 없게 되는 것입니다. 이것이 학문을 하는 데 사물의 이치를 연구하는 것보다 우선해야 하는 것이 없는 까닭입니다.

천하의 이치를 논하자면, 아주 오묘하고 매우 정밀해서 각자 맡은 바가 있어서 옛날부터 지금까지 바꿀 수 없는 것입니다. 오직 옛 성인만이 그것을 다 궁구할 수 있어서, 성인의 행동과 말이 온 천하와 후세에 미쳐도 바꿀 수 없는 위대한 법이 될 수 있는 것입니다. 그 나머지는, 성인의 행동과 말을 따르는 자는 군자가 되어 길吉하고, 그것을 저버리는 자는 소인이 되어 흉하게 됩니다. 좋은 일을 겪는 중에 위대한 이는 온 세상의 사람을 보호할 수 있어서 본보기가 될 수 있고, 흉한 일을 겪는 중에 심한 자는 그 자신도 보호할 수 없어서 경계로 삼을 수 있습니다. 이것은 분명한 자취이고 반드시 그러한 결과로써, 경전과 역사책에 온전히 드러나지 않은 것이 없습니다. 천하의 이치를 깊이 연구하려고 하면서 경전과 역사책에서 구하지 않는다면, 이것은 벽면을 마주하고 서 있는 것과 같을 뿐입니다. 이것이 이치를 연구하는 요점이 반드시 독서에 달려 있는 까닭입니다.

책을 읽는 경우, 책 읽기를 좋아하지 않는 자는 진실로 소홀히 읽다가 그만둬서 성공하는 것이 없습니다. 반면에 책 읽기를 좋아하는 자는 많이 읽고자 탐내고 널리 보려고 애쓰는 것에서 벗어나지 않습니다. 그래서 종종 그 시작도 일깨우지 못했는데 황급하게 결론을 찾으려 하고, 이것에 대해 다 살펴보지도 않았는데 갑자기 마음이 다른 곳에 가 있기도 합니다. 이 때문에 비록 종일토록 쉴 새 없이 힘쓰기를 반복해도, 마음 씀이 초조하고 급해서 항상 쫓기는 것이 있는 듯이 분주하며, 조용히 깊이 빠져 음미하는 즐거움이 없습니다. 이와 같다면 또한 어떻게 깊이 믿고 스스로 깨우치며 오래도록 싫증내지 않을 수 있으며, 또 이것으로 소홀히 읽다가 그만두어서 성공하는 것이 없는 것과 다르다고 할 수 있겠습니까? 공자께서 "일이 급히 이루어지기를 바라면 달성하지 못한다欲速則不達"[133]라고 말씀하시고, 맹자께서 "나가는 것이 빠른 자는 물러나는 것도 빠르다進銳退速"[134]라고 말씀한 것은, 바로 이것을 말한 것입니다. 참으로 이 말씀을 거울삼아서 돌이킬 수 있다면, 마음이 하나의 일에 깊이 몰입하여 오래도록 바뀌지 않을 것입니다. 그리고 읽은 책에서도 글의 내용〔文意〕이 서로 이어져 맥락이 통하고, 자연스럽게 그 내용에 점차로 젖어들어 마음으로 사물의 이치를 깨닫게 됩니다. 이 때문에 선善을 권면하는 것이 깊어지고 악惡을 경계하는 것이 절실해질 것입니다. 이것이 순서에 따라 정밀하게 읽는 것이 책을 읽는 방법이 되는 까닭입니다.

매우 정밀하게 읽는 것의 근본은, 마음에 달려 있는 것입니다. 그러나 마음이라는 것은 지극히 공허空虛하면서 영험하고〔虛靈〕 헤아릴 수 없이 신기하고 오묘하며, 항상 자신의 주체가 되면서 모든 일의 벼리가 되며, 잠시라도 존재하지 않은 적이 없는 것입니다. 그리고 한순간이라도 자각하지 않을 때는 어디론가 내달려서 제멋대로 돌아다니며, 자신의 영역 밖에서 물욕을 좇게 됩니다. 그러면 몸에는 주체가 없어지고 모든 일에는 벼리가 없어져서, 비록 이리저리 둘러보는 사이에도 이미 그 자신이 어디에 있는지를 스스로 깨닫지 못하

133 일이 급히 (…) 못한다: 『논어』 「자로」 편에 나온다. 자하가 노나라의 고을인 거보莒父의 수령이 되어 정사에 대해서 묻자, 공자가 "일이 급하게 이루기를 바라지 말고, 작은 이익을 보지 마라. 급하게 이루려면 성공할 수 없고, 작은 이익을 보면 큰 일이 이루어지지 않는다"고 했다.

134 나가는 (…) 빠르다進銳退速: 『맹자』 「진심」 편에 나온다. "그만둘 수 없는데 그만두는 자는 그만두지 않는 일이 없고, 후하게 해야 할 이에게 야박한 자는 야박하지 않은 것이 없으며, 나가는 것이 빠른 자는 물러나는 것도 빠르다於不可已而已者, 無所不已; 於所厚者薄, 無所不薄也."

게 되거늘, 하물며 성현의 뜻을 수차례 돌이켜보고 사물의 이치를 살펴서 지극히 당연한 의리義理로 돌아가는 방법을 구할 수 있겠습니까? 공자께서 "군자는 너그럽고 듬직하지 않으면 위엄이 없고, 배운 것도 견고하지 못하다.君子不重則不威, 學則不固"[135]라고 하시고, 맹자께서 "학문의 길은 다른 것이 없고, 자신이 놓아버린 마음을 찾는 것일 뿐이다學問之道無他, 求其放心而已矣"[136]라고 하신 것은, 바로 이것을 두고 말한 것입니다. 진실로 엄중하고 공손하며 삼가고 두려워하여 항상 이 마음을 보존해서, 종일토록 신중하게 해서 물욕物欲에 침범당하거나 흔들리지 않도록 해야 합니다. 그렇게 하고서 곧 그 마음으로 독서하고 그 마음으로 이치를 살피면 가는 곳마다 통하지 않는 것이 없을 것이고, 그 마음으로 일에 대응하고 그 마음으로 사물을 접한다면 처리하는 일마다 합당하지 않은 것이 없을 것입니다. 이것이 신중한 마음 상태를 유지하면서 뜻을 지키는 것〔居敬持志〕이 독서의 근본이 되는 까닭입니다.

爲學之道, 莫先於窮理; 窮理之要, 必在於讀書; 讀書之法, 莫貴於循序而致精; 而致精之本, 則又在於居敬而持志. 此不易之理也.

夫天下之事, 莫不有理; 爲君臣有君臣之理, 爲父子有父子之理, 爲兄弟爲夫婦爲朋友, 以至出入起居應事接物之際, 亦莫不各有其理焉. 窮之則自君臣之大, 以至事物之微, 莫不知其所以然, 與其所當然, 而亡纖芥之疑; 善則從之, 惡則去之, 而無毫髮之累. 此爲學所以莫先於窮理也.

至論天下之理, 則要妙精微, 各有攸當, 亘古亘今, 不可移易. 惟古之聖人爲能盡之, 而其所行所言, 無不可爲天下後世不易之大法; 其餘則順之者爲君子而吉, 背之者爲小人而凶. 吉之大者, 則能保四海而可以爲法; 凶之甚者, 則不能保其身而可以爲戒. 是其粲然之迹, 必然

135 군자는 (…) 못하다: 『논어』「학이」 편에 나온다.

136 학문의 (…) 뿐이다: 『맹자』「고자」 편에 나온다.

之效, 蓋莫不具見於經訓史策之中; 欲窮天下之理, 而不卽是以求之, 則是正墻面而立耳. 此窮理所以必在於讀書也.

若夫讀書, 則其不好之者, 固怠忽間斷而無所成矣; 其好之者, 又不免乎貪多而務廣, 往往未啓其端, 而遽已欲探其終; 未究乎此, 而忽已志在乎彼. 是以雖復終日勤勞, 不得休息, 而意緖匆匆, 常若有所奔走追逐, 而無從容涵泳之樂; 是又安能深信自得, 常久不厭, 以異於彼之怠忽間斷而無所成者哉? 孔子所謂'欲速則不達', 孟子所謂'進銳退速', 正謂此也. 誠能監此而有以反之, 則心潛於一, 久而不移; 而所讀之書, 文意接連, 血脉貫通, 自然漸漬浹洽, 心與理會, 而善之爲勸者深, 惡之爲戒者切矣. 此循序致精, 所以爲讀書之法也.

若夫致精之本, 則在於心; 而心之爲物, 至虛至靈, 神妙不測, 常爲一身之主, 以提萬事之綱, 而不可有頃刻之不存者也. 一不自覺, 而馳騖飛揚, 以徇物慾於軀殼之外, 則一身無主, 萬事無綱, 雖其俯仰顧眄之間, 蓋已不自覺其身之所在, 而況能反覆聖賢, 參考事物, 以求義理至當之歸乎? 孔子所謂"君子不重則不威, 學則不固", 孟子所謂"學問之道無他, 求其放心而已矣"者, 正謂此也. 誠能嚴恭寅畏, 常存此心, 使其終日儼然, 不爲物欲之所侵亂; 則以之讀書, 以之觀理, 將無往而不通; 以之應事, 以之接物, 將無所處而不當矣. 此居敬持志, 所以爲讀書之本也.「상황제소上皇帝疏」

2. 어떤 이가 독서의 방법에 대해 물었다.

"어떤 방식으로 노력을 해야 합니까?"

"순서에 따라 점차 진도를 나아가며, 익숙하게 읽고 정밀하게 생각하면 된다."

"그렇다면 순서에 따라 점차 진도를 나아가는 방법에 대한 설명을 듣고 싶습니다."

"『논어』와 『맹자』 두 책을 가지고 말하면, 『논어』를 먼저 읽고

『맹자』를 나중에 읽되, 한 책에 통달한 이후에 다른 책을 읽어야 한다. 하나의 책을 가지고 말하면, 책의 편篇·장章·문文·구句와, 처음과 끝·진행단계에 또한 각각 순서가 있으므로 어지럽게 해서는 안 된다. 자신의 역량이 되는대로 대략 일정한 과정을 두고 엄격하게 지켜야 한다. 글자에서는 바른 뜻을 구하고 구절에서는 그 의미를 찾으며, 앞부분에서 의미를 이해하지 못했으면 감히 그 뒤를 구하지 말고, 이것에 대해 통하지 못했으면 감히 저것에 뜻을 두어서는 안 된다. 이와 같이 순서에 따라 점차 나아간다면, 의미가 정확해지고 이치가 분명해져서 경솔하거나 건너뛰는 문제가 없어질 것이다. 이것은 독서의 방법일 뿐만 아니라 마음을 다잡는 요점이 되니, 특히 공부를 시작하는 이는 몰라서는 안 되는 것이다."

"익숙하고 읽고 정밀하게 생각하는 것은 어떻게 합니까?"

"『논어』 1장은 몇 구에 불과하여 쉽게 다 외울 수 있을 것이다. 다 외운 후에는 한가하고 조용할 때 반복하면서 자세하게 음미해서 충분히 습득하기를 구해야 한다. 『맹자』는 장章마다 천백 마디가 되는 경우도 있으니, 반복해서 그 시비를 논변論辯해야 한다. 비록 헤아릴 수 없을 것 같으나 그 조리가 잘 통하고 말뜻이 간단명료해서, 천천히 읽으면서 뜻을 따라갈 수 있고, 수십 번 수백 번을 반복해서 읽다 보면 그 헤아릴 수 없을 것 같은 것이 손바닥을 가리키듯 쉽게 이해될 수 있을 것이다. 일반적으로 책을 읽을 때는 먼저 익숙하게 읽어서, 그 어구들이 모두 자신의 입에서 나온 듯이 해야 하고 이어서 정밀하게 생각해서 그 뜻이 모두 자신의 마음에서 나온 것처럼 해야 한다. 그렇게 한 이후에야 그 의미를 깨달을 수 있을 따름이다.

글 뜻에 의심이 있거나 여러 설이 뒤섞여 있는 경우에는, 또한 마음을 비우고 조용히 생각해야지, 그 설명 가운데서 갑작스럽게 취하거나 버려서는 안 된다. 우선 하나의 설을 바탕으로 자신의 기준을 세우고, 그 뜻이 지향하는 것을 따라서 그 설이 적합한지 여부를 검토하면, 그중 내용과 이치〔義理〕에 적합하지 않은 것은 다른 설에서 살펴보지 않아도 먼저 스스로 버려질 것이다. 그러고 나서 여러 설을 가지고 서로 비교하여 따져서 그중 이치가 있는 것을 구하여 그 시비를 따지면, 옳은 것 같지만 잘못된 것 또한 공론公論에서 결정해서 자립하지 못하게 될 것이다. 일반적으로 천천히 가야 물러설 수 있고 조용한 곳에 자리해야 움직임을 살필 수 있다. 이는 견고한 나무를 다스릴 때, 나무의 쉬운 부분을 먼저 하고 견고한 마디나 옹이를 나중에 다스리는 것과 같고, 복잡하게 꼬인 줄을 풀 때 통하지 않는 곳이 있으면 일단 두고서 천천히 풀어가야 하는 것과 같다. 이것이 독서하는 방법이다."

或問讀書之法, 其用力也奈何?

曰: "循序而漸進, 熟讀而精思可也."

曰: "然則請問循序漸進之說?"

曰: "以二書言之: 則先『論』而後『孟』, 通一書而後及一書, 以一書言之: 則其篇章文句首尾次第, 亦各有序而不可亂也. 量力所至, 約有程課而謹守之. 字求其訓, 句索其旨, 未得乎前, 則不敢求其後, 未通乎此, 則不敢志乎彼; 如是循序而漸進焉, 則意定理明, 而無疏易淩躐之患矣. 是不惟讀書之法, 是乃操心之要; 尤始學者之不可不知也."

曰: "其熟讀精思者何耶?"

曰: "『論語』一章, 不過數句, 易以成誦; 成誦之後, 反復翫味, 於燕閒靜一之中, 以須其浹洽可也; 『孟子』每章或千百言, 反復論辯, 雖若不可涯者; 然其條理疏通, 語意明潔, 徐讀而以意隨之; 出入往來以十百數, 則其不可涯者, 將可有以得之於指掌之間矣. 大抵觀書先須熟讀, 使其言皆若出於吾之口; 繼以精思, 使其意皆若出於吾之心; 然後可以有得爾.

至於文義有疑, 衆說紛錯, 則亦虛心靜慮, 勿遽取舍於其間. 先使一說自爲一說, 而隨其意之所之, 以驗其通塞; 則其尤無義理者, 不待觀於他說而先自屈矣. 復以衆說互相詰難, 而求其理之所在, 以考其是非; 則似是而非者, 亦將奪於公論而無以自立矣. 大抵徐行却立, 處靜觀

動. 如攻堅木, 先其易者, 而後其節目; 如解亂繩, 有所不通, 則姑置而徐理之. 此讀書之法.「독서지요讀書之要」

3. 부열傅說[137]이 고종高宗[138]에게 아뢰어 "옛 가르침〔古訓〕에 배워야 얻는 것이 있습니다"[139] 라고 말했고, 공자가 사람을 가르칠 때도 역시 "옛것을 좋아하여 민첩하게 구한다"라고 했으니, 이것이 곧 군자가 학문해서 도에 이르는 방법임을 또한 알 수 있다.

그러나 진秦나라, 한漢나라 이후의 선비들이 책에서 추구한 것은 대부분 암기하고 표절하는 것을 공부라 여긴 것으로, 이치를 궁구하고〔窮理〕 자신을 수양하는〔修身〕 핵심에는 미치지 못했다. 그중에서 지나친 자들은 드디어 학문을 그만두고 책을 내버리고서 함께 황당하고 허탄한 지경에 내달렸다. 이 두 가지의 폐단은 같지 않지만, 옛 성인의 뜻에 있어서는 둘 다 잘못되었다.

傅說之告高宗曰: "學於古訓, 乃有獲." 而孔子之教人亦曰: "好古, 敏以求之." 是則君子所以爲學致道之方, 其亦可知也已. 然自秦·漢以來, 士之所求乎書者; 類以記誦剽掠爲功, 而不及乎窮理修身之要. 其過之者, 則遂絕學捐書, 而相與馳騖乎荒虛浮誕之域, 蓋二者之蔽不同, 而於古人之意, 則胥失之矣.「휘주무원현학장서각기徽州婺源縣學藏書閣記」

4. 독서하는 방법은 순서에 따라 꾸준함을 두고, 집중해서 게을리

137 부열傅說: 상商나라 고종高宗 때의 현명한 재상. 부암傅巖에서 성을 쌓다가, 발탁되어 재상으로 천거되었다. 그 후에 나라가 잘 다스려져서 '무정 중흥武丁中興'의 성세를 이루었다.

138 고종高宗: 상商나라 23번째 왕으로, 재위 기간은 59년이다. 성이 자子고, 이름이 소昭며, 묘호廟號가 무정武丁이다.

139 옛 가르침에 (…) 있습니다: 『상서』「열명 하說命下」에 부열은 "왕이시여 견문이 많은 사람을 구하는 것은, 오직 일을 세우기 위한 것입니다. 옛 가르침을 배워야 얻는 것이 있을 것이니, 일할 때 옛것을 본받지 않고서 오랫동안 할 수 있다는 것을 저는 들은 적이 없습니다王, 人求多聞, 時惟建事. 學于古訓, 乃有獲, 事不師古, 以克永世, 匪說攸聞"라고 했다.

하지 않으며, 구두句讀와 글의 뜻 사이에서 침착하게 살펴보고, 간직한 뜻과 실행한 자취의 실제에서 직접 체험해보는 것이다. 그렇게 한 이후에야 마음이 고요해지고 이치가 밝아져서 점차 그 의미를 알 수 있다. 그렇지 않으면 비록 책을 널리 구하고 두루 취하여 매일 다섯 수레의 책[140]을 외운다고 하더라도 학문에 무슨 보탬이 되겠는가!
讀書之法: 要當循序而有常; 致一而不懈; 從容乎句讀文義之間; 而體驗乎操存踐履之實; 然後心靜理明, 漸見意味. 不然, 則雖廣求博取, 日誦五車, 亦奚益於學哉!「답진사덕서答陳師德書」

5. 읽는 책이 너무 많은 것은 마치 사람이 큰 병에 걸려 침상에 있는데 여러 의원이 번거롭게 나와서 온갖 약을 처방해도 결국 효험을 보지 못하는 이치와 같다. 차라리 하나의 책에 온 힘을 기울여 반복해서 읽어 통달한 후에, 다시 다른 책으로 바꿔서 공부하는 것이 낫다. 무릇 오로지 힘쓰면 공부의 효과를 쉽게 볼 뿐만 아니라, 또한 마음이 안정되어 복잡하지 않기 때문에 함양涵養하는 공부에 있어서 도움이 되는 것이다.
所讀書太多, 如人大病在牀, 而衆醫雜進, 百藥交下, 決無見效之理. 不若盡力一書, 令其反復通透而復易一書之爲愈. 蓋不惟專力易見功夫; 且是心定不雜, 於涵養之功亦有助也.「답여자약서答呂子約書」

6. 경서와 역사서를 읽을 때는, 반복해서 정밀하게 읽는 것이 절실하고 중요합니다. 이렇게 해야 점차 그 취지를 볼 수 있기 때문입니다. 암송할 때는 급박하지 않게 느긋하고 천천히 읽어서 글자마다 분명하게 외워야 합니다. 다시 단정하게 바로 앉아서 성현을 마주 대하

140 다섯 수레의 책: 책이 매우 많음을 뜻한다. 『장자』「천하天下」 편에 "혜시惠施는 학식이 다방면에 뛰어나서 그 책이 다섯 수레나 된다惠施多方,其書五車"라고 했다.

듯이 하면, 마음이 안정되어 의리를 궁구하기가 쉬워질 것입니다.

많이 읽기를 탐하고 광범위하게 보는 것에 힘써서 거칠게 대충 훑어보거나 겨우 한 번 보고서는 이미 통했다고 말해서는 안 됩니다. 조금이라도 의심나는 곳이 있으면 즉시 깊이 생각해보고, 깊이 생각해보아도 통하지 않으면 곧 작은 책자를 두고 매일 의심나는 것을 기록하여 때때로 살펴보되, 돌아오는 날에 하나씩 이해하기를 기다려야 합니다.

절대로 모호한 상태로 자신의 단점을 감싸거나 다른 사람의 견해를 묻는 것에 대해 부끄럽게 여겨서, 종신토록 자신을 속이면서까지 모르는 것을 감수해서는 안 됩니다.

大抵所讀經史, 切要反復精詳, 方能漸見旨趣. 誦之宜舒緩不迫, 令字字分明; 更須端莊正坐, 如對聖賢, 則心定而義理易究. 不可貪多務廣, 涉獵鹵莽; 纔看過了, 便謂已通. 小有疑處, 卽更思索; 思索不通, 卽置小冊子逐日抄記, 以時省閱; 俟歸日, 逐一理會. 切不可含糊護短, 恥於咨問, 而終身受此黯暗以自欺也. 「여위응중서與魏應仲書」

7. 무릇 책을 읽을 때는 우선 마음을 비우고 그 글의 내용이 지향하는 것을 살펴보아야 합니다. 그렇게 한 이후에야 그 의리義理가 있는 것을 구할 수 있을 것입니다. 요즘 학자들을 보니, 대부분이 먼저 자신의 견해를 세우고 경문經文과 부합하는지의 형세를 따지지 않고서 제멋대로 의리를 가져다 붙입니다. 그 설이 비록 이치를 거스르지 않더라도 경문 본래의 뜻은 아닌 것입니다. 이와 같다면 다만 자신의 견해를 바탕으로 자신이 하나의 책을 쓰면 되는데, 어째서 반드시 옛 성현의 책을 읽어야 하겠습니까? 책을 읽는 이유는 바로 나의 견해가 반드시 옳다고 할 수 없어서 저 성현에게 바른 견해를 구하려는 것일 뿐입니다. 다만 글자나 어구가 빠지고 책이 훼손되어 온전치 못한 경우나, 진귀한 물건과 사물의 본색本色 등 고찰할 수 없는 것이

있으면 어쩔 수 없겠으나, 그 나머지 드러나지 않은 내용은 유추하여 알 수 있을 것입니다. 그러므로 반드시 글자나 구절마다 반복해서 아주 상세하게 보아야지, 경솔하게 지나쳐서는 안 됩니다.
大抵讀書先且虛心, 考其文詞指意所歸, 然後可以要其義理之所在. 近見學者多是先立己見, 不問經文向背之勢, 而橫以義理加之. 其說雖不悖理, 然非經文本意也. 如此但據己見自爲一書亦可, 何必讀古聖賢之書哉? 所以讀書政恐吾之所見未必是而求正於彼耳. 惟其闕文斷簡, 名器物色有不可考者, 則無可奈何; 其他在藏埋中, 可推而得. 切須字字句句反復消詳, 不可草草說過也.「답혹인서答或人書」

8. 책을 읽을 때는 먼저 익숙하게 읽고 자세히 보아서 그 의미가 점차로 드러나게 해야지, 자질구레하게 천착하여 견해를 구하려 해서는 안 됩니다.
讀書且熟讀細看, 自當漸見意味. 不可支離穿鑿, 以求見解也.「답허진지서答許進之書」

9. 보내준 편지에 '학문의 방법은 책을 충분히 보고 나서 사물의 이치를 살피려고 해야지, 보지 않았을 때 미리 예측해서는 안 된다'고 말했는데, 진실로 그대의 말과 같습니다. 그러나 다만 성현이 이미 말씀하신 것에 따라서 그 방법을 구해야 어긋남이 없을 것입니다. 그러므로 학문할 때 글을 읽지 않을 수 없습니다.

글 읽는 방법은 또한 익숙하게 읽고 깊이 생각하되, 반복해서 깊이 음미하며 조금씩 쌓아서 오래도록 지속해야 저절로 성과가 나타날 것입니다. 그러면 이치만 밝아질 뿐만 아니라 마음도 저절로 안정될 것입니다. 단지 여러 책을 대충 훑어보면서 이치가 밝아지기를 구하려 하고, 또 별도의 방법〔方便〕을 구하여서 마음이 안정되기를 바라고자 한다면 아마도 어려울 것입니다.

示喩爲學之方, 足見留意事物, 未見不可逆料. 誠如所論, 唯有因聖賢之所已言者而求之爲庶幾耳. 故爲學不可以不讀書; 而讀書之法, 又當熟讀沈思, 反覆涵泳, 銖積寸累, 久自見功. 不惟理明, 心亦自定. 若欲徒爲涉獵而求此理之明, 又欲別求方便, 以望此心之定, 其亦難矣! 「답강단백서答江端伯書」

10. "학문하는 사람은 반드시 먼저 스승과 벗을 따라 해석하고 익혀서 글의 대략적인 내용을 어느 정도 깨우친 이후에, 이러한 공부[141]를 해야 합니다. 그렇지 않으면 아마도 여러 학설의 견해차에 현혹될 것이라고 저(정윤부程允夫[142])는 생각합니다"고 하자, 주자가 답했다.

"이것은 곧 번거로움을 꺼려하고 빨리 성공하기를 바라는 논의로 감히 말하는 것이 아닙니다. 그러나 또한 이 책(『태극해의太極解義』[143])만 그러한 것이 아니라 정말로 뜻이 있다면 읽으면 안 되는 책은 없습니다. 다만 정밀하게 분석하고 오래도록 깊이 음미할 수 있는 사람이라면 여러 학설의 견해차에 저절로 현혹되지 않을 것이고, 도리어 자신이 갈고 닦을 학문의 자본이 될 것입니다."

問: 竊以爲學者, 須先從師友講貫, 粗識梗概, 然後如此用工; 不然, 恐眩於衆說之異同也! 答: 此乃憚煩欲速之論, 非所敢聞. 然亦非獨此書爲然, 若果有志, 無書不可讀. 但能剖析精微, 翫味久熟, 則衆說之異同, 自不能眩, 而反爲吾磨礪之資矣. 「답정윤부서答程允夫書」

11. 병중이라 특별히 중요한 글을 정리할 수 없어, 한가롭게 옛 책을

141 이러한 공부: 태극·음양 등 성리와 관련된 여러 학설을 말한다.

142 정윤부程允夫: 남송의 학자 정순程洵을 말한다. 윤부允夫는 그의 자다. 주희의 처남이자 제자로 왕래하면서 학문의 요점과 극기克己의 근본에 대해 토론했다.

143 『태극해의太極解義』: 주돈이의 『태극도설太極圖說』에 대해 주희가 해설한 책이다. 『태극해의』는 태극도의 해설인 「태극도해」와 도설圖說의 해설인 「태극도설해」로 구분된다.

취하여 외고 읊조려보니 또한 맛이 있음을 깨우쳤습니다. 스스로 반성하는 일에도 또한 자못 도움받을 만한 부분이 있었습니다.
病中不能整理別頭項文字, 閑取舊書諷咏之, 亦覺有味. 於反身之功, 亦頗有得力處. 「답진동보서答陳同甫書」

12. 무릇 책을 읽거나 일을 처리하다가 어수선하거나 의혹이 생길 때를 마주하면, 바로 마음을 비우고 여러 의견을 취하여 지극히 합당한 것을 구해야 합니다. 그래도 여전히 이해할 수 없는 것이 있으면, 일단 의심나는 부분을 보류하고〔闕疑〕 위태로운 것을 행하지 않는다는〔闕殆〕 뜻[144]으로 처리해야 합니다.

만약 갑작스럽게 자기가 대충 이해한 학설을 가지고, 자기가 아직 살피지 못한 여러 논의論議를 다 폐기하려 하면, 처리하는 일의 득실을 전혀 알 수 없을 뿐만 아니라, 내 마음의 도량도 또한 넓어지지 못할 것입니다.
大凡讀書處事, 當煩亂疑惑之際, 正當虛心博采, 以求至當. 或未有得, 亦當且以闕疑闕殆之意處之. 若遽以己所粗通之一說, 而盡廢己所未究之衆論, 則非惟所處之得失, 或未可知, 而此心之量, 亦不宏矣. 「답육자수서答陸子壽書」

13. 독서할 때는, 우선 간단하면서 항상 실천할 수 있는 하나의 과정課程을 세워놓고 날마다 이 과정을 따라서 공부를 쌓아가야지, 의심하거나 염려만 해서는 안 됩니다. (의심하거나 염려해서) 이렇게 하

144 의심나는 (…) 뜻: 『논어』 「위정」 편에 나온다. "많이 듣되 의심스러운 부분을 보류하고 그 나머지를 신중하게 말하면 책망을 받는 일이 적어지고, 많이 보되 위태로운 것을 행하지 않고 그 나머지를 신중하게 행동하면 후회하는 일이 적어진다. 그 말에 책망 받는 일이 적어지고 행동에 후회하는 일이 적어지면 봉록은 그 가운데 있다多聞闕疑, 愼言其餘, 則寡尤; 多見闕殆, 愼行其餘, 則寡悔. 言寡尤, 行寡悔, 祿在其中矣."

려고 했다가 다시 저렇게 하려고 하면, 공연히 생각과 말만 허비해서 마침내는 목표에 이르지 못합니다. 옛사람들이 말한 '다기망양多岐亡羊[145] 의 고사'을 경계하지 않으면 안 됩니다.

讀書只且立下一箇簡易可常底程課, 日日依此, 積累功夫, 不要就生疑慮. 旣要如此, 又要如彼, 枉費思慮言語, 下梢無到頭處. 昔人所謂多岐亡羊者, 不可不戒也!「답여자약서答呂子約書」

14. 병에 걸린 것이 가볍지 않다는 말을 들으니, 매우 염려됩니다. (…) 보내신 편지를 보니 마음과 기력을 지나치게 소모한 까닭인 듯한데, 여러 벗의 편지에서도 "독서가 너무 지나쳐서 그렇게 된 것 같다"라고 했으니, 어떤 책을 읽었는지 모르겠습니다. 성현이 남긴 말씀과 같다면, 마음을 보존하고 착한 본성을 기르는 일〔存心養性〕이 아닌 것이 없으니, 결코 도리어 병이 생기는 지경에는 이르지 않을 것입니다. 아마도 이 병은 다만 태사공太史公(사마천)이 원인을 제공한 것으로 보입니다.

맹자는 "학문의 도는 오직 그 흐트러진 마음을 다잡는 것일 뿐이다學問之道, 惟在求其放心"[146] 했고, 정자程子도 또한 "마음은 자신의 몸 안에 있게 해야 한다心要在腔子裏"[147] 고 했습니다. 지금의 사람들은 오로지 글만을 탐닉하며, 자신의 온 마음을 모두 책자에만 치닫게 하고는 다시 자기가 있음을 알지 못합니다. 이것은 곧 지각이 없어서 괴로움을 깨닫지 못하는 사람입니다. 그렇다면 비록 책을 읽을 수 있다

145 다기망양多岐亡羊: 『열자』「설부說符」 편에 나온다.

146 학문의 (…) 뿐이다: 『맹자』「고자 상」에 나온다. 사람들이 의義를 버리고 착한 본성인 인仁을 잃어버리고서도 구할 줄 모르는 것을 탄식하며, 학문의 도는 잃어버린 본성을 찾는 것일 뿐이라고 했다.

147 마음은 (…) 한다: 『이정유서』에 나오는 말로, '강자腔子'는, 몸 안의 가슴과 배 부분을 가리킨다. 이 말은 언제 어디로 향할지 알 수 없는 마음을 자신의 몸 안에 잡아두고, 그 마음을 학문에 집중할 수 있게 해야 한다는 뜻이다.

고 한들 나의 일에 무슨 보탬이 되겠습니까? 하물며 그대〔자약子約〕는 평소에도 기력과 체력이 그다지 건강한 편이 아닌데, 어찌 단지 책을 탐닉하는 일 때문에 굶주림과 갈증, 추위와 더위를 잊어 외부의 사악한 기운이 자신의 빈틈에 들어올 수 있도록 했습니까? 이것이 어찌 성인께서 질병에 조심하고 효자가 자신을 지키는 뜻이겠습니까?
聞嘗感疾不輕, 甚以爲慮. (…) 來書以爲勞耗心力所致, 而諸朋友書亦云, 讀書過苦使然, 不知是讀何書. 若是聖賢之遺言, 無非存心養性之事, 決不應反至生病, 恐又只是太史公作祟耳. 孟子言: "學問之道, 惟在求其放心." 而程子亦言: "心要在腔子裏". 今一向耽著文字, 令此心全體都奔在冊子上, 更不知有己, 便是箇無知覺不識痛癢之人. 雖讀得書, 亦何益於吾事邪? 況以子約平日氣體不甚壯, 豈可直以耽書之故, 遂忘飢渴寒暑, 使外邪客氣, 得以乘吾之隙; 是豈聖人謹疾, 孝子守身之意哉! 「답여자약서」

15. 요즘 사람은 독서할 때, 널리 읽는 것에만 힘쓰고 정밀하게 읽는 것을 구하지 않습니다. 이러한 까닭으로 무단히 애쓰는 자는 다급해서 여유를 누리는 즐거움이 없고, 단순하고 쉽게 읽으려는 자는 두루뭉술해서 정밀하게 요약하는 공이 없습니다. 두 가지의 병폐가 비록 다르지만, 그 병폐가 생겨나는 원인은 곧 한 가지일 뿐입니다.
大抵今人讀書, 務廣而不求精, 是以刻苦者迫切而無從容之樂, 平易者泛濫而無精約之功. 兩者之病雖殊, 然其所以受病之源, 則一而已.
「답여자약서」

16. 『논어』의 1장[148]은, 책을 읽고 그 이치를 음미한 자취이지, 따로 가르침이 없습니다. 다만 이와 같이 공부해야지 간절하게 효과를 논

하거나 얻을 것을 따질 필요는 없습니다.

『論語』首章, 便是讀書玩理之樣轍, 更無別塗. 請只如此用功, 不必切切論功計獲也.「답여자약서」

17. 책을 읽을 때는, 책상을 정돈해서 깨끗하고 단정하게 하고, 서책을 가지런히 정돈하여 놓아야 한다. 몸을 바로 하고 서책을 대하며, 글자를 상세하게 천천히 보고, 자세하고 분명하게 읽어야 한다. 읽을 때는, 글자마다 높고 낭랑한 소리를 내되 한 글자라도 잘못 읽어서도 안 되고 빠트려서도 안 되며, 더 읽어서도 안 되고 거꾸로 읽어서도 안 되며, 억지로 암기하려고 해서도 안 된다. 다만 여러 번 많이 읊조리기를 구하면 자연히 입에 붙어서 오래되어도 잊지 않는다. 옛사람이 "책을 1000번 읽으면 그 뜻이 절로 드러난다"라고 했는데, 이 말은 익숙하게 읽으면 해설을 기다리지 않아서 저절로 그 뜻을 깨우친다는 뜻이다.

나는 독서에는 삼도三到가 있다고 말한 적이 있는데, 심도心到·안도眼到·구도口到를 말한다. 마음이 여기에 있지 않으면 눈으로 보아도 자세히 볼 수 없고, 마음과 눈이 이미 집중하지 않으면 다만 공연히 읊조리거나 읽게 되어, 결코 기억할 수도 없고 기억한다고 해도 오래 갈 수 없다. 삼도의 법 가운데서는 심도心到가 가장 중요하다. 마음이 닿으면 눈과 입이 어찌 닿지 않겠는가?

凡讀書, 須整頓几案, 令潔淨端正, 將書策齊整頓放. 正身體, 對書冊, 詳緩看字, 子細分明讀之. 須要讀得字字響亮, 不可誤一字, 不可少一字, 不可多一字, 不可倒一字, 不可牽強暗記. 只是要多誦徧數, 自然

148 『논어』의 1장:「학이」편으로 전문은 다음과 같다. "배우고 때때로 그것을 익히면 또한 기쁘지 아니한가? 동료가 먼 지방에서부터 오면 또한 즐겁지 아니한가? 다른 사람이 알아주지 않아도 화내지 않으면, 또한 군자답지 아니한가學而時習之, 不亦說乎? 有朋自遠方來, 不亦樂乎? 人不知而不慍, 不亦君子乎?"

上口, 久遠不忘. 古人云: "讀書千遍, 其義自見." 謂熟讀則不待解說, 自曉其義也. 余嘗謂讀書有三到: 謂心到, 眼到, 口到. 心不在此, 則眼看不仔細; 心眼旣不專一, 却只漫浪誦讀, 決不能記, 記亦不能久也. 三到之法, 心到最急; 心旣到矣, 眼口豈有不到乎? 『동몽수지童蒙須知』[149]

18. 서책은 모름지기 아끼고 보호해야지 훼손하고 더럽히거나 구기고 접어서는 안 된다. 제양濟陽의 강록江祿[150]은 책을 다 읽지 않았으면 아무리 급해도 반드시 책을 덮어 가지런히 정리한 이후에야 일어났다. 이것이 가장 본받을 만하다.

凡書冊, 須要愛護, 不可損汚縐摺. 濟陽江祿書讀未完, 雖有急速, 必待掩束整齊, 然後起. 此最爲可法. 『동몽수지』

19. 글이 기억나지 않을 때는 익숙하게 읽어야 기억할 수 있고, 뜻이 자세하지 않을 때는 꼼꼼하게 생각해야 정밀하게 할 수 있다.

書不記, 熟讀可記; 義不精, 細思可精. 『창주정사우유학자滄州精舍又喩學者』

20. 이미 배운 것은 자세히 헤아려 정밀함을 더하고,
새로 알게 된 것은 더 배양하여 깊이를 더한다.

舊學商量加邃密, 新知培養轉深沈. 『아호화운시鵝湖和韻詩』

149 『동몽수지童蒙須知』: 송나라 때 주자가 아동의 교육을 위해 엮은 교재. 1책. 학문에 들어가기에 앞서 기본적으로 갖추어야 할 자세를 기록한 수신서다. 우리나라에는 고려 말에 들어왔다.

150 강록江祿: 남조 양나라 사람. 자가 언하彦遐이고 제양濟陽 고성考城 사람이며, 강서江茜의 아우다. 글을 잘 지었으며 서예와 악기 연주에 뛰어났다. 체구는 작았으나 정신력은 매우 강했다고 한다.

21. 배울 때는 매우 절실하고 정성스럽게 공부해야 한다. 굶주려도 먹는 것을 잊고 목말라도 물 마시는 것을 잊을 정도로 노력해야 비로소 깨달을 것이다.
爲學須是痛切懇惻做工夫, 使饑忘食, 渴忘飮, 始得. 『주자어류朱子語類』

22. 배울 때는 지금이 옳고 어제가 그르다는 것을 깨달아야 한다. 날마다 고치고 달마다 변하는 것이, 곧 진보함〔長進〕이다.
爲學須覺今是而昨非, 日改月化, 便是長進. 『주자어류』

23. 배우려 할 때 실력이 향상되지 않는 것은, 단지 용감하지 않기 때문이다.
爲學不進, 只是不勇. 『주자어류』

24. 사람들은 "일에 정신이 빼앗기게 되어, 학문 연구에 방해가 되었다"고 많이들 말하는데, 이것은 배를 몰면서 계곡의 굽은 물줄기를 마다할 수 없는 것과 같다. 부유하고 존귀해지면 부유하고 존귀한 신분에 맞게 공부하고, 가난하고 천해지면 가난하고 천한 신분에 맞게 공부해야 한다. 『병법』에 "그 형세를 활용하여, 자기편에게 유리하도록 이끈다因其勢而利導之"[151]라는 매우 좋은 한마디의 말이 있다. 당시 사람들은 제나라 사람이 약하다고 여겼는데, 전기田忌[152]는 그 약하다고 업신여기는 생각을 이용하여 승리를 거두었으니, 오늘은 3만

151 그 형세를 (…) 이끈다: 『사기』「손자오기열전」에서는 "전쟁을 잘 하는 자는, 그 형세를 활용하여 자기편에 유리하게 이끈다. 병법에 이익을 위해 100리를 쫓는 자는 그 상장군을 사로잡히게 하고, 이익을 위해 50리를 쫓는 자는 군대의 절반만 남는다善戰者, 因其勢而利導之. 兵法, 百里而趣利者, 蹶上將; 五十里而趣利者, 軍半至"고 했다.

개의 부뚜막을 사용하고, 내일은 2만 개의 부뚜막을 사용하고, 모레는 1만 개의 부뚜막을 사용했다.[153] 또 한신韓信은 일부러 수많은 사람을 사지死地에 배치하고 나서야 비로소 승리를 거둘 수 있었다.[154]

배우는 사람은 만약 조금의 기운이라도 있다면 반드시 나아가 힘써야 한다! 오직 이 기운조차도 없어서 말도 할 수 없는 지경이 되었을 때야 비로소 휴식을 취할 만하다.

人多言爲事所奪, 有妨講學; 此爲不能使船嫌溪曲者也. 遇富貴, 就富貴上做工夫; 遇貧賤, 就貧賤上做工夫. 兵法一言甚佳, 因其勢而利導之也. 人謂齊人弱, 田單乃因其弱以取勝; 今日三萬竈, 明日二萬竈, 後日一萬竈. 又如韓信特地送許多人安於死地, 乃始得勝. 學者若有絲毫氣在, 必須進力; 除非無了此氣, 只口不會說話, 方可休也.

『주자어류』

152 전기田忌: 전국시대 제나라의 명장. 성이 전田인데, 진陳이라고도 하며, 이름이 기忌다. 자가 기期, 기사期思다. 서주에 봉해져 서주자기徐州子期로 불리기도 한다. 약 기원전 341년에 마릉馬陵의 전쟁이 발생하여, 위魏가 한韓을 공격하자, 제나라는 군대를 파견해 도왔다. 전기가 주장主將이 되어 손빈이 참모로 임명되었는데, 손빈은 곧바로 위나라의 수도인 대량으로 진격했다. 손빈의 '감조지계減灶之計(부뚜막의 수를 줄이는 계책)'을 사용하여, 제나라 군사력을 가볍게 여긴 위군 대장 방연龐涓을 깊이 유인하여 살해하고, 제나라가 대승하는 공로를 세웠다.

153 당시 (…) 사용했다: 『사기』「손자오기열전」에 나온다. 위나라가 한나라를 치자 한나라의 구원 요청을 받은 제나라는 위나라의 수도로 곧바로 진격하여 한나라를 구하려고 했다. 위나라 장수 방연은 제나라를 업신여겼는데, 전기田忌의 참모 손빈은 이러한 마음을 활용하여, 제나라 땅에 들어가서는 10만 개의 부뚜막을 사용하여 요리를 했고, 다음날은 5만 개, 또 다음날은 3만 개로 줄여서 방연으로 하여금, 제나라가 무서워서 도망간 것처럼 보이게 했다. 그 계획대로 방연은 보병을 두고 가벼운 정예만을 데리고 쫓다가 매복한 제군에게 대패하고 자신은 죽게 된다.

154 또 한신은 (…) 있었다: 『사기』「회음후열전」에 나온다. 한 고조 3년(기원전 204)에 한나라 군대 3만 명과 조나라 군대 20만 명이 교전한 정경지전井陘之戰을 가리킨다. 당시 한나라 장수 한신韓信은 조나라 장수 진여陳餘가 적군을 가볍게 보는 마음을 이용했다. 한신은 병법에서 금기시하는 배수진背水陣을 치고, 본군의 장수와 군사들을 고취하여 죽음에서 살아나기를 요구하고, 아울러 가벼운 기병을 조직하여 빈틈을 노려 조나라 군영을 빼앗았다. 조군은 군영으로 돌아와 잠시 쉬려고 했으나, 본영에 한나라 깃발이 꽂혀 있는 것을 보고 놀라서 대세가 이미 기운 것으로 여기고 뿔뿔이 흩어졌다. 결국 조나라 군대는 크게 패하고, 진여는 참수되었다.

25. 배울 때는 반드시 삿대를 저어야 할 곳에 힘을 쓰듯이 해야 한다. 공부를 그만두고 싶은 지점에 이르렀을 때, 다시 더욱더 공부에 힘을 쓰고, 내려놓거나 거꾸러지지 않게 하면, 곧 더 나은 곳으로 향하게 된다.

배우는 것은 바로 배를 저어서 상류로 올라가는 것과 같다. 평온한 곳을 만나서는 편리한 대로 가도 무방하지만, 여울이 심한 급류에 이르면 사공은 삿대질을 놓아버리거나 늦추어서는 안 된다. 그저 온 힘을 다해 배를 저어 올라가야지, 한 번이라도 긴장을 늦추어서는 안 된다. 한 번이라도 놓고 물러나면 이 배는 거슬러 오를 수 없을 것이다.

爲要求把篙處著力; 到工夫要斷絕處, 又更增工夫著力, 不放令倒, 方是向進處. 爲學正如撑上水船, 方平穩處儘行不妨, 及到灘脊急流之中, 舟人來這上一篙, 不可放緩; 直須著力撑上, 不得一步不緊. 放退一步, 則此船不得上矣. 『주자어류』

26. 양기陽氣가 나오는 곳에서는 쇠나 돌이라 해도 뚫리니, 정신을 한 곳에 집중하면 어떤 일인들 이루지 못하겠는가?

陽氣發處, 金石亦透, 精神一到, 何事不成. 『주자어류』

27. 배우는 것에 대해 논하며 말했다.

"자세히 하고 정밀하게 할수록 더욱 넓어지고 커지며, 신중히 하고 확실하게 할수록 식견이 더욱 높아지고 분명해진다."

論爲學曰: 愈細密, 愈廣大; 愈謹確, 愈高明. 『주자어류』

28. 배우는 자는 번거로움과 고생을 견뎌내야 한다.

學者, 須是耐煩, 耐辛苦. 『주자어류』

29. 글을 볼 때는, 마치 용맹한 장수가 군대를 운용할 때 한바탕 격렬하게 싸우듯이 하고, 매우 깐깐한 관리가 사건을 심리審理할 때 끝까지 죄인을 신문訊問하듯 해서, 결코 상대를 용서하지 않을 듯이 해야만 글의 내용을 알 수 있다."
看文字, 須是如猛將用兵, 直是鏖戰一陣; 如酷吏治獄, 直是推勘到底, 決是不恕他, 方得. 『주자어류』

30. 사람들은 "책을 읽을 때는 느긋하게 음미해야 한다"라고 하는데, 이것은 스스로를 나태하게 만드는 견해다. 만약 이 책을 읽으면서 그 도리道理를 아직 깨닫지 못했으면, 다급하게 서둘러서도 안 되지만 책을 내려놓지 않는 것이 오히려 좋다. 만약 하루 종일 한가로이 노니는 것을 '느긋하다從容'고 한다면, 도리어 공부할 곳이 없을 것이다. 약을 달이는 것에 비유하면, 센 불로 펄펄 끓이고 난 후에 약한 불로 그것을 달여야 도리어 지장이 없는 것과 같다.
人言讀書當從容玩味, 此乃自怠之一說. 若是讀此書未曉道理, 雖不可急迫, 亦不放下, 猶可也; 若徜徉終日, 謂之從容, 却無做工夫處. 譬之煎藥, 須是以大火煮滾, 然後以慢火養之, 卻不妨. 『주자어류』

31. 학문은 음식을 뜸 들이는 것과 똑같다. 모름지기 센 불을 놓아서 먼저 끓인 후에, 바야흐로 약한 불을 써서 천천히 뜸 들여야 한다. 만약 한결같이 약한 불만 사용한다면, 어떻게 익힐 수 있겠는가?
學問正如煮物相似. 須爇猛火先煮, 方用微火慢煮; 若一向只用微火, 何由得熟? 『주자어류』

32. 요즘 사람들은 공부할 때, 곧바로 착수하려고 하지 않고 모두 기다리려고만 한다. 만일 오늘 아침에는 일이 있으나 낮에 일이 없으면, 낮에 곧바로 착수할 수 있고, 낮에 일이 있으면 저녁에 곧바로 착수할 수 있는데도, 반드시 내일을 기다리려고만 한다. 또 이번 달에 아직 여러 날이 남아 있는데도 반드시 다음 달만을 줄곧 기다린다. 또 올해에 아직 여러 달이 남아 있는데도 공부는 하지 않고 반드시 "금년에는 시간이 얼마 남지 않았으니 내년을 기다리는 것이 낫겠다"고 말한다. 이와 같이 하면 어떻게 향상될 수 있겠는가?

今人做工夫, 不肯便下手, 皆是要等待; 如今日早間有事, 午間無事, 則午間便可下手; 午間有事, 晚間便可下手; 却須要待明日. 今月若尙有數日, 必直待後月. 今年尙有數月, 不做工夫, 必曰今年歲月無幾, 直須來年. 如此, 何緣長進! 『주자어류』

33. 글에서 중요한 대목 3~5곳을 애써서 이해할 수 있게 된 후에는, 그 나머지는 '대나무에 칼날을 대면 쪼개지듯이迎刃而解'[155] 쉽게 이해될 것이다. 배우는 사람이 근심해야 하는 것은, 침착하고 분명하게 하지 않고 경박하게 공부하는 데 있다.

文字大節目, 痛理會三五處後, 當迎刃而解. 學者所患, 在于輕浮不沈著痛快. 『주자어류』

34. 무릇 의리義理에 대해 깨우친 것이 많아서 두루 통달할 수 있어야 자연스럽게 그 효과를 보게 된다. 오늘 한 가지를 이해했다고 해

155 대나무에 칼날을 대면 쪼개지듯이迎刃而解: 『진서晉書』「두예전杜預傳」에서 "지금 군대의 위세가 매우 올랐으니, 비유하자면 대나무 여러 마디를 쪼갠 후에는 그 나머지는 모두 칼날을 대기만 해도 쉽게 쪼개져서 다시 손댈 곳이 없는 것과 같다今兵威已振, 譬如破竹數節之後, 皆迎刃而解, 無復著手處也"고 한 것에서 나왔다.

서 곧바로 한 가지를 사용할 수 있는 것은 아니다. 비유하자면 부유한 사람이 재물을 모을 때 많이 쌓여야 자연스럽게 마음대로 쓸 수 있는 것과 같다. 글짓기를 배울 때도 또한 두루 읽은 것이 많아진 이후에야 자연스럽게 볼만한 문장을 짓게 되는 것과 같다.
大凡義理積得多後貫通了, 自然見效. 不是今日理會得一件, 便要做一件用. 譬如富人積財積得多了, 自無不如意; 又如人學作文, 亦須廣看多後, 自然成文可觀.『주자어류』

35. 책은 적은 양을 보더라도 매우 익숙하게 봐야 한다. 아이들은 책을 읽고 그 내용을 기억하는데 어른들이 대부분 기억하지 못하는 이유는, 아이들이 마음을 한 곳에 집중하기 때문이다. 아이들은 하루에 100자를 가르쳐주면 다만 100자에만 집중하고, 200자를 가르쳐주면 다만 200자에만 집중한다. 어른들은 하루에도 간혹 100쪽을 보기도 하지만, 이처럼 정신을 집중해서 보지는 않는다. 사람들은 조금씩 나누어 열 개를 보는 경우가 많은데, 이제는 하나만을 충분히 보되, 읽는 기한을 넉넉하게 잡고 독서의 범위를 촘촘하게 해야 한다.
書宜少看, 要極熟. 小兒讀書記得, 大人多記不得者, 只爲小兒心專. 一日授一百字, 則只是一百字, 二百字則只是二百字. 大人一日或看百板, 不恁精專. 人多看一分之十, 今宜看十分之一, 寬著期限, 緊著課程.『주자어류』

36. 책을 읽을 때는 그 범위를 작게 잡고 공력을 많이 들여야 한다. 예를 들어 200자를 읽을 수 있으면, 다만 100자만 읽게 하고, 그 100자에 대해 맹렬하고 폭넓게(施) 공부한 것 중에서 이치를 자세히 이해하고, 읽고 외워서 익숙하게 해야 한다. 이와 같이하면 기억력이 좋지 않은 사람도 자연스럽게 기억할 수 있고, 지각知覺 능력이 없

는 사람도 이해할 수 있다. 대충대충 단기간에 많이 읽는 것이 있다 하더라도 모두 무익할 따름이다. 책을 읽을 때는 아직 읽지 않은 부분은 합쳐서 보면 안 되며, 이미 읽은 부분은 마땅히 합쳐서 읽어야 한다.

讀書, 小作課程, 大施功力. 如會讀得二百字, 只讀得一百字, 却於百字中猛施工夫, 理會仔細, 讀誦敎熟; 如此, 不會記性人自記得, 無識性人亦理會得. 若泛泛然念多, 只是皆無益耳. 讀書不可以兼看未讀者, 却當兼看已讀者.『주자어류』

37. 공부는 서둘러 해야 하고, 그 기한은 넉넉하게 해야 한다.

工夫要趲, 期限要寬.『주자어류』

38. 책을 읽을 때는 많이 읽기를 탐해서는 안 되고, 항상 자기의 역량이 남아 있도록 해야 한다.

讀書不可貪多, 常使自家力量有餘.『주자어류』

39. 책은 반드시 익숙하게 읽어야 한다. 이른바 똑같은 책일 뿐이지만, 10번을 읽었을 때는 1번을 읽을 때와는 결국 달라지고, 100번을 읽을 때는 10번을 읽었을 때와는 또 저절로 달라진다.

書須熟讀, 所謂只是一般然, 讀十遍時與讀一遍時終別, 讀百遍時與讀十遍又自不同也.『주자어류』

40. 마음이 안정되지 않기 때문에 이치를 보아도 깨달을 수 없는 것이다. 지금 책을 읽으려 한다면, 먼저 그 마음을 안정시켜서 고요한

물이나 밝은 거울과 같이 만들어야 한다. 흐릿한 거울이 어떻게 사물을 비추겠는가?
心不定, 故見理不得. 今且要讀書, 須先定其心, 使之如止水, 如明鏡; 暗鏡如何照物?『주자어류』

41. 독서할 때는 마음을 책에 붙여둬서, 글자나 어구마다 각각 확실하게 새겨볼 수 있어야 비로소 헤아려 생각하기 좋다. 무릇 배우는 사람은 자기의 마음을 수습하여 매우 침착하고 한결같게 해야 한다. 매일 움직이거나, 조용히 있을 때나, 조금도 치달려 흩어짐이 없게 해야만 비로소 문자를 정밀하고 자세하게 볼 수 있다. 이렇게 하는 것이 근본 요령이다.
讀書須將心貼在書冊上, 逐句逐字各有著落, 方始好商量. 大凡學者須是收拾此心, 令專靜純一; 日用動靜間, 都無馳走散亂, 方始看得文字精審. 如此, 方是有本領.『주자어류』

42. 사람은 항상 책을 읽어야 비로소 자기의 마음을 관리하고 다스려 항상 보존하게 할 수 있다. 장횡거는 "책은 내 마음을 지켜주는 것이다. 한순간이라도 내려놓으면 그 순간 덕성에 나태함이 생긴다"고 말했으니, 어떻게 책 읽기를 그만둘 수 있겠는가?
人常讀書, 庶幾可以管攝此心, 使之常存. 橫渠有言: "書所以維持此心, 一時放下, 則一時德性有懈." 其何可廢!『주자어류』

43. 성현의 말씀은 늘 눈 속에서 지나가고 입안에서 맴돌며 마음속에서 움직일 수 있도록 해야 한다.
聖賢之言, 須常將來眼頭過, 口頭轉, 心頭運.『주자어류』

44. 책을 읽어서 성현의 뜻을 살펴보고, 성현의 뜻에 기인해서 저절로 그러한 이치를 살핀다.
讀書以觀聖賢之意, 因聖賢之意以觀自然之理. 『주자어류』

45. 독서할 때는 도리道理를 철저하게 살펴보아야 한다. 이것은 사람이 먹을 때 씹어서 문드러질 정도가 되어야 삼켜 넘길 수 있고, 그 후에 보탬이 있는 것과 같다.
讀書須是窮究道理徹底; 如人之食, 嚼得爛方可嚥下, 然後有補. 『주자어류』

46. 의리義理는 언제나 다하는 법이 없다. 옛사람이 이렇게 말했더라도 또한 반드시 다한 것은 아니다. 따라서 반드시 직접 이리저리 살펴보아야 한다. 항상 깊이 파고들고 항상 보존할 수 있어야 한다."
義理儘無窮. 前人恁地說, 亦未必盡. 須是自把來橫看竪看; 儘入深, 儘有在. 『주자어류』

47. 도리道理에 빈틈이 있다는 것을 이미 알았다면, 다만 깊이 살펴보고 또 깊이 살펴보아야지, 조그만 성공에 안주해서 갑자기 그만둬서는 안 된다.
道理旣知縫罅, 但當窮而又窮, 不可安于小成而遽止也. 『주자어류』

48. 독서할 때는 그 빈틈이 있는 곳을 주의 깊게 보아야 비로소 도리를 철저하게 찾아볼 수 있다. 만약 빈틈을 보지 못한다면 파고들어 깨우칠 방법이 없다. 빈틈을 보았을 때 맥락은 저절로 열리게 된다.

讀書須是看著他那縫罅處, 方尋得道理透徹; 若不見縫罅, 無由入得. 看見縫罅時, 脈絡自開.『주자어류』

49. 대충 훑어보고 여기저기서 끌어오는 것은 익숙하게 읽고 정밀하게 생각하는 것만 못하다.
泛觀博取, 不若熟讀而精思.『주자어류』

50. 요즘 배우는 사람들은 대부분 요점을 따르기만 좋아하고, 그것에 대해 널리 탐구하려 하지 않는다. 널리 탐구하지 않으면 요점에 대해 검증할 방도를 알 수 없다. 만약 요점을 좋아하는 사람이 있다면, 다만 승려가 되어서 일생을 마치면 된다. 또 널리 탐구하는 것에만 집중하고, 그 요점을 돌이켜 생각하지 않으면, 오늘 한 제도를 고찰하고 내일 또 다른 한 제도를 고찰하더라도, 공연히 쓸데없는 곳에 공력을 소비하는 것이다. 그 병폐는 요점만을 따르고 널리 탐구하지 않는 것보다 심하다. 요컨대 모두 무익하다.
近日學者多喜從約, 而不於博求之, 不知不求於博, 何以考驗其約. 如某人好約, 今只做得一僧, 了得一身. 又有專於博上求之, 而不反其約, 今日考一制度, 明日又考一制度, 空於無用處作工夫; 其病又甚於約而不博者. 要之, 均是無益.『주자어류』

51. 요즘 사람은 독서할 때 대부분 자기에게 절실한 것을 직접 체험하고 살피지 않으며, 다만 책에서 보고 글의 뜻을 설명할 수 있으면 곧 그친다. 이와 같이 한다면 무슨 일을 이루겠는가? 자로子路가 "어찌 반드시 독서한 이후에야 학문을 하는 것이겠습니까?"고 하자, 공

자께서 "이 때문에 말 잘하는 사람을 싫어한다"[156] 고 하셨으니, 옛사람도 반드시 책을 읽어야 했다. 다만 옛사람이 독서하는 것은 도道를 구하기 위해서였다. 그렇지 않다면 읽은들 무슨 소용이 있겠는가? 요즘 사람은 독서를 통해서 도리를 이해하려 하지 않고, 모두 많은 책을 섭렵해서 해박하게 되는 것만을 잘하는 일로 여긴다. 이 때문에 도학道學과 속학俗學의 구별이 생겨났다.

今人讀書多不就切己上體察, 但於紙上看, 文義上說得去便了; 如此濟得甚事? 何必讀書, 然後爲學; 子曰: "是故惡夫佞者." 古人亦須讀書始得. 但古人讀書將以求道; 不然, 讀作何用? 今人不去這上理會道理, 皆以涉獵該博爲能; 所以有道學俗學之別. 『주자어류』

52. 배우는 사람이 공부하는 것을 너무 탐내면 의리를 정밀하게 보지 못한다. 책을 읽을 때는 자세하게 읽어야 하며, 한 구절 한 글자라도 분명하게 보아야 한다. 공력을 들이는 것이 세심하지 않고 정밀하게 생각하는 데 힘쓰지 않고서, 단지 의심할 만한 곳이 없다고만 말한다. 그러나 이것은 의심할 만한 곳이 없는 것이 아니라, 아직 이해하지 못했기 때문에 의심할 만한 곳이 있음을 알지 못하는 것일 뿐이다.

일반적으로 학문하는 데에는 연령에 따라 차이가 있다. 나이가 어렸을 때는 정력이 남기 때문에, 반드시 읽지 않은 책이 없도록 하고 그 의미를 끝까지 연구해야 한다. 만약 노년기에 접어들었다면, 도리어 요점을 선별해서 공력을 들여야 한다. 한 권의 책을 읽더라도 곧 훗날 공부해서 다시 이해하기 어려울 것이라 생각해서, 반드시 깊이 몰두해서 음미하며 지극한 경지까지 다 연구하는 것이 좋다.

學者貪做工夫, 便看得義理不精; 讀書須是仔細, 逐句逐字要見著落.

156 어찌 (…) 싫어한다: 『논어』 「선진」 편에 보인다.

若用工麤鹵, 不務精思, 只道無可疑處; 非無可疑, 理會未到, 不知有疑爾. 大抵爲學老少不同; 年少精力有餘, 須用無書不讀, 無不究竟其義. 若年齒向晩, 却須擇要用功, 讀一書, 便覺後來難得工夫再去理會; 須沈潛玩索, 究極至處可也. 『주자어류』

53. 책을 볼 때는 반드시 마음을 비우고 봐야지, 먼저 자신의 견해를 세워서는 안 된다. 한 단락을 볼 때는 완전히 끝날 때까지 보고 난 후 다시 다른 단락을 봐야 한다. 마치 송사訟事를 판결할 때 그들의 말을 다 듣고 난 후에 판결을 내리듯이 해야 한다.

凡看書須虛心看, 不要先立說. 看一段有下落了, 然後又看一段; 須如人受詞訟, 聽其說盡, 然後方可決斷. 『주자어류』

54. 책을 읽고 도리道理를 이해할 때, 다만 부지런히 노력하며 꾸준히 해나가면 이해하지 못할 수가 없다. 문왕文王도 오히려 부지런히 노력했는데, 하물며 덕이 부족한 사람은 어떠하겠는가?[157] 요즘의 세상 사람들은 일반적인 의론議論으로는, 성취하고 나면 나태해진다. 예를 들어 '감히 선배들에 대해 가볍게 논의하지 말라'고 하거나, '감히 망령되게 자신의 이론을 내세우지 말라'고 하는 말의 부류는, 모두 나태한 사람의 뜻에 맞는 말이다.

157 문왕도 (…) 어떠하겠는가?: 『춘추좌씨전』 선공宣公 21년에 보인다. 진晉나라 극성자郤成子가 여러 부락에 흩어져 사는 적인狄人과 화친하기 위해 찬함欑函에서 회합하러 가려고 했다. 그러나 진나라 대부들이 적인들을 오게 하라고 하자, 극성자가 "내가 들으니, 남을 복종시킬 만한 덕이 없으면 부지런히 노력하는 것보다 나은 것이 없다고 했으니, 부지런히 노력하지 않으면 어떻게 다른 사람과 화친을 구하겠는가? 부지런히 노력할 수 있으면 계속 공이 있을 것이니, 내가 그들에게 갈 것이다. 『시경』에 '문왕께서 이미 노력하셨다'고 했으니, 문왕도 오히려 부지런히 노력했는데 하물며 덕이 부족한 나 같은 사람이겠는가吾聞之, 非德, 莫如勤. 非勤, 何以求人? 能勤有繼, 其從之也. 『詩』曰 '文王旣勤止', 文王猶勤, 況寡德乎?"라고 했다.

본래 선배들에 대해서는 감히 망령되이 논해서는 안 되지만, 그들이 일을 처리한 것에 대해 옳고 그름을 논하는 것이 무슨 해가 되겠는가? 또한 본래 쓸데없이 자신의 견해를 세워서는 안 되지만, 책을 읽다가 의문이나 견해가 생기면 저절로 자신의 견해를 내세우지 않을 수 없다. 그런데도 자신의 견해를 내세우지 않는 사람은 책을 읽으면서도 의문점에 이르지 못한 자일 뿐이다.
讀書理會道理, 只是將勤苦捱將去, 不解得不成; 文王尤勤, 而況寡德乎? 今世人有一般議論, 成就後懶惰. 如云'不敢輕議前輩, 不敢妄立論'之類, 皆中怠惰者之意. 前輩固不敢妄議, 然論其行事之是非何害? 固不可鑿空立論, 然讀書有疑有所見, 自不容不立論. 其不立論者, 只是讀書不到疑處耳. 『주자어류』

55. 사람들의 병폐는, 다만 다른 사람의 설에 대해서는 의심할 줄 알면서 자신의 설에 대해서는 의심할 줄 모르는 것이다. 시험 삼아 다른 사람을 비판하는 것을 가지고 자신을 비판해보면, 아마도 그 장단점이 절로 드러날 것이다.
人之病只知他人之說可疑; 而不知己說之可疑; 試以詰難他人者以自詰難, 庶幾自見得失. 『주자어류』

56. 책을 읽으면서 의심이 없는 자는 반드시 의심이 생기도록 해야 하고, 의심이 생기면 다시 의심을 없애도록 해야 한다. 이러한 경지에 이르러야 비로소 향상될 수 있다.
讀書無疑者須教有疑, 有疑却要無疑, 到這裏方是長進. 『주자어류』

57. 글을 볼 때, 여러 학자의 설에 견해차가 있는 곳이 가장 볼 만하

다. 예를 들어 갑이 이렇게 설명했다면, 일단 갑의 설을 붙잡고 그 말을 끝까지 파헤치고, 또 을이 이렇게 설명했으면 일단 을의 설을 붙잡고 그 말을 끝까지 파헤친다. 두 학자의 학설을 다 연구하고 나면, 다시 서로 참고해서 끝까지 연구하면, 반드시 진실로 옳은 하나가 나올 것이다.

凡看文字, 諸家說有異合處最可觀, 如甲說如此, 且扯住甲窮盡其詞; 乙說如此, 且扯住乙窮其詞. 兩家之說旣盡, 又參考而窮究之, 必有一眞是者出矣.

『주자어류』

58. 책을 읽을 때는 앞뒤 글의 뜻이 어떠한지를 보아야지, 한 글자에 얽매여서는 안 된다. 예를 들어 양자揚子는 '인仁을 베풀 때는 부드럽고柔, 의義를 행할 때는 강하다剛'[158]고 했는데, 『주역』 중에서는, 또 강함(剛)을 인에 짝하고, 부드러움(柔)을 의에 짝했다. 또 『맹자』에서는 '배울 때 싫증 내지 않는 것이 지智이고, 가르칠 때 게을리 하지 않는 것이 인입니다'[159]라고 했는데, 『중용』에서는 다시 '자신을 완성하는 것이 인이요, 사물에 미쳐서 완성시키는 것이 지다'[160]라고 했다. 이와 같은 것은 반드시 각각 본문의 뜻에 따라 보아야 서로 지장을 주지 않는다.

凡讀書須看上下文意是如何? 不可泥着一字. 如揚子"於仁也柔, 於義

158 인仁을 (…) 강하다剛: 『법언法言』「군자」 편에 보인다. 어떤 이가 군자의 부드러움과 강함에 대해 묻자, 양웅揚雄이 이와 같이 말했다.

159 배울 때 (…) 인입니다: 『주자어류』에는 '論語'로 되어 있다. 그러나 인용문은 『맹자』「공손추公孫丑」에 나오는 구절이다. 공손추가 맹자를 성인이냐고 묻자, 맹자가 공자와 자공의 대화를 인용하여, 공자도 성인임을 자처하지 않았다고 하며 거절하는 대목이다. 자공의 질문에 공자는 "내가 성인을 따라갈 수는 없다. (다만) 나는 배울 때 싫증 내지 않았고, 가르칠 때 게을리하지 않았다聖則吾不能. 我學不厭, 而敎不倦也"고 했다.

160 자신을 (…) 지다: 『중용』 25장에 보인다.

也剛"; 到『易』中又將剛來配仁, 柔來配義. 如『論語』"學不厭, 智也; 教不倦, 仁也." 到『中庸』又謂"成己, 仁也; 成物, 智也"; 此等須是各隨本文意看, 便自不相礙. 『주자어류』

59. 경서를 읽다가 이해할 수 없는 곳이 있으면 일단 보류해야 한다. 만약 끊임없이 줄곧 해석해나가면 곧 통하지 않아서 어긋나는 곳이 생긴다.

經書有不可解處, 只得闕; 若一向去解, 便有不通而謬處. 『주자어류』

60. 역사책을 읽다가 이해할 수 없는 곳이 있으면, 그 부분을 기록해서 다른 이에게 물을 수 있도록 준비해두고 일단 읽고 지나간다. 때때로 다른 곳을 읽다가도 이 글의 뜻과 서로 관련이 있는 부분을 만나면 저절로 이해할 수도 있을 것이다.

讀史有不可曉處, 劄出待去問人, 便且讀過. 有時讀別處撞著有文義與此相關, 便自曉得. 『주자어류』

61. 독서의 방법은, 한 번 다 읽었으면 다시 한 번 생각하고, 한 번 생각했으면 다시 한 번 읽는 것이다. 소리 내어 읽는 것은 생각하는 것을 돕기 위해서인데, 항상 자기의 마음이 책에서 떨어지지 않도록 해야 한다. 만약 단지 입으로만 읽고 마음으로 생각하지 않으면, 어떤 것을 보더라도 자세하게 기억하지 못한다.

또 "지금은 인쇄된 서적이 많기에, 사람들은 마음을 기울여 읽지 않는다. 한나라 때 여러 유학자가 경전을 전수하던 방법은 암송하는 것뿐이어서, 기억이 견고할 수 있었다"고 했다. 그러나 그 때문에 그들이 인용한 글의 구절들에 잘못된 글자도 많아졌다. 예를 들어 『맹자』에서 『시경』과 『서경』을 인용한 곳에도 잘못된 것이 많은데, 그것은 책이 없어서 기억에만 의존했기 때문이다.

讀書之法, 讀一遍了, 又思量一遍; 思量一遍, 又讀一遍; 讀誦者, 所以助其思量, 常教此心在上面流轉. 若只是口裏讀, 心裏不思量, 看如何也記不子細. 又云: "今緣文字印本多, 人不著心讀. 漢時諸儒以經相授者, 只是暗誦, 所以記得牢" 故其所引書句多有錯字. 如『孟子』所引『詩』『書』亦多錯, 以其無本, 但記得耳. 『주자어류』

62. 요즘 사람들이 경솔하고 형편없이 책을 읽는 까닭은, 인쇄된 책이 많기 때문이다. 옛날 사람들은 모두 죽간竹簡을 사용했기 때문에, 큰 권력이 있는 사람만이 만들 수 있었다. 보잘 것 없는 선비들이 어떻게 인쇄본을 장만할 수 있었겠는가? 이 때문에 후한後漢 때 오회吳恢가 죽간을 만들어[161] 『한서漢書』를 베끼려고 하자, 그의 아들 오우吳祐가 "이 책이 만약 완성된다면 두 대의 수레에 실어야 합니다. 옛날 마원馬援은 율무〔薏苡〕 때문에 비방을 받게 되었고[162], 왕양王陽은 옷보따리로써 명성을 구했습니다"[163] 하고 간언한 것은, 바로 이와 같은 사정을 말한 것이다.

황패黃霸는 감옥 안에서 하후승夏侯勝으로부터 『서경』을 받아서 두 번의 겨울을 넘긴 이후에 전수 받을 수 있었다. 옛날 사람들은 책

161 죽간을 만들어: 원문은 '살청殺靑'이다. '한간汗簡'이라고도 하는데, 죽간을 만들기 위해 푸른 대나무를 불로 구워 푸른빛을 없앴다. 이렇게 하면 쓰기 쉽고 벌레 먹는 것을 방지할 수 있다.

162 마원은 (…) 되었고: 『후한서』「마원전馬援傳」에 나온다. 마원이 교지交阯(지금의 베트남 북부)에 있을 때, 항상 의이薏苡(율무) 열매를 먹어서 몸을 가볍게 하고 욕구를 줄여서 장기瘴氣(풍토병)를 이겨낼 수 있었다. 남방의 율무는 매우 컸기 때문에, 마원은 옮겨 심고자 돌아올 때 한 대의 수레에 실었다. 사람들은 그것을 남쪽 지방의 진귀한 물건이라고 생각했고, 권세가와 귀족들은 모두 그것을 원했다. 마원은 당시 황제의 총애를 받아 그 소문을 듣지 못했다. 그러나 그가 죽은 후에 상소를 올려 그를 비난하는 자들이 있었는데, 예전에 그가 싣고 돌아온 것이 모두 명주明珠의 문채가 있었기 때문이었다. 여기서는 오해를 불러일으킬 수 있다는 뜻으로 사용되었다.

이 없어서, 오직 처음부터 끝까지 잘 외울 수 있어야 책을 얻을 수 있었고, 강독할 수 있는 자도 또한 모두 외울 수 있게 된 이후에야 스승으로부터 배울 수 있었다.

소동파는 『이씨산방장서기李氏山房藏書記』를 지었는데, 그때도 책은 여전히 구하기 어려웠다. 조이도晁以道[164]는 일찍이 『공양전』과 『곡량전』을 얻으려고 널리 구했으나 없었다. 나중에 한 권을 얻고 나서야 비로소 서로 돌려가며 베껴 쓸 수 있었다. 지금 사람들은 연이어 쓰는 것조차 스스로 싫증을 낸다. 이 때문에 책을 읽는 것이 엉성하고 보잘 것 없어진다.

今人所以讀書苟簡者, 緣書皆有印本多了; 如古人皆用竹簡, 除非大段有力底人方做得; 若一介之士如何置? 所以後漢吳恢欲殺青以寫『漢書』, 其子吳祐諫曰: "此書若成, 則載之車兩. 昔馬援以薏苡興謗, 王陽以衣囊徼名." 正此謂也. 如黃霸在獄中從夏侯勝受『書』, 凡再踰冬而後傳, 蓋古人無本, 除非首尾熟背得方得, 至於講誦者, 也是都背得, 然後從師受學, 如東坡作『李氏山房藏書記』那時書猶自難得. 晁以道嘗欲得『公·穀傳』遍求無之, 後得一本, 方傳寫得; 今人連寫也自厭煩了, 所以讀書苟簡. 『주자어류』

63. 사마온공司馬溫公[165]의 『답일학자서答一學者書』에서는 학문하는

163 왕양은 (…) 구했습니다: 『한서』 「왕·공·양공·포전」에 보인다. 왕양王陽은 본명이 길吉이며, 자가 자양子陽이다. 왕양은 왕자양王子陽을 줄여서 부른 것이다. 왕자양은 청렴으로 명성이 자자하여 수레와 말, 의복을 좋아했으나 지위에 따라 처신하는 것이 분명했다. 좌천되거나 거처를 옮길 때는 짐이 보따리와 옷가지에 불과했고 재산을 쌓아두지 않았다. 벼슬에서 물러났을 때도 베로 만든 옷과 거친 음식뿐이어서 사람들이 그 청렴함에 탄복했다. 이 때문에 "왕양은 황금을 만들 수 있다(재산을 스스로 장만할 능력을 가졌다는 말)"는 말이 생겼다.

164 조이도晁以道: 송나라 조열지晁說之(1059~1129)를 가리킨다.

165 사마온공司馬溫公: 사마광을 말한다. 죽은 뒤 태사온국공太師溫國公으로 추증되었으므로 사마온공으로 불리게 되었다.

방법에 대해 설명하면서 『순자』에 나오는 네 구를 들어 말했다. "『순자』에서는 '여러 번 외워서 그 내용을 꿰뚫고, 깊이 생각해서 통달하며, 그 사람을 모범으로 삼아 처신하고, 그 해로운 것을 제거하여 보존하고 기른다'[166]고 했는데, 『순자』의 이 설은 역시 좋다. '여러 번 암송한다誦數'는 것은, 생각건대 옛사람들이 책을 암송할 때도 또한 횟수를 기억한 것이다. '관貫' 자는 '익숙하다熟'는 뜻이므로, 마치 자연스러운 것처럼 익숙하게 한다는 것이다.[167] 또 '통通' 자를 풀이하면, 암송하여 익숙하게 해서 바야흐로 통달하여 깨달을 수 있게 하는 것이다. 만약 암송한 것이 익숙하지 않으면 깊이 생각할 수 있는 것도 없다."

溫公『答一學者書』說爲學之法, 擧『荀子』四句云: "'誦數以貫之, 思索以通之, 爲其人以處之, 除其害以持養之', 『荀子』此說亦好. '誦數'云者, 想是古人誦書, 亦記遍數. '貫'字訓熟, 如習貫如自然; 又訓'通', 誦得熟方能通曉, 若誦不熟, 亦無可得思索. 『주자어류』

64. 양지지楊志之는 『사기』를 읽으면서, 자신은 기억력이 나빠서 반드시 3~5번을 읽어야 비로소 기억할 수 있는데, 그래도 나중에 또 잊어버린다고 근심했다. 그러자 주자가 말했다.

"한번 읽을 때 반드시 공력을 쓰되, 그 공력을 나누어 쓰는 계획을 세워서 여기까지 읽고 나서는 다시 읽지 않아도 곧 기억할 수 있게 해야 한다. 어떤 선비는 『주례주소周禮注疏』를 읽을 때, 첫 번째 쪽을 다 읽으면 태워버리고, 두 번째 쪽을 읽으면 또 태워 버렸는데, 바로 '타고 갈 배를 불태워 버리는 계책焚舟計'[168]을 쓴 것이다. 만약 처

166 여러 번 (…) 기른다: 『순자』 「권학勸學」 편에 보인다.

167 '관貫' 자는 (…) 것이다: 『공자가어』 「칠십이제자해」 에 보인다. "공자께서 '그렇다! 나의 어린 시절 성장은 마치 성격이 형성되는 것과 같아서 익힌 것이 익숙하여 자연스럽게 되었다'고 하셨다孔子曰: 然! 少成則若性也, 習慣若自然也'."

음에 일단 대충 한 번 읽고서 똑같이 서너 번 더 읽으려고 하면, 기억이 견고하지 않게 된다."
楊志之患讀『史記』無記性, 須三五遍方記得, 而後又忘了. 曰: "只是一遍讀時須用功, 作相別計, 止此更不再讀, 便記得. 有一士人讀『周禮疏』, 讀第一板迄則焚了; 讀第二板則又焚了; 便作焚舟計. 若初且草讀一遍, 準擬三四遍讀, 便記不牢. 『주자어류』

65. 일찍이 공실지龔實之가 가마 안에 단지 한 권의 책만 두고서 읽는 것을 보았는데, 이것은 그가 매우 차분하기 때문이다. 그는 또 "보통 외출할 때 가마 안에 서너 권의 책을 두고서, 한 권의 책을 보다 싫증나면 또 다른 책을 보는데, 이것이 무슨 공부가 되겠는가!"라고 했다.
嘗見龔實之轎中, 只着一冊文字看; 此其專靜也. 且云"尋常出外, 轎上着三四冊書, 看一冊厭, 又看一冊, 此是甚功夫也!" 『주자어류』

66. 어떤 이가 물었다.

"사람이 배우지 않으면 도道를 알 수 없다고 했는데, 배움은 독서에 달려 있고, 도는 일을 실행하는 데서 드러납니다. 어찌하여 반드시 독서한 이후에 일을 실행할 수 있는 것입니까?"

선생이 말씀하셨다.

"본래 그렇다. 그러나 배운다는 것은 곧 그 도를 배우는 것이지, 두 가지로 나누어지는 것이 아니다. 독서에 대해서 논하지 않으면 일을 실행하는 것에 대해서도 논하지 말아야 하니, 이렇게 하는 것이 모두 도이고, 이렇게 하는 것이 모두 학문이다. 정말로 경서經書와 사

168 타고 갈 (…) 계책焚舟計: 『손자병법』「구지」 편에 나오는 말이다. 장수가 병사를 인솔하여, 적지에 들어가서 배를 태우고 솥을 파괴하여 죽을 각오로 싸우게 하는 계책을 말한다.

서史書, 옛 전적典籍에 대해 마음을 가라앉혀 깊이 음미하고, 날마다 말하고 행동할 때 정밀하게 마음을 쓰고 몸소 살필 수 있다면, 자연히 천하의 이치를 궁구하여 내 마음의 깨우침을 다할 수 있을 것이다. 어찌 공空(불교佛敎)에 대해 담론하고 현묘한 이치玄(도교道敎)에 대해 설명하는 것을 도라 하고, 깊은 뜻을 끄집어내고 은미한 것을 찾아내는 것을 학문이라 하겠는가?

問: "人不學不知道, 學在讀書上見, 道在行事上見, 必讀書然後可行事與?" 先生曰: "固也. 然學卽學其道, 非作兩截; 無論讀書, 無論行事, 恁地皆是道, 恁地皆是學. 果於經史典籍, 潛心玩索, 日用云爲, 細意體察, 自能窮天下之理, 致吾心之知; 豈談空說玄之謂道, 鉤深索隱之謂學哉? 『송원학안』

67. 독서를 할 때 깊이 음미하는 데 뜻을 두어야 의리가 글 속에서 솟아나는 것을 볼 수 있다.

讀書著意玩味, 方見得義理從文字中迸出. 『송원학안』

68. 주자가 말했다.

"지금까지 행해진 학문은 단지 역사歷史와 전기傳記를 읽고 세상의 변고變故를 설명하는 정도였고, 경서經書를 공부하는 것 또한 중요한 몇 편을 외우는 것에 불과할 뿐이었다. 또 밖으로 향하는 뜻은 많아서, 자신의 내면을 돌이켜보고 반성하며 의리義理가 지향하는 곳을 궁구한 적이 없었다. 그러므로 몸과 마음을 제멋대로 놀려 의식과 생각이 미숙하고 얕아져서 자신에게 조금도 보탬이 되는 것이 없었다. 지금부터라도 힘껏 스스로 성찰해서 내면을 향하여 허물을 점차 없애나가면, 아마도 만년에는 절반이라도 구할 수 있을 것이다."

朱子曰: "目前爲學, 只是讀史傳, 說世變; 其治經亦不過是記誦編節;

向外意多, 而未嘗反躬內省, 以究義理之歸; 故其身心放縱, 意念粗淺, 於自己分上無毫髮得力處. 今日正當痛自循省, 向裏消磨, 庶幾晚節救得一半."『인보유기人譜類記』

69. 주자가 말했다.

"비록 예전에 본 적이 있는 글이라도, 훗날 다시 볼 때는 또한 자세하게 보아야 한다. 매일 두세 단락을 볼 수 있으니, 의심나는 곳을 보지 말고, 바로 의심스럽지 않은 분명한 곳을 먼저 보아야 한다. 만약 공연하게 깨달았다고 여겨서 곧바로 그만두면 크게 무익하다. 깨닫고 난 후에도 반드시 아직 의리를 다 궁구하지 못했다고 생각하는 것이 좋다."

朱子曰: "文字雖是舊曾看過, 後日再看亦須子細. 每日可看三兩段, 不是於那疑處看, 正須於那無疑處看. 若徒以爲曉得, 便竟住了, 大無益; 須是曉得後, 更思量尙有未盡義理方好."『독서작문보讀書作文譜』

70. 또 말했다.

"독서할 때는 많이 읽는 것에 탐욕을 부려서는 안 되고, 항상 자기의 역량이 남아 있도록 해야 한다. 마치 활을 쏘는 자가 오두五斗의 힘이 있으면 우선 사두四斗의 힘이 드는 활을 사용해서, 충분히 당겨도 자기 힘이 활의 힘을 이길 수 있게 해야 하는 것과 같다. 지금의 학자는 자기의 역량을 헤아리지 않고 독서하니, 아마도 자기가 그 책을 대적對敵하는 데 불과할 것이다.

又曰: 讀書不可貪多, 常使自家力量有餘. 如射箭者, 有五斗力, 且用四斗弓, 便可拽之令滿, 己力勝得他過. 今學者不度自己力量去讀書, 恐自家對敵他不過.『독서작문보讀書作文譜』

71. 또 말했다.

"정신력이 강한 자는 책을 널리 수집하여 그 내용을 두루 취해야 하지만, 정신력이 나약한 자는 결코 많이 보는 데 힘써서는 안 되고 가장 필요한 책으로 본성을 길러내는 것이 좋다.

又曰: 精神長者, 宜廣搜博取, 精神短者, 決不可務多, 但以最緊要書涵養性靈可也. 『독서작문보讀書作文譜』

72. 또 말했다.

"학문할 때는 연령에 따라 달리해야 한다. 나이가 어릴 때는 정력이 남기 때문에 반드시 많은 책을 읽어야 한다. 만약 노년기에 접어들었다면, 도리어 요점을 선별해서 공력을 들여야지 많이 읽는 데 힘써서는 안 된다. 한 권의 책을 읽더라도, 훗날 공부해서 다시 이해하기 어려울 것이라고 생각해서 반드시 깊이 몰두해서 음미하며 지극한 경지까지 다 연구하는 것이 좋다. 도리道理가 이미 마음에서 무젖으면 자연히 기억되어 잊히지 않을 것이다.

又曰: 爲學須分老少, 年少精力有餘, 書須用多讀; 若年齒向晚, 却宜擇要用功, 不在務多. 讀一書, 當思後來難得工夫再去理會, 須沈潛玩索, 究到極處, 道理旣浹洽於心, 自然記得不忘矣. 『독서작문보讀書作文譜』

73. 또 말씀다.

"나는 스무 살 때부터 도리道理를 보면 그 이면에 담긴 정밀하고 미묘한 곳을 보고자 했다. 예전에 『상채어록上蔡語錄』을 볼 때, 처음에는 붉은색 붓으로 칠하면서 보았고, 나중에는 다시 푸른색 붓으로 칠하면서 보았으며, 또다시 황색 붓으로 칠하면서 보았다. 이렇게 세 번 본 뒤에 다시 검은색 붓으로 칠하면서 보니, 그 정밀하고 미묘한 곳은 자연히 나를 속이는 것에 불과했고 그 의미가 점차 드러나게 되었다."

又曰: 某自二十時看道理, 便要看到那裏面精微處. 嘗看『上蔡語錄』, 其初將紅筆抹出, 後又用藍筆抹出, 復又用黃筆抹出. 三番之後, 更用墨筆抹出, 其精微處, 自然瞞我不過, 漸漸顯露出來. 『독서작문보讀書作文譜』

118

육유
陸游

육유陸游(1125~1210)는 남송의 대표적인 시인으로 호가 방옹放翁이다. "스스로 60여 년간 1만 수의 시를 지었다陸遊自言六十年間萬首詩"고 평가할 정도로 많은 작품을 남겼다. 나라의 상황을 개탄한 시나 전원의 한적한 생활을 주제로 한 시가 많다. 유독 촉蜀 땅의 산수山水를 좋아해서 평생 지은 시를 『검남시고劍南詩稿』라고 했다. 『방옹전집放翁全集』[169]이 있다.

배울 때는 반드시 책에 근본을 두어야 한다. 한 권의 책을 처음 볼 때는 매우 요약되어 있는 것 같다. 그러나 뒤의 내용과 앞의 내용을 서로 참고하고 이것과 저것을 서로 따져보며, 중요한 부분과 그렇지 않은 부분, 정밀한 부분과 엉성한 부분을 서로 드러내어 분명히 하면, 글에 연관된 것을 이루 다 살필 수 없을 정도로 매우 많아진다.

한 권의 책에도 결락된 것과 순서가 바뀐 것이 있어서, 다른 책에서 살펴보지 않으면 잘못된 것을 그대로 받아들여도 모르게 된다. 같은 글자지만 해석이 달라지기도 하고, 같은 말이지만 의미가 달라지

169 『방옹전집放翁全集』: 육유의 문집 『검남시고』를 가리킨다. 전 85권이며 9135수를 싣고 있다. 순희 14년(1187) 육유가 엄주지사로 있을 때, 『검남시고』 20권(2524수)을 간행했다. 명나라 말에 모진毛晉(1599~1659)이 『육방옹전집陸放翁全集』을 출판했는데, 그중 『검남시고』 85권은 육유의 장남 육자거陸子虡의 강주江州 간행본 『방옹선생검남시고放翁先生劍南詩稿』 85권을 조본祖本으로 삼아 편집한 것으로, 『검남시고』의 정본이 되었다. 『검남시고』는 편년체로 이루어져 있으며 일시佚詩도 다수 전한다.

기도 하는데, 이는 서체書體에 예서隸書와 고서古書(전서篆書)의 다름이 있고[170], 언어에도 남쪽 지방〔楚〕과 중원〔諸夏〕의 차이가 있어서이니[171], 널리 많은 책을 다 살피지 않으면 한 권의 책일지라도 갑자기 이해할 수 없을 것이다. 이것이 학자들이 널리 익히는 것을 귀하게 여기는 이유다. 진秦나라 이전과 양한兩漢부터 당唐나라, 오대五代[172] 시대에 이르기까지 큰 전쟁을 거듭 겪으면서 이윽고 보존된 책도 적어졌는데, 배우는 이가 근근이 남아 있는 것 중에서도 무책임하게 자기 마음대로 나태하고 어물쩍거리면서 "나는 넓게 공부하는 것에 마음을 빠트릴까 두렵다"고 하니, 어찌 비루하지 않은가?

學必本於書: 一券之書, 初視之若甚約也; 後先相參, 彼是相稽, 本末精麤, 相爲發明, 其所關涉已不勝其衆矣. 一編簡有脫遺失次者, 非考之於他書, 則所承誤而不知. 同字而異詁, 同辭而異義, 書有隸·古, 音有楚·夏, 非博極群書, 則一券之書, 殆不可遽通; 此學者所以貴乎博也. 自先秦·兩漢訖於唐·五代以來, 更歷大亂, 書之存者旣寡, 學者於其僅存之中, 又鹵莽焉以自便其怠惰因循, 曰: "吾懼博之溺心也" 豈不陋哉! **『위남문집渭南文集』「만권루기萬劵樓記」**

170 서체에는 (…) 있고: 분서갱유 이후 한나라에서 유학을 부흥하며 생긴 현상. 당시 몇몇 학자에 의해 구전으로 전해지던 경서를 공식 서체인 예서로 기록하면서 예서체로 기록된 서적이 나오게 되었고, 동시에 공자 집의 벽에서 숨겨두었던 옛 서체〔고서체인 전서篆書〕로 된 서적이 발견되기도 했다. 그리고 또 고서를 빙자하며 지어진 위서가 등장하기도 했다. 이에 따라서 경서에 대한 학문은 경서 해석과 글자·어구의 뜻풀이인 훈고학은 물론, 예서로 된 금문今文과 전서로 쓰인 고문古文, 그리고 위고문僞古文 등의 진위 여부를 따지는 비교학 등 다양한 양상을 띠게 되었다.

171 언어에도 (…) 차이가 있어서이니: 원문에는 '음音'으로 되어 있는데, 그 의미를 확장한 것이다. '음音'은 넓은 의미에서 언어라고 해석된다. 『맹자』「등문공 하」에서도 초나라 대부가 그 아들에게 제나라의 말을 배우기를 바란다면 초나라 스승보다는 제나라 사람을 스승으로 모시는 것이 낫고, 제나라 스승을 모시는 것보다 아이를 제나라에 보내는 것이 낫다고 했는데, 이를 통해서 제나라와 초나라의 언어가 달랐음을 알 수 있다. 또한 시가詩歌의 발전에 있어서도 중원인 제하諸夏 지역은 『시경』을 중심으로 발달했고, 초楚를 중심으로 하는 남방지역은 초사楚辭를 중심으로 하는 사부辭賦 문학이 발달했다. 『시경』은 완전한 운문 중심의 시가인 반면 사부는 운문에 산문의 요소가 다소 가미된 형식으로 된 시가다.

172 오대五代: 당나라가 망한 후로부터 송나라가 건국되기 전까지 다섯 왕조가 흥망을 거듭하던 시기를 말한다. 다섯 왕조는 후량後梁·후당後唐·후진後晉·후한後漢·후주後周다.

119

우무
尤袤

우무尤袤(1127~1194)는 남송의 문인이자 장서가로 자호는 수초거사遂初居士다. 조정에서 과감하게 말했고, 원칙을 지켰다. 시문에 뛰어나 양만리楊萬里, 범성대范成大, 육유와 함께 '남송사대가'로 불렸다. 구룡산 아래 수초당을 짓고 장서 3만여 권을 보관했다. 시의 대부분은 없어졌고, 청나라 우동尤侗이 『양계유고梁溪遺稿』를 펴냈다. 우무가 만든 『수초당서목遂初堂書目』은 중국 최초의 목록학 저작이다. 『수초소고遂初小稿』[173]가 있다.

근대의 사대부 가운데 소장한 책이 많은 사람으로는 우연지尤延之를 넘어서는 이가 없고, 책을 즐기는 독실함에서도 우연지를 넘어서는 자가 없다. 그는 일찍이 "굶주릴 때 독서하기를 고기 대하듯 하고, 추울 때 독서하기를 갖옷을 대하듯이 했으며, 외로울 때 독서하기를 벗을 대하듯 했고, 근심스러울 때 독서하기를 쇠나 돌로 만든 악기나 금琴과 슬瑟을 대하듯이 했다"라고 말했다.

近代士大夫積書之富, 莫過於尤延之, 耆書之篤, 亦莫過於尤延之. 嘗謂飢讀之以當肉, 寒讀之以當裘, 孤寂而讀之以當朋友, 幽憂而讀之以當金石琴瑟. 『소실산방초총少室山房草叢』[174] 권4

173 『수초소고遂初小稿』: 우무의 시문집. 『송사』「우무본전」에는 그가 지은 『수초소고』 60권이 있었다고 기록되어 있으나, 오래전에 일실되어 구체적인 내용을 확인할 수 없다.

174 원문은 『소실산방초총少室山房草叢』인데 『소실산방필총少室山房筆叢』의 오기다.

120

장식
張栻

장식張栻(1133~1180)은 남송의 성리학자이자 교육가로 호굉에게 배웠으며, 효종 건도乾道 원년(1165)에 후난 안무사 유공(1122~1178)의 초빙으로 악록서원嶽麓書院을 열었는데, 3년 동안 고심하여 경영한 끝에 배우는 이가 수천 명에 달해 호상학파湖湘學派의 기틀을 다지게 되었다. 장식은 주희의 학설에 큰 영향을 주었고, 주희는 장식의 학문이 높아 도저히 따라갈 수가 없다고 칭송했다. 장식은 '인仁'의 가치가 가장 중요한 것이라 말했고, 맹자의 성선설을 지지하며, 사람이 태어나면서 가지고 있는 본성은 하늘에 의한 것이고 따라서 본래 선한 것이라고 했다. 하지만 불교에 대해서는 비판적인 입장을 취했다. 주희, 여조겸과 더불어 '동남삼현東南三賢'으로 불린다. 『남헌집南軒集』 등이 있다.

1. 이른바 "책을 볼 때는 마음을 비우고 기운을 평온하게 해서 의리가 있는 곳을 천천히 보아서, 그것이 받아들일 만한 것 같으면 비록 보통 사람의 말이라도 버리지 못할 것이 있고, 그것이 의심할만한 것 같으면 비록 성현의 말로 전해지더라도 또한 더욱더 자세히 살펴서 선택해야 하는 것입니다"라고 했는데, 이 말은 진실로 옳습니다. 그러나 마음을 비우고 기운을 평온하게 하는 것이 어찌 다만 책을 볼 때만 그런 것이겠습니까? 내가 이미 가르침을 받았기 때문에, 감히

다시 올립니다.
所謂“觀書當虛心平氣, 以徐觀義理之所在, 如其可取, 雖庸人之言, 有所不廢, 如其可疑, 雖或傳以聖賢之言, 亦須更加審擇”, 斯言誠是. 然虛心平氣, 豈獨觀書, 當然, 某旣已承命, 因敢復以爲獻也. 『여주원회서與朱元晦書』

2. 책을 읽을 때 널리 읽는 것에서 요점으로 나아가려는 것이 진실로 예전 현인들이 취한 방법이니, 책 읽는 순서도 마땅히 그렇게 해야 한다. 다만 두루 보고 널리 취할 때 항상 요점으로 나가려는 의지를 간직하도록 해야 널리 보는 것에만 마음을 빠뜨리지 않을 것이다. 또 넓게 한다는 것과 잡다하게 하는 것은 비슷하지만 같지는 않으니, 살피지 않으면 안 된다.
讀書欲自博而趨約, 此固前人規模, 其序固當爾. 但旁觀博取之時, 須常存趨約之意, 庶不致溺心. 又博與雜相似而不同, 不可不察也! 『남헌문답南軒答問』

3. 역사를 공부할 때는 마땅히 안정과 혼란, 흥성과 쇠퇴의 원인을 연구해보고, 인물의 옳음과 그름, 삿됨과 바름을 살펴보아야 한다. 또한 변화하는 시점에 징조를 알아채거나, 취사선택에 의심이 들 때는 또한 세 번 반복해서 읽는 것이 마땅하다! 견문을 넓히거나 문장을 짓는 재료로 사용하는 것은 지엽적인 일이다.
觀史工夫要當考其治亂興廢之所以然, 察其人之是非邪正, 至於幾微節目, 與夫疑似取舍之間, 尤當三復也! 若以博聞見助文辭, 抑末矣. 『성리대전性理大全』

4. 배울 때는 지향점을 세우는 것에 가장 힘써야 하고, 생각을 선하게 하는 것에 더욱 매진해야 한다. 스스로 한계를 긋는 것보다 해로운 것이 없고, 스스로 충분하다고 여기는 것보다 병폐가 없으며, 스스로 포기하는 것보다 더한 재앙은 없다.

學莫強於立志, 莫進於善思, 莫害於自畫, 莫病於自足, 莫罪於自棄. 『광근사록廣近思錄』[175]

5. 남헌 선생南軒先生(장식)께서 "학문을 할 때는 명쾌한 것을 완전하게 믿어서는 안 되고, 응당 생각과 헤아림은 더디고 우둔한 곳에 이르러야 한다"고 말하자, 어떤 이가 "어찌해서 도리어 더디고 우둔한 곳을 구하라고 하십니까?"라고 물었다.

"한결같이 명쾌한 것만 좇아 향하다보면 그 가운데 어찌 실수가 있지 않을 수 있겠는가? 더디고 둔한 중하 수준의 공부에서 반복해서 생각을 다해야 한다. 그렇게 한 후에야 자기의 몸에 그것을 소유할 수 있게 된다."

南軒先生曰, 爲學不可全恃明快, 要當思量到遲鈍處. 問如何卻要遲鈍? 曰, 一向從明快中去, 豈不有失? 須反復致思, 於遲鈍中下工夫, 然後能有諸己. 『형설만총설螢雪漫叢說』

175 『광근사록廣近思錄』: 청나라 초기의 문신이자 학자 장백행(1651~1725)의 저술이다. 주자의 서목과 같은 체재로 만들었다.

121

팽구년
彭龜年

팽구년彭龜年(1142~1206)은 주희와 장식에게 배운 남송의 학자로 『지당집止堂集』[176]이 있다.

『독서에 대한 시를 지어 아들 현鉉에게 보여주다』에서,
독서인讀書人이 읽는 것 들어보니
기운을 금보다 훨씬 아꼈으며
여러 개의 구슬을 꿰는 것과 같아서
그 소리가 온화하고 또 평안했으며
갑자기 낮추었다가 다시 높이는데
끊긴 듯했지만 도리어 들을 만했다
때때로 침묵으로 고요했는데
깊은 뜻 구하는 것임을 짐작하고
마음속으로 몰입하여 함께 이해하니
모르는 사이에 깊은 감탄이 흘렀다

어제 저녁 네가 책 읽는 것을 들으니
성난 소리로 이웃을 꾸짖듯 읽더구나
바야흐로 그 소리가 우렁찰 때는

176 『지당집止堂集』: 팽구년彭龜年의 저술로 지당은 그의 졸호다. 20권으로 이루어져 있으며 『영락대전』과 『역대명신주의曆代名臣奏議』를 집록한 내용과 시 200여 수 등이 실려 있다.

소리가 폭우도 어지럽힐 듯하네
갑작스럽게 기운이 너무 고갈돼버려
입에서도 마침내 읊조림마저 끊겼네
몸도 지치고 정신도 절로 혼미해지니
생각한들 어찌 깊이 할 수 있으며
어찌 깊은 맛을 다시 음미하겠느냐?
옛것을 익히고 새것을 알아야 한다
길게 읊조리면 시에 맛이 있고
세 번 반복하면 의미가 한결 정밀해진다
너에게 권면하노니, 읊조리고 왼 후에
또한 배우고 깊이 생각해보거라

『讀書吟示子鉉』云, 吾聞讀書人, 惜氣勝惜金. 累累如貫珠, 其聲和且平. 忽然低復昂, 似絕反可聽. 有時靜以默, 想見紬繹深. 心潛與理會, 不覺詠歎淫. 昨夕汝讀書, 厲聲罵四鄰. 方其聲盛時, 聲能亂狂霖, 倏忽氣已竭, 口亦遂絕吟. 體疲神自昏, 思慮那得深? 安能更雋永, 溫故而知新. 永歌詩有味, 三復意轉精. 勉汝諷誦餘, 且學思深湛. 『양씨별기 梁氏瞥記』

122

여조겸
呂祖謙

여조겸呂祖謙(1137~1181)은 남송의 학자로 호가 동래東萊이며 『휘종실록』을 개수하고,『황조문감皇朝文鑑』을 교정 및 간행했다. 아호지회鵝湖之會를 개최하여 주자와 육구연의 학술을 조화시키려 했고, 동생 여조검呂祖儉과 함께 명초산에 이택서원麗澤書院을 창건하고 강학했다. 주희와 함께 『근사록近思錄』을 편찬했다. 『동래집東萊集』[177] 등이 있다.

1. 학문의 근본적인 방법은 독서보다 앞서는 것이 없고, 독서하는 방법은 매일 일정한 과정課程을 두는 데 있다. 구두의 방법을 아직 깨우치지 못했으면 글의 큰 의미에도 아직 통하지 못할 것이니, 다른 사람과 함께 의논하는 것을 아끼지 말고 다른 사람에게 나아가 가르침을 받는 것을 아끼지 마라. 많은 사람이 이것을 수치로 여기지만, 이러한 상황에도 알지 못하는 이가 이와 같이 하지 않는다면, 죽을 때까지 부끄러움이 있게 된다.
爲學之本, 莫先讀書, 讀書之法, 須令日有課程. 句讀有未曉, 大義有未通, 不惜與人商榷, 不惜就人授讀. 凡人多以此爲恥, 曾不知不如是, 則有終身之恥也.『학규막속學規莫屬』

177 『동래집東萊集』: 여조겸의 저서. 문집 15권, 별집 16권, 외집 5권, 습유 1권, 연보·부록이다.

2. 무릇 독서할 때는 반드시 정통하고 숙련되기에 힘써야 한다. 혹시 기억력이 좋지 못한 경우라 하더라도 외운 횟수가 많으면 자연히 정통하고 능숙해져서 기억이 확고해질 수 있다. 이와 같은 데도 많이 읽지 않고 다만 오래 기억하는 것에 힘쓴다면 오늘 완전히 외운 것을 내일이면 곧 잊어버릴 것이니, 그것이 읽고 외운 적이 없는 것과 무엇이 다르겠는가?

凡讀書必務精熟. 若或記性遲鈍, 則多誦遍數, 自然精熟, 記得牢固. 若是遍數不多, 只務強記, 今日成誦, 來日便忘, 其與不曾讀誦何異?

『학규류편學規類編』

3. 배우는 사람은 진보하지 않으면 끝이니, 진보하기를 바란다면 고정관념을 두어서는 안 된다. 고정관념이 있으면 도에 참여하거나 나갈 수 없다. 그러므로 고정관념이 있으면 의심의 여지가 없는 것으로 자처하고, 고정관념이 없어진 후에 의심할 것을 알게 되는 것이다. 작게 의심하면 반드시 작게 진보하고, 크게 의심하면 반드시 크게 진보하니, 보통 의심이라는 것은 옛것에 안주하지 않고, 새로운 것에 나아가는 것이다.

學者不進則已, 欲進之, 則不可有成心. 有成心, 則不可與進乎道矣. 故成心存, 則自處以不疑, 成心亡, 然後知所疑矣. 小疑必小進, 大疑必大進, 蓋疑者不安於故, 而進於新者也. 『광근사록廣近思錄』

4. 배우는 자는 마땅히 먼저 하나의 경전을 먼저 오롯이 익혀야 하니 하나의 경전이 명확해지고 나면 여러 경전에서 접하는 항마다 향상시킬 수 있다. 역사는 마땅히 『좌씨전左氏傳』에서부터 『오대사五代史』에 이르기까지 차례에 따라 읽어서 곧 전후 사건의 전말에 대해 환하고 분명히 해야 한다. 다른 책을 보는 데 이르러서는 또한 처음

부터 끝까지 읽어서 그 순서를 잃어버리는 것이 없어야 한다. 만약 앞에 잡다하게 펼쳐 놓고 오늘은 어떤 편지를 읽고 내일은 어떤 전傳을 읽으면 그 앞의 것을 익히다가 그 뒤의 것을 잊고, 그 가운데를 거론하다가 그 앞과 뒤를 놓쳐버리니, 나는 그런 사람이 성공하는 것을 본 적이 없다.

學者當先治-經, 一經旣明, 則諸經可觸類而長之. 史當自『左氏』至『五代史』, 依次讀, 則上下首尾, 洞然明白. 至於觀其他書, 亦須自首至尾, 無失其序爲善. 若雜然列於前, 今日讀某書, 明日讀某傳, 習其前而忘其後, 擧其中而遺其上下, 吾未見其有成也. 『광근사록廣近思錄』

5. 사고하고 탐구하는 것이 괴로운 처지에 이르러서는 안 되고, 감상하고 수양하는 것이 게으른 데 이르러서는 안 된다.

思索不可至於苦, 玩養不可至於慢. 『송원학안』

6. 수십 년 동안 성인의 글을 읽은 사람이 잠시 뜻밖의 사고를 만나 마을 사람과 다를 것이 없게 되기도 하고, 혹 노성한 사람의 말 한마디를 듣고서 곧 죽을 때까지 마음에 새기게 되기도 하니 어찌 노성한 사람의 말이 육경六經보다 낫겠는가? 이것은 단지 책을 읽는 것을 유용하게 여기지 않기 때문이다.

人二三十年讀聖人書, 一旦遇事, 便與里巷人無異, 或有一聽老成人語, 便能終身服膺, 豈老成人之言過於六經哉? 只緣讀書不作有用看故也. 『송원학안』

7. 무릇 역사책을 보다가, 치세를 보면 치세를 생각하고, 난세를 보면 난세를 생각하며, 하나의 사건을 보고 다만 하나의 사건만을 알면

무엇을 얻겠는가? 역사를 볼 때는 마치 몸이 그 가운데 있는 듯이 해서, 사건의 이해관계나 당시의 재앙과 환난을 보면 반드시 책을 덮고 스스로 생각하여, 만약 내가 이러한 일을 만났다면 어떻게 처신해야 마땅할지 고민해보아야 한다. 이와 같이 역사를 보면 학문도 진보할 수 있고, 지식도 높아질 수 있어서 곧 유익할 것이다.

大抵看史, 見治則以爲治, 見亂則以爲亂, 見一事則止知一事, 何取? 觀史如身在其中, 見事之利害, 時之禍患, 必掩卷自思, 使我遇此等事, 當作如何處之. 如此觀史, 學問亦可以進, 智識亦可以高, 方爲有益. 『선정독서결先正讀書訣』

8. 여동래呂東萊(여조겸)가 말했다.

"어수선하고 복잡해서 기억하기 어려운 사리事理와 끊어 읽을 수 없는 글귀〔書辭〕는 대략 시가로 만들면 곧 쉽게 기억할 수 있으니, 독서할 때 가장 간편하고 빠른 방법이다."

呂東萊曰, 凡煩雜難記之事理, 與無可句讀之書辭, 約爲詩歌, 卽可易記. 乃讀書最簡捷之法也. 『독서작문보讀書作文譜』 권12

9. 문장을 보는 방법을 총괄적으로 논하자면, 문장을 배울 때는 한유韓愈·유종원柳宗元·구양수歐陽脩·소식蘇軾 등을 익숙하게 보아야 하니, 먼저 문장의 체제와 형식을 본 이후에 옛사람이 의도를 가지고 구절에 내려놓은 부분을 두루 고찰해야 한다. 소식蘇軾의 글을 문장에 인용할 때는 읽는 사람을 쉽게 싫증나게 할까 두려워했으니, 대체로 근세에는 독서를 많이 하기 때문이다.

첫 번째는 전반적인 주장을 보고, 두 번째는 문장의 기세를 보고, 세 번째는 대략적인 줄거리와 자세한 조목에서 가장 중요한 곳을 보아야 한다. 〔어떻게 주장이 처음부터 끝까지 서로 호응하는가? 어떻게 한편에서 차례가 배치되었는가? 문장의 기세가 높아지거나 낮아지는 곳, 또 문장이 전개되거나 수렴되는 곳은 어떠한가?〕 네 번째는 글에 생명력을 부여한 구법이나 함축적인 문구를 보아야 한다.〔이 한 편에서 어떤 것이 생명력을 주는 문구인가? 구나 글자를 구성하는 데 힘을 쏟은 곳은 어디인가? 어느 곳이 글의 시작점이고, 전환·변화가 일어나며, 훌륭한 곳인가? 내용을 맺는 데 힘을 쏟은 곳은 어디인가? 어떤 곳이 융화·변화·절제에 힘을 둔 곳인가? 실제 내용 가운데 제목과 관련된 곳은 어디인가?〕

總論看文字法云, 學文須熟看韓·柳·歐·蘇, 先見文字體式, 然後徧考古人用意下句處. 蘇文當用其章, 若用其文, 恐易厭人, 蓋近世多讀故也. 第一看大概主張, 第二看文勢規模, 第三看綱目關鍵,〔如何是主意首尾相應? 如何是一篇鋪敍次第? 如何是抑揚開合處?〕第四看警策句法,〔如何是一篇警策? 如何是下句下字有力處? 如何是起頭換頭佳處? 如何是繳結有力處? 如何是融化屈折剪截有力處? 如何是實體貼題目處?〕『고문관건古文關鍵』[178]

178 『고문관건古文關鍵』: 여조겸이 전대 현인이 선집한 고금의 글을 비주批註하여 간행한 책. 김안국은 이 책을 "『고문진보』나 『문장궤범』과 같다"고 평했다.

123

육구령
陸九齡

육구령陸九齡(1132~1180)은 남송의 사상가로 호가 복재復齋, 시호가 문달文達이며, 육구연의 형이다. 동생과 사우가 되어 아호鵝湖에서 강학하면서 '이륙二陸'으로 일컬어졌으며, 전주교수全州敎授 등을 역임했다. 유학에 깊은 성취를 거두어 '해내유종海內儒宗'이라는 칭송을 받았다. 『송사』에서 "육구령은 아버지의 뜻을 계승했는데 예학을 더욱 닦아 집안을 다스림에 예법이 있었다. 식솔이 모두 100명이었는데 남녀 반열을 나누어 각자 직분을 다하니, 집안이 조정처럼 엄정했다"라고 했다. 『복재문집復齋文集』이 있다.

해석과 주석에만 마음을 쏟으면 도리어 막히고
정밀하고 은미함에만 주의하면 도리어 어두워지리라.
留情傳註翻榛塞, 著意精微轉陸沈. 『아호시동지시鵝湖示同志詩』

124

육구연
陸九淵

육구연陸九淵(1139~1192)은 남송의 사상가로 호가 상산象山, 시호가 문안文安이다. '심즉리心卽理'의 주관적 유심론을 주창하여 주자의 '성즉리'와 천리인욕설에 대항했는데, 이때부터 유학은 심학과 이학 두 학파로 갈라졌다. 뒤에 왕양명王陽明에게 이어져 양명학으로 발전했다. 『상산집象山集』[179]이 있다.

1. 독서할 때는 단어·어휘·구절의 뜻(訓詁)에 통하고 난 후에 마음을 평안히 해서 그것을 읽고 억지로 이해가 오기를 기대하지 않아야 하니 곧 물 주어 배양하고 북돋우며 채찍질하여 연마하고 힘쓰는 덕택이 아님이 없다. 혹 아직 환하게 깨닫지 못한 곳이 있으면 우선 그냥 두어도 해가 없다. 또한 그중 명백하고 확실한 것으로 날마다 깊이 이해하기를 더한다면 자연히 날마다 채워지고 날마다 분명해져서, 뒷날 근본이 깊고 철저하게 되어 곧 이전에 깨닫지 못했던 것도 얼음이 녹듯 의심이 감쪽같이 풀릴 것이다.

大抵讀書訓詁既通之後, 但平心讀之[180], 不必強加揣量, 則無非浸灌培益鞭策磨[181]勵之功. 或有未通曉處, 姑缺之無害. 且以其明白昭晰

179 『상산집象山集』: 육구연의 문집. 『상산선생전집象山先生全集』이라 불리며 36권이다.

180 之: 『사고전서』본 『상산집』에는 '去'로 되어 있다.

181 磨: 『사고전서』본 『상산집』에는 '摩'로 되어 있다.

者日加[182]涵泳, 則自然日充日明, 後日[183]本源深厚, 則向來未曉者, 將亦有渙然冰釋者矣. 「여소중부서與邵中孚書」

2. 서계書契가 만들어지고 나서 문자가 날로 많아졌고, 육경六經이 성립하고 나서 주석이 날마다 번잡해졌으니, 그 형세가 그렇게 한 것이다. 진실로 핵심을 얻으면, 근본과 말단, 시작과 끝이 뚜렷하게 매우 분명해져서 먼저 할 것과 뒤에 할 것을 알 것이니, 곧 옳은 것과 그릇된 것, 사악한 것과 바른 것 가운데서 선택할 것을 알게 될 것이다. 그렇게 되면 비록 많고 또 번잡해도 병폐로 여기지 않고 유익하게 여길 것이요, 핵심을 얻지 못하고 말단에 가려지면, 유익하기는커녕 병폐라고 여길 것이다. 두 곤씨昆氏 형제는 핵심으로 나아가는 데 힘쓰라.

書契既造, 文字日多, 六經既作, 傳注日繁, 其[184]勢然也. 苟得其實, 本末始終, 較然甚明, 知所先後, 則是非邪正知所擇矣. 雖多且繁, 非以爲病, 祇以爲益. 不得其實而蔽於其末, 則非以爲益, 祇以爲病. 二昆其謹所以致其實哉. 『증이조서贈二趙序』

3. 평이하면서 간단명료한 공부는 결국 오래가고 커지고
장황하고 두서없는 사업은 마침내 흥성하다 쇠퇴한다

易簡工夫終久大, 支離事業竟浮沈. 『화형자수아호시동지시和兄子壽鵝湖示同志詩』

182 加: 원서에는 '夕'으로 되어 있다. 『사고전서』본 『상산집』에 따라 바로잡는다.

183 日: 『사고전서』본 『상산집』에는 '來'로 되어 있다.

184 其: 원서에는 '非'로 되어 있다. 『사고전서』본 『상산집』에 따라 바로잡는다.

4. 배우는 자는 마음의 상태를 맑고 깨끗이 안배해야 한다. 그런 후에야 다른 사람으로 하여금 똑바로 서도록 분발시킬 수 있다. 마음의 상태가 맑고 깨끗하지 않으면 똑바로 서도록 분발시킬 수 없다. 옛사람이 학문할 때는 "책을 읽은 이후에 배운다고 한 것"에서 볼 수 있다. 그러나 마음이 맑고 깨끗하지 않으면 책을 읽을 수 없고, 이런 상태에서 읽는다는 것은 도적에게 병기를 빌려주고 도둑에게 식량을 보내주는 것과 같다.

學者須是打疊田地淨潔, 然後令他奮發植立, 若田地不淨潔, 則奮發植立不得. 古人爲學, 卽"讀書, 然後爲學"可見. 然田地不淨潔, 亦讀書不得, 若讀書, 則是假寇兵, 資盜糧. 『어록語錄』

5. 일반적으로 배울 때는 마땅히 먼저 옳음과 이로움, 공적인 것과 사적인 것의 분별을 먼저 알아야 한다. 지금 배우는 것은 정말로 어떤 일이 되는가? 사람이 하늘과 땅 사이에서 태어났으므로 사람은 마땅히 스스로 사람의 도를 다해야 하니, 배우는 자가 배울 것으로 삼는 것도 사람 되기를 배우는 것일 뿐이지, 큰일을 하려는 것은 아니다.

凡欲爲學, 當先識義利公私之辨. 今所學果爲何事? 人生天地間, 爲人當自盡人道, 學者所以爲學, 學爲人而已, 非有爲也. 『어록』

6. 선생께서 말씀하셨다.

"배우는 자는 책을 읽을 때 쉽게 깨우칠 곳에서 먼저 시작해서, 점점 젖어들고 익숙히 반복하여 자기에게 절실하도록 생각을 다하면 깨닫기 어려운 것도 얼음이 풀리듯 저절로 해결될 것이다. 만약 먼저 어려운 곳을 보면 끝내 도달할 수 없다. 어떤 학자의 시를 거론하면 다음과 같다.

책 읽을 때 가장 경계할 것은 황급함에 있으니
공부에 푹 빠져 노니면 흥미가 자랄 것이다
깨우치지 못하면 일단 지나쳐도 무방하고
자신에게 절실하면 급히 헤아리길 구해야 한다
스스로 하면 주재함이 늘 총명하고 야무지고
외물을 좇으면 정신이 부질없이 손상된다
같이 공부하는 그대들에게 부탁하노니
언어로 하늘의 윤리를 무너뜨리지 마라

先生云, "學者, 讀書先於易曉處, 沈涵熟復, 切己致思, 則他難曉者, 渙然冰釋矣. 若先看難處, 終不能達. 擧一學者詩云, '讀書切戒在荒忙, 涵泳工夫興味長. 未曉無妨權放過, 切身須要急思量. 自家主宰常精健, 逐外精神徒損傷. 寄語同遊二三子, 莫將言語壞天常!'" 『어록』

7. 지금 책을 읽는다면 우선 예사롭게 읽어야 하고, 깨닫지 못한 것이 있어도 또한 그냥 지나쳐야지 크게 지체할 필요는 없다.
如今讀書且平平讀, 未曉處且放過, 不必太滯. 『어록』

8. 지금 배우는 자는 책을 읽을 때 단지 글자만 해석하고 재차 맥락을 구하지 않는다. 또 성정性情·심재心才와 같은 것은 모두 한 가지의 사물이나, 말이 공교롭게도 같지 않을 뿐이다.
今之學者讀書, 只是解字, 更不求血脈. 且如性情心才, 都只是一般物事, 言偶不同耳. 『어록』

9. 학문할 때는 의심이 없는 것을 근심해야 하니, 의심하면 진전되는 것이 있다. 공자의 문하에서 자공과 같은 이가 곧 의심하는 것이

없었으니, 그 때문에 도에 이르지 못했다. 공자께서 "너는 나를 많이 배워서 알게 된 사람이라고 여기느냐?"라 하시니, 자공이 "그렇습니다"라 하며, 도리어 공자가 반드시 그렇지 않다고 여기는 것을 의심했다. 그러므로 다시 "그렇지 않습니까"라는 물음이 있었다.[185] 안자顔子는 우러러 봄에 더욱 높고〔仰之彌高〕 스승님을 좇으려 해도 말미암을 곳이 없을 뿐〔末由也已〕이라고 했으니,[186] 그의 의심이 자세하지 않았다면, 매우 스스로 안심하지 않았을 것이요, 그 때문에 거의 도에 가까워진 것이리라.

爲學患無疑, 疑則有進. 孔門如子貢卽無所疑, 所以不至於道. 孔子曰, "女以予爲多學而識之者歟?" 子貢曰, "然." 却疑[187]孔子未必[188]然之. 故[189]復有非與之問. 顔子仰之彌高, 末由也已, 其疑非細, 甚不自安, 所以其殆庶幾乎! 『어록』

10. 책을 읽을 때는 문의文意를 깨우치지 않으면 안 된다. 그러나 자구를 깨우치는 것만을 옳다고 여긴다면, 이것은 어린아이의 학문일 뿐이다. 모름지기 의미가 있는 곳을 보아야 한다.

讀書固不可不曉文義, 然只以曉文義爲是, 只是兒童之學. 須看意旨所在. 『어록』

11. 책을 읽는 방법은 모름지기 무난하게 읽어 나가고 꼼꼼하게 생

185 공자께서 (…) 있었다: 『논어』 「위영공衛靈公」 편에 나온다.

186 안자는 (…) 했으니: 『논어』 「자한子罕」 편에, 안연이 공자의 도에 대해 "우러러볼수록 더욱 높고 뚫을수록 더욱 견고하며, 바라보면 앞에 있다가 홀연히 뒤에 있다仰之彌高 鑽之彌堅 瞻之在前 忽焉在後"고 한 말에서 왔다.

187 却疑: 원서는 "往往"으로 되어 있다. 『상산집』에 따라 바로잡는다.

188 必: 원서에는 없다. 『상산집』에 따라 보충한다.

189 故: 원서에는 '孔子'로 되어 있다. 『상산집』에 따라 바로잡는다.

각해서 맛보아야 하며, 대강 보아서는 안 된다. 이른바 '여유롭고 차분히 하며, 충분히 하고 풍족히 하면' 자연히 '말끔히 얼음이 풀리듯 하고, 즐거이 이치가 받아들여지는' 도리가 생긴다.
讀書之法, 須是平平淡淡去看, 子細玩味, 不可草草. 所謂優而柔之, 厭而飫之, 自然有渙然冰釋·怡然理順底道理.『어록』

12. 백민伯敏이 "책을 읽을 때마다 시작하는 자는 마음으로 깊이 집중하지만, 네댓 번씩 읽은 후에는 종종 마음이 여기에 있지 않게 됩니다. 이렇게 될 줄 알고 마음을 책에만 집중하려 해도, 다시 다른 마음이 생겨 끝내는 흔들리게 됩니다"라고 말했다.

선생께서 대답하기를 "이것은 나의 말을 듣고서도 받아들이지 않았기 때문이다. 만약 듣고 받아들일 수 있다면 저절로 이러한 근심이 없을 것이다. 내가 한 곳에 집중하라고 말하면 그대는 마음을 두세 곳에 둔다. 지금은 책을 읽을 때 일단 무난하게 읽어야 한다. 깨닫지 못하는 곳이 있으면 놓아두고 너무 지체할 필요 없다"라고 하셨다.
伯敏云: "每讀書, 始者心甚專, 三五遍後, 往往心不在此. 知其如此, 必欲使心在書上, 則又別生一心, 卒之方寸擾擾." 先生云: "此是聽某言不入, 若聽得入, 自無此患. 某之言打做一處, 吾友二三其心了. 如今讀書且平平讀, 未曉處且放過, 不必太滯."『어록』

13. 옛날의 군자는 견고하게 아는 것을 널리 아는 것보다 중요하게 여겼다. 천하의 일을 다 아는 것도 이러한 이치 때문이다. 널리 보는 것도 다만 정밀하게 익히는 것을 귀하게 여기기 때문이다. 아는 것과 알지 못하는 것도 원래 이 이치에서 더하거나 뺄 것이 없다. 만약 알지 못하는 것을 만족스럽게 여긴다면 곧 비루해질 것이다. 알지 못하는 것을 부족하다고 여긴다면 곧 아는 것을 편안하게 여길 것이니,

지금의 부족한 것이 곧 훗날의 편안함이 될 것이다.
古之君子, 知固貴於博. 然知盡天下事, 只是此理. 所以博覽者, 但是貴精熟, 知與不知, 元無加損於此理. 若以不知爲慊, 便是鄙陋. 以不知爲歉, 則以知爲泰, 今日之歉, 乃他日之泰. 『어록』

14. 혹자가 "육경을 읽을 때 어떤 사람의 주석을 먼저 보는 것이 마땅합니까?"라 물었다. 선생께서는 "먼저 옛 주석을 정밀하게 보아야 한다. 예컨대 『좌전』을 읽는다면, 두예杜預의 주석[190]을 자세히 보지 않아서는 안 된다. 대체로 먼저 문장의 뜻을 이해하여 분명하게 하면 곧 그것을 읽을 때 이치가 저절로 명백해진다. 그러나 옛 주석 가운데 오직 조기趙岐가 『맹자』를 주석한 것[191]은 문장의 뜻이 조금 간략하다"라고 답하셨다.
或問, "讀六經當先看何人解註?" 先生云: "須先精看古註, 如讀『左傳』, 則杜預註不可不精看! 大槩先須理會文義分明, 則讀之, 其理自明白. 然古註惟趙岐釋『孟子』, 文義多略. 『어록』

15. 선생께서 말씀하셨다.
"책을 읽을 때는 고심하여 사색할 필요 없이 편안하고 쉽게 읽어야 한다. 그중 깨달을 수 있는 것을 깨달아서 오래하면 저절로 분명해지는 것이 있을 것이니, 모르는 것을 부끄럽게 여기지 마라. 그대는 또한 오늘날 책을 읽고 경전에 대해 이야기하는 자를 보았는가? 전문가 수십 명의 뜻을 차례대로 나열하고 자기의 견해로써 그것을 맺으며 새로운 견해를 반복하면서, 스스로 '정밀하고 은미한 뜻을 다

190 두예의 주석: 『춘추좌씨경전집해』를 이른다.
191 조기가 『맹자』를 주석: 『맹자장구』를 이른다.

궁구했다'고 생각한다. 그러나 시험 삼아서 그 실제를 찾아보면 실로 아직 깨닫지 못했으니, 무슨 보탬이 되겠는가!"

先生曰: "讀書不必窮索, 平易讀之, 識其可識者, 久將自明, 毋恥不知. 子亦見今之讀書談經者乎? 歷敍數十家之旨, 而以己見終之, 開闔反覆, 自謂究竟精微, 然試探其實, 固未之得也, 則何益哉! 『어록』

16. 배우는 자는 가장 핵심이 되는 것에만 마음을 써서는 안 된다. 깊은 산에 있는 보물은 그 보물에 마음을 두지 않는 자가 얻게 된다.

學者不可用心太緊. 深山有寶, 無心於寶者得之. 『어록』

17. 잘라서 연마하는 것은 도학道學의 방식이고, 쪼아서 연마하는 것은 스스로 수양하는 방식이다. 뼈와 상아는 물러서 자르고 가는 공정에 의해 정교하고 세밀해지고, 옥과 돌은 단단해서 쪼고 가는 공정에 의해 역량을 가진다. 학문은 세밀함을 귀하게 여기고, 스스로 수양하는 것은 용맹함을 귀하게 여긴다.

如切如磋者, 道學也, 如琢如磨者, 自修也. 骨象脆, 切磋之工精細, 玉石堅, 琢磨之工麤大. 學問貴細密, 自修貴勇猛. 『어록』

18. 옛사람의 책은 믿지 않을 수 없으나, 또한 반드시 믿을 수도 없다. 이치가 어떠한가에 대해 살펴볼 뿐이다. 대체로 책은 인위적으로 만들 수 있으나 이치는 인위적으로 조작할 수 없기 때문이다. 책에서 말하는 것이 이치인가? 그렇다면 나는 진실로 이치로써 그것을 헤아릴 것이다. 책에서 말하는 것이 일인가? 그렇다면 일에는 그 이치가 없던 적이 없었다. 옛사람의 책을 자세히 보고 이치에서 판단하면 진짜와 가짜를 어찌 숨길 수 있겠는가? 이치에 밝지 않으면서 오직 책

을 믿는 경우는 진실로 다행히 책 가운데 진짜를 취한 자다. 만약 가짜 책인데 그것을 취하면 그 폐해를 이길 수 없을 것이다. 맹자도 "나는『서경』의「무성武成」편에서 두세 부분을 취할 뿐이다"[192]라고 했는데, 이치에 밝은 자가 아니라면 어찌 이것에 간여할 수 있겠는가?
昔人之書不可以不信, 亦不可以必信. 顧於理如何耳. 蓋書可得而僞爲也, 理不可得而僞爲也. 使書之所言者理耶? 吾固可以理揆之, 使書之所言事耶? 則事未始無其理也. 觀昔人之書, 而斷於理, 則眞僞將焉逃[193]哉! 苟不明於理, 而惟書之信, 幸而取其眞者也, 如其僞而取之, 則其[194]弊將有不可勝者矣! 孟子曰: "吾於『武成』, 取二三策而已矣." 非明於理者, 孰能與於此. 『상산전집象山全集』「습유拾遺」「취이삼책이이取二三策而已」

192 나는 (…) 뿐이다: 『맹자』「진심 하」에 나온다. 원문은 다음과 같다. "孟子曰: '盡信『書』, 則不如無『書』. 吾於「武成」, 取二三策而已矣 仁人無敵於天下. 以至仁伐至不仁, 而何其血之流杵也?'"

193 逃: 원서에는 '據'로 되어 있다. 『상산집』에 따라 바로잡는다.

194 其: 원서에는 없다. 『상산집』에 따라 보충한다.

125

예사
倪思

예사倪思(1147~1220)는 남송의 학자이자 관리로 호가 제재齊齋, 시호가 문절文節이다. 예칭倪稱의 아들이다. 박학다식하고 재능이 많았다. 장구성의 재전 제자로 그의 이학을 전파하고 발전시킨 중요한 인물이다. 평생 불교를 독실하게 믿었지만, 행동은 유가사상을 근본으로 삼았다. 『겸산집兼山集』이 있다.

예문절倪文節(예사)이 말했다.

"천하의 일에는 이익과 손해가 서로 절반씩 있는데, 완전히 이익만 있고 조금의 손해도 없는 것은 오직 책뿐이다. 귀함과 천함, 가난함과 부유함, 늙음과 젊음을 따지지 않으니, 책 한 권을 보면 곧 한 권의 보탬이 있고, 하루 동안 책을 보면 하루의 보탬이 있다. 그러므로 완전히 이익만 있고 조금의 손해도 없다.

倪文節云, "天下之事利害相半, 有全利而無少害者唯書. 不問貴賤貧富老少, 觀書一卷則有一卷之益, 觀書一日則有一日之益, 故有全利而無少害也. 『진계유독서십육관陳繼儒讀書十六觀』

126

섭적
葉適

섭적葉適(1150~1223)은 남송 때의 학자로 수심 선생水心先生이라고도 부른다. 금나라의 침략에 대해 적극 싸울 것을 주장했으며, 강회江淮에 둔전屯田을 실시하기도 했다. 섭적은 심성의 수양보다는 국가정책, 국방, 재정, 민생의 안정 등 사회정치적 문제를 주된 관심사로 삼는 사공파事功派 또는 공리파功利派의 한 사람이었다. 예학禮學을 존중했던 영가학파였던 그는 『태극도설太極圖說』을 '불분명하고 비현실적인 주장'이라고 비난하고, 주돈이와 정이의 역학易學 이해를 도道·불佛의 영향이라고 혹평했으며, '이재理財'의 중요성을 강조했다. 저서로 『습학기習學記』[195]와 『수심문집水心文集』[196]이 있다.

195 『습학기習學記』: 섭적葉適이 저술한 평론서. 『습학기언』으로 불린다. 경사와 백가에서 수집하여, 각각 조목으로 배열하고 논술하여 편을 만들었다. 경은 14권이며, 제자는 7권이고, 사는 25권이며, 문감文鑑은 4권이다. 송나라 진진손의 『직제서록해제』에서는 "그 문장은 날카롭고 세련되었으며, 의리에 대해 공명정대하지는 못했다"고 했다.

196 『수심문집水心文集』: 섭적의 문집으로 29권이다. 그의 문집의 제목은 진진손의 『직재서록해제』 조희변趙希弁의 『독서부지讀書附志』에 보이는데, 모두 28권으로 되어 있다. 또한 습유拾遺 1권, 별집別集 16권이 있는데, 이는 다만 『직재서록해제』에만 보인다. 별집의 앞 9권은 제집진권制集進卷이고, 뒤 6권은 『외고外稿』라 부르는데, 모두 시사를 논한 글이다. 마지막 권은 『총집總集』이라 하여, 밭을 사서 병사를 구휼하게 하는 정책을 논했다. 『독서부지』에는 문하생 조여당趙汝鏜이 서를 붙이고 판각했다고만 기재되어 있다. 『사고전서 집부 별집류』에 명나라 정통 연간(1436~1449)에 처주추관處州推官 여량黎諒에 의해 편집된 판본이 수록되어 있다.

옛날 사람은 예전 말과 지나간 행실을 많이 알아서 그것으로 덕을 쌓았는데, 지금의 세대는 마음이 통하고 성정이 활달해지는 것을 학문으로 삼아서 보고 듣는 것이 거의 그치게 되었다. 좁고 충분하지 않으니 덕을 쌓는 데 병폐가 된다.

古人多識前言往行, 以蓄其德, 近世以心通性達爲學, 而見聞幾廢. 狹而不充, 爲德之病. 『송원학안』

127

황간
黃幹

황간黃幹(1152~1221)은 호가 면재勉齋이며, 시호가 문숙文肅이다. 젊어서 주희에게 배웠으며, 주희의 사위가 되었다. 주희는 자신의 저서를 모두 그에게 남겨 학문을 잇도록 했다. 백록동서원白鹿洞書院에서 강학했다. 처음엔 스승의 학설을 고수했지만 이후엔 육학陸學과 조화시키려 했다. 『면려재집黃勉齋集』[197]이 있다.

1. 책을 보는 자는 기운이 평온하지 않은 것을 가장 두려워해야 한다. 우선 「공야장公冶長」 한 장을 예로 들면, 상채上蔡 사양좌謝良佐는 곧 "성인이 사위를 선택할 때 사람을 놀라게 한 것이 이와 같다"고 했고, 상산龜山 양시楊時는 "성인이 다른 사람에게 요구하는 것이 적어서 형벌로 죽는 것에서 벗어날 수 있으면 그 집안을 허물하지 않고 처를 삼게 할 수 있었다"고 했다. 상채는 기가 높은 자이고, 상산은 기가 약한 사람이다. 그러므로 보는 것이 각자 이와 같이 다르다. 요컨대 마땅히 문장을 따라서 평온하게 봐야만 성인의 뜻을 보고 이해할 것이다. 이것이 책을 보는 큰 방법이다.

觀書者最怕氣不平. 且如『公冶長』一章, 謝上蔡(良佐則謂聖人擇壻驚人如此. 楊龜山(時則謂聖人所以求於人者薄, 可免於刑戮, 而不累其

197 『황면재집黃勉齋集』: 황간의 문집이다. 강의경설 3권·잡문 36권·시 1권이다. 잡문은 모두 수군守郡의 공이안독公移案牘의 글로서 모두 남아 있다. 『사고전서 집부 별집류』에 『면재집勉齋集』이라는 제목으로 수록되어 있다.

家, 可以妻也. 上蔡氣高者也, 龜山氣弱者也, 故所見各別如此. 要之當隨文平看, 方見得聖人之意. 此觀書之大法. 『성리대전』

2. 평소 거처할 때는 마땅히 삼감(敬)으로 스스로 조절하여, 마음속 근심을 편안하게 해야 한다. 책을 읽는 데 이르러서는 마음을 평온하게 하고 기운을 안정시키며, 단정하고 엄숙하게 하여 자기의 마음으로 성현의 말씀을 묵묵히 보아야 한다. 항상 성현의 뜻으로 스스로 자신의 마음에 받아들이기를, 마치 거울이 물체를 비추어 아름다움과 추함이 저절로 드러나듯이 해야 하니, 거울은 어떤 마음이겠는가!

요즘 사람이 독서를 잘하지 못하는 이유는 성현을 뜻이 분명히 알기 어렵기 때문이 아니라, 자기의 마음이 어지러워서 도리어 성현의 뜻을 어지럽게 여기기 때문이다. 책을 읽을 때는 다만 차분하고(沈靜) 정밀하게 하면 자연히 스스로 깨닫는 것이 분명해지니, 절대로 가볍게나 쉽게 여기거나 혼자서 즐거워하는 마음을 싹틔워서는 안 된다. 육경을 이해하여 통달하면 어찌 혼자서 즐거워할 수 있으며, 어찌 감히 가볍고 쉽게 여길 수 있겠는가! 단지 이와 같다면 곧 중요한 일을 맡길 수 없다. 또한 심신을 다잡고 조용히 물러나서 겸손히 항상 부족한 듯이 하면 곧 진전이 있을 수 있다.

平居當以敬自持, 令心慮寧靜, 至於讀書則平心定氣, 端莊嚴肅, 須以吾心默觀聖賢之語. 常使聖賢之意, 自入於吾心, 如以鏡照物, 妍醜自見, 鏡何心哉! 今人所以不善讀書, 非是聖賢之意難明, 乃是吾心紛擾, 反以汩亂聖賢之意. 讀書只是沈靜精密, 則自然見得分明, 切不可萌輕易自喜之心. 便解得六經通徹, 亦何足自喜, 亦豈敢輕易! 纔如此, 便不足以任重. 且收斂靜退, 歉然常若不足, 方能有進. 『성리대전』

3. 배우는 자가 근심할 것은 뜻이 낮고 기운이 약한 데 있다. 도량이

작고 옹졸하며 규모가 협소하고 고루하면, 비록 상세하게 설명해주더라도 끝내 도를 책임지려는 뜻이 없을 것이다. 그러므로 규모를 크게 할 수 있고 공부를 상세하게 할 수 있어야 비로소 하나의 인물이 될 수 있을 것이다.

學者之患在於志卑氣弱. 度量淺狹, 規模褊陋, 則雖與之細講, 恐終無任道之意. 故須是有大規模, 又有細工夫, 方成個人物. 『광근사록廣近思錄』

128

하기
何基

하기何基(1188~1269)는 남송의 문인으로 호가 북산北山이다. 젊어서 진진陳震에게 배웠고, 나중에 주희의 문인 황간에게 수학한 뒤 은거해 강학에 전념했다. 사람됨이 순수하고 독실하여 따라 배우는 사람이 많았다. 학문은 주로 주희의 입장을 따랐지만 새로운 의견도 많이 내놓았다. 배울 때는 뜻을 세워 견고한 것을 중시하고, 규모는 큰 것을 중시해야 한다고 주장했다. 여러 차례 조정의 부름을 받았지만 가지 않았다. 왕백王柏, 김이상金履祥, 허겸許謙과 함께 '금화사선생金華四先生'이라 불렸다. 전고나 자료의 채집이 엄격하고 정확해 '주학진량朱學津梁'으로 불렸다. 저서로 『문집文集』 30권이 있다.

시를 읽을 때는 별도로 하나의 법칙이 있으니, 무릇 마음을 청소하여 깨끗하게 비운 이후에 전체를 읊조리고, 암송할 때 침착하여 사람으로 하여금 감동이 일어나게 해야 바야흐로 공이 있다.
讀詩別是一法, 須掃蕩胸次淨盡, 然後吟哦上下, 諷誦從容, 使人感發, 方爲有功. 『송원학안』

129

이지언
李之彦

이지언李之彦은 호가 동곡東谷이고, 동가東嘉 사람이다. 저서로 과거科擧와 옥송獄訟, 이학理學 등 다양한 분야에 대해 30편으로 다룬 『동곡소견東谷所見』이 있다.

『권학문勸學文』에서 "책 가운데 저절로 황금의 집이 있다"고 하고, 또 "금을 팔아 책을 사서 읽어야 하니, 책을 읽으면 황금을 사는 것이 쉽다"고 하니, 스스로 이런 말만을 마음속에 받아들이면 뜻을 이루지 못했을 때 이미 탐욕을 싹틔우다가, 뜻을 이루고 난 후에는 그 착취를 거리낌 없이 하여, 오직 황금이 많은 것을 영예로 여기고 더러운 짓을 행하는 것을 수치스럽게 여기지 않는다. 자주 상소문을 더럽혀도 태연히 자유롭게 행동하며, 비록 깨끗한 의론이 있어도 대처하는 것에 신경을 쓰지 않는다. 상소를 담당하고 청렴한 의론을 갖춘 사람이라도 반드시 사람다운 이는 아닐 수 있다. 법과 규율을 우습게보고 글을 짓는 것을 어렵게 여기지 않으며, 명예를 잃는 것이 이들이 수치스러워하는 것의 전부다. 그러한 습성이 날마다 기승을 부리는 것이 마치 본능에 바탕을 둔 것처럼 해서, 오직 제 집안만 살찌우고 친족을 감싸는 것만 알 뿐이요, 또한 자신이 나라를 좀먹고 백성에게 해악을 끼치는 줄 알지 못한다. 혹시 『권학문』에 가려져서 그렇게 된 것은 아니겠는가? 이런 까닭으로 탐욕스러운 무리를 깊이 책망하지 않을 수 없고, 또한 『권학문』이 그들을 잘못되게 한 것에 허물을 돌리지 않을 수 없다.

『勸學文』曰, "書中自有黃金屋.", 又曰, "賣金買書讀, 讀書買金易!" 自斯言一入於胸中, 未得志之時, 已萌貪饕, 既得志之後, 恣其掊克, 惟以金多爲榮, 不以行穢爲辱. 屢玷白簡, 恬然自如, 雖有淸議, 置之不卹. 然司白簡待淸議者, 又未必非若而人也. 毋怪乎玩視典憲爲具文, 一切置廉恥於掃地, 氣習日勝, 若根天眞, 惟知肥家庇族而已, 亦不知其爲蠹國害民也. 得非蔽錮於『勸學文』而然耶? 是固不可不深責貪饕之徒, 亦不可不歸咎於『勸學文』有以誤之也. 『동곡소견東谷所見』

130

진덕수
眞德秀

진덕수眞德秀(1178~1235)는 송나라 학자로 자가 경원景元, 희원希元인데, 나중에 경희景希로 고쳐 불렀다. 호가 서산西山이다. 일설에 원래 성이 신愼이었는데, 효종의 이름 조신趙昚을 피해 고쳤다고도 한다. 강직하기로 조정에 명성이 자자했다. 시정에 대해 자주 건의했고, 주소는 수십만 자에 이르렀다. 주자학파였으며 저술인 『대학연의大學衍義』[198]는 『대학장구』에 비견한다는 평을 들었다. 경원당금慶元黨禁 이후 정주의 이학이 다시 성행하는 데 크게 공헌했다. 『서산문집西山文集』[199]이 있다.

1. 배울 때는 반드시 책을 읽어야 하나, 책을 아무렇게나 읽어서는 안 된다. 『대학』을 먼저 읽고, 그다음 『논어』와 『맹자』를 읽고, 『중용』을 마지막에 읽어야 한다. 경전에 밝은 후에야 역사를 볼 만하니, 이것이 독서의 순서다. 글자의 뜻이나 구문의 의미에 깊이 빠져 구두 읽는 것을 반복하며, 몸으로 체득하고 마음으로 징험하여 순서를 따

198 『대학연의大學衍義』: 『대학』의 뜻과 그 이치를 해설한 주석서. 43권 12책. 『대학』의 핵심인 삼강령과 팔조목을 세분해 6편으로 나누고, 매 편마다 경전에서 관련되는 설을 모두 인용해 입증하고, 제가의 설을 부연하면서 고증을 첨가하여 논설했다. 1234년 황제에게 바치고, 1264년 마정난馬廷鸞이 진강進講한 후부터 제왕의 보전으로 존숭되었다. 우리나라에서도 여러 차례 간행되었다.

199 『서산문집西山文集』: 『사고전서 집부 별집류』에 수록된 판본은 명나라 만력 연간(1573~1620)에 푸젠 순무 김학증金學曾이 간행하고, 청나라 포성현浦城縣의 지현인 왕윤원王允元이 다시 부족한 내용을 덧보태 편집한 것이다.

라 점차 나아가, 읽는 것에 익숙하고 정신을 정밀하게 하는 것이 읽는 법도다. 그러나 이 마음을 유지하면서 독서의 경지를 이루는 것에 어찌 핵심이 없겠는가? 역시 '경敬'을 말할 뿐이다.

學必讀書, 然書不可以汎讀, 先『大學』次『論』『孟』而終之以『中庸』, 經旣明然後可觀史, 此其序也. 沈潛乎訓義, 反覆乎句讀, 以身體之, 以心驗之, 循序而漸進, 熟讀而精思, 此其法也. 然所以維持此心而爲讀書之地者, 豈無要乎? 亦曰敬而已矣! 『송주천기서送周天驥序』

2. 마음을 다해서 글자를 보고 문장의 뜻에 따라 끊어서 쉬어가며 읽되 무릇 글자마다 분명하기를 요구해야 한다. 눈으로 여기저기를 보거나 손으로 다른 물건을 희롱해서는 안 된다.

專心看字, 斷句慢讀, 須要字字分明. 毋得目視東西, 手弄他物. 『학규류편교자재규學規類編教子齋規』

131

정단몽
程端蒙

정단몽程端蒙(1143~1191)은 송나라 학자로 광종光宗 순희淳熙 7년(1180)에 태학생이 되었고, 낙학洛學을 금지하는 것에 대해 상소를 올려 간의대부 왕자연王自然이 정학을 배척하는 것을 질책했는데, 받아들여지지 않자 고향으로 돌아왔다. 처음에는 강개江介에게 수학했고, 나중에 주희를 사사했다. 사서 및 주희의 『사서장구집주』에 근거하여 명命, 성性, 심心 등 30개 범주의 성리학 개념을 정리한 『성리자훈性理字訓』을 저술했다. 이 책은 진순陳淳의 『북계자의北溪字義』보다 먼저 지어진 것으로 후대에 큰 영향을 미쳤다. 벗인 동수董銖[200]와 함께 『학칙學則』[201]을 편찬했는데 아래 인용된 문장은 그중 한 조목이다.

책을 읽을 때는 반드시 집중해야 하며, 반드시 마음을 바르게 하고 용모를 정숙하게 하여 횟수를 계산해야 한다. 횟수를 이미 충족했어도 아직 완전히 암송하지 못했다면 반드시 완전히 암송해야 하고, 독

200 동수董銖(1152~1214): 송나라 학자. 요주饒州 덕흥德興 사람으로 자가 숙중叔重이고, 호가 반간盤澗이다. 처음에는 정순程洵을 따랐는데, 나중에 주희의 문인이 되었다. 영종寧宗 경원慶元 연간에 주희가 귀향하여 유생들과 학문을 논할 때 그 일을 관장했다. 학자가 오면 주희가 반드시 먼저 그와 변론하게 하고 이를 절충했다. 정단몽程端蒙과 함께 「학칙學則」을 작성했다.

201 「학칙學則」: 주희의 제자 정단몽과 동수董銖가 1187년에 함께 작성했다. 무엇을 입을 것이며, 어떻게 앉을 것인가 등 일상생활 속에서 학생이 지켜야 할 세세한 규칙에 중점을 두고 있다.

서 횟수가 충분하지 않으면 비록 이미 완전히 암송했더라도 반드시 횟수를 채워야 한다. 한 권의 책이 익숙해지고 나서야 바야흐로 다른 한 권의 책을 읽어야 한다. 두루 보거나 억지로 암기하는 것에 힘쓰지 말며, 성현의 책이 아니면 읽지 말고, 무익한 글은 보지도 마라.

讀書必專一, 必正心肅容, 以計遍數. 遍數已足, 而未成誦, 必須成誦; 遍數未足, 雖已成誦, 必滿遍數. 一書已熟, 方讀一書, 毋務泛觀, 毋務強記, 非聖賢之書勿讀, 無益之文勿觀. 『정동이선생학칙程董二先生學則』

132

나대경
羅大經

나대경羅大經(1195?~?)은 주자의 제자로 피폐한 정치를 질책하고 인물을 평가하며 시문을 평론하는 데 있어 종종 독보적인 견해가 있으며, 언어는 간단하면서도 의미는 풍부하다고 평가받는다. 그러나 견문을 기록하고 자료를 인용하는 데 있어 가끔 착오와 사실무근인 곳도 있다. 저서로 『학림옥로鶴林玉露』[202]가 있다.

북위北魏의 군주 척발규拓跋珪[203]가 박사 이선李先에게 "천하에 어떤 물건이 사람의 정신과 지혜에 가장 유익한가?"라고 묻자, 이선이 "책보다 나은 것이 없습니다"라고 대답했다.

또 왕형공王荊公(왕안석)의 시에,

물체의 변화에는 만 가지의 다름이 있는데

202 『학림옥로鶴林玉露』: 나대경이 편찬한 필기류 서적. 총 16권으로, 문인과 학자의 시문에 대한 논평을 중심으로 독서하면서 터득한 지식을 기술했다. 일화, 견문 따위를 수록한 일종의 시화어록으로, 주자·장식·진덕수眞德秀·위요옹魏了翁·양만리楊萬里 등의 말이 많고, 육구연의 말도 있다. 천天·지地·인人의 3부작으로 1248~1252년에 완성했다.

203 척발규拓跋珪(371~409): 북위北魏를 세운 초대 황제(재위 386~409). 시호가 도무제道武帝이며 묘호가 태조太祖다. 선비족 출신으로 후연을 공격해 신도信都와 중산中山, 업鄴 등 요충지를 차지하고 황하 이북 지역을 확보했다. 천흥天興 원년(398) 칭제하고 평성平城에 도읍을 정했으며, 정복 지구의 주민 10만 명을 평성으로 이주시켜 토지를 분배하여 신민으로 삼았다. 또 선비족들을 분산 배치하여 농업에 종사하도록 했다. 한족 지주 관료들을 기용하고, 백관제도를 세웠다. 만년에는 사람 죽이기를 좋아했으며, 둘째 아들 청하왕淸河王 척발소拓跋紹에게 살해당했다.

마음속 생각은 겨우 한 가지일 뿐이네
독서량이 이미 많다고 생각했으나
일하려 하면 충분하지 않음을 깨닫는다

라 했는데, 이는 책을 읽지 않으면 일에 대응할 수 없음을 말한 것이다.

그러나 신법新法의 해가 어찌 책을 읽지 않아서 생긴 잘못이겠는가? 그들의 잘못은 바로 책을 읽는 데 있었을 뿐이다. 무릇 책은 읽지 않을 수는 없으나, 잘 읽는 것이 더욱 중요하다. 바야흐로 왕형공이 여러 군자와 신법을 다툴 때, 정사당政事堂에 불쾌한 얼굴빛을 지으며, "저는 책 읽기를 잘할 수 없는데, 어진 무리들은 책 읽기를 잘합니까?"라 했다. 무릇 책을 읽는 데 뛰어나다고 고수하는 마음이 마음속에 가득하면, 고집스럽게 자기 생각만을 고집하게 되니, 그 마음이 이미 옛사람들과 더불어 하늘과 못의 간격만큼이나 차이 나는데, 무엇으로부터 그 활용법과 오묘한 쓰임을 얻을 수 있겠는가?

여동래呂東萊(여조겸)가 『상서尙書』를 해석하면서, "『서경』이라는 것은 요堯·순舜·우禹·탕湯·문왕〔文〕·무왕〔武〕·주공周公의 정신과 마음씀〔心術〕이 모두 그 가운데 깃들어 있다. 『상서』를 읽는 자가 그 마음이 있는 곳을 구하지 않으면 도대체 무슨 보탬이 되겠는가! 그러나 옛사람의 마음을 구하려면 반드시 먼저 나의 마음을 먼저 구해야만 곧 옛사람의 마음을 볼 수 있다"라고 했다. 이 논의가 가장 좋으니 진실로 책을 읽는 방법이다. 당시에 조청헌趙淸獻[204] 공이 형공荊公을 비난하면서 "고요〔皐〕·기夔·직稷·설契이 무슨 책이 있어서 읽을 수 있었는가?"라 했으나, 이 또한 분노하고 흥분해서 승리를 구하려는 말

204 조변趙抃(1008~1084): 송나라 신종 때의 관료. 자가 열도閱道, 호가 지비자知非子다. 고관을 무서워하지 않고 잘못을 탄핵하여 '철면어사鐵面御史'라는 칭송을 받았으며, 성도 전운사成都轉運使로 부임할 때 몸에 딸린 것이라곤 거문고 하나와 학 한 마리였다는 고사가 전해질 만큼 수령 생활을 청빈하게 했다. 저서에 『조청헌집趙淸獻集』이 있다.

이어서 형공을 굴복시키기에는 충분하지 않았다.

무릇 서적이 생긴 이후부터 곧 『서경』이 있었으니, 고요와 기 이전에는 삼분三墳이 또한 서書였다. 복희伏羲가 그은 획도 또한 서書다. 태공太公이 칭송한 황제黃帝와 전욱顓帝의 단서丹書도 또한 서書이고, 맹자가 일컬은 "방훈왈放勳曰"도 또한 서書인데, 어찌 서書가 없다고 말할 수 있겠는가! 다만 고요·기·직·설이 서書를 읽은 이유는 마땅히 형공과 같지 않기를 기약했을 뿐이다. 당시 형공의 말에 대해서는 그저 마땅히 "공께서 만약 자기만을 위한 사사로움에 매여 있다면 마음을 비우고 이치를 보거나 무리를 헤아려서 다른 사람을 따를 수 없을 것이니, 이것이 곧 글을 읽을 수 없는 이유입니다"라고 답했어야 할 것이다.

아 슬프다! 형공이 죽자 후대의 군자들은 궁핍할 때는 도를 강론하면서 이理를 밝히고, 현달할 때는 세상을 어루만지고 만물에 베풀어서, 독서하는 마음을 한결같이 함이 거의 없는데 마음속에 무엇이 있겠는가!

北魏主珪問博士李先曰, "天下何物最益人神智?" 先曰, "莫若書." 王荊公詩曰, "物變有萬殊, 心思纔一曲. 讀書謂已多, 撫事知不足." 言非讀書不足以應事也. 然新法之害, 豈不讀書之過哉? 其過正在於讀書耳. 夫書不可不讀, 尤貴於善讀. 方荊公與諸君子爭新法也, 作色於政事堂曰, "安石不能讀書, 賢輩乃能讀書耶?" 夫着一能讀書之心, 橫於胸中, 則錮滯有我, 其心已與古人天淵懸隔矣, 何自而得其活法妙用哉! 呂東萊解『尙書』云, "書者, 堯·舜·禹·湯·文·武·周公之精神心術盡寓其中. 觀書者不求其心之所在, 夫何益! 然求古人之心, 必先求吾心, 乃可見古人之心." 此論最好, 眞讀書之法也. 當時趙淸獻公之折荊公曰, "皐·夔·稷·契, 有何書可讀?" 此亦忿激求勝之辭, 未足以服荊公. 夫自文籍既生以來, 便有書, 皐·夔之前, 三墳亦書也, 伏羲所畫之卦, 亦書也, 太公所稱黃帝·顓帝之丹書, 亦書也, 孟子所稱放勳曰, 亦書也, 豈得謂無書哉! 特皐·夔·稷·契之所以讀書者, 當必與荊公不同

耳. 當時答荊公之辭只當曰, "公若錮於有我之私, 不能虛心觀理, 稽衆從人, 是乃不能讀書也." 嗚呼! 荊公往矣, 後之君子, 窮而講道明理, 達而撫世酬物, 謹無着一能讀書之心, 橫在胸中也哉! 『학림옥배혁오독서鶴林玉輩革五讀書』

133

하탄
何坦

하탄何坦은 자가 소평少平이고, 광창廣昌 사람이다. 저서로 『서주노인상언西疇老人常言』이 있다.

1. 배울 때는 등급을 건너뛰어서는 안 되니, 먼저 일상생활에서 항상 실행하는 것부터 치밀하게 살펴야 한다. 사람은 능히 부모를 섬기는 데 효도하고, 형제에게 우애로 대하며, 부부로서 화목하고, 벗으로서 믿음을 주며, 벼슬길에 나아가서 임금을 섬길 때는 아침부터 저녁까지 공소에 있으면서 정결히 하여 임금의 덕을 받들 수 있어야 하고, 비록 이치를 궁구하고 본성을 다해도 또한 몸소 행하여 실제로 행동하는 것에서 벗어나서는 안 된다.
學不可躐等, 先致察於日用常行. 人能孝於事親, 友於兄弟, 夫婦睦, 朋友信, 出而事君, 夙夜在公, 精白承德, 雖窮理盡性, 亦無越於躬履實行也.『서주노인상언西疇老人常言』「강학講學」

2. 배움은 꾸준한 것을 귀하게 여기니, 도를 해치는 일을 멀리하고, 순서에 따라 진보하여 날이 갈수록 새로워지는 것이 꾸준한 것이다. 놀고 허송세월하면서 스스로 여유롭다고 생각하며 "나는 그만둔 적이 없으니, 아득히 오래 하지 않았겠는가?"라고 하면서, 하루만 열심히 하고 열흘을 쉰다면, 이것은 곧 해가 될 뿐이다. 공자께서는 "학문은 미치지 못하는 게 있는 듯이 하고, 오직 그것을 잃지는 않을까 두

려워하듯 해야 한다"[205]라고 하셨다.

學貴有常, 而悠悠害道, 循序而進, 與日俱新, 有常也. 玩愒自恕曰, 我未嘗廢, 非悠悠乎? 顧一暴而十寒, 斯害也已. 孔子曰, "學如不及, 猶恐失之." 『서주노인상언』「강학」

3. 자공子貢은 "선생님께서는 본성(性)[206]과 하늘의 이치(天道)[207]에 대해서는 말씀하시지 않았다"라고 했는데,[208] 공자께서 숨기고자 한 것은 아니었다. "들어와서 효도하고 나가서 공경해라入孝出弟" 등의 여러 말에는 반드시 실행하고 남은 힘이 있은 후에 글을 배울 수 있다고 하니, 무릇 실행이 앞서지 않으면 한갓 학문도 보탬이 없거늘, 하물며 성性과 천도天道를 갑자기 들을 수 있겠는가? 후세의 학자들은 말하고 듣는 것만 일삼고 또한 좇아서 들어갈 곳이 전혀 없어서, 곧 진부한 말만 몰래 따르면서 스스로 이치를 궁구하고 본성을 다한다고 생각하니, 또한 터무니없다.

子貢謂, "性與天道, 不可得聞", 夫子非隱也. 如入孝出弟數語, 必行有餘力, 而後可以學文, 蓋實行不先, 則徒文亡益, 況可遽聞性與天道乎? 後世學者, 從事口耳, 且茫無所從入, 乃竊襲陳言, 自謂窮理盡性, 亦妄矣. 『서주노인상언』「강학」

205 학문은 (…) 한다: 『논어』「태백」에 나오는 말이다. 주자의 주에 "사람이 학문을 함에 미치지 못한 바가 있는 것처럼 하고, 그 마음은 두렵게도 오직 배운 것을 잃어버릴까 걱정한다'는 말씀이니 배우는 자는 마땅히 이렇게 해야 함을 경계하신 것이다言人之爲學 旣如有所不及矣 而其心 猶竦然 惟恐其或失之 警學者 當如是也"라고 했다.

206 성性: 사람의 본성. 사람이 태어날 때 하늘로 부여받는 품성을 말한다.

207 천도天道: 하늘의 이치, 하늘의 뜻, 자연의 이치나 법칙 등을 말한다.

208 자공子貢은 (…) 했는데: 『논어』「공야장」 편에 나온다. "자공은 '선생님의 문장은 들을 수 있었지만, 성과 천도에 관한 말씀은 들을 수 없었다'라고 했다子貢曰 夫子之文章 可得而聞也 夫子之言性與天道 不可得而聞也."

4. 처음 공부할 때는 스스로 외워서 재빨리 받아들여야 한다. 만약 입으로만 외우고 마음이 거기에 없으면, 멍하니 그것이 무슨 이야기인 줄 깨닫지 못한다. 학자가 책을 펼칠 때는 마땅히 외부의 근심을 버리고 글 사이에서 마음을 가다듬어야 한다. 익숙하게 읽고 그 뜻을 깊이 음미하면 뜻과 이치가 스스로 분명해지니, 이른바 익히면 알아차릴 수 있다는 것이다.

初學自誦數入, 若口誦而心不在焉, 罔然莫識其爲何說也. 學者展卷, 當屛棄外慮, 收心於方策間, 熟讀玩味, 義理自明, 所謂習矣而知察也. 『서주노인상언』「강학」

5. 학문이 날로 보탬이 있으려면, 무릇 다른 사람과 자신을 비교함으로써 스스로 그 공을 검증해봐야 한다. 그렇게 한 후에 마음이 자극되어 과단성 있게 분발하면 절로 그칠 수 없을 것이다. 다른 사람이 한 번 할 때 자기는 백 번 하면 비록 유약하더라도 반드시 강인해질 것이다.

爲學日益, 須以人形己, 自課其功, 然後有所激於中, 而勇果奮發, 不能自已也. 人一己百, 雖柔必強. 『서주노인상언』「강학」

134

진선
陳善

진선陳善은 자가 경보敬甫, 자겸子兼이고, 호가 추당秋塘이며, 복주福州 나원羅源 사람이다. 송 고종 소흥 연간의 사람이나 사적과 생몰년이 자세하지 않다. 재능으로 자긍심이 있었다. 저서로 『문슬신화捫蝨新話』가 있는데 모두 15권으로 경사와 시문을 고찰하여 논하고 아울러 잡사들을 언급했다. 대체적인 취지는 불교를 정도正道로 여기고 왕안석을 종주로 삼고 있으며, 송나라의 여러 학자와 한유와 맹자 등을 비난했다.

1. 독서할 때는 무릇 출입법出入法을 알아야 한다. 시작할 때는 들어가는 방법을 구해야 하고, 마칠 때는 나오는 법을 구해야 한다. 열정적으로 관심을 갖고 볼 수 있는 것이 책에 들어가는 법이고, 자유롭게 활용할 수 있는 것이 책에서 나오는 법이다. 책에 제대로 들어갈 수 없으면 옛사람이 마음 쓴 곳을 알지 못하고, 책에서 제대로 나올 수 없으면 또한 죽을 때까지 말 아래에 있게 된다. 오직 나올 줄 알고 들어갈 줄 알아야 독서의 방법을 다할 수 있다.

讀書須知出入法, 始當求所以入, 終當求所以出. 見得親切, 此是入書法, 用得透脫, 此是出書法. 蓋不能入得書, 則不知古人用心處, 不能出得書, 則又死在言下. 惟知出知入, 得盡讀書之法也. 『문슬신화捫虱新話』

2. 독서할 때 뚜렷이 기억하고 있으면, 날마다 진보할 것이다. 진진陳晉[209]은 하루에 120자만 읽었는데, 나중에는 마침내 책마다 읽지 않은 것이 없었으니, 이른바 날로 계산하면 부족한데 한 해로 계산하면 남는다는 것이다. 요즘 누가 책을 읽지 않겠는가? 하루에 수 천자를 외면 처음에는 기쁠 것이나, 읽자마자 잊어버려서 한 해에 120자도 얻지 못하게 되거늘, 하물며 하루에 외울 수 있겠는가? 내가 어렸을 때 실제로 많은 것을 탐하는 버릇이 있었는데, 지금에는 매번 뱃속이 빌까 염려하니, 바야흐로 진현량陳賢良이 법을 터득했다는 것을 알겠다.

讀書惟在牢記, 則日見進益, 陳晉之一日只讀一百二十字, 後遂無書不讀, 所謂日計不足, 歲計有餘者. 今人誰不讀書. 日將誦數千言, 初若可喜, 然旋讀旋忘, 一歲未嘗得百二十字, 況一日乎? 予少時實有貪多之癖, 至今每念腹中空虛, 方知陳賢良爲得法云. 『문슬신화』

3. 세상에 전하길, 채蔡 재상이 국정을 맡았을 때 두 사람이 당제堂除[210]를 구하는 일이 있었다. 마침 좋은 직위가 있어서 두 사람이 다투어 그것을 얻고자 하여 일단 모두 발탁해두었다. 채 재상이 그냥은 허락할 수 없어 곧 "노동盧仝의 「월식시月蝕詩」를 욀 수 있느냐?"라고 물었다. 그 가운데 나이가 많은 자가 응답하는 목소리가 맑고 애련하여 마치 병에 물을 따르는 것과 같고, 소리가 나와서 널리 퍼지니 자리에 있는 모든 이의 자세가 다 기울어졌다. 채 재상이 기뻐하며 좋은 관직을 허락했다. 근래에 야화夜話[211]가 여기까지 미치니, 나는

209 진진陳晉: 진선陳善의 오기로 보인다.

210 당제堂除: 송의 제도로서, 경관京官(특별히 조정에 참여할 수 없는 수도의 관원)과 선인選人(보궐된 관원)은 일반적으로 이부吏部에서 뽑는데, 빼어난 공로가 있는 사람은 정사당政事堂이 직접 황제에게 아뢰어 뽑을 수 있었다. 이것을 당제堂除라고 한다.

211 야화夜話: 밤에 모여 앉아서 하는 이야기란 뜻으로, 설화說話 형식의 소품문이다.

이것을 말미암아 "선배들의 독서는 거의 전체를 암송하는 것이었으니 요즘 사람들이 엉성하게 읽고 쉽게 잊는 것과는 같지 않다"고 말한다.

世傳蔡相當國日, 有二人求堂除, 適有美闕, 二人競欲得之, 且皆有薦拔也. 蔡莫適所與, 卽謂曰, "能誦盧仝「月蝕詩」乎?" 內一耆年者, 應聲朗念, 如注甁水, 音吐鴻暢, 一坐盡傾. 蔡喜, 遂與美除. 頃因夜話及此, 予因言前輩讀書, 類皆成誦, 不似今人滅裂. 『문슬신화』

135

호자
胡仔

호자胡仔(1110~1170)는 남송의 관리이자 문학가, 시가 평론가로 자호가 초계어은苕溪漁隱이다. 호순척胡舜陟의 아들이다. 저서에 『초계어은총화苕溪漁隱叢話』가 있는데 북송까지의 시화를 총망라했다. 그 외에 『공자편년孔子編年』을 지었다.

초계어은苕溪漁隱은 말한다. "배우는 자는 기이한 책을 두루 읽고자 해야 한다"라고 했는데 내가 생각해보니, 한유의 「진학해」에서는 "위로는 「우서」와 「하서」의 넓어서 끝이 없음과, 「주서周書」의 고誥 문장과 「상서商書」의 「반경盤庚」 등의 어려워 이해하기 어려움과, 『춘추』의 근엄함과, 『좌씨』의 화려한 과장됨과, 『주역』의 기이하면서 법식을 갖춘 문장, 『시경』의 바르면서 아름다운 문장을 살펴보고, 아래로는 『장자』와 『이소』, 사마천이 기록한 것, 양웅과 사마상여 등 공교로움은 같으나 문장을 달리하는 것에 미쳤다"라고 했으니, 이것만 읽고도 충분한데 어찌 기이한 책을 즐기겠는가?

苕溪漁隱曰, "學者欲博讀異書", 余謂, 退之『進學解』云, "上窺姚·姒[212], 渾渾無涯, 周誥·殷盤, 詰屈聱牙, 『春秋』謹嚴, 『左氏』浮誇, 『易』奇而法, 『詩』正而葩, 下逮『莊』『騷』, 太史所錄, 子雲相如, 同工異曲." 若只讀此足矣, 何必多嗜異書? 『어은총화후집漁隱叢話後集』「한퇴지韓退之」

212 姚요·姒사: 우의 순과 하의 우를 가리킨다. 서로 이어져 순이 요姚의 성이 되고, 우는 사姒 성이 되었다. 여기서는 『상서』의 「우서虞書」와 「하서夏書」를 말한다.

136

유성
喩成

유성喩成은 자가 원덕元德이고, 동양東陽 사람이다. 저서로 『형설총설螢雪叢說』이 있다. 이 책은 과거 공부에 대하여 세심하게 따져 헤아리는 말이 대부분이며, 가대假對하는 방법을 친절하게 설명했다. 책 앞부분에 있는 경원慶元 경신년(1200)에 자신이 쓴 「서序」에서 "나이 마흔이 된 후에는 과거에 응시하지 않고, 하는 일 없이 한가롭게 서적을 보며 소일하면서 연구하고 토론하다가 글로 써서 기록하여 붙여두었다. 갖은 고생을 다하며 공부했으니, 하지 못하는 바가 없었다. 조금씩 쌓인 날들이 오래되어 마침내 한 권을 완성해 제목을 『형설총설』이라고 했다"라고 했다. 『사고전서』 자부·잡가류에 실려 있다.

1. 대대로 몇 명의 군주를 섬겼는가? 어떤 벼슬을 역임했는가? 이룩한 업적에는 어떤 것이 있는가? 임금에게 올린 글에는 어떤 것이 있는가? 기록할 만한 장점으로는 어떤 것이 있는가? 경계할 만한 단점에는 어떤 것이 있는가? 전傳 가운데, 좋은 상대로는 누가 있는가? 〔예전의 여러 사부史賦, 예컨대 「장량전張良傳」에서는 적송자赤松子를 인용하여 황석공黃石公에 짝지은 것과 같다.〕 이것이 가정재賈挺才 선생이 역사를 기록하는 방법이다.

歷事幾主? 歷任幾官? 有何建立? 有何獻明? 何長可錄? 何短可戒? 傳中有何佳對? 〔舊諸史賦, 如『張良傳』用赤松子對黃石公.〕 此賈挺才

先生記史法也. 『형설총설螢雪叢說』 권상卷上 「기사법記史法」

2. 글의 내용은 줄여서는 안 된다. 그것을 줄이면 맘대로 억측하게 되고, 억측하면 본래의 뜻을 잃어버린다. 글 밖의 사실을 더해서는 안 된다. 더하면 장황해지고, 장황해지면 본래의 뜻을 훼손시킨다. 이것이 왕허중王虛中 선생이 글을 해석하는 좋은 방법이다.

辭之內不可減, 減之則爲鑿, 鑿則失本意. 辭之外不可增, 增則贅, 贅則壞本意. 此王虛中先生解書訣也. 『형설총설』 권상 「해서결解書訣」

137

허의
許顗

허의許顗는 남송과 북송이 교체되는 시기에 활동한 문인으로 호가 법지거사法地居士이며 선학禪學에 심취하여 유명한 시승詩僧들과 교류했다. 시문이 모두 사라지고 시화집인 『언주시화彦周詩話』만 전하고 있다. 1권 분량의 시화집으로 138조목이 수록되어 있으며, 후대 시화의 이론화 과정에서 나름의 역할을 담당했다. 강서시파의 시학을 충실히 반영했으며 시화가 "구법을 분별하고辨句法, 고금의 원류를 완비하고備古今, 성대한 덕을 기록하고紀聖德, 기이한 일을 수록하고錄異事, 거짓과 오류를 수정하는 것正訛誤也"이라고 총체적으로 규정하여 "최초로 시화 창작의 종지를 언명하여 일정한 대표성이 있다"는 문학사적 평가를 받았다.

성현의 문장은 가볍게 여겨서는 안 되니, 반복하여 읽고 특별히 신경 써서 사색하면 거의 그것을 볼 수 있을 것이다. 동파東坡의 『송안돈락제시送安惇落第詩』에서는 "옛글은 100번 읽어도 싫증내지 말아야 한다. 익숙하게 읽고 깊이 생각하면 그대가 저절로 알게 되리라"라고 했다. 내가 이 말을 좌우에 새기고, 띠에 그것을 쓴 적이 있었다.

古人文章, 不可輕易, 反復熟讀, 加意思索, 庶幾其見之. 東坡『送安惇落第詩』云, "故書不厭百回讀, 熟讀深思子自知." 僕嘗以此語銘坐右而書諸紳也. 『언주시화彦周詩話』

138

왕응린
王應麟

왕응린王應麟(1223~1296)은 남송의 정치인이자 경학자, 문자학자로 호가 심녕거사深寧居士, 후재厚齋다. 정주학파에 속하는 왕야王埜와 진덕수眞德秀 등에게서 영향을 받았고, 임관되자마자 경사經史를 읽는 데 열중했다. 34세에 문장으로 이름이 나서 박학횡사과에 합격했고, 관직이 예부상서까지 올랐다. 송이 망한 뒤(1276) 고향에 은거하면서 20년 동안 경사를 강술했다. 저작이 많고 학술적 가치도 높아 고증학이 대세를 이룬 청나라 때 매우 높은 평가를 받았다. 저서로 『심녕집深寧集』『곤학기문困學紀聞』 등이 있다.

1. 독서를 잘하는 자 중에서 어떤 이는 "이러한 법은 마땅히 잘못되었다"고 하고, 어떤 이는 "한 권이면 충분한데, 많이 읽어 무엇을 하겠는가?"라 하며, 혹은 깊은 이해를 구하지 않고, 혹은 힘써 큰 의미만 알려고 한다. 그러나 이들은 독서를 잘하지 못하는 자들이다. 소역蕭繹은 만 권의 책 때문에 스스로 재난을 초래했고, 최표崔儦[213]는 5000권을 가지고 스스로 자랑스럽게 여겼으며, 방법승房法乘[214]은 정사를 다스리지 않았고, 노은盧殷은 시를 짓는 밑천으로만 삼았다.

〔옹원기翁元圻[215]가 『진서晉書』「재기載記」를 살펴보고, "석륵石勒

213 최표崔儦: 남북조 시대 북제北齊 사람이다. 매일 독서했으며 서재에 "5000권의 책을 읽지 않은 사람은 이 서실에 들어올 수 없다不讀五千卷書者 無得入此室"라고 써 붙였다.

이 평소 문학을 좋아하여, 유생으로 하여금 경서와 사서를 읽게 하고 그것을 들었는데, 매번 자기의 뜻대로 옛 제왕의 훌륭함과 좋지 않음을 논의했다. 일찍이 어떤 사람에게 『한서』를 읽혔는데, 역이기酈食其가 6국의 후예를 세우도록 권유하는 것을 듣고는 크게 놀라 '이 방법은 실패하기에 마땅하니, 어떻게 천하를 성취할 수 있겠는가?' 했다. 유후留侯가 간언함에 이르러서는 곧 '이와 같은 사람이 있는 데 힘입었을 뿐이구나' 했다"고 했다.

『북사北史』「하타전何妥傳」에 나온다. "납언納言 소위蘇威[216]가 임금에게 '신의 아버지가 늘 저에게 『효경』 한 권만 읽는다면 자신을 바로 세우고 나라를 경영할 수 있는데, 어찌 많이 읽겠냐고 경계시켰습니다' 라고 말했다."

『송서宋書』「은일도잠전隱逸陶潛傳」에서는, "도잠이 「오류선생전五柳先生傳」을 지어서 자신을 빗댄 적이 있었는데, 그 내용은 다음과 같다. '한적하고 고요히 지내며 말을 적게 하고, 영화나 이익을 생각하지 않으며, 독서를 좋아하면서 깊이 이해하기를 바라지 않고 매번 글의 의미에 두고서 기뻐하면서 먹는 것도 잊었다'"라고 했다.

『남사南史』「양원제기梁元帝紀」에서는, "제帝의 휘諱는 역繹인데, 위군魏軍이 침입해서 곧 도서圖書 10여만 권을 빼앗아서 모두 불태웠다. 다음과 같이 논설했다. '입으로 육경을 외우고, 마음으로 제자백자를 이해하여, 중니仲尼의 학문을 간직하고 주공단의 재주를 가져서, 마침내 그의 거만함을 더하고 그 재난을 증가시킬 수 있었으니,

214 방법승房法乘: 남제南齊의 독서가. 자사刺史가 되었으나, 독서를 좋아하여 병을 핑계로 정사를 다스리지 않았다. 이 때문에 장리長吏 복등지伏登之가 권세를 제 맘대로 휘둘렀다.

215 옹원기翁元圻(1751~1826): 자가 재청載青, 호가 봉서鳳西 저장성 소흥부 사람이다. 1781년 진사가 되었으며 광남부지부廣南府知府, 귀주안찰사貴州按察使, 호남포정사湖南布政使 등의 벼슬을 역임했다. 만년에는 북경에 거처하며 『호남통지湖南通志』를 수찬하는 데 참여했다.

216 소위蘇威(540~621): 수나라의 경조부京兆府 무공현武功縣 사람으로 자가 무외無畏다. 수나라에서 태자소보太子少保·납언納言·민부상서民部尚書를 역임했다. 요부徭賦를 경감했고, 절검節儉을 숭상할 것을 주청했으며, 고영과 함께 조정을 관장했다.

어찌 금릉金陵의 함락에 도움이 되며, 강릉江陵의 멸망을 구원할 수 있었겠는가?'"라고 했다.

『북사北史』「최표전崔儦傳」에서는, "최표는 자가 기숙岐叔이다. 어려서 범양范陽의 노사도盧思道, 농서隴西의 신덕원辛德源과 뜻을 같이 하여 우애가 좋았고, 재능과 가문을 믿고 의지하여, 그 문에 다음과 같이 크게 썼다. '5000권의 책을 읽지 않은 자는 이 문에 들어올 수 없다'"고 했다.

『통감通鑑』「제무제기齊武帝紀」에서는, "영평永平 8년에 교주자사交州刺史 방법승房法乘은 오로지 책읽기를 좋아하여 항상 병을 핑계로 일을 처리하지 않았다. 이 때문에 장사長史 복등지伏登之가 정권을 마음대로 휘두르고 법승이 알지 못하게 했다"고 했다.

한창려韓昌黎(한유)의 「지노은묘誌盧殷墓」에서는 "그는 시를 뛰어나게 지어서 어려서부터 늙을 때까지 기록해서 전할 만한 시가 모두 1000여 편이고, 책에 대해 풍부해서 읽지 않은 것이 없었으나, 단지 시를 짓는 제재로 사용했다"고 했다.〕

善讀書者, 或曰此法當失, 或曰一卷足矣, 奚以多爲, 或不求甚解, 或務知大義, 不善讀者, 蕭繹以萬卷自累, 崔儦以五千卷自矜, 房法乘之不治事, 盧殷之資爲詩.〔翁元圻案『晉書·載記』, 石勒雅好文學, 嘗令儒生讀書史而聽之, 每以其意, 論古帝王善惡. 嘗使人讀『漢書』, 聞酈食其勸立六國後, 大驚曰, "此法當失, 何得遂成天下?" 至留侯諫, 乃曰, "賴[217]有此耳." 『北史·何妥傳』, 納言蘇威嘗言於上曰, "臣先人, 每戒臣云, '唯讀『孝經』一卷, 足可立身經國, 何用多爲?'." 『宋書·隱逸陶潛傳』, 潛嘗著『五柳先生傳』, 以自況曰, "閑靜少言, 不慕榮利, 好讀書, 不求甚解, 每有章意, 欣然忘食.'" 『南史·梁元帝紀』, 帝諱繹, 魏軍入, 乃聚圖書十餘萬卷盡燒之, 論曰, "口誦六經, 心通百氏, 有仲尼之學, 有公旦之才, 適足以益其驕矜, 增其禍患, 何補金陵之覆沒, 救江

217 賴: 원서에는 "頗"로 되어 있다. 『진서晉書』에 따라 바로잡는다.

陵之滅亡哉!”『北史·崔儦傳』, 儦字岐叔, 少與范陽·盧思道·隴西·辛德源同志友善, 負恃才地, 大署其戶曰, “不讀五千卷書者, 無得入此門.”『通鑑·齊武帝紀』, 永平八年交州刺史房法乘專好讀書, 常屬疾不治事, 由是長史伏登之得擅權政易將吏, 不令法乘知. 韓昌黎『誌盧殷墓』曰, “君能爲詩, 自少至老, 詩可錄傳者, 在紙凡千餘篇, 殷於書無所不讀, 止用爲詩資.”〕『곤학기문困學記聞』「잡지雜識」

2. 한문공韓文公은 “무릇 글을 지을 때는 마땅히 글자를 많이 알아야 한다”라고 했고, 두자미杜子美(두보)는 “책을 읽을 때 어려운 글자를 지나치면 어찌 글자를 알기 쉽겠는가!”라고 했다. 이형李衡은 『식자설識字說』에서 “책을 읽을 때는 글자를 알아야 한다. 진실로 책을 읽으면서 글자를 알지 못하는 자가 있으니, 공광孔光·장우張禹·허경종許敬宗·유종원柳宗元과 같은 이도 책을 읽지 않은 것은 아니나 다만 글자를 알지 못했을 뿐이다. 공광은 ‘진進’과 ‘퇴退’ 자를 몰랐고, 장우는 ‘강정剛正’ 자를 알지 못했고, 허경종은 ‘충효忠孝’ 자를 알지 못했으며, 유종원은 ‘절의節義’ 자를 알지 못했다”라고 했다. 이것은 배우는 자가 경계로 삼을 만한 것이다.

韓文公曰: 凡爲文辭, 宜略識字. 杜子美曰: 讀書難字過, 字豈易識哉! 李衡識字說曰: 讀書須是識字, 固有讀書而不識字者, 如孔光·張禹·許敬宗·柳宗元非不讀書, 但不識字; 孔光不識進退字, 張禹不識剛正字, 許敬宗不識忠孝字, 柳宗元不識節義字. 此可爲學者之戒. 『곤학기문』「소학小學」

3. 자격子擊이 「신풍晨風」과 「서리黍離」를 좋아하자 자부慈父가 감동을 받아서 깨달았고, 주경周磬은 「여분汝墳」의 마지막 장을 암송하고 부모를 위하여 벼슬을 했으며, 왕부王裒는 「요아蓼莪」를 읽을 때 세 번

반복하고 눈물을 흘렸고, 배안조裴安祖는 「녹명鹿鳴」을 강독하고서 형제가 식사를 같이했으니, "『시경』에서 감흥했다"라고 이를 만하다. 이남李柟·화백和伯 또한 스스로 말하기를 "나는 『시경』 「보전甫田」에서 도학을 깨달았고, 「형문衡門」에서 처세를 알았다"라고 했으니, 『시경』을 공부하는 방법이 된다고 할 수 있다.

子擊好「晨風」「黍離」, 而慈父感悟, 周磬誦「汝墳」卒章, 而爲親從仕, 王裒讀「蓼莪」, 而三復流涕, 裴安祖講「鹿鳴」而兄弟同食, 可謂興於『詩』矣. 李柟·和伯亦自言, 吾於『詩·甫田』悟道學, 「衡門」識處世, 此可爲學『詩』之法. 『곤학기문』 「시詩」

4. 『여씨동몽훈呂氏童蒙訓』에서는 "선배들은 나라의 유명한 신하의 행장行狀과 묘지墓誌를 종류별로 편집하고 그들이 행한 일 가운데 훌륭한 것을 취하여, 별록에서 드러내어 스스로 경계했으니, 또한 다른 사람에게서 취하여 선한 일을 시행하는 것을 즐겁게 여긴 뜻[218]이다"라고 했다.

주문공朱文公(주희)도 "적계籍溪 호胡 선생[219]께서 수업 이후의 여가에 학생을 가르치면서, 쪽지에 옛사람의 아름다운 행실을 적거나 혹은 시나 문장, 명銘, 찬贊 가운데 사람에게 도움이 될 만한 것을 벽 사이에 붙여두고 오가며 외우게 하여 모두 훤히 알게 했다"라고 했

218 다른 (…) 여긴 뜻: 『맹자』 「진심 상」에 나온다. 원문은 다음과 같다. "孟子又嘗曰 大舜有大焉 善與人同 舍己從人 樂取諸人以爲善."

219 적계籍溪 호胡 선생: 남송 때의 학자 호헌胡憲(1068~1162)을 이른다. 자가 원중原仲이고, 호가 적계籍溪며, 시호가 간숙簡肅이다. 호안로胡安老의 아들이자 호안국胡安國의 종자從子다. 고종 소흥紹興 연간에 향공鄕貢으로 태학에 들어갔다. 당시 이락伊洛의 학문이 금지되자 몰래 유면지劉勉之와 함께 그 학설을 공부했고, 초정譙定에게 『역易』을 배웠다. 고산故山에 은거하면서 땅을 일궈 약초를 팔아 부모를 봉양했는데, 따르는 사람들이 무리를 이루었다. 나중에 불려 비서정자秘書正字를 지냈는데, 글을 올려 금나라 사람이 반드시 맹세를 깰 것이라면서 숙장宿將 장준張浚과 유기劉錡를 기용할 것을 건의했다. 상소문이 접수되자 즉시 사직을 청했다. 황제가 그 충성에 감동하여 녹봉을 올려주었다. 이정의 학문에 전념했고, 뒤에는 유자휘劉子翬, 주송朱松(주희의 아버지)과 교유했다.

다. 이 두 가지 일은 법으로 삼을 만하다.
『呂氏童蒙訓』云, "前輩有編類國朝名臣行狀·墓志, 取其行事之善者, 別錄出之, 以自警戒, 亦欒取諸人以爲善之義." 朱文公(熹)亦云, "籍溪胡先生教諸生於功課餘暇, 以片紙書古人懿行, 或詩文銘贊之有補於人者, 黏置壁間, 俾往來誦之, 咸令精熟." 此二事可以爲法. 『곤학기문』「고사考史」

5. 왕백후王伯厚(왕응린)는 다음과 같이 말했다. "애헌艾軒[220]이 '날마다 쓰는 것이 근본이 되는 것根株이고, 문자는 주석을 단 것注脚'이라고 했는데, 이것이 곧 육상산陸象山의 '육경은 내 마음을 주석한 것이다六經注我'라는 뜻이다. 무릇 배우고자 하는 사람은 실제로 실천하는 것에 공력을 들여야지, 단지 글의 행을 찾아 글자 수를 세어서는 안 된다"고 했다. 또 "유성유劉盛惟가 『효경』과 『논어』를 읽고는 '이것을 외워서 행동할 수 있으면 충분하다. 어찌 많이 외우고서도 실행할 수 없는가?'라 했고, 소작蘇綽[221]은 '『효경』 한 권을 외우면 자신을 바로 세워서 나라를 다스리기에 충분한데, 어찌 많이 공부하리오?'라 했다."
王氏伯厚曰, "艾軒云, '日用是根株, 文字是注脚.' 此卽象山六經注我

220 애헌艾軒: 남송 때의 학자 임광조林光朝(1114~1178)를 말한다. 흥화군興化軍 보전莆田 사람으로 자가 겸지謙之이고, 호가 애헌이다. 윤돈尹焞과 왕빈王蘋의 문인 육경단陸景端에게 배워 정이의 삼전제자가 되었으며, 그로 인해 정자의 학풍이 동남 지역에서 번창하게 되었다.

221 소작蘇綽(498~546): 서위西魏 경조京兆 무공武功 사람. 자가 영작令綽이다. 어려서부터 학문을 좋아하여 많은 책을 섭렵했으며, 특히 산술에 뛰어났다. 형인 소양蘇亮과 이름을 다투어 세칭 '이소二蘇'라 불렸다. 우문태宇文泰의 신임을 얻어 행대낭중行臺郎中에 등용되었다. 주혜달周惠達이 그에게 '왕좌지재王佐之才'가 있다고 칭송했고, 대행대좌승大行臺左丞으로 옮겨 기밀機密을 담당했다. 지혜와 능력을 다 바쳐 우문태의 개혁 정치를 보좌하여 부국강병을 꾀했다. 계장計帳과 호적법을 만들고 육조조서六條詔書를 제정했으며, 아울러 지방 관리들 중 육조와 계장에 통달하지 못하면 벼슬을 내놓게 했다. 황명으로 『주례』에 맞춰 관제를 개정하려다 마치지 못하고 과로로 죽었다.

之意. 蓋欲學者於踐履實地用功, 不但尋行數墨也.” 又曰, “劉盛惟讀『孝經』『論語』云, ‘誦此能行足矣, 安用多誦而不能行乎?’ 蘇綽云, ‘誦『孝經』一卷, 足以立身治國, 何用多爲?’” 『독서설약讀書說約』

139

왕무
王楙

왕무王楙(1151~1213)는 송나라 학자로 복주福州 복청福淸 사람이다. 평강平江 오현吳縣에 이주해서 살았다. 호가 분정거사分定居士다. 어려서 아버지를 여의고 어머니를 섬겨 효성으로 명성이 있었다. 인정이 많고 성실하며 독서하는 데 각고의 노력을 기울였고, 공명空名을 버리고 저술에만 몰두하여 당시에 강서군講書君이라고 칭송했다. 저서로 『야객총서野客叢書』가 있는데 대체로 전적典籍에서 서로 차이가 나는 것을 고증한 것이다. 앞에는 경원慶元 원년에 쓴 자서가 있고, 다음에는 가태嘉泰 연간에 직접 기록한 한 조목이 있어서, 경원으로 연호를 고쳤을 때부터 모두 세 차례에 걸쳐 쓰인 셈이다.

무릇 역사서를 읽을 때 어떤 인물의 전傳을 보면, 먼저 이 사람이 어떤 부류의 사람인지를 정해야 한다. 도덕과 의리가 있는 사람인지, 재능과 덕행을 갖춘 사람인지 등을 정하되 핵심에서 어긋나는 것이 없어야 한다. 인품이 정해진 후에 전傳의 문장이 어떠한가를 살펴야 하고, 글 전체의 문체가 명료해진 후에 어떤 용도에 맞는 인물의 행동을 가려내되, 뛰어난 문장과 오묘한 언어 가운데 글에 도움이 될 수 있는 것을 기록한다. 이와 같이 역사서를 읽는다면 아마도 공연히 안목을 가리지는 못할 것이다. 만약 이 몇 가지 가운데서 단지 한 가지에만 공을 들인다면 아직 잘했다고 할 수 없다.

凡讀史, 每看一傳, 先定此人是何色目人, 或道義, 或才德, 大節無虧. 人品旣定, 然後看一傳文字如何; 全篇文體旣已了然, 然後採摘人事可爲何用, 奇詞妙語, 可以佐筆端者記之. 如此讀史, 庶不空遮眼也. 若於此數者之中, 只作一事功夫, 恐未爲盡善耳.『야객총서野客叢書』

140

왕정진
王廷珍

왕정진王廷珍(1278~1335)은 원나라 학자로 은거한 채 벼슬하지 않았다. 책 읽기를 좋아했는데, 성현이 경전을 쓴 것은 그 뜻이 말의 바깥에 있다고 여겨 무릇 진체眞體를 인식하고 본지本旨를 살펴 일상의 행동거지에 나타난다고 주장했다. 죽은 뒤 정옥鄭玉이 묘지墓誌를 지었는데, 책을 읽어 대의大意를 보았던 사람이라 칭송했다.

자진子眞은 독서할 때 큰 뜻을 드러내면서, 다음과 같이 말했다.

"성현이 경서를 지은 뜻이 말 바깥에 있었는데, 어찌 자질구레하게 주석에 얽매인 자들이 그 본래의 취지를 깨달을 수 있겠는가? 마땅히 진실로 체험해서, 날마다 사용하고 항상 실행하는 사이에서 드러나야 한다."

子眞讀書見大意, 謂聖賢作經意在言表, 豈拘拘注脚者所可得其本旨. 要當眞體實驗, 見之日用常行間. 『송원학안』

141

진보
陳普

진보陳普(1244~1315)는 남송의 교육자이자 성리학자로 호가 구제懼齋, 석당선생石堂先生이다. 어려서부터 학문에 뜻을 두고 사서오경을 읽었다. 성장해서는 주희의 성리학에 몰두했고, 소주蘇州의 큰 학자인 한익보韓翼輔에게서 배웠다. 1271년 몽골군이 남하하자, 석당산에 은거하여 종일토록 경서를 연구하고 저술하는 일을 즐겼다. 송나라가 망한 후에는 후학 양성에 힘썼다. 교육에 있어서 실천을 중시했으며, 여러 저서를 널리 보고 제자백가를 정밀하게 연구해서 식견이 넓고 재능이 많았다. 육경 외에 음율·천문·지리·역학 등에도 뛰어났다. 저서로 『석당문집石堂文集』[222]이 있다.

나는 한신동韓信同[223]이 일찍이 진보陳普 선생님께 사서四書 읽는 법에

222 『석당문집石堂文集』: 진보陳普의 문집. 『사고전서 집부 별집류』에 『석당유집石堂遺集』으로 수록되어 있다. 이 책은 「혼천의론渾天儀論」 16조條 및 각 체體의 문文으로 제1권을 만들었다. 부賦 3수·사詞 4수·가歌 2수 및 각 체體의 시를 2권으로 삼았다. 3권과 4권은 칠언절구 200여 수로 모두 영사시詠史詩이고, 끝에 「잡찬雜纂」 12조를 덧붙였는데, 곧 명나라 천계天啓 연간(1620~1627)에 보리普里 사람 완광녕阮光寧이 선별하여 간행한 것이다.

223 한신동韓信同(1251~1332): 원나라 학자. 자가 백순伯循이고 호가 고유선생古遺先生, 중촌中村이며, 영덕寧德 사람이다. 진보의 제자다. 문부文賦를 잘 지었고, 석당교수石堂教授를 지내면서 염락관민濂洛關閩의 학문을 깊이 연구했다. 운장서원雲莊書院의 산장山長을 지냈다. 사방에서 많은 학생이 몰려와 배웠다고 하며, 저술은 전하는 것이 없다.

대해 묻는 것을 들은 적이 있는데, (선생이 답하길) '각 장마다 50번씩을 읽어서 3년 동안 7~8번을 반복해서 읽으면, 본문과 주석이 물 흐르듯이 읽힐 것이다. 또 반드시 글자마다 그 뜻을 구하고 구句마다 그 이치를 살펴보면서, 깊이 몰두해서 그 의미를 맛보며 조금도 끊어짐이 없게 하면 거의 얻을 수 있을 것이다'라고 하셨다.

吾〔卽韓信同〕嘗聞陳先生〔卽陳普〕讀『四書』法, '各章五十徧, 三年七八反, 大字小字如流水. 又必字求其義, 句逆其情, 涵泳從容, 無少間斷, 則庶乎有以得之!'『송원학안』

제8부

金 금

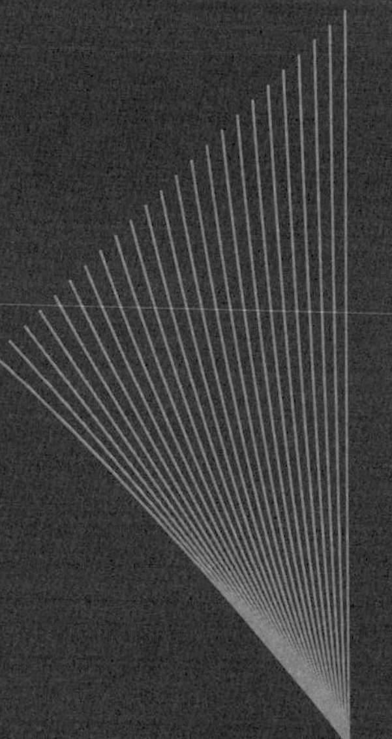

142

왕약허
王若虛

왕약허王若虛(1174~1243)는 금나라의 문학가로 호가 용부慵夫다. 금이 멸망하자 신분을 감추기 위해 옷을 바꿔 입고 북쪽 고향으로 돌아가 스스로 '호남유로滹南遺老'라고 불렀다. 10년 넘게 유기劉祁(1203~1250)와 동쪽을 유람하다 태산에서 죽었다. 시문에 뛰어났을 뿐만 아니라 경사와 고증학에도 밝았다. 『호남유로집宮南遺老集』[1] 가운데 문변文辨 4권, 시화詩話 3권은 시문에 관한 평론으로 참된 것을 주장하고 거짓을 반대했으며, 문학을 창작함에 있어서 순수한 정감을 표현하지 않으면 안 된다고 주장했다. 창작에도 자신의 문학 이론을 적용하고자 했다.

왕호남王滹南(왕약허)이 말했다.

"성인의 뜻이 말에 다 드러나는 것은 아니지만, 또한 말에서 벗어나지도 않는다. 말에 다 드러나지 않기 때문에 성인의 말에만 집중해서 뜻을 구하려 하면 마땅히 그 뜻을 잃어 미치지 못하게 되고, 말에서 벗어나지 않기 때문에 성인의 말에서 벗어나서 뜻을 구하면 마땅히 크게 지나치는 점에서 해를 입는다."

1 『호남유로집滹南遺老集』: 왕약허의 문집. 「오경변혹五經辨惑」 2권, 「논어변혹」 5권, 「맹자변혹」 1권, 「사기변혹」 11권, 「제사변혹諸史辨惑」 2권, 「신당서변新唐書辨」 3권, 「군사실변君事實辨」 2권, 「신사실변臣事實辨」 3권, 「의론변혹議論辨惑」 1권, 「저술변혹著述辨惑」 1권, 「잡변雜辨」 1권, 「류오잡변謬誤雜辨」 1권, 「문변文辨」 4권, 「시화詩話」 3권, 잡문雜文·시 5권으로 모두 45권이다.

王滹南曰, "聖人之意, 或不盡於言, 亦不外乎言. 不盡於言, 而執其言以求之, 宜其失之不及也, 不外乎言, 而離其言以求之, 宜其傷於太過也." 『서재노학총역庶齋老學叢譯』[2]

2 『서재노학총역庶齋老學叢譯』: 『서재노학총담庶齋老學談』의 오기로 보인다.

143

원호문
元好問

원호문元好問(1190~1257)은 금나라 말 원나라 초의 유명한 문학가이자 역사가로 호가 유산遺山이며 어려서 '신동神童'으로 불렸다. 금나라에 벼슬하여 지제고知制誥에 이르렀으나, 금나라가 망한 후에 포로로 여러 해를 보냈다. 만년에는 고향에 은거하여 저술에 몰두했다. 시詩·문文·사詞·곡曲 등 여러 문체에 뛰어나서, 송나라와 금나라가 대치하는 시기에는 북방 문학을 대표하는 주요 인사로서 문단의 맹주였고, 금원 교체기에는 전대와 후대를 이어주는 교량을 담당해 '북방문웅北方文雄'으로 존숭되었다. 작품은 비록 많이 전해지지 않으나 당시의 문학을 창도한 공이 있었다. 『유산집遺山集』[3]이 있다.

원유산元遺山(원호문)이 말했다.

"글은 반드시 구절을 중심으로 읽어야 하고, 문장은 글자를 중심으로 지어야 한다."

元遺山云, "書須句句讀, 文須字字做." 『독서법휘인유원덕어讀書法彙引喩元德語』

3 『유산집遺山集』: 『원유산선생전집元遺山先生全集』으로도 부른다. 『사고전서 집부 별집류』에 수록된 문집은 모두 시 14권, 문 26권으로 명나라 저권儲巏(1457~1513)의 가장본이다. 홍치弘治 무오년(1498)에 심주沁州의 이한李翰이 출간함으로써 유통되었다. 책 앞에 이치李冶·서세융徐世隆 두 사람의 「서문」이 있고, 끝에 왕악王鶚·두인걸杜仁傑 두 사람의 「발문」이 있다. 문집 끝에 있는 『부록』 1권은 저권이 모아 편집한 것이다.

제9부

元 원

144

허형
許衡

허형許衡(1209~1281)은 원나라 때의 이학자이자 교육자로 자가 중평仲平, 노재 선생魯齋先生이다. 16세에 학문에 뜻을 두고서 유가 경전을 연구했다. 주요 업적은 원나라 국학의 기초를 다지고 정자와 주자의 학설을 널리 알린 것이다. 『노재유서魯齋遺書』[1]가 있다.

1. 경서의 뜻을 강구할 때는, 일단 정본正本을 가지고 반복해서 강독하여 성인이 말씀한 취지를 구해야 한다. 그래야 반드시 경서 안에서 스스로 깨닫는 것이 있을 것이다. 만약 반복해서 읽고 외운 것이 20~30번에서 50~60번 이르도록 그 뜻을 구했는데도 깨닫지 못하겠으면, 그 후에 고주古註를 통해서 깨달아야 한다. 고주의 뜻풀이가 분명하지 않아서 확실하게 이해되지 않으면 곧 여러 주석가가 뜻풀이한 것 중에서 적합하게 해석한 것을 살펴, 전문가 중 한사람의 설을 취하여 정론으로 삼아야 한다. 두루뭉술해서 무엇을 따라야 할지 모르도록 공부해서는 안 된다.

1 『노재유서魯齋遺書』: 허형의 문집. 7세 손서孫壻인 학아경郝亞卿이 허형의 유문을 편집하려고 했지만 이루지 못하고, 하내교유河內敎諭인 재연준宰延俊이 이어서 완성했으며 하당何瑭이 서문을 지었다. 가정 을유년(1525)에 산음山陰(오늘날의 저장성 샤오싱紹興)의 소명봉蕭鳴鳳이 개봉에서 간행하고 서문을 지었다. 첫 2권은 어록이다. 3권은 『소학대의직설小學大義直說』『대학요략大學要略』『대학직해大學直解』다. 4권 상편은 『중용직해中庸直解』이고, 하편은 『독역사언讀易私言』『독문헌공설시설讀文獻公揲蓍說』『음양소장陰陽消長』 1편이다. 5권은 주소奏疏이며 6권 상편은 잡저雜著이며 하편은 서신이다. 7·8권은 시詩·악부樂府다. 『부록』 2권은 즉 상찬像贊·고칙誥勅을 수록했다.

講究經旨, 須是且將正本反復講讀, 求聖人立言指意, 務須經內自有所得: 若反復讀誦至於二三十徧以至五六十徧, 求其意義不得, 然後以古註證之. 古註訓釋不明, 未可通曉, 方考諸家解義, 釋其當者, 取一家之說以爲定論, 不可汎汎莫之所適從也. 『학규류편學規類編』[2]

2. 역사서를 볼 때는 우선 한 명의 전문가의 학설에 집중하고, 그 나머지 학설은 모두 물리쳐야 한다. 하나의 역사서를 자세히 다 보고 일일이 다 암기한 후에 한 권의 역사서를 따로 취하여 자세하게 읽어야 한다. 항상 이와 같이 하면, 몇 년 내에 여러 역사서를 두루 기억할 수 있다. 만약 하나의 역사서를 자세히 다 읽지 않았는데, 다른 역사서를 섞어 읽어 앞에서부터 뒤죽박죽 뒤엉키면, 백발이 되도록 한 권의 역사서에도 정통할 수 없다. 다만 『삼전三傳』[3]을 읽을 때는 마땅히 『사기史記』를 참고해야 하고, 『사기』를 읽을 때는 전한前漢의 글을 참고해야 한다. 복잡하거나 중요한 곳에는 또한 각각의 법칙이 있으니 몰라서는 안 된다.

閱史必且專意於一家, 其餘悉屛去; 候閱一史畢, 歷歷默記, 然後別取一史而閱之. 如此有常, 不數年諸史可以備記. 苟閱一史未了, 雜以他史, 紛然交錯於前, 則皓首不能通一史矣. 惟是讀『三傳』時, 當參以『史記』; 讀『史記』, 當參以前漢文辭. 繁要亦各有法, 不可不知! 『성리대전性理大典』

2 『학규류편學規類編』: 청나라 장백행張伯行이 푸젠 순무를 지낼 때, 오봉서원鼇峰書院을 건립하고 여러 학생에게 학규를 제시하기 위해 간행했다. 첫머리에는 훌륭한 황제들이 사대부 관료들에게 훈계한 문장을 싣고, 그 다음으로는 송·원·명 여러 학자가 학문을 연구한 조약들을 유별로 편찬하고, 스스로 독서한 일정을 부기했다. 23권 이후로는 '보편補編'이라고 제목하고 또한 원본에서 갖추지 못한 조목을 보충했다.

3 삼전三傳: 『춘추』의 주석서 『좌씨전』 『공양전』 『곡량전』이다.

3. 허노재許魯齋는 가르칠 때 정성스럽고 주도면밀하게 하여 반드시 통달하도록 했다. 일찍이 여러 학생에게, "이 장의 글 뜻을 만약 자신에게 돌려 각자 현재 당면한 일에 적용할 수 있는가?"라고 물었고, 또 "책 가운데 의문점이 없을 때는 의문점을 발견해야 하고, 의문점이 발견되었을 때는 다시 의문점을 해결할 수 있도록 해야 유익함이 있을 것이다"라고 했다.

許魯齋設教, 懇款周悉, 必使通曉. 嘗問諸生: "此章書義, 若推之自身, 今日之事有可用否?" "書中無疑, 看出有疑, 有疑卻看出無疑, 方是有益." 『인보류기人譜類記』[4]

4 『인보류기人譜類記』: 명나라 유종주劉宗周가 편찬했다. 요강학姚江學(양명학)은 심心에 대해 말하는 것이 많았는데, 종주는 그 폐단을 비판했기 때문에 실천을 중시했다. 이 책은 즙산서원蕺山書院을 주관할 때 여러 학생에게 읽힌 책이다. 『인보류기人譜類記』는 2권으로 모두 옛사람의 훌륭한 말과 선행을 종류별로 모았다. 매 편마다 앞에는 총괄적 기술을 싣고, 뒤에는 조목을 나열하고 논단을 붙였다. 초학자 계몽용이라 글에 꾸밈이 없고 간단명료하다.

145

오징
吳澄

오징吳澄(1249~1333)은 오징吳澂으로도 쓴다. 원나라 경학가로 만년의 자가 백청伯淸이다. 송나라 멸망 후 고향에 은거하며 저술에 몰두해 '초려 선생草廬先生'으로 불렸다. 황제의 칙명으로 『영종실록』을 찬수했다. 허형과 함께 명성이 있어서 '북허남오北許南吳'로 불렸다. 평생토록 원나라에 유학을 전파하고 발전시키는 데 정력을 기울여 중요한 공헌을 했다. 저서로 『학기학통學基學統』[5]과 『초려집草廬集』 등이 있다.

1. 독서할 때 중요한 것은, 옛 성현의 말에 따라서 이치를 밝히고 마음을 보존하기를 구하는 것일 뿐이다. 마음을 보존하지 않고 이치를 밝히지 않으면, 성현의 말을 입에 담아도 그것은 길거리의 담론과 민간의 노래와 같아서 도움이 안 된다.
所貴乎讀書者, 欲其因古聖賢之言, 以明此理存此心而已. 此心之不存, 此理之不明, 而口聖賢之言, 其與街談巷議塗歌里謠等之爲無益.
『초려정어草廬精語』

2. 사서四書를 읽을 때는 법이 있다. 반드시 그 이치를 깊이 연구하

5 『학기학통學基學統』: 『학기學基』『학통學統』으로 각각 나누어 봐야 한다. 2편이다.

여 실질적인 깨달음이 있어야지 단지 구문만 외우고 익혀서는 안 된다. 또 반드시 그 행동을 착실하고 신중히 해서 실천함이 있어야지 단지 입과 귀로만 말하고 들어서는 안 된다.

讀四書有法: 必究竟其理而有實悟, 非徒誦習文句而已; 必敦謹其行而有實踐, 非徒出入口耳而已.『초려정어』

146

조맹부
趙孟頫

조맹부趙孟頫(1254~1322)는 남송 말 원나라 초의 유명한 서예가·화가·시인으로 호가 송설도인松雪道人, 수정궁도인水晶宮道人, 구파鷗波다. 저장 오흥吳興 사람이다. 송 태조 조광윤趙匡胤의 11세손이다. 박학하고 재주가 많아 시와 문장을 잘 지었고, 백성을 잘 다스렸다. 그림에 조예가 깊고 금석에도 능했으며, 음률에 통달했고 감상에도 해박했다. 특히 서법과 회화에서 최고의 경지에 올라 '원인관면元人冠冕(원나라 사람 중 제일)'이라고 불렸다. 해서와 행서체로 칭송되었다. '조체趙體'를 창시했으며, 구양순·안진경·유공권과 함께 '해서사대가楷書四大家'로 불렸다. 『송설재집松雪齋集』[6]이 있다.

책을 모으고 소장하는 것은 정말로 쉬운 일이 아니다. 책을 잘 읽는 자는 마음을 맑게 하고 생각을 바르게 하며 책상을 깨끗하게 하고 향을 피워야 한다. 책등을 말아 잡지 말고 책장의 귀를 접지 말며, 손톱

6 『송설재집松雪齋集』: 조맹부의 문집. 양재楊載(1271~1323)가 조맹부의 행장을 지었는데, 조맹부의 저작으로 『송설재시집松雪齋詩集』이 있지만 권수는 자세하지 않다고 했다. 초횡焦竑(1541~1620)의 『국사경적지國史經籍志』에 『조맹부집』 10권이라고 실려 있는데, 이 판본과 목차가 서로 부합된다. 『외집外集』의 잡문 19수 또한 다른 판본에 실려 있지 않은 것이니, 아마도 전질全帙일 것이다. 문집의 앞부분에는 대표원戴表元(1244~1310)의 서序가 있는데, 『섬원집剡源集』에 보이며, 끝에 대덕大德 무술년(1298)이라고 기록되어 있다. 조맹부가 분주지주汾州知州로부터 황제를 알현하고 고향으로 돌아가는 것을 고했을 때 지은 것을 모아 대표원에게 청하여 지은 것으로 보인다.

으로 글자를 긁지 말고 침을 발라서 책장을 넘기지 말며, 베개를 만들지 말고 접어서 겨드랑이에 끼우지 말아야 한다. 책이 떨어지면 곧바로 수선하고 표지가 해지면 곧바로 새 표지를 만든다. 나중에 내 책을 받는 자도 이 법을 받도록 해야 한다.

聚書藏書, 良匪易事. 善觀書者, 澄心端慮, 淨几焚香. 勿捲腦, 勿折角, 勿以爪侵字, 勿以唾揭幅, 勿以作枕, 勿以夾刺. 隨損隨修, 隨開隨掩. 後之得吾書者, 竝奉贈此法. 진계유陳繼儒, 『독서십육관讀書十六觀』

147

여사서
余芑舒

여사서余芑舒는 송원대에 걸쳐 활동한 인물로 주희의 학문을 배웠다. 호가 식재息齋, 도곡자桃谷子다. 저서로 『독채씨서전의讀蔡氏書傳疑』『서전해書傳解』『역해易解』『독효경간오讀孝經刊誤』『식재집息齋集』 등이 있다.

사서芑舒는 매일 독서할 때마다 옷깃을 여미고 단정하게 앉아서 제자에게 다음과 같이 말했다.

"독서할 때는 반드시 마음을 비우고 익숙하게 읽어야 그 맛이 무궁해질 수 있다. 일찍이 몸과 마음이 간여하고 있는 일을 깨닫게 되면 자연스럽게 받아들이는 바가 있을 것이다."

芑舒每日讀書暇, 能[7]整襟端坐, 謂弟子曰: "讀書須虛心熟讀, 其味無窮. 及早了悟身心間事, 自有受用." 『송원학안』

7 能: 『송원학안宋元學案』에는 '則'으로 되어 있다.

148

유인
劉因

유인劉因(1249~1293)은 원나라 시인으로 호가 정수靜修, 초암樵庵, 뇌계진은雷溪眞隱이다. 제갈량의 '조용히 자신을 수양한다靜以修身'는 말을 좋아하여 거처를 '정수靜修'라고 지었다. 지원至元 19년(1282)에 벼슬하여, 승덕랑承德郎·유찬선대부右贊善大夫가 되었으나 모친의 병을 구실로 관직을 그만두고 돌아왔다. 모친이 세상을 떠난 뒤 집에 머무르며 관직에 나아가지 않았다. 『정수집靜修集』[8]이 있다.

1. 육경을 공부할 때는 반드시 『시경』에서부터 시작해야 한다. 옛사람은 13세에 『시경』을 암송했는데, 『시경』은 정情과 성性을 읊조리고 의지를 감동시켜 분발하며, 또한 『시경』에는 중화中和[9]의 음音이 있다. 사람이 현명하지 못한 이유는 혈기血氣가 그것을 가리기 때문인데, 시는 정과 성을 잘 인도하여 혈기를 통하게 할 수 있다. 만약 어렸을 때 항상 읊조리는 소리를 듣게 하고, 성장했을 때 풍자하고 찬

8 『정수집靜修集』: 유인 사후에 간행된 문집. 『목암사집樵庵詞集』 1권, 『유문遺文』 6권, 『습유拾遺』 7권이다. 최종적으로 양준민楊俊民(1531~1599)이 또 『속집續集』 2권을 붙였다. 남겨진 것을 수집하여 한 글자도 버리지 않았는데, 일률적으로 모아서 엮은 것은 반드시 유인의 본래 의도라고 할 수는 없을 것이다. 훗날 방산房山(오늘날의 베이징에 속함)의 가이賈彝가 다시 『부록』 2권을 덧붙여서 30권으로 만들었다. 지정 연간(1341~1368)에 관청에서 간행했다.

9 중화中和: 감정이나 성격이 격하거나 한쪽으로 치우치지 않은 바른 상태.

미한 뜻을 잊어버리지 않게 한다면, 비록 혈기가 있더라도 어찌 가려지겠는가?

治『六經』必自『詩』始. 古之人十三誦『詩』, 蓋『詩』吟詠情性, 感發志意, 中和之音在焉. 夫人之不明, 血氣蔽之耳. 『詩』能導情性而開血氣. 使幼而常聞歌誦之聲, 長而不失刺美之意; 雖有血氣, 焉得而蔽焉!

『서학敍學』

2. 선진先秦[10]과 삼대三代[11]의 책 중에서는 육경, 『논어』 『맹자』가 가장 좋다. 세상이 변한 이후 풍속이 날로 쇠퇴해져, 학자도 세상과 더불어 변해서 학문에 힘을 다 쏟지 않으니, 그 재주를 온전히 발휘하고자 한들 가능하겠는가? 삼대의 학문은 대소大小의 차례와 선후의 등급에 있어서 후세에 단서를 남겼으나, 마침내 또한 따르는 방법을 알지 못하게 되었으니, 다만 『육경』과 『논어』 『맹자』에 힘을 다해야 할 뿐이다. 육경을 익힌 후 옛사람이 남긴 나머지 글을 보면 그 맛을 알 수 있을 것이다.

先秦三代之書, 六經·『語』『孟』爲大. 世變既下, 風俗日壞, 學者與世俯仰, 莫之致力, 欲其材之全, 得乎? 三代之學, 大小之次第, 先後之品節, 雖有餘緒, 竟亦莫知適從. 惟當致力六經·語·孟耳. 『六經』既治, 然後嘗古人之糟粕而知味矣. 『서증한경수재書贈韓瓊秀才』

10 선진先秦: 진秦나라가 통일하기 이전의 시기로 춘추전국시대를 가리킨다.

11 삼대三代: 하夏·상商·주周의 세 왕조를 가리킨다.

149

허겸
許謙

허겸許謙(1269~1337)은 원나라 학자로 호가 백운산인白雲山人이며, 시호가 문의文懿다. 아버지를 일찍 여의었고 어머니에게 『효경』과 『논어』를 전수받았다. 6세에 금화金華에 사는 당숙堂叔 허굉許觥의 양자가 되었다. 김이상金履祥을 스승으로 모셔서 각고의 노력을 기울여 공부했다. 허겸은 옛것에 얽매이지 않고, 세속을 따르지 않으며, 사리사욕에 뜻을 두지 않고 도로써 스스로 즐겼다. 제자를 가르칠 때는 정성을 기울이되 알뜰하고 자세하게 안팎으로 다하였고, 그 내용은 깊고 오묘하지만 간결하고 알기 쉽게 했다. 또 재능에 따라 가르쳤으나, 과거를 위한 학문은 전수하지 않았다. 그 제자가 1000여 명이나 되었으며 각각 성취를 이루었다. 『허백운집許白雲集』[12]이 있다.

허겸은 일찍이 『구경九經』[13]과 『의례儀禮』, 삼전三傳에 구두점을 찍었는데, 대강大綱과 요지要旨, 착간과 연문이 있으면 모두 황색과 붉은

12 『허백운집許白雲集』: 『백운집白雲集』이라고도 한다. 권말의 「구발舊跋」을 살펴보면, 이 판본은 정통正統 정묘년(1447)에 금대金臺의 이신李伸(772~846)이 그의 할머니인 왕씨의 집에서 얻은 잔편殘編으로, 모두 허겸의 초고다. 이신이 비로소 순서를 정하고 책으로 만들었으니 허겸이 스스로 정한 것으로부터 유래하는 것이 아니기 때문에 체례가 어지럽다. 성화成化 병술년(1466)에 강포江浦의 장선張瑄(1417~1494)이 처음으로 광동廣東에서 출판했는데, 금화金華의 진상陳相이 서문을 지었다. 또 정덕 무인년(1518)에 진강陳綱이 중각하면서 『백운존고白雲存稿』로 바꾸었다. 현재 사고전서에 수록된 판본은 상구商邱 송락宋犖(1635~17145)의 소장본을 전사한 것이다.

색·흑색의 분필로 구별하며 교감했으며, 의미가 분명한 곳이 있으면 표기하여 드러냈다.

謙嘗句讀『九經』『儀禮』『三傳』, 而於大綱要旨, 錯簡衍文, 悉別鉛黃朱墨, 意有所明, 則表而出之. 『**송원학안**』

13 『구경九經』: 아홉 가지 유가 경서. 그 설이 분분하다. 『한서』「예문지」에서는 『역경』『서경』『시경』『예기』『악기』『춘추』『논어』『효경』과 소학서를 구경이라고 했다.

150

이존
李存

이존李存(1281~1354)은 원나라 학자로 자가 명원明遠, 중공仲公이고, 호가 사암俟庵이다. 과거에서 떨어지자 은둔하여 학문에 몰두했다. 진원陳苑에게 육구연의 심학을 배워 본심을 밝히는 것으로 학문의 요체를 삼았다. 천문과 지리, 의복醫卜, 불교 관련 서적을 많이 읽었고, 시사詩詞도 잘 지었다. 축번祝蕃, 서연舒衍, 오겸吳謙과 함께 '강동 사선생'으로 일컬어졌으며, 원나라 때 육구연의 학문을 전파한 주요 인물이다. 『준재집俟齋集』이 있다.

내 마음이 진실로 바름을 얻으면, 이른바 『서경』은 내 마음의 일이요, 『시경』은 내 마음의 읊조림이며, 『주역』은 내 마음의 변화요, 『춘추』는 내 마음의 시비是非 판단이며, 『예기』는 내 마음의 움직임이 절도에 맞는 것〔中節〕이다. 효도〔孝〕·우애〔友〕·화목〔睦〕·혼인〔姻〕·믿음〔任〕·구휼〔恤〕 등과 같은 것에 이르러서도 모두 내 마음을 미루어 행하는 것이다.

此心苟得其正, 則所謂『書』者此心之行事, 『詩』者此心之詠歌, 『易』者此心之變化, 『春秋』者心之是非, 『禮』者此心之周旋中節. 至若孝·友·睦·姻·任·恤[14], 皆此心之推也. 『송원학안』

14 孝·友·睦·姻·任·恤: 『주례』 「지관地官·대사도大司徒」에 나온다. 고을에서 가르치는 세 가지 일 중 두 번째에 해당한다. '효'는 부모에게 잘하는 일이고, '우'는 형제에게 잘하는 일이며, '목'은 가까운 친족과 친하게 지내는 것이고 '인姻'은 외척과 친하게 지내는 것이며, '임任'은 벗에게 믿음을 주는 도이고, '휼恤'은 가난한 사람에게서 근심을 떨치게 하는 일이다.

151

정단례
程端禮

정단례程端禮(1271~1345)는 원나라 학자이자 교육자로 자가 경숙敬叔, 경례敬禮이고, 호가 외재畏齋다. 15세에 육경을 암송할 수 있었고, 경서의 대의를 분명하게 이해할 수 있었다고 하며, 주자의 학문을 전공했다. 여러 차례 건평현建平縣, 건덕현建德縣의 교유敎諭와, 태주로台州路·구주로衢州路의 교수 등을 역임하여 제자가 매우 많았다. 지은 글은 분명하고 진실하며 정도에서 벗어나지 않았다. 저서로 『독서분년일정讀書分年日程』[15] 『춘추본의春秋本義』 『외재집畏齋集』[16]이 있다.

1. 내가 가만히 듣건대, 주자는 "학문을 하는 도는 이치를 궁구하는 것〔窮理〕보다 앞선 것이 없고, 이치를 궁구하는 것의 핵심은 반드시 독서〔讀書〕에 달려 있으며, 독서하는 방법은 차례에 따라서 정밀한 곳에 이르는 것〔循序而致精〕보다 중요한 것은 없으며, 정밀한 경지에 이

15 『독서분년일정讀書分年日程』: 정단례가 가숙家塾의 교과과정을 기록한 책으로 모두 3권이다. 『독서일정』 혹은 『정씨가숙독서분년일정程氏家塾讀書分年日程』이라고도 한다. 연우延祐 2년(1315) 자신이 쓴 서문에서 "보광輔廣이 편집해놓은 『주자독서법』을 근본으로 이 책을 찬수했다"고 말하고 있으며, 『주자독서법』의 여섯 조목을 독서의 강령으로 삼아 제시했다. 첫째 「거경지지居敬持志」, 둘째 「순서점진循序漸進」, 셋째 「숙독정사熟讀精思」, 넷째 「허심함영虛心涵泳」, 다섯째 「절기체찰切己體察」, 여섯째 「착긴용력著緊用力」으로 되어 있다.

16 『외재집畏齋集』: 정단례의 문집으로 모두 6권이다. 『사고전서 집부 별집류』에 수록되어 있는 것은 『영락대전』에 산재해 있던 시무 100여 편을 모은 것이라고 한다.

르는 근본은, 또한 '마음을 신중히 하고 뜻을 보존하는 것〔居敬而持志〕'에 달려 있다. 이것은 바꿀 수 없는 이치다"라고 했는데, 그 문인門人과 사숙私淑[17]하는 무리가 주자의 평소의 가르침을 모으고 그 핵심만을 발췌하여, 독서법으로 6가지 조목을 정했으니, 다음과 같다.

○ **순서점진循序漸進: 순서에 따라서 점차 나아간다.**

주자가 말했다. "두 책을 가지고 말하면 한 책을 통달하고 난 뒤에 다른 책을 읽어야 하고, 한 권의 책을 가지고 말하면 편篇·장章·구句·자字와 처음부터 끝까지의 차례에 또한 각각 순서가 있으니 뒤섞지 말고, 역량이 미치는 것을 헤아려 그것을 엄중하게 따라야 한다. 글자에서는 그 뜻을 구하고 구句에서는 그 취지를 찾아야 한다. 앞부분에서 깨닫지 못했으면 감히 뒷부분에서 구하지 말고, 이 부분에서 통달하지 못했으면 감히 저 부분에 뜻을 두어서는 안 된다. 이와 같이 하면 뜻이 정해지고 이치가 분명해져서 경솔하게 단계를 뛰어넘는 병폐가 없어질 것이다. 만약 끝을 향해 내달리면서 한결같이 저술된 내용만을 뒤쫓는다면 봐도 보지 않는 것과 같다. 근래에 이 병통이 작은 일이 아니라는 것을 깨달았다. 원래 도학道學이 밝아지지 않는 것은 고차원적인 공부가 부족해서가 아니라 곧 근본적인 기초가 없기 때문이다." 이것이 '순서점진'의 설이다.

○ **숙독정사熟讀精思: 익숙하게 읽고 정밀하게 생각한다.**

주자가 말했다. "순자는 '여러 번 외워서 꿰뚫는다'고 했는데, 옛사람들이 글을 암송할 때도 또한 읽은 횟수를 기록한 것을 볼 수 있다. 이를 통해서 횡거橫渠 장재張載가 사람들에게 독서법을 가르칠 때 반드시 완전하게 외우게 한 이유를 알 수 있으니, 이것은 진실로 도학道學의 가장 첫 번째 원칙이다. 읽은 횟수가 충분하더라도 아직 완

17 사숙私淑: 직접 가르침을 받지는 않았으나, 가르침을 존경해서 스승으로 여기는 것을 말한다.

전히 암송하지 못했으면 반드시 완전히 암송하려 해야 하고, 읽은 횟수가 충분하지 않으면 비록 완전히 암송했더라도 반드시 횟수를 채워야 한다. 다만 100번 읽을 때는 저절로 50번만 힘써 읽고 200번 읽을 때는 저절로 100번만을 힘써 읽을 뿐이니, 요즘 사람은 이 때문에 기억할 수 없고 설명할 수 없게 되었다. 또 마음을 쓰는 둥 마는 둥 해서 모두 정밀하게 생각하지 않고 익숙하게 읽지 않으니, 이 때문에 옛사람과 같을 수 없다. 학자는 책을 읽을 때는 정련하게 쓰인 원문을 읽고 주해註解를 기억하여, 완전히 암송하고 정밀하고 익숙하게 해야 한다. 주석 가운데 단어의 뜻과 문장의 해석, 글의 의미와 사물·사건 등이 서로 통하고 이어지는 곳을 분명하게 드러내어 마치 스스로 지어낸 것과 같이 일일이 인식해야 한다. 그래야만 깊이 음미하고 반복해서 높은 차원으로 나아가도 분명하게 아는 곳이 있을 수 있다." 이것이 '숙독정사'의 설이다.

○ **허심함영虛心涵泳: 마음을 비우고 깊이 몰두해서 읽는다.**

주자가 말했다. "장자는 '나는 마음을 비우고 순순히 만물의 변화를 따른다吾與之虛而委蛇'고 했는데, 마음을 비우고 나서 또 남을 따라서 뜻을 다해서 나아가기를 바란 것이다. 독서할 때는 무릇 마음을 비워야 책을 이해할 수 있다. 성현이 말한 한 글자는 그저 한 글자일 뿐이니, 스스로 다만 마음을 평온하게 해서 다른 사물을 헤아릴 뿐, 조금이라도 근거 없이 꾸밀 수 없게 했다. 그러나 요즘 사람들은 독서할 때 먼저 마음속에 어떤 생각을 가진 후 성현의 말을 끌어와 붙이는 경우가 많다. 만일 합치되지 않는 곳이 있으면 억지로 해석하여 부합하게 하니, 어찌 성현의 본의를 볼 수 있겠는가?" 이것이 '허심함영'의 설이다.

○ **절기체찰切己體察: 절실하게 여겨 체득하고 살펴야 한다.**

주자가 말했다. "도道에 들어가는 문은, 자신이 어떤 도리 안으로 들어가서 점점 친숙해져서 자기와 하나가 되는 것이다. 그런데 요즘 사람들은 도가 이 속에 있는데도 자신은 바깥에 있으면서 아예 상관하지 않는다. 배우는 자는 독서할 때는 반드시 성현의 말씀으로 자신의 몸에서 체득하려고 해야 한다. '사욕을 이기고 예로 돌아간다克己復禮'[18]와 '대문을 나설 때 마치 큰 손님을 보듯이 삼간다出門, 如見大賓'[19] 등과 같은 일은, 모름지기 자기 자신에게서 체득하고 살펴서 내가 실제로 사욕을 극복하여 예로 되돌아가고〔克己復禮〕, 삼감〔敬〕을 주로 하여 다른 사람에게도 베풀 수 있어야〔主敬行恕〕 하지 않겠는가? 사사건건 이처럼 한다면 곧 유익함이 있을 것이다." 이것이 '절기체찰'의 설이다.

○ **착긴용력**著緊用力**: 빠듯하게 힘을 쏟는다.**

주자가 말했다. "읽는 기한을 넉넉하게 하되 독서 과정을 빠듯하게 해야 한다. 배울 때는 꿋꿋함과 결단력이 있어야 한다. 해이해져서 마음을 다하지 않으면 일을 이룰 수 없다. 또 '분발하여 끼니를 잊고, 즐거워서 근심을 잊는다發憤忘食, 樂以忘憂'와 같은 것은, 어떤 정신이며 어떤 체력이겠는가? 지금의 학자는 전혀 분발하지 않는다. 진실로 정신을 진작시키기를 바란다면 화재에서 구해내고 병을 치료하듯 하고, 상류로 배를 저어 갈 때 한 번이라도 노를 느슨하게 해서

18 사욕을 (…) 돌아간다: 『논어』「안연」 편에 나오는 말이다. 그 내용은 다음과 같다. "안연이 인仁에 대해 묻자, 공자께서 말씀하셨다. '자신의 사욕을 이기고 예禮로 돌아가는 것이 인仁이 된다. 하루만이라도 사욕을 극복하고 예로 돌아가면 천하 사람들이 인仁을 함께 할 것이다. 인을 실행하는 게 자기로부터 말미암는 것이지 다른 사람으로부터 말미암는 것이겠는가顔淵問仁. 子曰: '克己復禮爲仁. 一日克己復禮, 天下歸仁焉. 爲仁由己, 而由人乎哉?'"

19 대문을 (…) 삼간다: 『논어』「안연」에 나온다. "중궁이 인仁에 대해서 묻자, 공자께서 말씀하셨다. '문을 나설 때는 큰 손님을 보듯이 공손하고, 백성을 부릴 때는 큰 제사를 받들어 행하듯이 신중히 해라. 자기가 바라지 않는 것을 다른 사람에게 행하지 마라. 나라에 있을 때도 원망이 없게 하고, 집안에 있을 때도 원망이 없게 하라.' 중궁이 말했다. '제가 비록 영민하지는 못하지만 이 말씀을 따르겠습니다仲弓問仁. 子曰: '出門如見大賓, 使民如承大祭. 己所不欲, 勿施於人. 在邦無怨, 在家無怨.' 仲弓曰: '雍雖不敏, 請事斯語矣.'"

는 안 되듯이 해야 한다." 이것이 '착긴용력'의 설이다.[20]

○ **거경지지**居敬持志**: 경**敬**에 처하여 뜻을 유지한다.**

주자가 말했다. "정이程頤 선생께서는 '함양涵養[21]하는 것은 경敬의 방법을 써야 하고, 학문의 진전은 치지致知[22]에 달려 있다'고 하셨는데, 이것이 가장 정확하고 중요하다. 일이 없을 때 경敬으로 자신을 지켜서, 마음이 아무것도 하지 않는 지경에 빠져들게 해서는 안 되고, 반드시 다잡아서 이곳에 있게 해야 한다. 일을 처리할 때는 일을 처리하는 데 집중하고〔敬〕 독서할 때는 독서하는 데 집중해야만, 자연스럽게 어떤 상황에 처하더라도 두루 통하여 마음이 쓰이지 않을 때가 없게 된다. 지금 배우는 자들이 책에 대해 말할 때는 무릇 전해진 설을 조합했음에도 도리어 정밀하거나 익숙하지 않았다. 그러나 이 병폐는 책을 말하는 것에 있어서의 병폐가 아니라, 곧 마음의 병폐다. 무릇 마음이 고요하고 순수하지 못하기 때문에 사려하는 것이 정밀하거나 분명하지 않게 되는 것이다. 이 마음을 길러서 투명하고 고요하게 해서, 도리가 내면에서부터 흘러나오게 해야 곧 좋아진다." 이것이 '거경지지'의 설이다.

端禮竊聞之, 朱子曰: "爲學之道, 莫先於窮理; 窮理之要, 必在於讀書; 讀書之法, 莫貴於循序而致精; 而致精之本, 則又在於居敬而持志; 此不易之理也." 其門人與私淑之徒, 會萃朱子平日之訓, 而節取其要, 定爲讀書法六條如左:

20 분발하여 (…) 잊는다: 『논어』「술이」에 나온다. "섭공葉公이 자로子路에게 공자에 대해서 물었는데, 자로가 대답하지 못했다. 공자가 말했다. '너는 어찌해서, 그 사람은 (학문을 좋아해서 학문을 아직 터득하지 못했을 때는 끼니도 잊고 분발하여 노력하고, 터득하고 나서는 그것을 즐기면서 걱정거리도 잊으며, 나이가 드는 것도 알지 못한다고 말하지 않았느냐葉公問孔子於子路, 子路不對. 子曰: '女奚不曰, 其爲人也, 發憤忘食, 樂以忘憂, 不知老之將至云爾!'"

21 함양涵養: 자신을 수양하거나 본성을 닦는 것이다.

22 치지致知: 사물의 이치를 깊이 연구하여 지식을 끝까지 밝히는 것이다.

循序漸進: 朱子曰: "以二書言之, 則通一書, 而後及一書; 以一書言之, 篇章句字, 首尾次第, 亦各有序, 而不可亂, 量力所至, 而謹守之. 字求其訓, 句索其旨, 未得乎前, 不敢求乎後, 未通乎此, 不敢志乎彼. 如是則志定理明, 而無疏易陵躐之患矣. 若奔程趁限, 一向趲著了, 則看猶不看也. 近方覺此病痛不是小事. 元來道學不明, 不是上面欠工夫, 乃是下面無根脚." 其循序漸進之說如此.

熟讀精思: 朱子曰: "荀子說'誦數以貫之', 見得古人誦書, 亦記遍數, 乃知橫渠教人讀書, 必須成誦, 眞道學第一義. 遍數已足, 而未成誦, 必欲成誦, 遍數未足, 雖已成誦, 必滿遍數, 但百遍時自是強五十遍, 二百遍時自是強一百遍, 今人所以記不得, 說不去, 心下若存若亡, 皆是不精不熟, 所以不如古人. 學者觀書, 讀得正文, 記得註解, 成誦精熟, 註中訓釋, 文意事物名件, 發明相穿紐處, 一一認得, 如自做出底一般, 方能玩味反復向上有通透處." 其熟讀精思之說如此.

虛心涵泳: 朱子曰: "莊子說'吾與之虛而委蛇', 旣虛了, 又要隨他曲折出; 讀書須是虛心方得. 聖賢說一字是一字, 自家只平著心去秤停他, 都使不得一毫杜撰. 今人讀書, 多是心下先有個意思, 却將聖賢言語來湊; 有不合, 便穿鑿之使合, 如何能見聖賢本意?" 其虛心涵泳之說如此

切己體察: 朱子曰: "入道之門, 是將自身入那道理中去, 漸漸相親, 與己爲一. 而今人道在這裏, 自家在外, 元不相干. 學者讀書, 須要將聖賢言語體之於身. 如'克己復禮', 如'出門如見大賓'等事, 須就自家身上體察, 我實能克己復禮, 主敬行恕否? 件件如此, 方有益." 其切己體察之說如此.

著緊用力: 朱子曰: "寬著期限, 緊著課程. 爲學要剛毅果決, 悠悠不濟事; 且如發憤忘食, 樂以忘憂, 是甚麽精神, 甚麽筋骨? 今之學者, 全不曾發憤; 眞要抖擻精神, 如救火治病然, 如撑上水船, 一篙不放緩." 其著緊用力之說如此.

居敬持志: 朱子曰: "程先生云'涵養須用敬, 進學則在致知', 此最精要.

方無事時, 敬以自持, 心不可放入無何有之鄉, 須是收斂在此. 及應事時, 敬於應事, 讀書時, 敬於讀書, 便自然該貫動靜, 心無不在. 今學者說書, 多是捻合來說, 却不詳密活熟, 此病不是說書上病, 乃是心上病. 蓋心不專靜純一, 故思慮不精明; 須要養得虛明專靜, 使道理從裏面流出方好." 其居敬持志之說如此. **『오종유규五種遺規』[23] 주자독서법朱子讀書法**

2. 한 글자, 한 구절, 한 문장을 깊이 곱씹어 음미하고, 분석하고 종합해보아야 한다. 분석할 때는 그 정밀함을 다해야 하고, 종합할 때는 통찰通察하지 않는 것이 없어야 한다. 책을 읽어 나갈 때 자유자재로 분석하고 종합해서 해설하여, 심신心身에서 체득하고 인식할 수 있어야 잘 익혔다고 할 수 있다.

凡玩索一字一句一章, 分看合看, 要析之極其精, 合之無不貫. 去了本子, 信口分說得出, 合說得出, 於身心上體認得出, 方爲爛熟. **『독서분년일정讀書分年日程』**

3. 한유의 문장을 읽을 때는 날마다 한 편 혹은 두 편을 익숙하게 읽되, 또 백 번을 완전하게 암송해야 한다. 일생토록 한유의 글에 힘입어 작문의 골자를 만들 수 있기 때문이다. 다 읽고 난 후에는 반복해서 자세히 보아야 한다. 매 편마다 주요한 뜻이 있는 곳을 먼저 보고서 한 편의 핵심을 깨치고, 다음으로 문세의 억양과 안배〔抑揚輕重〕, 뜻의 운용과 전환〔運意轉換〕, 설명과 논증〔演證〕, 문장의 시작법과 맺는

23 『오종유규五種遺規』: 청나라 진굉보陳宏謀(1696~1771)가 편찬했다. 선인의 저술과 사적 가운데 양성養性·수신·치가·위관爲官·처세·교육 등과 관련된 내용을 채록하여, 다섯 가지 분야로 나누어서 지었다. 분야로는 『양정유규養正遺規』『교녀유규教女遺規』『훈속유규訓俗遺規』『종정유규從政遺規』『재관법계록在官法戒錄』이 있다.

법〔開闔〕, 문장의 구성〔關鍵〕, 처음과 중간부분〔首腹〕, 맺는 부분과 끝부분〔結末〕, 상세한 부분과 소략한 부분〔詳略〕, 내용의 얕은 부분과 깊은 부분〔淺深〕, 선후순서〔次序〕 등의 서술을 살펴보아야 한다. 이때는 먼저 글 전체에서 편법篇法 등을 살펴보고 나서, 다시 전체에서 나누어진 작은 단락에서 장법章法을 보고, 다시 장법 중에서 구법句法을 보고, 다시 구법 가운데서 자법字法을 살펴보면, 곧 작자의 마음에서 어긋나는 것이 없을 것이다. 그것을 나무에 비유하여 종합해보면, 뿌리에서부터 밖으로 나와서 줄기에서 가지가 나오고 가지에서 꽃과 잎이 생기니, 크고 작은 것이 차례대로 자라서 나무가 되는 것이다. 또한 줄기와 한 가지를 분석해보면, 모두 각자 가지·줄기·꽃·잎이 있어서, 한 그루의 나무처럼 조금도 혼잡한 것이 없다. 여기에서 문장의 법칙을 알 수 있다. 그의 문장을 볼 때도 이와 같이 오래도록 보면 저절로 법을 깨칠 수 있다.

三. 讀韓文, 日熟讀一篇或兩篇, 亦須百遍成誦, 緣一生靠此爲作文骨子故也. 旣讀之後, 須反復詳看. 每篇先看主意, 以識一篇之綱領; 次看其敍述, 抑揚輕重·運意轉換·演證·開闔·關鍵·首腹·結末·詳略·淺深·次序; 旣於大段中看篇法, 又於大段中分小段看章法, 又於章法中看句法; 句法中看字法; 則作者之心, 不能逃矣! 譬之於樹, 通看則繇根至表, 幹生枝, 枝生華葉, 大小次第相生而爲樹; 又折一幹一枝看, 則又皆各自有枝幹華葉, 猶一樹然: 未嘗毫髮雜亂, 此可以識文法矣. 看他文皆當如此看, 久之自會得法.『독서분년일정』

152

우집
虞集

우집虞集(1272~1348)은 원나라의 학자이자 시인으로 호가 도원道園이며, 소암 선생邵庵先生으로 불린다. 오징吳澄에게서 배웠다. 성종(재위 1265~1307) 대덕 초에 대도로大都路 유학교수로 천거되어, 국자조교·박사를 역임했고, 『경세대전經世大典』 등을 편찬하는 데 참여했다. 평소 문명이 높아서 게혜사揭傒斯·유관柳貫·황진黃溍과 '원유사가元儒四家'로 칭송되었고, 시에 있어서는 게혜사·범팽範梈·양재楊載와 명성을 함께해서 '원시사가元詩四家'로 불렸다. 저서로 『도원학고록道園學古錄』[24]이 있다.

학자가 성현의 경지에 오르기를 바라는 것은, 활 쏘는 자가 정곡正鵠을 맞추려고 하는 것과 같다. 따라서 성현을 목표로 삼지 않고 공부하는 것은 정곡을 세우지 않고 활 쏘는 것과 같다. 뜻에 정해진 방향이 없으면 끝없는 바다를 둥둥 떠다니며 머무를 바가 없는 것과 같으니, 그렇게 하고도 망령되지 않은 사람은 거의 없다. 이것이 뜻을 세우는 것(立志)을 가장 우선시하는 까닭이다. 정해진 방향이 있은 후에야 도달할 방도를 구하게 되는데, 이 또한 뜻이 있는 자가 아니면 할

24 『도원학고록道園學古錄』: 우집의 저술로 모두 50권이며, 『재조고在朝稿』『응제고應制稿』『귀전고歸田稿』『방외고方外稿』의 네 편과, 시고詩稿는 별도로 『지정영언芝亭永言』이라고 명명했다. 그의 벗이었던 임천臨川의 백종伯宗 이본李本이 옛 시들을 모아 간행했다는 기록이 확인되며, 원나라와 명나라로부터 여러 차례의 판각을 거쳤다.

수 없다. 이러한 까닭에 스승을 좇고 벗을 선별하며〔從師取友〕, 책을 읽고 이치를 궁구하는 일〔讀書窮理〕 등은 모두 지향하는 목표에 도달하기를 구하는 일이다.

夫學者之欲至於聖賢, 猶射者之求中夫正鵠也, 不以聖賢爲準的而學者, 是不立正鵠而射者也. 志無定向, 則汎濫茫洋, 無所底止, 其不爲妄人者幾希! 此立志最先者也. 既有定向, 則求所以至之之道焉, 尤非有志者不能也. 是故從師取友, 讀書窮理, 皆求至之事也. 『상지재설尙志齋說』

153

게혜사
揭傒斯

게혜사揭傒斯(1274~1344)는 원나라 문인이자 사학자로 호가 정문貞文이다. 집이 가난했으나 학문에 힘썼고, 세 차례나 한림에 들어갔다. 요遼·금金·송宋 세 나라 역사를 편수할 때 총재관總裁官에 임명되었다. 문장이 간결하고 엄정하며, 시는 맑고 청려하면서도 세밀하다. 해서·행서·초서를 잘 써서 조정의 전책典冊이 모두 그의 손에서 나왔다. 우집·양재·범팽과 "원시사대가"로 불리고, 또 우집·유관·황진과 "유림사걸儒林四傑"로 일컬어진다. 『문안집文安集』이 있다.

1. 나의 독서는 어떠했나?
   성인의 글이 아니면 읽지 않았네
   나를 완성해야 남을 완성하건만[25]
   아직 내 눈도 만족시키지 못했네

吾書伊何, 非聖弗讀, 成己成物, 惟目不足. 『게문안공문수오독오서재명揭文安公文粹吾讀吾書齋銘』

25 성기성물成己成物: 자신의 덕을 완성하고 그것을 미루어 다른 이를 교화하여 덕을 완성시킴을 뜻한다. 『중용장구』 25장에 "성誠은 자기만 이룰 뿐 아니라 남을 이루어주니, 자기를 이루는 것은 인仁이고 남을 이루어주는 것은 지智다"라 했다.

2. 옛날에는 독서가
학문 중 하나여서
열심히 실천에 힘쓰고
그 다음엔 암송했네
독서하지 않으면
누가 고전을 헤아리랴?
읽기만 하고 배우지 않으면
성인에게서 더 멀어지리라

古者讀書, 學之一事, 力行是務, 記誦其次. 苟非讀書, 孰稽古典? 讀而弗學, 去聖逾遠. 『게문안공문수독서처명』

154

후균
侯均

후균侯均은 원나라 학자로 부모가 일찍 세상을 떠났다. 계모와 함께 살며 땔감을 팔아서 봉양했다. 40년을 학문에 공을 들여서 경서와 제자백가서 등에 두루 정통했다.

항상 독서를 할 때는 반드시 익숙히 외워야 그만두었으며, "사람이 독서할 때 천 번 읽지 않으면 끝내 아무런 도움이 되지 않는다"고 했다.
每讀書, 必熟誦乃已. 嘗言, "人讀書, 不至千遍, 終於無益." 『원사元史』 「유리전儒理傳」

155

성여재
盛如梓

성여재盛如梓는 호가 서재庶齋이고, 구주衢州 사람이다. 저서로 『서재노학총담庶齋老學叢談』이 있다.

1. 선배들이 말했다.

"배움은 요점을 아는 것을 귀하게 여기지 많이 읽기를 탐하는 데 있지 않으며, 쓰임은 시기적절한 것을 귀하게 여기지 오로지 옛것만을 고수하는 데 있지 않다."

前輩云, "學貴知要, 不在貪多, 用貴適時, 不專泥古." 『서재노학총담庶齋老學叢談』

2. 배움은 질문을 중요하게 여긴다. 성현이 가르침을 펴고 경서에서 말한 내용은 한 가지에서 그치지 않는다. 회암晦菴(주희)은 읽지 않은 책이 없었으나, '계극빈상啓棘賓商'[26]에 대해서는 오히려 성재誠齋[27]에게 편지를 써서 주평원周平園[28]에게 다시 묻기를 부탁했다. 옛 유자들이 학문을 할 때는, 이처럼 부지런하고 철저했으며 질문하기를 좋아했다.

學貴乎問, 聖賢立教, 及經書所言, 不一而止. 晦菴先生無書不讀, 啓

26 계극빈상啓棘賓商: 『초사』「천문天問」 "啓棘賓商, 九辯九歌, 何勤子屠母, 而死分竟墜"에 나온다. 이 구절의 해석이 분분하고 분명하지 않아서 주희가 『초사』에 주석을 붙이면서 양만리나 주평원에게 물었다고 한다.

棘賓商, 猶作書與誠齋, 託轉問周平園. 先儒爲學, 其勤篤好問如此.

『서재노학총담』

27 성재誠齋: 양만리楊萬里(1127~1206)의 호다. 양만리는 자가 정수廷秀이며, 길주吉州 길수吉水 사람이다. 남송의 대신이자 저명한 문학가, 시인으로 육유陸游·우무尤袤·범성대範成大와 함께 "남송사대가南宋四大家"로 불린다.

28 주평원周平園: 남송의 정치가·문학가인 주필대周必大(1126~1204)를 말한다. 평원平園은 그의 호이고, 자가 자충子充, 홍도洪道이며, 길주吉州 여릉廬陵 사람이다.

156

양우
楊瑀

양우楊瑀(1285~1361)는 원나라의 관리로 호가 산거山居, 죽서거사竹西居士다. 문종文宗 천력天曆(1328~1229) 연간에 중서사中瑞司 전부典簿로 발탁되었고, 청렴근신함을 인정받아 주의대부奏議大夫·태사원판관太史院判官으로 승진했다. 양우가 군을 다스리기를 집안을 다스리듯이 하자, 백성 또한 그를 부모처럼 여겼다. 저서로 『산거신어山居新語』[29]가 있다.

『독서결讀書訣』에서 다음과 같이 말했다.

"생소할 때는 천천히 읽어서 경서의 구절을 분명히 하고, 익숙할 때는 곧 빨리 읽어서 횟수를 늘린다. 익숙하지 않을 때는 암송하는 것이 가장 중요하고, 지쳤을 때는 잠시 머무는 것이 낫다."

『讀書訣』云, "生則慢讀, 明經句; 熟則緊讀, 貪遍數. 未熟莫要背念, 既倦不如且住." 『산거신어山居新語』

29 『산거신어山居新語』: 『산거신화山居新話』라고도 한다. 양우(1285~1361)가 편찬했으며, 모두 4권으로 되어 있다. 그 내용은 평소 보고 들은 것을 기록한 것에 신이한 일이 섞여 있다. 다만 사료로서 가치가 저평가되어 있으나, 「처주사당죽전處州砂糖竹箭」「고극공이화금高克恭弛火禁」「탈탈개구하脫脫開舊河」 등은 모두 항주의 역사를 연구하는 데 큰 가치가 있다고 평가된다.

157

부유안
傅幼安

부유안傅幼安은 원나라 시인이며 장시성 우강盱江 사람이다.「추화초충부秋花草蟲賦」등의 작품이 있다.

상서尙書를 지낸 천곡泉谷 서녹경徐鹿卿[30]은 풍성豐城 사람이다. 일찍이 누각을 만들어 책을 소장했는데, '미서각味書閣'으로 이름을 지었다. 유안幼安이 그 누각에 대해 부賦를 지었는데, 대략 다음과 같다.

"책의 종류는 수백 가지에 수천 가지의 이름이 있고, 주장한 학설은 궤를 달리하며 갈래가 다양해서, 내가 취하는 것이 왕왕 있었다. 그것이 성인의 도와 합치하는지의 여부는 열 손가락이 가지런하기 어려운 것과 같다. 문장과 글귀를 꾸미고 대구를 맞춘 글은, 그 맛은 좋으나 사용하기에 적절하지 않다. 비유하면 닭갈비〔鷄肋〕는 부지런히 뼈를 발라내더라도 시장기를 면하기에는 충분치 않은 것과 같다. 노자의 청허淸虛와 불가의 초탈〔超詣〕은 그 맛은 매우 고상하지만 최고의 경지에 합치하지는 않는다. 마치 꽃게나 꼬막을 먹을 때 입을 상쾌하게 하지만 끝내는 비려서 인상 쓰는 것을 면할 수 없는 것과 같다. 신불해·상앙 등의 형명학刑名學[31]과 장의와 소진 등의 종횡설縱橫說[32]은, 그 맛이 기이하지만 사용하면 해롭다. 마치 황복〔河魨〕, 버섯〔野菌〕이 단번에 목으로 넘어가지만, 장을 썩게 하고 위를 찢는 고

30 서녹경徐鹿卿(1170~1249): 남송의 문학가이자 장서가. 자가 덕부德夫이고 호가 천곡泉穀이며, 시호가 청정淸正이다. 경전과 역사에 널리 통했고, 문학으로 명성이 자자했다. 가정 16년(1223)에 과거에 합격하여, 안남군학교수安南軍學敎授에 임명되어 이의지학理義之學을 다시 밝혔고, 조정에 들어와 추밀원편수관이 되었다.

통이 곧이어 따르는 것과 같다. 오직 『중용』의 '성誠', 『논어』의 '효제孝弟', 『대학』의 '덕德', 『맹자』의 인의仁義는, 먹을 때 보탬이 있으면서도 손해가 없고, 삼킬 때는 믿음이 있으면서도 의심은 없어서, 피부를 윤택하게 할 수 있고 배를 채울 수 있으며, 하루 종일 먹지 않으면 허전해서 행할 것을 알지 못한다. 이는 바로 콩과 조의 단 맛과 소고기의 기름짐과 같아서, 어진 사람은 먼저 얻는 것이고 예나 지금에도 모두 즐기는 것이다. 때문에 군자는 그 진액을 먹여주려 하지만, 그 가치를 아는 자가 드물어 평범한 백성이 되어버리는 이유가 된다.

泉谷徐尙書鹿卿, 豐城人也. 嘗構閣以藏書, 名之曰味書閣. 幼安爲之賦, 略云, "書之類也, 百種千名, 言之立也, 異軌多歧, 隨吾所取, 往往而有. 至其合聖道之與否, 則如十指之難齊. 絺章繪句, 抽黃媲白, 味則美矣, 而不適於用. 譬之鷄肋, 雖勤抉剔, 而不足以療飢. 老氏之淸虛, 釋氏之超詣, 味則高矣, 而不協於極. 猶蛑·瑤柱, 食之爽口, 終不免動氣而嚬眉. 申·商刑名之學, 儀秦縱橫之說, 味則奇矣, 而用之有害, 猶河魨·野菌, 纔一下咽, 而腐腸裂胃之患, 已隨之矣. 惟『中庸』之誠, 『魯論』之孝弟, 『大學』之德, 『孟子』之仁義, 食之有益而無損, 咽之有信而無疑, 可以擇膚, 可以充腹, 終朝不食, 則枵然不知所爲, 正猶菽粟之甘, 太牢之肥, 仁人之所先得, 而古今之所同嗜, 君子所以哺其膏液, 而鮮能知之者, 所以爲凡民之所歸也." 『은거통의隱居通義』[33]

31 형명학刑名學: 법으로 나라를 다스려야 한다는 학문.

32 종횡설縱橫說: 시세時勢와 이해利害를 따져 술책을 유세하는 학설.

33 『은거통의隱居通義』: 원나라 유훈劉壎이 편찬했다. 이 책은 시를 해설하고 문장에 대해 논의하면서 작자의 성명을 다 갖추어 기록해두었으며, 전편을 처음부터 끝까지 완전히 실어 여러 작가의 총집을 보충할 수 있다. 또 그 시화와 문평 또한 여러 작가의 설부說部 외의 것들이라 나름의 가치가 있다.

제10부

明 명

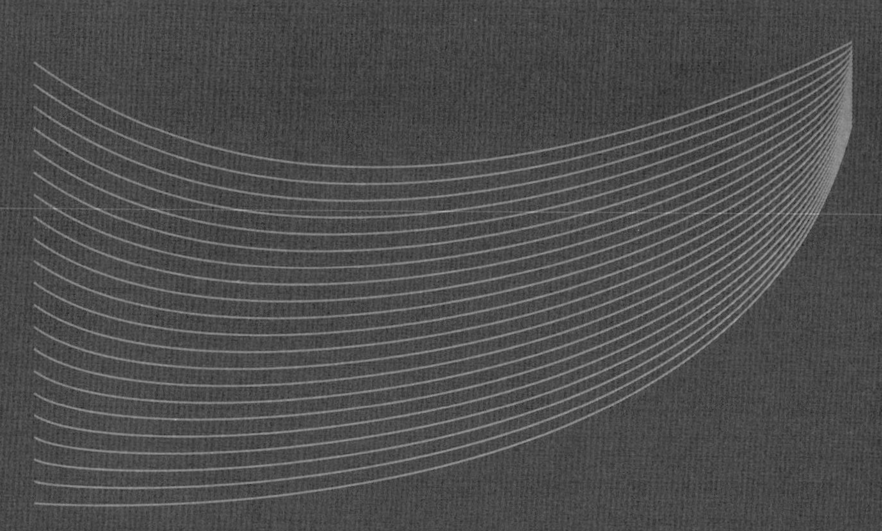

158

송염
宋濂

송염宋濂(1310~1381)은 명나라 초의 저명한 문학가이자 사상가로 호가 잠계潛溪, 용문자龍門子, 현진둔수玄眞遁叟 등이다. 고계高啓·유기劉基와 함께 '명초시문삼대가明初詩文三大家'로, 장일章溢·유기劉基·섭침葉琛과 함께 '절동사선생浙東四先生'으로도 칭송되었다. 어려서부터 병약하고 집안도 가난했으나, 총민하고 학문을 좋아하여 신동으로 일컬어졌다. 일찍부터 몽길夢吉·오내吳萊·유관柳貫·황진黃溍 등 유명한 학자에게 수업을 받았다. 원나라 말기에 조정의 명을 사양하고 도를 닦으며 저술에 힘을 기울였다. 명나라 초에 주원장에게 초빙되어 오경사五經師가 되었고, 태자 주표朱標에게 경서를 강의했다. 1369년에는 황명을 받아 『원사元史』의 편수를 담당했다. 유기와 함께 산문으로 유명했다. 글이 질박하면서 간결하고, 여유로우면서 고상하다는 평을 받았다. 그는 대각문학臺閣文學을 추숭하면서도 순박하고 소탈한 문풍을 추구하여, 대각체臺閣體 창작의 기준이 되었다. 『송학사집宋學士集』이 있다.

나는 어릴 때부터 학문을 좋아했으나 집이 가난해 책을 구해볼 방법이 없었다. 그래서 항상 책을 소장한 집에서 빌려다가 손수 붓으로 베끼고 약속한 날짜에 돌려주었다. 날씨가 너무 추워 벼루가 꽁꽁 얼고 손가락을 굽혔다 펼 수 없을 지경이어도 그것을 게을리 하지 않았다. 베끼기를 마치면 재빨리 돌려주어 약속한 날짜를 조금도 넘기지 않았다. 이 때문에 사람들이 나에게 책을 빌려주는 경우가 많았고, 나는 그 덕분에 많은 책을 두루 볼 수 있었다.

성인이 된 후에는 더욱 성현의 도道를 사모하면서, 한편으로는 함께 교유할만한 훌륭한 스승과 명망 있는 사람이 없음을 한탄했다. 백 리 밖에 있는 고을의 선달先達을 찾아뵙고 경서經書에 대해 물어보기도 했다. 선달은 덕이 높고 명망이 두터워 문하생이 집을 가득 메웠는데 말과 표정에서는 조금도 굴하지 않았다. 나는 그를 가까이 모시면서 의심나는 것을 골라 시비是非를 바로잡으려고 몸을 낮추고 귀를 기울이며 요청했다. 혹 선달에게 큰 꾸짖음을 들으면 얼굴빛을 더욱 공손히 하고 예의를 더욱 지극히 갖추되 감히 한마디 말도 대꾸하지 않았고, 선달이 기뻐하기를 기다렸다가 다시 요청했다. 이 때문에 내가 비록 어리숙했으나 끝내 선달의 말씀을 들을 수 있었다.

나는 스승을 모시고 배울 때는 책 상자를 지고 신을 끌고 깊은 산과 큰 골짜기 중에 들어갔는데 매우 추운 겨울, 매섭게 바람이 불고 크게 눈이 내려 깊이가 몇 척이 되어 발의 피부가 터서 갈라져도 모를 정도였다. 집에 이르면 사지가 뻣뻣하게 굳어 움직일 수가 없어, 시녀가 뜨거운 물을 가지고 와서 씻겨주고 이불로 덮어주고 난 뒤, 오랜 시간이 지나고서야 몸이 따뜻해졌다. 여관에 머물 때는 주인이 날마다 두 차례 식사를 주었는데, 생선이나 고기 등 맛있는 반찬은 없었다. 같이 공부하는 학생은 모두 비단옷을 입었고, 구슬로 꿴 갓끈에 보석으로 장식한 사모紗帽를 쓰고, 허리에는 백옥 고리를 매고, 왼쪽에는 칼을 차고 오른쪽에는 향낭을 달아서 광채 나는 것이 신인神人과 같았다. 하지만 나는 허름한 도포와 해진 옷을 입고 그사이에 있었으나 그들을 부러워하는 마음은 조금도 없었다. 내 마음에 즐거워할 만한 것이 있었기 때문에 의식衣食이 남보다 못한 것을 몰랐다. 나는 이처럼 어려움 속에서 부지런히 노력했다.

余幼時, 卽嗜學家貧, 無從致書以觀, 每假借於藏書之家, 手自筆錄,

計日以還. 天大寒, 硯冰堅, 手指不可屈伸, 弗之怠. 錄畢走送之, 不敢稍逾約. 以是人多以書假余, 余因得遍觀群書. 旣加冠, 益慕聖賢之道, 又患無碩師名人與遊. 嘗趨百里外, 從鄕之先達, 執經叩問. 先達德隆望尊, 門弟子塡其室, 未嘗稍降辭色. 余立侍左右, 援疑質理, 俯身傾耳以請. 或遇其叱咄, 色愈恭, 禮愈至, 不敢出一言以復, 俟其忻悅, 則又請焉. 故余雖愚, 卒獲有所聞. 當余之從師也, 負篋曳屣, 行深山巨谷中, 窮冬烈風, 大雪深數尺, 足膚皸裂而不知. 至舍四肢僵勁不能動, 媵人持湯沃灌, 以衾擁被, 久而乃和. 寓逆旅主人, 日再食, 無鮮肥滋味之享. 同舍生皆被綺繡, 戴朱纓寶飾之帽, 腰白玉之環, 左佩刀, 右佩容臭, 燁然若神人. 余則縕袍敝衣處其間, 略無慕豔意, 以中有足樂者, 不知口體之奉不若人也. 蓋余之勤且艱若此. 『송동양마생서送東陽馬生序』

159

유기
劉基

유기劉基(1331~1375)는 원말명초의 군사가·정치가·문학가로, 경사, 천문, 병법에 정통했고, 주원장을 보좌한 개국공신이다. 후인들은 그를 제갈량과 비교했고, 주원장도 여러 차례 그를 '나의 자방子房'이라고 칭찬했다. 홍무洪武 3년(1370)에 성의백誠意伯으로 봉해져 유성의劉誠意로 일컬어진다. 사후에 태사太師로 추증되고, 시호가 문성文成이라 유문성劉文成, 문성공文成公으로 일컫는다. 송염, 고계와 더불어 '명초시문삼대가'로 일컬어진다. 저서로『욱리자郁離子』[1]와『부부집覆瓿集』[2]이 있다.

욱리자郁離子가 말했다.

"재능이 많은 자는 정밀함이 부족하고, 생각이 많은 자는 결단성이 부족하다. 그러므로 뜻이 한결같지 않으면 혼란스러워지고, 혼란하면 산만해지고, 산만하면 뒤죽박죽이 되어서 정해진 바를 알 수 없다. 이런 까닭으로 명철함은 하나에 집중하는 데서 생긴다. 짐승은 무지하지만 사람이 알지 못하는 것을 알 수 있는 까닭은 하나에 집중

1 『욱리자郁離子』: 명나라 건국공신 유기의 처세 방략이 집약된 저술의 편역서. 현실의 모순을 진단하고 해결책을 제시한 것으로, 철학·정치·역사서가 아닌 우언식 산문집이다. 182편의 산문으로 구성되어 있으며 저자의 철학적 관점을 비롯해 현실 상황에 대한 다양한 해석을 담고 있다.

2 『부부집覆瓿集』: 유기의 저술로 시문별집詩文別集으로 구성되어 있다.『사고전서총목』에는 10권이라고 했으나 지금은 24권본이 전한다.

하기 때문이다. 사람이 동물 가운데 신령스러운 존재이나 많은 욕심으로 어두워져, 도리어 짐승만도 못하게 되니 줄기를 기르려다 뿌리를 시들게 하는 것이다. 아! 사람이 마음을 한결같이 할 수 있다면 어디에 견줄 수 있겠는가?"

郁離子曰: "多能者鮮精, 多慮者鮮決. 故志不一則龐, 龐則散, 散則潰潰然罔知其所定. 是故明生於一: 禽鳥之無知, 而能知人之所不知者, 一也. 人爲物[3]之靈, 而多欲以昏之, 反禽鳥之不如, 養其枝而枯其根者也. 嗚呼! 人能一其心, 何不如之有哉!"『욱리자郁離子』

3 物: 원서에는 '民'으로 되어 있는데 『성의백문집誠意伯文集』에 따라 바로잡는다.

160

방효유
方孝孺

방효유方孝孺(1357~1402)는 명초의 학자로 호가 손지遜志다. 방정학方正學이라고도 하며, 송염宋濂의 제자다. 명 태조 때 한중교수漢中教授가 되었으며, 촉헌왕蜀獻王이 초빙하여 세자의 사부가 되었는데 그의 서실書室을 정학正學이라 하여 정학 선생으로 불렸다. 1402년 연왕燕王(뒤의 영락제)이 황위를 찬탈한 뒤, 그에게 즉위 조서를 기초하도록 하자 방효유는 상복을 입고 와서 곡을 했다. 조서를 쓸 것을 거듭 강요하자 붓을 땅에 내던지며 거부했고, 연왕이 노하여 극형에 처했다. 『손지재집遜志齋集』[4]이 있다.

1. 군자의 학문은 선함을 취하되 사람을 따지지는 않으며, 도를 스승으로 삼되 시기를 계산하지 않는다. 선善은 진실로 칭송할 만하다. 사람이 비록 성현이 아니라 하더라도 그가 불가하다는 것은 알 수 없으니 선함을 취할 뿐이다. 도道는 진실로 스승으로 삼을 만하다. 그 사람이 비록 나와 같은 시대에 살고 나와 같은 마을에 거처해도 가볍게 보고 버려서는 안 되니, 그 도를 스승으로 삼을 뿐이다. 천하의 선

4 『손지재집遜志齋集』: 방효유의 문집. 잡저雜著 8권, 서書 3권, 서序 3권, 기記 3권, 제발題跋 1권, 찬贊 1권, 제문祭文·뇌誄·애사哀辭 1권, 행장行狀·전傳 1권, 비碑·표表·지志 1권, 고체시古體詩 1권, 근체시近體詩 1권으로 되어 있다. 역사서에서 방효유가 순절한 뒤에 그의 글에 대한 금지가 더욱 엄격했다고 했다. 그의 문하생인 왕임王稔이 유고를 소장하고 있다가 선덕 연간(1425~1435) 이후에 비로소 조금씩 전파해 빠진 문장이 매우 많다. 원본은 모두 30권, 『습유拾遺』 10권으로, 황공소黃孔昭·사탁謝鐸이 엮었다.

善은 한가지이고 예나 지금이나 도道는 같으니, 어떻게 사람과 시대로 논할 수 있겠는가?

君子之學, 取其善, 不究其人; 師其道, 不計其時. 善誠足稱也, 其人雖非聖賢, 不知其爲不可也, 取其善而已; 道誠足師也, 其人雖生與吾同時, 居與吾同巷, 不以其易見而遺之也, 師其道而已. 天下之善一也; 古與今之道均也, 何以其人與時論之也? 『구고재기求古齋記』

2. 잘 배우지 못하는 사람은 의심하지 못하고 옛것이 모두 옳다고 하니, 잘못된 말이다. 지혜를 과신하는 자는 의심의 단서를 온갖 곳에서 찾아내어 이전의 것을 비방하고 그 잘못만을 가려낸다. 배울 때 의심이 없으면 분명해지지 않으나 의심은 억지로 파고드는 데서 나빠지니, 의심하되 분별할 수 있어야 잘 배우는 것이다. 옛것이 모두 옳다고 여기지 말라. 경우에 따라 시비是非를 따져야 한다. 그대가 말을 잘하는 것을 자부하지 말라. 다른 사람이 그대보다 나을 수 있다. 상대를 잊고 나를 잊고 옛것을 잊고, 지금의 도道를 함께 채워간다면 천지가 그대의 마음에 들어올 것이다.

不善學之人, 不能有疑, 謂古皆是, 曲爲之辭. 過乎智者, 疑端百出; 詆訶前古, 摭其遺失. 學匪疑不明, 而疑惡乎鑿; 疑而能辨, 斯爲善學. 勿以古皆然, 或有非是, 勿負汝能言, 人或勝汝; 忘彼忘我忘古, 與今道充, 天地將在汝心. 『변의잠辨疑箴』

3. 여러 성인의 도가 모여드는 것은 오직 나에게 달려 있다. 정밀히 생각하고 힘써 배우지 않으면 책은 빈 그릇이 될 뿐이고, 현인을 사모하고 성인을 본받지 않으면 배워도 진실한 앎이 아니다. 너희는 참으로 어리석으니 감히 신중히 삼가서 날마다 부지런히 하지 않을 수 있겠는가!

唯群聖之道, 咸萃在玆, 不能精思力學, 則書爲虛器; 不能希賢由聖, 則學非眞知. 小子極愚, 敢不敬愼日以孜孜! 『서궤명書櫃銘』

4. 그 말을 외우고 뜻을 생각하여 마음에 보존하고 일에서 드러내도록 하라. 신중함으로 덕을 쌓고 침착함으로 뜻을 함양하여, 날마다 변화하고 해마다 더하며 산처럼 우뚝하고 시내처럼 신속히 하면, 성인의 도가 우뚝 높다고 한들 어찌 감히 이르지 못하겠는가!
誦其言, 思其義, 存諸心, 見乎事. 以敬畜德, 以靜養志, 日化歲加, 山立川駛. 聖道卓然, 焉敢不至! 『송잠誦箴』

5. 방정학方正學(방효유)이 말했다.

"(나는) 어려서부터 오직 독서만 즐겼고, 10살 쯤 되었을 적에 날마다 방에 앉아 (공부하느라) 문을 나서지 않았다. 의리義理와 정취情趣가 마음속에 받아들여져 정신이 융화되고 뜻이 통하는 순간을 맞이할 때면, 비록 문밖에서 종과 북이 울리고 비바람이 몰아쳐도 알지 못했다."
方正學云: 自少唯嗜讀書, 年十餘歲, 輒日坐一室, 不出門; 當理趣會心, 神融意暢, 雖戶外鐘鼓鳴而風雨作, 不復覺也. 『도암집자감록陶菴集自監錄』

161

장문선
張文選

장문선張文選(1372~1407)은 명나라의 정치가로 사선士選이란 이름도 있다. 자가 사전士銓이며 온주부溫州府 영가永嘉 사람이다. 영락 4년(1406) 진사 출신으로 성적이 뛰어나 서길사庶吉士에 뽑혔다. 이후 문연각에서 『명태조실록』과 『영락대전』을 예수預修했고, 이듬해에 36세의 나이로 세상을 떠났다.

독서란 몸소 실행하는 것이지, 귀로 듣고 대충 넘겨짚는 것이 아니다.

讀書在躬行, 不在耳食. 『송원학안』

162

설선
薛瑄

설선薛瑄(1389~1464)은 명나라 성리학자로 이理는 마음에 구비되어 있고, 성性은 곧 이理라는 관점을 주창해 명대 이학의 종宗으로 일컬어진다. 하동학파河東學派의 창시자로 일찍이 주희의 백록동서원에서 학생들을 가르쳤는데, 사람들이 그를 존경하여 설부자薛夫子라고 불렀다. 저서로 『독서록讀書錄』[5] 등이 있다.

1. 장횡거 선생이 "마음속에서 깨닫게 되는 바가 있으면 곧바로 기록해놓고, 생각하지 않으면 도리어 막히게 된다"라고 했는데, 나도 독서하다가 마음에 깨닫는 바가 있는 곳에 이르러서는 그때마다 곧 기록했다. 무릇 생각나지 않아 다시 막힐 때를 대비하려는 것이었다.
橫渠張子云: "心中有所開, 卽便箚記; 不思則還塞之矣." 余讀書至心有所開處, 隨卽錄之; 蓋以備不思而還塞也. 『독서록서讀書錄序』

5 『독서록讀書錄』: 설선의 저술. 내용은 모두 몸소 실천하고 마음으로 터득한 말들이다. 『독서록讀書錄』과 『속록續錄』의 맨 처음 부분에는 모두 자신이 쓴 기記 형식의 글이 있는데, 정자程子가 '마음에는 열려 있는 곳이 있지만, 생각하지 않으면 막혀버린다'는 말에 따라 그때그때 깨달은 바를 기록하여 누차 반성할屢省 일에 대비해둔다고 했다. 기록이 뒤섞여 있었기 때문에 만력(1573~1621) 중기에 후학령侯鶴齡이 다시 편집하면서 중복된 곳을 삭제하여 '독서전록讀書全錄'이라는 제목을 달았지만 편집 과정에서 설선의 본의를 꽤 많이 잃어버렸다는 평가를 받는다. 『사고전서』에는 원서原書를 그대로 기록해 실었다.

2. 어찌 유독 음악에만 바른 음악〔雅〕과 음란한 음악〔鄭〕이 있겠는가? 책에도 그러한 것이 있다. 소학, 사서, 육경, 주돈이·정호와 정이 형제·장재·주희[6]의 저서와 여러 성현의 책은 모두 바른 것〔雅〕이다. 그런데 이를 즐기는 사람은 적으니 무슨 이유이겠는가? 그 맛이 담박하기 때문이다. 수많은 작가의 자질구레한 이야기, 음란하거나 염정적인 글, 황당무계하고 이치에 맞지 않은 책은 음란하고 사악한 것〔鄭〕이다. 그런데 그 이야기에 기뻐하며 즐겁게 말하지 않는 이가 없어, 가르쳐서 좋아하게 할 필요도 없으니 무슨 이유이겠는가? 그 맛이 달기 때문이다. 담박하면 사람의 마음이 평온해지고 천리天理가 보존되며, 달면 사람의 마음이 미혹되고 욕심이 날뛰게 된다. 이것이 그 효과가 귀결되는 점이니 어찌 음악이 사람의 마음을 움직이는 것과 다르겠는가?

豈獨樂有雅鄭邪? 書亦有之. 小學·四書·六經·濂洛關閩諸聖賢之書, 雅也; 嗜者少矣. 夫何故? 以其味之澹也. 百家小說·淫詞綺語·怪誕不經之書, 鄭也; 莫不喜談而樂道之, 蓋不待教督而好之者矣. 夫何故? 以其味之甘也. 澹則人心平而天理存, 甘則人心迷而人欲肆. 是其得失之歸, 亦何異於樂之感人也哉! 『독서록』

3. 독서할 때 한 구절을 기억할 수 있다면 곧바로 그 구절의 이치를 구해야 한다. 반드시 분명히 이해하기를 추구해야만 유익하다. 선유先儒는, "독서할 때는 다만 깊이 생각하는 것이 두려울 뿐이다"라고

6 주돈이 (…) 주희: 원문은 '염락관민濂洛關閩'으로 송대 성리학의 4학파를 가리킨다. '염濂'은 염계濂溪에서 강학한 주돈이를 가리키고, '낙洛'은 낙양에서 강학한 정호·정이 형제를 가리키며, '관關'은 관중의 장재를 가리키고, '민閩'은 민 지역인 푸젠에서 강학한 주희를 가리킨다.

7 바른 음악雅과 음란한 음악鄭: 원문은 '아정雅鄭'은 아악雅樂과 정성鄭聲을 가리킨다. '아雅'는 아악 즉 바른 음악을, '정鄭'은 정나라 음악을 가리킨다. 유가에서는 정나라 음악을 음란하고 사악하다고 여겼다. 이 때문에 '아정'으로써 정성正聲과 음사淫邪의 음을 가리키는 말로 사용했다.

했다. 요즘 보니, '심사尋思'라는 두 글자가 가장 좋다고 생각된다. 만일 성현의 한 구절 말을 통해서, 나의 몸과 마음에 있어서 어떤 것이 옳은지, 또 만물에 있어서 어떤 것이 옳은지를 반복해서 깊이 생각해야 한다. 가령 성현의 말씀을 잘 이해하여 그 뜻을 알아차린다면, 한 마디 한 마디가 모두 실제 이치가 있어 빈말이 아님을 알 것이다.
讀書記得一句, 便尋一句之理. 務要見得下落, 方有益. 先儒謂讀書只怕尋思. 近看得尋思二字最好. 如聖賢一句言語, 便反覆尋思, 在吾身心上何者爲是? 在萬物上何者爲是? 使聖賢言語, 皆有着落; 則知一言一語, 皆是實理; 而非空言矣. 『독서록』

4. 독서할 때는 오직 평온하고 느긋이 하면서도 주도면밀하게 해야만 마음이 책 속에 빠져들어 오묘한 뜻을 얻을 수 있다. 만약 소란스럽고 조급하며 대강대강 그 뜻을 구하면, 이른바 보아도 보이지 않고 들어도 들리지 않고 먹어도 그 맛을 알지 못하는 것과 같으니, 어떻게 오묘한 뜻을 얻을 수 있겠는가?
讀書惟寧靜寬徐縝密, 則心入其中而可得其妙. 若躁擾褊急粗略以求之; 所謂視而不見, 聽而不聞, 食而不知其味者也. 焉足以得其妙乎? 『독서록』

5. 독서는 자신의 입에서 나와 자신의 귀로 들어가야 한다.
讀書當出己之口, 入己之耳. 『독서록』

6. 독서할 때는 마음을 비우고 기운을 안정시켜 천천히 소리 내어 낭독하면, 그 뜻을 세밀하게 살필 수 있다. 만약 마음이 복잡하고 기운은 들뜬 채로 조급하게 소리 내어 읽는다면, 참으로 시골 서당의

아이가 소리 내며 읽을 때 다투어 큰소리를 내는 것과 같으리니, 어찌 그 글의 뜻을 깨달을 수 있겠는가?
凡讀書須虛心定氣, 緩聲以誦之, 則可以密察其意. 若心雜氣粗, 急聲以誦, 眞村學小兒讀誦鬪高聲; 又豈能識其旨趣之所在也. 『독서록』

7. 독서할 때는 본디 사색하지 않아서는 안 된다. 그러나 사색하는 것을 너무 심하게 하여 절제함이 없으면 마음이 도리어 그 때문에 동요하게 되어 정신과 기운이 맑아지지 않는다. 마치 우물과 샘이 그러하듯 자주 뒤섞이면 반드시 흐려지는 것이다. 무릇 독서할 때 오랫동안 사색하면 깨닫더라도 게을러지게 되니, 마땅히 옷깃을 단정히 하고 바르게 앉아서 이 마음을 맑게 안정시키고, 잠깐 두어 번 사색한다면 마음이 맑아져서 의리義理가 절로 드러날 것이다.
讀書固不可不思索; 然思索太苦而無節, 則心反爲之動, 而神氣不淸. 如井泉然, 淆之頻數則必濁. 凡讀書思索之久, 覺有倦意, 當斂襟正坐, 澄定此心, 少時再從事於思索, 則心淸而義理自見. 『독서록』

8. 앞 구절을 읽을 때 뒤 구절이 없는 듯 하고, 이 책을 읽을 때 다른 책이 없는 듯 하면, 마음에 크게 깨닫는 바가 있을 것이다.
讀前句如無後句; 讀此書如無他書; 心乃大有得. 『독서록』

9. 내가 어렸을 때를 떠올려보면, 저녁에는 글을 암송하되 읽는 횟수를 더 늘리더라도 암송할 수 없었다. 다음날 새벽이 되면 환하게 어제 저녁에 읽은 글을 모두 암송할 수 있었다. 지금 생각해보니, 저녁에 많이 외워도 기억할 수 없었던 것은 기운이 혼탁했기 때문이고, 아침에 외울 수 있었던 것은 기운이 맑았기 때문이었다. 여기에서도

또한 야기夜氣의 설[8]을 징험할 수 있다.
瑄因憶少年時, 晩間誦書愈數而不能誦. 至來早卽豁然, 昨晩所讀之書, 悉能成誦. 今思之, 晩間誦多而不能記者, 氣昏也; 早間能背誦者, 氣淸也; 此亦可驗夜氣之說.『독서록』

10. 독서하여 자신의 마음을 단속하는 것은, 약을 복용하여 병이 사라지는 것과 같다. 병이 비록 제거되지 않더라도 지속적으로 약효로 억누르면 병은 절로 낫게된다. 마음이 비록 안정되지 않았더라도 항상 글의 의미를 깊이 깨달으면 마음이 절로 성숙해진다. 이를 오래하면 쇠약함이 완전히 사라지고 성숙한 마음으로 변화할 것이다.
讀書以防檢此心, 猶服藥以消磨此病. 病雖未除, 常使藥力勝, 則病自衰; 心雖未定, 常得書味深, 則心自熟; 久則衰者盡, 而熟者化矣.『독서록』

11. 배워서 얻는다는 것은 반드시 독서를 통해서다. 독서하여 천만 번 익힐 때, 한마디 말, 한 구절의 이치가 저절로 읽는 사람의 마음과 하나가 되니, 이것이 바로 얻는 바가 있다는 것이다.
學有所得, 必自讀書入. 讀書千熟萬熟時, 一言一句之理, 自然與心融會爲一; 斯有所得矣.『독서록』

12. 독서할 때 깊이 생각하지 않는 것은, 빠르게 부는 바람과 날아다니는 새가 앞을 지나가는 것과 같다. 자신에게 아무런 영향을 주지 못하고, 또한 성인과 현인이 말한 것이 무슨 일이며 어떤 용도로 써

8 야기夜氣의 설: 깊은 밤중이나 새벽, 잡념이 전혀 없는 맑은 기운을 말함. 이때의 기운이 인의仁義의 마음을 자라도록 돕는다고 한다.『맹자』「고자 상」에 보인다.

야 하는지도 알지 못하는 격이다. 오직 정성스러운 마음으로 깊이 생각하고 미루어 짐작하여, 몸과 마음, 사물에 대해 반복하여 그 이치를 살피고 따져보아야만 성현의 책에서 한 글자 한 구절도 모두 쓰임이 있다는 것을 알게 될 것이다.

讀書不尋思, 如迅風飛鳥之過前, 響絕影滅, 亦不知聖賢所言爲何事, 要作何用. 唯精心尋思體貼, 向身心事物上來, 反覆考驗其理; 則知聖賢之書, 一字一句皆有用矣. 『독서록』

13. 독서는 핵심을 아는 것을 귀하게 여기니, 다만 안자顔子(안회)가 네 가지를 금지한 것과 같아야 한다. 마음에서는 생각을 끊지 않고, 입은 외우기를 끊지 않으며, 잘 지켜서 잃어버리지 않고, 순순히 따라서 어기지 않는다면 어떻게 잘못되고 어긋날 수 있겠는가! 천하의 책을 모두 보더라도 그 힘써야 할 바를 알지 못하면 비록 많이 읽은들 무슨 소용이 있겠는가?

讀書貴知要; 只顔子四勿, 心不絕想, 口不絕念, 守之勿失, 循之勿違, 豈有差錯! 泛觀天下書, 而不知其用力處, 雖多亦奚以爲? 『독서록』

14. 경서經書 가운데 글자는 같으나 뜻이 다른 것이 있다. 예컨대 『주역』의 태괘泰卦에서 '태泰'는 '형통하여 평안하다亨泰'는 뜻이고, 『논어』의 "군자태이불교君子泰而不驕"에서, '태泰'는 '여유로우며 평안하다舒泰'는 뜻이며, 『대학』의 "교태이실지驕泰以失之"에서, '태泰'는 '사치하고 방자하다侈肆'는 뜻이다.

또한 『서경』에서는 "참을 수 있어야 이룬다有忍乃濟"[9] 고 했는데, '인忍'은 곧 '인내하다容忍'는 뜻이고, 『논어』에서 '인忍'을 말한 것은,

9 참음이 (…) 이룬다: 『서경』「군진君陳」 편의 "반드시 인내함이 있어야 곧 이룸이 있고, 포용함이 있어야 덕이 곧 커진다必有忍, 其乃有濟, 有容, 德乃大"에서 인용한 문장이다.

곧 악惡을 행하는 것을 용납하다(忍於爲惡)의 뜻이며, 『맹자』에서 "다른 사람에게 차마 행할 수 없는 마음不忍人之心"이라고 말한 것은, 어진 마음이 드러난다(仁心發見)는 뜻이다. 경서에서 이와 같은 종류는, 글자는 같으나 뜻이 다른 경우다. 읽는 자는 각각 바른 뜻에 따라서 보아야지 글자에 빠져서는 안 된다.

經書中有字同而義異者: 如『易·泰』卦, '泰'乃亨泰之義, 『論語』"君子泰而不驕", '泰', 乃舒泰之義; 『大學』"驕泰以失之", '泰' 乃侈肆之義. 又如『書』言'有忍乃濟', '忍'乃容忍之義; 『論語』言忍, 乃忍於爲惡之義; 孟子言不忍人之心, 乃仁心發見之義. 經書字如此類者, 字同而義異, 讀者當各卽其義而觀之, 不可以字泥也. 『독서속록讀書續錄』

15. 정자程子는 『역전易傳』에서, "글을 통해서 그 뜻을 얻는 것은 그 사람에게 달려 있다"라고 했는데 이는 『주역』을 읽을 때만 적용되는 말이 아니라, 진실로 독서의 중요한 방법이다.

程子曰: "由辭以得其意, 則在乎人焉." 不但讀易, 實讀書要法也. 『독서속록』

16. 뜻을 깨닫고 말을 잊어야 한다. 그렇게 해야 독서는 언어 사이에 머물러서는 안 되고, 언어를 벗어난 곳에서 이해되어야 한다는 것을 알게 될 것이다.

得志忘言. 乃知讀書不可滯於言辭之間, 當會於言辭之表. 『독서속록』

163

하상박
夏尙樸

하상박夏尙樸(1466~1538)은 명나라 광신廣信 영풍永豊 사람으로 자가 돈부敦夫이고, 호가 동암東巖, 경부敬夫다. 정덕 초에 회시를 보러 올라왔다가 유근劉瑾의 혼란한 정치를 보고 응시하지 않고 귀향했다. 처음에 오여필吳與弼(1391~1469)을 스승으로 모시다가 누양婁諒에게 수학했고, 위교魏校, 담약수湛若水 등과 강학했다. 『하동암문집夏東巖文集』이 있다.

1. 배우는 자는 정신을 집중해야 한다. 이를 비유하자면 화롯불과 같은데, 모으면 불빛이 사방으로 드러나지만, 헤쳐 뒤집으면 곧 어두워지는 것과 같다.
學者須收斂精神. 譬如一爐火聚, 則光焰四出; 纔撥開便昏黑了. 『명유학안明儒學案』[10]

2. 순임금은 질문하기를 좋아하고 관찰하기를 좋아하되 반드시 중심을 썼고, 공자는 시詩를 암송하고 글을 읽되 반드시 세상에 대해 논의하여 천하·고금의 총명함을 모아서 자신의 총명함으로 삼았으니,

10 『명유학안明儒學案』: 명말청초 황종희의 저서. 62권으로 1676년 이후 완성되었다. 명나라의 학자를 총괄하여 그 학파와 계통을 밝혔으며, 그들의 문집으로文集·어록語錄에서 요점을 채록한 책으로, 중국에서 나온 최초의 체계적인 학술사다.

그 식견이 훌륭했다.

근세의 여러 학자가 학문에 대해 논의할 때면, 곧 자기 마음의 선천적 식견〔良知〕을 취하기를 바라고, 정자나 주자의 격물格物이나 박문博文의 논설을 강론하면 지루하게 여긴다. 그렇게 해서 어떻게 다른 사람의 지식과 견해를 열어서 배우며, 자기 마음의 선천적 식견과 능력의 근본을 확충할 수 있겠는가! 이것이 바로 성인의 문에 들어가는 요령이다. 여기에서 어긋난다면 그곳에 들어가기를 바라면서 문을 닫아버리는 짓이다.

好問好察, 而必用其中; 誦詩讀書, 而必論其世: 則合天下古今之聰明以爲聰明, 其知大矣. 近世諸公論學, 乃欲取足吾心之良知, 而議程朱格物博文之論爲支離; 其何以開學人之知見, 擴吾心良知良能之本! 然此乃入門竅; 於此旣差, 是欲其入而閉之門也.『명유학안』

164

진헌장
陳獻章

진헌장陳獻章(1428~1500)은 명대의 저명한 심학 계열의 학자로 호가 백사白沙, 석재石齋다. 오강재吳康齋에게 사사하고, 송대 육상산陸象山의 학풍을 계승했으며, 유교 경전의 자질구레한 해석에 몰두하는 명대 주자학에 반발하고 실천성을 강조했다. 왕수인이 양명학을 수립하는 데 큰 역할을 했다. 『백사집白沙集』[11]이 있다.

선배들은 "배움은 의심할 줄 아는 것이 중요하다. 조금 의심하면 조금 나아가고, 크게 의심하면 크게 나아간다"고 했는데, '의심'이라는 것은 깨달음의 핵심이다. 한 번 깨달을 때마다 한 차례 발전하는 것이니, 다른 특별한 방법이 없다. 이것이 바로 단계별 과정을 아는 것이다. 배우는 자는 순차적으로 나아가서 점점 지극한 경지에 도달할 뿐이다.

前輩謂學貴知疑; 小疑則小進, 大疑則大進. 疑者, 覺悟之機也. 一番覺悟, 一番長進, 更無別法也. 卽此便知科級. 學者須循次而進, 漸到至處耳. 『명유학안』

11 『백사집白沙集』: 진헌장의 문집. 그의 문하생인 담약수가 교정하여 만력 연간(1573~1620)에 하웅상何熊祥이 중간한 것이다. 모두 문 4권, 시 5권이며, 행장·지·표가 뒤에 덧붙여져 있다.

165

호거인
胡居仁

호거인胡居仁(1434~1484)은 명대의 유학자로 선배인 오강재의 문하에 들어가 정주학의 정통을 이어받았으며, 성인의 학문은 경敬에 있다 하여 거경궁리居敬窮理의 학문을 강술했다. 회왕淮王의 초청으로 『역』을 강의해 높은 대우를 받았다. 『호문경공집胡文敬公集』[12]이 있다.

1. 성현이 남긴 가르침은 영원한 규범이다. 그것을 읽을 때는 익숙하게 하는 것이 귀하고, 생각할 때는 정밀하게 하는 것이 귀하며, 체득할 때는 간절하게 하는 것이 귀하고, 실행할 때는 정성스럽게 하는 것이 귀하다. 아직 죽지 않았다면 그만두지 말고, 오래도록 이 명銘을 살펴야 할 것이다!

聖賢遺訓, 萬世法程. 讀之貴熟, 思之貴精, 體之貴切, 行之貴誠. 未斃勿已, 永鑑斯銘! 『서주명書廚銘』

2. 책을 볼 때는 반드시 감동하여 분발하고 용기를 북돋우려는 뜻이 있어야 나아감이 있다. 책을 볼 때는 기뻐하고 좋아하는 뜻이 있어야 파고드는 것이 반드시 깊어진다.

觀書須有感發奮勇之意, 方有進; 觀書有悅懌之意, 所入必深. 『광근사록』

12 『호문경공집胡文敬公集』: 호거인의 문집. 문하인이었던 여호余祜(1465~1528)가 산실된 원고를 수집하여 완성한 것이다.

166

축윤명
祝允明

축윤명祝允明(1460~1526)은 명나라 학자로 호가 지산枝山이다. 육손이로 태어나 자호를 지지생枝指生, 지산枝山이라 지었다. 서명은 지산노초枝山老樵, 지지산인枝指山人이다. 9세에 시와 문장을 지을 줄 알아서 신동으로 불렸다. 시문과 서법에 능했던 축윤명은 특히 광초狂草(심하게 흘려 쓰는 서체)로 유명했다. 당시 사람들이 '당백호唐伯虎(당인)의 그림과 축지산祝枝山(축윤명)의 글자'를 최고로 삼았다고 한다. 저서로 『회성당집懷星堂集』[13] 『독서필기讀書筆記』[14] 등이 있다.

배움은 꾸준함이 중요하고, 또 날마다 새로워지는 것이 중요하다. 날마다 새로워지는 것은 꾸준함과는 다른 것 같겠지만 꾸준함은 날마다 새로워지는 것의 근본이다.

學貴有常, 又貴日新. 日新若異於有常; 然有常, 日新之本也. 『독서필기讀書筆記』

13 『회성당집懷星堂集』: 축윤명의 문집. 시 8권, 잡문 22권이다. 『명사』 「예문지」에는 『축씨집략祝氏集略』 30권, 『회성당집』 30권, 『소집小集』 7권이라고 실려 있다. 본전本傳에서는 『시문집』 60권이 있다고 했다.

14 『독서필기讀書筆記』: 축윤명이 지었다. 모두 34조목이며 말은 매우 이치에 맞아 그의 다른 책처럼 황당무계하지 않다. 앞부분에 자신이 지은 「지識」가 있는데, "을사년(성화成化 21, 1485)에 부모의 상중에 있을 때 우연히 깨달은 것이 있어 붓이 가는 대로 기록했고, 도를 체현하고 있는 사람에게 나아가 바로잡았다"고 했다.

167

상열
桑悅

상열桑悅(1447~1513)은 명대의 학자로 호가 사해思亥다. 성화 원년(1465)의 거인擧人 출신으로 벼슬은 태화훈도泰和訓導, 유주통판柳州通判을 지냈다. 성품이 괴이하고 망령되이 허풍 떠는 것을 좋아했으나 사부辭賦에 능했다고 한다. 저서로 『상자용언桑子庸言』[15] 『사해집思亥集』[16]이 있다.

나는 수업 이후에 여유가 생기면 그때마다 독자헌에서 쉬며, 위로는 요·순·우·탕왕·문왕·무왕·주공·공자의 도道를 구했다. 다음으로 관중關中의 장재張載, 민閩 지역의 주희朱熹, 염계濂溪의 주돈이周敦頤, 낙양洛陽의 정씨 형제 등 여러 군자의 마음을 살펴보았다. 또 다음으로는 『좌전』과 순경·반고·사마천·양웅·유향·한유·유종원·구양수·소식·증공·왕안석의 문장을 음미했다. 다시 한가해지면 진·한 이래의 옛사람들이 일을 처리한 흔적을 취하고, 조금 평가를 더하여 만세의 시비是非를 정립했는데 오래도록 생각을 거듭하며 종일토록 했다. (…) 또 앉아서 오직 천고千古의 인물들과 수작하되, 성인을 만나면 제자의 지위에서 성인의 가르침을 직접 듣는 것처럼 했고, 현인을 만나면 서로 교유하는 지위에서 무릎을 맞대고 이야기하듯이 했으며, 난신적자亂臣賊子를 만나면 재판관의 지위가 되어 앞에서 직접 처벌

15 『상자용언桑子庸言』: 『사고전서 자부 잡가류』에 수록되어 있다.

16 『사해집思亥集』: 『사고전서 집부 별집류』에는 『사현집思玄集』이라는 제목으로 수록되어 있다. 부 1권, 문 8권, 시 6권, 시여 1권이며, 판각 1권을 더한 것은 상열의 전傳이다.

하듯이 했다. 자리에는 일정한 지위가 없고 응대하는 이도 일정한 사람이 없었는데, 날마다 분주하게 서로 사귀었음을 깨닫게 되니, 어찌 자리에 홀로 앉아 있을 수 있겠는가?

予訓課暇, 輒憩其中, 上求堯·舜·禹·湯·文·武·周公·孔子之道, 次窺關·閩·濂·洛數君子之心, 又次則咀嚼『左傳』·荀卿·班固·司馬遷·揚雄·劉向·韓·柳·歐·蘇·曾·王之文, 更暇則取秦·漢以下古人行事之跡, 少加褒貶, 以定萬世之是非, 悠哉悠哉, 以永終日. … 且坐惟酬酌千古: 遇聖人, 則弟子之位, 若親聞訓誨; 遇賢人, 則爲交遊之位, 若親接膝而語; 遇亂臣賊子, 則爲士師之位, 若親降誅罰於前. 坐無常位, 接無常人, 日覺紛挐糾錯, 坐安得獨? 『독좌헌기獨坐軒記』

168

나흠순
羅欽順

나흠순羅欽順(1465~1547)은 명대의 정치가이자 학자로 호가 정암整庵이다. 세종이 즉위하자 이부상서에 발탁되었지만 장총張璁, 계악桂萼 등과 조정에 함께 있는 것을 부끄럽게 여겨 사직하고 귀향했다. 이후 20년 동안 성리학에 몰두하여 주기론主氣論을 주장했다. 명대는 양명학이 성행하던 시기였는데, 그는 주자학자로서 양명학을 반박하고 주자학을 재정비하는 데 공헌했다. 저술로 『곤지기困知記』[17]가 유명하다. 시호가 문장文莊이다.

무릇 경서經書에 실린 글의 의미를 해석하다가 이해되지 않는 곳이 있다면, 일단 그것을 빼두는 것이 좋다. 무릇 시대가 멀어질수록 글의 내용이 뒤섞이고 글자의 획이 어긋나 잘못될 수 있으므로 이러한 것은 형편상 벗어날 수 없다. 오로지 여러 방면에서 찾아내어 억지로 해석하고 통하기를 구하려고 하면 집착하여 제멋대로 해석하게 된다.

凡經書文義有解說不通處, 只宜闕之. 蓋年代悠遠, 編簡錯亂, 字畫差訛, 勢不能免. 必欲多方索補, 強解求通, 則鑿矣. 『학규유편學規類編』

17 『곤지기困知記』: 나흠순의 저술. 모두 2권이며, 속기 2권, 부록 1권이 있다. 격물·치지에 관한 내용이 많다. 일찍이 불교 선종의 영향을 받았지만 심성의 참된 이치를 밝혔음을 스스로 서술했으며, 대체로 주자학을 신봉하면서도 일원기론一元氣論을 주장했다는 차이점을 보인다.

169

하흠
賀欽

하흠賀欽(1437~1510)은 명나라 성리학자로 진백사陳白沙의 문인이다. 원래 저장성 정해현定海縣 사람인데, 병적兵籍 정리를 하는 과정에서 요동 광녕위廣寧衛로 옮겨왔다가 의주義州에 있는 의려산醫閭山에 우거하면서 호를 의려라고 했고, 이곳에서 『근사록』을 읽고 깨우친 바가 있었다고 한다. 사서를 비롯한 여러 경서와 『소학』을 중심으로 실천하는 것을 목표로 하여, 일찍이 "학문의 요체는 고원한 데 있지 않고, 경敬 공부를 위주로 하여 놓친 마음放心을 수습하는 데 있다"고 했다. 『의려집醫閭集』[18]이 있다.

책을 읽을 때는 대의大義를 생각하여 구해야 하며, 자질구레한 전傳이나 주註에 얽매이면 안 된다.
讀書想求大義, 不可纏繞於瑣傳註之間! 『명유학안』

18 『의려집醫閭集』: 하흠의 문집이다. 아들 하사자賀士諮가 유고를 수집하고 평생의 언행을 아울러 하나의 문집으로 엮은 것이다. 앞 3권은 언행록이다. 4권부터 7권까지는 『존고存稿』다. 8권은 『주고奏稿』이며, 9권은 『시고詩稿』다. 하흠은 일찍이 의무려산醫無閭山(지금의 랴오닝성遼寧省)에서 학문을 했으므로 의려산인醫閭山人으로 자호했고 문집의 이름으로 삼았다.

170

왕수인
王守仁

왕수인王守仁(1472~1528)은 명대의 사상가이자 정치가로 호를 따서 왕양명王陽明이라 불린다. 왕수인은 환관 유근과의 대립 끝에 귀양길에 올랐고, 유배지인 용장에서 사상적인 깨달음을 얻어 독자적으로 양지심학良知心學을 수립하고 강력하게 주자학을 비판했으며, 지행합일知行合一과 치양지致良知의 설을 세워 심즉리心卽理의 철리를 주장했다. 『왕문성공전서王文成公全書』가 있다.

1. 학문을 할 때는 의심이 없을 수 없으니, 질문이 있을 때 물으면 학문하는 것이요, 바로 행하는 것이다. 또한 의심이 없을 수 없으니, 생각이 떠오르면 학문하는 것이요, 바로 행하는 것이다. 또한 의심이 없을 수 없으니, 따질 것이 있으면 바로 따지는 것이 학문하는 것이요, 바로 행하는 것이다. 분명하게 따지면 생각이 신중해지고 질문이 깊어지니 학문하는 데 능력이 생겨서 그 공부를 그만둘 수 없게 된다. 이것이 독실하게 행한다〔篤行〕는 것이다. 배우고, 묻고, 생각하고, 따진 다음에 비로소 행하게 되는 것이 아니다.
蓋學之不能以無疑, 則有問; 問卽學也, 卽行也. 又不能無疑, 則有思; 思卽學也, 卽行也. 又不能無疑, 則有辨; 辨卽學也, 卽行也. 辨旣明矣, 思旣愼矣, 問旣審矣, 學旣能矣, 又從而不息其功焉; 斯之謂篤行. 非謂學問思辨之後, 而始措之於行也. 『답고동교서答顧東橋書』

2. 무릇 군자가 학문에 대해 논의할 때는 마음으로 얻는 것에 요점을 둔다. 모든 사람이 옳다고 여겨도 자신의 마음속에서 수긍하지 못한다면 감히 옳다고 여길 수 없다. 모든 사람이 잘못되었다고 여겨도 자신의 마음속에서 옳다고 생각된다면 감히 잘못되었다고 여길 수 없다.

夫君子之論學, 要在得之於心: 衆皆以爲是, 苟求之心而未會焉, 未敢以爲是也; 衆皆以爲非, 苟求之心而有契焉, 未敢以爲非也. 『답서성지答徐成之』

3. 대종백大宗伯 백암교白巖喬 선생이 남도南都로 가다가 양명자陽明子를 만나 학문을 논하게 되었다. 양명자가 "학문은 집중하는 것〔專〕을 귀하게 여깁니다"라고 하자 선생이 말했다.

"그렇습니다. 나는 어릴 때부터 바둑을 좋아해서 먹어도 맛을 모르고 자려고 누워도 잠이 오지 않았습니다. 눈으로는 다시 보는 것이 없고 귀로는 다시 듣는 것이 없을 정도였는데, 무릇 1년 만에 마을 사람을 모두 이겼고 3년 만에 나라에서 나와 상대할 사람이 없었으니 학문은 집중하는 것〔專〕이 중요하지요!"라고 했다.

양명자가 "학문은 정밀하게 하는 것을 귀하게 여깁니다"라고 하자 선생이 말했다.

"그렇습니다. 내가 장년이 되어 글짓기〔文詞〕를 좋아하여 글자마다 구하고 구절마다 모으며, 여러 역사를 연구하고 제자백가를 조사했습니다. 무릇 송宋과 당唐에서 자취를 구하여 한漢과 위魏까지 이르러 끝났으니 학문은 정밀하게 하는 것이 중요하지요!"라고 말했다.

양명자가 "학문은 바르게 하는 것을 귀하게 여깁니다"라고 하자 선생이 말했다.

"그렇습니다. 나는 중년에 성현의 도를 좋아하여 바둑을 둔 것도 후회가 되고 글짓기에 빠졌던 것도 부끄러워 지금 내 마음에 들일 바가 없습니다."
大宗伯白巖喬先生將之南都, 過陽明子而論學, 陽明子曰: "學貴專" 先生曰: "然. 予少而好奕, 食忘味, 寢忘寐, 目無改觀, 耳無改聽, 蓋一年而詘鄉之人, 三年而國中莫有予當者, 學貴專哉!" 陽明子曰: "學貴精!" 先生曰: "然. 予長而好文詞, 字字而求焉, 句句而鳩焉, 研衆史, 覈百氏, 蓋始而希迹於宋·唐, 終焉浸入於漢·魏, 學貴精哉!" 陽明子曰: "學貴正!" 先生曰: "然. 予中年而好聖賢之道, 奕吾悔焉, 文詞吾媿焉, 吾無所容心矣."『송종백교백암서送宗伯喬白巖序』

4. 집중하지 않으면 정밀하게 할 수 없고, 정밀하지 않으면 분명하게 할 수 없으며, 분명하지 않다면 진실되게 할 수 없다. 그러므로 "오직 정밀하고 오로지 한결같이 한다惟精惟一"라고 한 것이다. '정精'은 정밀하게 하는 것이고, '일一'은 집중하는 것이다. 정밀하게 하면 분명해질 것이다.
非專則不能以精, 非精則不能以明, 非明則不能以誠, 故曰: "惟精惟一." 精, 精也; 一, 專也; 精則明矣.『송교우서送喬宇序』

5. 옛날의 군자는 오직 알지 못하는 부분이 있다고 여겼기에 그 뒤에 모르는 것을 알게 되었다. 그런데 후대의 군자는 자신이 알지 못하는 것이 없다고 여겼기에 알지 못하는 것이 있게 되었다. 도道에는 근본이 있고 학문에는 핵심이 있다. 시비를 변론하는 것이 정밀하고 올바른 것과 이로운 것의 차이가 미미하더라도 나는 그것을 믿을 수 없다. 일단 그것을 안다고 여길 수 없는 상황인데, 어떻게 먼저 의심하고 생각만 할 수 있겠는가?
古之君子, 惟有所不知也, 而後能知之; 後之君子, 惟無所不知, 是以容有不知也. 夫道有本而學有要. 是非之辯精矣, 義利之間微矣, 斯吾

未之能信焉. 曷亦姑無以爲知之也, 而姑疑之, 而姑思之乎? 『별장상보서別張常甫序』

6. 무릇 시詩를 읊조릴 때는 반드시 용모를 단정하게 하고 기운을 안정시켜야 그 음성이 맑고 시원해지고, 그 박자와 가락이 균일하고 바르게 된다. 조바심을 내어 성급하게 하지 말고, 흔들려 산만하게 하지 말며, 기가 죽어 두려워하지 않아야 한다. 그렇게 오래하면 정신이 또렷하게 펴지고 마음과 기분이 온화하고 평온해진다.
凡歌詩, 須要整容定氣, 淸朗其聲音, 均審其節調, 毋躁而急, 毋蕩而囂, 毋餒而懾, 久則精神宣暢, 心氣和平矣. 『훈몽교약訓蒙敎約』

7. 무릇 책을 가르치는 것은 부질없이 많이 가르쳐야 하는 것이 아니라, 정밀하고 익숙하게 가르치는 것을 귀하게 여겨야 한다. 그 재량을 헤아려서 200자를 받아들일 수 있으면 단지 100자를 받아들이도록 하여 항상 정신과 역량에 여지를 두어야만, 싫어하거나 괴로워하는 폐단이 없고 스스로 깨닫는 장점이 있다. 암송할 때는 마음과 뜻을 집중하는 데 힘써서 입으로 외고 마음으로 갈무리하여, 글자와 어구마다 맥락에 따라 반복하고, 그 음절에 따라 오르내리며 뜻의 실질과 허사를 고려해야 한다. 그렇게 오래하면 의리에 두루 통해 총명함이 날마다 열릴 수 있다.
凡授書, 不在徒多, 但貴精熟. 量其資禀, 能二百字者, 止可授一百字; 常使精神力量有餘, 則無厭苦之患, 而有自得之美. 諷誦之際, 務令專心一志, 口誦心維, 字字句句, 紬繹反覆, 抑揚其音節, 寬虛其心意; 久則義理浹洽, 聰明日開矣. 『훈몽교약』

8. 어느 날, 학문을 위한 공부에 대해서 논했는데, 선생님께서 말씀하셨다.

"사람을 가르쳐 학문을 하게 할 때는 한쪽만 고집해서는 안 된다. 처음 배울 때는 마음과 뜻이 원숭이와 말 같아서 묶어두어 안정시킬 수 없다. 생각하고 있는 것은 대부분 인간의 욕망〔人欲〕을 한결같이 고집한다. 그러므로 일단 고요히 앉아서 생각하기를 그치도록 가르쳐야 한다."

一日論爲學工夫, 先生曰: 教人爲學不可執一偏, 初學時心猿意馬, 拴縛不定; 其所思慮, 多是人欲一邊. 故且教之靜坐息思慮. 『전습록傳習錄』[19]

9. 어떤 이가 물었다.

"책을 볼 때 분명히 알 수 없는 것은 어째서입니까?" 선생께서 말씀하셨다.

"단지 글의 뜻만 찾으려고 애쓰기 때문에 분명히 알지 못하는 것이다. 이렇게 하는 것은 예전에 학문하는 방법만 못하다. 예전에는 많은 글을 읽어서 이해했는데, 매우 분명하게 이해하려고 한 것이었지만 죽을 때까지 얻은 것이 없었다. 무릇 마음의 본체에 공功을 들여야 한다. 분명하게 알 수 없고 실행할 수 없는 것은, 무릇 돌이켜 자신의 마음에 마땅하다고 여기면 곧 통할 수 있다. 사서오경四書五經도 이 심체心體를 설명한 것에 불과하니, 이 심체는 곧 이른바 '도심道心'이요, 본체가 밝은 것이 곧 도가 밝은 것이니 다른 것이 없다. 이것이 학문을 하는 요점이다.

19 『전습록傳習錄』: 왕양명의 어록과 서간집이다. 상권은 40세 때의 어록, 하권은 50세 때의 어록을 제자들이 모은 것이다. 상권의 내용은 지행합일론·심즉리설, 『대학』의 새로운 해석 등이고, 하권은 치양지설·만가성인론滿街聖人論 등을 중심으로 하여 다양한 수양법을 설명했다.

問: "看書不能明, 如何?" 先生曰: 此只是在文義上穿求, 故不明. 如此, 又不如爲舊時學問. 他倒看得多, 解得去. 只是他爲學雖極解得明曉, 亦終身無得. 須於心體上用功. 凡明不得, 行不去; 便須反在自心體上當, 卽可通. 蓋四書五經不過說這心體, 這心體卽所謂道心, 體明卽是道明, 更無二. 此是爲學頭腦處. 『전습록』

10. 구천九川[20]이 물었다.

"이 공부(양명학)는 마음에서 체험하는 것이 명백한데, 책을 이해하는 것에 있어서는 통하지 않습니까? 선생께서 말씀하셨다.

"이해해야 할 때는, 마음에 명백해지면 책은 자연스럽게 이해될 수 있다. 만약 마음에 통하지 않으면 단지 책을 읽어서 글의 뜻에 통달하더라도 저절로 자신만의 생각이 생기게 된다."

九川問此功夫却於心上體驗明白, 只解書不通? 先生曰: "只要解, 心上明白, 書自然融會. 若心上不通, 只要書上文義通, 却自生意見." 『전습록』

20 구천九川: 왕수인의 제자였던 진구천陳九川(1494~1562)을 말한다. 명나라 중기의 학자이자 시인이며, 자가 유용惟溶, 유준惟濬이다. 호가 죽정竹亭이고 뒤에 명수明水로 고쳤다. 장시성 임천인臨川人이다. 양명학의 주요인물이다.

171
양천상
楊天祥

양천상楊天祥은 자가 휴징休徵이다. 정덕正德 정축년丁丑年(1517)에 진사進士가 되었다.

양천상이 친구에게 보낸 편지에서 다음과 같이 말했다.

"옛사람들은 독서할 때 만권을 다 읽었는데, 나는 약관弱冠(20세) 때부터 독서에 굳게 뜻을 두었고 지금까지 15년이 지났다. 1년 가운데 명절이나 집안의 경사, 질병이 들어 제외된 날은 60일에 불과하고, 나머지 300일은 모두 책을 송독誦讀했다. 하루에 3편보다 적지 않으니 1년에는 900편보다 적지 않으며 15년이면 1만5000편에 달한다. 이것을 옛사람의 만권과 견주면 거의 10분의 1~2가 될 뿐이다. (…) 비유하자면, 진수성찬이 골고루 차려졌더라도 배가 부르면 먹기를 그치고, 큰 나무가 구불구불해도 먹줄을 놓으면 똑바로 깎이는 것과 같다. 그 나머지 요구에 응하는 것은 인정人情과 물리物理에 관한 것에서 넘어서지 않는다. 옛사람의 글을 본떠서 지으면 더 멀어지고, 옛사람의 글을 반대로 하면 배가 된다. 독서량이 비록 많다고 하더라도 어찌 모두 쓸 만한 것이겠는가? 옛사람이 '정예군 3000명이면 약한 군사 100만 명을 대적할 수 있다精兵三千, 足敵羸卒百萬'고 말한 것도 바로 이 때문이다.

옛날에 상자평尙子平은 자녀를 혼인시키는 등 집안일을 다 정리하고, 오악五嶽을 두루 유람했는데, 이것이 어찌 다른 사람을 깨우치려고 도모한 것이겠는가? 스스로 깨우치기를 구했을 뿐이다. 그러나

오악을 유람하면 여정의 고통과 집을 떠나 홀로 되는 근심이 있고, 해를 넘기고 세월을 보내야만 겨우 돌아볼 수 있을 것이다. 오경五經에는 천지만물의 이치가 갖추어져 있으니, 이것은 세상의 오악五嶽과 같고, 자서子書와 사서史書 등의 모든 전문서적 또한 명산의 절경과 같다. 내가 그것을 두루 열람해보니, 어찌 단지 누워서 유람한 것일 뿐이겠는가? 비록 다른 사람에게 깨우쳐줄 수는 없더라도 스스로 깨우치기에는 충분할 것이다."

楊天祥, 遺友人書曰: "古人讀書破萬卷, 予自弱冠厲志讀書, 至今十五年. 一年之中, 除令節家慶及疾病之日, 不過六十日, 其三百日皆誦讀, 日不下三簡, 一年不下九百簡, 十有五年不下一萬五千簡. 方之古人萬卷, 僅十之一二. (…) 譬之珍羞錯陳, 屬饜則止; 巨木輪囷, 就墨則削. 其餘酬應, 不能踰於人情物理, 擬古則迂, 反古則倍. 讀書雖多, 豈盡可用哉! 古人云: "精兵三千, 足敵羸卒百萬." 蓋以此也. 昔尙子平敕斷家事, 徧遊五嶽, 豈圖喩人哉! 亦求自喩而已. 然游五嶽則有跋涉之苦, 離曠之憂, 踰年閱歲, 僅乃徧之. 五經備天地萬物之理, 此五嶽也. 子史百家, 亦洞天福地也. 予徧歷之, 豈直臥游? 雖不足以喩人, 亦足以自喩矣."『독서법휘인광동통지讀書法彙引廣東通志』

172

설간
薛侃

설간薛侃(1486~1546)은 왕수인의 문인으로 자가 상겸尙謙이다. 중리산中離山에서 강학했기에 사람들이 중리 선생이라 불렀다. 1510년 향시에 합격했고 1517년 진사에 올랐다. 문인들이 들은 것을 정리하여 『연기록硏幾錄』[21] 『도서질의圖書質疑』 등을 펴냈다.

독서하는 방법에 대해 물어보자 다음과 같이 대답했다.

"정자程子는 다음과 같이 말했다. '경서의 의미를 구하는 것은 무릇 인재를 키우려는 마음이 있어야 한다.' 식물을 재배할 때는 반드시 먼저 뿌리에 뜻을 두어야 한다. 근본을 위주로 하고, 가꾸고 북돋우면 절로 자라나 성장을 멈추지 않으려고 할 것이다. 이것이 독서할 때 읊조리는 것에 힘을 써서 책의 유익함을 얻는 방법이며, 읽지 않을 때 몸에 익히고 수양하는 데 마음을 쏟아서 더욱 책의 유익함을 얻는 방법이다. 요즘 사람들은 독서할 때 책을 주인으로 삼고 마음을 노예로 삼아서, 정밀하게 하는 것을 그만두고 넓게 아는 것에만 힘써서 도리어 마음에 해를 끼치므로, 책을 놓으면 멍하니 몽땅 잊어버린다. 이는 재배하려는 뜻이 아니다."

問讀書之法? 曰: 程子謂求經義, 皆栽培之意. 栽培必先有根, 以根爲主, 旣栽旣培, 自有生生之意. 是讀書時優游諷詠, 得書之益; 不讀時

21 『연기록硏幾錄』: 설간의 문인 정삼극鄭三極이 설간의 글을 모아 펴낸 것이다. 양지의 학설을 여러 차례 거론하고 있다.

體貼充養, 尤得書之益也. 今人讀書以書爲主, 心爲奴隷; 敝精務博, 反爲心害, 釋卷則茫然均爲亡羊, 皆非栽培之意也.『명유학안』

173

왕기
王畿

왕기王畿(1498~1583)는 명나라 문인으로 호가 용계龍溪이며, 왕수인의 제자다. 돈오頓悟를 중시하여 "마음을 따라 깨달으면, 하나를 통해 백을 안다" "크게 대오하면 천고의 의문도 깰 수 있다"고 하면서 양지良知를 중시했다. 1526년 진사에 올랐는데, 정대廷對에 나가지 않고 은거하여 40년간 강학했다. 왕수인이 세상을 떠나자 3년 동안 심상心喪을 치렀다. 하언夏言이 그를 위학僞學이라며 배척하자 병을 핑계로 사직하고 강학에만 전념했다. 대철대오大徹大悟, 이무념위종以無念爲宗의 돈오를 주장하여, 왕수인의 양지설을 선학禪學으로 발전시켰다. 『용계전집龍溪全集』[22]이 있다.

독서는 음식의 맛에 비유할 수 있다. 가장 맛있는 곳을 얻고 그 찌꺼기는 걸러내야 양생養生을 할 수 있으니, 먹어도 소화시키지 못하는 것을 '체했다'고 하는 것과 같다.

讀書譬如食味, 得其精華, 而汰其滓穢, 始能養生; 若積而不化, 謂之食痞. 『잠언유초箴言類鈔』

22 『용계전집龍溪全集』: 왕기의 문집으로 모두 20권이다. 아들인 왕응빈王應斌과 왕응길王應吉이 편찬했으며, 모두 어록이 8권, 서서書序·잡저雜著·기설記說이 9권, 시 1권, 제문·지·장·표·전이 2권이다. 그의 문인인 소량간蕭良幹이 간행했고, 정빈丁賓이 또한 다시 새기면서 「대상의술大象義述」 1권과 전·지·제문 1권을 더했다.

174

당순지
唐順之

당순지唐順之(1507~1560)는 명나라 유학자로 수학의 삼각법에 정통하고 산문가로서도 뛰어났다. 왕기의 학문을 이어받아 양명학자로도 유명하며, 명 초기 의고파擬古派의 전성기에 문학의 시대성을 인식하고 정감을 표출한 글을 중시했다. 한림원 편수가 되어 역대의 실록 교정에 종사했다. 상사와의 충돌로 관직에서 물러났으나, 왜구의 포악함을 보고 복귀해 해상방위의 지휘 임무를 맡아 활약했다. 『형천집荊川集』[23]이 있다.

형천荊川의 당선생唐先生(당순지)이 그의 학도學徒에게 말했다.

"독서는 경서를 연구하여 이치를 밝히는 것을 최우선으로 삼아야 하고, 역사서를 읽어 옛 성현이 세상을 다스린 자취를 봐야 한다. 그다음은 세상의 다양한 일에 대해 언급한 책을 읽는 것으로, 필요한 데 적용할 수 있다. 이 몇 가지는 근본과 말단이 모여 있어 모두 유익한 책이며 그 나머지는 급하게 여길 바가 아니다."

荊川唐先生嘗語其徒曰: 讀書以治經明理爲先, 次之諸史, 可以見古人經綸之跡, 又次則載諸世務, 可以應用. 玆數者本末相輳, 皆爲有益之書, 餘非所急也. **『초약후담원집焦弱侯澹圓集』**

23 『형천집荊川集』: 명대의 당순지가 지은 책으로 총 12권이다.

175

육수성
陸樹聲

육수성陸樹聲(1509~1605)은 명나라 관리로 가정 20년(1541)에 진사가 되었다. 벼슬은 서길사庶吉士, 한림원편수, 태상경太常卿, 남경제주南京祭酒, 이부우시랑, 예부상서 등을 역임했다. 사후에 태자태보太子太保로 추증되었고, 시호가 문정文定이다. 저서는 『평천제발平泉題跋』 『모여잡식耄餘雜識』 『장수일기長水日記』 『다요기茶寮記』 등이 있다.

육평천陸平泉 선생이 말했다.

"독서할 때는 글 가운데 핵심이 되는 곳을 찾아낼 수 있어야 비로소 얻게 된다. 이것이 바로 불가佛家에서 말하는 '인천법안人天法眼'이다."

陸平泉先生云: "讀書須尋出書中眼目始得; 佛家所謂'人天法眼', 是也." 『태평청화太平清話』

176

양계성
楊繼盛

양계성楊繼盛(1516~1555)은 명나라 관리로 호가 초산椒山이다. 가정 26년(1547)에 진사가 되고 남경이부주사南京吏部主事에 오른 뒤 병부원외랑兵部員外郎으로 옮겼다. 대장군 구란仇鸞이 엄답俺答〔중국 명나라 때 몽골 타타르부의 수령〕을 두려워하여, 호시互市를 열어 교역하자고 주청하면서 화친할 것을 건의하자 그를 탄핵했다가 적도전사狄道典史로 쫓겨났다. 또한 재상 엄숭嚴嵩을 탄핵했다가 끝내 죽임을 당했다. 『양충민집楊忠愍集』[24]이 있다.

독서할 때, 어떤 좋은 일을 보면 곧 내가 앞으로 반드시 실행함을 생각하고, 좋지 않은 일을 보면 앞으로 반드시 경계함을 생각하며, 훌륭한 사람을 보면 내가 앞으로 반드시 그와 같은 사람이 되기를 생각하며, 좋지 못한 사람을 보면 내가 앞으로 절대로 그와 같은 사람을 본받지 말자고 생각해야 한다. 그러면 마음이 자연히 광명정대해지고, 행하는 일이 자연스레 궁색해지지 않아 곧 천하의 훌륭한 사람이 될 것이다.

讀書見一件好事, 則便思量我將來必定要行; 見一件不好的事, 則便

24 『양충민집楊忠愍集』: 양계성의 문집이다. 『사고전서 집부 별집류』에 강희 연간에 소산蕭山 장옥章鈺이 교정한 판본이 수록되어 있다. 모두 주소奏疏 1권, 잡문雜文 1권, 시 1권이고, 행장行狀·비碑·기記는 별도 1권으로 부록했다. 「논마시論馬市」「핵엄숭劾嚴嵩」 두 상소문이 역사서에 실린 전기에는 체재體裁에 제한되어 겨우 대략적인 내용만 남아 있지만 이 문집에는 전체 문장이 전한다.

思量我將來必定要戒; 見一個好人, 則思量我將來必要與他一般; 見一箇不好的人, 則思量我將來切休要學他; 則心地自然光明正大, 行事自然不會苟且; 便爲天下第一等人矣.『유응미응기양아喩應尾應箕兩兒』

177

양신
楊愼

양신楊愼(1488~1559)은 명나라 문인으로 호가 승암升菴이다. 경학과 시문이 탁월했으며 박학하기로 이름이 높았다. 가정 초에 한림학사가 되어 대례의 사건이 일어났을 때 두 차례에 걸쳐 상소하여 바른말로 간쟁하다가 장형杖刑을 받고 윈난 영창永昌으로 유배되었고, 그곳에서 평생을 살다 죽었다. 이동양李東陽을 사사했고, 정주의 이학과 육왕의 심학을 반대했으며, 정현의 설도 공박했다. 그는 경서백가經書百家·천문지리天文地理·전장제도典章制度 등을 연구했고, 사실을 고증하는 데 치중하여 고거학풍考據學風을 개창했다. 저서로 『승암집升菴集』[25] 『단연총록丹鉛總錄』 등이 있다.

『진서晉書』에서, "도연명은 독서할 때 깊이 이해하는 것을 구하지 않았다"고 했는데, 이 말은 속된 선비들의 견해로 후세에는 그 일을 제대로 알지 못했다. 내가 그 까닭을 생각해보니, 양한兩漢 이후로는 훈고訓詁가 성행하여, 시문(五字之文)을 설명한 것이 2~3만 자에 이르렀다. 예컨대 진근군秦近君[26]이 『요전堯典』의 '왈계고曰稽古'의 뜻을 풀이

25 『승암집升菴集』: 양신의 문집. 『사고전서』에 만력 연간 중에 쓰촨을 순무하던 장사패張士佩가 교정한 판본이 수록되어 있다. 부와 잡문 11권, 시 29권, 또 잡기 41권으로 총 81권이다. 장사패가 『단연록丹鉛錄』 『담원譚苑』 『제호醍醐』 등 여러 책을 가져다 중복된 것은 삭제하고, 다시 분류하여 시문의 뒤에 덧붙인 것이다.

한 것은 도처에서 흔히 볼 수 있었는데, 후대의 학자들이 더욱 이 설을 추구하자 여러 설이 넘쳐나서 귀결되는 바가 없었다. 도잠은 마음속으로 그것을 알고 싶어했다. 그러므로 초연히 견해를 분명히 하고 홀로 옛 성현의 뜻과 합치하여 늦게나마 훈고를 그만두었으나, 속된 선비들은 그의 뜻을 깨닫지 못하고, '도잠이 깊이 이해하기를 구하지 않았다'고 한 것이다.

또 그 당시 주속지周續之[27]가 학사 조기祖企·사경이謝景夷와 함께, 자사刺史 단소檀韶의 초빙에 따라서, 성의 북쪽에서 예를 강론하며 더욱 열심히 책을 교감했는데, 그들이 머물던 관공서가 말 시장에 가까웠다. 그러자 연명이 세 사람에게 보여준 시에서,

주속지가 공자의 학문을 논술하자
조기와 사경이 메아리처럼 이르렀네
마시장이 강당은 아닐 터인데
교감은 왜 이리 부지런히 하는가!

라고 했는데, 그것을 달가워하지 않은 것이었다. 세 사람이 도잠의 시를 보고 "공자께서 남긴 가르침인데, 지금 어째서 실추시킨다고

26 진근군秦近君: 『환담신어桓譚新語』의 저자인 환담桓譚을 가리키는 듯하다. 환담은 후한後漢 때의 문신으로, 『후한서』 본전에 따르면 자가 군산君山이다. 음률과 오경에 통하여 『환담신론』 29편을 지었다고 한다.

27 주속지周續之(358~423): 동진東晉 때 안문雁門 사람. 자가 도조道祖다. 12살 때 예장태수豫章太守 범녕范寧의 문하에 들어가 수업했고, 오경五經과 오위五緯에 통달해 사람들이 십경동자十經童子라 불렀다. 장성하여 문을 닫고 독서에 열중했고, 불법佛法을 신봉했으며 반야묘리般若妙理에 통달했다. 나중에 여산廬山에 들어가 혜원慧遠을 사사하면서 사찰에서 수업했다. 유송劉宋 무제武帝가 북벌할 때 태자가 일찍이 그를 불러 안락사安樂寺에 들어가게 했는데, 『예기』를 한 달 정도 강독하고는 여산으로 돌아와버렸다. 무제가 즉위하자 불러 동곽 밖 도간관都間館에 머물게 하고 찾아와 예경禮經에 대해 물었다. 태위연太尉掾에 제수했지만 나가지 않았다. 통은선생通隱先生으로 불렸다. 평생 혼인하지 않고 포의소식했는데, 항상 풍비風痺로 고생해 나중에 종산鍾山으로 옮겼다. 유유민劉遺民, 도연명과 함께 '심양삼은潯陽三隱'으로 불렸다. 저서에 『예론禮論』과 『공양전주公羊傳注』 등이 있다.

하십니까?"라 했다.

도잠이 또 "『시경』과 『서경』을 평소에 매우 좋아했다"라고 했고, 또 "좋아하여 마음을 둔 곳은 육경이었다"라고 했으며, 또 "주왕周王의 전기를 두루 보고, 『산해경』을 훑어보았다"라고 했다. 도잠이 『성현군보록삼효자전찬聖賢群輔錄三孝傳贊』을 저술했는데 남은 것이 없어 살펴볼 수 없으나 그 발문에, "전적에 담긴 내용은 정통한 스승이 전수한 것인데, 이 글에서 다 드러냈다"라고 했으니, 아마도 세상의 어리석음이 마음에 이르지 않은 자일 것이다.

나는 일찍이 "사람은 배우지 않을 수 없으나, 다만 강사講師가 되어서 훈고에 빠져서는 안 된다. 연명이 전한 말이 매우 부합한다"라고 말했다.

『晉書』云: "陶淵明讀書不求深解." 此語俗士之見, 後世不曉也. 余思其故, 自兩漢來訓詁盛行, 說五字之文, 至於二三萬言. 如秦近君之訓『堯典』"曰稽古"者, 比比皆是, 後進彌以馳逐, 漫羨而無所歸. 陶心知厭之, 故超然眞見, 獨契古初, 而晩廢訓詁, 俗士不達, 便謂其不求甚解矣. 又是時周續之與學士祖企·謝景夷從刺史檀韶聘, 講禮城北, 加以讎校, 所住公廨, 近于馬肆. 淵明示以詩云: "周生述孔業, 祖謝響然臻; 馬隊非講肆, 校書亦以勤." 蓋不屑之也. 觀其詩云: "先師遺訓, 今豈云墜?" 又曰: "『詩』『書』敦夙好." 又云: "游好在六經." 又云: "汎覽周王傳, 流觀『山海圖』" 其著『聖賢群輔錄三孝傳贊』, 考索無遺, 又跋之云: "書傳所載, 故老所傳, 盡于此矣." 豈世之鹵莽不到心者耶? 予嘗言: 人不可不學, 但不可爲講師, 溺訓詁; 見淵明傳語, 深有契耳. 『단연총록丹鉛總錄』

178

호응린
胡應麟

호응린胡應麟(1551~1602)은 명나라의 시인·평론가다. 자가 원단元端[28], 명서明瑞이고, 호가 소실산인少室山人, 석양생石羊生, 부용봉객芙蓉峰客 등이다. 15세 때 여러 작가의 소설을 모아 『백가이원百家異苑』을 편찬했다. 진사시에 응시했으나 세 차례 낙방했고 그 후로 산중에 은거하며 수만 권의 장서를 구매해 암기했다. 유불도에 모두 능통했다. 시에 대해 복고모의復古模擬를 주장했으나 후에 격조를 중시하여 신운神韻으로 전향했다. 저서에 『소실산방유고少室山房類稿』[29]와 여러 잡설을 모은 『소실산방필총少室山房筆叢』, 시론집 『시수詩藪』『갑을잉언甲乙剩言』『단연신록丹鉛新錄』『예림학산藝林學山』 등이 있다.

1. 독서할 때의 큰 문제점은 옛사람 비방하기를 좋아하는 것이다. 지혜로운 사람이라도 수천 가지로 생각하다보면 반드시 한 번의 실수는 있게 마련이다. 옛사람의 견해라고 해서 어찌 모두 장점만 있겠

28 원단元端: 원문에는 원서元瑞로 되어 있으나 오류를 바로잡았다.

29 『소실산방유고少室山房類稿』: 호응린의 저술이다. 『사고전서 집부 별집류』에는 만력 무오년(1618) 금화통판金華通判인 흡현歙縣의 강담연江湛然이 여러 저술을 하나로 합해 편찬한 판본이 수록되어 있다. 책 앞부분 왕세정이 지은 「석양생전石羊生傳」에서는 호응린에게 20여 권의 시집이 있다고 되어 있고, 주이존朱彛尊의 『명시종明詩綜』에는, 왕세정이 거론한 것과는 그 목록에 차이가 있다. 그 이유는 호응린이 살아 있을 때 여러 시집을 짓는 대로 판각하여 별본으로 간행했고, 왕세정과 주이존은 각각 자기가 본 것에 의거했기 때문으로 보인다.

는가? 분서갱유로 인하여 많은 글이 잿더미가 되었지만 나중에는 기록과 전적이 많이 모여들게 되었다. 그래서 때때로 인용한 출처가 어긋나기도 하고, 그 의미의 중요도에 따라 각기 적절히 처리해야 한다. 또한 노魯와 어魚, 해亥와 시豕처럼 글자를 잘못 인식해서 쓰는 경우가 더해져, 갖가지 오류가 생겨났다. 무릇 이러한 오류를 만나면 전고典故를 널리 조사하여 자세하게 뜻이 귀결되는 곳을 풀어내어야 한다. 따라서 각기 다른 문장을 모두 모으고, 탈간된 자료는 정리하여 이전 시기의 좋은 글을 완성하는 데 힘써야지 선대의 현인을 박하게 대해서는 안 되며, 옛글 가운데 합당하지 않는 것에 대해서는 힘써 뜻을 구하되 자신의 견해를 펴는 것이 좋다. 지금 우연히 그 무늬의 일부분을 보면 기이한 보물로 여겨야 하니, 아마도 후대에 지금 시대를 보는 것이 지금 시대에 과거를 보는 것과 같으리라.

讀書大患, 在好詆訶昔人. 夫智者千慮, 必有一失, 昔人所見, 豈必皆長? 第文字烟埃, 紀籍淵藪, 引用出處, 時或參商, 意義重輕, 各有權度, 加以魯魚亥豕, 譌謬萬端. 凡遇此類, 當博稽典故, 細繹旨歸, 統會殊文, 釐正脫簡, 務成曩美, 毋薄前修, 力求弗合, 各申己見, 可也. 今偶覩一斑, 便爲奇貨, 恐後視今, 猶今視昔矣.『소실산방필총少室山房筆叢』

2. 악부樂府의 결구에는 '오늘 즐겁게 서로 즐기네今日樂相樂' 등의 말이 많이 쓰이는데, 심지어 제목의 의미나 위의 문장과 서로 거의 이어지지 않는 것도 있어서 예전부터 그것을 의심해왔다. 일반적으로 한漢·위魏의 시는 악기로 노랫가락을 입혀 반드시 연회에서 연주했다. 결구를 이처럼 한 것은 음악을 듣는 사람들을 위해 배열한 것으로, 나라가 오래도록 이어지기는 바라는 뜻이다. 옛사람의 글을 읽을 때 이해할 수 없는 곳이 있으면, 다방면으로 참고하고 종합해본다면 절로 분명해지게 된다.

樂府尾句, 多用今日樂相樂等語. 至有與題意及上文略不相蒙者, 舊

亦疑之. 蓋漢魏詩, 皆以被之弦歌, 必燕會間用之, 尾句如此, 率爲聽樂者設, 卽郊祀延年意也. 讀古人書, 有不得解處, 能多方參會, 當自瞭然. **『소실산방필총』「시폐내편詩藪內篇」**

179

하륜
何倫

하륜何倫은 명나라 저장성 강산江山 사람으로 자가 종도宗道고, 호가 요산樂山이다. 효자로 널리 알려졌다.

1. 학문學問의 성과는 온전히 그 글을 읽고 익히는 데 달려 있으니, 반드시 책을 강독하는 요점에 대하여 강독한 후에 자기 스스로 자세히 살펴보고, 집중하여 뜻을 끝까지 파고들며, 깊이 생각하고 묵묵히 연구하며, 구절에 따라서 실마리를 찾아내고, 문장에 따라서 이해하는 데 두면 거의 그 취지를 얻을 수 있을 것이다. 조금이라도 의혹이 있으면 즉시 질문하고 경솔하게 끝을 맺어서는 안 된다. 한 권을 다 보기를 기다린 후에, 스승에게 그 책에서 발췌한 어려운 부분을 자세히 물어보고, 간혹 답을 해주지 못한다면 다시 생각하고, 생각해도 이해되지 않는 곳은 나중에 다시 연구한다. 참다운 경지가 한 번 열리는 것은, 마치 적절한 시기에 내리는 비가 변화를 가져오는 것과 같아서 그 이후에 글을 지으면 뜻에 따라 응용할 수 있고, 손가는 대로 실력이 발휘되어 자연스럽게 문장이 되어 다시 막히는 곳이 없게 된다. 만약 대충 강독하고 대충 들으면, 원래부터 마음을 기울이거나 기억에 남겨두지 않게 되어, 부질없이 입을 놀릴 뿐이고 마음 깊이 들어오지 않는다. 오늘 강독한 뒤 내일 그것을 잊어버리고, 이 문장을 완전히 통달하지 못했는데 또 다른 문장을 강독하며, 올해 분명히 이해하지 못했는데 다시 내년을 기다리면 비록 100년 동안 강독한다 한들 진실로 무슨 보탬이 있겠는가?

學問之功, 全在講貫; 而講書之要, 必須講後自己細看, 著意研窮, 潛思默究, 逐句紬繹, 逐章理會, 方纔得其旨趣. 略有疑惑, 卽爲質問, 不可草草揭過. 俟一本通貫後, 仍聽先生摘其難者而挑問之; 或不能答, 卽又思之; 思之不通, 然後復講. 眞境一開, 如得時雨之化; 後來作文, 隨意應用, 信手發揮, 自然成章, 再無窒礙. 若泛泛而講, 泛泛而聽, 原不留心佩記; 徒費脣舌, 不入肺腑. 今日講過, 明日忘之; 此章未達, 又講別章; 今年未明, 復待來歲; 雖講至百年, 誠何益也.『하씨가규何氏家規』

2. 독서할 때는 100번 읽는 것으로 기준을 삼아, 반복하여 익히도록 힘써야 비로소 그 의미가 드러난다. 그 책의 말이 모두 나의 입에서 나온 것처럼 하고, 그 책의 의미가 모두 나의 마음에서 나온 것처럼 하되, 융화하고 관통하여 이해한 뒤에 깨달을 수 있다. 만약 정밀하게 익히지 않은 곳이 있으면 다시 100번을 더 읽어야 할 것이다. 그렇게 한 뒤에 때때로 익숙하게 익혀야 한다. 만약 공부가 미숙하다면 앞서 암송할 때부터 외운 것이 모호했기 때문이니, 예외 없이 글자를 인식한 것이 분명하지 못하고 이치를 보는 것이 투철하지 못해서 헛되이 정신을 가렸기에 학문에도 이로울 것이 없다.

讀書以百徧爲度, 務要反覆熟嚼, 方始味出. 使其言皆若出於吾之口, 使其意皆若出於吾之心, 融會貫通, 然後爲得. 如未精熟, 再加百徧可也; 仍要時時溫習. 若工夫未到, 先自背誦, 含糊強記; 總是認字不淸, 見理不透, 徒敝精神, 無益學問.『하씨가규』

180

도희시
屠義時

도희시屠義時는 명나라 때 안후이성 선성宣城 사람이다. 저장성 제학부사提学副使를 지냈는데 자세한 것은 알려지지 않았다. 『동자례童子禮』『예기·소의禮記·少儀』 등 아동의 언행에 대해 쓴 책이 전해진다.

독서할 때는 몸가짐을 단정하게 하고 마음을 평안히 하며, 글자를 보고 구句를 끊으면서 천천히 읽어서, 반드시 글자마다 분명하게 깨달을 수 있도록 해야 한다. 눈으로 먼 산을 보거나 손으로 다른 물건을 만지작거리지 말아야 한다. 이어서 자세하게 읽은 횟수를 기억하되, 만약 횟수는 이미 충족되었어도 완전히 외우지 못했으면 반드시 완전히 암송해야 하고, 횟수가 충족되지 않았으면 비록 이미 완전히 외웠더라도 횟수를 채워야 한다. 그렇게 하고서도 날마다 붙여서 익히고 열흘마다, 한 달마다 글의 이치를 통하게 하여, 오래되어도 잊지 않기를 구해야 한다. 〔독서는 많이 읽는 데 달려 있는 것이 아니요, 하나라도 정밀하고 익숙하도록 공부하되, 오래도록 쌓이면 자연히 깨닫는 것이 있다. 요즘 제자들 중에는 억지로 외우는 자가 많다. 스승 된 자는 이것을 자신의 공으로 여겨서, 제자의 아버지와 형제를 기쁘게 할 방도로만 사용한다. 결국 완전히 익히는 것을 고려하지 않고 더 읽히는 것을 게을리 하여 끝내 잊어버리게 만드니, 마땅히 경계해야 한다.〕

凡讀書: 整容, 定心, 看字, 斷句, 慢讀; 務要字字分曉. 毋得目視他處, 手弄他物. 仍須細記遍數, 如遍數已足, 而未成誦, 必欲成誦; 遍數未足, 雖已成誦, 必滿遍數; 猶必逐日帶溫, 逐旬逐月通理, 以求永久不

忘〔讀書不在多, 能一精熟工夫, 積久自然有得. 今子弟多勉強記誦, 爲師者又假此爲功, 以取悅父兄; 遂不計生熟, 慢令加讀, 旋即遺忘, 所宜戒也.〕『동자례童子禮』

181

여곤
呂坤

여곤呂坤(1536~1618)은 명나라 학자로 호가 신오新吾다. 주자학이나 양명학에 속하지 않고 독자적인 수양에만 노력했으며, 기일원氣一元의 철학으로 원기론元氣論을 주장했고, 양지양능설에 반대하고 사물에 나아가 이치를 탐구하는 학지學知를 강조했다. 동림학을 가까이했다. 1574년에 진사가 되었다가 병을 핑계로 사직했다. 손비양孫丕揚이 그와 심리沈鯉, 곽정성郭正誠을 삼대현三大賢이라 하여 여러 차례 추천했지만 황제가 받아들이지 않았다. 저서로 『신음어呻吟語』[30] 『위재문집僞齋文集』[31]이 있다.

1. 좋은 학자는 번화가에서 앞으로 나아가는 것과 같은 모습을 보여준다. 〔사람들을 헤치며〕 어깨를 밀치는데 발걸음을 무겁게 하여 한 걸음을 내딛은 후 다시 한 걸음을 빠르게 내딛는 것과 같다.
善學者如鬧市求前, 摩肩重足, 得一步, 便緊一步. 『신음어呻吟語』

30 『신음어呻吟語』: 명나라 여곤呂坤이 지었다. 자득自得을 중시하고, 기일원론을 주장하며, 행실을 중시하고 백성을 중시하는 사상을 담고 있다. 여곤은 만년에 손수 이 책을 개정하고 보완하여 핵심을 뽑은『신음어적呻吟語摘』 2권을 지었다. 『사고전서 자부 유가류』에 수록된 판본은 상 3권이 내편, 하 3권이 외편으로 만력 임진년(1592)에 간행된 것이다.

31 『위재문집僞齋文集』: 『거위재문집去僞齋文集』. 『사고전서 집부 별집류』에는 손자 여신다呂愼多 등이 간행한 판본이 수록되어 있다.

2. 도리를 밝힌 책은 다 읽고, 사무를 기록한 책은 많이 읽으며, 문장을 익히는 책은 적게 읽고, 잡된 책은 읽지 말아야 하며, 사악한 책은 불태우는 것이 적합하다.

道理書盡讀, 事務書多讀, 文章書少讀, 閑雜書休讀, 邪妄書焚之可也.

『신음어』

3. 예부터 지금까지 서적이 이처럼 넘쳐난 적은 없었다. 그것을 묶어보면 아홉 가지가 있으니, 전서全書·중요한 책〔要書〕·군더더기 같은 책〔贅書〕·경세서經世書·사람을 이롭게 하는 책〔益人之書〕·쓸데없는 책〔無用之書〕·도를 병들게 하는 책·난잡한 도가 있는 책·풍속을 피폐하게 하는 책 등이다. 『십삼경주소十三經註疏』[32] 『이십일사二十一史』[33] 등의 종류를 '전서全書'라 한다. 혹 그 요점을 취하거나 살(주석을 붙인 것)을 뽑은 『사서육경집주四書六經集註』나 『통감通鑑』의 종류를 '요서要書'라고 한다. 당시의 급무를 마주하여 시기적절한 대책에 맞게 하여, 그것을 사용했을 때 물산이 풍부해지고 백성이 안정되고 공이 완성되고 일이 끝날 수 있으면, 이것을 '경세서經世書'라고 한다. 말이 비록 이치에 가까우나, 일부 사실만을 채집하여 경서나 역사서를 보충하기에 부족한 것을 '군더더기 같은 책贅書'이라고 한다. 의서·기술서·농서·점술서 등 생활을 돕고 근심을 막으며 선을 권장하고 악을 징계하는 책을 '사람을 이롭게 하는 책益人之書'이라고 한다. 천하 국가의 경영과 관계없고 신심과 생명에 유익함이 없으며, 말이 진심에 근거하지 않고 모두 세상 형편에 따른 것이나 당세의 시급한 일에 방해가 되는 것을 '쓸데없는 책無用之書'이라고 하니, 군더더기 같은 책

32 『십삼경주소十三經註疏』: 중국 유가 십삼경의 고주에 다시 주석을 붙인 주석서. 송나라 말엽에 합각合刻했으며, 『주역정의』 『상서정의』 『모시정의』 『예기정의』 『춘추좌씨전정의』 『주례정의』 『의례정의』 『춘추공양전정의』 『춘추곡량전정의』 『효경정의』 『논어정의』 『이아정의』 『맹자정의』 등 모두 416권으로 이뤄져 있다.

33 『이십일사二十一史』: 상고에서 원에 이르기까지 21조의 정사를 기록한 역사서. 명나라 때 국자감에서 간행되었다. 여기에『명사』와 『구당서』를 합하면 23사가 된다.

보다 못하다. 불경·노자·장자·열자 등은 '유가의 도를 병들게 하는 책病道之書'이라고 한다. 세상물정 모르는 선비의 진부한 설〔腐說〕과 어진 사람과 지혜로운 선비의 편벽된 말은 '난잡한 도가 있는 책雜道之書'이라 한다. 음란·간사·망령·괴상하거나 교묘하게 속이고 과장된 책은 '풍속을 피폐하게 하는 책敗俗之書'이라고 한다. 세상의 도를 다스릴 책임이 있는 자가 굳세게 그것들을 골라서 제거하지 못한다면 세상의 가르침과 사람의 마음에 끼치는 해로움이 작지 않을 것이다.

古今載籍莫濫於今日. 括之有九, 有全書, 有要書, 有贅書, 有經世之書, 有益人之書, 有無用之書, 有病道之書, 有雜道之書, 有敗俗之書. 『十三經註疏』『二十一史』, 此謂全書. 或撮其要領, 或擷其雋腴, 如『四書六經集註』『通鑑』之類, 此謂要書. 當時務, 中機宜, 用之而物阜民安, 功成事濟, 此謂經世之書. 言雖近理, 而掇拾陳言, 不足以羽翼經史, 是謂贅書. 醫技農卜, 養生防患, 勸善懲惡, 是謂益人之書. 無關於天下國家, 無益於身心性命, 語不根心, 言皆應世而妨當世之務, 是謂無用之書. 又不如贅. 佛·老·莊·列, 是謂病道之書. 迂儒腐說, 賢智偏言, 是謂雜道之書, 淫邪幻誕, 機械夸張, 是謂敗俗之書. 有世道之責者, 不毅然沙汰而芟鋤之, 其爲世教人心之害也不小! 『신음어』

4. 일마다 실제 형편이 있고, 말마다 오묘한 경계가 있으며, 사물마다 호응하는 이치가 있고, 사람마다 대처하는 방법이 있으니, 배움에서 귀하게 여기는 것은 이런 것을 배우는 것일 뿐이다. 처한 상황마다 배우지 않을 것이 없고, 때마다 배우지 않을 것이 없으며, 생각할 때마다 배우지 않을 것이 없으니, 그 전체를 이해하지 못하고 그 궁극에 나아가지 못해도 그만두지 않는 것, 이것을 배움이라고 한다.

事事有實際, 言言有妙境, 物物有互理, 人人有處法, 所貴乎學者, 學此而已. 無地而不學, 無時而不學, 無念而不學, 不會其全, 不詣其極不止, 此之謂學者. 『신음어』

5. 몸을 단정하게 하고 바르게 앉아서 서적과 붓 벼루 등의 물건을 모두 정돈하여 일정하게 한다. 읽어야 할 책과 써야 할 물건은 때에 따라 조용히 꺼내고 맘대로 어지럽혀서는 안 된다. 읽거나 쓰는 것이 끝났으면 다시 원래 장소에 둬서 혼란스럽게 하지 마라. 다른 사람에게 책이나 물건을 빌려줄 때는, 마땅히 장부에다가 기록해두고, 때가 되면 돌려받아서 잃어버리지 않도록 해야 한다.

端身正坐, 書籍筆硯等物, 皆令頓放有常. 其當讀之書, 當用之物, 隨時從容取出, 不得信手亂翻. 讀用已畢, 復置原所, 毋使參錯. 其借人書物, 當置簿登記, 及時取還, 毋致遺失. 『사학요략社學要略』[34]

34 『사학요략社學要略』: 명나라 여곤呂坤이 지었다. 원대에는 50가家마다 1사社가 있고 매 사社에는 학교學校를 설치했는데 이곳을 사학社學이라고 불렀다. 이러한 사학에서 15세 이하의 아이들을 가르쳤는데 『사학요략社學要略』은 당시 교육의 내용을 살펴볼 수 있는 자료다.

182

사전
史典

사전史典은 명나라의 광둥성 게주揭州 사람이다. 저서로 『원체집願體集』이 있고 그 외에는 알려지지 않았다. 『원체집』은 꽤 널리 읽혀 청나라의 이중린李仲麟이 증보해서 『신증원체집新增願體集』으로 펴내기도 했다.

고금古今의 글을 볼 때, 그 글에서 뛰어난 곳을 구하는 것에 뜻을 세우면 마침내 그 뛰어남을 얻고, 흠이 있는 곳을 구하는 것에 뜻을 세우면 또한 그 흠에 물들게 된다. 군자가 사람의 선과 악을 대할 때 또한 그러하다. 그러므로 장점을 취하고 단점을 다스리면 도道는 반드시 날마다 더해질 것이다.

看古今文字, 立意求其佳處, 則竟得其佳, 立意求其疵處, 則亦染其疵. 君子於人之善惡也, 亦然. 故取長略短, 道必日益.『원체집願體集』

183

진계유
陳繼儒

진계유陳繼儒는 자가 중유仲醇이고, 화정華亭 사람이다. 저서로 『미공전집眉公全集』이 있다.

1. 조계인趙季仁[35]이 나경윤羅景綸에게 말했다.

"저는 평생토록 세 가지 소원이 있습니다. 첫 번째 소원은 세상의 좋은 사람을 다 아는 것이고, 두 번째 소원은 세상의 좋은 책을 다 읽는 것이며, 세 번째 소원은 세상의 좋은 자연을 다 보는 것입니다."

그러자 나경윤이 말했다.

"그것을 어떻게 다 할 수 있겠습니까? 다만 몸이 이르는 곳에서 그러한 기회를 놓치지 않고자 할 뿐입니다."

독서하는 사람은 마땅히 이러한 관점을 가져야 한다.

趙季仁謂羅景綸曰, "某生平有三願, 一願識盡世間好人, 二願讀盡世間好書, 三願看盡世間好山水." 羅曰, "盡則安能? 但身到處莫放過耳." 讀書者當作此觀. 『독서십육관讀書十六觀』

2. 황산곡黃山谷(황정견黃庭堅)은 예전에 "사대부가 사흘 동안 책을 읽지 않으면 저절로 자신이 하는 말에 맛이 없음을 깨닫게 되고, 거

35 조계인趙季仁: 남송 때의 종실인 조사서趙師恕다. 계인은 조사서의 자다. 송 태조의 9세손으로 장동長東에 우거했고, 황간의 문인이다. 처음에 여요령餘姚令이 되었으나 뜻을 얻지 못했다. 이종理宗 단평端平 2년(1235)에 서경西京의 약안무사略安撫使로 관직을 옮겼는데, 치적을 이루어 고을 백성들이 비석을 세워주었다.

울을 마주하더라도 자신의 모습을 가증스럽게 여기게 된다"라고 했고, 미원장米元章[36]은 "하루라도 책을 읽지 않으면, 생각이 막히는 것을 깨닫는다"라고 했다. 옛사람들이 잠시라도 책을 덮지 않았음을 생각할 수 있다.

黃山谷嘗云, "士大夫三日不讀書, 自覺語言無味, 對鏡亦面目可憎." 米元章云, "一日不讀書, 便覺思澀." 想古人未嘗片時廢書也. 『암서유사巖栖幽事』

3. 내가 스승께 들으니 "천하의 책을 다 읽지 않았다면 옛사람에 대해 가볍게 의론해서는 안 된다. 그러나 진실로 천하의 책을 다 읽을 수 있는 자는 옛사람을 가볍게 의론해서는 안 된다는 것을 더욱 잘 알 것이다"라고 하셨다. 후배들은 끊임없이 떠들어대지만, 그들의 마음에 자리하고 있는 책은 매우 소략하다.

余聞之師云, "未讀盡天下書, 不可輕議古人, 然眞能盡天下書者, 益知古人不可輕議." 後生嘵嘵, 只坐胸中書少耳. 『독서경讀書鏡』

36 미원장米元章: 미불米芾(1051~1107)을 이른다. 자가 원장元章, 호가 남궁南宮, 해악海岳이다. 후베이 양양襄陽 출신이다. 규범에 얽매이는 것을 싫어하고 기행奇行이 심했으나, 문文·서書·화畵에 모두 조예가 깊었고, 글씨는 왕희지의 서풍을 이어 송 4대가의 한 사람으로 꼽힌다. 그림은 선을 사용하지 않고 먹의 번짐과 농담만으로 표현하는 미법 산수를 창시했다. 그의 글씨는 우리나라 경복궁 건청전, 교태전의 집자集字 현판에도 전한다.

184

고반룡
高攀龍

고반룡高攀龍(1562~1626)은 명나라 학자로 호가 경일景逸이며, 시호가 충헌忠憲이다. 1589년 진사가 되었으며, 글을 올려 양응숙楊應宿을 비난했다가 게양전사揭陽典史로 폄적되었다. 이후 친상親喪을 당해 30년 동안 집에 머물렀다. 1624년 좌도어사에 임명되어 최정수崔呈秀의 뇌물을 폭로했다가 엄당閹黨의 원한을 사서 삭적당하고 귀향했다. 스승 고헌성顧憲成과 함께 무석 동림서원東林書院에서 강학하자 전국의 사대부들이 '고고高顧'라 불렀다. 동림학파를 일으켜 고헌성과 함께 동림당의 영수가 되었다. 환관 위충현의 동림당 탄압 때 최정수가 성지聖旨를 고쳐 사람을 보내 체포하려고 하자 물에 뛰어들어 목숨을 끊었다. 정주학을 따르면서도 심즉리설, 치양지설에 찬성했고 양명학의 폐단에 대해서는 비판했으며 실행을 중시했다. 『고자유서高子遺書』[37]가 있다.

책을 읽는 것은 마시고 먹는 것과 같다. 얻으면 또한 더 만족하기를 구한다.

讀書如飮食, 吃得又要消得. 『고자유서高子遺書』

37 『고자유서高子遺書』: 고반룡의 문집이다. 애초에 그의 어록과 문장을 편집하여 『취정록就正錄』이라 명명했다가, 이후 그의 문인인 가선嘉善(지금의 저장성)의 진용정陳龍正(?~1645)이 문집을 편찬하여 12류로 분류했다.

185

이지
李贄

이지李贄(1527~1602)는 명나라 사상가이자 비평가인데 회족回族 출신으로 원래 이름이 재지載贄이며, 이름 바꾸기를 즐겨 생전에 무려 47개에 달하는 호를 사용했다. 왕수인의 학설과 불가의 학설을 수용하여 스스로 '이단異端'이라 칭하며 도학에 반대하고, 사람의 욕망 역시 본연의 것이라고 주장하며 무시무정是非無定, 만인평등萬人平等, 동심설童心說을 주장했다. 문학에서는 상고주의에 반대하고 자신의 '참된 마음眞心'에서 비롯된 창작을 중시하여 통속문학을 창도했다. 『수호전』에 평점評點을 가하고 전기傳奇소설을 찬양했다. 그는 장문달張問達의 탄핵을 받고 투옥되어 옥중에서 자살로 생을 마감했다. 저서로 『장서藏書』[38] 『속장서續藏書』 『분서焚書』[39] 『속분서續焚書』 『초담집初譚集』 『사강평요史綱評要』 등이 있는데 그의 저술은 명청대에 모두 금서로 지정되었다.

38 『장서藏書』: 이지의 저술로, 위로 전국시대에서 시작하여 아래로 원나라에서 끝나는 각 시기의 사적을 채집하여 기전체紀傳體로 엮었다. 본기와 열전 안에는 또한 각각의 명목을 세웠다. 「자서」를 지어 다음과 같이 말했다. "『장서』란 무엇인가? 이 책을 단지 스스로 만족하게 여길 뿐, 남에게 보여줄 수 없다는 의미이니, 이 때문에 '장서藏書'라고 제목을 달았다. 그러나 어쩔 수 없이 특별히 흥미를 가진 한두 명의 벗들이 찾아보기를 그치지 않으니, 또한 어찌 그만둘 수 있겠는가? 다만 '보는 것은 그대들이 보는 것에 일임하지만 공자가 정한 기준으로 잘잘못을 따지는 일이 없었으면 좋겠다'는 당부를 전할 뿐이다."

39 『분서焚書』: 이지가 남긴 답서答書·잡술雜述 등으로『온릉문집溫陵文集』의 권1부터 권13까지 해당하는 내용이다.

1. 배우는 사람이 의심하지 않는 것, 이것을 큰 병(大病)이라고 한다. 오직 의심할 때만이 번번이 풀 수 있는 것이다. 그러므로 의심을 푸는 것이 곧 깨닫는 것이다.

學人不疑, 是謂大病. 唯其疑而屢破, 故破疑卽是悟. 『온릉문집溫陵文集』[40] 권6 「답담연사答澹然師」

2. 이굉보李宏甫 선생[41]이 남비부랑南比部郞이 되었을 때, 날마다 동료를 모아 학문을 연구했는데, 동료 가운데 어떤 이가 그에게 "우리가 책을 읽으며 도대체 무엇이 분명하지 않은 것이 있어서 강독을 일삼는단 말인가?"라고 하자, 굉보가 "그대들은 높은 성적으로 관리 명부에 올랐는데 어찌 책을 읽지 않는가? 글자를 진실로 깨우치지 못했으니 한결같이 강학이 필요한 것일 뿐이네"라고 했다.

어떤 이가 괴이하게 여겨서 그 까닭을 묻자 굉보가 말하기를 "『논어』와 『대학』은 어찌 이전에 그대가 읽은 책이 아니겠는가? 그러나 『논어』에서 책을 펴면 바로 '학學' 한 글자이고, 『대학大學』에서 책을 펴면 바로 '대학大學' 두 글자다. 이 세 글자에 대해 나는 감히 그대들이 아직 깨닫지 못했다고 말할 것이네. 어째서이겠는가? 이 일은 실제로 증험할 수 있는 것이어야 비로소 가능하다네. 만약 『논어』 가운데 '학學' 자를 깨우쳤다면, 희열을 느끼고(悅) 즐거워하며(樂) 성내지 않을(不慍) 것이고,[42] '대학大學' 두 자를 깨우쳤다면, 지향하는 방향이 있고(定) 마음이 고요하며(靜) 처한 곳에 편안하고(安) 일을 처

40 『온릉문집溫陵文集』: 이지의 문집이다. 1권부터 13권까지는 답서·잡술로 『분서焚書』다. 14권부터 17권까지는 『독사讀史』로, 『장서』의 사론史論을 기록한 것이다. 18~19권은 『도원록道原錄』으로, 『설서說書』다. 20권은 시로 끝맺고 있다. 『사고전서』에는 『이온릉집李溫陵集』이라는 제목으로 수록되어 있다.

41 이굉보李宏甫 선생: 이지李贄를 이른다.

리할 때 정밀하게 고려할(慮) 것이니[43], 지금 모두 능란하지 않음에도 어찌해서 이 글자들을 깨우쳤다고 자부하는가?"라고 하니 그 사람은 입을 닫고 대답할 수 없었다.

李宏甫先生爲南比部郎, 日聚友講學, 寮友或謂之曰, "吾輩讀書, 義理豈有不明, 而事講乎?" 宏甫曰, "君輩以高科登仕籍, 豈不讀書! 但苦未識字, 須一講耳." 或怪問其故, 宏甫曰, "『論語』『大學』豈非君所嘗讀耶? 然『論語』開卷便是一學字, 『大學』開卷便是大學二字, 此三字吾敢道諸君未識得, 何也? 此事須有證驗始可. 如識『論語』中學字, 使悅樂不慍, 識大學二字, 便定靜安慮, 今都未能, 如何自負識此字耶?" 其人默然不能對. 『초씨필승독서불식자焦氏筆乘讀書不識字』

42 희열을 (…) 것이고: 이 부분은 『논어』 「학이」 편의 "배우고 때때로 그것을 익히면 또한 기쁘지 아니한가? 벗이 먼 곳으로부터 오면, 또한 즐겁지 아니한가? 남이 알아주지 않아도 성내지 않으면, 또한 군자가 아니겠는가學而時習之, 不亦說乎? 有朋自遠方來, 不亦樂乎? 人不知而不慍, 不亦君子乎?"를 가리키는 말이다.

43 지향하는 (…) 것인데: 『대학』의 "대학大學의 도는 밝은 덕을 밝힘에 있고, 백성을 새롭게 함에 있으며, 지극한 선에 머묾에 있다. 머물음을 안 뒤에야 정定함이 있고, 정한 뒤에야 능히 고요하고, 고요한 뒤에야 능히 편안하고, 편안한 뒤에야 능히 생각하고, 생각한 뒤에야 능히 얻는다大學之道, 在明明德, 在親民, 在止於至善. 知止而后有定, 定而后能靜, 靜而后能安, 安而后能慮, 慮而后能得"에서 따온 말이다.

186

오묵
吳默

오묵吳默(1554~1640)은 자가 인지因之, 언잠言箴이고 오강 사람이다. 1592년 회시에서 급제했고 관직은 태부시경에 이르렀다. 그의 행적은 「태부경오공전太仆卿吳公傳」에 자세히 나와 있어 참고할 만하다.

오인지吳因之(오묵)는 말했다.

"글의 뜻을 생각하면 곧바로 깨닫는 자도 있고, 생각해서 하루가 끝난 뒤에 깨닫는 자가 있으며, 다음날 또다시 생각한 뒤에 깨닫는 자가 있고, 역량이 미치지 못해서 며칠을 생각해도 통달하지 못하고 석 달에서 다섯 달 정도를 놓아둔 후에야 의견이 정밀해지고 진전되어 혹은 거듭 그것을 생각하고, 혹은 다른 책에서 촉발되기를 기다렸다가 문득 깨닫는 자가 있다. 모든 이치에 의심하지 않으면 결코 깨달음이 생기지 않으니, 오직 의심한 이후에 깨달을 수 있다. 작게 의심하면 작게 깨닫고, 크게 의심하면 크게 깨닫는다. 그러므로 배우는 것은 깨닫기 어려운 것이 아니라 의심하는 것이 어려우니, 그렇다면 의심하는 것과 깨닫는 것은 어떤 것인가? 이것은 마음의 깊은 곳에 기미가 생기는 것으로, 무릇 마음에는 원래 기미가 통하는 기관이 있는데, 의심하고 사색하지 않으면 기機가 접촉되지 않아서 이치가 열리지 않으니, 어찌 깨달을 수 있겠는가?

吳因之曰, "書義有思之而卽得者, 有思之竟日而後得者, 有明日又思之而後得者, 有力量未到, 累日思之而不可通, 俟停擱三月五月之後,

識見精進, 或重思之, 或他書觸發, 而恍然得者. 凡理不疑, 必不生悟, 惟疑而後悟也. 小疑則小悟, 大疑則大悟. 故學者非悟之難, 而疑之難, 其所疑與悟者何物也? 是心竅中之生機也, 夫心中原有機竅, 但非疑而思索, 則機不觸而理不開, 焉能了悟?『독서작문보讀書作文譜』

187

원종도
袁宗道

원종도袁宗道(1560~1600)는 명나라 시인으로 호가 옥반玉蟠이다. 1586년 회시에 합격하여 편수編修에 올랐고, 우서자右庶子라는 말직을 지냈다. 당시 왕세정王世貞과 이반룡李攀龍 등이 문단을 장악하면서 복고주의 문풍이 성행하고 있었는데, 동생 원굉도袁宏道, 원중도袁中道와 함께 이 설을 배척했다. 백거이와 소식의 문장을 법도로 삼아 서재를 백소재白蘇齋라 했다. 글을 지을 때는 본색本色을 숭상해 공안체公安體로 불렀다. 저서에 『백소재유집白蘇齋類集』『상서찬주尙書纂注』가 있다.

학문이 두루 통달한 경지에 이르지 않았을 때는, 자기의 견해와 합치되면 옳게 여기고 자기와 견해와 어긋나면 그르다고 여기니, 마치 남쪽 지방의 배를 기준으로 북쪽 지방의 배를 비웃고, 학鶴의 정강이가 긴 것을 기준으로 오리 정강이의 짧음을 미워하는 것과 같다. 자신이 고집하는 견해를 책망하지 않고 다른 사람의 다른 견해를 책망하니, 어찌 도리에서 벗어나지 않겠는가!

學未至圓通, 合己見則是, 違己見則非, 如以南方之舟, 笑北方之車, 以鶴脛之長, 憎鳧脛之短, 夫不責己之有見, 而責人之異見, 豈不悖哉!『백소재유집白蘇齋類集』「논은자이취論隱者異趣」

188

원굉도
袁宏道

원굉도袁宏道(1568~1610)는 명나라 문학가로 호가 석공石公이다. 이지李贄의 문하에서 수학했다. 형 원종도, 동생 원중도와 함께 '삼원三袁'으로 일컬어지며, 왕세정이나 이반룡 등 고문사파의 복고적인 문풍을 비판하면서, 시의 진수는 개성의 자유로운 발로이며 격조에 얽매여서는 안 된다고 주장하고 성령性靈을 서사하는 것에 중점을 두어야 한다고 생각했다. 출신지 이름을 따서 공안파公安派로 불린다. 종성鍾惺 등의 경릉파竟陵派나 청나라 원매袁枚의 성령설性靈說의 선구가 되었다. 저서에 『원중랑집袁中郎集』 40권[44]과 『병화재잡록甁花齋雜錄』『파연재집破研齋集』 등이 있다.

1. 상자 안에 만 권의 책을 보관하고 있는데, 모두 진귀한 것이었다. 집 근처에 건물을 하나 세우고 건물 안에는 참된 것을 약속한 같은 마음의 벗 10여 인과 인물 중에 식견이 매우 높은 사람을 하나씩 세웠다. 사마천司馬遷·나관중羅貫中·관한경關漢卿[45]과 같은 자를 위주로

44 『원중랑집袁中郎集』: 원굉도의 작품집. 총 40권으로 문집이 25권, 시집이 15권이다. 『광장廣莊』『진담塵談』『상정觴政』『병사甁史』 등의 유명한 작품이 포함되어 있다.

45 관한경關漢卿(1241?~1320?): 원나라 초기의 희곡작가. 잡극雜劇(원곡元曲)의 유명 작가로 왕실보王實甫·마치원馬致遠·백복百樸과 함께 4대가로 불린다. 주요 작품으로 『단도회單刀會』『서촉몽西蜀夢』『두아원竇娥冤』『호접몽蝴蝶夢』『배월정拜月亭』『구풍진救風塵』『옥경대玉鏡臺』『노재랑魯齋郎』『쌍부몽雙赴夢』 등이 있다.

하여 분류대로 안배하여 각기 한 권의 책을 완성하기로 했다. 멀게는 당唐과 송宋의 고리타분한 유자儒子의 비루함을 꾸미기도 했고 가깝게는 같은 시대에 끝나지 않은 글을 완성했으니, 매우 만족할 만했다. 篋中藏萬卷書, 書皆珍異. 宅畔置一館, 館中約眞正同心友十餘人, 人中立一識見極高, 如司馬遷·羅貫中·關漢卿者爲主, 分曹部署, 各成一書. 遠文唐宋酸儒之陋, 近完一代未竟之篇, 三快活也. 『여공유장선생與龔惟長先生』

2. 최근 처음으로 독서를 배우려는 이들은 마음을 다해서 구구歐九[46]·노소老蘇(소순蘇洵)·증자고曾子固[47]·진동보陳同甫[48]·육무관陸務觀[49] 등 여러 공公의 문집을 보지만, 매번 한 편씩 읽을 때마다 마음으로 두려워하고 입으로 하품하며 스스로 글자를 깨달은 적이 없다고 여기게 됩니다. 그러나 조용한 것을 인내하지 못하는 성격이라 책을 다 읽을 때까지 그 뜻을 따져보지 않아서, 이윽고 여윈 말을 불러 타고서 여러 젊은이를 재촉하여 나가 놀아버리게 됩니다. 어떤 이는 아름다운 자연을 만나 맘껏 즐기면서 하루를 보내고 돌아와서 자책하는데, 이와 같이 우둔하다면 어디에서 학문을 완성하겠습니까?

그리하여 노비 한 명을 시켜서 자신을 감독하게 하되 책을 읽을 때, 조금이라도 나태해지면 질책하도록 했습니다. 혹 귀를 잡아당기

46 구구歐九: 구양수歐陽脩를 가리킨다. 그의 배항輩行이 아홉 번째에 해당하기 때문에 '구구'라고 부르게 되었다.

47 증자고曾子固: 송나라 문장가 증공曾鞏을 가리킨다. 자고子固는 자다.

48 진동보陳同甫: 송나라 학자 진량陳亮(1143~1194)을 가리킨다. 동보同甫는 그의 자다. 진량은 용천선생龍川先生이라고도 불렸으며, 재주와 기상이 뛰어났고, 군사에 대해 논하기를 즐겼다. 그는 성리性理에 대해 공리공담하는 것을 반대하고 실사실공實事實功을 강조했으며, 영가학파永嘉學派에 상응하는 영강학파永康學派를 창립했다. 주희와 가까웠지만 학문적으로는 왕도王道, 패도霸道 및 의리義利에 대해 대립하는 관점으로 비판했고, 실제의 효용을 중시했다.

49 육무관陸務觀: 송나라 때의 문장가 육유陸游를 가리킨다. 무관務觀은 그의 자다.

고, 머리를 두드리고, 코를 문지르게 하여, 반드시 깨우쳐야만 그만두게 하되, 노비가 명령대로 하지 않은 경우에는 벌로 다스렸습니다. 익히기가 오래되어 점차 열심히 공부하는 것에 익숙해져서, 옛 성현의 은미한 뜻을 한둘이라도 깨우치는 것이 있으면 기쁨에 소리 지르며 펄쩍 뛰었으니, 마치 목마른 사슴이 샘을 향해 뛰듯이 했습니다.

近日始學讀書, 盡心觀歐九·老蘇·曾子固·陳同甫·陸務觀諸公文集, 每讀一篇, 心悸口呿, 自以爲未嘗識字. 然性不耐靜, 讓未終帙, 已呼羸馬, 促諸年少出遊. 或逢佳山水, 耽翫竟日, 歸而自責, 頑鈍如此, 當何所成? 乃以一婢自監, 讀書稍倦, 令得訶責, 或提其耳, 或敲其頭, 或擦其鼻, 須快醒乃止, 婢不如令者, 罰治之. 習久, 漸慣苦讀, 古人微意, 或有一二悟解處, 輒叫號跳躍, 如渴鹿之奔泉也.『답왕이명서答王以明書』

189

담원춘
譚元春

담원춘譚元春(1586~1631)은 명나라 시인이자 평론가다. 삼원三袁의 공안公安과 가까운 경릉竟陵(후베이 천문天門) 출신으로, 동향의 종성과 함께 '종담鍾譚'이라고 일컬어졌으며, 출신 지명을 따서 '경릉파竟陵派'로도 불렸다. 종성과 함께 편집한 『시귀詩歸』로 '참다운 시'를 선별한다는 명분을 내세워 의고파의 시풍에 대항해 고시古詩 및 당시唐詩에 대한 전통적 평가를 버리고 독자적인 감상을 통해 순수한 시 정신을 탐구하려고 시도했다. 책의 곳곳에 평어評語를 써넣어 대담하게 자신들의 견해를 밝혔다. 『악귀당집嶽歸堂集』[50] 이 있다.

들어가기 쉽다고 여기는 곳은 곧바로 들어가고, 들어가기 어렵다고 여기는 곳은 곧바로 겁을 먹는 것이, 진실로 배우는 자가 책을 읽는 병폐다.

易入處便入, 難入處便怯, 固學者讀書之病也. 『담우하합집여사제오인서譚友夏合集與舍弟五人書』

50 『악귀당집嶽歸堂集』: 명나라 말기 담원춘의 시문집이며 모두 23권이다. 그가 세상을 떠난 후에 남은 글을 모아 『담우하전집譚友夏全集』으로 편찬했다.

190

손광
孫鑛

손광孫鑛(1542~1613)은 명나라 관리이자 학자로 문선낭중文選郎中에 올라 청렴하고 분명하게 임무를 처리했다. 거듭 승진하여 병부시랑에 올라 우도어사가 더해지고, 고양겸顧養謙을 대신해 임진왜란 때 조선 원군의 대장으로 파견됐으며 돌아와 병부상서에 올랐다. 불법을 저지른 광감礦監을 엄격하게 처리할 것을 주장하다가 탄핵을 받고 귀향했다. 저서로 『금문선今文選』[51] 등이 있다.

손월봉孫月峯(손광孫鑛)이 독서한 곳에는 모두 평한 것이 있는데, 반드시 초고草稿가 정해진 이후에는 격자格子[52]를 이용해서 단정하게 썼으며, 경솔하게 일을 처리하기를 좋아하지 않았다. 그리하여 그가 논평한 『전국책』과 『사기史記』에는 자못 독자적 견해가 있다.
孫月峯讀書, 凡有所評, 必草稿已定, 而後用格端整書之, 不肯以草率從事, 故所評『國策』『史記』, 頗有獨見. 『독서작문보讀書作文譜』

51 『금문선今文選』: 손광이 명나라 사람들의 문장을 모아 기록한 책이다. 나기羅玘(1447~1519)부터 이유정李維楨(1547~1626)까지 모두 31명을 선별했다. 권두에는 그들의 성씨, 관작과 고향을 한데 모아놓았으며, 특히 앞쪽 7권을 『금문선今文選』이라고 했고, 뒤쪽 5권을 『속선續選』이라고 했다. 「자서」에는 이몽양李夢陽(1472~1529)을 으뜸으로 여겼기 때문에 명초 여러 사람에 대해서는 언급하지 않았다고 되어 있다.

52 격자格子: 글을 쓰기 위해 가로세로를 일정한 간격으로 직각이 되게 줄을 그은 것을 가리킨다.

191

도석령
陶奭齡

도석령陶奭齡(1571~1640)은 명나라 때의 학자로 자가 군석君奭, 공망公望이고, 호가 석량石梁, 소시상노小柴桑老이며, 회계 사람이다. 왕양명의 삼전제자이며 형인 도망령陶望齡과 함께 "이도二陶"로 불렸다. 저서로 『소시상남남록小柴桑諵諵錄』이 있다.

아이들이 독서할 때는 오직 섭렵하는 데에만 힘쓸 뿐 도무지 정밀하게 집중하지 않는다. 그러므로 시험을 치를 때마다 번번이 떨어진다. 예전에 그들과 더불어 말할 때, 독서하는 것을 사람을 쓰는 것에 비유했으니, 반드시 평소에 그들과 더불어 진심을 공유하고 물질적인 것을 잊고서 서로 얽혀 끈끈하게 결속하여 흠이 없도록 해두어야만, 급할 때가 되었을 적에 절로 그들의 힘을 얻을 것이다. 만약 그저 외적으로만 사귀고 얼굴만 아는 사이로서 평소에 술을 마시며 이야기만 한다면, 웃을 때는 기꺼이 오겠지만 하루아침에 문제가 일어나게 되면 팔을 내저으며 떠나버릴 것이다.

兒輩讀書, 惟務涉獵, 都不精專, 故每試輒蹶. 嘗與之言, 譬如用人, 必平日與之共肝膽, 忘形骸, 綢繆膠結, 曾無間然, 臨緩急時, 自得其力. 若只泛交及一面之識, 平時飮酒燕笑, 渠便肯來, 一旦有事, 則掉臂去.

『소시상남남록小柴桑諵諵錄』[53]

53 『소시상남남록小柴桑諵諵錄』: 명대 도석령이 지은 필기잡록으로 총2권으로 구성되어 있다.

192

장부
張溥

장부張溥(1602~1641)는 명나라 문학가로 관료 가문 출신이나 첩의 자식이라 출세하지 못할 것이라는 모욕을 참고 열심히 공부했다. 책을 읽고 꼭 손으로 베낀 후에 그것을 다시 읽어보고는 불태우는 것을 일곱 차례 반복했는데, 이후 스스로 그것을 '칠록재七錄齋'라 칭하고 『칠록재집』을 저술했다. 1624년에 장채張采, 양정추楊廷樞, 양이楊彝, 오창시吳昌時 등 11명이 만든 복사複社의 일원이 되었다. 복사는 명대 전후칠자前後七子의 이론으로 복고를 주장했으며 전국으로 확산되었다. 1626년에 「오인묘비기五人墓碑記」를 써서 통렬하게 엄당閹黨(중국 역사상 최대 규모의 환관 모임)을 비판했다. 같은 고향 출신의 장채와 함께 장쑤성 누동의 지명을 따 '누동이장婁東二張'으로 불렸다. 저서로 『역대사론曆代史論』 등의 책이 있다.

장부는 어렸을 때 공부하는 것을 즐겨서, 책에서 읽은 것은 반드시 손수 베끼고, 베낀 것은 외워서 한 차례 지나면 곧바로 그것을 불사르고 다시 베꼈다. 이와 같이한 것이 예닐곱 번이 되어야만 비로소 그만두었다.

溥幼嗜學, 所讀書必手抄, 抄已朗誦一過, 卽焚之, 又抄, 如是者六七始已. 『명사明史』「장부전張溥傳」

193

황순요
黃淳耀

황순요黃淳耀(1605~1645)는 명말의 항청抗清 영웅으로, 호가 도암陶庵, 수경거사水鏡居士다. 3세에 천자문을 읽고, 5세에 사서오경을 배웠으며, 14세에 현에서 치러진 시험에서 우수한 성적으로 뽑혀 '황가黃家의 천리구千里駒'라 불렸다. 그는 과거를 위한 형식적 문장인 팔고문八股文을 비판하고 문인 육원보와 더불어 직언사直言社를 조직하여 경세의 학문을 제창함으로써 큰 명성을 떨쳤다. 명나라 말기 가정성嘉定城을 지키고 있었는데, 청나라 병사들에게 포위되어 성이 함락되자 아우 황연요黃淵耀와 함께 자결했다. 제자 육원보陸元輔가 평생 그의 초상을 서재에 걸어놓고 조석으로 참배했다. 『도암집陶菴集』[54]이 있다.

1. 독서할 때는 순서를 따르고, 빨리 읽기를 바라지 말라.

循序, 一無欲速. 『자감록自監錄』[55]

54 『도암집陶菴集』: 황순요의 문집. 1654년에 제자였던 육원보가 편찬했으며, 『명사』에는 15권으로 되어 있다. 『사고전서 집부 별집류』에는 『도암전집陶菴全集』이라는 제목으로 수록되어 있는데, 이 판본은 모두 22권으로, 문文 7권, 문보유文補遺 1권, 시 8권, 시보유 1권, 『오사록』 1권, 『자감록』 4권이며, 후대 사람이 계속하여 증집하여 간행한 것이다.

55 『자감록自監錄』: 황순요가 젊었을 때 학문에 대해 논한 글을 모은 것으로, 그의 문집 『도암집』 권19에 수록되어 있다.

2. 옛 유자들은 '격물格物'의 뜻을 논의할 적에 "하나의 사물에 대해서 모든 이치를 궁구하면 다른 것은 유추할 수 있다"고 했는데, 이것은 깨달음의 원리를 철저히 이해한 것이다. 나는 독서법 또한 그렇다고 생각한다.

先儒論格物義云, "一事上窮盡, 他可類推." 此貫通覺悟之機也. 吾謂讀書法亦然.『자감록』

3. 책을 읽을 때는 종이나 북소리, 비바람 소리가 나더라도 알 수 없을 정도가 되어야만 비로소 뜻을 얻게 된다.

讀書至鍾鼓風雨不復覺, 始爲得趣.『자감록』

4. 책을 볼 때 많이 읽기를 탐하거나, 일할 때 빨리하기를 구하는 것은 모두 경계해야 할 것이다. 많이 읽기를 탐하면 정밀해지지 않고, 빨리하기를 구하면 오류가 많아진다. 이것이 나의 큰 병이다.

看書貪多, 作事要快, 皆當戒之! 貪多則不精, 要快則多誤, 此予大病也.『자감록』

5. 일을 등한시하면 생각이 모자라게 되고, 말을 등한시하면 이야깃거리가 적어지고, 사람을 등한시하면 대접이 소홀해지고, 지위를 등한시하면 갈 곳이 적어지고, 책을 등한시하면 볼 것이 적어지고, 문장을 등한시하면 지을 것이 적어진다. 만약 이와 같이 한다면 비록 마치더라도 틈이 많을 것이다.

閒事少思, 閒言少說, 閒人少接, 閒地少去, 閒書少看, 閒文少作, 若能如此, 雖終閒也.『자감록』

6. 예전에 "독서가 기를 기르는 데 좋다"는 말을 본 적이 있었으나 그 묘미를 깊이 이해하지 못했다가, 지금에야 '양기養氣' 두 글자가 독서의 가장 핵심이라는 것을 알게 되었다. 내가 지금 반드시 오만 가지 고민에서부터 벗어나려고 한다면 자신의 마음을 깨끗하게 비워서 항상 15세 이전의 시기와 같이 한다면 저절로 밝고 맑게 될 것이다.

옛사람은 "한자韓子(한유)는 문장을 배우는 것을 통해서 도를 배웠으니, 진실로 업신여길 수 없다"고 했다. 나는 지금껏 어록을 본 것이 매우 많았는데 총명함을 가리고 막아서 모두 쓸데가 없었으나, 성현의 말씀 한두 구절은 끝없이 활용할 수 있었으니, 어찌 많은 것이 필요하겠는가! 그러나 책을 읽지 않을 때는 또한 마음이 막혀서 어리석게 되어버렸으니, 황산곡黃山谷(황정견)이 말한, '거울을 마주하면 면목이 서지 않고, 다른 사람에게 말할 때도 무미건조했다'는 것이다. 그러므로 책을 읽을 적에도 때때로 의리에 젖어든다면 이로움이 없지 않으리라는 것을 알았다. 다만 의론을 인위적으로 짓지 않고, 상산象山(육구연)과 같이 매사에 확실한 근거를 구하고자 할 뿐이다.
向嘗見讀書善養氣語, 未深見其妙, 今乃知養氣二字是讀書第一要領. 我今必須擺脫萬慮, 使此心淸淸空空, 常如十五歲以前時, 自然淸明來. 昔人云, "韓子因學文而見道, 良不誣也." 我向來看得語錄太多, 障蔽聰明, 總是沒幹, 聖賢一句二句, 用之不盡, 何須許多! 然不讀書時, 又防此心茅塞, 山谷所謂對鏡則面目可憎, 向人亦語言無味者. 故知書本上義理, 時時澆灌, 不爲無益. 但莫作說話過去, 須如象山每事要討著落耳. 『자감록』

7. 주자께서 문인을 가르치면서, "성현의 언어는 자세히 보아야지 별다른 수단이 없다"고 했고, 또 "책은 다만 익숙하게 읽는 것을 귀하게 여길 뿐이고 별다른 방법이 없다"라고 했고, 또 "방법은 한 편을 다 읽었으면 또 한 편을 생각하고, 한 편을 생각했으면 또 한 편을 읽는 것이다"라고 했다.

예전 선비의 독서법은 이와 같았다. 예전에 어떤 책을 보았는데,

장안도張安道[56]가 소식이 요즘 어떤 책을 읽고 있는지를 가지고 소순에게 묻자, "지금 『한서漢書』를 복습하고 있습니다"라고 대답했다. 장안도가 놀라서 "책을 두 번이나 읽기를 바랍니까!"라고 했다.

처음에는 장안도가 민첩한 것을 스스로 자랑스럽게 여겼기 때문이라고 생각했는데, 지금 생각해보니 그렇지 않은 듯하다. 무릇 옛사람들은 한번 읽을 때 반드시 정밀하고 익숙하게 읽어서, 이 책에 대해서 익숙하게 읽지 않으면 다시 다른 책을 읽지 않았고, 후일에 또 익숙해지길 기대하지도 않았기 때문이다. 뒷날 파공坡公(소동파)이 "옛 서적은 100번 읽어도 싫증나지 않으니, 익숙하게 읽고 깊이 생각하면 그대는 절로 알게 될 것이네"라고 말한 적이 있으니, 어찌 두 번 읽는 데 그쳤겠는가?

사마온공司馬溫公은 일찍이, "배우는 자로서 독서할 때 처음부터 끝까지 읽을 수 있는 이가 적어서, 종종 중간에서 읽거나 끄트머리에서 읽는 등 마음대로 읽어나가거나 또 대체로 편을 끝내지 않았다"라고 했다. 나는 성격이 매우 제멋대로여서 오직 이렇게 할까 두렵다.

학사學士 하섭何涉은 "책상 위에 오직 한 권의 책을 두고 처음부터 끝까지 그것을 읽고 어긋난 곳을 바로잡고 글자를 교정하여 편이 끝나는 곳까지 이르렀고, 끝나지 않으면 다른 책을 읽지 않을 것이라고 맹세했다. 이것이 배우는 자가 어렵게 여기는 것이다"라고 했다. 사마온공이 말한 것이 바로 장안도가 말한 한 번이다.

朱子誨門人, "聖賢言語, 只在仔細看, 別無術." 又云, "書只貴熟讀, 別無法." 又云, "法在讀了一遍, 又思量一遍, 思量一遍, 又讀一遍." 先儒讀書法如此. 向見一書, 載張安道問蘇明允以子瞻方讀何書, 答云, "方溫『漢書』" 安道驚曰, "書要讀第二遍邪!" 初以爲安道自矜敏捷, 今

56 장안도張安道: 장방평張方平(1007~1091)을 이른다. 장방평은 송나라 때의 문신으로 안도는 그의 자이며, 호가 낙전거사樂全居士, 시호가 문정文定이다. 신종 때 참지정사, 지진주령知陳州令 등을 역임했다. 그는 왕안석의 임용과 신법을 반대했으며, 왕안석이 정권을 잡았을 때도 의연하게 조금도 굽히지 않은 것으로 명망이 높았다.

思之殊不然, 蓋古人讀一遍時, 必須精熟, 此書未熟, 更不讀他書, 不待他日又溫也. 他日坡公有云, “故書不厭百回讀, 熟讀深思子自知.” 則豈止第二遍邪! 司馬溫公嘗言, “學者讀書少能自卷首讀至卷尾, 往往從中或從末, 隨意讀起, 又多不能終篇. 光性最專, 猶患如此. 從來唯見何涉學士案上唯置一書, 讀之自首至尾, 正錯校字, 以至終篇. 未終, 誓不他讀. 此學者所難.” 溫公所言, 正安道所謂一遍. 『독서讀書』

194

진사기
陳士奇

진사기陳士奇(1587~1644)는 자가 궁보弓甫, 호가 평인平人이며 장포漳浦 사람이다. 1625년 진사가 되었고 장헌충張獻忠이 중경重慶을 함락할 적에 굴하지 않아 피살되었다. 상서에 추증되었고 시호가 충절忠節이다.

독서할 때는 눈이 약아지도록 하되, 마치 장사꾼이 어떤 곳에 도착할 때마다 멈추려고 하는 것처럼 해야 한다. 마음은 검소하게 하되, 마치 검소한 생활로 복을 누리는 사람이 밥알이 떨어지면 반드시 주워서 입에 넣으려는 것처럼 해야 한다.
讀書眼欲黠, 如賈胡到處輒止, 心欲儉, 如惜福人飯粒墜, 必拾入口.
『여진창기서與陳昌箕書』

195

홍응명
洪應明

홍응명洪應明은 자가 자성自誠이고 호가 환초도인還初道人이다. 명대의 사상가이자 학자인데 저서로 『채근담菜根譚』[57]과 『선불기종仙佛奇蹤』 4권이 있다.

사람들은 글자가 있는 책은 읽을 수 있지만 글자가 없는 책은 읽을 줄 모르고, 현이 있는 거문고는 탈 줄 알지만 현이 없는 거문고는 탈 줄 모른다. 자취로만 활용하고 정신으로는 활용하지 못하니, 어찌 거문고와 책의 고상한 정취를 얻을 수 있겠는가?
人解讀有字書, 不解讀無字書, 知彈有絃琴, 不知彈無絃琴, 以迹用, 不以神用, 何以得琴書佳趣.『채근담菜根譚』

57 『채근담菜根譚』: 홍응명의 어록 2권. 전집前集 222조는 주로 벼슬한 다음, 사람들과 사귀고 직무를 처리하며 임기응변하는 사관보신仕官保身의 길을 말했으며, 후집後集 134조는 주로 은퇴 후에 산림에 한거하는 즐거움을 말했다. 356조는 모두 단문이지만, 대구對句를 많이 쓴 간결한 미문이다. 사상적으로는 유교가 중심이며, 불교와 도교도 가미되었다. 이 책은 동양적 인간학을 말한 것이며, 제목인 '채근'은 송나라 왕신민汪信民의 『소학小學』「인상능교채근즉백사가성人常能咬菜根卽百事可成」에서 따온 것이다.

196

방이지
方以智

방이지方以智(1611~1671)는 명말청초의 사상가이며, 중국 전근대 최고의 자연철학자로, 명나라가 망하자 청나라에 협조하지 않고 산으로 들어가 승려가 되었다. 역학易學이 가업이었던 그는 동림당에 참가한 선조의 전통을 받아 동림일복사東林一復社의 이론적 지도자로서 활약하는 한편, 사람이 당연하게 받아들이는 것에 대해 강한 관심과 의문을 가지고 당시 개별 과학의 각종 성과를 집대성하여 일종의 박물지博物志로서 『통아通雅』와 『물리소식物理小識』 등을 저술했다. 또한 여러 사물과 그것의 관계를 관통하는 자연계의 근본 원리 탐구에 힘써, 허실虛實, 동정動靜, 음양陰陽, 형기形氣, 도기道器, 주야晝夜, 유명幽明, 생사生死 등 세계는 모두 둘이며, 이 둘이 서로 교호하며 대립하고 원인이 되는 관계를 만드는 하나라 보고 이를 교륜지기交輪之幾라 명명했다. 저서로 『문장신화文章薪火』[58] 등이 있다.

풍개지馮開之[60]는, "독서가 너무 즐거우면 푹 빠지게 되고, 너무 괴로

58 『문장신화文章薪火』: 방이지가 저술한 『통아通雅』의 전반부 편명으로 보인다. 『통아』는 모두 52권으로 되어 있으며,『이아爾雅』의 체재를 본떠 44문門으로 나누고 명물名物·상수象數·훈고訓詁·음운音韻 등을 고증한 책이다. 책의 앞부분의 3권을 5자목子目으로 나누고 「음의잡론音義雜論」「독서유략讀書類略」「소학대략小學大略」「시설詩說」「문장신화文章薪火」라고 했다.

우면 껄끄러워진다. 동우董遇의 백번 읽기〔百遍〕[60], 고정考亭[61]의 반일半日[62], 도연명의 깊은 이해를 구하지 말라는 것〔不求甚解〕[63], 소동파의 모든 일을 한 번 겪어보라는 것〔每事一過〕, 유숭庾嵩[64]의 죽간을 펴서 1척의 길이가 되었을 때 그 뜻을 알았다는 것〔開卷一尺〕[65], 왕균王筠의 거듭해서 읽으면 흥취가 깊어진다는 것〔重覽興深〕 등이 각각 윤편輪扁의 달고 쓴 경험[66]에서 얻은 것이겠는가?"라고 했다.

오계자吳季子[67]의 『서헌書憲』에서는, "짧은 책은 쉽게 마무리되는 것이 아쉽고, 이어지는 책은 어렵게 끝나는 것이 고달프다. 격렬하게 폄하하는 글을 읽으면 머리칼이 곤두서려 하고, 통쾌한 글을 읽으면

59 풍개지馮開之: 풍몽정馮夢楨(1548~1605)을 이른다. 풍몽정은 명나라 학자이자 장서가다.

60 동우董遇의 백번百遍: 후한 헌제獻帝 때의 학자인 동우는 제자가 되려는 선비가 찾아와 도움을 청하자, "책을 백번 읽으면 그 뜻이 저절로 드러난다讀書百遍意自見"라고 했다.

61 고정考亭: 주희가 만년에 정사精舍를 짓고 강학하던 정사가 고정서원考亭書院이라는 사액賜額을 받으면서 주희를 일컫는 말이 되었다.

62 고정考亭의 반일半日: 『주자어류朱子語類』 권82에 "橫渠教人學禮, 呂與叔言如嚼木札. 今以半日看義理文字, 半日類禮書, 亦不妨"라고 했다.

63 도연명의 (…) 것: 도연명은 「오류선생전五柳先生傳」에서 "독서를 좋아하되 깊은 이해를 구하지 않고, 언제나 뜻에 부합하는 대목이 있으면 곧 기뻐하며 밥 먹는 것도 잊었다好讀書 不求甚解 每有會意 便欣然忘食"라고 했다.

64 유숭庾嵩: 유자숭庾子嵩이라고도 한다. 자숭子嵩은 진晉나라 유개庾敳의 자다. 유개는 성품과 행동이 고아했고 군자좨주軍諮祭酒까지 되었으나, 후에 석늑石勒의 난 때 해를 입었다고 한다.

65 유숭의 (…) 것: 유자숭이 『장자』를 읽을 때, 책을 펴서 한 자쯤 되었을 때 곧장 내려놓으며, "사람의 생각이 다르지 않구나了不異人意"라고 했다고 한다. 일척一尺은 정확하게 알 수 없으나, 펼친 죽간의 높이인 듯하다.

66 윤편輪扁의 달고 쓴 경험: 『장자』 「천도」에 나온다. 윤편輪扁은 수레바퀴 만드는 장인으로서, 제 환공에게 터득하여 깨닫는 것은 경험에 의한 것이므로 독서로는 알 수 없다고 말했다.

67 오계자吳季子: 오종선吳從先을 이른다. 자가 영야寧野이고, 호가 소창小窗이다. 대략 명 가정 연간에 태어나서 명 숭정崇禎 말에 죽었다. 명말의 문인인 진계유陳繼儒 등과 교유했고, 평생도록 여러 책을 두루 보았고, 저술에 심취했다. 저서로 『소창자기小窗自紀』 4권, 『소창염기小窗豔紀』 14권, 『소창청기小窗清紀』 5권, 『소창별기小窗別紀』 4권 등이 있는데, 모두 『사고총목四庫總目』에 수록되어 세상에 전한다.

침 뱉는 그릇이 다 부서지듯 하며[68], 기세가 대단한 글〔滂沛〕을 읽으면 가슴이 확 트이고, 울분이 맺힌 글〔幽憤〕을 읽으면 마음이 슬퍼지며, 도가의 허무虛無와 오묘한 논설[69]을 읽으면 허탄한 마음이 생기고, 융통성 없는 선비의 진부한 글을 읽으면 깊고 오묘한 도〔谷神〕가 죽는다. 몰래 밝히는 글〔遯照〕을 읽으면 자세히 다 밝히려고 해서 정신을 피곤하게 하고, 자기의 의견과 어긋나는 글〔岨峿〕을 읽으면 타당하기를 바라면서 자기의 뜻에 합치시킨다. 확실하지 않아서 빠트려놓은 문장〔闕文〕을 읽을 때는 보충하기를 생각하고, 분명하지 않은 글〔朦朧〕을 읽을 때는 참고하기를 생각한다. 담박한 글〔寂漠〕을 읽을 때는 입술을 마르게 하지 않으면 열리지 않고, 뛰어난 수식이 있는 글〔奇藻〕을 읽을 때는 티 없이 맑게 빛나지 않으면 화려하기만 하다.

그러므로 늘 하나의 책을 읽을 때 반드시 다른 부분을 가지고 짝을 지어서 자신의 메마르고 치우친 정조를 조절하는 데 사용하면, 슬픔·기쁨·울분·상쾌함의 감정이 각각 적절한 곳으로 귀착하여, 책을 놓고 탄식하거나 소매로 얼굴을 가리며 울게 되는 지경에 이르지 않으리니, 곧 짝지어 읽을 때의 기쁨인 것이다. 독서를 하면 바람을 따라 노니는 듯 이슬을 찾아다니는 듯하고, 가벼운 배를 타는 듯 날 듯하고, 누각에 오르는 듯하고, 산에 비가 오는 듯하고 계곡에 구름에 오르는 듯하며, 혹은 호걸들이 모이는 듯하고 혹은 홀로 찾아다니는 듯하며, 새가 나와서 우는 듯하고 꽃이 차갑게 웃는 듯하니, 이것이 짝지어 읽는 것의 적절함이다"라고 했다.

馮開之曰, "讀書太樂則漫, 太苦則澁. 董遇之百遍, 考亭之半日, 淵明

68 타호진쇄唾壺盡碎: 타호唾壺는 침을 받는 그릇이다. 『세설신어』「호상豪爽」에서 "왕처중王處仲은 늘 술을 마신 후에는 문득 노래를 불렀는데, '늙은 천리마 마판에 엎드렸으나, 뜻은 천리를 가는 것에 있고, 열사가 나이는 들었으나 굳건한 마음 그치지 않는다'고 하며 아울러 마음대로 타호를 쳐서 타호의 입이 다 이지러졌다"고 했다. 후에 '타호를 두드려서 부순다擊碎唾壺'는 말은 비분강개하거나 격앙된 글을 가리키게 되었다.

69 도가의 (…) 논설: 만물의 본체는 형체가 없어서 볼 수도 들을 수도 없는, 인식을 초월한 존재이므로 마음 자체를 비워 무위로 도덕의 극치를 삼아야 한다는 노장 사상의 이론이다.

之不求甚解, 東坡之每事一過, 庾嵩之開卷一尺, 王筠之重覽興深, 其各得於輪扁之甘苦者乎?" 吳季子『書憲』曰, "短冊恨其易竭, 累牘苦於難竟. 讀貶激則髮欲上衝, 讀軒快則唾壺盡碎, 讀滂沛而襟撥, 讀幽憤而心悲, 讀虛無之渺論而譎誕生, 讀拘儒之腐陳而谷神死. 讀遯照者, 欲盡相以窮神, 讀岨峿者, 期妥貼以愜志. 讀闕文而思補, 讀朦朧而思參. 讀寂漠者, 非燥吻不開, 讀奇藻者, 非清華則靡. 故每讀一冊, 必配以他部, 用以節其枯偏之情調, 悲喜憤快, 而各歸於適, 不致輟卷而歎, 掩袂[70]而泣[71], 則配之說也. 弄風研露, 輕舟飛閣, 山雨來, 溪雲升, 或豪集, 或孤訪, 鳥出啼, 花冷笑, 則配之適也." 『문장신화文章薪火』

70 袂: 오종선吳從先의 『상심락사賞心樂事』에는 '卷'으로 되어 있다.

71 泣: 오종선의 『상심락사』에는 '笑'로 되어 있다.

197

주굉

袾宏

주굉袾宏(1535~1615)은 명나라 학승으로 운서대사雲棲大師로도 불린다. 법호가 연지蓮池고, 자가 불혜佛慧다. 17세 때 읍상邑庠에 들어가 유학을 공부했지만 나중에 정토淨土 신앙을 가졌다. 32세 때 오대산五臺山 성천화상性天和尙을 따라 출가하여 구족계具足戒를 받았고, 화엄을 익히면서 여러 사찰을 유력했다. 1571년 항저우 운서사雲棲寺에 머물러 사람들이 운서대사 또는 운서주굉이라 불렀다. 자백紫柏, 감산憨山, 우익蕅益과 함께 명나라 4대 고승이다. 선禪과 염불의 일치를 주창하여 운서염불종雲棲念佛宗을 일으켰다. 저서는 『운서법회雲棲法匯』에 편차되었고 『죽창수필竹窗隨筆』[72] 등이 있다.

최근에 여러 경전(여기서는 『능엄경楞嚴經』 등의 불경을 가리킨다)에서 대체로 주소註疏[73]를 하지 않아서, 무릇 선입견을 가진 말에 빠지지 않고 곧바로 본문의 뜻을 궁구하여 진실로 자신의 견해를 가질 수 있게 되었다. 그러나 이러한 방식이 습관이 되어 곧 자신의 억측을 굳세게 드러내어, 옛사람을 이기고 추앙받기를 바라며 괴이한 학설을 잘못

72 『죽창수필竹窗隨筆』: 주굉의 수필집으로, 살아오며 보고 느낀 소소한 경험담을 비롯해, 구습을 바로잡기 위한 비판, 수행자들에게 내리는 따끔한 경책, 일상의 깨달음이 담긴 단상 등 426편의 글을 수록하고 있으며, 천주설天主說을 공격한 글이 많다.

73 주소註疏: 주는 경經을 해석한 것이고, 소는 주를 해석·부연 설명한 것이다.

이해하는 경우가 있었다. 새롭게 배우는 이는 아는 것이 없어서 도리어 오해받았고, 또 옛사람이 지금 사람보다 뛰어난 곳이 매우 많아서, 그들이 미치지 못하는 것은 10에 1이고, 지금 사람이 옛사람보다 못한 곳도 매우 많아서 더 뛰어난 곳은 100에 1이 되니, 어찌 우선 그것을 보존하는 것과 같겠는가? 비유하자면 기예를 배우는 것과 같으니, 반드시 먼저 스승의 가르침을 따라서 표준을 삼으면 다른 훗날에 신기한 기술과 묘한 솜씨가 그 스승을 뛰어넘을 수 있으니, 누가 그것을 제한할 수 있겠는가? 그리고 어찌 반드시 이기는 데 급급하겠는가? 하물며 여전히 옛사람의 범위에서 벗어나지 못함에 있어서랴.

近時於諸經〔指『楞嚴』等佛經〕大都不註疏, 夫不泥先入之言而直究本文之旨, 誠爲有見. 然因是成風, 乃至逞其胸臆, 冀勝古以爲高, 而曲解僻說者有矣. 新學無知, 反爲所誤, 且古人勝今人處極多, 其不及者什一, 今人不如古人處極多, 其勝者爲百一, 則孰若姑存之? 喩如學藝者, 必先遵師教以爲繩矩, 他時後日, 神機妙手, 超過其師, 誰得而限之也? 而何必汲汲於勝也? 而況乎仍不出古人之範圍也? 『죽창수필 竹窗隨筆』

198

성규
成葵

성규成葵는 명나라 학승으로 자가 욱신旭臣이다.

승려 성규成葵는 "독서하지 않으면 어리석음에 가로막히고, 독서만 하면 문자에 가로막힌다"라고 했는데, 이 뜻은 어렵게 여길 것이 아니다. 마땅히 독서할 때 너무 깊이 파고들지 않도록 경계하며 (현실과) 절충折衷하면 된다.

釋成葵曰, "不讀書是愚癡障, 讀書是文字障", 此義不難, 當以讀書不求甚解而折衷之. 『사심집답주민사寫心集答主敏師』

제11부

淸 청

199

황종희
黃宗羲

황종희黃宗羲(1610~1695)는 명말청초의 사상가로 호가 남뢰南雷, 이주梨洲다. 양명학 우파 계통의 기 철학자인 유종주劉宗周에게 나아가 배웠고, 또한 경학과 사학을 겸하라는 아버지의 가르침에 따라 사학에도 힘써 절동사학浙東史學의 발전에 기여했다. 21세 때는 난징으로 가서 복사復社에 참가하고 이후 많은 집회와 결사에 참가하여 활동했다. 천문학, 역산曆算, 도장道藏, 불교 및 음악 등에 두루 박식했으며, 박람과 실증을 존중했고, 특히 청나라의 학문에 큰 영향을 미쳤다. 저서로 『남뢰문정南雷文定』[1] 『명유학안明儒學案』 등이 있다.

1. 독서할 때 많이 읽지 않으면 이理의 변화를 증명할 수 없다. 그러나 많이 읽어도 마음에서 구하지 않으면 곧 속된 학문이 된다.
讀書不求多, 無以證理之變化, 多而不求於心, 則爲俗學. 『국조학안國朝學案』「소지小識」

2. 무릇 배우는 자는, 반드시 경전을 먼저 궁구해야 한다. 경술經術은 세상을 경영하는 도구이기 때문이다. 또 반드시 역사서를 아울러

1 『남뢰문정南雷文定』: 황종희가 스스로 자신의 저술 『남뢰문안南雷文案』 등을 다시 정선해 만든 책이다. 전후 2책으로 되어 있으며, 모두 18권이다.

읽어야 한다. 역사학에 밝아진 뒤에야 세상 물정을 모르는 선비가 되지 않는다.
凡學者必先窮經, 經術所以經世; 必兼讀史, 史學明而後不爲迂儒. 『문헌징존록文獻徵存錄』

3. 학문의 도는 각자가 스스로 직접 터득한 것을 참된 것으로 여겨야 한다. 남을 그대로 따르거나 흉내 내는 것은, 세속의 선비가 아니라면 곧 경서를 베껴주는 사람[2]의 일이다. 이 편〔『명유학안』을 가리킴〕에서 예로 든 것은, 편향적인 견해도 있고 상반된 논의도 있으니, 배우는 자는 바로 그 동일하지 않은 곳에 주의하여 이해해야 한다. 이것이 이른바 근본은 하나이지만 방법은 만 가지로 나뉜다는 것이다. 아무런 생각 없이 남의 의견에 동조하는 것이 어찌 학문이겠는가?
學問之道, 以各人自用得著者爲眞. 凡倚門傍戶, 依樣葫蘆者; 非流俗之士, 則經生之業也. 此編〔謂『明儒學案』〕所例; 有一偏之見, 有相反之論, 學者於其不同處, 正宜著眼理會, 所謂一本而萬殊也. 以水濟水, 豈是學問! 『명유학안明儒學案』「범례凡例」

2 경서를 베껴주는 사람: 원문의 경생經生은 경학을 공부하는 서생이나 경서를 남에게 베껴주는 것을 직업으로 삼는 사람을 가리키는데, 여기에서는 후자를 가리키는 것이다.

200

육세의
陸世儀

육세의陸世儀(1611~1672)는 명말청초의 학자로 호가 강재剛齋, 부정桴亭이며, 사시私諡가 존도尊道, 문잠文潛이다. 명나라 때 제생諸生이 되었고, 유종주의 제자다. 청나라가 세워지자 과거에 응시하지 않았다. 학문이 넓고 깊었으며, 천문지리와 예악농상禮樂農桑, 하거공부河渠貢賦, 전진형법戰陣刑法 등 정통하지 않은 분야가 없었다. 무예에도 일가를 이루어 석경암石敬巖에게 창법槍法을 배웠다. 동림서원과 비릉서원毗陵書院, 태창서원太倉書院의 주강主講을 지냈다. 육농기陸隴其와 함께 '이륙二陸'으로 불렸다. 정주학을 존숭했고, 육왕의 심학을 배척하면서 경세치용의 실학을 제창했다. 저서로 『사변록思辨錄』『부정전집桴亭全集』[3]이 있다.

1. 옛날에는 성현을 배우기 쉬웠으나, 지금은 성현을 배우기 어렵다. 한번 독서하려고 하면, 서적이 옛날보다 천 배나 많다. 배우는 자가 배워서 성현이 되고자 한다면 널리 배우지 않고선 불가능하다. 그러나 널리 배우고자 한다면 이와 같이 많은 서적을 어떻게 해야 할 것인가?

우연히 생각하다가 하나의 독서법을 얻었으니, 읽으려는 책을

3 『부정전집桴亭全集』: 『부정선생문집桴亭先生文集』이라고도 하는데 청대 육세의의 문집이다. 시 6권과 보유 1권, 논학수답論學酬答 4권으로 이루어져 있다.

나누어서 세 등급으로 만드는 것이다. 5세에서부터 15세까지 한 등급으로 만들어 10년 동안 소리 내어 읽고 외운다. 15세에서 25세까지 한 등급으로 만들어 깊이 연구하고 익히게 한다. 25세에서 35세까지 한 등급으로 만들어 10년 동안 다양한 저서를 두루 섭렵한다. 가령 배움에 차례를 두고 서적을 완급에 따라 나누면, 배우는 자는 이로 말미암아 공부한 것을 살필 수 있고 조정에서도 또한 그것에 따라서 선비를 시험할 수 있을 것이다.

古之學聖賢易, 今之學聖賢難. 只如讀書一節, 書籍之多, 千倍於古; 學者苟欲學爲聖賢, 非博學不可. 然苟欲博學, 則此汗牛充棟者, 將何如也? 偶思得一讀書法, 將所讀之書, 分爲三節: 自五歲至十五爲一節, 十年誦讀. 自十五歲至二十五爲一節, 十年講貫. 自二十五至三十五爲一節; 十年涉獵. 使學有漸次, 書分緩急, 庶學者可由此而程工, 朝廷亦可因之而試士矣. 『사변록思辨錄』

2. 무릇 사람에게는 기억력〔記性〕과 이해력〔悟性〕이 있다. 15세 이전에는 물욕에 물들지 않고 인지능력〔知識〕이 발달하지 않아서, 기억력은 뛰어나지만 인식능력은 모자란다. 15세 이후에는 인지능력이 발달하고 물욕에 점차 젖어들어 이해력이 발달하고 기억력이 떨어진다. 그러므로 사람은 무릇 당연히 읽어야 할 책이 있으면, 모두 15세 이전에 숙독熟讀하는 것이 마땅하다. 사서오경 뿐만 아니라, 곧 천문·지리·사학·산술 등과 같은 부류는 모두 가결歌訣[4]이 있으니 모두 숙독하게 해야 한다. 나이가 점점 들수록 책을 읽으려고 하지 않을 뿐만 아니라 소리 내어 읽을 수도 없다.

凡人有記性, 有悟性. 自十五以前, 物欲未染, 知識未開, 則多記性少悟性; 自十五以後, 知識既開, 物欲漸染, 則多悟性少記性. 故人凡有

4 가결歌訣: 어떤 것을 기억하기 쉽도록 요점만을 간추려서 노래 형식으로 만든 운문 또는 정제된 글귀.

所當讀書, 皆當自十五以前使之熟讀; 不但四書五經, 卽如天文地理史學算術之類, 皆有歌訣, 皆須熟讀. 若年稍長, 不惟不肯讀書; 且不能誦讀矣. 『사변록』

3. 깨달음은 모두 생각에서 나오기 때문에, 생각하지 않으면 깨달음을 얻을 길이 없고, 생각은 모두 배움에서 기인하므로 배우지 않으면 생각할 수 있는 것이 없다. 배우는 것은 깨달음을 구하는 방법이고, 깨달음은 생각해야 통달할 수 있다. 그러므로 공자께서 "배우되 생각하지 않으면 남는 게 없고, 생각하되 배우지 않으면 위태로워진다學而不思則罔, 思而不學則殆"라고 하셨고, 맹자 또한 "마음의 기능은 곧 생각하는 것이다心之官則思"라고 했으니, 옛날부터 성현 중에서 생각을 중요하게 여기지 않는 자가 없었다. '사思'는 오직 '궁리窮理'(이치를 궁구하는 것) 두 글자다.
悟處皆出於思, 不思無由得悟; 思處皆緣於學, 不學則無可思. 學者, 所以求悟也. 悟者, 思而得通也. 故孔子曰: "學而不思則罔, 思而不學則殆." 孟子亦曰: "心之官則思." 古來聖賢未有不重思者; 思只是窮理二字. 『사변록』

4. 생각은 불을 때는 것과 같고, 깨달음은 불땀과 같아서 때가 되어야 일어난다. 불을 땔 때는 힘을 다할 수 있으나, 불땀은 힘을 다한다고 해서 얻을 수 없다. 다만 오래도록 완전히 익혀서 그것이 스스로 지극해지길 기다려야 한다. 그러나 불 때는 것 또한 법이 있다. 화력이 끊어졌다가 이어졌다 하면 익히는 데 어려움을 준다. 이것이 맹자가 말한 '잊는다忘'는 것[5]이다. 화력이 너무 맹렬하면, 타버려서 망치기 쉽다. 이른바 맹자가 말한 '조장助長'이다. 조장하지 않고 잊지도 않는 것, 이 사이에 절로 오묘해지는 곳이 있다.

思如炊火, 悟到時如火候. 炊火可以著力; 火候著力不得; 只久久純熟, 待其自至. 然炊火亦有法; 火力斷續, 則難於熟; 此孟子之所謂'忘'也. 火力太猛, 則易之焦敗; 此孟子之所謂'助長'也. 勿助勿忘, 此中自有個妙處在. 『사변록』

5. 대체로 읽을 책을 분류하는 것은 유익할 뿐만 아니라, 아울러 마음의 눈을 성찰할 수 있다. (…) 예컨대 선유先儒의 어록 부류에서 이학理學 서적을 하나의 항목으로 보고, 『문헌통고』『함사하편函史下編』『치평략治平略』『대학연의보大學衍義補』『경제유편經濟類編』의 부류와 같은 경제서經濟書를 하나의 항목으로 보고, 천문·병법·지리·하거河渠·악률樂律과 같은 부류도 모두 그렇게 한다면 성취는 스스로 헤아릴 수 없을 것이다.
凡讀書分類, 不惟有益, 兼省心目. (…) 若 理學書如先儒語錄之類, 作一項看; 經濟書如『文獻通考』『函史下編』『治平略』『大學衍義補』『經濟類編』之類, 作一項看; 天文·兵法·地理·河渠·樂律之類皆然. 成就自不可量也! 『사변록』

6. 사상채謝上蔡(사양좌)는 명도明道(정호)가 역사서를 모두 암송하는 것을 보고 '완물상지玩物喪志'[6] 했다고 여겼다. 그런데 명도가 역사서를 보았을 때는, 행간을 따라 보되 한 글자도 착오가 없었다. 그래서 사양좌는 전혀 받아들이지 못하다가 나중에는 깨닫는 바가 있었

5 맹자가 (…) 것: 『맹자』「공손추 상」의 호연지기 장 "必有事焉而勿正, 心勿忘, 勿助長也"에 나오는 말이다. '정正'은 '앞서서 기대하다預期'이고, '망忘'은 그 일이 있다는 사실을 잊지 않는 것이며, '조장助長'은 이삭이 무리하게 자라도록 하여 일을 망치는 것이다.

6 완물상지玩物喪志: 좋아하는 사물에 깊이 현혹되어서, 원대한 이상을 잃어버리는 것을 말한다.

다. 그래서 이 일을 화제로 삼아 널리 배운 선비들과 이야기했다.

나는 처음에 상채가 받아들이지 않은 것도 본래부터 잘못되었고, 그 일로 화제를 삼아서 널리 배운 선비들과 이야기한 것 역시 잘못되었다고 생각한다. 일반적으로 사람이 독서할 때는 조금이라도 소홀히 하려는 마음이 있어서는 안 되고, 또 부질없이 암송하려는 생각을 가져서도 안 된다. 소홀히 하려는 생각이 있으면 책을 덮으면 아무런 생각이 없어져 일의 이치에 대해 얻는 바가 없어지고, 암송하려는 생각만 있으면 남의 판단을 따라서 일을 살피지만 이치는 간혹 빠트리게 된다. 그러므로 암송하는 것에 대하여 명도가 '완물상지'했다고 상채가 여긴 것은, 그가 일에 대해서는 자세하지만 이치에 대해서 소홀할까 걱정했기 때문이다. 명도가 역사서를 볼 때 도리어 행간을 주목해 한 글자도 착오가 없었던 것은 그 일을 자세히 고찰해 그 이치를 깊이 살피려고 했기 때문이다. 일반적으로 독서하는 사람은 마땅히 이것으로 법을 삼아야 한다. 어찌 이러한 방법을 두고 널리 배운 선비만을 상대하겠는가!

謝上蔡見明道擧史書成誦; 明道以爲玩物喪志. 及明道看史, 又逐行看過不差一字, 謝甚不服, 後來有悟, 卻將此物作話頭接引博學之士. 愚謂上蔡不服固非; 卽以此作話頭接引博學之士, 亦非也. 凡人讀書皆不可稍有忽易之心, 亦不可徒存記誦之念. 有忽易之心, 則掩卷茫然, 事理俱無所得; 有記誦之念, 則隨人可否, 事雖察而理或遺. 故上蔡記誦, 而明道以爲玩物喪志者; 懼其詳於事而略於理也. 明道看史, 卻又逐行看過, 不差一字者, 求詳其事將以深察其理也. 凡讀書之人, 皆當以此爲法; 奈何獨以此接引博學之士哉! 『사변록』

7. '학學'이란 글자는 아는 것과 행실을 아우르더라도 결국은 '지知'적인 부분이 많을 수밖에 없다. "어찌 반드시 독서한 이후에야 학문

하는 것이겠습니까何必讀書, 然後爲學?"[7]와 "벼슬하다가 여력이 있으면 배워야 한다仕而優則學"[8]는 구절을 보면, 왕양명의 양지良知설이 더욱 합당하다는 것을 알 수 있다. '학學'의 뜻을 '깨닫다覺'로 풀이한 것은, 진실로 감탄할 만하다.

學字雖兼知行, 然畢竟知一邊多; 觀"何必讀書, 然後爲學."及"仕而優則學"句, 可見陽明良知之說勝至. 有訓學爲覺者, 良可歎也. 『사변록』

8. 회암晦菴의 시詩 가운데

서책에 몰두하는 일은 언제쯤 마치려나?
떨쳐버리고 봄 풍경 즐기는 것이 낫구나.

이것은 회암이 저술하던 여가에 노닐며 지은 시다. 일반적으로 사람이 독서에 공력을 쓸 때나, 명물을 고찰하여 탐색하고 혹은 의리를 정밀하게 궁구해도, 복잡하고 심오한 데에 이르면 통달하기가 어려워져 간혹 생각하는 길이 모두 끊어지는 지경에 이른다. 또한 서책을 놓아두고 널따란 곳에 가서 노닐며 즐기는데, 한번 노닐며 즐기는 사이에 갑자기 사색이 촉발되어 분명하게 마음에서 깨달아, 그렇게 되기를 기대하지 않아도 그렇게 되는 경우도 있다. 이것이 이치를 궁

7 어찌 (…) 것이겠습니까?: 『논어』「선진」에 나온다. 자로가 자고子羔를 노나라 비費읍의 수령으로 천거하자, 공자가 '그를 해치려고 하느냐?'라고 했고, 자로가 공자의 말에 대해 대답한 말이다. 공자는 이 말을 듣고 "이 때문에 나는 말 잘하는 사람을 싫어한다是故惡夫佞者"라고 했다.

8 벼슬하다가 (…) 한다: 『논어』「자장」에 나온다. 『논어집주』에서는 "우優는 여력餘力이 있다는 말이다. 벼슬하는 것과 배우는 것은 이치는 같으나, 일이 다를 뿐이다. 그러므로 그 일을 하는 자는 반드시 먼저 그 일을 다할 수 있어야 하고, 그 후에 나머지에 미칠 수 있어야 한다. 그러나 벼슬하면서 배우면 벼슬한 것에 힘입어 배움이 더욱 깊어지고, 배우면서 벼슬하면 그 배운 것을 시험할 수 있어서 배운 것이 더욱 넓어진다優, 有餘力也. 仕與學理同而事異, 故當其事者, 必先有以盡其事, 而後可及其餘. 然仕而學, 則所以資其仕者益深; 學而仕, 則所以驗其學者益廣"라고 했다.

구하는 오묘한 법이다.

晦菴詩有云: "書冊埋頭何日了, 不如拋卻去尋春" 此晦菴著述之暇, 游衍之詩也. 凡人讀書用工, 或考索名物, 或精究義理, 至紛賾難通, 或思路俱絕處. 且放下書冊, 至空曠處游衍, 一游衍忽地思致觸發, 砉然中解, 有不期然而然者. 此窮理妙法.『사변록』

201

장이상
張履祥

장이상張履祥(1611~1647)은 명말청초의 학자로, 호가 염지念芝다. 대대로 양원촌楊園村에서 살아 학자들은 양원 선생이라 불렀다. 명나라 때 제생이 되었지만, 청나라가 들어서자 은거한 채 강학에 전념했다. 유종주에게 수학했고, 안통顏統, 전인錢寅, 하여무何汝霖, 능극정淩克貞, 심뇌沈磊와 교유했다. 젊어서는 육왕의 심학을 공부했지만, 『소학』과 『근사록』을 읽고 정주학을 종주로 삼게 되었다. 경독耕讀을 함께 할 것을 주장해 농사를 지었다. 육농기陸隴其와 함께 낙민정전洛閩正傳이라 불렸다. 『양원전서楊園全書』가 있다.

1. 서적 가운데는 오직 육경과 여러 역사서·옛 선비의 이학 서적부터 역대 임금에게 올린 상소문〔奏議〕 등에 이르기까지, 자신을 수양하고 남을 다스리는 것과 관계가 있는 책만은 귀중하게 여기고 아끼지 않으면 안 된다. 그 아래로는 의약·점〔卜筮〕·농업〔種植〕 등과 관련 책으로 모두 유용함이 있다. 제자백가와 근대近代의 문집은 비록 없더라도 괜찮다. 이단의 사악한 설과 음란한 가사의 노래〔淫辭歌曲〕는 사람의 마음씨를 해치고 문교와 풍속을 무너뜨리니, 엄격히 거절하고 철저하게 끊어버려도 오히려 미치지 않을까 두려워해야 하거늘, 하물며 집안에 쌓아둘 수 있겠는가?
書籍惟六經·諸史·先儒理學, 以及歷代奏議, 有關修己治人之書, 不可

不珍重護惜; 下此則醫藥卜筮種植之書, 皆爲有用; 其諸子百家近代文集, 雖無, 可也. 至於異端邪說淫辭歌曲之類, 害人心術, 傷敗文俗, 嚴拒痛絕, 猶恐不及; 況可貯之門內乎? 『순자어順子語』

2. 독서는 단지 공부의 일종일 뿐이니, 독서를 잘하지 못한다고 해서 곧 공부할 수 없는 것은 아니다. 다만 선善을 선별하는 공부는 오직 독서가 유익함을 얻는 쉬운 방법이다. 그러므로 독서를 먼저 힘써할 일로 삼을 뿐이다. 그러나 독서에 대해서 논하자면 역시 집중하지 않아서는 안 된다. 귀와 눈이 집중하면 마음을 쏟는 것이 되고, 의리義理에 완전히 익숙해진다. 혼잡하면 마음이 분산되고 기운이 산만해져서 곧 날마다 힘써도 보탬이 되지 않을 것이다.
讀書只是功夫之一種; 非不能讀書, 便無功夫也. 但擇善之功, 惟讀書爲得益之易, 故以爲先務耳. 然卽讀書而論, 亦不可以不一矣! 耳目一則心志專而義理純熟; 雜則意分而氣散, 卽日力亦有所不給矣. 『여하상은서與何商隱書』

3. 벗이 물었다.
"어린아이에게 암송하는 것을 가르치는 것은, 진실로 그 흐트러진 마음을 다잡으려는 것인데, 그러나 아이들이 한번 암송해도 그 마음을 길러나가는 것을 볼 수 없으니 어떻게 하면 좋겠는가?
"집중하는 방법을 가르쳐야 할 뿐이네. 마음의 기능은 생각하는 것이니, 마음의 기능을 잃어버리지 않는다면 아이가 인식이 절로 향상될 수 있을 것이네. 어떨 때에는 일에 따라 의리義理를 묻고, 어떨 때는 곤란한 문제를 설정하여 그것을 분석하게 하고, 어떨 때는 말을 듣고 아이의 기억력을 살펴보고, 어떤 때에는 사람을 만날 적에 그 사람의 그릇됨과 올바름을 따져 물어서 바로잡게 하는 것 등이 모두 그 마음을 집중하도록 인도하는 방법이라네."
友問: "教童子記誦, 固是收其放心; 然一往記誦又不見長進, 如何而可?" 曰: "敎之用心而已. 心之官則思, 心官不失, 其識自能長進. 或隨事問其義理, 或設難令其分析, 或聽言察其記憶, 或見人質其邪正, 皆是引其用心之方."『숙애록淑艾錄』[9]

4. 학문하기 위한 공부는 절실할수록 마음을 더욱 비워야 한다. 마음을 비운 이후에 선善을 따를 수 있다.
爲學功夫愈切實, 則心愈虛; 心虛而後能從善.『숙애록』

5. 학자는 본래 독서해야 하지만 세상 물정을 모르는 사람이 되어서는 안 되고, 본래 세상의 일에 관심을 두어야 하지만 공명과 이익에 빠져서는 안 된다. 학문이 자신에게서 그치고 일을 행하는 중에 드러나서, 집안의 본보기가 될 수 있고 세상에 모범이 될 수 있으며, 빈궁함과 영달함에도 사람이 변하지 않고 처음부터 끝까지 한결같아야, 바야흐로 성현의 도를 잃지 않았다고 할 수 있다.
學者固須讀書, 然不可流爲學究; 固須留心世務, 然不可入於功利. 終諸身, 見諸行事, 可以型家, 可以範俗, 窮達一致, 始終一節, 方不失爲聖賢之道.『숙애록』

6. 읽은 책이 적으면 자신만이 현명하다고 여기고, 외딴곳에 홀로 살면 자신만이 옳다고 여기게 된다. 널리 보되 덕성을 돌이키지 못하고, 널리 사귀되 서로 배우는 것을 알지 못하면, 도리어 일을 크게 해

9 『숙애록淑艾錄』: 주자의 편지 중 정폄訂砭하는 내용의 구절을 모아 송습誦習하며 경계할 바탕으로 삼기 위해『근사록』의 체제를 본따 지은 것이다. 모두 395조목이다.

치게 된다. 그러므로 마음속에 선한 마음을 보존할 수 있게 된 후에 책을 펼쳐보아야 유익함이 있고, 자신을 수양한 뒤에 문밖을 나서야 공功이 있게 된다.

讀書少, 則自賢; 索居多, 則自是. 博覽不歸德性, 廣交不知觀摩, 却大害事. 故心能存心, 然後開卷有益; 能修己, 然後出門有功. 『숙애록』

7. 학문의 도道는 본래 여유롭고 넉넉한 것을 숭상한다. 그러나 여유로운 시간이 한번 오더라도, 스스로 터득하기를 바라기 어렵다. 그 공통적인 병폐를 들면 다섯 가지의 소홀함에서 벗어나지 않는다.〔생각을 가볍게 하는 것〔閒思〕, 헤아리는 것을 가볍게 하는 것〔閒慮〕, 말을 가볍게 하는 것〔閒言語〕, 행동거지를 가볍게 하는 것〔閒出入〕, 널리 읽기를 가볍게 하는 것〔閒涉獵〕이 사람을 등한시 여기고 일을 대충 하는 것에 영향을 끼친다.〕 정말로 학문을 일삼기를 기약한다면, 감히 나태해지지 못할 뿐만 아니라 나태할 겨를도 없을 것이다.

學問之道, 固尙從容; 然一任優遊, 難睎自得. 擧其通病, 不出五閒.〔閒思閒慮, 閒言語, 閒出入, 閒涉獵, 及接閒人與閒事.〕果能必有事焉, 其諸慆慢, 非唯不敢, 亦不暇矣. 『숙애록』

8. 익숙하게 읽고 정밀하게 생각하며, 공부하는 순서에 따라서 점차 나아가는 것을 독서법에서 마땅히 지켜야 한다.

熟讀精思, 循序漸進, 此讀書法當謹守之. 『절근편切近編』

202

장대
張岱

장대張岱(1597~1667?)는 명나라 말기의 뛰어난 소품문 작가로 환관 집안 출신으로 소년 시절 부유했지만 가세가 기울어 곤궁해지자 산수에 마음을 두고 음악과 희곡을 즐기며 지냈다. 청나라 군대가 남하하고 명나라가 망하자, 입산하여 섬계剡溪 부근의 산촌에서 은거하며 저술로 일생을 보냈다. 저서로 『낭환문집瑯環文集』[10] 『도암몽억陶菴夢憶』[11] 등이 있다.

1. 학문의 바다는 가장자리가 없고, 책의 주머니는 바닥이 없다. 세상의 책을 어찌 다 읽을 수 있겠는가? 다만 독서하는 사람은, 눈은 밝고 손은 모질며, 마음은 섬세하고 담력은 세야 한다. 눈이 밝으면 수집하는 데 뛰어나고, 손이 모질면 마름질하기에 쉽고, 마음이 섬세하면 분별하는 데 정밀하며, 담력이 세면 취하고 버리는 데 결단력이 있다.

學海無涯, 書囊無底. 世間書怎讀得盡? 只要讀書之人, 眼明手辣, 心細膽麤. 眼明則巧於掇拾, 手辣則易於翦裁, 心細則精於分別, 膽麤則決於去留. 『낭환문집瑯環文集』「염서소서廉書小序」

10 『낭환문집瑯環文集』: 장대가 지은 것이다. 이 책은 당대의 명저로 이름이 났다.

11 『도암몽억陶菴夢憶』: 명대의 산문집으로 장대가 지은 것이다. 8권으로 이루어져 있으며 1775년에 처음으로 세상에 간행되었다. 대부분 저자가 직접 겪은 이야기들이 수록되어 있다.

2. 옛사람의 성명 가운데 문리文理와 관계가 없는 자가 있어, 기록하지 않아도 무방한 이가 있다. 팔원八元[12]·팔개八愷·두廚·준俊[13]·급顧·고及 등이 이들이다. 문리와 관계가 있는 자는 기록하지 않을 수 없다. 사악四岳[14]·삼로三老·장곡臧穀[15]·서부인徐夫人 등이 이들이다.
古人姓名有不關於文理, 不記不妨; 如八元·八愷·廚·俊·顧·及之類, 是也. 有關於文理者, 不可不記, 如四岳·三老·臧穀·徐夫人之類是也.
『낭환문집』「야항선서夜航船序」

3. 나는 사서와 오경을 이해하고자 할 때 주소註疏에서 해석해준 의미를 취하되 미리 고정관념을 가진 적이 없다. 반드시 옷깃을 바로 하고 바른 자세로 앉아서 원문을 10여 차례 낭송하면, 그 문장의 뜻과 의의에 대해 깨달음이 있었다. 옛사람이 "100번을 자세히 읽으면 그 뜻이 절로 드러난다"고 했으니, 무릇 옛사람은 자세히 읽으며 그 뜻과 의의를 깊이 생각했을 뿐이다. 불가佛家에서는 향香·화花·등불로 경건하게 경문을 암송하니, 사람으로 하여금 그 의미를 생각하기를 바란 것이다. 장자莊子가 "생각하고 생각하면 신神과 귀鬼와도 소통하게 될 것이다"라고 한 것이 바로 이를 일컫는다.
余解『四書五經』, 未嘗取以註疏講章, 先立成見; 必正襟危坐, 將白文郎誦十餘過, 其意義忽然有省. 古人云: "熟讀百遍, 其義自見." 蓋古人正於熟讀時深思其義味耳. 佛家以香花燈燭, 虔誦經文, 亦欲人思其義味; 莊子所謂"思之思之, 神鬼通之", 政謂此也. 『낭환문집瑯環文集』

12 팔원八元: 고신씨高辛氏(제곡帝嚳)의 재주 있는 8명의 아들인 백분伯奮·중감仲堪·숙헌叔獻·계중季仲·백호伯虎·백운仲熊·숙표叔豹·계리季貍를 통칭한다.

13 준俊: 팔준八俊을 가리킨다. 일반적으로 재주가 뛰어나고, 의협심이 강한 사내를 가리킨다.

14 사악四岳: 요임금 시대에 사방의 제후를 이르던 관명官名이다.

15 장곡臧穀: 장곡구망臧穀俱亡의 고사를 가리킨다. 예전에 장臧과 곡穀 두 사람이 함께 양을 치다가 양을 모두 잃었는데, 장은 책을 끼고 글을 읽었고, 곡은 쌍륙雙六을 치며 놀았으니, 두 사람의 소업所業은 같지 않았으나 양을 잃은 것은 마찬가지라는 의미다.

203

장이기
張爾岐

장이기張爾岐(1612~1678)는 명말청초의 학자로 호가 호암蒿庵, 한만汗漫이다. 명말에 제생이 되었지만 청나라가 들어서자 벼슬하지 않고 학문 연구에 전념했다. 정주 이학을 독신篤信하고 왕양명의 양지설에 반대했다. 『산동통지山東通志』를 편수할 때 고염무顧炎武와 사귀어 학문을 논했고, 유우생劉友生, 이상선李象先, 이옹李顒, 왕굉王宏 등과도 절친했다. 『의례』를 정밀히 연구해 『의례정주구두儀禮鄭注句讀』를 지었고, 『주역』과 『시경』에도 뛰어나 『주역설략周易說略』과 『시경설략詩經說略』을 저술했다. 만년에는 『춘추』에 잠심하여 『춘추전의春秋傳義』를 지었지만 완성하지 못하고 죽었다. 『호암집蒿庵集』이 있다.

1. 형무순邢懋循이, 그 스승이 그에게 독서에 대해 가르칠 때 연호법連號法을 썼다고 말한 적이 있다. 첫날은 한쪽을 외우고, 다음날은 또 한쪽을 외우고 아울러 첫날 외운 것을 외우게 한다. 이와 같이 하여 점차로 더 연장하는데, 11일째가 되면 곧 첫날 외운 것을 빼고 매일 모두 10호를 연이어 외운다. 외운 것이 한 바퀴 돌면 마침내 10바퀴 돈 것이 된다. 중하中下의 자질인 사람이라도 익숙하게 외우지 않는 자가 없을 것이다. 또 책갈피 위에 몇 조목을 베껴서 상자에 쌓아두고, 매일 식사 후에 10장을 뽑아서 강론하여 설명하고 깊이 생각하여 조리정연하게 한다면 작문할 때 이르러 마침내 힘들이지 않을 수

있을 것이다.

邢懋循嘗言其師敎之讀書, 用連號法. 初日誦一紙, 次日又誦一紙, 竝初日所誦誦之. 如是漸增引, 至十一日, 乃除去初日所誦, 每日皆連誦十號. 誦至一週, 遂成十週. 人卽中下, 已無不爛熟矣. 又擬目若干道於書簽上, 貯之筒, 每日食後拈十簽, 講說思維, 令有條貫; 逮作文時, 遂可不勞餘力. 『호암한화蒿庵閒話』

2. 사람에게 지혜를 더하는 것은 진실로 책만 한 것이 없다. 책이라는 것은 경전經傳과 역사서〔史記〕의 부류다. 신불해·한비자·관중·상앙 등 법가의 책과 패관소설은 가장 사람의 마음씨를 무너뜨리고 착한 행동을 그르치게 하니, 신중하지 않아서는 안 된다. 다음과 같이 물었다.

"제갈무후諸葛武侯는 신불해와 한비자의 책으로 후주後主를 가르쳤는데, 잘못되었습니까?"

다음과 같이 대답했다.

"이것은 무후武侯가 마음 쓸 곳을 잘못 안 것이니, 당시의 효험에서 이미 자연스럽게 드러났습니다. 세상 사람들이 잡된 책으로 자제들을 가르치면서 글을 지을 때 도움이 될 것이라고 하지만, 사람이 문장을 지을 수 있는 것은 원래 그러한 글에 의지하지 않는다는 것을 알지 못합니다. 문장을 지을 수 없는 자는 이것을 읽어도 끝내 보탬이 없습니다. 그러나 각박하고 교활하며, 쾌락적이고 방탕하여, 고집스럽게 천착하기만 한다면 여러 병폐가 어지럽게 일어날 것입니다. 세상을 올바르게 다스리는 도에 마음을 둔 자는 엄격하게 금지하고 경계해야 합니다."

益人神智, 信莫如書. 所謂書, 指經傳史記之屬. 若申·韓·管·商, 及稗官小說, 最壞人心術, 敗人德業, 不可不愼也! 曰: "諸葛武侯以『申韓』之書教後主非歟?" 曰"此武侯誤用心處, 當時效驗, 已自可見. 世人以

雜書教子弟, 謂有裨文筆, 不知人之能作文字者, 原無待於此; 其不能者, 讀此終亦無益. 而刻薄狡獪, 淫佚放縱, 執拗穿鑿, 諸病紛紛起矣. 有心世道者, 當嚴禁而痛懲之!" 『호암한화』

3. 배우는 자는 술에 빠지고 창기와 놀며 도박하는 일을 경계해야 마땅한 줄은 알지만, 한화閑話를 말하고, 한서閑書를 보며 한사閑事에 관여하는 것을 더욱 경계해야 하는 줄은 알지 못한다. 앞의 세 가지 일은 본디 하류로 귀결되기 때문에, 조금이라도 자기를 아낄 줄 아는 자라면 모두 결단하여 물리칠 수 있을 것이다.
學者知縱酒宿娼賭博之當戒, 不知說閑話, 看閑書, 管閑事之尤當戒. 前三事固下流之歸, 稍知自愛者皆能決去. 『호암한화』

4. 배우는 자가 독서할 때는, 다만 그것이 공자와 맹자의 말씀과 부합附合하는지 부합되지 않는지를 논의해야지, 어떤 사람에게서 나왔는지는 물을 필요가 없다.
學者讀書, 但當論其與孔孟合不合, 不必問出自何人也. 『호암한화』

5. 기록된 것을 말미암아 근본을 보고, 흩어진 것을 종합하여 총체적인 것을 알아야 한다.
因標見本, 合散知總. 『답고녕인서答顧寧人書』

204

고염무
顧炎武

고염무顧炎武(1613~1682)는 명말청초의 사상가로 만주족의 청나라가 중원을 차지한 이후 명나라의 회복을 위해 이른바 '반청복명反淸復明' 운동을 적극적으로 전개했으며, 국운을 되돌릴 수 없음을 깨달은 뒤에는 두문불출하며 저술에 진력했다. 박학다식해 유가경전부터 제자백가, 천문역법에 이르기까지 거의 모든 영역에 걸쳐 다양한 저술을 남겼는데, 특히 꾸준히 축적해온 심득心得을 틈틈이 모아 완성한 찰기札記의 일종인 『일지록日知錄』[16]이 가장 유명하다. 황종희·왕부지王夫之와 함께 명말 삼대유로三大遺老로 추앙받고 있다. 『정림문집亭林文集』이 있다.

1. 사람이 학문할 때, 날마다 진보하지 않으면 날마다 퇴보하고, 혼자서 학문하고 어울릴 벗이 없으면, 융통성이 없고 견문이 좁아져 학문을 완성하기 어렵다. 오래도록 한 가지 분야에만 자리하면 나쁜 습관이 배어도 스스로 깨닫지 못한다. 불행하게 궁벽한 지역에 있으면서 수레나 말의 힘을 빌릴 수 없다면, 오히려 배운 것을 넓히고 의문 나는 것을 자세히 살피면서 옛사람이 상고했던 것과 함께 그 시비의

16 『일지록日知錄』: 고염무가 30여 년에 걸쳐 경사經史와 각종 서적을 읽다가 특기할 만한 내용을 기록한 책으로, 총 32권으로 되어 있으며 1695년 간행되었다. 경학·사학·문학·정치·사회·지리·풍속 등 제문제를 사론史論 형식으로 썼다. 사실에 근거를 두고 있으나, 단순한 기록에 머무르지 않고 그의 사상이 전편에 약동하고 있다. 주석서로 황여성黃汝成의 『일지록집해日知錄集解』가 있으며, 청대 고증학의 학풍을 일으킨 저서로 알려져 있다.

소재를 구한다면 거의 10에서 5~6 정도는 얻을 수 있다. 만약 이미 문을 나서지 못하는데 또 독서도 하지 않는다면 이는 담장을 마주하고 있는 선비이니, 비록 자고子羔[17]나 원헌原憲의 현명함이 있더라도, 끝내 천하에 보탬이 없을 것이다. 공자께서 말씀하시길, "열 가구가 있는 읍에도 나와 같이 반드시 최선을 다하고 믿음을 주는 이가 있으나, 내가 학문을 좋아하는 것처럼 학문을 좋아하는 이는 없다"고 하셨다. 두루 통하지 않는 것이 없는 공자 같은 분도 오히려 학문을 좋아했는데, 요즘 사람이 힘쓰지 않을 수 있겠는가?

人之爲學, 不日進則日退, 獨學無友, 則孤陋而難成. 久處一方, 則習染而不自覺. 不幸而在窮僻之域, 無車馬之資, 猶當博學審問, 古人與稽, 以求其是非之所在, 庶幾可得十之五六, 若旣不出戶, 又不讀書, 則是面牆之士, 雖子羔原憲之賢, 終無濟於天下. 子曰: "十室之邑, 必有忠信; 如丘者焉, 不如丘之好學也." 夫以孔子之聖, 猶須好學, 今人可不勉乎?『정림문집亭林文集』

2. (나는) 어려서부터 늙을 때까지 손에서 책을 놓지 않았다. 집을 떠나 멀리 갈 적에는 언제나 건장한 두 마리의 말에 책을 묶어서 뒤따르게 했고, 변경의 보루를 지날 때는 노병老兵을 불러 길가의 주점에서, 마주 앉아 실컷 술을 마시며 그 지방의 풍토를 묻고 그 지역을 살펴보았다. 만약 평소에 들은 것과 합치되지 않으면 책을 펴서 자세히 정정했고 반드시 의심나는 바가 없게 된 후에 그쳤다. 말 위에서 일이 없을 때는 곧 안장에 의지하여 여러 경전의 주소를 암송했다. 오랜 벗을 지나쳐도 알아보지 못했기에 자못 책망하며 꾸짖기도 했으며, 혹시라도 계곡에 거꾸로 떨어져 죽는다 하더라도 또한 후회가 없었다. (…) 수도의 저택에 있을 때 왕사정王士正이, "선생께서는 널

17 자고子羔: 춘추시대 사람으로 자고子羔, 자고子高, 자고子皐, 계고季皐, 계자고季子皐 등으로 불렀다. 제 문공의 후손이며 공문칠십이현 중 한 사람이다.

리 배우고 기억력이 뛰어나시니, 『고악부古樂府』 가운데 「협접행蛺蝶行」을 외워주실 수 있겠습니까?"라고 하기에, 한 번에 낭송해주었더니 자리를 함께한 이들이 모두 놀라워했다.

自少至老, 手不捨書. 出門, 則以一嬴兩馬, 捆書自隨, 過邊塞亭障, 呼老兵詣道邊酒壚, 對坐痛飮, 咨其風土, 考其區域. 若與平生所聞不合, 發書詳正, 必無所疑而後已. 馬上無事, 輒據鞍默誦諸經注疏, 故友忽不相識, 頗責斥之; 或顚隊坑谷, 亦無悔也. (…) 在京師邸舍, 王士正曰: "先生博學強記, 請誦『古樂府』「蛺蝶行」, 可乎?" 卽朗誦一過, 同坐皆驚. 『문헌징존록文獻徵存錄』

3. 나는 어려서부터 독서하다가 깨닫는 것이 있으면 번번이 그것을 기록했고, 합당하지 않은 것이 있으면 때때로 다시 고쳐 바로잡았다. 혹 옛사람 가운데 나보다 앞서 기록한 것이 있으면 결국 그것을 삭제했다.

愚自少讀書, 有所得輒記之. 其有不合, 時復改定. 或古人先我而有者, 則遂削之. 『일지록』「자서自序」

4. 선비가 부끄러운 점을 먼저 말하지 않으면 근본이 없는 사람이 되고, 옛것을 좋아하되 많이 듣지 않으면 공허한 학문이 된다. 근본이 없는 사람으로서 공허한 학문을 닦고 연구한다면, 날마다 성인의 학문에 몰두하더라도 성인과의 거리가 더욱 멀어지는 것을 나는 보았다.

士不先言恥, 則爲無本之人; 非好古而多聞, 則爲空虛之學. 以無本之人而講空虛之學; 吾見其日從事於聖人, 而去之彌遠也. 『정림문집』

205

주용순
朱用純

주용순朱用純(1627~1698)은 명말청초의 학자로 명나라 때 제생을 지냈다. 청대에는 은거한 채 독서했다. 1679년 박학홍사과에 천거되었지만 나가지 않았다. 정주학을 추숭했으며『근사록』및 주돈이, 장재, 정이, 주희의 학문을 가르쳤으며, 성리학을 위주로 지행합일을 주장했다. 서방徐枋, 양무구楊無咎와 더불어 '오중삼고사吳中三高士'로 불렸다.『괴눌집愧訥集』이 있다.

독서할 때는 먼저 저자를 논하고, 다음으로 그 법法을 논해야 한다. 법이라는 것은, 문장을 기억해야 할 뿐만 아니라 의리義理도 구해야 한다는 말이다. 사람이라는 것은, 향시鄕試나 대과大科에 합격한 사람이 독서를 중요하게 여겼다는 사실뿐만 아니라, 존경하는 사람도 더욱 독서를 중요하게 여겼다는 사실을 논하는 것이다. 향시나 대과에 합격한 사람도, 독서할 때 의리를 구하지 않은 적이 없으나 그가 깊이 구한 뜻은 단지 장구章句에 있었고, 훌륭한 사람은 독서할 때 장구를 해석하지 않은 적이 없으나, 그들이 깊이 연구한 것은 단지 의리에 있었다.

선유先儒가 말하기를, "요즘 사람들은 독서를 할 줄 모른다.『논어』읽는 것을 예로 들면, 읽지 않았을 때 이 정도의 사람이었는데 읽고 난 후에도 단지 이 정도의 사람일 뿐이니, 이는 곧 읽지 않은 것이다. 이것이 사람들에게 독서를 가르칠 때 의리義理의 도를 깨닫게 해야 하는 이유다. 성현의 책은 후세에 향시나 대과에 합격하기 위해 지은 것이 아니라, 천만년 후에도 훌륭한 사람을 가르쳐 곧바로 위대한 성인이나 현인을 만들기 위한 것이다. 그 때문에 한 구절의 글을 읽어도 곧 자신에게서 돌이켜 보아서, 내가 이와 같을 수 있는지를 구하고, 어떤 일을 할 때는 곧 책의 내용에 부합하게 하여 옛사람이 어떻게 했는지를 구해야 한다. 이렇게 해야 곧 독서라고 할 수 있다. 만약에 단지 대충 머릿속에 몇 구절의 옛글을 기억하고서, 말할 때 몇 마디 좋은 말을 할 수 있다고 해서 잘했다고 할 수는 없다. 그 때문에 또한 읽을 책에 대해 논의해야 한다. 일찍이 어떤 집의 책장 사이를 보니, 소설小說, 잡다한 글과 잡극雜劇이 나열되어 있는데, 이것은 가장 자신을 그릇되게 하고 아울러 자제를 망치는 길이니 빨리 불을 질러 태우거나 내다버리는 것이 마땅하다. 가정에 이러한 책이 있는 것은 좋지 않다. 시사가부詩詞歌賦 등과 같은 글도 일을 느슨하게 하는 것에 속한다. 만약 육경과 『성리대전』 『강목綱目』 『대학연의大學衍義』 등의 여러 책을 아울러 통달하면 진실로 상등급의 학자가 될 수 있다. 그렇지 않은 자 가운데 단지 성실한 사람이면 마땅히 『효경孝經』 『소학小學』 『사서본주四書本註』를 가지고, 책상머리에 두어서 늘 스스로 읽으면서 자제에게도 읽게 하며, 자신이 그 가르침을 힘써 실행한다면, 훌륭한 사람이 될 수 없다고 말하기 어려울 것이고, 자신이 좋은 선비가 되기에 어울리지 않는다고 말하기 어려울 것이다. 깊이 궁구하며 진실한 독서를 하여 의리에 정밀하게 통달할 수 있다면, 세상에서 향시나 대과에 합격해야 할 자가 이들을 버리고 누가 있겠는가? 자신의 시대에 이런 일이 있지 않으면, 반드시 그 자손에게 있을 것이다."

讀書, 須先論其人, 次論其法. 所謂法者, 不但記其章句, 而當求其義理; 所謂人者, 不但中學人進士要讀書, 做好人尤要讀書. 中學人進士之讀書, 未嘗不求義理, 而其重究竟只在章句, 做好人之讀書, 未嘗不解章句, 而其重究只在義理. 先儒謂今人不會讀書, 如讀『論語』, 未讀時, 是此等人; 讀了後, 只是此等人; 便是不曾讀. 此敎人讀書識義理之道也. 要知聖賢之書, 不爲後世中擧人進士而設, 是敎千萬世做好人, 直至於大聖大賢. 所以讀一句書, 便要反之於身, 我能如是否? 做一件事, 便要合之於書, 古人是如何? 此纔是讀書. 若只浮浮泛泛, 胸中記得幾句古書, 出口說得幾句雅話, 未足爲佳也. 所以又要論所讀之書; 嘗見人家几案間, 擺列小說雜劇, 此最自誤, 幷誤子弟, 亟宜焚棄, 人家有此等書, 便爲不祥; 卽詩詞歌賦, 亦屬緩事. 若能兼通『六經』及『性理』『綱目』『大學衍義』諸書, 固爲上等學者; 不然者, 亦只是樸樸實實, 將『孝經』『小學』『四書本註』, 置在案頭, 常自讀, 敎子弟讀, 卽身體而力行之, 難道不成就好人! 難道不稱爲自好之士! 究竟實能讀書, 精通義理, 世間擧人進士, 舍此而誰? 不在其身, 必在其子孫.

『권언勸言』

206

풍반
馮班

풍반馮班(1602~1671)은 명말청초의 학자로 호가 둔음노인鈍吟老人이다. 사람됨이 진솔하고 시서詩書 읽는 것을 즐겼다. 형 풍서馮舒와 함께 명성을 얻어 이풍二馮으로 병칭되었다. 형과 함께 여러 차례 시험에 응시했지만 합격하지 못했고, 이후 학문에 몰두해 심원한 학문의 경지에 오르게 되었다. 명나라가 망하자 미친 척하고 세상을 등졌기 때문에 사람들이 이치二痴라 불렀다. 시문으로 청나라 초기에 명성을 얻었다. 시에서는 강서시파江西詩派를 배척하고 서곤체西昆體를 존중했다. 지은 시도 의론은 배제하고 함축미를 담은 작품이 많다. 글을 쓸 때는 고증을 분명히 했고, 논의할 때도 물정物情을 잘 드러냈다. 저서로 『둔음시문고鈍吟詩文稿』[18] 등이 있다.

1. 독서에는 하나의 법칙이 있다. 나의 뜻과 부합되지 않은 곳이 있다는 것을 깨달으면 일단 놓아두고 지나가야 한다. 훗날에 혹 깨우칠 수 있으니, 그것이 옳지 않다고 곧바로 말해서는 안 된다.
讀書有一法: 覺有不合意處, 且放過去; 到他時或有悟入, 不可便說他不是. 『둔음잡록鈍吟雜錄』

18 『둔음시문고鈍吟詩文稿』: 명말 청초의 문인 풍반馮班의 저서로 총 23권이다. 『풍씨소집馮氏小集』 3권, 『둔음집鈍吟集』 3권, 『둔음별집』 1권, 『둔음여집』 1권, 『유선시遊仙詩』 2권, 『둔음노인집외시』 1권, 『둔음악부』 1권, 『둔음문고』 1권, 『둔음잡록』 10권이다.

2. 정자程子가 『좌전』을 논하여 말하길 "그중 믿을 만한 것만 믿어라. 안회 같은 사람〔如愚〕[19]은 그렇게 하지 않겠지만, 의심나는 부분은 보류해두는 것이 더 낫다"라고 했다.

程子論『左傳』云: "信其可信者. 如愚則不然, 不如闕其所疑." 『둔음잡록』

3. 공자께서 "옛것을 믿고 좋아한다信而好古"[20]라고 했는데, 송나라 사람은 독서할 때 옛것을 좋아한다고 한 것을 듣지 못했으니, 그 속마음을 믿을 수 없다.

夫子曰: "信而好古." 宋人讀書, 未聞好古, 只是一肚皮不信. 『둔음잡록』

4. 독서할 때는 마땅히 오래된 판본을 구해야지, 새로운 판본은 근거하여 공부하기에 적합하지 않다. 또 고서古書에는 글자가 같지 않은 것이 많으니 이것을 가지고 저것을 검증해서도 안 된다.

讀書當求古本, 新本都不足據. 又古書字多不同, 不可以此證彼. 『둔음잡록』

5. 독서할 때는 마땅히 온전한 책을 읽어야지, 절초節鈔한 것을 읽어서는 안 된다.

讀書當讀全書, 節鈔者不可讀. 『둔음잡록』

19 如愚는 공자가 제자 안연을 평하여 "어리석은 사람처럼 보인다"고 말한 것에서 유래한다.

20 옛것을 (…) 좋아한다: 『논어』「술이」에 나온다. "공자께서 말씀하셨다. '말할 뿐 짓지 않으며, 옛것을 믿고 좋아한다'子曰, '述而不作, 信而好古'"라고 했다.

6. 옛사람의 책을 읽을 때, 책 속의 좋은 말을 본받으려고 하지 않고 기이한 것만 구하여 옛사람보다 나아지기를 좋아하는 것은, 가장 어리석은 짓이다.
讀古人之書, 不師其善言, 好求詭異而勝古人者, 愚之首也. 『둔음잡록』

7. 독서를 많이 하면, 포부가 절로 높아져서 말을 하면 모두 옛사람과 서로 통하는 것이 첫 번째 장점이고, 학식이 풍부해지고 아는 것이 많아져서 글을 지을 때 근거를 둘 수 있는 것이 두 번째 장점이며, 보는 것이 많아서 저절로 장단점을 알게 되어, 문장을 지을 때 글의 재료를 취하고 버릴 줄 알게 되는 것이 세 번째 장점이다.
多讀書, 則胸次自高, 出語皆與古人相應, 一也. 博識多知, 文章有根據, 二也. 所見既多, 自知得失, 下筆知取捨, 三也. 『둔음잡록』

8. 책을 펼쳐서 빨리 읽으면 하루에도 수십 권을 읽을 수 있다. 늙어 죽을 때까지 나태해지지 않으면 부지런하다고 말할 수 있으나 이로운 점이 없다. 여기에 하나의 설이 있다. 빨리 읽으면 생각이 정밀해지지 않고, 한 번 읽고 그치면 그 문장을 기억할 수 없어서, 비록 부지런히 독서해도 읽지 않은 것과 같다. 독서할 때는 많이 읽기를 구하지 마라. 세월이 쌓이고 나면 책의 수량은 저절로 넉넉해진다. 경서와 역사서 등 훌륭한 책은 한 번 읽는 것으로는 결코 다 알 수 없다. '배우기를 좋아하고 생각을 깊이 하라好學深思'[21]에서 한 글자도 빠질 수 없는 것이다.
開卷疾讀, 日得數十卷. 至老死不懈, 可曰勤矣, 然而無益. 此有說也.

21 배우기를 좋아하고 생각을 깊이 하라: 사마천의 『사기』「오제본기五帝本紀」에 나오는 말이다. 사마천은 "배우기를 좋아하고 생각을 깊이 하면, 마음으로 그 뜻을 알 수 있다好學深思, 心知其意"라고 했다.

疾讀則思之不審, 一讀而止, 則不能識憶其文; 雖勤讀書, 如不讀也. 讀書勿求多, 歲月旣積, 卷帙自富. 經史大書只一遍讀亦不盡. 好學深思四字, 缺一不得. 『둔음잡록』

9. 유학자 중에서 배우기를 좋아하는데도 공功을 세우고 사업을 이룰 수 없는 이유는, 독서가 무익해서가 아니라 다만 책을 볼 줄 모르기 때문이다. 옛사람의 말과 행동에 대해 평론한 것을 볼 때는, 모두 뜻으로 시비를 판단해야지 실제로 체험할 수는 없다. 이와 같이 하면 독서를 해도 무익하다.

儒有好學, 而不能立功立事者, 不是讀書無益, 只是不會看書. 觀其尙論古人處, 皆是以意是非, 不曾實實體驗. 如此, 則讀書無益. 『둔음잡록』

10. 요즘 사람들이 독서할 때 저절로 흐르게 되는 폐단이 있으니, 근대의 의견이나 논평으로 옛사람을 판단하고, 속본의 나쁜 책으로 옛본을 교감하기를 좋아하는 것이다. 호효원胡孝轅[22]과 주울의朱鬱儀는 배운 것이 많다고 일컬어지는 사람이다. 호공은 시를 논하다가 노두老杜(두보)를 품평할 때는 이우린李于鱗[23]의 『시산詩刪』[24]과 차이가 별

22 호효원胡孝轅: 명말의 문학가 호진형胡震亨을 이른다. 1597년 거인으로 천거되어 관직에 올랐다. 당시唐詩의 총집 『당음통첨唐音統籤』 1027권의 마지막 부분에 있는 『당음계첨唐音癸籤』 33권을 지어 알려져 있다. 당시唐詩의 연혁과 형식, 성조聲調, 작가의 장단점, 용어의 주석과 별집, 총집, 평론 등에 대한 여러 견해와 자료를 수록하고 있다.

23 이우린李于鱗: 명나라 시인 이반룡(1514~1570)을 이른다. 그는 이몽양(1473~1530), 하경명何景明(1483~1521)을 중심으로 하는 홍치칠자弘治七子의 복고설을 계승, 왕세정 등과 고문사설古文辭說을 제창하여 진한秦漢의 고문을 모범으로 삼고 한漢·위魏·성당盛唐 시의 격조를 중시했으며, 사진謝榛·오유악吳維岳·양유예梁有譽·왕세정과 함께 시사詩社를 결성하고 5자五子로 불렸다. 특히 칠언근체七言近體에 가장 능했다고 한다.

24 『시산詩刪』: 이반룡이 편찬한 시가선집이다. 23권이며 원래 이름은 『고금시산古今詩刪』이었다.

로 없었다. 〔호효원의 『두서통杜書通』이 있으나 그 책은 정말 가소롭다.〕 이군교李君校의 『수경水經』[25]은 정밀하고 세심함이 지극하지만, 그는 속본俗本으로 근거를 삼았기 때문에, 의미에 합당하지 않은 부분이 있다. 다만 소주小注에 '송나라 판본에는 어떤 글자〔某字〕'로 되어 있다고 했을 뿐이다. 두 사람도 또한 이와 같은데, 어찌 배우지 못한 어린 학생을 탓하겠는가?

今人讀書, 自有通病, 好以近代議論裁量古人也, 以俗本惡書校勘古本也. 胡孝轅朱鬱儀號爲多學者也, 胡公論詩, 是非老杜, 詳其學問所自, 不離李于鱗『詩刪』, 〔胡有『杜書通』, 其書絕可笑.〕 李君校『水經』精審之極, 然其以俗本爲据, 意有不安. 惟小注云, "宋板作某字"耳. 以二公且如此, 何尤不學小生耶? 『둔음잡록』

11. 요즘 사람들은 『사기史記』를 읽을 때, 그저 태사공 문집文集으로만 읽을 뿐 역사서로 읽을 줄 모른다.

今人讀『史記』, 只是讀太史公文集耳, 不曾讀史. 『둔음잡록』

12. 학문하는 것은 온전히 젊었을 때 해야지, 나이가 들면 성공하기 어렵다. 그러나 나이가 들더라도 노력하지 않아서는 안 된다.

爲學全在小時, 年長便不成; 然年長矣, 亦不可不勉! 『둔음잡록』

13. 천하에는 독서를 즐기고 옛것을 좋아하는 자가 없는 것은 아니

25 『수경水經』: 중국 하천의 수로를 서술한 대표적인 지리지地理志로 총 40권이며 저자는 미상이다. 일설에는 한漢의 상흠桑欽이 지었다고도 하고 진晉의 곽박郭璞이 지었다고도 한다. 현재 전해지는 책은 북위北魏 때의 역도원酈道元(466~527)이 주석한 『수경주水經註』다.

다. 그러나 내 생각에는 두 가지 병폐가 있는 것 같다. 첫 번째, 확실하게 이해하지 못했음에도 멋대로 경전·역사서·여러 전문 학술서적을 대충 훑어보지만, 끝내 옛사람의 핵심을 얻지 못하는 것이다. 그 병은 청맹과니와 같다.

두 번째, 옛사람을 논박하기를 좋아해서 성인을 업신여기고 경서를 비방하는 것을 두려워하지 않으며, 세상에 자랑할 만한 신기한 학설을 지어낸다. 그 병은 마치 망상에 빠져서 미친 듯이 달리는 것과 같다. 청맹靑盲의 병은 병통이 한 몸에 그치지만, 미친 듯 내달리는 병은 그 병통이 후세에까지 미치니, 자세히 살피지 않은 까닭이다.

天下非無嗜書好古者也, 然竊謂有二病焉: 不具一知半解, 縱涉獵經史百家, 究不得古人要領, 其病若靑盲. 好翻駁古人, 不惜誣聖非經, 創爲新奇炫世之說, 其病若怖頭狂走. 靑盲之病, 病止一身; 狂走之病, 病在後世, 非細故也. 『둔음잡록』「서서」

207

신함광
申涵光

신함광申涵光(1619~1677)은 명말청초의 학자로 자가 부맹孚孟, 화맹和孟이고, 호가 부맹鳧盟, 총산聰山이다. 순치 연간에 공생貢生이 되었고, 젊어서 시로 이름이 났다. 만년에는 명성이 더욱 높아져 은악殷岳, 장개張蓋와 함께 '광평삼군廣平三君'으로 불렸다. 벼슬길에 미련을 끊고 천거를 받아도 나가지 않았다. 이학理學을 두 동생에게 가르쳤는데 모두 입신양명했다. 손기봉孫奇逢에게 배운 뒤로 천인성명天人性命의 요지를 밝히고 이학을 연구했다. 저서로 『총산집聰山集』[26] 『형원어록荊園語錄』 등이 있다.

1. 독서할 때 이해하지 못하는 곳이 있으면, 표시를 해 아는 사람에게 물어보고, 신중히 하되 가볍게 스스로 고치지 말아야 한다. '銀은' 자와 '根근' 자를 잘못 고친 일[27]은 천고의 웃음거리가 되었다.
讀書有不解處, 標出以問知者; 愼勿輕自改竄, 銀根之誤, 遺笑千古.
『형원어록荊園語錄』

26 『총산집聰山集』: 신함광의 문집이다. 연보와 전지傳志 1권을 두고, 그 다음에 문 3권과 시 8권을 실었다. 부록한 「형원소어荊園小語」 1권과 「형원진어荊園進語」 1권은 모두 신광함이 지은 어록들이다.

27 '銀은' (…) 고친 일: '은근지오銀根之誤'라고 한다. 당나라 문장의 대가인 한유의 아들이 '금근거金根車'를 '금은거金銀車'로 고치는 실수를 저질러 세상 사람의 비웃음을 받았던 일을 가리킨다.

2. 항상 한 권의 책을 읽을 때 일단 다른 책을 보관해두었다가, 독서가 끝났을 때 바꾸어 읽으면 그 마음이 비로소 전일해진다.
每讀一書, 且將他書藏過; 讀畢再換, 其心始專. 『형원어록』

3. 언제나 자기에게 있는 잘못을 볼 수 있어야만 진보가 있고, 학문에 퇴보가 없게 된다.
只常常看得自己有不是處, 學問便有進無退. 『형원어록』

4. 빌린 책 중에서 잘못된 것이 있으면 그때마다 다른 종이에 기록해서 해당 조목 아래에 두었다.
借書中有僞者, 隨以別紙記出, 置本條下. 『형원어록』

5. 경서에 실린 것은, 모두 옛사람이 직접 몸으로 경험한 일로 후대에 남겨서 보여준 것이다. 만약 앞 사람이 지난 과정을 가지고 사람들에게 일일이 가르쳐주면 동쪽에 가서 구해야 하는 것을 서쪽에 가서 묻는 일에서 벗어날 수 있을 것이다. 만약 전혀 살피지 않고 자기 맘대로 다니게 되면 어긋나지 않는 자가 없을 것이니, 바른길을 찾아가게 되더라도 크게 힘을 낭비할 것이다.
經書所載, 皆古人親身經歷之事, 留示後人; 如前人行過底路程, 向人一一指點, 免得東求西問. 若一概不省, 任意自行, 未有不錯者. 縱使尋着正路, 亦大費力. 『형원어록』

6. 예로부터 독서하지 않은 성현은 없었다. 그러나 심학心學[28]의 설이 유행하면서부터 육경이 폐해졌다. 예로부터 독서하지 않은 시인은 없었다. 그러나 경릉竟陵의 시파[29]가 융성해지면서부터, 속에 든 것도 없으면서 사람마다 문단의 영수로 자처했다.
從古無不讀書之聖賢; 自心學之說行, 而六經可廢矣. 從古無不讀書之詩人; 自竟陵之派盛, 而空腸寡腹者, 人人壇坫自命矣. 『형원어록』

7. 경전은 세로줄이 되고 역사서가 가로줄이 되며, 경서는 의사가 진단하는 것과 같고, 역사서는 의사가 처방하는 것과 같다. 진단하여 병의 근원을 밝히고 처방하여 약의 효험을 증명한다. 선비는 반드시 경서와 역사서에 관통해야 유용한 책을 지을 수 있다. 그 나머지 책은 모두 천천히 봐도 된다.
經爲經, 史爲緯, 經如醫論, 史如醫案, 論以明病之源, 案以驗藥之效. 儒者必貫串經史, 方爲有用之書. 其餘他書皆可緩也. 『형원어록』

28 심학心學: 육구연과 왕수인으로 대표되는 송·명의 학술 계통이다.

29 경릉의 시파: 명 말기 시파로, 중심 인물은 종성鍾惺과 담원춘譚元春이다. 명 중기 이후 의고주의가 성행하여 고전을 모방하는 경향이 많아 청신한 맛을 잃고 있었다. 이에 대해 개혁주의자들은 반의고의 입장을 취했다. 그중에서 경릉파는 고전의 참된 정신을 자신에의 엄격한 침잠을 통해 재발견할 것을 목표로 『고시귀古詩歸』 15권, 『당시귀唐詩歸』 36권에 구체적으로 나타냈고 널리 유행하게 되었다. 당대의 비평에서는 기발한 점은 있으나 독단과 기교가 심하다며 많은 비난을 받았다. 그러나 비뚤어진 의고주의에 대해 비판한 공적은 적지 않다고 평가된다.

208

모선서
毛先舒

모선서毛先舒(1620~1688)는 명말청초의 문학가로, 자가 치황稚黃, 치황馳黃이고, 일명 규騤다. 명나라가 망한 뒤 다시 관직에 나가지 않았다. 어려서부터 총명하여 8세에 시를 짓고 10세에 문장을 지었으며, 18세에 「백유당白楡堂」을 지었다. 그의 시는 음조가 맑고 밝으며 칠자七子의 여풍이 있었다고 평가된다. 진자룡陳子龍은 그의 재능을 기특하게 여겼고, 그도 진자룡을 따르며 교유했기 때문에 영향을 많이 받았다. 또한 유종주를 따라 강학하며 '서령십자西泠十子'의 한 사람이 되었다. 시문은 모기령毛奇齡, 모제가毛際可와 함께 명성을 떨쳐, 당시에는 '절중삼모浙中三毛' '문중삼호文中三豪'라 칭송되었다. 음운학에도 정통했다. 『사고당집思古堂集』[30] 등이 있다.

모치황毛稚黃(모선서)이 말하기를, "독서의 핵심에는 네 가지가 있다. 첫째는 받아들임이다. 마음으로 받아들여 몸속에 간직하고 몸으로 받아들여 책방 속에 간직해두는 것이다. 두 번째는 간단하게 함이

30 『사고당집思古堂集』: 모선서의 문집으로 총 4권이다. 책의 맨 앞에 1685년에 쓴 반뢰潘耒의 「서문」이 있다. 이에 따르면 "모선서가 지은 책으로는 『손서潠書』 『광림격물문답匡林格物問答』 『성학진어聖學眞語』 『동원문초東苑文鈔』 『시초詩鈔』 등이 있어, 족히 수십만자가 되는데 여기에 또다시 이 책을 저술했다"고 했으니, 이 책이 완성된 것은 그의 다른 책들이 저술되고 난 후로 보인다. 모선서가 쓴 글 14종을 모아 판각할 때 이 책을 맨 앞에 두었다.

다. 오직 간단해야 익힐 수 있다. 만약 전공해야 할 것이 많으면, 힘쓰는 것이 분산되어 효과는 적고 정신이 피폐해져 세월만 소모하게 된다. 세 번째는 마음을 오직 한 곳에 두는 것이다. 일마다 힘쓰지 않으면 그 마음이 둘로 셋으로 나뉘어 성취하는 것이 없게 된다. 네 번째는 꾸준함이다. 비록 전심으로 하나에 뜻을 두어도, 꾸준함이 없어서 어떨 때는 마음을 쓰고 어떨 때는 그만둔다면 시작은 있어도 끝내는 경우가 드물어서, 역시 이루는 바가 없다. 그러므로 꾸준함을 보존하는 것이 더욱 핵심이다.

毛稚黃曰: 讀書有四要: 一曰收, 將心收在身子裏, 將身收在書房裏是也. 二曰簡, 惟簡斯熟, 若所治者多, 則用力分, 而奏功少, 精神疲, 歲月耗矣. 三曰專置心一處, 無事不辦, 二三其心, 必無成就. 四曰恒, 雖專心致志於一矣, 而苟無恒, 時作時輟, 有初鮮終, 亦無成也, 故存恒尤要焉. 『독서작문보讀書作文譜』

209

왕부지
王夫之

왕부지王夫之(1619~1692)는 명말청초의 사상가이자 문학가로 호가 강재薑齋, 매강옹賣薑翁, 호자壺子, 일호도인一壺道人, 선산노농船山老農 등이다. 젊었을 때 악록서원에서 오도행吳道行에게 학문을 익혔다. 시대적 격변 속에서 청에 저항하여 형산衡山에서 기의起義했고 체포를 피해 여러 지역을 유랑했다. 만년에 석선산石船山에 은거하며 학문과 저술에 몰두해 '선산 선생船山先生'으로 일컬어진다. 천문, 역법, 수학, 지학 등을 연구했으며 경經, 사史, 문학에 조예가 깊었다. 그는 비록 정주 이학을 신봉했지만 유심주의唯心主義를 비판하고, 중국 유물주의 사상을 집대성한 계몽주의 사상의 선구자다. 황종희, 고염무와 더불어 명말청초의 3대 사상가로 불린다. 『선산전서船山全書』[31]가 있다.

1. 역사서를 읽는 것도 또한 학문을 넓히는 일인데, 자신이 세운 뜻을 잃어버리는 것에 악영향을 끼치는 것이 완玩이다. '완玩'이란, 좋아해서 즐기는 것을 말한다. 예컨대 『사기史記』「항우본기項羽本紀」와 두

31 『선산전서船山全書』: 왕부지의 문집으로 여러 차례 판각된 바 있다. 1839년에 후손 왕세전王世全과 등현학이 왕부지의 유서를 수집하여 『선산유서船山遺書』 150권을 판각했다. 또한 목종穆宗 동치同治 연간에 증국번, 증국전이 중각했는데 모두 172권이었다. 민국시대 이후에 다시 유실된 왕부지의 일부 자료를 수집하여 판각했고, 1930년에 『선산유서』를 중각할 때 경사자집으로 나눠 모아서, 모두 70종 358권이 되었다.

영竇嬰[32]의 「관부전灌夫傳」과 같은 글은 흥미진진하고 통쾌하여, 읽는 자가 푹 빠져 그만둘 수 없어, 곧 슬픔과 기쁨이 번갈아 생기고 정신이 들뜨고 혼백이 나가도 스스로 억제할 수 없다. 이때 평소 세운 뜻을 두고 숭상하는 것이 어디로 가는지 알지 못하게 된다. 이것을 상지喪志라고 한다. 자기의 뜻과 기운이 마음대로 드러나기 때문에, 몸과 마음에 도움이 되는 것이 없다. 어찌 유독 역사서를 읽을 때만 그러겠는가? 경서도 또한 좋아해서 즐길만한 것이 있는데, 그것을 즐기는 게 세운 뜻을 잃게 만드는 때가 있다. 예컨대 「칠월七月」 같은 시에 빠져 즐기면 아내와 아들이 소금·쌀·베·비단을 만드는 일에 몰두하여 삶을 유지하는 방법에 깊이 빠지게 되고, 「동산東山」 같은 시에 빠져 즐기면 또한 부부가 춥고 따뜻하고 붙고 부비는 가운데 시끄럽게 떠드는 일에 지나치게 즐거워하게 된다. 『춘추전春秋傳』에는 이와 같은 글이 더욱 많다. 그러므로 반드시 예禮로써 단속하여 모두 조심하고 두려운 마음으로 대해야 한다. 한 단락, 한 조목, 한 글자, 한 구절을 모두 이끌어와 내 몸과 마음에 결부시켜 큰 뜻에서 구하여 부합시키면, 널리 공부함에 한계를 짓지 않을 수 있고 예禮가 존재하지 않는 곳이 없을 것이다.

讀史亦博文之事, 所惡於喪志者, 玩也. 玩者, 喜而弄之之謂. 如『史記·項羽本紀』及『竇嬰·灌夫傳』之類, 淋漓痛快, 讀者流連不舍, 則有代爲悲喜, 神飛魂蕩而不自持. 於斯時也, 其素所志尙者, 不知何往, 此之謂喪志. 以其志氣橫發, 無益於身心也. 豈獨讀史爲然哉? 經亦有可玩者, 玩之亦有所喪. 如玩「七月」之詩, 則且沈溺於婦子生計鹽米布帛之中; 玩「東山」之詩, 則且淫泆於室家嚅唲寒溫坿摩之內; 『春秋傳』此類尤衆. 故必約之以禮, 皆以肅然之心臨之; 一節一目, 一字一

32 두영竇嬰(?~기원전 131): 전한의 대신으로, 자가 왕손王孫이고, 청하淸河 관진觀津(지금의 허베이 헝수이衡水 동쪽) 사람이다. 한 문제 황후의 조카로서 오吳·초楚 7국의 난 때, 경제의 신임을 받아서 대장군이 되어 형양滎陽을 지키고 제와 조의 병사를 감찰했다. 7국이 격파되자, 위기후魏其侯에 봉해졌다. 무제 초기에 승상에 임명되었다. 이후 절친인 관부灌夫를 구하려다가 탄핵당하여 끝내 사형에 처해졌다.

句, 皆引歸身心, 求合於所志之大者, 則博可勿畔, 而禮無不在矣. 『사해侯解』

2. 연명淵明(도잠陶潛)은 독서할 때, 단지 큰 뜻만 보았다. 왜냐하면 한漢나라 이후의 주소가注疏家들이 자질구레하게 글자나 구절의 뜻풀이만 하면서, 무익하게 말만 길게 늘여놓았기 때문이다. 예컨대 옛사람이 잘 갖추기를 요구하는 말인 '왈약계고曰若稽古'[33]라는 네 글자에 대해서, 그 해석이 1만여 글자에 이르렀다. 이와 같은 것은 따를 수 없으니, 해석이 넘쳐나서 귀결할 곳을 잃어버리기 때문이다.

도연명은 취사取捨를 선택하는 것에 뛰어났으나 당시 비천한 유자들은 놀라며 완전히 잘못되었다고 여겼다. 그의 말이 널리 퍼지고 전해져, 마침내 게으르고 자유분방한 자들이 핑계로 삼게 되었다. 한퇴지韓退之(한유韓愈)는 "『이아爾雅』에서 벌레와 물고기까지 주석했으니 (『이아』를 지은 이는) 분명히 공명정대한 사람이 아니다"라고 했는데, 그것은 순경荀卿과 양웅揚雄이 정밀하지 않은 것을 선택하고, 자세하지 않은 것을 말한 것을 나무란 것이었다. 이는 곧 공명정대하다고 자부하는 사람이 반드시 이르게 되는 병통이다.

독서하는 자는 부모와 스승을 대하는 마음으로 독서에 임하되 한 번의 기침과 한 번의 기지개 등에도 감히 소홀히 해서는 안 된다. 그리고 형태가 없는 것도 보고 소리가 없는 것도 들으려는 마음을 더하여, 종지宗旨가 담긴 표현을 따르려고 해야 바야흐로 성인의 말씀을 경외한다고 할 수 있다. 엉성하고 게으른 재주를 가지고 도연명과 비교하며 공명정대하다고 자칭하는 것은 스스로를 해치는 일이다.

陶淵明讀書, 但觀大意. 蓋自漢以後, 注疏家瑣瑣訓詁, 爲無益之長言, 如昔人所謂'曰若稽古'四字, 釋至萬餘言. 如此者, 不得逐之, 以氾濫

33 왈약계고曰若稽古: 『서경』의 첫 번째 구절로, 일반적으로 '옛 문헌을 고찰해 보다'의 뜻이다. 그러나 '曰'과 '若'의 의미가 분명하지 않아서, 여러 주석가의 의견이 분분하다.

失歸. 陶公善於取舍, 而當時小儒驚爲迴異. 乃此語流傳, 遂爲慵惰疏狂者之口實. 韓退之謂『爾雅』注蟲魚, 定非磊落人; 而其譏荀·揚擇不精, 語不詳, 則自矜磊落者必至之病. 讀書者以對父母師保之心臨之, 一謦欬, 一欠伸, 皆不敢忽; 而加以視於無形, 聽於無聲之情, 將順於意言之表, 方可謂畏聖人之言. 以疏慵之才而效陶公, 自命爲磊落, 此之謂自暴.『사해』

210

모기령
毛奇齡

모기령毛奇齡(1623~1716)은 청나라 학자로 호가 서하西河다. 1679년 박학홍사과에 응시했으며, 한림원검토에 임명되어 『명사明史』 편찬에 참여했다. 양명학의 영향을 받았으나 고증학을 좋아하여, 경학·역사·지리 등에 관한 많은 저술을 남겼다. 주자를 비판한 『사서개착四書改錯』, 염약거의 『고문상서소증』을 반박한 『고문상서원사古文尚書冤詞』 등이 있다. 박식하나 당파의식이 강하여 편파적인 의론을 좋아했다. 『모서하전집毛西河全集』이 있다.

서하西河(모기령) 선생은 무릇 시와 문장을 지을 때, 반드시 먼저 앞에다가 책을 가득 나열해서 정밀하게 심사한 뒤에 비로소 종이를 펴고 빠르게 쓴다. 예전에 말하기를, "무릇 한 차례 글을 쓸 때, 한 번 책을 펴서 읽으면 전고典故가 죽을 때까지 잊히지 않으니 날마다 모이고 달마다 쌓이면 자연히 널리 알아서 막힘이 없게 될 것이다. 젊은 이들이여, 본받아서 행하기를 바란다"라고 했다.

西河(毛奇齡別號) 先生凡作詩文, 必先羅書滿前, 考核精細, 始伸紙疾書. 嘗曰: "凡動筆一次, 展卷一回, 則典故終身不忘, 日積月累, 自然博洽. 後生小子, 幸仿行之!" 『양반추우암수필兩般秋雨盦隨筆』

211

위제서
魏際瑞

위제서魏際瑞(1620~1677)는 청나라 문인으로 명나라가 망한 후 취미봉翠微峰에 은거하며 거처를 역당易堂이라 하고 학문을 연마했으며, 동생 위희魏禧, 위례魏禮와 함께 '영도삼위寧都三魏'로 불렸다. 1677년 청나라 장수 철이긍哲爾肯의 명령으로 오삼계吳三桂의 부하 한대임韓大任의 항복을 설득하다 죽임을 당했다. 청나라 초기 역당학파易堂學派 창시자의 한 사람으로 경세치용과 궁행실천을 공부의 요체로 삼아, 정주학과 육왕학의 공소한 학풍에 반대했다. 『위백자문집魏伯子文集』이 있다.

1. 의심나는 것이 있어서 생각해보아야 할 때, 상하사방으로 방법을 찾아서 나올 곳이 없을 때에야 다른 이에게 물어야 한다. 의심스러운 곳에 대해 노력과 고민을 하다가, 다른 의견을 들으면 쉽게 해결된다.

有疑要思, 到上下四旁尋路不出處, 然後可問. 受過困悶, 聞言則迎刃而解. 『위백자문집魏伯子文集』「우서偶書」

2. 독서에는 죽도록 열심히 하는 공부는 있어도 즐겁게 하는 공부는 없다. (…) 그러므로 하나를 깨달아 인식하면, 온갖 일을 마무리할 수 있다. 따라서 오로지 한 가지를 궁구하여, 그 하나를 반드시 다 깨쳐야 한다. 다 깨치지 못하고 그냥 두면 〔이것을 버려두고 다른 것을 궁구하

는 것을 말한다.〕 갖은 방법으로 궁구해도 깨칠 수 없다.〔온갖 사물의 이치를 궁구해도 깨칠 수 없음을 말한다.〕 그중 어려운 것을 궁구하면 쉬운 것은 궁구할 것도 없다.

讀書有死工夫, 無活工夫. (…) 故曰: 識得一, 萬事畢. 專而攻一, 其一必破; 不破而置之〔謂置此而別攻〕百攻焉而不破也.〔謂攻百物而不能破.〕攻其難, 易者無足攻矣. 『위백자문집』「논문論文」

3. 마음은 기물器物과 같아서, 그냥 두면 먼지가 생기고, 또 오솔길과 같아서 뜸하면 풀이 자라나 가로막으니, 때때로 『시詩』와 『서書』의 기운을 통해 걸어다니고 닦아주어야 한다.

心如器物, 置則生塵. 又如山徑, 間則茅塞, 須時以詩書之氣, 巡歷而拂拭之. 『위백자문집』「시자示子」

212

위희
魏禧

위희(1624~1680)는 명말청초의 산문가다. 제생諸生 출신으로 명나라가 망하자 취미봉翠微峰에 은거하여 '작정선생勺庭先生'으로 일컬어졌다. 고학古學에 열중하여 특히 사학에 권위가 있었으며 청대 초기에 고문 작가로서 유명했다. 왕완汪琬, 후방역侯方域과 '청초산문삼대가淸初散文三大家'로 일컬어진다. 그리고 형 위제서魏際瑞, 아우 위예魏禮와 더불어 '영도삼위寧都三魏'로 알려져 있고, 삼형제가 팽사망彭士望, 임시익林時益, 이등교李騰蛟, 구유병邱維屛, 팽임彭任, 증찬曾燦과 함께 '역당구자易堂九子'로 일컬어진다.

1. 사람이 배우지 않으면 어려운 부분을 알 수 없고, 의심하지 않으면 깨달을 수 없다. 지금 내가 의심나는 것을 물어보되, 돌이켜 구해보아도 그 단서가 없다면 어렵지 않은 바가 없어서 어려운 것이 없는 것과 같고, 한번 깨달을 것도 없으니 어찌 의심하지 않을 수 있겠는가?
人不學, 不知困; 不疑, 不能悟. 禧今欲以質疑請問, 反求而無其端, 無所不困, 同於無困, 一無所悟, 安得無疑?『위숙자문집』

2. 독서를 잘하는 것은, 옛사람이 말하지 않는 것을 드러내고 옛사람이 완비하지 못한 것을 보충하는 데 달려 있다. 옛사람의 말을 준

수하되 융통성 있게 잘 처리해 앉아서는 말하고 서서는 실천하면서 효과를 거둘 수 있어 그것이 귀한 것이다.

善讀書者, 在發古人所不言, 而補其未備; 持循而變通之, 坐可言, 起可行而有效, 故足貴也.『좌전경세서左傳經世書』

3. 『논어』에서 "옛것을 믿고 좋아한다信而好古"라고 했으니, 옛사람의 글을 읽을 때는 옛것을 믿을 수 없다고 의심하지 말아야 한다. 그러나 나는 감히 내가 의심한 바를 버리면서까지 옛사람을 믿을 수는 없다. 더욱 그 의심을 감히 자신할 수는 없다.

語曰"信而好古", 讀古人書, 不疑不足以信古也. 予不敢廢己所疑以信古人, 尤不敢自信其疑.『잡문인雜問引』

4. 역사서는 비록 옛사람이 자취를 진술한 것이지만, 온갖 법이 모두 갖춰져 있다. 때마다 힘쓸 일이 있다는 것을 아는 자는 다만 거기에서 선택해서 사용해야지, 절대로 조그만 일이라도 자기가 더 표출할 필요가 없으니, 이것은 옛사람에게 없었던 것을 보탠 것이다. 옛 선비가 말하기를, "독서는 사람의 마음을 부주의하게 만든다"고 했는데, "나무다리를 독서하면서 건너면 쉽게 넘어진다"고 말하는 것과 같다. 이는 세심한 마음으로 역사서를 읽으라는 뜻이지, 다리를 건널 필요가 없다고 말하는 것은 아니다. 후대의 사람들이 이 말을 잘못 알아듣고, 도학에 뜻을 둔 자도 단지 『성리대전』이나 『어록』만 보았고, 역사서는 높은 선반에 두거나, 혹 보더라도 거의 패관소설과 동등하게 여길 뿐이었다. 정이천은 늘 역사서를 읽다가 절반 정도에 이르면, 책을 덮고 그 성패를 생각한 후에 다시 읽었는데, 합치되지 않은 곳이 있으면 다시 생각했다. 그 사이에 다행스럽게 성공하거나 불행하게 실패하는 경우가 있더라도, 이미 그렇게 된 자취와 여러 사

람의 논의만 따르지는 않았다. 이것이 바로 마음에 부주의한 곳이 있을까 두려워한 것이다. 내가 예전에 도학선생이 역사서를 읽을 때는 이와 같아야 한다고 생각한 적이 있었다. 아마도 요즘 재능으로 자부하여 역사학에 통달한 자도 반드시 이같이 하지는 않았을 것이다.
史鑑雖古人陳跡, 然百法俱備, 識時務者, 但須揀擇用之, 絕不消自己添出一毫物事, 謂是補古人所無. 先儒云: "讀書使人心粗." 如云"過讀木橋, 易使跌", 是要人細心讀史之意, 非謂橋不須過. 後人誤認此語, 有志道學者, 只看性理語錄, 史書置之高閣; 卽或涉獵, 幾等稗官小說而已. 伊川每讀史到一半, 便掩卷思其成敗, 然後再看; 有不合處, 又更思之. 其間有幸而成, 不幸而敗者, 不獨狥其已然之跡與衆人之論. 此正是怕心粗處. 愚嘗謂道學先生讀史蓋如此. 恐今日自負才氣, 淹通史學者未必如是也. 『여팽중숙與彭中叔』

5. 독서에 있어서 나는, 읽은 것을 잊어버리는 것이 가장 괴롭다. 아마도 너의 열 배는 될 것이다. 그러나 옛사람이 뜻을 쏟은 곳을 깨우치는 데는 다른 방법이 없다. 오로지 집중하고 부지런히 하여, 하나의 이치를 얻으면 그때마다 밤낮으로 생각하고 실제 상황에 적용하려고 하는 것이니, 그 효과가 어떠하겠는가? 그리하여 배운 것은 조금씩 실생활에 적용할 수 있고, 외우는 데만 치우치지 않았다.
讀書吾最苦遺忘, 十倍於汝; 然頗曉古人用意處, 無他, 用心專勤, 得一理, 輒日夜思之, 欲措諸實事, 得失何如? 故所學稍得用, 不倚記誦也. 『답세걸答世傑』

6. 사람은 역사서를 읽지 않으면 안 된다. 역사서를 읽지 않았을 때는 스스로 매우 고상하여 7척의 몸이 우뚝하게 높은 경지에 홀로 서 있는 것 같다고 생각하다가, 앞 시대의 인물을 보면 갑자기 극도로 왜소해져서 땅이 아주 넓다 하더라도 마침내 발 디딜만한 작은 땅조

차 없어지게 되는 것을 깨닫지 못한다.
人不可不讀史, 未讀時, 覺自己儘高, 七尺之軀昻然獨上. 及見前代人物, 忽不覺矮矬極了, 大地雖寬, 竟無站足之地. 『이언裏言』

7. 책을 읽고 다른 사람의 말을 들을 적에, 마땅히 스스로 반성해야 할 것으로 네 가지가 있다. 마음을 비우지 않으면 곧 돌에 물을 대는 것과 같이 털끝만큼도 들어갈 수 없고, 깨우치지 않으면 곧 기러기발을 아교로 붙이고 거문고를 연주하는 것과 같이 조금도 변화할 수 없으며, 마음속에 깊이 납득하지 못하면 곧 번갯불이 물건을 비추는 것과 같아서 조금도 잡아둘 수 없고, 몸소 실행하지 않으면 물길로 갈 때 수레를 얻고 육지로 갈 때 배를 얻는 것과 같아서 조금도 받아 쓸 수가 없다.
讀書聽言, 當自省者四: 不虛心, 便如水沃石, 一毫進入不得. 不開悟, 便如膠柱鼓瑟, 一毫轉動不得; 不體認, 便如電光照物, 一毫把捉不得. 不躬行, 便如水行得車, 陸行得舟, 一毫受用不得. 『이언』

8. 옛사람의 책을 읽으면서, 순응하거나 반박하기를 좋아하는 것은 모두 병폐다. 옛사람의 마음을 경외하면서도 그 흠결을 파악할 수 있어야 적절하다.
讀古人書, 好附和翻駁, 皆病也. 能以敬畏古人之心而披其疵, 則幾矣. 『이언』

213

왕완
汪琬

왕완汪琬(1624~1691)은 명말청초의 문학가로 자가 초문苕文, 액선液仙이고, 호가 둔암鈍菴, 효봉堯峯, 둔옹鈍翁이다. 『명사』 편찬에 참여했다. 시와 고문에 뛰어나 구양수를 공부해서 귀유광歸有光의 문장을 방불케 했다. 왕사정, 위희, 후방역 등과 이름을 나란히 했다. 학문적으로는 경세치용을 주장하며 실리, 실학의 연구를 중시했다. 만년에 고향으로 돌아가 경학 연구에 잠심했는데, 특히 상례 제도의 고증에 뛰어났다. 저서에 염약거와 서건학徐乾學 등의 교정을 받은 『고금오복고이古今五服考異』가 있는데, 송원 이래 학자들이 주의하지 않은 것을 발명한 것이 많다. 저서로 『요봉시문초堯峯詩文抄』[34]가 있다.

모으는 어려움은 보존하는 어려움만 못하고, 보존하는 어려움은 읽는 어려움만 못하고, 나아가 몸소 체득하여 마음으로 이해하는 어려움만 못하다. 이런 까닭으로 모으기만 하고 보존하지 못하면 차라리 모으지 말고 보존하기만 하고 읽지 않으면 차라리 보존하지 마라. 그것을 다 읽어서 혹 입이 몸과 어긋나고 행실이 마음과 어긋나며 그 정화를 뽑았으나 실질을 잊어버린다면, 이것은 곧 힘겹게 암송만 하

34 『요봉시문초堯峯詩文抄』: 『요봉문초堯峯文抄』와 동일한 서적으로 보인다. 왕완은 스스로 문장을 모아 『둔옹류고鈍翁類稿』 62권, 『속고續稿』 56권을 만들었다. 만년에 또 손수 더 선별했다. 이후 문인인 임길林佶(1660~1720?)이 간행했다.

는 학문으로 뭇 사람들을 시끄럽게 해서 명성을 훔치려는 것이니, 독서하지 않는 것과 무엇이 다르겠는가? 옛날에 독서를 잘하는 것은 널리 읽는 것에서 시작하여 요약하는 것에서 마무리 된다. 널리 읽되, 많이 읽은 것을 자랑하거나 많이 읽기를 다투지 않고, 요약하되 불완전한 것을 그대로 보존하거나 협소한 지식에 안주하는 것이 아니다. 독서를 잘하는 자는 본성과 생명에 뿌리를 두고 사업과 공적에 대해 깊이 연구하여, 흐름을 따라 그 근원을 찾아서 탐구하지 않는 것이 없고 문체의 격식을 분명이 하여 적용하여 도달하지 않는 것이 없다. 들은 것을 존중하고 아는 것을 실행한다. 잘 읽는 자가 아니라면 이와 같이 할 수 있겠는가?

藏之之難, 不若守之之難; 守之之難, 不若讀之之難, 尤不若躬體而心得之之難. 是故藏而弗守, 猶勿藏也; 守而勿讀, 猶勿守也. 夫旣已讀之矣, 而或口與躬違, 心與迹忤, 采其華而忘其實, 是則呻佔記誦之學, 所爲譁衆而竊名者也, 與不讀奚以異哉? 古之善讀書, 始乎博, 終乎約. 博之而非誇多鬪靡也, 約之而非保殘安陋也. 善讀書者, 根柢於性命, 而究極於事功, 沿流以溯源, 無不探也; 明體以適用, 無不達也. 尊所聞, 行所知, 非善讀者, 而能如是乎? 『요봉문초전시루기堯峯文抄傳是樓記』

214

이옹
李顒

이옹李顒(1627~1705)은 명말청초의 학자로 호가 일운이곡一云二曲이며, 학자들은 이곡 선생二曲先生이라 부른다. 가경제 때 피휘해 용容으로 이름을 고쳤다. 어렸을 때 아버지가 전사해 집안이 가난했지만 경서와 사서, 제자백가를 독학으로 섭렵했다. 손기봉, 황종희와 함께 청나라 초기 삼대유三大儒로 불렸다. 학문은 육왕陸王을 종주로 삼았고, 송학을 숭상하면서 주희와 육구연의 사상을 아울러 취했다. 강희 연간에 여러 지방을 돌며 강학했으며, 청나라 조정의 초빙이 잦아지자 거듭 거절하다가 결국 토실에 숨어 고염무를 제외하고 사람들과의 왕래도 끊었다. 『이곡집二曲集』[35]이 있다.

만약 누군가가 각고의 노력을 기울여 덕과 학문을 갈고 닦는다면, 질

35 『이곡집二曲集』: 이옹의 문집이다. 그의 문인인 왕심경王心敬(1656~1738)이 편집해 매 권마다 편목을 나누어 표시했다. 「회과자신설悔過自新說」「학수學髓」「양상휘어兩庠彙語」「정강어요靖江語要」「석산어요錫山語要」「전심명傳心錄」「체용전학體用全學」「독서차제讀書次第」「동행술東行述」 및 「남행술南行述」「동림서원회어東林書院會語」「광시요무匡時要務」「관중서원회약關中書院會約」「주질답문盩厔答問」「부평답문富平答問」「관감록觀感錄」 등으로 모두 그가 강학 때 가르친 내용을 정리한 것이다. 각 편목은 이옹 자신의 저서로 출간되었던 것도 있고, 제자들이 편집한 것도 있는데 모두 16종이며, 본래 각각 단행본으로 된 책이었기 때문에 각 권 앞에 원래의 「서문」이 기록되어 있는 것도 있다. 이후 16권부터 22권까지는 이옹이 지은 잡문들이며, 23권 이하는 송나라 사람들이 특정 저서의 뒤에 그와 직접 관련이 없는 내용을 부록하던 체례를 따라 덧붙인 것들로, 유종사가 편집한 것도 있다.

문하고 분별하는 것들을 어찌 받아들이기만 하겠는가? 길을 가는 것에 비유하자면, 앞을 향해 곧바로 달려가다 세 갈래의 갈림길을 만나면, 어찌 잘못된 길이 있는지 묻지 않을 수 있고, 어찌 가야 할 길을 분명히 분별하지 않을 수 있겠는가? 그러므로 갈림길을 만나면 곧바로 물어보고, 의문점이 명확해지면 곧바로 가야 헛된 말에 의지하지 않을 것이다. 만약 집안에 편안히 앉아서 길을 묻고 여정을 따지는 것에만 신경 쓴다면, 옳은 말을 들어도 깊이 새기지 못하는 것〔道聽塗說〕[36]일 뿐이다. 이러한 것은 덕을 버리는 것이니 우리가 경계하지 않으면 안 된다.

人苟眞實刻苦進修, 則問與辯又烏容已. 譬如行路雖肯向前直走, 若遇三岔岐路, 安得不問路上曲折; 又安得不一辨明, 故遇歧便問, 問明便行, 方不托諸空言. 若在家依然安坐, 只管問路辨程, 則亦道聽塗說而已矣! 夫道聽塗說, 爲德之棄; 吾人不可不戒! 『이이곡학보李二曲學譜』

36 옳은 (…) 못하는 것道聽塗說: 길에서 얻어듣고 이를 이내 길에서 옮겨 말함. 아무 근거도 없는 허황한 소문. 좋은 말을 듣고도 마음에 깊이 새기지 않음의 비유. 천박한 사람은 교훈이 될 만한 좋은 말을 듣고도 이를 깊이 간직하지 못한다. 『논어』「양화」에서 공자가 "길에서 듣고 길에서 이야기하는 것은 덕을 버리는 것이다道聽塗說 爲德之棄"라고 말한 것에서 나왔다.

215

탕빈
湯斌

탕빈湯斌(1627~1687)은 청나라 초의 관리. 호가 잠암潛菴이다. 쑤저우에 있을 때 오통신사五通神祠를 없애고, 부녀자들이 도관道觀을 다니는 것을 금지했으며, 소설을 인쇄해 파는 것을 허락하지 않았다. 손기봉에게 수학했고, 실천궁행이 참된 도학이라 강조했다. 육왕학과 정주학을 아울러 존중하여 왕수인의 치양지致良知는 성인의 학문에서 참된 줄기이고, 정주학은 우리 유학의 정통을 이어받은 종파라고 했다. 저서로 『탕자유서湯子遺書』[37] 『명사고明史稿』 등이 있다.

도道는 본래 무궁하기 때문에, 배움은 마음으로 깨닫는 것을 귀하게 여긴다.

道本無窮, 學貴心得. 『답육가서서答陸稼書書』

37 『탕자유서湯子遺書』: 탕빈이 지은 것으로 총 10권이다. 문인 왕정찬王廷燦이 편집했다.

216

여유량
呂留良

여유량呂留良(1629~1683)은 명말청초의 시인으로 초명이 광륜光綸이다. 명나라가 망했을 때 미성년이었는데도 불구하고 재산을 풀어 사람들과 사귀면서 명의 재건을 계획했다. 일이 실패하자 이름을 의醫로 고쳤다. 강희 연간에 박학홍사과에 응시하라는 명령을 거부하다가 결국 머리를 깎고 승려가 되었다. 그는 장이상張履祥을 높이 평가했고, 강렬한 민족의식을 가지고 화이華夷의 분별을 엄격히 했다. 학문은 주자학을 위주로 하여 양명학을 배척했다. 그가 죽은 뒤 정주靖州 사람 증정曾靜이 그의 저서로 반청反淸운동의 사상적 기반을 삼음으로써 1732년 부관참시를 당하는 문자옥이 일어났고, 저서도 많이 훼손되었다. 저서로 『팔가고문정선八家古文精選』 등이 있다.

1. 독서에는 다른 기묘한 방법이 없다. 한결같이 익히는 것에 달려 있을 뿐이다. 익힌다는 것은, 겨우 입과 귀로 암송하여 익숙하게 하는 것을 말하는 게 아니다. 반드시 우선 깊이 몰입하여 그 맛을 체득하고, 반복해서 익혀 몸에 스며들도록 하여, 옛사람의 문장이 마치 자신에게서 나온 것처럼 해야 한다. 비록 잠꼬대를 하거나 길에서 넘어지는 데 이르더라도 낭랑하게 머릿속에 있어서 다시 잊을 수 없게 하는 것이, 곧 익힌다고 하는 것이다. 이러한 문장이 많지 않으면, 비록 읽은 수십 수백 편을 응용하려 해도 궁구할 수 없을 것이다.

讀書無他奇妙, 只在一熟, 所云熟者, 非僅口耳成誦之謂, 必且沈潛體味, 反復熟演, 使古人之文, 若自己出; 雖至於夢囈顚倒中, 朗朗在念, 不復可忘, 方謂之熟. 如此之文, 誠不在多, 雖數十百篇, 可以應用不窮. 『팔가고문정선八家古文精選』「서序」

2. 독서할 때는 본래 익숙하게 한 뒤에 실제로 활용하기를 기약해야 하지만, 또한 활용해본 이후에 익숙해지기도 하니 이 또한 몰라서는 안 된다. 만약 반드시 익숙하게 된 이후에 활용하기를 기약하면, 익숙해지더라도 끝내 써보지 못하게 되는 경우도 있다. 그 해결 방법은 먼저 부지런히 그것을 활용하는 것이다. 오랫동안 활용하면 또한 성숙해질 수 있기 때문이다.

讀書固必熟而後用, 亦有用而後熟, 此又不可不知也. 若必待熟而後用, 則遂有雖熟而不用者矣. 此其法當先勉強用之. 用之旣久, 亦能成熟. 『팔가고문정선』「서」

217

육농기
陸隴其

육농기陸隴其(1630~1692)는 청초의 성리학자로 호가 당호當湖이며, 이 시기 성리학파를 이끈 대표적인 학자다. 일찍이 가난으로 고생해 관료가 되어 사는 것을 목표로 공부했으며, 임명받은 부임지에서는 토착 세력의 횡포를 억제하고 노역을 정비하여 백성의 추대를 받았다. 거경居敬과 궁리窮理를 주로 삼아 정주를 추숭하고 힘써 왕수인을 물리치니 논하는 자들은 정주의 학통이 명의 설선·호거인 이후로는 오직 육농기가 그 정종을 얻었다고 일렀다. 죽은 뒤 문묘에 배향되었다. 『삼어당문집三魚堂文集』[38]이 있다.

1. 독서는 반드시 정밀함과 익숙함을 귀하게 여겨야 하니, 빨리 읽으려고 하는 것이 독서의 가장 큰 병이다. 공부는 다만 면밀하게 살펴 끊어짐이 없는 것에 달려 있지 빨리 하는 데 달려 있지 않다. 끊기

38 『삼어당문집三魚堂文集』: 육농기의 문집으로, 문인인 후전侯銓이 편집했으며, 잡저가 4권, 서書가 1권, 척독尺牘 1권, 서序 2권, 기記 1권, 묘표墓表·지志·명銘·광기壙記·전傳이 함께 1권이다. 『외집』 6권은 그의 주의奏議·조진條陳·표책表策·신청申請·공이公移를 모았고 마지막에 시를 두었으며, 육농기의 행장行狀 부류도 함께 덧붙여두었다. 목록 끝부분에는 조카 육례징陸禮徵의 「발문」이 있는데, "육농기가 평생 시와 고문사古文詞를 짓는 일을 달가워하지 않았고, 더욱이 함부로 문집을 출간하는 것을 매우 경계했기 때문에 임종할 때 문서함에 남겨진 원고가 없었다. 1701년에 내가 두루 찾고 모아 이 문집을 만들었으며 이어서 후전이 분류하고 편차했다"라고 말하고 있으니, 육농기가 죽고 9년이 지난 후에 이 책이 나온 것으로 보인다.

지 않을 수 있다면, 하루에 읽는 것이 비록 많지 않아도, 날마다 축적되고 달마다 누적되면 자연스럽게 충분해진다. 시시각각 빨리하기를 바라면 시시각각 성실하지 못한 공부를 하는 것이다. 이것은 종신토록 해도 성공할 수 없는 방법이다.

讀書必以精熟爲貴, 欲速是讀書第一大病, 工夫只在綿密不間斷, 不在速也. 能不間斷, 一日所讀雖不多, 日積月累, 自然充足. 若刻刻欲速, 則刻刻做潦草工夫; 此終身不能成功之道也. 『시대아정징示大兒定徵』

2. 너는 독서에 마음을 쏟아야 하지만, 또한 성급해서는 안 된다. '익숙하게 읽고 깊이 생각해서 차례에 따라 점차 나아가야 한다熟讀深思, 循序漸進' 이 여덟 글자는 주자가 가르친 독서법[39]이니 엄격하게 지켜야 한다. 또 독서로 얻은 것을 어떻게 사용할 것인지도 생각해야 한다. 옛사람이 독서를 가르친 것은, 그가 앞으로 성현의 말을 몸소 체득하고 힘써 실행하기를 바란 것이지, 부질없이 읽기만을 바란 것은 아니다. 무릇 하루에 한 번 말하고 한 번 움직일 때 스스로 살피고 반성하여, "이 말이 성현의 말과 합치하는가, 성현의 말에 합치하지 않는가?"라 하여, 만약 합치되지 않는 것이 있으면 스스로 바뀌기에 애를 써야 한다. 이와 같이 해야 바로 독서하는 사람이다.

汝讀書要用心, 又不可性急. 熟讀深思, 循序漸進, 此八個字, 朱子教人讀書法也, 當謹守之! 又要思讀書要何用. 古人教人讀書, 是欲其將

39 익숙하게 (…) 독서법이니: 『송원학안宋元學案』 권87 「정청학안靜淸學案·집경로강동서원강의集慶路江東書院講義」에, 정단례가 주자에게 들으니 "학문하는 방법은 이치를 궁구하는 것보다 앞서는 것이 없고 이치를 궁구하는 요점은 반드시 독서에 있다. 독서하는 방법은 순서에 따라 정밀하게 하는 것이 가장 귀하며, 정밀하게 하는 근본은 또 경에 거하며 뜻을 가지는 데 달려 있다. 이것은 바뀔 수 없는 이치다"라고 했다. 문도들이 주자가 평소에 가르쳐준 요점을 모아 '순서에 따라 점차 나아가는 것循序漸進, 익숙하게 읽고 정밀하게 생각하는 것熟讀精思, 마음을 비우고 푹 젖어 드는 것虛心涵泳, 자기에게 절실하게 체험해 살피는 것切己體察, 긴절하게 힘쓰는 것著緊用力, 경에 거하며 뜻을 견지하는 것居敬持志'이라고 독서법 6조를 정했다.

聖賢言語, 身體力行, 非欲其空讀也. 凡日間一言一動, 須自省察曰: 此合於聖賢之言乎? 不合於聖賢之言乎? 苟有不合, 須痛自改易. 如此, 方是讀書人.『시삼아신징示三兒宸徵』

3. 책은 빨리 읽으려고 할 필요는 없고, 매우 숙달하기를 구해야 한다. 서울에 있을 때 한두 명의 박사를 보았는데, 삼례三禮[40]와 사전四傳[41]이 마음속에서 충분히 숙달해서 이야기가 끊임없이 이어져, 진실로 호감을 느낄 만했다. 만약 읽을 때 익숙히 하지 않았다면 어찌 이와 같이 얻을 수 있겠는가? 이것은 여전히 기억하고 암송한 효과 때문이지만, 이러한 기초가 있은 뒤에 상급의 강독이나 연구로 나갈 수 있으니, 성현의 학문도 널리 공부한 뒤 요약한 것이 아닌 것이 없다. 『좌전』 중에는 사적이 뒤섞여 순수하지 않으니, 독서할 때 왕도와 패도, 사도邪道과 정도正道의 분별을 분명히 나누어야 하며, 『주소註疏』와 『대전大全』 이 두 책에서 하나라도 빠뜨려서는 안 된다. 초학자는 비록 다 볼 수 없더라도, 요행으로 쉽게 깨달은 것들을 골라서 드러내어 보여준다면 아마도 마음으로 사리 분별을 할 수 있을 것이다. 겨울철에는 해가 짧으니 마땅히 일찍 깨우기를 부탁해야 하고, 야간에는 오래 앉아 있어서는 안 된다. 학문에 힘쓰고자 한다면 정신을 소중하게 생각하지 않을 수 없다.

所讀書不必欲速, 但要極熟. 在京師見一二博學之士, 三禮四傳, 爛熟胸中, 滔滔滾滾, 眞是可愛. 若讀不熟, 安能得如此! 此雖尙是記誦之功, 然有此根脚, 然後可就上面講究, 聖賢學問, 未有不由博而約者. 『左傳』中事迹駁雜, 讀時須分別王伯邪正之辨; 『註疏』『大全』此兩書, 缺一不可! 初學雖不能盡看, 幸檢其易曉者, 提出指示之, 庶胸中知有

40 삼례三禮: 『주례』『의례』『예기』 등 예에 대해 논의한 책이다.

41 사전四傳: 『춘추』의 주석서인 『좌씨전』『곡량전』『공양전』『호씨전』을 가리킨다.

涇渭. 冬天日短, 應囑其早起, 夜間他又不宜久坐; 欲其務學, 又不得不愛惜其精神也!『시자제첩示子弟帖』

4. 네가 집에 도착했을 때 어떤 상황이 될지는 모르겠으나, 반드시 성현의 도리를 항상 마음에 두어야 한다.『소학』과 정씨程氏의『일정日程』을 항상 펼쳐서 보고 즐겨야 한다. 하루에 한두 시간씩은 사서四書를 공부하는 데 써야 한다. 내가『대전大全』을 보는 법은, 먼저 한 부분의 글을 반복해서 자세히 보고, 충분하고 분명하게 이해하여 조금도 의심이 없어야 비로소 다른 부분을 보는 것이다. 이와 같이 순서에 따라 점차로 나아가 자연스럽게 곳곳마다 이해되니, 이것이 근본적인 공부이며 일찍부터 하지 않으면 안 된다. 다음은 한두 시간을 사용해 읽은 책을 순서에 따라 복습해야지, 새로운 책만 읽으려 해서는 안 된다. 그러면 책을 읽는 것과 익히는 것, 두 가지 일을 잊게 된다. 눈앞에 스승과 동료가 없을 때는, 스스로 일정한 시간을 정해 공부해야만 날을 헛되이 보내는데 이르지 않을 것이다. 노력하고 노력하라! 그러나 과로해서는 안 된다. 독서를 잘하는 자는 조용히 깊이 빠져 공부가 날로 진전하지만 정신은 피로하지 않으니, 이것 또한 반드시 알아야 할 것이다.

汝到家不知作何光景, 須將聖賢道理, 時時放在胸中.『小學』及程氏『日程』, 宜時常展玩. 日間須用一二箇時辰工夫在『四書』上. 依我看『大全』法: 先將一節書, 反覆細看, 看得十分明白, 毫無疑了, 方始及於他節. 如此循序漸進, 積久自然, 觸處貫通, 此是根本工夫, 不可不及早做去. 次用一二箇時辰, 將讀過書挨次溫習, 不可專讀生書, 忘卻看書溫書兩事也. 目前旣未有師友, 須自家將工夫限定, 方不至悠忽過日. 努力! 努力! 然亦不可過勞; 善讀書者從容涵泳, 工夫日進, 而精神不疲; 此又不可不知!『육청헌공집陸淸獻公集』

218

정일규
鄭日奎

정일규鄭日奎(1631~1673)는 청나라 문인으로 자가 차공次公이고, 호가 정암靜庵이다. 순치 16년(1659) 진사가 되고, 공부주사工部主事에 올랐다. 강희 연간에 왕사진王士禛과 함께 사천향시를 관장했다. 왕사진이 "수부의 풍류가 정건과 같구나水部風流似鄭虔"라는 시구를 지어 칭송했다. 『정암집靜菴集』[42]이 있다.

무릇 사람들은, "생계를 도모하는 일이, 가장 독서에 방해되는 일이기 때문에 독서하는 사람은 집안일을 처리해서는 안 된다"고 말한다. 만약 그렇다면 독서는 사람이 반드시 모두 밥도 먹지 않고 옷도 입지 않으며 처자식을 버려둔 이후에야 가능할 것이다. 그렇게 하지 않는다면 이들 가운데 어찌 다시 이름난 선비가 있겠는가? 하지만 나는 독서할 때는 단지 마음에 거리끼는 것이 없어야 할 뿐이라고 생각한다. 집안일을 처리하고 생계를 도모하는 것은 비록 번거롭고 잡다해도, 분수에 따라 그대로 받아들여야 한다. 일이 생기면 마땅히 실행하고 일이 지나치면 그냥 두되, 조금이라도 가슴속에 담아두지 않는다면 독서와 무슨 관계가 있겠는가? 만약 마음을 비울 수 없다면, 장구章句의 글 뜻에 해를 끼칠 수 있으니, 독서를 방해하는 일이 곧 이

42 『정암집靜菴集』: 정일규의 문집. 본집에는 시가 5권이 있고, 별집에도 시 1권이 더 있다. 문文은 5권인데 시사時事를 마음에 두고 한 말이 많다. 또 「담잉談剩」 1권은 일명 「성세격언醒世格言」라고도 하는데, 차기箚記를 모아놓은 것이다.

책 가운데 있게 된다. 옛사람 가운데 술과 고기, 처자를 멀리하지 않고도 신선이 된 자가 있었던 것이 그 증거다.

凡人謂: "治生事, 最妨讀書事, 故讀書人不可理家務." 若然, 則讀書人必皆不喫飯, 不着衣, 屛棄妻子而後可; 不然, 此中豈復有名士乎? 余謂讀書只是要心無所累耳; 理家治生, 雖煩瑣猥雜, 但當隨分因順, 事至則應, 事過則已, 不以一毫留滯胸中, 與讀書何妨之有? 若此心不能空洞, 則章句文義, 亦足爲害; 妨讀書事者, 卽此書之中矣. 昔人有不離酒肉妻子而能登仙者, 是其一證. 『사심집시자제寫心集示子弟』

219

안원
顔元

안원顔元(1635~1704)은 청나라 초의 학자로 자가 이직易直, 혼연渾然이고, 호가 습재習齊다. 공자의 교육사상을 계승 발전시켰다. 주희와 왕양명의 학설을 관념 유희와 주관주의라며 격렬히 공격하고, 경학 연구를 통해서 실생활에 쓰임을 다하려는 통경치용通經致用을 주장했다. 제자 이공李塨과 함께 안이顔李학파로 불렸다. 주요 저서로 『사존편四存編』『습재기여習齋記餘』 등이 있다.

1. 법건法乾이 "만 권의 책을 읽더라도, 만약 실제로 얻거나 실제로 사용할 수 없으면 끝내 보탬이 없다"고 변론하자, 선생께서 말씀하시길, "옳다. 덕행德行·경제經濟·함양涵養을 골고루 갖추었다면 한두 권의 책을 읽어도 충분하며, 비록 책을 읽지 않아도 또한 이러한 것들을 충족할 수 있다. 『중용』에서 말하는 널리 배우기〔博學〕·자세히 따져 묻기〔審問〕·신중히 생각하기〔愼思〕·분명하게 분별하기〔明辨〕는 모두 지식을 깊이 추구하는 일이지만, 어느 글자에 독서라는 말이 있는가? 독서는 다만 지식을 깊이 추구하는 하나의 단서일 뿐이다"고 하셨다.

法乾論"讀書萬卷, 若無實得實用, 終始無益." 先生曰: 然. 德行經濟涵養俱到, 讀書一二卷亦足, 雖不讀書, 亦足. 試觀博學·審問·愼思·明辨, 皆致知事也, 何字是讀書? 讀書特致知之一端耳. 『안습재선생언행록顔習齋先生言行錄』

2. 어떤 이가 “독서할 때 기억할 수 없는 것은 어째서입니까?” 묻자, 선생께서는 “어찌 기억하려고 하느냐? 독서해서 이치를 밝힌다는 것은, 책을 통해서 내 마음의 이치를 밝히는 것이지, 그 책을 기억해야 하는 것이 아니다. 오늘은 이 책의 이치로 내 마음을 깨우치고, 내일은 저 책의 이치로 내 마음을 깨우치며, 그 일을 오래 하면 내 마음의 밝음이 저절로 드러나, 스스로 만 가지 이치를 환하게 알 수 있다. 비유하자면 거름과 물로 화초를 북돋우고 수분을 공급하되, 그것을 오래 하면 줄기와 가지에 절로 아름다운 꽃이 피어나지만, 만약 거름과 물을 가지 옆에 놓아둔다면 볼 만한 것이 없는 것과 같다. 또 전은氈銀으로 구리거울을 오래 닦을수록 거울이 스스로 밝은 빛을 내지만, 만약 전은으로 거울 위를 덮어둘 뿐이라면 도리어 그 밝음을 가려버리는 것과 같다.

或言讀書不能記奈何? 先生曰: 何必記, 讀書以明理, 是借書以明吾心之理, 非必記其書也. 今日一種書之理開吾心, 明日一種書之理開吾心, 久之吾心之明自見, 自能燭照萬理. 譬如以糞水培灌花草, 久之本枝自生佳花; 若以糞水著枝上, 不足觀矣. 又如以氈銀磨礱銅鏡, 久之本鏡自出光明; 若以氈銀著鏡上, 反蔽其明矣. 『안습재선생언행록』

3. 종인宗人이 책을 읽는 고통과 관련하여 말하자 선생이 말했다. “책의 병폐에 대해 논의한 것은 천하에서 오래 되었으니, 가령 백성 중에서 독서한 자가 만든 화를 입기도 했고, 독서한 자가 스스로 그 화를 받기도 했다. 그러나 세상에 큰 선비로 이름난 자는 여전히 천하의 책을 다 읽으면서, 매 편마다 3만 번 반복하며 천하의 선구자가 되려고 한다. 또 역대의 임금과 재상은 화려한 문장 속 벼슬과 봉록으로 천하의 사람을 유혹하려고 했다. 이러한 국면은 위대한 성현이나 호걸을 얻지 않으면 깨트릴 수 없다.

宗人言坐讀之病苦, 先生曰: 書之病天下久矣, 使生民被讀書者之禍,

讀書者自受其禍. 而世之名爲大儒者, 方且要讀盡天下書, 方且要每篇三萬遍, 以爲天下倡; 歷代君相, 方且以爵祿誘天下於章句浮文之中. 此局非得大聖賢大豪傑, 不能破矣. 『안습재선생언행록顏習齋先生言行錄』

220

이공
李塨

이공李塨(1659~1733)은 청나라 학자로 습재학사習齋學舍에서 강학했다. 아버지 이명성李明性에게 가학을 전수받았고, 뒤에 안원顏元에게 배워 안리학파顏李學派를 형성했다. 항상 경사京師를 왕래하면서 만사동萬斯同, 염약거, 호위胡渭, 방포方苞 등 명사들과 교유했다. 이로 말미암아 학문이 널리 알려지게 되었다. 정주의 이선기후설理先氣後說에 반대하여 기氣 밖에 따로 이理가 있는 것이 아니라는 주장을 펼쳤다. 실용에 절실한 학문을 추구했다. 저서로 『서곡집恕谷集』[43] 『습재연보習齋年譜』 등이 있다.

이공李塨이 이의무李毅武에게 말했다.

"『논어』를 끝까지 읽었다고 하더라도 읽은 것이 아니다. 다만 '배우고 때때로 익힌다學而時習之'는 한마디 말을 실천해야만 『논어』를 읽었다고 하는 것이다. 『예기』를 끝까지 읽었다고 해서 예를 읽은 것은 아니다. '공경하지 않음이 없다毋不敬'는 한마디 말을 실천해야만

43 『서곡집恕谷集』: 이공의 문집이다. 앞에는 그의 문인 염호閻鎬의 「서序」가 있는데, 서곡은 이공이 살던 마을의 이름에서 유래한다고 했다. '후집'이란 것은 1703년 이전의 작품이 모두 모아 있어서 오직 그 이후의 것을 보존한 것을 이른다. 문집 앞의 첫 작품은 「송황종하서送黃宗夏序」인데, 뒤에는 아래와 같은 말이 쓰여 있다. "이는 왕곤승王崑繩이 고친 판본이라 했다. 또한 서곡恕谷(이공의 호)은 애초에 당송팔대가를 공부했는데, 왕곤승은 마땅히 진·한을 종주로 삼아야 한다고 말했고, 진·한의 장법章法으로 이것을 교정했다. 서곡은 나중에 당·송이 진·한만 못하고, 진·한은 '육경'만 못하므로, 문장을 쓸 때는 오로지 성현의 경전을 종주로 삼아야 한다고 하면서 『후집後集』이라 한다고 했다."

『예기』를 읽었다고 하는 것이다. 그러므로 배우는 것은 암송에 있는 것이 아니다."

의무가 말했다.

"그대는 학식이 매우 풍부하니 예에 따라 몸가짐을 바로 해야 하고, 나는 학식이 많지 않으므로 아직도 학문을 넓혀야 한다."

이공이 말했다.

"그대는 '학문學文'에 대해 오인하고 있다. 여기서 '문文'이란 것은 시詩와 서書, 육예六藝다. 『시경』을 외워서 음악을 제작하고 말을 능란하게 하며, 『서경』을 연구하여 정치와 일을 익히 알며, 예禮·악樂·사射·어御·서書·수數를 익혀 그 쓰임을 다해야 하는 것이지, 책을 읽는 데서 끝나는 것이 아니다.

語李毅武曰: 讀盡『論語』, 非讀也. 但實行學而時習之一言, 卽爲讀『論語』. 讀盡『禮記』, 非讀禮也. 但實行毋不敬一言, 卽爲讀『禮記』. 故學不在誦讀. 毅武曰: 君學已富, 故當約禮; 愚學無多, 尙當博文. 曰: 君誤視學文矣. 文, 詩書六藝也. 誦詩作樂能言, 考書知政練事, 習禮樂射御書數以致用, 非帖畢也. 『안씨학기顔氏學記』

221

왕심경
王心敬

왕심경王心敬(1656~1738)은 청나라 학자로 1736년 효렴으로 천거되었으며, 일찍이 강한서원江漢書院의 주강을 지냈다. 이옹李顒을 사사했고, 건륭과 옹정 연간에 여러 차례 천거되었지만 나가지 않았다. 정주학과 육왕학의 융합을 주장했는데, 정주학은 이간소통易簡疏通함을, 육왕학은 평실정밀平實精密함을 보완해야 한다고 했다. 1691년 스승 이옹의 산고散稿를 수집하여 『이곡집二曲集』을 편찬했다. 저서로 『풍천집灃川集』[44] 『관학편關學編』[45] 등이 있다.

자신이 읽고 있는 책에 대해서는, 책을 읽으며 자신에게 돌이켜 보고 적절하게 이해할 수 있도록 기약해야 한다. 그래야 어떤 일이나 상황에 처하더라도 읽었던 것을 익혀서 행하기를 기약할 수 있다. 그것을 오래하면 책의 내용과 자신이 서로 통하여, 책을 읽으면 흥미진진한 재미가 있고 일을 행할 때도 척척 들어맞지 않는 것이 없다. 이처럼

44 『풍천집灃川集』: 어록과 잡저들로 강학한 내용이 대부분을 차지하고 있다. 1716년에 호광총독 액윤특額倫特(?~1719)이 간행한 것으로, 액윤특은 일찍이 은일을 이유로 왕심경을 천거한 사람이다.

45 『관학편關學編』: 왕심경이 명나라 풍종오馮從吾(1556~1627)가 지은『관학편關學編』의 미비한 점을 여러 책에서 자료를 모아 보충하여 완성한 책이다. 왕심경의 『관학편』에서는 진조秦祖 앞에 복희伏羲·태백泰伯·중옹仲雍·문왕文王·무왕武王·주공周公 등 6인을 더 보탰다. 또 한나라의 경우 동중서와 양진楊震 2인을 추가했다. 명대의 경우, 풍종오에서 선윤창單允昌에 이르는 6인을 추가했으며 또 주전송周傳誦·당환순黨還醇·백희채白希彩·유파劉波·왕려王侶 등 여러 사람을 덧붙였다. 청나라의 경우 자신의 스승인 이옹李顒 한 사람만 추가했다.

책을 읽으면 한 부분을 읽어도 열 부분을 읽는 것보다 낫고, 한 구절을 읽어도 열 구절을 읽는 것보다 낫다. 만약 귀로 들어가서 곧바로 입으로 나온다면 비록 많이 읽더라도 무슨 보탬이 있겠는가?

所讀之書, 讀時期於反上身來, 貼切理會, 遇事遇境, 期將所讀者依傍行習. 久之, 則書與我浹洽; 讀書既津津有味, 行事亦非格格不合. 讀一部勝十部, 讀一句勝十句也. 若徒入耳出口, 雖多奚益! 『풍천가훈澧川家訓』

222

노사
勞史

노사勞史(1655~1713)는 청나라 사상가로 어려서부터 주희의 『소학』과 「중용서中庸序」를 읽고 성학聖學에 뜻을 두었다. 『근사록』을 읽고는 향안香案을 설치해 머리를 숙이면서 "내 스승이 이곳에 있다吾師在是矣"면서 오로지 이정과 주희의 설을 종주로 삼았다. 사람을 가르칠 때도 직업이나 지위를 가리지 않고, "직분에 최선을 다하면서 평생 게을리 하지 않는다면 곧 성현"이라고 했다. 저서로 『여산유서餘山遺書』[46]가 있다.

『소학』은 아이들을 깨우치는 책이니 익숙하게 읽혀야 한다. 먼저 아이의 마음에서 받아들이도록 하는 것을 위주로 해야, 평생토록 잊지 않을 것이다.

『小學』一書蒙養, 卽須熟讀, 先入其心, 爲之主, 便終身不忘. 『절근편切近編』

46 『여산유서餘山遺書』: 노사勞史의 문집. 모두 10권이며 "『역易』의 도는 세밀하여 두루 포괄하지 않는 것이 없고, 멀리 이르지 않는 데가 없다"라고 말했다. 그런 까닭에 대부분 『역』의 이치에 근본하여 사람과 사물의 본성을 추론했다.

223

최학고
崔學古

최학고崔學古는 자가 우상又尙이고, 고숙姑熟 사람이다. 저서로 『유훈幼訓』『소학小學』 등이 있다. 『단궤총서檀几叢書』[47]에 보인다.

1. 구두句讀를 말하자면, 글에는 몇 글자가 한 구가 되는 것도 있고, 한 글자가 한 구가 되는 것도 있다. 또 문장은 비록 몇 구로 되어 있으나 어기語氣는 하나의 구두가 되는 것도 있으니, 반드시 글자마다 구마다 분명하게 구두를 찍으며 읽어야 한다. 대략 구句가 끝나는 곳에는 옆에 큰 점을 찍고, 구법이 조금 갖추어진 곳에는 가운데에 작은 점을 사용한다.

句讀. 書有數字一句者; 有一字一句者; 又有文雖數句而語氣作一句讀者; 須逐字逐句, 點讀明白. 大約句盡處側用大點; 句法稍頓處中用小點. 『유훈幼訓』

2. 책을 읽을 때는 더 늘이지 말고 더 줄이지도 말며 중복하여 읽지 마라. 크게 읽지도 말고 나지막이 읽지도 말며, 빨리 읽지도 말고 천

47 『단궤총서檀几叢書』: 청나라 왕탁王晫(1636~?)과 장조張潮(1650~?)가 함께 지었다. 청대 여러 학자의 저서 50종에서 대부분 채록했고, 명말 은거자들의 작품도 있다. 서문에서 담원춘譚元春(?~1631)의 설을 끌어들여, "예로부터 이제까지 다소 재주가 있거나 아름다운 사람들이 어리석게도 부모의 판주板住에 꺾여 짝을 이룰 수 없어 정을 품고서 죽게 되었다. 이에 탁문군은 사마상여와 도망쳐 결혼했으니, 이것이 최상의 묘책이다"라고 했다.

천히 읽지도 마라. 가장 유감스러운 것은, 흥이 나면 욕하고 꾸짖듯이 하고 개구리 울듯이 하며, 흥이 나지 않으면 귀뚜라미가 울고 파리가 윙윙거리는 것 같이 하는 것이다. 이렇게 읽을 때는 엄중히 혼을 내야 한다.

念書毋增, 毋減, 毋複; 毋高, 毋低, 毋疾, 毋遲. 最可恨者, 興至則如罵詈, 如蛙鳴; 興衰如蛩吟, 如蠅鳴: 凡此須痛懲之.『유훈幼訓』

224

웅사리
熊賜履

웅사리熊賜履(1635~1709)는 청나라 학자로 자가 경수敬修, 청악青岳이고, 호가 색구素九, 우재愚齋며, 시호가 문단文端이다. 강희 초에 직언으로 오배鰲拜의 미움을 받았다가 오배가 쫓겨난 뒤 크게 중용되었다. 주희를 존숭하고 육왕의 심학을 배척했다. 공자와 안연, 증자, 자사, 맹자, 주돈이, 정호, 정이, 장재, 주희를 정통으로, 순경 이하 왕수인까지 7인을 잡통雜統으로 여겼으며, 공자의 계통과 염락濂洛의 학문은 주희만이 터득하여 집대성했다고 주장했다. 저서로『이어邇語』『조수당집澡修堂集』[48]이 있다.

수렴할수록 더욱 확장되고 세밀할수록 더욱 넓어지며, 심오할수록 더욱 식견이 높고 사리에 밝아진다. 이 몇 마디 말을 체득하면 열심히 공부하는 핵심을 알 수 있다.

愈收斂, 愈充拓; 愈細密, 愈廣大; 愈深妙, 愈高明; 體玩此數言, 可以知用功之要矣.『이어邇語』

48 『조수당집澡修堂集』: 웅사리가 『경의재집經義齋集』을 판각한 후, 자신이 1691년에 출사할 때부터 1703년 벼슬을 그만둘 때까지 13년 동안 지은 글들을 편집하여 직접 만든 책으로, 비교적 서찰이 많다. 변액匾額과 대련 형식으로 된 작품들은 모두 책 끝머리에 부록했다. '조수당'은 성조 인황제聖祖仁皇帝가 직접 내려준 이름이기 때문에 속집의 제목으로 삼았다.

225

섭혁승
葉弈繩

섭혁승葉弈繩은 역성歷城 사람이다. 그 외에는 알려지지 않았다.

역성歷城의 섭혁승葉弈繩이 기억을 잘하는 법에 대해서 말한 적이 있었는데, 그 말은 다음과 같다.

"나는 본성이 매우 우둔하여, 항상 한 권의 책을 읽다가 마음에 드는 좋은 구절을 보면 기록했다. 기록을 마친 뒤에는 분명하게 10여 차례 암송하고 벽에 그것을 붙인다. 이처럼 매일 반드시 10여 단락을 외웠고, 적을 때는 또한 6~7단락을 외웠다. 책을 덮고 한가히 거닐 때는 벽에 붙여놓은 기록을 하루에 3~5차례 외우는 것을 원칙으로 삼고, 정밀하게 익힐 수 있기를 기약하며 한 글자라도 빠트리지 않으려고 애썼다. 벽에 붙인 것이 가득 차면 곧 첫날 붙인 것을 뽑아서 상자 안에 모아둔다. 다음에 이어서 기록한 것이 나오기를 기다렸다가 그 빈 곳에다 채워 붙인다. 이처럼 거둬들인 곳이 있을 때마다 새롭게 채워 넣어서, 한 해에 전체에서 쓸데없이 보내버리는 날이 없었다. 1년 사이에 대략 3000단락을 얻으면 몇 년 안에 상자를 채우는 것이 점점 늘어나게 된다. 매번 애써 두루뭉술하게 보는 자를 보면 대충 영향을 받는 것에 그쳐, 시일이 조금만 지나도 잊어버리니, 내가 그 요령을 뽑아서 진실로 얻게 되는 것만 못하다."

歷城葉弈繩嘗言强記之法云: 某性甚鈍, 每讀一書, 遇意所喜好, 卽箚錄之; 錄訖, 乃朗誦十餘徧, 黏之壁間. 每日必十餘段, 少亦六七段. 掩

卷閒步, 卽就壁間所黏錄日三五次以爲常. 務期精熟, 一字不遺. 黏壁旣滿, 乃取第一日所黏者收於笥中; 俟再續有所錄, 補黏其處. 隨收隨補, 歲無曠日. 一年之內, 約得三千段; 數年之內, 腹笥漸富. 每見務爲汎覽者, 略得影響而止, 稍經時日便成枵腹; 不如予之約取而實得也. 『이어』

226

왕탁
王晫

왕탁王晫(1636~?)은 청나라 학자로 원명이 비棐이고, 호가 목암木庵, 단록丹麓, 송계자松溪子다. 박학다재하여 전국의 인사들이 항저우를 지나갈 때면 반드시 찾아 문안했다. 장조張潮와 함께 청대의 저작 157종을 편집한 『단궤총서』를 저술했다. 이 책은 청초의 잡저와 소설류를 많이 싣고 1·2집과 여집·부록으로 구성해 1695년에 간행되었다. '단궤檀几'는, 옛날 '칠보 장식을 한 신령스러운 박달나무 안석'의 표면에 보는 사람의 생각이 반영된 글자가 나타났다는 고사를 빌린 것으로, 이 책 역시 사람마다 관심 분야에 따라 필요한 정보를 얻을 수 있다는 뜻으로 붙인 이름이라고 한다. 저서로 『수생집遂生集』[49] 『송계자松溪子』[50] 등이 있다.

독서하거나 다른 사람의 말을 들을 때, 스스로 반성해야 할 네 가지가 있다. 마음을 비우지 않으면 물로 돌을 적시는 것과 같아서 조금

49 『수생집遂生集』: 책 앞에는 1660년에 쓴 왕탁의 자서가 있는데, "내가 찬집한 내용 중에는 선악과 인과응보가 효험을 이루었고, 천하 사람들이 생명을 소중히 하는 뜻을 잃지 않게 하고 천하의 사물이 마침내 생명을 좋아하는 정을 얻도록 하는 게 아닌 바가 없기 때문에 이름을 '수생遂生'이라고 한다"라고 했다.

50 『송계자松溪子』: 왕탁이 지은 『단록잡저십종丹麓雜著十種』에 속해 있으며, 『송계자』는 모두 소품문 모음으로 전체 10항목 중 세 번째다. 『단록잡저십종』은 모두 10개 조로 나뉘어 있으며, 매 종마다 동시대 사람들의 서발 및 평가하는 말이 있다. 모제가毛際可(1633~1708)는 이것을 총괄하여 서序를 썼다.

도 파고들 수 없다. 깨닫지 않으면 마치 기러기발을 아교로 붙여 놓고 거문고를 연주하는 것과 같아서[51] 조금도 변화할 수 없다. 경험으로 깨우치지 않으면 마치 번갯불이 물체를 비추는 것 같아서 조금도 잡아둘 수 없다. 몸소 행하지 않으면 물길에서 수레를 타고 뭍에서 배를 타는 것과 같아서 조금도 수용할 수 없다.[52]

讀書聽言, 當自省者四: 不虛心, 如以水沃石, 一毫進入不得; 不開悟, 如膠柱鼓瑟, 一毫轉動不得; 不體認, 如電光照物, 一毫把捉不得; 不躬行, 如水行得車, 陸行得舟, 一毫受用不得. 『송계자松溪子』

51 기러기 (…) 같아서: 원문은 '교주고슬膠柱鼓瑟'인데, 거문고의 기러기발을 아교로 붙이면 음조를 바꿀 수 없어 한 가지 소리밖에 내지 못하듯, 고지식하여 융통성이 전혀 없음을 일컫는다.

52 이 문장은 위희魏禧의 『이언裏言』에도 보인다.(이 책의 565쪽) 누가 먼저 지은 것인지는 분명하지 않다.

227

장영
張英

장영張英(1637~1708)은 청나라 관료로 1667년 진사가 되고, 편수를 거쳐 문화전대학사文化殿大學士에 오른 뒤 예부상서를 겸했으며, 국가 주관의 각종 역사서 편찬 과정에서 편수 총재를 역임했다. 관직에 있으면서 공경하고 신중했다. 저서에 『주역』 64괘의 대지大旨만을 해석한 『주역충론周易衷論』과 『서경』의 대지를 해석한 『서경충론書經衷論』과 그 외에 『총훈재어聰訓齋語』 『항산쇄언恒產瑣言』 등이 있다.

1. 옛사람의 책을 어떻게 다 읽을 수 있겠는가? 단지 자신이 이미 읽은 것은 결코 가벼이 버려서는 안 된다. 많이 얻으면 많이 간직하고 조금 얻으면 조금만 간직하며, 많이 읽기를 욕심내지 말고 명예를 욕심내지 않아야 한다. 다만 한 편을 읽으면 반드시 암송할 수 있게 노력해야 한다. 그런 후에 그 책에 내포된 뜻을 환하게 깨달아서 자신의 능력에 따라 실천해야 한다. 이처럼 하면 재능이 자연스럽게 발휘될 것이다. 만약 책을 읽은 적이 있어도, 전혀 그 말을 거론할 수 없는 것을, '그림의 떡으로 허기를 채운다'고 하며, 그 말을 거론할 수는 있지만 실천할 수 없는 것을, '음식을 먹고 소화시키지 못한다'고 하는 것이다. 두 가지 모두 배를 곯는 것과 다를 바가 없다.

古人之書, 安可盡讀? 但我所已讀者, 決不可輕棄! 得尺則尺, 得寸則寸; 無貪多, 無貪名. 但讀得一篇, 必求可以背誦, 然後思通其義蘊, 而

運用之於手腕之下; 如此, 則才氣自然發越. 若曾讀此書, 而全不能擧其詞, 謂之書餠充饑. 能擧其詞, 而不能運用, 謂之食物不化. 二者其去枵腹無異.『총훈재어聰訓齋語』

2. 독서는 20세 이전에 읽은 책과 20세 이후에 읽은 책이 확연하게 다르다. 어렸을 때는 지식智識이 계발되지 않아서 천진하고 견고하여, 읽을 때 오래 익히지 않고 우연히 언급해도 오히려 몇 줄을 외울 수 있다. 장년 때 읽은 것은 한 달이 지나면 잊어서, 반드시 오랜 시간을 유지할 수 없다. 그러므로 육경과 진한 시대의 문장은, 어휘가 오래되고 심오하므로 반드시 어렸을 때 읽어야 한다. 장성한 후에는 비록 그 노력을 몇 배로 해도 끝내는 모호하게 된다. 8세에서 20세까지 세월이 많지 않은데, 어찌 부질없이 세월을 버리거나 급하지 않은 책을 읽겠는가? (…)『좌씨전』『국어』등에 실린 한두 편의 글과 전한前漢·후한後漢의 화려한 문장 몇 편을 암송한들, 그것이 어찌 죽을 때까지 받아쓸 보배가 될 수 있겠는가?
凡讀書, 二十歲以前所讀之書, 與二十歲以後所讀之書迥異. 幼年智識未開, 天眞純固; 所讀者雖久不溫習, 偶爾提起, 尙可數行成誦. 若壯年所讀, 經月則忘, 必不能持久. 故『六經』·秦漢之文, 詞語古奧, 必須幼年讀; 長壯後, 雖倍蓰其功, 終屬影響. 自八歲至二十歲, 中間歲月無多, 安可荒棄, 或讀不急之書. (…) 何如誦得『左』『國』一兩篇, 及東西漢典貴華腴之文數篇, 爲終身受用之寶乎?『총훈재어』

3. 문장은 많이 읽을 필요가 없다. 그중 정련하고 유창하며, 격식이 있고 문장이 뛰어난 것을 가려내면, 많은 경우에는 100편이고 적은 경우에는 60편이다. 정신을 똑바로 차려 그 글과 혼연일치한다면 비로소 보탬이 있을 것이다. 만약 많이 읽기만 욕심내고 지식을 넓히기

에만 힘쓰면, 눈이 지나가면 곧 잊게 된다. 창작할 때 이르러서는 이 글과 저 글이 서로 연관되지 않아서 붓으로 써 내려가더라도 예전 그대로의 자신일 뿐이다. 그 때문에 생각은 항상 막혀 깨닫지 못하고, 말은 항상 군색하여 넉넉하지 못하며, 뜻은 항상 메말라 윤택하지 않으니, 외우면서 정신을 피곤하게 할 뿐 마음에서는 얻는 것이 없다. 이것이 곧 익히지 않고 소화하지 않는 병폐다.

讀文不必多. 擇其精純條暢, 有氣局詞華者, 多則百篇, 少則六十篇. 神明與之渾化, 始爲有益. 若貪多務博, 過眼輒忘; 及至作時, 則彼此不相涉, 落筆仍是故吾. 所以思常窒而不靈, 詞常窘而不裕, 意常枯而不潤, 記誦勞神, 中無所得, 則不熟不化之病也. 『총훈재어』

4. 성현의 핵심적인 말은 "사람의 마음은 위태하고, 도의 마음은 은미하다人心惟危, 道心惟微"[53]는 것이다. 위태하다〔危〕는 것은, 즐기고 바라는 마음〔嗜欲之心〕이다. 이는 마치 둑이 물을 가두고 있는 것과 같아서, 터지기 매우 쉽고 한번 터지면 다시 거둘 수 없다. '은미하다微'는 것은 도리와 정의의 마음〔理義之心〕이다. 이는 마치 휘장에 등불을 비추듯 흐릿하고, 드러날 듯하지만 드러나기 어려우면서 어두워지기 쉽다. 사람의 마음은 지극히 신령하고 지극히 활동적이어서, 지나치게 수고롭게 해서도 안 되고 또 지나치게 안일해서도 안 되니, 오직 독서만이 마음을 기를 수 있다. 늘 감여가堪輿家[54]들이 평소에 자석을 사용하여 바늘을 길들이는 것처럼,[55] 책은 마음을 길들이는 가장 오

53 사람의 (…) 은미하다: 『서경』「대우모大宇謨」 인심도심人心道心 장에 실려 있는 '사람의 마음은 위태롭기만 하고, 도를 닦는 마음은 지극히 희미하니, 오직 정밀하게 하고 한결같이 하여, 그 중용을 잡을 수 있어야 한다人心惟危, 道心惟微, 惟精唯一, 允執厥中'에서 나왔다.

54 감여가堪輿家: 음양설에 의하여 집터나 묏자리를 잡아주는 사람. 또는 풍수, 지리를 연구하는 사람을 가리킨다.

55 평소에 (…) 것처럼: 풍수가들이 묏자리를 잡기 위해 사용하는 나침반의 일종인 패철.

묘한 물건이다. 일 없이 한가히 지내는 사람이 평소에 책을 보지 않으면, 거동하거나 출입할 때 몸과 마음이 깃들어 머물 곳이 없고 귀와 눈이 안정될 곳도 없어서, 마음과 생각이 뒤집어지고 망령된 생각이 들어 괜스레 화가 날 것이다. 또한 좋지 못한 상황에 처해도 즐기지 못하고, 순조로운 상황에 처하더라도 즐기지 못할 것이다. 항상 사람들이 바쁘게 움직이며 불안해하는 것을 보면 거동할 때 걸리적거리지 않는 것이 없음을 깨닫는데, 이런 사람은 분명 독서하지 않는 사람이다.

옛사람의 말에, "마당을 쓸고 향을 피우면 청아한 행복이 이미 갖추어진 것인데, 복이 있는 자는 독서로써 돕고, 복이 없는 자는 늘 또 다른 망상을 한다"는 것이 있는데, 참으로 뜻있는 말이다! 〔내가 깊이 권장하는 말이다.〕 또 지금까지 내 마음대로 되지 않는 일을, 독서를 하지 않는 자의 관점으로 보면 마치 나 홀로 겪고 지극히 견디기 어려운 일인 듯하지만, 옛사람이 뜻대로 되지 않는 일을 겪었던 것은 이보다 백배는 심했음을 알지 못한다.

〔이는 다만 세심하게 체험하지 않았기 때문이다. 곧 동파東坡 선생과 같은 분은 세상을 떠난 뒤에, 고高·효孝 두 황제를 만나서 문장이 비로소 드러나 명성이 천고에 떨치게 되었다. 당시에 참소를 근심하고 비난을 두려워하여, 고생스럽게 조혜潮惠 지역(중국 광동성 일대)을 옮겨 다녔다. 그는 맨발로 물을 건너고 마구간 근처에서 지내는 고생을 겪었으니, 이것이 어떤 상황이겠는가? 또 백거이白居易는 후손이 없었고, 육유陸游는 굶주림을 견뎠는데, 모두 책에 실려 있다. 저들은 단지 1000여 년 사이에만 명성이 있을 위인이 아닐 터인데도 겪는 일들이 모두 이와 같았다.〕

진실로 한결같이 마음을 편안히 하고 조용히 살펴보면, 세상에서 뜻대로 되지 않는 일들이 얼음 녹듯 풀릴 것이다. 만약 독서하지 않으면 그저 스스로만 심한 고통을 겪을 뿐이다. 원망스럽고 분한 마음이 그치지 않아 속이 타는 듯하여 편안하지 못하니 그 고통이 어떠하겠는가? 또한 부유하고 풍요로운 일 역시 옛사람에게 있었고, 대단한 권세를 누리던 자들도 시선을 다른 곳으로 돌려보면 모두 헛된 일이었다. 그러므로 독서는 도심道心을 성장시키며 수양하는 첫 번째 일이다.

聖賢領要之語曰: "人心惟危, 道心惟微." 危者, 嗜欲之心. 如隄之束水, 其潰甚易, 一潰則不可復收. 微者, 理義之心. 如帷之暎燈, 若隱若現, 見之難而晦之易. 人心至靈至動, 不可過勞, 亦不可過逸, 惟讀書可以養之. 每見堪輿家平日用磁石養鍼, 書卷乃養心第一妙物. 閒適無事之人, 鎭日不觀書, 則起居出入, 身心無所栖泊, 耳目無所安頓, 勢必心意顚倒, 妄想生嗔. 處逆境不樂, 處順境亦不樂. 每見人栖栖皇皇, 覺擧動無不礙者, 此必不讀書之人也. 古人有言: "掃地焚香, 淸福已具, 其有福者, 佐以讀書; 其無福者, 便生他想." 旨哉斯言! 〔予所深賞〕且從來拂意之事, 自不讀書者見之, 似爲我所獨遭, 極其難堪; 不知古人拂意之事, 有百倍于此者, 〔特不細心體驗耳. 卽如東坡先生歿後, 遭逢高·孝, 文字始出, 名震千古, 而當時之憂讒畏譏, 困頓轉徙潮惠之間, 蘇過跣足涉水, 居近牛欄, 是何如境界? 又如白香山之無嗣, 陸放翁之忍饑, 皆載在書卷, 彼獨非千載聞人, 而所遇皆如此.〕誠一平心靜觀, 則人間拂意之事, 可以渙然氷釋者. 若不讀書則但見我所遭甚苦, 而無窮怨尤嗔忿之心, 燒灼不寧, 其苦爲何如耶? 且富盛之事, 古人亦有之; 炙手可熱, 轉眼皆空. 故讀書可以增長道心, 爲頤養第一事也. 『총운재어』

228

염약거
閻若璩

염약거閻若璩는 청나라 고전학자로 『고문상서소증古文尚書疏證』[56]을 발표하여 『고문상서』 및 『공안국전주』가 동진 때의 위작으로 한나라 초의 것과 다르다는 것을 밝혀내어, 1000여 년간 유학자들의 성전이었던 책에 비평을 내렸으며, 청대 고증학의 선구자가 되었다. 문헌 비판 면에서 정주학의 근저를 흔들어놓게 되었다. 저서로 『사서석지四書釋地』[57] 등이 있다.

1. 맹자는 "독서할 때는 그 세상을 논해야 한다"고 했는데, 나는 그 처지를 논해야 한다고 생각한다.

孟子曰: "讀書當論其世." 吾謂當論其地. 『한학사승기漢學師承記』[58]

56 『고문상서소증古文尚書疏證』: 염약거의 저술. 그는 『상서』를 읽다가 『고문상서』 25편의 거짓됨을 의심하여 그 후 30여 년 동안 깊은 연구 끝에 경을 인용하고 옛 문장에 근거하여, 고문이 모순되는 이유를 하나하나 진술하여 『고문상서』가 위작임을 밝혔다. 이 책은 처음에는 4권으로 되어 있었으며, 황종희가 「서문」을 썼다. 그 뒤의 4권은 순차적으로 이어서 완성된 것이다. 염약거가 죽은 후에 옮겨 적는 과정에서 제3권이 없어졌다.

57 『사서석지四書釋地』: 염약거가 사서를 해석한 자들이 지리에 어두워서 종종 경의經義와의 괴리를 초래한다고 여겨 저술한 책이다. 처음에는 57조목으로 『사서석지』 1권을 지었고, 이후 미진한 내용을 다시 모아서 『사서석지속』 1권을 지었는데, 끌어다 댄 내용에 근거하여 인명에까지 미친 것이 모두 80조목이다. 다시 지리와 인명에 근거하여 물류物類의 훈고訓詁와 전장제도까지 163조목을 얻었는데, 그것을 『사서석지우속四書釋地又續』이라고 했다. 기타 경의를 해석한 것을 126조목을 얻었는데 『사서석지삼속四書釋地三續』이라고 했다.

2. 염약거가 경학과 역사학을 연구할 때는 추위와 무더운 날이라 하더라도 그치지 않았다. 일찍이 『도정백陶貞白』 『황보사안皇甫士安』의 구절을 모아서 집의 기둥에 써두었는데, "한 가지라도 모르는 것이 있으면 매우 부끄럽게 여겼고, 사람을 만날 때마다 묻느라고 편안히 보내는 날이 거의 없었다"라고 했다. 그가 뜻을 세운 것이 이와 같았다. 나이 20세에 『상서尙書』를 읽다가 『고문상서古文尙書』에 이르러서, 곧 25편을 위작僞作으로 의심했고, 20여 년 동안 깊이 몰입하여, 이에 그 문제점을 다 해결하고 『고문상서소증古文尙書疏證』을 지었다.
若璩研究經史, 寒暑弗徹. 嘗集『陶貞白』『皇甫士安』語, 題所居之柱云: "一物不知, 以爲深恥; 遭人而問, 少有寧日." 其立志如此. 年二十, 讀『尙書』, 至古文, 卽疑二十五篇之僞; 沈潛二十餘年, 乃盡得其癥結所在, 作『古文尙書疏證』. 『한학사승기漢學師承記』

3. 청나라의 백시百詩 염약거閻若璩가 경학대사經學大師가 되었는데, 암기한 것이 정밀하면서 광범위했다. 그러나 그가 타고난 자질은 상당히 우둔했다. 어렸을 적에 수업을 받으면 100여 번을 읽어야만 어느 정도 익숙해질 정도였다. 또한 몸이 약해 병에도 잘 걸려서 어머니가 독서를 금지시키자, 결국 마음속으로 글을 외우고 소리를 내지 않았다. 이와 같이 한 것이 10년이 되자, 어느 날 스스로 깨달아서 확 트이게 되었다. 예전에 연구한 책을 보면 마침내 막히는 곳이 없었으니, 이는 모두 오래도록 정신과 기력을 쏟은 것에 대한 대가다.
國朝閻百詩, 爲經學大師, 記誦精博, 而其天資實奇鈍. 幼受書讀百遍, 始略上口. 性又善病, 母禁之讀, 遂闇記不復出聲, 如是者十年, 一日自覺豁然; 再觀舊所研究本, 了無疑滯, 蓋積苦精力之應也. 『낭잠기문朗潛記聞』

58 『한학사승기漢學師承記』: 청나라 강번江藩(1761~1831)이 열전 형태로 지은 청대 학술사. 학자들의 사승관계와 경학의 원류를 밝혀놓았다. 모두 56인의 전기가 실려 있다.

229

당표
唐彪

당표唐彪(1644?~?)는 명말청초의 교육자이자 학자로 일찍이 응사인應嗣寅(1619~1687), 모치황毛稚黃(1620~1688) 등에게 수학했으며, 이름난 유학자였던 구조오仇兆鰲, 모기령과 함께 과거에 합격해 교유했다. 스스로 어린 시절 병약해 공부에 심혈을 기울였다고 했다. 항저우의 교육장관직을 맡아 학생들을 모아 가르쳤고, 관직에서 물러난 후에도 시골로 내려가 교육에 힘썼다. 저서로 『독서작문보讀書作文譜』『부사선유법父師善誘法』 등이 있다.

1. 당연히 읽어야 할 책이 있고, 익숙하게 읽기에 마땅한 책이 있으며, 눈으로 보기에 마땅한 책이 있고, 눈으로 두세 번 자세히 보아야 마땅한 책이 있으며, 반드시 갖추어서 연구할 자료로 삼기에 마땅한 책이 있다. 책 중에는 이미 정서正書[59]와 한서閒書[60]가 있고, 정경正經 가운데서도 정밀도와 수준의 우열과 독서의 시기 차이가 있으므로 이를 5등급으로 분별했다. 학자가 진실로 읽어야 마땅한 것은 어떤 책이고, 익숙하게 읽어야 마땅한 것은 어떤 책이며, 눈으로만 보기에 마땅한 것은 어떤 책이고, 눈으로 익숙하게 봐야 할 것은 어떤 책인지를 분별하지 않으면 공부의 속도와 차례가 모두 어긋난다. 마

59 정서正書: 경서와 역사서 등 반드시 보아야 올바른 책.

60 한서閒書: 심심풀이로 읽는 야사·수필·소설·희곡 등.

땅히 갖추어놓고 연구할 자료로 삼아야 할 책을 갖추어두지 않으면 조사하고 고찰할 수 없으니, 학문적 역량과 지식이 무엇으로 성장하겠는가?

有當讀之書, 有當熟讀之書, 有當看之書, 有當再三細看之書, 有必當備以資查考之書. 書旣有正有閒, 而正經之中, 有精粗高下, 有急需不急需之異, 故有五等分別也. 學者苟不分別當讀者何書? 當熟讀者何書? 當看者何書? 當熟看者何書? 則工夫緩急先後俱誤矣. 至於當備考究之書, 苟不備之, 則無以查考; 學問智識, 何從而長哉? 『독서작문보讀書作文譜』

2. 학자가 너무 급박하게 마음을 쓰면 공부에 절도가 없고 병통이 생겨난다. 〔과정을 세우면 공부에 절도가 있다.〕 나는 독서에 지나치게 노력하다가 요절한 사람 5~6명을 본 적이 있다. 따라서 부모와 스승은 자제子弟에 대해서, 독서를 게을리 하면 타일러서 놀지 못하게 하고, 독서에 지나친 자는 억제하여 밤낮을 이어 독서하지 못하게 해야 한다. 이것이 재능에 따라 교육하는 방법이다.

學者用心太緊, 工夫無節, 則疾病生焉. 〔惟立課程, 則工夫有節.〕 余親見讀書過勞而夭者五六人, 故父師於子弟, 懶於讀書者, 當督責之, 勿令嬉遊; 其過於讀書者, 當阻抑之, 勿令窮日繼夜; 此因材立教之法也. 『독서작문보』

3. 마음이 고요하지 않으면 분명히 알 수 없고, 성질이 고요하지 않으면 수양할 수 없으니, 고요함의 효과가 대단하도다! 등불이 요동치면 사물을 밝힐 수 없고 물에 파문이 일면 물체를 비출 수 없지만, 고요하면 만물이 다 보인다. 마음 또한 그러하니, 요동치면 만 가지 이치가 모두 흐릿하다가 고요해지면 만 가지 이치가 모두 통한다. 옛사

람은 "고요 속에서 분명함이 생겨난다"고 했고, 『대학』에서는 "고요한 이후에 편안할 수 있고, 편안한 이후에 고려할 수 있다"고 했다. 안자顔子는 서른 살 이전에 도道를 들은 자로, 지극히 고요한 사람이다. 이천伊川은 문을 닫은 채 마음을 맑게 하며 고요하게 앉은 제자를 보고 크게 칭찬했다. 어떤 이가 주자에게 "정자程子가 고요히 앉아 있는 것을 기쁘게 여긴 것은 어째서입니까?"라고 물으니, 주자는 "고요함은 학자의 중요한 길이다"라고 했다.

心非靜不能明, 性非靜不能養, 靜之爲功大矣哉! 燈動則不能照物, 水動則不能鑑物, 靜則萬物畢見矣. 惟心亦然, 動則萬理皆昏, 靜則萬理皆徹. 古人云: "靜生明." 『大學』曰: "靜而後能安, 安而後能慮." 顔子未三十而聞道者, 靜之至也. 伊川見其徒有閉戶澄心靜坐者, 則極口稱贊. 或問於朱子曰: 程子每喜人靜坐, 何如? 朱子曰: "靜是學者總要路頭也." 『독서작문보』

4. 주자가 말했다. "독서하는 방법은 먼저 익숙하게 읽어야 한다. 익숙하게 읽고 난 후에는 바로 보고 뒤집어 보며, 앞으로 보고 뒤로 보아야 한다. 보고 이해해도 아직은 옳다고 말하지 말고 거듭 반복하여 그 의미를 되새겨야 한다."

그런데 오吳나라의 군주가 여몽呂蒙에게 가르친 독서법[61]과 제갈공명의 독서법에서는 모두 대의大意를 보라고 했으니, 어째서인가? 내가 일찍이 뜻으로 미루어 보니, 책에는 반드시 익숙하게 읽어야 할 것이 있고, 책을 보고 그 대의만 이해해야 하는 것이 있다. 나이가 들어 벼슬하는 이는 이미 기억력이 쇠퇴하고 일의 상황이 번잡하여 독서할 때도 그 이치만 선별하여 기억할 뿐이고 그 말을 골라내어 기억하지는 못한다. 그 때문에 대의를 본다는 설이 생긴 것이다. 젊

61 오나라의 (…) 독서법: 오나라의 손권이 여몽呂蒙에게 독서할 것을 권하며 "어찌 경에게 박사가 되기를 바라겠는가? 다만 지나간 일을 훑어보게 하려는 것일 뿐이다"라고 했다.

어서 아직 벼슬하지 않은 이는, 기억력이 뛰어나고 일이 번거로운 경우가 적어서, 독서할 때 그 이치를 정밀하게 살피고 익히기를 바란다. 그 때문에 익숙하게 읽고 보라는 말이 있는 것이다. 이 두 가지는 각각 지향하는 바가 있으니, 배우는 자는 이미 그 차이점을 알더라도 또 공통점을 구하지 않으면 안 된다. 무릇 대의가 있는 곳이 책의 강령인데, 이것은 전체에서 몇 구절에 불과하니 기억하는 데 더욱 공을 들여야 한다. 이것이 독서의 지극히 간편하고 빠른 방법이다. 오나라 임금과 제갈공명은 이와 같은 방법에 공력을 다한 것이니, 곧 주자가 보아야 할 책에 대해 어찌 이처럼 하지 않은 적이 있겠는가? 그러므로 그 차이점을 구하되 공통점을 알지 않으면 안 된다고 말한 것이다.

朱子云: "讀書之法, 先要熟讀; 熟讀之後, 又當正看背看左看右看; 看得是了, 未可便說是, 更須反覆玩味." 乃吳主教呂蒙讀書, 與諸葛孔明讀書, 皆止觀大意, 則又何也? 彪嘗以意推之, 大凡書有必宜熟讀者, 有止宜看而會其大意者; 或年長而祿仕, 記性既衰, 事機繁雜, 讀書止取記其理, 不取記其詞, 所以有觀大意之說也. 少壯未仕者, 記性既優, 事複稀少, 讀書既欲精其理, 又欲習其詞, 所以有熟讀熟看之說也. 二者各有所指, 學者既知其異, 又不可不求其同. 蓋大意所在, 卽書之綱領, 一篇之中, 不過數句, 加功記之, 乃讀書至簡捷之法. 吳主·孔明致功如此, 卽朱子於但當看之書亦何嘗不如此也. 故曰求其異, 又不可不知其同. 『독서작문보』

5. 고문과 당대의 문장을 매우 익숙하게 읽고 매우 자세하게 살펴보면, 글의 기세가 모두 자기 글의 기세가 되고, 글의 조리가 모두 자기 글의 조리가 되어, 붓을 한번 들면 분주하게 달려가게 된다. 만약 익숙하게 읽지 않고 자세하게 살펴보지 않으면 글의 기세가 자신에게 흡수되지 않고 글의 조리도 소화되지 않을 것이다. 글을 쓸 때 붓

끝이 내 맘대로 구사되지 않는다면, 비록 많이 읽은들 무슨 보탬이 되겠는가?
凡古文時藝, 讀之至熟, 閱之至細, 則彼之氣機, 皆我之氣機, 彼之句調, 皆我之句調, 筆一擧而皆趨赴矣. 苟讀之不熟, 閱之不細, 氣機不與我浹洽, 句調不與我鎔化, 臨文時不來筆下爲我驅使, 雖多讀何益乎? 『독서작문보』

6. 독서하는 사람은 먼저 그 시대에 대해 논해야 하고, 다음으로는 지방의 특색에 대해 논해야 한다. 시대는 순수함과 야박함이 같지 않고 지방은 풍속이 각기 다르기 때문에, 옛 성현의 훌륭한 법과 아름다운 뜻이 후세에 실행될 수 없거나 다른 지방과 먼 지역에서 시행할 수 없는 것이 매우 많다. 후세의 사람이 어찌 당세의 상황과 풍속을 바로잡아서 옛 태평성대와 합치되기를 구할 수 있겠는가? 이러한 마음으로 독서할 수 있으면 책마다 유익함을 얻지 않음이 없을 것이다.
凡讀書者, 一當論世, 次當論地. 世之純澆不同, 地之風俗各異, 古聖人良法美意, 不能行於後世, 不可行於殊方遠域者甚多, 後之人, 何能拂乎時歲風俗, 以求合古也? 得此意以讀書, 則無書不獲益矣. 『독서작문보』

7. 책 중에는 저자의 명성에 의탁하는 것이 매우 많다. 만약 그 책이 정말로 좋고 훌륭하다면, 그 사람이 지은 것인지 그렇지 않은지를 물을 필요가 없다. 뛰어난 학식을 가진 사람은 세상을 구제하려는 마음을 항상 스스로 그치지 못한다. 책에 쓰는 것 또한 세상에 실현되지 못할까 두려워하기 때문에 앞선 시기의 성현에게 의탁하여 이름을 지어도 그 책의 훌륭함에 해를 끼치지 않는다. 후세의 사람은 그것을 잘 분별하여 찬미하는 것이 적절하다. 오로지 거짓된 것만을 알고

좋은 것을 말하지 않고서 무지한 사람으로 하여 자기 말을 믿게 만들어, 그 책을 폐기하려고 한다면 이것은 변별한 자의 잘못이다. 다만 정말 천박하고 비루한 책은 바로 물리쳐서 스스로 용납해서는 안 될 따름이다.

凡書之託名者甚多, 苟其書眞美善, 不必問是其人所著否也. 人之有大學識者, 其淑世之心, 每不能自已. 筆之於書, 又恐不行於世, 故託前世聖賢以名之, 無害其善也. 後之人, 辨而贊美之可也. 耑知其僞, 不言其美, 令無知者信吾言, 而鄙棄其書, 則辨之者之過矣. 惟眞庸陋之書, 則闢之自不容已也. 『독서작문보』

8. 역사서를 볼 때는 마음을 비우고 직접 살펴서 판단해야 한다. 국가의 일에 비유해보자면, 어떤 하나의 사건은 이치에 있어서는 옳은 것 같지만, 전후의 이익과 폐단 등을 종합해서 따져보면 도리어 그 안에 옳지 않은 것이 있는 경우가 있다. 또 국가의 일에서 어떤 하나의 사건만 보면 옳지 않은 것 같지만, 전후의 이익과 폐단을 종합해서 따져보면 대단히 옳은 것이 있기도 하다. 그러므로 모든 일의 옳고 그름은 반드시 그 일의 전후 사정과 득실을 전체적으로 자세히 살펴보아야 근거로 삼을 수 있다.

凡觀書史, 須虛心體認. 譬如國家之事, 單就此一件看, 於理亦是, 合前後利弊間, 內中却有不是存焉. 又國家之事, 單就此一件看, 似乎不是, 合前後利弊看, 又有大是處存焉. 故凡事之是非, 必通體觀其事之前後得力, 方足據也. 『독서작문보』

9. 독서하면서 기억하는 것은, 모두 기억력에 달린 것이 아니라 해석 능력에 달려 있다. 그것을 어떻게 알았겠는가? 어렸을 때의 기억력이 반드시 장년보다 낫다고 할 수는 없다. 가령 어렸을 때 독서한

것은 10줄을 넘어서지 않지만 장년에는 도리어 30~40줄을 읽을 수 있고, 어렸을 때는 책에서 한두 장을 자세히 읽어도 오히려 모호해서 기억하지 못하는데 장년에는 책 수십 장을 자세히 보아도 마침내는 그 대략을 기억할 수 있다. 이것은 다른 까닭이 아니라 어렸을 때는 이해할 수 없었기 때문에 기억할 수 없었던 것이고 장년에는 이해를 할 수 있었기 때문에 기억할 수 있었던 것이다. 횡거橫渠 선생께서 "사람이 중요한 원리를 철저하게 깨달은 이후에는 책은 쉽게 기억할 수 있다"라고 했다. 이 말이 내 마음을 빼앗았다. 충분히 이해해야 비로소 알게 된다.

讀書能記, 不盡在記性, 在乎能解. 何以見之? 少時記性勝於壯年, 不必言矣; 然儘有少時讀書不過十餘行, 而壯年反能讀三四十行; 或少時閱書一二張, 猶昏然不記, 壯年閱書數十張, 竟皆能記其大略者. 無他, 少時不能解, 故不能記; 壯年能解, 所以能記也. 橫渠子曰: "凡人能透徹大原之後, 書卽易記." 此言先得我心也. 惟經歷者始知之. 『독서작문보』

10. 책에는 난해한 것이 있다. 이러한 경우는 주장에 원래부터 착오가 있었거나, 저술할 때 타당하지 않은 점이 있었거나, 문장의 연결이 일관적이지 않기 때문이니, 옛사람의 말이 모두 완벽하다고 할 수는 없다. 그러므로 독서는 배경지식이 중요하다.

凡書有難解書, 必是著書者持論原有錯誤, 或下字有未妥貼, 或承接有不貫串, 不可謂古人之言盡無弊也. 故讀書貴識. 『독서작문보』

11. 책의 문장에 권점圈點이 있으면 읽고 이해하기 쉽고 끊어 읽는 데도 오류가 없다. 그렇지 않고 예스러우면서 심오한 글귀를 접하면 윗 구를 아래와 이어서 읽고 아래 구를 위로 붙여 읽는 것에서 벗어

날 수 없다. 또 문장에 기이한 생각과 미묘한 논의가 있을 때, 세밀한 권점을 쓰지 않으면 아름다운 경지가 드러날 수 없고, 문장의 경계 끝에서 단락을 끊고 구획을 나누지 않으면 문장의 구조와 주제를 정하는 묘미를 쉽게 알 수 없으며, 연호年號와 국호國號, 지명地名과 관직명이 있을 때 기호를 더하지 않으면 책을 읽는 사람이 이를 점검하는 데 수고로워서 한눈에 알아볼 수 없다.

凡書文有圈點, 則讀者易於領會, 而句讀無訛. 不然, 遇古奧之句, 不免上字下讀, 而下字上讀矣. 又文有奇思妙論, 非用密圈, 則美境不能顯; 有界限斷落, 非畫斷, 則章法與命意之妙不易知; 有年號國號, 地名官名, 非加標記, 則披閱者苦於檢點, 不能一目了然矣. 『독서작문보』

12. 모든 책에는 중요한 강령綱領이 있고, 세세한 조목條目이 있으며, 또 근인根因이 있고, 귀중歸重이 있다. 예컨대 『춘추』는 강령(綱)이 되고 삼전三傳(좌씨전·공양전·곡량전)은 조목(目)이 되며, 『대학』의 성경聖經 가운데 수절首節이 강령(綱)이고 명명덕明明德 이하의 두 구절은 조목(目)이다. 문장의 대책策對에도 강령이 있고 조목이 있다. 그 외의 책과 문장에서는 강령과 조목으로 나눌 수 있는 것은 적으니, 마땅히 근인과 귀중으로 나누어야 할 것이 많다. 근인根因이라는 것은 문장이 지어진 원인이고, 귀중歸重이란 것은 주장이 가리키는 바다. 요즘 책과 문장에서 강령과 조목으로 구분하는 것은 모두 알고 있으나, 근인과 귀중이 나뉘는 이유에 대해서는 어두운 사람이 많다. 어두우면 책과 문장이 그렇게 되는 것을 알 수 없다.

凡書有綱領, 有條目, 又有根因, 有歸重. 如『春秋』爲綱, 三傳爲目. 『大學』聖經首節是綱, 明明德兩節是目. 文章策對有綱領, 有條目. 其餘書文可分綱目者少, 宜分根因與歸重者多. 蓋根因者, 書與文之所由作; 歸重者, 書與文之主意所在是也. 今書文綱領條目之分, 人皆知之, 而根因與歸重之故, 人多昧之; 昧之, 則不知書文之所以然矣. 『독서작문보』

13. 천하의 이치는 다방면으로 분명히 밝히지 않으면 철저하게 알 수 없다. 그러나 분명하게 드러난 것이 너무 많고 엉성한 서적이 번다하게 많아 기억할 수 없으니 괴롭다. 책을 펼 땐 분명하지만 덮으면 아득해져서 유익함을 얻을 수도 없다. 분명하게 밝히고 상세히 안 뒤에 시가詩歌나 핵심어로써 묶는다면 비록 수천 마디의 말도 수십 글자로 요약할 수 있으니 얼마나 간단하고 쉬운가! 그러나 책을 저술하는 자는 다른 사람들이 촌스럽다며 멸시할까 두려워하여 늘 서책에 드러나는 것을 바라지 않는다. 아! 한 권의 책에서 시가나 핵심어로 묶을 수 있는 것이 얼마나 되겠는가? 비록 요약한 내용이 촌스럽다 하더라도 해가 될 것이 없다. 만약 촌스러움에서 벗어나지만 보는 자에게 유익함을 주지 못한다면, 책이 있다고 한들 어찌 힘입을 것이 있겠는가? 사람들은 어찌 깊이 생각하지 않는가?

天下之理, 不多方闡明, 則不能透徹; 但闡發旣多, 又苦書籍浩繁, 不能記憶, 開卷卽了了, 掩卷則茫然, 不能得其益矣. 若闡發詳悉之後, 更以詩歌約語括之, 雖數千百言可約之於數十字, 何其簡易也! 而著書者恐人鄙其俚俗, 每不欲見於書冊. 噫! 一書之中, 詩歌約語能有幾何? 雖俚俗, 無害也. 若欲盡避之, 令閱者不受其益, 何賴有此書乎? 人何不深思之也! 『독서작문보』

14. 무릇 책은 읽으면서 곧바로 이해해야, 능히 그 이치에 명석하게 닿을 수 있으며 오래도록 가슴속에 깨달음을 간직할 수 있다. 만약 읽을 때 환하게 알지 못하면, 이치에 닿지 못할 뿐 아니라 읽은 책이 상자에 가득 차도 읽지 않은 것과 같다.

凡書隨讀隨解, 則能明晰其理, 久久胸中自能有所開悟. 若讀而不講, 不明其理, 雖所讀者盈笥, 亦與不讀者無異矣. 『부사선유법父師善誘法』

15. 옛사람들은 '학學'과 '문問'을 함께 일컬었으니, 균등하게 무게를 두었음이 분명하다. 질문할 수 없는 자는 배워도 진보할 수 없다. 부모와 스승은 책을 자식과 제자들에게 줄 때, 날마다 의심나는 것을 기록하여 편의에 따라 질문하도록 해야 한다.

古人學問竝稱, 明均重也; 不能問者, 學必不進. 爲父師者當置冊子與子弟, 令之日記所疑, 以便請問.『**부사선유법**』

16. 책에 알 수 없는 글자가 있어 다른 글자와 헷갈리기도 하고, 글자를 알고 있어도 읽을 때 다른 글자와 헷갈리는 것은, 스스로 잘 알아채지 못하는 부분이다. 선생은 마음을 기울여서 제자가 책 읽는 소리를 자세히 들어야 한다. 만약 그러한 것이 있으면 빨리 고쳐서 바로잡아야 한다. 그렇지 않으면 시일이 지나 자신이 익힌 것을 옳게 여겨 잘못된 것을 전할 수 있다. 다른 글자와 헷갈리는 곳 옆에 표시하면 눈길이 갈 때마다 마음이 움직여서 스스로 바르게 고칠 수 있을 것이다.

書有不識字而讀訛別字, 亦有識字而讀訛別字, 在讀字俱不自知; 先生須用心聽審, 如有之, 急令改正; 否則日久習以爲常, 以訛傳訛矣. 更令其於訛別字旁, 加一角圈爲之標記; 庶幾讀到其處, 觸目動心, 自能改正.『**부사선유법**』

230

고공경
高拱京

고공경高拱京은 호가 안소노인安蔬老人이다. 저서로 『고씨숙탁高氏塾鐸』이 있는데 『단궤총서檀几叢書』에 보인다.

독서할 때는 반드시 암송을 바탕으로 하는 공부를 해야 진전이 있다. 한편으로는 읽고 한편으로는 생각하며, 앉아서는 읽고 한가할 때는 기억하며 밤에는 그 내용을 헤아려야 한다. 사람들과 교유할 때도 이것에 대해 늘 생각하여 반드시 이치가 분명하게 통하기를 구한 뒤에 그쳐야 한다. 이것이 진정한 독서다.

만약 입으로 소리 내어 읽으면서 마음은 노니는 데 있으며 몸은 학관學館에 있으면서 마음은 한량없이 헤매고, 하루의 계획은 넘치지만 한 달의 계획은 부족하여 부질없이 양식만 축내고 부형父兄을 속인다. 그의 부형은 알지 못한 채 "독서는 도움이 안 되는구나"라고 말한다. 이것은 거짓 독서여서 하지 않는 것과 같다. 그러므로 나는 독서는 좋아할 수 있는 것에 달려 있다고 생각한다. 좋아하면 맛있는 음식을 먹듯이 즐기고, 보배와 같이 생각한다면 늘 읽고 생각할 것이다.

讀書必有暗地工夫, 方能進益. 一邊讀, 一邊想, 坐則讀, 閒則記, 夜則思量. 至於與衆遊適, 亦念念在此, 必求理路透徹而後已. 此眞讀也. 若口吾伊而心玩好, 身學館而心無外, 日計有餘, 月計不足, 徒糜廩餼, 以瞞父兄; 其父兄不知, 亦曰讀書無益. 此是假讀, 與不讀者同. 故余以讀書在能好; 好則嗜之如飴, 慕之如寶, 而於讀思過半矣. 『고씨숙탁高氏塾鐸』

231

소장형
邵長蘅

소장형邵長蘅(1637~1704)은 호가 청문산인青文山人이다. 베이징에 있을 때 시윤장施閏章, 왕사진王士禛, 서건학徐乾學 등과 교유했다. 또 진유숭陳維崧, 주이존朱彝尊, 강신영姜宸英 등과 벗으로 사귀었다. 산수에 마음을 두고는 평민으로 일생을 마쳤다. 명나라의 칠자 중 하경명, 이몽양, 왕세정, 이반룡 등 4명의 시집을 편찬하여 전겸익이 칠자에 반대한 편파성을 바로잡았고, 왕사진과 송악宋犖의 시를 뽑아 『이가시초二家詩鈔』를 편찬했다. 『청문집青門集』[62]이 있다.

독서할 때는 경서를 공부하는 것보다 먼저 해야 할 것은 없다. 내 생각에 시간 단위로 계획한다면, 『역경』 『시경』 『서경』 『춘추』 『삼례』 등의 여러 책으로 읽어야 한다. 자질구레한 주소에 얽매일 필요 없이 글의 대지大指가 있는 바를 이해하도록 힘쓴다. 그렇게 한 뒤에 여러 역사서를 총괄하여 이해하고 패망과 흥성, 치세와 난세의 이유를 조사한다. 제자서와 문집에 두루 미쳐서, 간사함과 올바름, 좋은 점과

62 『청문집青門集』: 『청문록고青門簏稿』를 가리킨다. 소장형의 형의 아들인 소선邵璿 등이 차례를 정해 편집한 것이다. 1678년 이전의 것들은 『청문록고青門簏稿』로 만들었는데 시 6권과 문 10권이다. 부록으로 『소씨가록』 『청문려고』 『청문승고』가 있다. 1679년에서 1691년까지 창작된 작품들을 모아 시 2권, 문 4권으로 묶어 『여고旅稿』로 만들었고, 1692년 이후는 시 3권, 문 5권으로 정리해 『승고賸稿』로 만들었다. 『소씨가록邵氏家錄』은 소옹邵雍(1011~1077)의 사당에 있는 비기碑記 등을 모아 하나로 엮은 것이다.

나쁜 점의 이유를 참고한다.

그러나 힘이 부족해 동시에 진행할 수 없을까 두려우니, 역사서에서는 『춘추좌씨전』에서부터 사마천의 『사기』, 반고의 『한서』, 범엽范曄의 『후한서』, 『삼국지』 『남북사』 『오대사』 이외의 역사서, 제자서는 『장자』 『열자』 『순자』 『양자』 『한비자』 『여씨춘추』, 가의賈誼의 『신서新書』, 동중서의 『춘추번로春秋繁露』 이외의 자서子書[63]와 문집으로는 한유·유종원·구양수·소씨삼부자(소순, 소식, 소철)·증공·왕안석 등을 읽는다. 간혹 발췌하여 초록한 것도 택할 수 있다. 이것이 독서의 차례다.

讀書莫先於治經. 愚意欲晝以歲月, 『易象』 『詩』 『書』 『春秋』 『三禮』 諸書, 以漸而及. 不必屑屑拘牽注疏, 務融液其大指所在. 然後綜貫諸史, 以驗其廢興治忽之由, 旁及子集, 以參其邪正得失之故. 又恐力不能兼營, 史自左氏·司馬·班·范·『三國』 『南北』 『五代』而外, 子自莊·列·荀·揚·韓非·呂氏·賈·董而外, 集自韓·柳·歐·蘇·曾·王而外, 或略加節抄, 可備采擇. 此讀書之漸也. 『여위숙자서與魏叔子書』

63 자서子書: 중국의 고대 도서 분류법 중 자부子部에 속하는 서적으로 『노자』 『묵자』 『순자』 『한비자』 등의 제자백가서를 가리킨다.

232

우동
尤侗

우동尤侗(1618~1704)은 청나라 문학가 겸 희곡작가로 자호가 삼중자三中子, 회암悔庵, 양재良齋, 서당노인西堂老人, 학서노인鶴棲老人, 매화도인梅花道人 등이다. 시문에 능했고 사詞·변문·희곡에도 뛰어났으며, 순치제는 일찍이 그를 '참으로 재주 있는 인재'라는 뜻으로 '진재자眞才子'라고 불렀다. 1656년 탄핵당해 직책이 낮아지자 고향으로 내려가 1656~1668년에 잡극 『독이소讀離騷』『조비파吊琵琶』『도화원桃花源』『흑백위黑白卫』『청평조清平調』와 전기傳奇 『균천락钧天樂』 등 6종의 희곡을 지었다. 이를 '서당곡액西堂曲腋'이라 한다. 이후 『명사』 편찬에 참여했다. 저서로 『서당잡조西堂雜爼』[64] 등이 있다.

옛사람은 독서할 때 세 가지 어려움이 있었지만, 요즘 사람은 독서할 때 세 가지 쉬운 점이 있다. 죽간竹簡은 번거로우면서 무거워, 비록 대들보에까지 가득 차고 소가 땀을 흘릴 정도의 양이라 하더라도 실제로는 몇 종류를 넘어서지 않는다. 그러나 판각본이 있으면, 한 서실 속에 그 10배를 열 묶음에 보관할 수 있다. 이것이 첫 번째 쉬운 점이다. 또한 책을 필사할 때는 다른 사람을 고용할 수 없어, 손수 베끼고 눈으로 외우며 방을 나서지 않고 6년 동안 매일 50장씩 베낀 적도 있

64 『서당잡조西堂雜爼』: 우동의 시문을 모아 기록한 것으로, 1집 8권, 2집 8권, 3집 8권, 시집 32권으로 되어 있다.

었다. 판각본이 있으면 반드시 건상본巾箱本[65]에 글자를 작게 쓰지 않아도 오경五經의 상자를 만들 수 있다. 이것이 두 번째 쉬운 점이다. 『목천자전穆天子傳』에는 "군옥산群玉山을, 선왕께서 책부冊府[66]라고 했다"라고 했는데, 진秦의 난대蘭臺[67], 한漢의 천록天祿[68], 당唐의 집현集賢[69] 등이 있어, 서적이 수도에 모여들어 선비와 일반 백성의 집에서는 갖춰서 볼 수 없었다. 그러므로 반사班嗣에게 하사받은 책이 있었으나 친척들만 그의 집에 드나들 수 있어서, 황보밀皇甫謐은 황제에게 표를 올려 책을 빌려달라고 청하기도 했다. 판각본이 있으면 오도五都[70]의 시장을 사고四庫[71]에 견줄 수 있다. 이것이 세 번째 쉬운 점이다.

그러나 요즘 사람들이 독서하는 것은 종종 옛사람에게 미치지 못한다. 옛사람에게는 서루書樓·서창書倉·서주書廚·서소書巢 등의 호칭이 있었으나 요즘 사람에게는 전혀 없다. 그 이유 또한 세 가지가 있다. 옛사람은 책 얻는 것을 어렵게 여겨서 교감하는 것이 정밀하고 상세하여, 해亥와 시豕 자, 도陶와 음陰 자를 잘못 인식하는 경우가 없었다. 요즘 사람은 비록 글자가 의심되는 경우를 만나도 고개만 끄덕이며 보고 지나치니, 누가 먼지를 털어내듯 책을 교감할 수 있겠는가? 옛사람은 책 구하는 것을 어렵게 여겨서, 비밀스러운 장소에 소장하고 책갈피로 표시하며 비단 천으로 덮고 운향芸香으로 좀벌레를 물리쳤다. 그래서 두예杜預는 책을 빌려주는 것은 어리석은 짓이라고

65 건상본巾箱本: 건상巾箱은 두건이나 수건 속에 넣던 작은 상자를 말한다. 즉 건상본은 건상에 넣을 수 있도록 작게 만든 책자다.

66 책부冊府: 고대에 제왕이 책을 소장하던 지방이나 장소를 말한다.

67 난대蘭臺: 궁궐 내에 전적典籍을 소장하는 곳이다.

68 천록天祿: 한대의 각의 명칭으로 후대에는 황가에서 책을 소장하는 곳을 호칭하는 말로 쓰였다.

69 집현集賢: 당나라 궁전의 이름으로, 집현전서원集賢殿書院의 준말이다.

70 오도五都: 중국 각 시대의 대표적인 대도회지 다섯 곳을 통칭하는 말이다.

71 사고四庫: 청대 궁정에서 책을 소장하던 곳을 부르는 명칭이다.

여겼고, 두섬杜暹[72]은 책을 파는 것을 죄라고 생각했다. 요즘은 책상에 어지럽게 흩어둔 책 중 좀이나 쥐에 의해 훼손되고, 장맛비나 한구寒具에 의해 더럽혀진 것이 많으니, 두 명의 두씨杜氏가 경계한 바를 범한 자가 적지 않다. 옛사람은 책 구하는 것을 어렵게 여겨 밤낮으로 펴보고 외우기를 마치 닭과 개를 안고[73] 도끼를 던지고 송곳을 쥐는[74] 부류와 같이 했다. 요즘 부잣집에서는 책을 화려한 상자에 비단보로 싸서 부질없이 높은 선반에 모아두니, 조 한왕趙韓王의 서택西宅과 진승지陳升之 서루西樓와 같다. 웅장하고 화려하지 않은 것은 아니나, 거의 가마를 타고 한번 노니는 것과 같을 뿐이다. 나는 늘 동지同志와 함께 이를 언급할 때 한숨 쉬지 않은 적이 없었다.

古人讀書有三難, 今人讀書有三易. 竹簡煩重, 雖充棟汗牛, 實不過數種. 有刻本, 則一室中可藏十重十緹, 一易也. 寫本不能傭人, 嘗手抄目誦, 有不出房六年日課五十紙者. 有刻本, 不必巾箱細字, 可作五經笥, 二易也. 『穆天子傳』云: "群玉山, 先王謂之冊府." 秦之蘭臺, 漢之天祿, 唐之集賢, 書集京師, 士庶家不獲全覩. 故班嗣有賜書, 父黨造門, 而皇甫謐至上表求借. 有刻本, 則五都之市, 比于四庫, 三易也. 然而今人讀書, 往往不及古人, 古人有書樓·書倉·書廚·書巢等號, 而今人絕無, 其故亦有三, 古人以得書難, 校讎精詳, 無亥豕陶陰之誤. 今人雖遇疑字, 點頭看過, 誰能校書如掃塵者? 古人以得書難, 收藏秘密, 表以牙籤, 覆以錦帕, 辟以芸香, 至杜預以借書爲癡, 杜暹以鬻書

72 두섬杜暹(678?~740): 당 현종 때 명신으로 효성, 절검, 청렴, 장서가 등으로 유명한 인물. 초년에 친한 이들로부터 물품을 받지 않겠다고 맹세하여 평생 지켰고, 무주참군婺州參軍이 되었다가 이임할 때 고을 아전이 종이 1만 장을 선물로 주니 100장만 받고 나머지를 돌려줘 '백지참군百紙參軍'이라는 칭송을 들었다. 집에 많은 책을 소장하고는 모든 책에 발문을 써서 자손에게 훈계하기를 "이 책들은 내가 녹봉을 받아 구입해서 손수 교정한 것이니, 자손들이 읽으면 성인의 도를 알 것이다. 그러니 이를 팔거나 남에게 빌려주는 것은 모두 불효다"라고 했다.

73 닭과 개를 안고: 가난하여 닭과 개가 함께 지내는 것을 가리키는 말로 보인다.

74 도끼를 던지고 송곳을 쥐는: 도끼를 던져 나뭇가지에 걸리면 도성으로 가서 공부하는 것이고, 송곳을 쥐고 잠이 오면 발을 찔렀다는 고사에서 온 말이다.

爲罪. 今人狼藉几案, 多爲蠹魚石鼠所毁, 梅雨寒具所汙, 犯二杜之戒者, 正自不少. 古人以得書難, 晝夜披吟, 若護雞抱犬, 投斧握錐之類. 今人紈袴之家, 華匱緹巾, 空束高閣, 猶之趙韓王西宅 陳升之西樓, 非不壯麗, 僅肩輿一遊而已. 予每與同志言及, 未嘗不太息!『독서사인讀書社引』

233

장조
張潮

장조張潮(1659~?)는 청나라 문인으로 사詞에 뛰어났으며, 왕탁王晫과 교유를 맺고 청초 학자들의 저술을 편집한 『단궤총서檀几叢書』 등을 간행했다. 저서로 『우초신지虞初新志』[75] 『유몽영幽夢影』 등이 있다.

1. 경經과 전傳은 홀로 앉아서 읽어야 하고, 사서와 통감〔史鑑〕은 벗과 함께 읽어야 한다.
經傳宜獨坐讀, 史鑑宜與友共讀. 『유몽영幽夢影』

2. 어린 나이에 독서하는 것은 틈새로 달을 엿보는 것과 같고, 중년에 독서하는 것은 뜰 안에서 달을 바라보는 것과 같으며, 노년에 독서하는 것은 누대 위에서 달을 감상하는 것과 같다. 모두 자기 경험의 깊이로 깨달음의 깊이를 결정할 뿐이다.
少年讀書, 如隙中窺月. 中年讀書, 如庭中望月, 老年讀書, 如臺上玩月, 皆以閱曆之淺深爲所得之淺深耳. 『유몽영』

75 『우초신지虞初新志』: 장조張潮가 왕탁(1636~?)과 함께 편찬한 문집으로 모두 20권이다. 청대의 저작 90종을 두루 편집하되 특히 장고掌故·잡기雜記 분야를 많이 싣고 갑·을 2집으로 구성했다. 이후 양복길楊復吉과 심무덕沈懋德이 561종으로 증보 편집해 갑甲~계癸 10집과 별집으로 간행했다. 100여 편의 명청시대 전기傳奇가 실려 있어 중요한 고사집으로 평가된다.

3. 책을 소장하기는 어렵지 않으나 잘 보는 것이 어렵고, 책을 보는 것은 어렵지 않으나 잘 읽는 것이 어려우며, 책 읽는 것은 어렵지 않으나 잘 실행하는 것이 어렵고, 잘 실행하는 것은 어렵지 않으나 잘 기억하는 것이 어렵다. 〔살펴보니 홍거무洪去蕪는 "심재心齋(장조)는 잘 기억하는 것〔能記〕을 잘 실행하는 것〔能用〕의 다음 차례에 두었는데, 생각해보면 진실로 기억하는 것이 낫다. 하지만 세상에는 본래 잘 기억하지만 잘 실행할 수 없는 자도 있다"라고 했고, 왕단인王端人은 "잘 기억하고 잘 실행할 수 있어야 바야흐로 진정한 장서인藏書人이다"라고 했으며, 장죽파張竹坡는 "잘 기억하는 것은 진실로 어려우나, 잘 실행하는 것은 더욱 어렵다." 여러 대가의 말이 모두 이 원칙과 서로 참조하여 증험할 수 있다.〕

藏書不難, 能看爲難; 看書不難, 能讀爲難; 讀書不難, 能用爲難; 能用不難, 能記爲難.〔按, 洪去蕪曰, "心齋以能記次於能用之後, 想亦苦記性不如耳, 世固有能記不能用者." 王端人曰, "能記能用, 方是眞藏書人." 張竹坡曰, "能記固難, 能行尤難." 諸家之言皆可與此則相參證.〕

『유몽영』

4. 모든 일이 지나치게 각박하게 하는 것은 마땅치 않으나, 독서와 같은 것은 철저하지 않으면 안 된다. 모든 일이 욕심내는 것은 마땅치 않으나, 책을 사는 일은 욕심내지 않으면 안 된다.

凡事不宜刻, 若讀書, 則不可不刻! 凡事不宜貪, 若買書, 則不可不貪!

『유몽영』

5. 생소한 책을 읽는 것은 예전에 배운 것을 익히는 것만 못하다.

讀生書不若溫舊業. 『유몽영』

6. 많은 책을 읽는 것이 비록 쓸데없다고 해도, 고금의 것을 전혀 알

지 못하는 것보다는 낫다.
涉獵雖曰無用, 猶勝於不通古今.『유몽영』

7. 독서를 잘하는 자에게는, 가는 곳마다 책이 아님이 없다. 산과 물 또한 책이고, 바둑과 술 또한 책이며, 꽃과 달 또한 책이다.
善讀書者, 無之而非書. 山水亦書也, 棋酒亦書也, 花月亦書也.『유몽영』

8. 글자가 없는 글을 읽을 수 있어야만 사람을 놀라게 할 묘한 구절을 얻을 수 있다. 통용되기 어려운 해석을 이해할 수 있어야만 최상의 선기禪機에 참여할 수 있다.
能讀無字之書, 方可得驚人妙句. 能會難通之解, 方可參最上禪機.『유몽영』

9. 먼저 경서를 읽고 나중에 역사서를 읽으면, 일에 대해 논할 때 성현의 가르침에서 어긋나지 않는다. 역사서를 먼저 읽고 경서를 나중에 읽으면, 책을 볼 뿐 장구章句를 이루지 못한다.
先讀經, 後讀史, 則論事不謬於聖賢, 既讀史, 復讀經, 則觀書不徒爲章句.『유몽영』

234

이광지
李光地

이광지李光地(1642~1718)는 청대의 이학가理學家로 경학과 악률, 역산, 음운 등에 정통했으며, 황제의 칙명으로 『성리정의性理精義』와 『주자대전』 등을 편수했다. 정주학을 추숭하여 강희제의 신임으로 청나라 초기 주자학의 대표적 인물이 되었지만, 절충적인 태도를 취하여 육왕학도 배척하지 않았다. 그러나 전조망全祖望은 그가 율려나 역산, 음운만 밝았지 나머지는 부족했다고 평했다. 저서로 『주역통론周易通論』[76] 『용촌전집榕村全集』[77] 등이 있다.

1. 입으로는 육예六藝의 문장을 끊임없이 읊조리고 손으로는 백가의 책을 그침 없이 펼쳤으며, 사건을 기록할 때는 반드시 그 핵심을 뽑아내고 말을 찬술할 때는 반드시 그 현묘한 뜻을 찾아 밝혔으며, 많이 읽기를 탐하여 책 얻기에 힘써서 작은 책이든 큰 책이든 버리지 않았다. 기름을 때서 밤에도 계속했고 꾸준히 노력해서 한 해를 보

76 『주역통론周易通論』: 이광지가 『역』의 이치를 종합적으로 논의하면서 각각 그 자체를 한 편으로 삼아 저술했다. 1·2권은 상·하 경의 대체적인 요지를 드러내 밝혔으며, 3·4권은 「계사전」「설괘전」「서괘전」「잡괘전」의 뜻을 드러내 밝혔다.

77 『용촌전집榕村全集』: 이광지의 문집이다. 1796년에 그의 손자인 이청식李清植이 교감하여 판각했으며, 문인인 이불李紱이 「서문」을 지었다. 「관란록觀瀾錄」이 1권, 「경서필기經書筆記」「독서필록讀書筆錄」이 1권, 「춘추대의春秋大義」「춘추수필春秋隨筆」이 1권, 「상서구두尙書句讀」가 1권, 「주관필기周官筆記」가 1권, 「초하록初夏錄」이 2권, 「존주요지尊朱要旨」「요지속기要旨續記」가 1권, 「상수습유象數拾遺」「경행적편景行摘篇」「부기附記」가 1권으로 문文이 25권, 시 5권, 부 1권이다.

냈다. 이것은 문공文公(한유韓愈)께서 스스로 독서한 일을 말한 것이다. 이 말의 핵심은 결국 일을 기록하는 것과 말을 찬술하는 것 두 구절에 있다. 책을 눈으로 보고 입으로 읽는 것은 모두 손으로 쓰는 것만 못하다. 손이 수행하면 마음은 반드시 그것을 따르게 되니, 비록 20번 보고 암송해도 한 차례 베껴 쓸 때 많은 공이 드는 것만 못하다. 게다가 그 핵심을 뽑으면 보는 일이 자세하지 않을 수 없고, 그 현묘한 뜻을 찾아 밝히면 사리가 정밀해지지 않을 수 없다. 그 와중에 다시 공통점과 차이점을 연구하고 시비를 가려서 의심나는 것을 기록하여 변론을 붙일 수 있다면, 지식이 더욱 심오해지고 다잡은 마음이 더욱 견고해질 것이다.

口不絕吟於六藝之文, 手不停披於百家之編, 記事必提其要, 纂言者必鉤其玄. 貪多務得, 細大不捐. 焚膏油以繼晷, 恒兀兀以窮年. 此文公(韓愈)自言讀書事也. 其要訣卻在紀事纂言兩句. 凡書目過口過, 總不如手過. 蓋手隨則心必隨之, 雖覽誦二十遍, 不如鈔撮一次之功多也, 況必提其要, 則閱事不容不詳, 必鉤其玄, 則思理不容不精. 若此中更能考究同異, 剖斷是非, 而記所疑附以辨論, 則濬知愈深, 著心愈牢矣. 『용촌전집榕村全集』

2. 독서할 때는 그 내력을 찾아야 한다. 내력을 찾을 수 있으면 잊지 않을 수 있다. 일부의 책을 종류별로 나누어 모으고, 또 장章마다 깨우친 것을 기록하고 다시 전부 꿰어 이해하여, 중심이 되는 뜻을 깨달으면 곧 기억할 수 있다.

讀書要搜根, 搜得根, 便不會忘. 將那一部書分類纂過, 又隨章箚記, 復全部串解, 得其主意, 便記得. 『용촌전집』

3. 경서를 읽는 자는 일단 다른 것에는 관심을 두어서는 안 된다. 다

만 하나의 경서를 가르칠 때는 1쪽을 읽으면 1쪽만 생각하게 하고, 열심히 공부하여 천 번에 이르러서는 그가 깨달은 것을 거듭 질문하는 것이 좋다.
讀經者且不要管他別樣 只敎他將一部經, 一面讀, 一面想, 用功到千遍, 再問他所得便好.『용촌전집』

4. 독서할 때 좋은 문장만 뽑아놓으면 무슨 보탬이 되겠는가? 저자의 뜻을 분명히 드러내고 이본異本 간의 차이점과 글의 의미와 옳고 그름을 잘 살펴 바로잡으며 글자마다 그대로 지나치지 않아야 책을 잘 읽은 것이다.
讀書只贊其文字好, 何益? 須將作者之意發明出來, 及考訂其本之同異, 文義之是否, 字字不放過, 方算得看這部書.『용촌전집』

5. 독서할 때 철저하게 읽지 않으면, 많이 읽어도 도움이 되는 것이 없다. 하지만 많이 읽지 않고 철저하게 읽을 수 있는 자는 없었다.
讀書不透, 多亦無益. 然未有不多而能透者.『용촌전집』

6. 한나라 이후의 학문은 넓히는 것에만 힘써서 정밀하지 않았으니, 성현에게는 이러한 문제가 없었다. 태공太公은 『단서丹書』 한 권을, 기자箕子는 『홍범洪範』 한 편을, 주자朱子는 『대학』 한 부部를 읽었을 뿐, 다른 의미의 문자가 있었음을 말하기는 어렵다. 그들은 알지 못했지만 힘을 얻은 것은 단지 여기에 있었을 뿐이다.

나는 예전부터 다음과 같이 생각했다. '학문은 먼저 요점을 두는 것으로 근본을 삼아야 한다. 다음으로 넘쳐나는 여러 주석가의 글을 광범위하게 수집하고 널리 채택해야 한다. 근원이 요점에서 벗어나지 않으면 마침내 근원으로 귀결하게 된다. 풀과 나무처럼 애초에 땅에 떨어지는 것은 씨앗인데 비로소 뿌리가 나고 줄기가 생기고 꽃이 피고 잎이 무성해지지만, 끝내 씨앗으로 귀결되는 것이다. 씨앗으로 귀결되면 비록 작디작아 보이지만, 뿌리·줄기·꽃·잎의 무수한 정수는 모두 씨앗의 내부에 수렴되어 있다.'

自漢以來的學問務博而不精, 聖賢無是也. 太公只一卷『丹書』, 箕子只一篇『洪範』, 朱子讀一部『大學』, 難道別的道理文字, 他都不曉, 然得力只在此. 某嘗謂學問先要有約的做根. 再泛濫諸家, 廣收博采, 原亦不離約的, 臨了仍在約的上歸根復命. 如草木然, 初下地原是種子, 始有根有幹有花有葉, 臨了仍結種. 到結了種, 雖是小小的, 而根幹花葉無數精華, 都收在裏面. 『용촌전집』

7. 독서는 기억력이 있어야 한다. 기억력은 억지로 향상하기 어려우니, 한 분야의 책을 정밀하게 익히는 방법을 사용해야 한다. 책의 크기에 얽매이지 않고 한 부분을 익숙하게 하되, 모든 글자를 깨우쳐 알고 도리를 분명하게 알면, 여러 전문가의 설에 대해서도 모두 그 시비와 우열을 가릴 수 있을 것이다. 이 일부분이 곧 뿌리가 되어 다른 책을 보면 깨우칠 수 있는 것이다. 예컨대 병사 10만을 거느릴 때 (모든 병사들을) 똑같이 취급하면 한 병사의 힘도 얻을 수 없고, 벗과 사귈 때 친분과 대우의 차이가 없으면 한 친구의 도움도 얻을 수 없는 것과 같다. 병사를 거느릴 때는 반드시 수백 명의 친위병과 죽음을 각오한 용사가 있어야 하고, 벗을 사귈 때는 반드시 한두 명의 의기가 잘 통하는 벗이 있어야만 그 외의 사람을 모두 활용할 수 있다. 어째서인가? 내가 친하게 여기는 사람이 역시 친하게 여기는 사람이 있어서 비슷한 부류로 말미암아 서로 영향을 주면 두루 통하지 않음

이 없는 것이다. 다만 한 분야의 책이, 실로 단두丹頭[78]가 되어야만 곧 두루 통할 수 있다. 그러므로 중요하지 않은 책을 익히면 쓸모가 없는 것이다. 예컨대 병사를 거느릴 때 간사하고 법을 어기는 무리를 친하게 여기고, 벗을 사귈 때 무뢰한 자들과 친분을 맺으면 어찌 계속 이어갈 수 있겠는가?

讀書要有記性. 記性難強, 須用精熟一部書之法, 不拘大書小書, 能將這部爛熟, 字字解得, 道理透明, 諸家說俱能辨其是非高下. 此一部便是根, 可以觸悟他書. 如領兵十萬, 一樣看待, 便不得一兵之力, 如交朋友, 全無親疏厚薄, 便不得一友之助. 領兵必有幾百親兵死士, 交友必有一二意氣肝膽, 便此外皆可得用, 何也? 我所親者, 又有所親, 因類相感, 無不通徹. 只是這部書卻要實是丹頭, 方可通得去. 倘熟一部沒要緊的書, 便沒用. 如領兵卻親待一夥極作奸犯科的兵, 交友卻結交一班無賴的友, 如何聯屬得來! 『용촌전집』

8. 독서는 널리 배우고 뚜렷이 기억하되, 날마다 과정을 두어 수십 년을 끊이지 않아야 한다. 예전에 오나라 땅의 고정림顧亭林과 지금의 나의 넷째 동생 사경耜卿[79]은 모두 이처럼 공부를 한 적이 있다. 고정림은 십삼경十三經을 모두 암송했는데, 매년 3개월씩 복습하면서 정리했고, 나머지 달은 새로운 것을 배웠다. 그의 의론은 간단명료하여 단정함이 있고 그와 대적할 만한 이를 보지 못했다. 사경 역시 십삼경을 암송하여 대략 그 뜻에 통할 수 있었으니, 현명하다고 말하지

78 단두丹頭: 원래 도가에서 정련하여 완성된 단약丹藥을 가리키는데, 여기서는 사물의 변화를 재촉하는 중요한 핵심적인 요소를 비유한 말로 사용되었다.

79 넷째 동생 사경耜卿: 이광파李光坡(1651~1723)를 이른다. 이광파는 자가 무숙茂叔이고, 호가 고헌皐軒이다. 집에만 머물면서 벼슬은 하지 않았다. 정주학을 주로 공부했고, 소옹의 역학과 양웅의 『태현경太玄經』도 참고했다. 중년에는 삼례三禮에 전념하여 정현의 설을 주로 하여 간명하게 해석한 『의례술주儀禮述注』『예기술주禮記述注』『주례술주周禮述注』를 완성했다.

않을 수 있겠는가? 다만 암송은 사색하기 위한 방법이고 사색은 체인體認하기 위한 방법이며 체인은 함양涵養하기 위한 방법이다. 만약 사색·체인·함양을 암송에서 나오는 공부로 삼아서 기억하고 암송하는 것으로 제일 중요한 의의로 삼는다면 크게 어긋난다. 반드시 의리를 가장 중요한 것으로 삼아서, 책을 읽을 때 곧 전체全體(모든 원리가 내재해 있는 총체)와 대용大用(모든 일에 대응하는 것)이 있는 바를 구해서, 의리가 내 몸과 융합되어 두루 젖어들면 자연스럽게 기억할 수 있다. 곧 우연히 기억한 것은 잊어버린다 하더라도 해가 없다.

讀書博學強記, 日有程課, 數十年不間斷. 當年吳下顧亭林, 今四舍弟耜卿, 皆曾下此工夫. 亭林『十三經』盡皆背誦, 每年用三箇月溫理, 餘月知新, 其議論簡要有裁翦, 未見其匹. 耜卿亦能背誦『十三經』而略通其義, 可不謂之賢乎! 但記誦所以爲思索, 思索所以爲體認, 體認所以爲涵養也. 若以思索·體認·涵養爲記誦帶出來的工夫, 而以記誦爲第一義, 便大差. 必以義理爲先, 開卷便求全體大用所在, 至於義理融透浹洽, 自然能記. 卽偶然忘記亦無害. 『용촌전집』

9. 책에서 한번 보고 곧바로 깨닫는 사람이 있으면, 천하에 쓸데없는 재주를 가진 것이다. 조금씩 쌓으면서 진전해가고, 옛것을 익히고 새것을 알 수 있어야 견고해질 수 있다. 예컨대 부유한 가정의 아이는 태어나면서부터 쓸 수 있는 것을 가지고 있으므로 재물을 대할 때도 자연스레 아끼지 않게 되는데, 고생 속에 부지런히 일하여 일가를 이룬 사람만이 풀 한 포기, 나무 한 그루를 아끼고 보호할 줄 아는 것과 같다.

독서는 부지런히 애쓰는 가운데 그 재미를 얻어야 자연히 책을 내려놓지 않는다. 어느 집의 자제 중에서 한 번만 보고도 깨닫는 이를 보았으나 대부분 성취하는 것이 없었다. 어떤 이는 그 잘못을 자책해 새로운 책만 읽기 좋아하고 옛 책 읽기를 좋아하지 않으니 또한 큰 병폐다.

人於書有一見便曉者, 天下之棄材也. 須是積累而進, 溫故知新, 方能牢固. 如富貴家兒生來便有得用, 他看錢物, 天然不愛惜, 惟辛勤成家, 便一草一木, 愛之護之. 讀書從勤苦中得些滋味, 自然不肯放下. 往往見人家子弟, 一見便曉, 多無成就. 有人自訟其過, 生平好讀新書, 不喜讀舊書, 亦是大病.『용촌전집』

235

청 성조
清 聖祖

청淸 성조聖祖는 청나라 4대 황제 강희제康熙帝(재위 1661~1722)로 이름이 현엽玄燁이다. 치세 초기 세 번의 난을 진압했고, 타이완을 점거하고 있던 명나라 유신 정성공 일족을 1684년에 토벌하고 중국 전 국토를 통일했으며, 러시아와 네르친스크 조약을 맺어 외몽골과 티베트를 복속시켰다. 어릴 때부터 유교적 교육을 받았기 때문에, 1679년 박학홍사과라는 과거의 특례를 열어, 유학자로서 이름 있는 자를 임용하는 예를 연 외에, 학자들에게 『강희자전康熙子典』『연감유함淵鑑類函』『패문운부佩文韻府』 등 많은 서적을 만들게 하고, 학예 장려와 한인 회유를 겸하여 성공했다. 탐관오리를 제거하고, 절약, 세제의 합리화에 힘썼다. 내정을 충실히 하고 문화 사업을 일으켜 청조의 전성기를 열었다는 평가를 받으며, 역대 중국의 황제 가운데 재위 기간이 61년으로 가장 길었다. 저서로 『정훈격언庭訓格言』[80] 등이 있다.

1. 무릇 책을 볼 때, 책으로 인하여 어리석어지지 않아야 좋다. 예컨대 동자董子(동중서)가, "바람은 가지를 울게 하지 않고, 비는 흙덩

80 『정훈격언庭訓格言』: 강희제가 백성을 교도하고자 편찬한 교훈서. 『성유광훈聖諭廣訓』에 싣지 못한 246개의 항목을 기록했으며, 1730년 세종헌황제世宗憲皇帝가 편집을 완성했다.

이를 부수지 않는다[81]라고 한 것은, 태평한 시대를 말한 것이다"라고 했는데, 정말로 바람이 나뭇가지를 울게 하지 못한다면 만물은 무엇이 부추겨서 발생시키며, 비가 흙덩이를 부수지 않으면 밭이랑은 어떻게 갈아서 씨앗을 뿌릴 수 있겠는가? 이것으로 본다면, 동중서의 말은 모두 좋게 꾸민 쓸데없는 글과 관계될 뿐이다. 이와 같은 것은 모두 참된 것이라고 믿을 수 없다.

凡看書不爲書所愚, 始善. 卽如董子所云 "風不鳴條, 雨不破塊', 謂之升平世界." 果使風不鳴條, 則萬物何以鼓動發生? 雨不破塊, 則田畝如何耕作布種? 以此觀之, 俱系粉飾空文而已. 似此者, 皆不可信以爲眞也. 『정훈격언庭訓格言』

2. 사람이 마음을 비우면 배운 것이 진보하고, 채우면 배운 것이 퇴보한다. 나는 물어보기를 좋아하는데, 비록 거칠고 속된 사람이라도 그의 말이 이치에 맞다면, 나는 결코 그 말을 버리지 않고 반드시 그 근원을 찾아서 철저하게 기억했다. 아울러 스스로 잘 알거나 할 수 있다고 여기고서, 다른 사람의 좋은 점을 버리지 않았다.

人心虛則所學進, 盈則所學退. 朕生性好問, 雖極粗鄙之夫, 彼亦有中理之言, 朕於此等, 決不遺棄, 必搜其源而切記之. 竝不以爲自知自能, 而棄人之善也. 『정훈격언』

3. 나는 어려서부터 독서를 했는데, 간혹 한 글자라도 분명하지 않은 것이 있으면 반드시 더 깊이 연구하여 마음속에서 명쾌하게 이해되도록 애쓴 이후에 그쳤다. 독서에서만 그렇게 한 것이 아니라, 천하와 국가를 다스릴 때도 이와 같이 할 뿐이었다.

81 바람은 (…) 않는다: 『염철론鹽鐵論』의 "주공의 시대에는 바람은 나뭇가지를 울리지 않았고, 비는 흙덩이를 부수지 않았다風不鳴條 雨不破塊"라는 말을 인용한 표현이다.

朕自幼讀書, 間有一字未明, 必加尋繹, 務至明愜於心而後已. 不特讀書爲然, 治天下國家不外是也. 『정훈격언』

4. 옛사람의 책을 읽을 때는 마땅히 그 대의가 있는 곳을 찾아야 한다. 이것이 이른바 '일이관지一以貫之'다. 만약 그 글자나 구절 사이에는 옛사람마다 서로 다른 설이 있을 수는 있으니, 반드시 꼭 집어서 반박하여 한쪽으로 치우친 설을 스스로 펴서는 안 된다.
讀古人書, 當審其大義之所在, 所謂一以貫之也. 若其字句之間, 卽古人亦互有異同, 不必指摘辯駁, 以自伸一偏之說. 『정훈격언』

5. 사람이 어렸을 때는 정신이 집중되고 일치하여 막히는 것이 없지만, 장성한 후에는 생각이 흩어져 밖으로 치닫는다. 이러한 까닭으로 일찍 배워서 기회를 잃지 않도록 해야 한다. 나는 7~8세에 읽었던 경서는 지금 50~60세에 이르러서도 잊지 않았다. 20세 이후로 읽었던 경서 중에서 여러 달에 걸쳐 익히지 않은 것은 곧 생소해졌다. 그러나 간혹 어렸을 때 몹시 고달픈 상황에 처하여 일찍 공부할 기회를 잃어버리게 된 사람이 있다면, 성년에는 더욱 스스로로 분발해야 한다. 어려서부터 배우는 것은 해가 나올 때의 빛과 같고 장성해서 배우는 것은 촛불의 빛과 같으니, 비록 배움이 늦은 자라도 처음부터 끝까지 배우지 않는 자보다는 낫다.
人在幼稚, 精神專一通利, 長成之後, 則思慮散逸外馳. 是故應須早學, 勿失機會. 朕七八歲時, 所讀之經書, 至今五六十年, 猶不遺忘, 至於二十以外所讀經書, 數月不溫, 卽至荒疏矣. 然人或有幼年遭逢坎壈, 失於早學, 則於盛年, 尤當勵志. 蓋幼而學者, 如日出之光, 壯而學者, 如炳燭之光. 雖學之遲者, 亦猶賢乎始終不學者也. 『정훈격언』

236

심근사
沈近思

심근사沈近思(1671~1728)는 청나라 학자로 호가 암재闇齋, 사헌俟軒이며, 시호가 단각端恪이다. 9세에 고아가 되어 영은사靈隱寺의 승려가 되었는데, 주지 스님이 그가 지혜롭고 총명한 것을 아껴서 과거공부를 하게 했고, 1699년에 거인으로 뽑히고, 이듬해에 진사로 급제해 관직에 나아갔다. 평생 일을 처리하면서 신중하게 이해관계를 따져 행동에 옮겼고, 민생에 이익을 주는 것을 최우선으로 생각했다. 주희의 이학理學을 숭상하여 유학의 정종으로 받들었다. 『천감당문집天鑑堂文集』이 있다.

독서는 오로지 집중하는 데 달려 있다. 집중하면 정밀하게 익힐 수 있어서 의미가 날마다 드러나 마음으로 얻는 것이 무궁해진다. 만약 한 권의 책이 다 끝나지 않았는데 다시 다른 책을 읽으면, 혼잡스럽고 효과도 없으며 부질없이 세월만 보내게 된다. 이것이 동파東坡가 말한 "배우는 자는 한두 권의 책을 정밀하게 익혀야 한다"는 것이다. 그 나머지는 마치 여러 마디의 대나무가 갈라지는 것처럼, 칼을 대면 절로 갈라지는 것과 같다.

讀書全在專一. 專一則精熟, 而意味日出, 心得無窮. 若一書未竟, 又讀一書, 雜而無功, 徒廢歲月. 東坡所謂學者須精熟一兩書, 其餘如破竹數節, 後皆迎刀而解也. 『잠언유초箴言類鈔』

237

심덕잠
沈德潛

심덕잠沈德潛(1673~1769)은 청나라 문학가이자 시인으로 1736년 늠생廩生으로 박학홍사博學鴻詞로 뽑혀 시험을 보았고, 67살 때 겨우 진사가 되었다. 건륭제의 총애를 받아 예부시랑까지 올랐으며, 건륭제가 그에게 하사한 시가 아주 많았다. 시가 도덕적인 문학관에 기반을 두고 바른 골격 위에 음률의 조화를 찾는다는 격조설을 주창했으며, 평정통달하지만 재기가 부족하다는 평을 받았다. 저서로 『고시원古詩源』[82] 『귀우시문초歸愚詩文鈔』 등이 있다.

시를 읽는 자는 마음이 평온하고 기운이 온화하며 깊이 빠져들어야 의미가 절로 드러나니, 자기 마음대로 견해를 세워서 억지로 조화롭게 되기를 구해서는 안 된다. 게다가 옛사람의 말은 함축된 뜻이 끝이 없어 후대의 사람들이 그것을 읽으면 그 본성과 심정의 얕고 깊음, 높고 낮음에 따라 각자의 깨달음이 있다. 예컨대 왕자王子 격擊이 「신풍晨風」을 좋아하자 자애로운 부모들이 깨달았고,[83] 배안조裵安祖

82 『고시원古詩源』: 심덕잠이 선진시대부터 수나라까지 900수가 넘는 시와 가요를 모아 편찬한 시가집. 1717년 10월에 시작해 1719년 2월에 완성했으며, 총 14권이다.

83 왕자 (…) 깨달았고: 위 문후魏文侯의 두 아들로 격擊과 소訴가 있었다. 문후는 둘째 소를 후사로 삼고 맏아들 격은 중산中山으로 보냈다. 이후 격의 사부인 조윤당趙倫唐이 사신을 자청하여 문후에게 갔을 때, "중산군은 시를 좋아하며 특히 신풍장晨風章을 좋아합니다"라고 하니, 문후가 크게 기뻐하면서, "임금을 알고자 하면 그 사신을 보라고 했다. 중산군이 훌륭하지 않으면 어찌 훌륭한 사부를 얻을 수 있었겠는가"라며 태자 소를 폐하고 격을 불러들여 후사로 삼았다는 고사다.

가「녹명鹿鳴」을 강론한 이후부터는 형제들과 함께 식사했다[84]는 일이 곧 그 의미를 깨달은 것이다. 동중서가 "시에는 정확한 뜻풀이가 없다"고 했는데, 그 말은 바로 이 뜻이다.

讀詩者, 心平氣和, 涵泳浸漬, 則意味自出, 不宜自立意見, 勉強求和也. 況古人之言, 包含無盡, 後人讀之, 隨其性情淺深高下, 各有會心. 如好『晨風』, 而慈父感悟, 講『鹿鳴』, 而兄弟同食, 斯爲得之. 董子云: "詩無達詁." 此物此志也. 『청시별재범례淸詩別裁凡例』

84 배안조가 (…) 함께 식사했다: 배안조는 배준裴駿의 종제從弟인데, 어려서부터 총명하여 나이 8~9세에 스승을 찾아가서 『시경』 수업을 받았다. 그가 「녹명鹿鳴」 장을 배우고 나서 여러 형에게 이르기를, "사슴은 짐승인데도 먹이를 얻으면 서로 부르는데, 사람이 그렇지 못해서야 되겠습니까"라 하고, 이후부터는 혼자서 음식을 먹지 않았다는 고사다.

238

왕유헌
汪惟憲

왕유헌汪惟憲(1681~1742)은 자가 자의子宜, 적산積山이고 호가 수련水蓮이다. 인화仁和 사람으로 1729년 공생이 되었다. 소식의 글씨체를 모방했으며 작품 진위 감정의 능력이 뛰어났다. 저서로 『한등서어寒燈絮語』[85] 『적산시문집積山詩文集』 등이 있다.

1. 옛사람은 독서할 때 정밀하게 읽는 것을 귀하게 여기고 많이 읽는 것은 귀하게 여기지 않았다. 그렇다고 해서 많이 읽는 데 공들이지 않은 것은 아니다. 적은 양이 쌓여서 많은 양에 이르면 비록 많이 읽어도 혼잡하지 않고 잊어버릴 근심이 없다. 이것은 날이 길어질 때 조금씩 더해져서 사람이 깨닫지 못하는 것과 결국 같다. 한마디 말로 그것을 개괄하면 "끊어짐이 없다無間斷"는 것이다. 잠시 그치거나 끊어지는 폐해는 배우지 않는 것보다 더 심하다. 하루가 덥고 열흘이 추우면 사람이 어떻게 살 수 있겠는가? 반드시 열다섯 된 소년〔成童〕 때부터 시일을 적절히 분배하여 차례대로 실행해야 하되, 중하中下의 자질로 자처하는 이는 매일 약간씩의 독서량을 정해야 한다.

1년 중에 경조慶弔·제소祭掃·교접交接·유연遊宴하는 일을 제외하면, 270일이 된다. 이 270일 동안 과정을 엄격하게 세워서 그 도를 지키되 변함이 없으면 10년 사이에 경서經書를 마칠 수 있다. 또한 이와

85 『한등서어寒燈絮語』: 청대 왕유헌이 지은 책으로 1권이다. 그중에는 독서법과 작문에 대한 기록이 있는데 험벽하고 황당무계한 것을 추구하지 않았다.

같이 계속해서 그만두지 않으면 자질이 우둔한 자도 또한 영민해져서 책도 점점 더 증가할 수 있다. 다시 10년 동안 자서子書·사서史書·고문古文도 모두 차례대로 마칠 수 있을 것이다.
古人讀書, 貴精不貴多. 非不事多也, 積少以至多, 則雖多而不雜, 可無遺忘之患. 此遂如長日之加益, 而人不覺也. 一言以蔽之曰, "無間斷." 間斷之害, 甚於不學. 一暴十寒, 人生幾何! 必由甫離成童, 卽排歲月次第爲之. 以中下之資自居, 每日限讀書若干. 一歲之中, 除去慶弔·祭掃·交接·遊宴之事, 大率以二百七十日爲斷. 此二百七十日, 須嚴立課程, 守其道而無變. 十年之間, 經書可畢. 且如此繩繩不已, 則資之鈍者亦敏, 而書可漸增加. 再十年, 子史古文, 俱漸次可畢矣. 『한등서어寒燈絮語』

2. 분량이 많은 책을 볼 때는 자세히 보고, 오래 참을 수 있어야 한다. 이천伊川 선생은 역사서를 읽을 때마다 절반 정도에 이르면, 곧 책을 덮고 그 성패를 생각한 후에 다시 읽었는데, 합치되지 않은 곳이 있으면 또다시 생각했다. 이것이 오래 참으면서 자세히 하는 것이다.
觀大部書須細, 須耐久. 伊川先生每讀史到一半, 便掩卷思其成敗, 然後再看, 有不合處, 又更思之. 此耐久而細也. 『한등서어寒燈絮語』

239

허형
許珩

허형許珩은 자가 초생楚生이고 의징儀徵 사람이다. 저서로 『주례헌의周禮獻疑』가 있다.

허형이 『주례헌의周禮獻疑』 7권을 지었는데, 의심해야 할 것은 의심할 수 있었고, 의심하지 말아야 할 것은 의심하지 않았다.
珩著『周禮獻疑』七卷, 能疑所當疑, 不疑所不當疑. 『한학사승기漢學師承記』

240

유대괴
劉大櫆

유대괴劉大櫆(1698~1780)는 청나라 문학가로 자가 재보才甫, 경남耕南이고, 호가 해봉海峰이다. 1729년 부공생副貢生이 되었다. 스승 방포方苞 및 문인 요내姚鼐와 함께 동성파桐城派의 대표적 인물로 일컬어진다. 방포는 그를, 오늘날의 한유이자 구양순이라고 칭찬했다. 문인 요범姚范의 동생인 요내도 그의 문장을 높이 평가했다. 글을 지을 때는 의리義理와 서권書卷, 경제經濟를 담아야 한다고 강조했고, 작품 속에 정주이학을 천명할 것을 주장했다. 또 예술에서는 옛사람들의 신기神氣와 음절, 자구를 모방할 것을 말해 숭고崇古와 의고擬古의 이론을 한 단계 발전시켰다. 저서로 『해봉시문집海峯詩文集』[86]이 있다.

1. 문장을 구성할 때, 글자와 글귀의 길이와 문세의 높낮이에 일정한 법칙이 없고 일정한 묘함만 있는 것은, 마음으로는 이해할 수 있으나 말로는 전달할 수 없다. 따라서 배우는 자는 정신과 기운을 구해야 음절을 이해할 수 있고, 음절을 구해야 글자와 글귀를 이해할 수 있으니 생각하는 것이 반을 넘어선다. 그 요점은 옛사람의 글을 읽을 때 그 자신이 옛사람을 대신해서 말한다고 설정하는 데 있다. 그러나 한번 삼키고 한번 내뱉는 것이 모두 옛사람에게서 나온 것이

86 『해봉시문집海峯詩文集』: 유대괴의 문집으로 총 11권이다.

지 자신으로부터 나온 것이 아니다. 익숙하게 된 후에야 나의 정신과 기운이 곧 옛사람의 정신과 기운이 되고, 옛사람의 음절이 모두 나의 목구멍과 입술 사이에 있게 된다. 나의 목구멍과 입술 사이에 자리한 것이, 곧 옛사람의 정신과 기운 및 음절과 서로 비슷하게 되어야, 자연스럽게 음조가 또랑또랑하게 맑고 아름다워진다.

凡行文字句短長, 抑揚高下, 無一定之律, 而有一定之妙, 可以意會, 不可以言傳. 學者求神氣而得之音節, 求音節而得之字句, 思過半矣. 其要只在讀古人文字時, 設以此身代古人說話, 一呑一吐, 皆由彼而不由我. 爛熟後, 我之神氣, 卽古人之神氣, 古人之音節, 都在我喉吻間. 合我喉吻處, 便是與古人神氣音節相似處, 自然鏗鏘發金石. 『논문우기論文偶記』

2. 옛사람의 문장 중에 사람들에게 알려줄 만한 것은, 오직 법法 뿐이다. 그러나 그 정신을 얻지 못하고 단지 그 법만 지킨다면 죽은 것일 뿐이다. 요점은 자신이 글을 읽을 때 뜻의 미묘함을 이해하는 데 달려 있다.

古人文章可告人者, 惟法耳. 然不得其神而徒守其法, 則死法而已. 要在自家於讀時微會之. 『논문우기』

241

장백행
張伯行

장백행張伯行(1651~1725)은 청나라 관리이자 학자로 호가 서재恕齋, 경암敬庵이다. 늦은 나이에 관직에 올랐지만 20년 동안의 공직생활에서 청렴하고 강직했다. 그런 까닭에 명성이 천하에 퍼졌고, 강희제가 그를 '천하청관제일天下清官第一'이라 칭하며 여러 번 표창하고 승진시켰다. 정주학에 정통했고, 그에게 배움을 청하는 사람이 수천 명에 달했다. 『정의당전서正誼堂全書』[87]가 있다.

1. 여헌가呂獻可가 말하길 "독서할 때는 많은 책을 읽을 필요가 없다. 한 글자를 읽고 이해했으면 한 글자를 실행하면 된다"고 했다. 또 이천이 말하기를, "한 자(尺) 분량의 책을 읽는 것은, 한 치(寸) 분량의 내용을 실행하는 것만 못하다"라고 했다. 독서하고 힘써 실행할 수 없으면, 단지 이야기일 뿐이다. 그러나 학자는 지향하는 부분이 바르지 않다면 체득하고 실행할 때 항상 눈에 보이는 곳에 두어 마음을 경계하는 것이 좋다. 옛사람의 훌륭한 말과 아름다운 행동은 아이를 일깨울 수 있다. 아이의 선생이 되는 자는 매일 정해진 수업을 마친 후에, 아이가 각각 한 조목을 써서 벽 위에 붙여서 살펴보기 편리하게 해야 한다. 이렇게 해서 1달에 30조목을 완수하면 공책에 쓰게 하고, 다음 달에도 그렇게 반복하여, 먹거나 쉬거나 서나 앉으나 눈을

87 『정의당전서正誼堂全書』: 장백행이 편찬했다. 이후 동치 연간에 양준楊浚이 다시 편찬했다.

뜰 때마다 이와 같이 한다. 익숙하게 외우게 할 뿐만 아니라, 조용히 마음속으로 이해하기를 오래도록 해서 자기 것으로 만들어야 한다. 그렇게 해야 보고 느끼고 분발하여 일어나는 자가 많아진다. 이뿐만 아니라, 학자는 다른 책을 읽을 때도 이러한 방법에 따라 하루라도 끊어짐이 없어야 한다. 주자께서 "부지불식간에 자연스럽게 분발된다"고 말씀하신 게 이것이다.

呂獻可云, "讀書不須多, 讀得一字, 行取一字" 伊川亦曰, "讀得一尺, 不如行得一寸." 蓋讀書不能力行, 只是說話也. 然學者趨向未端, 欲體認力行, 莫若常觸于目, 以警于心, 將古人嘉言懿行, 足以啓發童蒙, 爲蒙師者, 宜於每日功課之餘, 令幼童各書一條, 貼於壁上, 以便觀覽. 一月三十條完, 則令寫於課本. 下月復然, 食息起居, 擧目卽是. 不但記誦之熟, 須從容默會, 久而自化, 其所以觀感而興起者多矣. 不寧惟是, 學者凡讀他書, 亦依此法, 日無間斷. 朱子所謂不知不覺, 自然相觸發者也. 『양정편요언養正編要言』

2. 독서할 때는 옛사람의 마음을 얻어야 한다. 또 그 문장에 의지하여 옛사람이 주장하는 뜻을 얻어야 한다. 맹자가 "내 뜻으로 글쓴이가 지향한 뜻을 거슬러 구하는 것, 이것이 얻은 것이다"[88]라고 했으니, 진정으로 독서의 좋은 방법이다.

讀書要得古人之心, 且要因其文詞而得古人立言之意. 孟子所謂"以意逆志, 是爲得之" 此眞讀書之善法. 『학규유편學規類編』

88 내 (…) 것이다: 『맹자』「만장 상」에 나온다. 맹자는 "시를 말하는 사람은 문장 때문에 문체를 해치지 않으며 문체 때문에 뜻을 해치지 않는다. 시인이 작품 속에 표현한 생각意을 근거로 시인의 주제와 의도志를 탐색할 수 있다. 이것이 바로 터득했다는 것이다說詩者不以文害辭 不以辭害志 以意逆志 是爲得之"라고 했다.

3. 하양형賀陽亨이 말했다.

진사현陳士賢[89]은 훌륭한 격언을 들으면, 직접 책에 기록하여 힘써 실행하도록 도왔다. 호강후胡康侯는 천성이 매우 깐깐해서 보잘 것 없는 책 한 권이라도 수정하여 바로잡았는데, 무릇 책에 '관寬(너그럽다)'이라는 글자가 있으면 곧 그것을 기록했다. 여동래呂東萊도 천성이 편협했는데, 『논어』를 읽다가 '궁자후躬自厚' 구절[90]에 이르러, 마침내 깨우쳐서 이후로는 느슨해졌다. 세 분은 모두 자신의 본바탕이 온전하지 않다는 것을 알고 훌륭하게 변화한 사람들이다.

賀陽亨曰, 陳士賢遇格言, 卽手錄於冊, 以爲力行之助. 胡康侯性稍峻, 訂一小冊, 凡書有'寬'字者卽錄之. 呂東萊性亦隘, 讀『論語』至躬自厚節, 遂悟從緩. 三先生皆自知質性未純而善變者. 『곤학록집수困學錄集粹』

4. 학자는 탁월하게 자립하는 것과 큰일을 하기 위해 분발하는 것을 귀하게 여겨야 한다. 다만 '기다린다待'는 한 글자는, 예로부터 여러 사람을 망쳤다. 그러므로 우물쭈물하는 것은 일을 그르치기에 딱 좋다. 좋은 때를 기다렸다가 일어나는 자들은 범부다. 범부들은 스스로 범부가 되기를 달게 여긴 것이지, 하늘이 한계를 지어서 범부가 된 게 아니다. 기다림이 없이 일어나는 자가 바로 호걸이니, 호걸은 스스로 호걸이 된 것이지 다른 사람이 그것을 도울 수 있는 것이 아니다.

學者貴卓然自立, 尤貴奮發有爲. 只一個待字, 斷送了古來多少人. 故

89 진사현陳士賢: 명나라 사람으로 호가 대방大方, 백희재伯希齋이고 가정 연간에 진사가 되었다. 관직은 항저우 군수, 제학어사提學禦史 등을 역임했다. 청렴했으며 의술에도 정통했다. 저서에 『효경孝經』『감정교비술편戡靖教匪述篇』『칠수유고七修類稿』가 있으며 의학 관련 저술로는 『경험방經驗方』이 있다.

90 궁자후躬自厚 구절: 『논어』「위영공」에 나온다. 자신을 꾸짖는 데 철저하라는 말이다. 원문은 다음과 같다. "공자께서 말씀하셨다. '자신을 꾸짖기를 철저하게 하고 다른 사람 책망하기를 가볍게 하면 원망을 멀리할 수 있다子曰: '躬自厚而薄責於人, 則遠怨矣.'"

因循最足害事. 有待而興, 便是凡民, 凡民自甘爲凡民, 非天有以限之. 無待而興, 卽爲豪傑, 豪傑自爲豪傑, 非人有以助之. 『곤학록집수』

5. 독서하다가 이해되지 않는 곳이 있으면 기록해두었다가 물어볼 만한 사람을 기다리고 다른 곳을 읽어야 한다. 그렇게 하여 문장의 뜻이 서로 이것과 관계된 것을 맞닥뜨리면 곧 절로 깨닫게 된다. 주자가 독서할 때도 왕왕 이 방법을 사용했다.

讀書有不曉處, 箚出俟去問人, 亦有時讀別處. 撞着文義與此相關者, 便自曉得. 朱子讀書, 往往用此法. 『곤학록집수』

6. 이고李翶의 말에 "『시경』을 볼 때는 『서경』이 있음을 알지 못했고, 『서경』을 읽을 때는 『시경』이 있음을 알지 못했다"는 게 있다. 이것은 송독할 때 한결같은 마음으로 뜻을 다하는 것을 말했을 뿐이다. 만약 그 도리를 이해하자면 『시경』은 인간의 성정을 말하고 『서경』은 정사政事를 말해서, 비록 같지 않음이 있더라도 그 도리는 모두 한 가지다.

李翶有言, "觀『詩』時則不知有『書』, 觀『書』者則不知有『詩』." 此就誦讀之時, 專心致志言之耳. 若理會道理, 則『詩』道性情, 『書』道政事, 雖有不同, 其道理總是一箇. 『곤학록집수困學錄集粹』

7. 사람이 태어나서 하루라도 독서하지 않는 것과 독서를 하되 일정한 법칙〔法程〕이 없는 것은, 비록 부지런함과 게으름의 차이는 있지만 잘못하는 것에서는 똑같다. (…)『서경』에서는 "나는 날마다 부지런하기를 생각한다"[91]라고 했고, 『시경』에서는 "날마다 나아가고 달마다 진보한다"[92]고 했으니 비록 그 이유는 말하지는 않았으나 그 의

미는 반드시 일정한 과정을 둔 이후에 지켜나가는 데에 있다. 후세의 학자는 고문을 보지도 않고서, "고요皐陶·기夔·직稷·설契이 무슨 책을 읽을 수 있었겠는가?"라고 하고서 억지로 주장하며 남을 속이고 자신의 부족함을 가리니 역시 잘못되지 않겠는가? 밤으로 낮을 이은 것은 주공의 근면함이고, 잠자지 않고 먹지 않은 것은 공자의 영민함이며, 정사를 처리하는 것과 경서를 연구하는 것을 분별한 것은 소호蘇湖[93]의 가르침이다. 『시경』과 『서경』으로 영혼과 마음을 깨끗하게 하고, 역사서로 정신을 성장시키고, 문장으로 그 식견을 펴는 것은 학자의 끝없는 즐거움이다. 게으르면 경서의 가르침을 잊어버리고, 배우지 않으면 담벼락을 마주한 것과 같이 아는 것이 없어지며, 편안한 것만 오래 탐하다보면 세월은 부질없이 사라지니, 비록 늙어서 분발하려고 해도 세월은 이미 지나가버렸다. 이것은 내가 근심해야 할 것일 뿐만 아니라 그대들도 부끄러워해야 할 바다.

人生一日而不讀書, 與讀書而無法程, 雖勤惰不同, 其失則均. (…) 『書』曰"予思日孜孜", 『詩』曰"日就月將" 雖不言其所以, 然意必有一定之程, 而後奉以從事也. 後世學者不見古文, 遂云"皐·夔·稷·契, 何書可讀?", 大言欺人, 掩其空疏, 不亦謬乎? 夫夜以繼日者, 周公之勤也. 不寢廢食者, 尼父之敏也. 分治事與窮經者, 蘇湖之教也, 『詩』『書』濯其靈腑, 史籍長其精神, 文章抒其見識, 又學者無窮之樂也. 慵廢荒經, 不學牆面, 玩愒既久, 歲月坐消, 縱桑榆思奮, 而羲御已馳. 匪惟余之是憂, 亦二三子之所羞. 『독서일정讀書日程』

91 나는 (…) 생각한다: 『서경』「우서·익직益稷」에서 순임금이 우임금에게 좋은 말昌言을 권하자, 우임금이 한 말이다.

92 날마다 (…) 진보한다: 『시경』「주송周頌·경지敬之」에 나오는 말이다.

93 소호蘇湖: 송나라 학자 호원胡瑗(993~1059). 소호는 소주蘇州·호주湖州를 아우르는 호칭으로 호원이 소주와 호주의 교수로 제자를 가르칠 때, 경의재經義齋와 치학재治學齋로 나누었다.

242

왕응규
王應奎

왕응규王應奎(1683~1760)는 청나라 초기의 장서가로 자가 동서東溆, 호가 유남柳南이다. 장쑤 상숙常熟 사람이다. 은거하면서 책 수만 권을 쌓아두고 읽었다고 한다. 저서로는 『유남수필柳南隨筆』『속필續筆』『유남시문초柳南詩文抄』『해우시원海虞詩苑』 등이 있다.

1. 독서할 때는 옛 판본을 읽어야 한다. 종종 한 글자의 오류로 인해서 문장의 뜻이 마침내 확연하게 달라지는 데 이른다. 예컨대 『주어周語』에서 "석아선왕세후직昔我先王世后稷"이라고 했는데 그 주석에서, "후后는 임금君이다. 직稷은 벼슬官이다. 아버지와 아들이 서로 계승하는 것을 세世라고 한다"라고 했다. 이는 기棄와 불출(不窋)을 가리켜 말한 것으로, "옛날 우리 선왕께서는 대를 이어서 직稷이란 벼슬의 우두머리가 되었다昔我先王世君此稷之官也"는 말이다. 『사기史記』「주본기周本紀」를 살펴보아도 역시 그렇게 되어 있다. 그러나 요즘 책에서는, "옛날 우리 조상은 후직이다昔我先世后稷"라고 되어 있으니, 마치 후직后稷이 오로지 한 사람에게만 해당되는 것처럼 했고, 잘못 이해하여 주周나라의 시조인 후직后稷으로도 여겼다. 만약에 '아선我先' 두 글자를 가지고 끊어 읽는다면 또한 어떤 구법이 되겠는가?

또 '고헌곡瞽獻曲'의 주석에서는 "곡曲은 악곡樂曲이다"라고 했는데, '곡曲'자와 '전典'자가 필획이 비슷하여, 요즘 책에서 잘못 판각되는 경우가 많다. 그러나 악사(瞽)가 악전樂典에 대해서 애초에 어둡지 않았음을 알지 못했기 때문이다.

또『도화원기桃花源記』의 "흔연규왕欣然規往"이라는 구절에서, 규規는 계획한다(畫)는 뜻이다. 규規 자와 친親 자가 필획이 비슷하여 요즘 책에서 잘못 판각하는 경우가 많다. 그러나 이미 '직접 갔다親往'고 한다면 아래 문장과 서로 통하지 않는다. 또한 '실행하지 못했다未果'고 말한 것을 알지 못했기 때문이다.

讀書須讀古本. 往往一字之誤, 而文義遂至判然. 如『周語』"昔我先王世后稷", 注云, "后, 君也; 稷, 官也. 父子相繼爲世." 蓋指棄與不窋而言, 謂昔我先王世君此稷之官也. 考之『史記·周本紀』, 亦然. 而今本直云"昔我先世后稷", 似后稷專屬之一人, 又幾譌爲周家之后稷矣. 若將'我先'二字讀斷, 則又成何句法乎? 又"瞽獻曲", 注云"曲, 樂曲也", '曲'字與'典'字筆畫相近, 今本遂多誤刊, 而不知瞽之於典, 初不相蒙也. 又『桃花源記』"欣然規往", 規, 畫也. 規字與親字筆畫相近, 今本亦多誤刊, 而不知旣云'親往', 下文不應又說'未果'.『유남수필柳南隨筆』

2. 독서할 때는 오래된 책을 구해야 하니, 새로운 책은 근거로 삼기에 부족하다. 이것은 둔음鈍吟 풍반馮班의『독고천설讀古淺說』[94]에 있는 말이다. 그러나 옛 판본 역시 근거로 삼기에 부족한 경우가 있다. 예컨대『남사南史』[95]의「왕균전王筠傳」에서 "음音을 아는 자가 드물어서 진심으로 감상하는 이가 거의 끊어졌다知音者稀, 眞賞始絕"고 했는데, 여조겸의『십칠사상절十七史詳節』에서는 "'상賞' 자는 '기奇' 자를 잘못 새긴 것이다"라고 했다. 한종백韓宗伯은『남사』에 익숙해서 이 구절을 자주 사용했으나, 도리어 '기奇'자가 '상賞'자가 되는 것을 이

94 『독고천설讀古淺說』: 풍반의 문집『둔음잡록鈍吟雜錄』에 속해 있으며, 풍반이 시문을 평한 것이다.『둔음잡록』은 풍반의 조카 풍무馮武가 찾은 9종의 유고를 모아 만든 책이다.

95 남사南史: 당나라의 이연수李延壽가 지은, 남조의 남송南宋, 제齊, 양梁, 진陳 네 나라의 역사서. 중국 정사의 하나로 80권으로 이루어졌다.

해하지 못했으니 또한 어찌 오래된 책이 잘못된 것이 아니겠는가?

讀書當求古本. 新本都不足據, 此馮鈍吟『讀古淺說』之言也. 然古本亦有不足據處, 如『南史』『王筠傳』云"知音者稀, 眞賞殆絕", 而東萊『十七史詳節』賞字誤刻奇字, 韓宗伯熟於『南史』, 而此句屢用, 却不解奇之爲賞, 又豈非古本誤之哉. 『유남속필柳南續筆』

243

전진군
錢陳群

전진군錢陳群(1686~1774)은 청나라 관리이자 시문가로 1721년 진사 출신으로 벼슬은 한림원서길사, 편수, 우통정右通政, 순천학정順天學政, 형부우시랑 등을 역임했다. 사후에 태부로 추증되었고, 시호가 문단文端이다. 심귀우沈歸愚와 함께 동남이로東南二老라고 일컬어졌다.

전태길錢泰吉[96]이 가흥嘉興·전문錢文·단공端公·진상陳群의 유사遺事를 편집했는데,

전진군錢陳群 공은 일찍이 손화은孫華隱 선생에게 도움을 청했다.

"어떻게 하면 널리 공부할 수 있습니까?"

선생께서 말씀하셨다.

"옛사람의 글을 읽으면서 그 글 가운데 가장 뛰어난 곳을 기억하되, 오래도록 하면 통달할 수 있다."

그 후에 죽타竹垞 선생[97]에게 들은 것을 말하자, 선생께서 말씀하셨다.

"화은華隱의 말이 옳다. 어떻게 스치듯 본 글자 하나를 잊어버리

96 전태길錢泰吉(1791~1863): 청나라 저장 가흥嘉興 사람. 자가 보의輔宜이고, 호가 경석警石이다. 늠공생廩貢生이 되어 해녕주학훈도海寧州學訓導를 지냈다. 평생 교감에 몰두하여 경사백씨經史百氏로부터 당송 때의 시문집에 이르기까지 교감하지 않은 서적이 없었다. 만년에 안란서원安瀾書院의 주강을 지냈다. 종형 전의길錢儀吉과 함께 당시 '가흥이석嘉興二石'으로 불렸다. 훈고학과 교감학, 금석학 등에 조예가 깊었다.

97 죽타竹垞 선생: 청대의 문학가 주이존朱彝尊(1629~1709). 박학하고 시에 뛰어나 왕사정과 함께 '남주북왕南朱北王'이라 불렸으며 사詞는 절서사파浙西詞派의 창시자라 불린다. 금석고증학에 정통했으며,『명사』 편수에 참여했다.

지 않는 자가 세상에 있겠는가?”

전진군 공은 일찍이 받들어 독서법으로 삼았다.

錢泰吉輯嘉興·錢文·端公·陳群遺事: 公嘗請益於孫華隱先生曰, “何以博耶?” 先生曰, “讀古人文, 就其篇中最勝處記之, 久乃會通.” 後述於竹垞先生, 先生曰, “華隱言是也, 世安有過目一字不忘者耶?” 公嘗擧以爲讀書法. 『독서법휘讀書法彙』

244

정섭
鄭燮

정섭鄭燮(1693~1765)은 청나라 문인이자 서화가로 시·서·화 모두 특색 있는 작풍을 보이며, 그림에서는 양주팔괴楊州八怪의 한 사람으로 꼽힌다. 시는 체제에 구애받음이 없었고, 서는 고주광초古籒狂草를 잘 썼다. 행해行楷에 전예篆隷를 섞었는데, 그 사이에 화법도 넣어서 독자적 서풍을 창시했다. 팔분八分에 대하여 그의 서체를 육분반서六分半書라 평하는 사람도 있다. 화훼목석花卉木石을 잘 그렸으며, 특히 뛰어난 것은 난蘭·죽竹으로서 상쾌한 느낌이 있는 작품이 많다. 『판교집板橋集』[98]이 있다.

1. 진실로 책 가운데 책이 있고 책 밖에 책이 있음을 안다면 마음이 비워지고 밝아져서 이치가 온전하게 드러날 것이다. 어찌 다시 옛사람에게 속박당하여 전혀 자기의 주장을 펴지 못하며, 어찌 다시 후세의 변변찮은 학자에게 거꾸로 미혹되어서 도리어 옛사람의 진실된 뜻을 잃어버리는가?
誠知書中有書, 書外有書, 則心空明而理圓湛. 豈復爲古人所束縛, 而略無張主乎?" 豈復爲後世小儒所顚倒迷惑, 反失古人眞意乎? **『범현서중기사제묵제삼서范縣署中寄舍弟墨第三書』**

98 『판교집板橋集』: 별집의 이름으로 청나라 정섭의 저작이다. 총 7권으로 『시초詩鈔』 3권, 『사초詞鈔』 『소창小唱』 『제화題畫』 『가서家書』 각 1권으로 이루어져 있다.

2. 총괄해보면, 독서는 특별한 인식이 있어야 한다. 있는 그대로 모방한다면[99] 특별한 인식이 있을 수 없다. 하지만 특별한 인식 또한 진실한 마음과 지극한 이치에서 벗어나지 않으니, 삐딱하거나 이리저리 회피하면 특별한 인식이 있을 수 없다.

總是讀書要有特識. 依樣葫蘆, 無有是處. 而特識亦不外乎至情至理, 歪扭亂竄, 無有是處. 『범현서중기사제묵제삼서』

3. 배우는 것은, 눈동자에서 나와 척추에서 서게 되니, 독서도 그러하다.

學者自出眼孔, 自豎脊骨, 讀書可爾. 『범현서중기사제묵제삼서』

4. 독서에서 한 번 보고 암송하는 것을 능사로 여기는 것은 가장 쓸데없는 일이다. 눈동자로 분명히 보아도 마음이 황급하면 마음에 든 것이 많지 않으니 오가며 사람을 대할 겨를도 없는 것이다. 예컨대 시장에서 아름다운 여인을 마주쳤을 때, 한번 눈으로 훑고 지나친다면 나와 무슨 관계가 있겠는가? 예로부터 한 번 보고 외워버리는 사람 중에서 공자와 같은 분이 있겠는가? 그러나 『역경』을 읽을 때는 죽간을 엮은 가죽 끈이 세 차례나 끊어지도록 읽었으니, 반복해서 본 것이 얼마나 많은지 알 수 없을 정도다. 미묘한 말과 정밀한 뜻은 찾을수록 드러나고 연구할수록 심오해졌으며 시간이 지날수록 그 끝을 알 수 없었다. 비록 태어나면서부터 사물의 이치를 알고 편안하게 여기며 도를 행하는[100] 성인聖人이라도 각고의 노력으로 배우는 일을 그만두지 않았다.

99 있는 (…) 모방한다면: 원문은 '의양호로依樣葫蘆'인데, '의양화호로依樣畫葫蘆'의 준말이다. 호리병박의 모양 그대로 호리병박을 그린다는 말로, 아무런 창의력 없이 단순히 모방만 한다는 뜻이다.

동파는 독서할 때 두 번 읽지 않았다. 그는 한림에서 「아방궁부阿房宮賦」를 읽다가 사고四鼓[101]에 이르렀는데, 노련한 관리도 읽기를 어려워하고 있었으나 동파는 시원하게 부지런히 했다. 어찌 한 번 보고 곧바로 기억한다고 해서 마침내 그 일을 그만둘 수 있겠는가?

우세남虞世南[102]·장수양張睢陽[103]·장방평張方平 등은 평생토록 책을 두 번 읽지 않았는데, 끝내 아름다운 문장을 남기지 못했다.

또한 읽을 때마다 외우고 또한 외우지 못하는 것이 없어서 생기는 불편함이 있다. 바로 『사기』 130편 중에서 「항우본기項羽本紀」를 가장 뛰어난 것으로 꼽고, 「항우본기」 중에서는 거록鉅鹿의 전쟁, 홍문鴻門의 잔치, 해하垓下의 포위를 가장 뛰어난 것으로 꼽으니, 반복해서 자세히 읽고 기뻐하거나 눈물 흘릴 만한 것은 이러한 몇 단락이 있을 뿐이다. 그런데 만약 『사기』 한 권을 편마다 모두 기억한다면 어찌 분별력이 없는 우둔한 사람이 아니겠는가? 다시 소설가小說家의 말과 각종의 전기傳奇, 좋지 않은 곡惡曲, 타유시打油詩[104]의 말 등이 있는데, 훑어보고 잊지 못하면 마치 낡아빠진 찬장에 냄새나는 기름과 썩은 장이 모두 그 안에 저장되어 있어서 그 더러움을 참을 수 없는

100 태어나면서부터 (…) 행하는: 『중용』 20장에서 말한 세 가지 등급의 앎과 행함에서 생이지지生而知之와 안이행지安而行之를 가리킨다. 앎에는 나면서 아는 것生而知之, 배워서 아는 것學而知之, 어렵게 아는 것困而知之이 있으며, 행함에는 편안히 행함安而行之, 이로워 행함利而行之, 애써서 행함勉強而行之이 있다고 했다.

101 사고四鼓: '고鼓'는 시간을 세는 단위다. 고대에는 북을 쳐서 시간을 알렸기 때문에 그렇게 불렀다. 사고는 북을 네 번 치는 시각으로, 사경四更과 비슷하며 새벽 2시쯤의 시간이다.

102 우세남虞世南(558~638): 당나라의 서예가·문인. 왕희지의 서법을 익혀 구양순·저수량과 함께 당초의 3대가로 일컬어지며, 특히 해서의 1인자다. 「공자묘당비」가 유명하며, 행서로는 「여남공주묘지고」가 있다. 당 태종에게 글씨를 가르치기도 했다. 홍문관 학사·비서감을 거쳐 638년에는 은청광록대부銀靑光祿大夫가 되었다.

103 장수양張睢陽: 당나라 장수 장순張巡(709~757)을 이른다. 그는 현종 때 안녹산의 반란이 일어나자 허원許遠과 함께 군사를 일으켜 수양성睢陽城을 지켰는데, 포위된 지 수개월이 지나 양식이 떨어져 참새·쥐 등을 먹고 견디다가 끝내 함락되어 피살되었다.

104 타유시打油詩: 당나라 장타유張打油의 시에서 유래했다. 시체詩體 가운데 하나로서 내용과 시구가 통속적이고 해학적이며 시법에 얽매이지 않는다.

것과 같다.

讀書以過目成誦爲能, 最是不濟事. 眼中了了, 心下匆匆, 方寸無多, 往來應接不暇, 如看場中美色, 一眼卽過, 與我何與也? 千古過目成誦, 孰有如孔子者乎? 讀『易』至韋編三絕, 不知繙閱過幾千百遍來. 微言精義, 愈探愈出, 愈研愈入, 愈往而不知其所窮. 雖生知安行之聖, 不廢困勉下學之功也. 東坡讀書不用兩遍, 然其在翰林讀『阿房宮賦』至四鼓, 老吏苦之, 坡灑然不倦. 豈以一過卽記, 遂了其事乎? 惟虞世南·張睢陽·張方平, 平生書不再讀, 迄無佳文. 且過輒成誦, 又有無所不誦之陋. 卽如『史記』百三十篇中, 以『項羽本紀』爲最, 而『項羽本紀』中, 又以鉅鹿之戰·鴻門之宴·垓下之圍爲最. 反覆誦觀, 可欣可泣, 在此數段耳. 若一部『史記』, 篇篇都記, 豈非沒分曉的鈍漢? 更有小說家言, 各種傳奇惡曲, 及打油詩詞, 亦復寓目不忘, 如破爛廚櫃, 臭油壞醬, 悉貯其中, 其齷齪亦耐不得. 『유현서중기사제묵제일서濰縣署中寄舍弟墨第一書』

245

진굉모
陳宏謀

진굉모陳宏謀(1696~1771)는 청나라 관리로 원명이 홍모弘謀이고, 자가 여자汝咨이며, 호가 용문榕門이고, 시호가 문공文恭이다. 옹정과 건륭 연간에 30여 년 동안 외직을 맡아 12곳의 성을 전전했지만, 가는 곳마다 민심과 풍속의 득실을 살펴 개선할 사항이 있으면 순서대로 개혁하며 소수민족 교육, 수리시설 정비 등에 탁월한 치적을 쌓아 건륭제의 신임을 얻었다. 치용과 지행합일을 주장했고, 독서를 통해 성현의 미언대의를 얻어야 한다고 했다. 송나라 오자五子의 학문을 연구했으며, 설문청薛文淸, 고반룡의 학술 정신을 계승했다. 저서로 『오종유규五種遺規』가 있다.

옛사람들이 말하기를, "세상일 때문에 독서를 그만두어서는 안 된다. 다만 독서로 세상일에 두루 통해야 한다"라고 했다. 내 생각에는 도를 닦는 마음으로 세상일에 대처한다면 세상일이 독서에 방해가 되지 않을 것이고 독서에도 유익함이 있을 것이다. 늘 세상 물정에 대해 일부분을 보고도 알아차릴 수 있고, 자신의 몸과 마음에 대해 조금이라도 자세하게 볼 수 있는 사람을 보면, 옛 성현의 말씀에 매우 풍성한 맛이 있음을 깨달을 것이다. 몸과 마음으로 만물의 이치를 궁구하여 앎을 끝까지 추구하는 학문을 강구해야 한다. 아는 것도 여기에 달려 있고, 실행하는 것도 여기에 달려 있으니, 이것을 통해 배우면 곧 이것을 통해서 벼슬할 수 있다.

昔人謂不可以世務放讀書, 只當以讀書通世務. 吾謂苟以理道之心應世, 則世務正無妨於讀書, 而且有益於讀書也. 每見人於世情能覷破一分, 於身心有一分體貼, 則於古聖賢語, 便覺津津有味. 須講求身心格致之學, 知在此, 行亦在此. 以此學, 卽以此仕. 『잠언유초箴言類鈔』

246

하지용
夏之蓉

하지용夏之蓉(1698~1785)은 청나라 문인으로 호가 예곡醴谷이다. 1733년 진사가 되어 한림에 들어갔다. 1736년 홍박으로 천거되어 한림원검토에 임명되었다. 복건향시정고관福建鄕試正考官과 광동과 호남의 학정을 역임했다. 귀향한 뒤 종산鍾山에서 여정서원麗正書院을 이끌었다. 경사에 정통했고, 시문도 잘 지었다. 저서로 『반방재시초半舫齋詩抄』가 있다.

내 나이 19세에 아버지가 돌아가셔서 집안이 중간에 몰락했으나, 나는 학문에 더욱 힘을 쏟았다. 『주역』 『상서』 『삼례』를 처음에 초록했고, 『모시』 『좌씨춘추』에서 다음으로 초록했으며, 또 『사기』 『한서』에서는 적절하게 줄여 초록했고, 한漢·당唐·송宋·원元·명明의 여러 대가의 문장에서는 모아서 편집하여 초록하여, 지금 여러 책을 모두 갖추었다. 모두 자세히 비평하고 정밀하게 주석을 달아서 하나씩 교정을 더한 것이다. 이것이 모두 내가 20세 이전에 읽으면서 익힌 것이다.

年十九, 吾父見背, 家道中落, 益刻苦學問. 『周易』 『尙書』 『三禮』一鈔. 『毛詩』 『左氏春秋』再鈔. 『史記』 『漢書』節鈔. 漢·唐·宋·元·明諸家文彙鈔, 今諸本具存, 凡詳批密註, 逐加丹黃者, 悉吾二十歲以前所誦習也. 『병자육질자술서부자질丙子六秩自述書付子姪』

247

원매
袁枚

원매袁枚는 청나라 시인으로 강녕江寧의 소창산小倉山의 집을 수원隨園이라 이름해 '수원선생'이라 불렸다. 재야에서 많은 남녀 제자를 거느려 궁정파의 심덕잠沈德潛과 함께 건륭 시대의 시단을 양분하는 세력을 이룩했다. 그는 성령설性靈說을 주장하여 복고주의적 사조에 반대했고, 시는 성정이 흐르는 대로 자유롭게 노래해야 하며, 옛사람이나 기교에 얽매여서는 안 된다고 주장했다. 또한 고문古文·변문騈文에도 뛰어나 시문집으로 『소창산방집小倉山房集』 82권, 시론으로 『수원시화隨園詩話』 26권 등을 남겼다.

1. 옛 성현은 독서를 통해 이치를 궁구하는 것으로 공功을 삼지 않는 자가 없었다. 『서경』에서는 "옛것을 배워서 관리가 된다"[105]고 했고, 『역경』에서는 "군자는 옛 성현의 말과 행동을 많이 깨우쳐 그 덕을 쌓는다"[106]고 했으며, 자공子貢은 "어진 이는 큰일을 알고 어질지 못한 자는 작은 일을 안다"[107]고 했고, 맹자는 "널리 배우고 자세히 해설하는 것은, 돌이켜서 그 요점을 잘 설명할 수 있게 하려는 것이

105 옛것을 (…) 된다: 『서경』 「주서周書·주관周官」 16장에 나온다.

106 군자는 (…) 쌓는다: 『주역周易』 「산천대축괘山天大畜卦·대상전大象傳」에 나온다.

107 어진 (…) 안다: 『논어』 「자장」에 나온다. 위나라 대부 공손조가 자공에게 공자의 배움에 대해 묻자, 주나라 문왕과 무왕의 배움을 계승하고 있다고 대답한 내용이다.

다"[108]라고 했는데, 모두 격물치지格物致知의 본뜻이다.

그리고 자로子路는 "어찌 반드시 독서한 이후에 학문을 하는 것이겠습니까?"라고 했으니, 이로써 공자 문하에서 사람을 가르치는 법은 독서를 학문하는 것으로 삼았음을 더욱 드러냈다.

大抵古之聖賢, 未有不以讀書窮理爲功者. 『書』稱'學古入官'. 『易』稱'君子多識前言往行, 以畜其德'. 子貢日, "賢者識其大者, 不賢者識其小." 孟子曰, "博學而詳說之, 將以返說約也." 皆是格物致知之本旨. 而子路日, "何必讀書, 然後爲學?" 則尤見聖門教人, 直以讀書爲學矣.

『서대학보전후書大學補傳後』

2. 옛사람의 책도 또한 매우 많다. 책은 사람을 지혜롭게 만들 수도 있고, 사람을 어리석게 만들 수도 있다. 사람으로 하여금 부족하게 여겨 겸연쩍게 할 수도 있고, 또 자만하게 하여 오만하게 할 수도 있다. 독서를 잘 하는 자는 항상 부족하다고 여겨 지혜롭게 되고, 독서를 잘 못하는 자는 항상 자만하여 어리석게 된다.

古人之書, 亦至多矣. 書能使人智, 亦能使人愚. 能使人歉然不足, 亦能使人傲然自恃. 善讀書者, 常不足而智, 不善讀書者常自恃而愚. 『여시중명서與是仲明書』

3. "그대와 오문吳門의 여러 선비가 송나라 유자들을 공허하다고 싫어하기 때문에, 한학漢學을 내세워 그것을 바로 잡았다"는 말을 들었다. 의도는 참으로 옳다. 그러나 송학에 폐단이 있듯이 한학에도 폐단이 있는 것을 알지 못하는 것이다. 송나라 유자들이 형이상학에 치

108 널리 (…) 것이다: 『맹자』「이루離婁」에 나온다. 군자가 박학하게 상세히 풀이하는 것은 세인에게 학문을 자랑하려 함이 아니라, 요점을 알아듣도록 설명하기 위함이라는 말이다.

우쳤던 까닭에 심성의 설이 원허元虛[109]에 가깝고, 한학은 형이하학에 치우쳤기 때문에 주석을 한 학설 중에서 억지로 갖다 붙인 것이 많다. 비록 기器[110]를 버리면 도를 밝힐 수 없듯이, 『역경』을 공부하며 괘를 그리지 않고 『시경』을 공부하면서 노래하지 않으면 깊이 깨달을 방법이 없다. 그래도 마침내 악사樂師가 소리를 분별할 수 있으면 『시경』은 임금을 향해 연주되며[111], 상축商祝[112]이 상례喪禮를 분별할 수 있으면 예禮는 후대의 임금도 세울 수 있다. 예藝가 완성되는 것이 귀중한가? 덕德이 이루어지는 것이 귀중한가? 하물며 요상한 말을 끌어와서 전고典故를 억지로 만들어내고, 자신의 사사로운 학설을 펴서 성인을 거스름에 있어서랴! 그러한 것이 주석 중에서 손꼽아 헤아리기 어려울 정도다. 송나라 유학자가 폐단을 없애고 깨끗하게 만든 공적을 어떻게 모함할 수 있겠는가?

聞足下與吳門諸士厭宋儒空虛, 故倡漢學以矯之. 意良是也. 第不知宋學有弊, 漢學更有弊. 宋儒偏於形而上者, 故心性之說近元虛; 漢儒偏於形而下者, 故箋注之說多附會. 雖舍器不足以明道, 『易』不畫, 『詩』不歌, 無悟入處, 而畢竟樂師辨乎聲, 『詩』則北面而弦矣. 商祝辨乎喪, 『禮』則後主人而立矣. 藝成者貴乎? 德成者貴乎? 而況其援引妖讖, 臆造典故, 張其私說, 顯悖聖人, 箋注中尤難僂指. 宋儒廓清之功, 安可誣也? 「답혜정우서答惠定宇書」

4. 옛사람은 항상 논박하거나 변론할 말이 있어서 곧바로 대응하여

109 원허元虛: 도가의 현허玄虛로 심오하면서 깊은 도道다. 여기서는 노장의 학문을 가리킨다.

110 기器: 형이하의 것을 말한다. 형이상은 도道라고 한다.

111 『시경』은 (…) 연주되고: 옛날에는 악관이 임금 앞에 시를 연주하여 정치의 득실을 고했다.

112 상축商祝: 상나라 예를 익혀 제사를 담당하는 이를 말하나, 예기서는 예관禮冠으로 사용되었다.

답할 수 있었다. 그런데 갑작스러워서 언급하지 못한 것에 대해 나는 못마땅하게 여겼다. 왕안석이 독서하지 않은 사람을 비웃자 조청헌趙淸獻은 반박하기를, "고요·기·직·설이 읽은 것은 어떤 책인가?"라고 했더니, 왕안석이 침묵했다. 어찌하여 "그대가 책을 읽지 않았다면 무엇을 통해서 고요·기·직·설이 있었던 것을 아는가?"라고 대답하지 않았는가? 온비경溫飛卿[113]이 영호도令狐綯[114]를 비웃으면서 "그 일이 『남화경南華經(장자)』에 나오는데, 물리쳐버릴 책은 아니다"라고 하자 영호도는 대답할 수 없었다. 어찌하여 "현자는 큰일을 알고, 현명하지 못한 자는 작은 일을 안다"고 대답하지 못했는가?

古人常有駁辨語, 可以應聲而答, 而倉卒不及者, 余爲不平. 王安石笑人不讀書, 趙淸獻駁曰, "皋·夔·稷·契, 所讀何書?" 安石默然. 何不答云, "君不讀書, 何從知有皋·夔·稷·契?" 溫飛卿笑令狐綯云, "事出『南華』, 非僻書也." 令狐不能答. 何不答之曰, "賢者識其大者, 不賢者識其小者." 『독외여언牘外餘言』

5. 책은 빌리지 않으면 읽을 수 없다. 그대는 장서藏書에 대해서 듣지 못했는가? 『칠략七略』과 『사고四庫』의 책은 천자天子의 책이지만, 천자 중에서 책을 읽는 이가 몇 명이나 되는가? 소가 땀을 흘리고 집을 가득 채울 만큼 많은 책은 부귀한 집안에 있지만, 부귀한 사람 가

113 온비경溫飛卿: 당나라 시인 온정균溫庭筠(812?~870?)을 이른다. 본명이 기岐다. 문장이 뛰어나 이상은李商隱과 명성이 대등해 '온이溫李'로 병칭되었다. 시를 지을 적에는 기초起草도 하지 않고 여덟 번 차수叉手를 하는 동안에 여덟 운韻이 이루어져 당시 사람들이 온팔차溫八叉라 불렀다고 한다. 악부에 뛰어나 화려한 표현으로 스러져가는 육조 문화에 대한 동경과 석춘惜春의 정 등을 노래했다. 당나라 해체 시기의 따뜻하고 색채가 넘치는 관능적 시정을 만들어냈다. 유행 가요였던 사詞를 서정시의 위치로 끌어올렸다. 저서로 『온비경시집』 『건손자』 『채다록採茶錄』이 있다.

114 영호도令狐綯: 당나라 관료. 선종宣宗 때 재상을 지냈다. 한림학사로 있을 때 궁궐에서 밤늦게까지 황제와 대화를 나누다가 돌아갈 무렵에 촛불이 거의 다 꺼지자, 황제가 자신의 수레와 황금 연촉을 주어 보냈는데, 관리들이 이것을 보고는 황제의 행차로 여겼다는 고사가 전한다.

운데 독서하는 자가 얼마나 있는가? 그 외에 할아버지와 아버지가 쌓아두었지만 자손이 버리는 경우는 말할 것도 없다. 책만 그러한 것은 아니다. 천하의 물건이 모두 그러하다. 다른 사람의 물건으로서, 애써 빌리지 못하는 것이 있으면 반드시 또 다른 사람이 억지로 얻어갈까 염려하여, 안절부절못하여 어루만지고 감상하기를 그치지 않으면서, "오늘은 있지만 내일 없어지면 나는 볼 수 없겠구나!"라고 말한다. 그러나 그 책이 나의 소유가 되면, 반드시 높은 곳에 매어두거나 깊은 곳에 두고서 "나중에 보기를 기다린다"라고 할 뿐이다.

書非借, 不能讀也. 子不聞藏書者乎? 七略四庫, 天子之書, 然天子讀書者有幾? 汗牛塞屋, 富貴家之書, 然富貴人讀書者有幾? 其他祖父積, 子孫棄者, 無論焉. 非獨書爲然, 天下物皆然. 非夫人之物而強假焉, 必慮人逼取, 而惴惴焉, 摩玩不已. 曰: "今日存, 明日去, 吾不得而見之矣." 若業爲吾有, 必高束焉, 庋藏焉, 曰"姑俟異日觀"云爾. 『황생차독기黃生借讀記』

6. 학문의 길에서 사자서四子書[115]는 출입문과 같고 구경九經은 대청과 같으며 십칠사十七史는 정침正寢과 같고, 잡사雜史는 동서東西의 양쪽 행랑과 같으며, 주소注疏는 문짝〔樞闑〕과 같고, 유서類書는 부엌〔廚櫃〕과 같으며, 설부說部는 욕실 및 우물〔庖湢井匽〕과 같고, 제자백가諸子百家와 시문詩文의 단어는 글방의 화원花園과 같다. 대청과 정침正寢은 손님을 맞이하기에 알맞으며, 서사書舍의 화원花園은 정신을 즐겁게 할 수 있다. 지금 경서와 사서에 두루 통달하고서도 시를 지을 수 없는 것은 대청과 큰 건물이 있지만 정원이나 정자에서 즐거움이 없는 것과 같다. 시사詩詞를 읊조릴 수 있으나 경서와 역사서를 두루 통달할 수 없는 것은 화원과 정자가 있으나 본채와 높고 큰 대청이 없는

115 사자서四子書: 사서四書를 말함. 사서는 『대학』 『논어』 『맹자』 『중용』이다.

것과 같다. 이것은 모두 한쪽을 소홀히 할 수 없는 것이다.

學問之道, 四子書如戶牖, 九經如廳堂, 十七史如正寢, 雜史如東西兩廂, 注疏如樞闑, 類書如廚櫃, 說部如庖湢井匽, 諸子百家詩文詞如書舍花園. 廳堂正寢可以合賓, 書舍花園可以娛神. 今之博通經史而不能爲詩者, 猶之有廳堂大廈, 而無園榭之樂也. 能吟詩詞而不博通經史者, 猶之有園榭, 而無正屋高堂也. 是皆不可偏廢. 『수원시화隨園詩話』

248

정진방
程晉芳

정진방程晉芳(1718~1784)은 청나라 관리이자 경학자, 시인으로 초명이 정황廷鐄이고, 호가 즙원蕺園이다. 염상鹽商 집안 출신으로 양주揚州에서 살았다. 학문을 좋아했고 5만 권의 장서를 읽으면서 사업에 대해서는 묻지도 않았다. 젊었을 때 정정조程廷祚를 사사하면서 경전을 배웠고, 유대괴에게 고문을 배웠으며, 주균朱筠, 대진戴震, 원매袁枚 등과 가깝게 교유했다. 훈고에 뛰어났고, 시에서 큰 성취를 거두었다. 손님 대접에 재산을 모두 날리고 만년에는 빈곤해져 관중에서 객사했다. 저서로 『면행재문勉行齋文』 등이 있다.

신안新安의 어문魚門 정진방程晉芳은 편수編修 벼슬을 지냈는데, 예순의 나이에도 여전히 날마다 과정을 정해두고 경서와 역사서를 반복해서 익혔다. 경서는 몇 장章씩 보았고, 역사서는 몇 권씩 보았으며, 옛사람의 시와 문장은 몇 책을 훑어보았는데, 작은 사발에 붉은 콩을 담는 것으로 읽은 횟수를 기록하고 저녁에는 다시 검토했다.

新安程魚門編修晉芳, 年六十, 猶日有課程, 溫習經史. 經或幾章, 史或幾卷, 流覽古人詩文幾冊, 以小盂貯紅豆, 記其所讀之數, 夕則覆驗之. 『서수창찬묘표徐受昌撰墓表』

249

왕명성
王鳴盛

왕명성王鳴盛(1720~1797)은 청나라 고증학자이자 시인으로 호가 서지西沚, 예당禮堂, 서장西莊이다. 시문을 잘 지었고, 사학과 경학에 정통했다. 학문은 한나라 유학자들의 설을 주로 했고, 고증의 방법을 통해 역사를 연구했다. 또한 고대 문자와 지리, 명물名物, 비각碑刻 등 다양한 방면에서 많은 업적을 남겼다. 저서에 정현의 설을 위주로 마융과 왕숙의 주를 보충한 『상서후안尙書後案』에 대한 정현의 뜻을 고증한 『주례군부설周禮軍賦說』과 『십칠사상각十七史商榷』[116]이 있다.

1. 책을 저술하기를 좋아하는 것은 독서를 많이 하는 것만 못하다. 독서하려고 할 때는 반드시 먼저 책을 정밀하게 교감해야 한다. 교감하는 것이 정밀하지 않은 채 읽으면 읽더라도 오류가 많을 것이다. 열심히 읽지 않고 경솔하게 저술하면, 그 저술 역시 잘못된 것이 많을 것이다.

好著書不如多讀書, 欲讀書必先精校書. 校之未精而遽讀, 恐讀亦多誤矣. 讀之不勤而輕著, 恐著且多妄矣. 『십칠사상각十七史商榷』

116 『십칠사상각十七史商榷』: 청대의 왕명성이 편찬한 정사正史의 대표적 고정서考訂書. 모두 100권이다. 십칠사十七史를 대상으로 문자의 이동을 비롯해 제도·직관職官 기타에 대해서 널리 여러 서책을 섭렵하여 고정考訂했다. 그의 고정은 십칠사 외에 『구당서舊唐書』와 『구오대사舊五代史』를 포함한다. 1권에서 98권까지가 정사이고 나머지 2권은 사학을 논술했다. 정사 중 특히 힘을 들여 작성한 것은 『한서』와 『신·구당서』다.

2. 대저 역사가가 기록한 법과 제도는 적절한 것도 있고 부적절한 것도 있으니, 역사서를 읽는 자는 자기 맘대로 의견을 내고 성급하게 의논하여 본보기와 경계할 부분을 밝힐 필요는 없다. 다만 그 법과 제도의 실질을 고찰하여 수백 수천 년 동안 쌓아온 내력을 손바닥을 가리키듯 분명하게 이해할 수 있도록 해야 한다. 그 역사적 업적에는 잘한 일과 못한 일이 있으니, 역사서를 읽는 자는 억지로 문장의 법칙을 정립해서[117] 마음대로 평가하고 이로써 칭찬하거나 비난해서는 안 된다. 다만 그 역사적 업적의 실제를 고찰하여 연도에 따라 사실을 기록하고 종류별로 구별하여 기록의 차이점과 견문의 합치점을 일일이 분석하여 의심이 없게 하되, 칭찬과 비판은 천하의 공론을 따르는 것이 적절하다.

大抵史家所記典制, 有得有失, 讀史者不必橫生意見, 馳驟議論, 以明法戒也. 但當考其典制之實, 俾數千百年建置沿革瞭如指掌. 其事蹟則有美有惡, 讀史者不必強立文法, 擅加與奪, 以爲褒貶也. 但當考其事蹟之實, 年經事緯, 部居州次, 記載之異同, 見聞之離合, 一一條析無疑, 而若者可褒可貶, 聽諸天下爲公論焉可矣. 『십칠사상각』

3. 배우는 자는 반드시 경서에 통달하는 것으로 요점을 삼아야 하고, 경서에 통달하는 것은 반드시 글자를 아는 것을 기본으로 삼아야 한다.

夫學必以通經爲要, 通經必以識字爲基. 『문자당집서問字堂集序』

117 억지로 (…) 정립해서: 글자의 선택이나 문장의 구조에, 인물에 대한 평가가 반영되었다고 생각하여, 그 기준을 억지로 세우는 것을 말한다. 『춘추』의 주석서인 『곡량전』과 『공양전』이 이러한 견해를 바탕으로 저술된 책이다.

250

대진
戴震

대진戴震(1723~1777)은 청나라 고증학자로 호가 동원東原이며 서민 출신이다. 강영江永에게 사사했으며, 음운·훈고·지리·천문·산수·제도·명물 등 여러 분야에 통달했다. 표음문자로 훈고를 구하고, 훈고로 의리를 탐구함으로써 편견 없이 실증적으로 진리를 탐구했다. 사고전서 편수관·한림원서길사로 있으면서 경서의 객관적 연구법인 엄박淹博·식단識斷·정심精審을 제창했고, 교감校勘·문자음성·제도·지리·역법 등의 보조학을 중시하여 고증학의 방법을 확립했다. 이러한 방법으로 『맹자자의소증孟子字義疏證』을 저술했다. 그 외에 『대씨유서戴氏遺書』[118]가 있다.

1. 선생께서 말씀하셨다.

"항상 『맹자』의 '조리條理'[119] 두 글자의 뜻을 이해해서, 글의 조리를 얻도록 힘써야 한다. 종합한 내용을 통해 분석하고 분석한 것을 종합하면 못할 것이 없다."

118 『대씨유서戴氏遺書』: 대진의 여러 저서를 모은 책으로 후세에 편집했다. 『동원문집東原文集』 10권, 『모정시고증毛鄭詩考證』 4권, 『고계시경보주杲溪詩經補注』 2권, 『고공기도考工記圖』 2권, 『맹자자의소증』 3권, 『성운고聲韻考』 4권, 『성류표聲類表』 9권, 『원선原善』 3권, 『원상原象』 1권, 『속천문략續天文略』 2권, 『수지기水地記』 1권, 『방언소증方言疏證』 13권으로 이루어져 있다.

119 『맹자』의 조리條理: 『맹자』「만장 하」에 나온다. 맥락脈絡, 층차層次, 질서秩序 등을 제대로 파악한다는 뜻이다.

先生言: "總須體會孟子條理二字, 務要得其條理. 由合而分, 由分而合, 則無不可爲." 『대동원선생연보戴東原先生年譜』

2. 선생께서 말씀하셨다.

"학문은 정밀한 것이 귀하지 널리 읽는 것은 귀하지 않다. 이 때문에 나의 학문은 박학에 힘쓰지 않았다."

先生言: "學貴精不貴博. 吾之學, 不務博也." 『대동원선생연보』

3. 선생이 16~17세 이전이었을 때는, 독서할 때 한 글자마다 반드시 그 뜻을 구했다. 숙사塾師는 주석의 뜻풀이만 들어서 말해주었고 그 의미는 항상 풀어주지 않았다. 이어서 숙사는 근대近代의 자서字書와 한漢나라 허씨許氏[120]의 『설문해자說文解字』[121]를 구해주었는데, 선생은 그것을 매우 좋아했고, 3년이 지나자 그 조목을 다 이해하게 되었다. 또 『이아爾雅』 『방언方言』과 한나라 유학자들의 전傳·주注·전箋 가운데 지금까지 남아 있는 것을 구하여 살펴보았다. 한 글자의 뜻이라도 반드시 육서六書를 근본으로 하되 여러 경서를 통해 자세하게 따져보았다. 이로 말미암아 옛사람이 모아서 편집한 『십삼경주소十三經注疏』를 통달하여 그 말을 낱낱이 거론할 수 있었다. 선생은 일찍이 단옥재段玉裁[122]에게 "나는 소疏에 대해서는 다 기억할 수 없지만, 경서의 주석에는 암송할 수 없는 것은 없다"라고 했다. 또한 "경서에서 지극히 중요한 것은 도道이고, 도를 밝히는 것은 말이며, 말을

120 한나라 허씨許氏: 후한의 경학자 허신許愼(55?~125?)을 이른다. 허신은 자가 숙중叔重이며, 예주豫州 여남군汝南郡 소릉현召陵縣 사람이다. 효렴으로 천거되어 상경했으며, 고문학을 배우고 육서를 구명했다.

121 『설문해자說文解字』: 총 15편으로, 후한의 허신이 서기 100년부터 121년까지 약 22년에 걸쳐 완성한 책이다. 당시 통용된 9353자를 540부로 분류하고, 친자親字에는 소전小篆의 자체字體를 싣고, 각 자에 자의字義와 자형字形을 훈고하고 해석했다.

이루는 것은 글자다. 따라서 반드시 글자를 통해서 말의 뜻을 이해하고, 말로 그 도에 통해야만 도를 얻을 수 있다"라고 했다.

先生十六七以前, 凡讀書, 每一字必求其義. 塾師略擧傳注訓詁語之, 意每不釋. 塾師因取近代字書及漢許氏『說文解字』授之, 先生大好之. 三年, 盡得其節目. 又取『爾雅』『方言』, 及漢儒傳注箋之存於今者, 參伍考究. 一字之義, 必本六書, 貫群經以爲定詁. 由是盡通前人所合集『十三經注疏』, 能全擧其辭. 先生嘗謂玉裁(段玉裁曰: "余於疏不能盡記, 經注則無不能背誦也" 又嘗曰: "經之至者道也. 所以明道者辭也. 所以成辭者字也, 必由字以通其辭. 由辭以通其道, 乃可得之." 『대동원선생연보』

4. 선생께서 말씀하셨다.

"학문을 하려면 먼저 『예기』를 읽어야 하고, 『예기』를 읽으려면 성인이 예로써 상대를 존중한 뜻을 깨달아야 한다."

先生言: "爲學須先讀禮, 讀禮要知得聖人禮意." 『대동원선생연보』

5. 선생께서 말씀하셨다.

"열 가지를 알아도 철저하게 알지 못하는 것이, 한 가지를 알아도 자세하고 꼼꼼하게 아는 것만 못하다."

先生言: "知得十件, 而都不到地, 不如知得一件, 却到地也." 『대동원선생연보』

122 단옥재段玉裁(1735~1815): 청나라 언어학자. 가난한 선비 집안에서 태어난 그는 뛰어난 두뇌로 당시 경학의 대가이던 대진에게 글을 배웠다. 고의古義를 강구하여 소학小學에 정심했으며, 30년 동안 『설문해자』를 연구해 수록된 전서 글꼴 모두에 대해 해설을 붙인 『설문해자주說文解字注』를 펴냈다.

6. 선생께서 말씀하셨다.

"백시百詩(염약거)는 독서를 잘하는 사람이었다. 그는 한 구절을 읽으면 그 드러나는 부분과 숨은 부분을 알 수 있었다."

先生言: "閻百詩善讀書, 百詩讀一句書, 能識其正面背面. 『대동원선생연보』

7. 선생이 열 살에 스승에게 나아가 독서했는데 한 번 보기만 하면 완전히 암송했다. 날마다 수천 자를 외우면서 쉬는 것을 좋아하지 않았다. 『대학장구』를 받고 그 스승께 '이상은 경문 1장이다右經一章' 이하의 문장[123]에 대해 여쭈었다.

"이것이 어찌 공자의 말이고, 증자가 그것을 기록한 것인 줄 알고, 또 어떻게 증자의 뜻을 증자의 문인이 기록한 것인지 압니까?"

스승이 응답했다.

"이 말은 옛 유학자인 주자께서 주注를 달아 말한 것일 뿐이다."

즉시 물었다.

"주자는 어느 시대 사람입니까"

"남송南宋 때 분이다."

또 물었다.

"공자와 증자는 어느 시대 사람입니까?"

"동주東周 때 사람이다."

또 물었다.

"송宋나라는 주周나라와 얼마나 떨어졌습니까?"

123 이상은 (…) 문장에: 『대학장구』에서 주자는 『대학』을 경문經文 1장과 전문傳文 10장으로 구성되어 있다고 보았다. 그래서 경문 아래에 "이상은 경문 1장인데, 공자의 말을 증자가 기술한 것이다. 그 전문은 10장이니 증자의 뜻을 문인이 기록한 것이다. 옛 책은 조금 착간이 있는데, 지금 정자가 교정한 것에 따라서 다시 경문을 살펴보고 별도로 아래와 같이 차례를 지었다右經一章, 蓋孔子之言, 而曾子述之. 其傳十章, 則曾子之意而門人記之也. 舊本頗有錯簡, 今因程子所定, 而更考經文, 別爲序次如左"는 구절이 있다.

"거의 2000년이다."

또 물었다.

"그렇다면 주자께서 어떻게 그러한지 아셨습니까?"

그러자 스승이 대답하지 못했다.

生十歲, 就傅讀書, 過目成誦, 日數千言不肯休. 授『大學章句』"右經一章"以下, 問其塾師: "此何以知爲孔子之言, 而曾子記之? 又何以知爲曾子之意, 而門人記之?" 師應之曰: "此先儒子朱子所注云爾." 卽問: "子朱子何時人也?" 曰: "南宋." 又問: "孔子·曾子, 何時人也?" 曰: "東周." 又問: "宋去周幾何時矣?" 曰: "幾二千年矣." 又問: "然則子朱子, 何以知其然?" 師無以應. 『**대선생행장戴先生行狀**』

8. 요즘 사람들은 독서할 때, 글자에 대해 제대로 알지도 못하면서 훈고학을 경시한다. 문자에 통달하지 못했으면서 망령되이 그 언어에 통달했다고 말하고, 그 언어에 통달하지 못했으면서 망령되이 그 뜻에 통달했다고 말한다. 이것은 크게 미혹된 것이다.

今人讀書, 尙未識字, 輒薄訓詁之學. 夫文字之未能通, 妄謂通其語言, 語言之未能通, 妄謂通其心志, 此惑之大者也. 『**한학상태漢學商兌**』

251

조익
趙翼

조익趙翼(1727~1814)은 청대의 관원이자 학자로 호가 구북甌北이고 별호가 삼반노인三半老人이다. 1750년에 급제하고 1761년에 진사가 되었다. 한림편수와 여러 지방관을 역임했다. 사학과 고거考據에 뛰어났다. 저서로 『구북시집甌北詩集』[124] 『22사차기廿二史箚記』 등이 있다.

한가하게 일없이 거처하며 책장을 넘기면서 세월을 보냈으나, 타고난 본성이 꼼꼼치 못하고 우둔하여 경학經學을 연구할 수 없었다. 오직 역대의 사서는 사건이 드러나고 의미가 깊지 않아서 두루 보기에 편리했다. 이에 일과日課를 잡아 시행하여 얻는 것이 있으면 그때마다 별지에 기록했는데, 오래 쌓이자 마침내 많아졌다.
閒居無事, 翻書度日, 而資性粗鈍, 不能研究經學. 惟曆代史書, 事顯而義淺, 便於流覽, 爰取爲日課, 有所得輒箚記別紙, 積久遂多. 『22사차기소인廿二史箚記小引』

124 『구북시집甌北詩集』: 조익의 시집으로 『구북시집』 50권, 『속집』 3권으로 구성되어 있다. 수록된 시가 2000여 수에 달한다.

252

염순관
閻循觀

염순관閻循觀(1724~1768)은 청나라 문인으로 호가 이숭伊嵩이다. 1769년 진사로 나아가 이부고공사吏部考功司 주사를 지냈다. 처음에는 불교를 좋아했는데, 송유의 책을 읽은 뒤부터 주자학을 전공했다. 유원록劉原淥의 영향을 받아 정주의 학문을 종주로 했다. 한몽주韓夢周와 교유하며 함께 정부산程符山에서 강학했다. 저서로 『곤면재사기困勉齋私記』 등이 있다.

책을 보는 것은 벗을 사귀듯이 해야 한다. 오래도록 익숙해지면 반드시 영향을 받게 되니, 마땅히 가려서 보아야 한다.
觀書如交友, 久與之習, 必有薰染, 宜擇而觀之. 『잠언유초箴言類鈔』

253

요내
姚鼐

요내姚鼐(1731~1815)는 청나라 학자이자 문장가로 호가 석포선생惜抱先生이다. 동향 선배인 유대괴에게 문장을 배워 간결하며 격조 높은 글을 썼다. 그 문장 이론은 역시 동향인 방포方苞 이래의 고문설을 정리·집대성함으로써 송학 중심의 이론에 한학을 도입하고 형식과 내용의 일치를 주장해 '동성파'의 기반을 구축했다. 고금의 모범문을 모아 평을 가한 『고문사류찬古文辭類纂』을 엮었다. 『석포헌집惜抱軒集』[125]이 있다.

1. 책은 어렸을 때 읽지 않고 중년에 보면 기억하기 어려운 것이 걱정이다. 반드시 즉시 초록하고 정리해야 한다. 한퇴지韓退之는 "사건을 기록할 때는 요점을 추리고, 말을 모을 때는 오묘한 뜻을 낚아야 한다"고 했는데, 진실로 예나 지금이나 학문을 하는 방법이다.
凡書少時未讀, 中年閱之, 便恐難記. 必隨手抄纂. 退之"記事提要, 纂言鉤玄", 固古今爲學之定法也. 『여진정명서與陳定明書』

2. 편지에서 내가 한나라의 학문을 배척했다고 말했는데, 이것은 나의 뜻과는 다르다. (…) 학문을 말하는데 어찌 시대의 구별이 있겠

125 『석포헌집惜抱軒集』: 청나라 요내의 저작으로 38권이다. 문집 16권과 문후집 10권, 시집 10권, 시후집 1권, 시외집 1권으로 구성되어 있다.

는가? 많이 들어보고 좋은 것을 선별하여 따라야 하니, 이것이 공자께서 가르친 법이다. 좋은 것을 어찌 시대로 정할 수 있겠는가? 널리 듣고 힘써 깨우치되 마음을 너그럽고 평안하게 쓰며 스스로 자랑하지 않으면 이것이 좋은 학문이다. 한 학자의 말만을 고수하면 협소해지고, 오로지 자기의 견해만 고집하면 비루해진다.
書內言鼒闢漢, 此差失鼒意. (…) 夫言學何時代之別? 多聞擇善而從, 此孔子之法也, 善豈以時代定乎? 博聞強識, 而用心寬平, 不自矜尙, 斯爲善學. 守一家之言則狹, 專執己見則陋.『여오자방서與吳子方書』

3. 경학을 절실하게 공부하는 것은 진실로 중요한 일이다. 내 생각에, 배우는 자는 마음을 가라앉히고 깊이 음미하여 가슴속에 깊고 중후한 맛이 스며들게 하고 급하게 저술하지 말아야 하니, 이것이 가장 좋은 학문이다. 산문을 쓰고 시를 짓는 것도 또한 이 뜻으로 순조롭게 구하는 것이 좋을 따름이다.
經學用切, 誠爲要務. 竊謂學者以潛心玩索, 令胸中有浸潤深厚之味, 不須急急著述, 斯爲最善學也. 作文作詩, 亦以此意通求之爲佳耳.『여진석사서與陳碩士書』

4. 무릇 고문古文을 배우는 자는 반드시 소리를 내어 빨리 읽다가 또 천천히 읽어야 한다. 그것을 오래하면 자연히 깨닫게 된다. 만약 소리를 내지 않고 읽는다면 죽을 때까지 제대로 알 수 없을 것이다.
大抵學古文者, 必要放聲疾讀, 又緩讀, 祇久之自悟. 若但能默讀, 卽終身作外行也.『여진석사서』

5. 눈으로 살피고 입으로 외우며 손으로 써야 한다. 그 상황을 견주

어 중요도와 분량을 조절하여, 아침에 공부하면 저녁에는 복습해야 한다.

瞻於目, 誦於口, 而書於手, 較其離合, 而量劑其輕重多寡, 朝爲而夕復. 『부왕진사휘조서復汪進士輝祖書』

6. 문장에 대해서는 말로 깨우칠 수 있는 것도 있고 말로 깨우칠 수 없는 것도 있다. 말로 깨우칠 수 있는 것은 한유와 유종원 등의 여러 문장가가 문장의 취지에 대해 논의한 것으로, 거기에는 사람을 속이는 말이 없다. 후세에 문장에 대해 논한 자들이 어찌 그들을 넘어설 수 있겠는가? 말로 깨우칠 수 없는 것에 이르러서는 오래도록 읽어 스스로 깨닫는 것에 달려 있을 뿐이다. 진천震川[126]에게 『사기』를 교열한 판본이 있는데, 문장을 배우는 자에게 매우 유익한 것이다. 권점이 사람의 뜻을 매우 잘 드러냈고, 해설한 것은 더욱 좋다. 한 부를 빌려 베껴 익숙하게 읽어본다면 반드시 매우 뛰어난 곳이 있음을 깨달을 수 있을 것이다.

文章之事, 有可言喩者, 有不可言喩者. 可言喩者, 韓·柳諸公所言論文之旨, 彼固無欺人語. 後之論文者, 豈能更有以踰之哉? 若夫不可言喩者, 則在乎久爲之自得而已. 震川有『史記閱本』, 於學文者最有益. 圈點極發人意, 有愈于解說者矣. 可借一部臨之, 熟讀必覺有大勝處. 『답서계아서答徐季雅書』

7. 시문詩文은 마치 선가禪家와 비슷해서 깨달음을 통해 참된 경지

126 진천震川: 명나라 문학가 귀유광歸有光(1506~1571)을 이른다. 귀유광은 쑤저우 곤산昆山 사람으로 자가 희보熙甫, 개보開甫, 호가 진천震川이다. 60세에 진사가 되었으며, 그때까지 고향에서 사숙私塾을 열어 많은 제자를 길러냈다. 1570년 고공高拱 등의 천거로 남경 태복시승南京太僕寺丞이 되고, 내각제칙방內閣制勅房에서 『세종실록』을 편찬하다가 죽었다. 모곤茅坤과 더불어 당송파唐宋派의 저명한 문인이었다.

로 들어가야 한다. 언어는 전할 수 있는 것이 아니다. 그러나 깨닫고 난 뒤에 옛사람들이 문장을 논의한 일을 돌아보면 매우 분명하게 이해할 수 있다. 깨달음을 얻고자 한다면 또한 다른 방법이 없다. 익숙하게 읽고 정밀하게 생각해야 할 뿐이다.

凡詩文事與禪家相似, 須由悟入. 非語言所能傳. 然旣悟後, 則返觀昔人所論文章之事, 極是明了也. 欲悟亦無他法, 熟讀精思而已. 『여요석보서與姚石甫書』

254

왕훤
汪烜

왕훤汪烜은 초명이 불紱이다. 자가 찬인燦人이고 호가 쌍지雙池이며 무원婺源 사람이다. 저서로 『대풍집大風集』 등이 있다.

독서할 때 의문을 가지지 않으면 읽지 않은 것이고, 의문을 가져도 깨달을 수 없어도 읽지 않은 것이다. 이것은 모두 마음으로 구한 적이 없어서 생긴 병폐다.
讀書不會疑, 便是不會讀, 疑而不能悟, 亦是不會讀. 總是未嘗用心去求得之病. 『청유학안소지淸儒學案小識』

255

단옥재
段玉裁

단옥재段玉裁(1735~1815)는 자가 무당懋堂이고 금단金壇 사람이다. 저서로 『경운루집經韻樓集』[127] 『설문해자주說文解字注』[128]가 있다.

1. 도道를 듣는 데 뜻을 둔다면, 반드시 믿고 의지하는 것을 비워놓아야 한다. 한나라 유학자의 훈고는 본받아 계승한 것이었으나, 때에 따라서는 억지로 갖다 붙인 것도 있었다. 진晉나라 사람은 억지로 갖다 붙인 헛된 논의가 더욱 많았다. 송宋나라 사람은 마음속의 생각만 믿고 단정했으므로 그들이 답습한 것에도 오류가 많았고, 잘못되지 않은 것들도 버려지게 되었다. 우리가 독서하는 것은 후대의 유학자들과 다투어 이론을 내세우려는 것이 아니니 마땅히 마음을 차분히 가라앉히고 경문經文을 체득해야 한다. 한 글자라도 적확한 것이 아니라면 말한 뜻이 반드시 어긋나서 이로 인해 도를 잃어버리게 된다. 송나라 이후의 유학자들은 자신의 견해를 옛 성현이 내세운 뜻이라며 억지로 끌어들였으나 언어와 문자를 제대로 알지 못했고, 천하의 일에 대해서도 자기들 이치를 억지로 단행했으나 실정이 근원에서부터 조금씩 왜곡되어 실질을 얻지 못했다. 그러고서도 마음에 부끄

127 『경운루집經韻樓集』: 단옥재의 저술로 12권이다. 저자가 경사자집을 비롯한 필기, 친구들의 편지 등에서 모은 글과 여러 사료를 바탕으로 해설하고 고증하여 지은 것이다.

128 『설문해자주說文解字注』: 단옥재가 고음古音을 17부로 나누고 허신의 『설문해자』 체제에 의거해 글의 모양, 소리, 의미의 연관성 등을 종합적으로 정리 분석했다. 총 30권이다.

러움이 없었으니 온 천하가 그 허물을 뒤집어쓰게 되었다. 그것은 누구의 허물인가? 잘 모르는 사람들은 몸소 실천하는 훌륭한 유학자들에게 그 허물을 돌렸다.

志存聞道, 必空所依傍. 漢儒訓詁, 有師承, 有時亦有傅會. 晉人傅會鑿空益多, 宋人則恃胸臆以爲斷, 故其襲取者多謬, 而不謬者在其所棄. 我輩讀書, 原非與後儒競立說, 宜平心體會經文. 有一字非其的詳, 則於所言之意必差, 而道從此失. 宋以來儒者, 以己之見, 硬坐爲古聖賢立言之意, 而語言文字實未之知. 其於天下之事也, 以己所謂理強斷行之, 而事情源委隱曲實未能得. 是以爲於心無愧, 而天下受其咎, 其誰之咎, 不知者且以實踐躬行之儒歸焉.『여모서與某書』

2. 학자에게는 옛날에 배운 것을 고집스럽게 고수하여 다시 새로운 경지로 나아갈 수 없는 것이 큰 병폐이고, 또 특이한 주장을 세우기를 좋아하되 깊이 연구하여 정미한 뜻이 있는 경지에 이르지 못하는 것도 큰 병폐다.

學者莫病於株守舊聞, 而不復能造新意, 莫病於好立異說, 而不深求之, 以至其精微所存.『춘추구유서春秋究遺序』

256

장학성
章學誠

장학성章學誠(1738~1801)은 청나라 중기의 역사학자로 1778년에 진사가 되었고 국자감전적國子監典籍 에 올랐다. 독서를 좋아했고 장구章句를 분석하고 따지는 학문을 좋아하지 않았다. 산음山陰의 유문울劉文蔚과 동옥유童鈺游에게 즙산·남뢰南雷의 학설을 전수받았으며, 조정의 감추어진 사실들에 대해서도 정통했기 때문에 자주 정사의 기록을 벗어나는 경우가 많았다. 대진戴震의 전통을 계승하여 세계는 유동하는 물질의 총화라고 보았다. 고대 철학의 진보적·결정론적 전통에 따라 모든 물체의 운동은 전반적인 법칙인 도道에 따른다고 가르쳤다. 고증학 전성시대에 독자적 역사이론을 전개했고, 지방지 작성에도 식견을 발휘했다. 저서로 『문사통의文史通義』[129] 등이 있다.

1. 배운다는 것은 본받음을 일컫는다. (…) 본받음은 반드시 일을 실행하는 데에서 드러난다, 『시경』 『서경』을 암송하는 것은, 본받기 위한 자질을 구하려는 것이지 곧바로 본받을 수 있는 것은 아니다. 그러나 옛사람은 일을 실행하는 것도 학문이라고 여기지 않았는데,

129 『문사통의文史通義』: 장학성의 세계관과 역사관, 문학관이 내포된 저술이다. 역사학에 관해서는 "육경六經이 모두 역사"라는 주장을 내세우면서 감추어진 역사나 언급하지 않은 사실들을 밝히는 것이야말로 비로소 학문이라고 주장했다. 역사학을 찬집撰集과 저술의 두 종류로 분류했는데, 저술은 자기 나름대로의 역사관이 있어야 한다고 주장했다.

『시경』과 『서경』을 암송하는 것으로 학문이라고 여긴 것은 어째서인가? 무릇 사물의 이치를 궁구하여 앎을 다하지 않으면 뜻을 진실하게 할 수 없고, 실행은 그 앎이 드러내는 것과 같기 때문에 암송으로 학문이라고 여기는 것이다. 이것은 가르침이 미치는 것을 미루어서 말하는 것이지, 그 이외에 학문이 없다는 것을 말하는 것은 아니다. 자로子路가 "백성이 있고 사직이 있는데, 어찌 반드시 독서한 이후에만 학문을 하는 것이겠습니까?"라 하자, 공자께서 자로를 말만 잘한다고 배척한 것은, 무릇 자고子羔를 비費읍의 수령으로 삼은 이유가 이 말과 같지 않았기 때문이지, 학문이 반드시 암송을 위주로 한다고 말한 것은 아니다. 오로지 암송을 위주로 하는 것에 대해 학문이라고 말하는 것은 비루한 세속의 유학자다.

〔족자族子 장정풍章廷楓이 말하기를, "숙부(장학성)께서는 늘 배우는 자가 '본래 기억력이 좋지 않아서 책에서 한번 보고 나면 곧 잊어버립니다'라고 스스로 말하고, 이로 인하여 자신이 배우지 못한 것을 변명하는 것을 보면, 그때마다 '그대는 스스로 잘 배우지 않을 뿐이다. 정말 잘 배우고자 하면 기억력이 쓰기에 부족할 이치가 없다. 서책이 많은 것은 안개가 자욱한 큰 바다와 같아서, 비록 성인이라도 다 읽을 수 없다. 그런데 옛사람이 널리 읽는 것을 중요하게 여긴 까닭은, 학업은 반드시 집중한 이후에 널리 읽은 것을 더불어 말해야 한다고 생각했기 때문이다. 하나를 일관되게 하면 전문가가 될 수 있고, 전문가가 되면 우뚝하게 설 수 있다. 세상의 이름난 물건 중 나에게 절실하게 필요한 것은 작은 것이라도 잊어버릴 수 없고, 나에게 필요가 없는 것은 비록 태산이라도 돌아보지 않는다. 이와 같이 마음을 쓰면 비록 매우 우둔한 자질을 가졌더라도 기억할 수 없는 것은 없다. 학업에 일관되게 종사했던 명가名家들의 책도 알지 못하면서 성인도 다 읽을 수 없었던 많은 책을 구한다면, 이것은 우공이산의 지혜[130]를 가지고 변변치 못한 좁은 식견과 동일시하는 것이다.〕

學也者, 效法之謂也. (…) 效法者, 必見於行事, 『詩』『書』誦讀, 所以求效法之資, 而非可卽爲效法也. 然古人不以行事爲學, 而以『詩』『書』誦讀爲學者, 何邪? 蓋謂不格物而致知, 則不可以誠意, 行則如其知而出之也. 故以誦讀爲學者, 推敎者之所及而言之, 非謂此外無學

也. 子路曰, "有民人焉, 有社稷焉, 何必讀書, 然後爲學?" 夫子斥以爲佞者, 蓋以子羔爲宰, 不若是說, 非謂學必專於誦讀也. 專於誦讀而言學, 世儒之陋也. 〔族子廷楓曰: "叔父(章學誠) 每見學者自言苦無記性, 書卷過目輒忘, 因自解其不學. 叔父輒曰, "君自不善學耳. 果其善學, 記性斷無不足用之理. 書卷浩如煙海, 雖聖人猶不能盡, 古人所以貴博者, 正謂業必能專, 而後可與言博耳. 蓋專則成家, 成家則已立矣. 宇宙名物, 有切己者, 雖錙銖不遺. 不切己者, 雖泰山不顧. 如此用心, 雖極鈍之資, 未有不能記也. 不知專業名家, 而泛然求聖人之所不能盡, 此愚公移山之智, 而同斗筲之見也.〕『문사통의원학상文史通義原學上』

2. 독서차기讀書箚記[131]는 오래 꾸준히 기록하는 것이 중요하다.

讀書箚記, 貴在積久貫通.『장씨유서여족손여남론학서章氏遺書與族孫汝楠論學書』

3. 『학기』에서는 "배움에는 네 가지 잃음이 있다. 많이 읽어서 잃고, 적어서 잃으며, 쉽게 여겨서 잃고, 중도에 그만둬 잃는다"고 했다.[132] 적고 쉽게 여기고 그만두어 잃는 것은 사람이 아는 것이나, 많이 읽어 잃는 것에 대해서는 요즘 사람은 알지 못한다.

『學記』謂: "學有四失. 或失則多, 或失則寡, 或失則易, 或失則止." 寡與易止之失, 人所知也. 多之爲失, 今人所不知也.『병진차기丙辰箚記』

130 우공이산愚公移山의 지혜: 북산北山의 우공愚公이 집 앞의 태행산太行山과 왕옥산王屋山이 가로막아 출입하는 데 방해가 되어서 그 산을 옮기려고 하자, 이 정성에 감동한 옥황상제가 산을 옮겨주었다는 고사에서 유래했다. 어떠한 어려움도 두려워하지 않고 굳센 의지로 밀고 나가면 성공할 수 있다는 것이다.

131 독서차기讀書箚記: 독서를 통해 얻은 중요한 내용이나 아이디어 등을 적은 독서기를 가리킨다.

132 배움에는 (…) 된다: 『예기禮記』「학기學記」에 나온다. "배우는 사람이 네 가지 놓치는 게 있으니 가르치는 사람이 반드시 이를 알아야 한다"라고 했다.

4. 혜사기惠士奇[133]는 "성인의 글이 아니라고 해서, 읽지 않는 것은 독서를 잘하는 것이 아니다"라고 했는데, 이것은 물러나 자신의 견해만을 고수하는 샌님들에게 깨우침을 주는 충고다.
惠士奇謂: "不讀非聖之書者, 非善讀書." 此可爲專退自封之學究作頂門鍼. 『병진차기』

5. 옛 경전의 문장 중 해석할 수 없는 게 많으니, 분명하지 않으면 판단을 보류하고, 선유의 주석에서 그릇된 것은 분명히 밝혀야 한다. 방포씨方苞氏[134]는 '주공이 임금의 자리를 이었다'는 설을 의심해서 곧바로 『문왕세자文王世子』의 글을 삭제해버렸으니 매우 황당하다.
古經傳文不可解者多矣, 疑以闕之. 先儒傳記, 誤者辨之. 方苞氏嫌周公踐阼[135]之說, 而直刪文王世子之文, 妄誕甚矣. 『병진차기』

133 혜사기惠士奇(1671~1741): 청나라 경학자. 자가 천목天牧, 중유仲儒이고, 호가 반농거사半農居士, 홍두주인紅豆主人이다. 경학 연구는 한유漢儒의 설을 종주로 삼았다. 『주역』에 대해서는 왕필王弼 이후의 공소空疏한 설을 바로잡으려 했고, 『예기』에 대해서는 해박한 고음古音, 고자古字에 대한 식견으로 주대周代의 예제를 고증했다. 또한 『춘추』에 대해서는 『주례』에 근본을 두고 사실을 기록한 것이라 주장했다.

134 방포方苞(1668~1749): 청나라 문학자. 학문은 정주를 받들었고, 문학은 당송팔대가의 옛글을 존중해 송학의 이념, 형식은 종전의 고문가古文家의 법도를 지키고, 속어나 경박한 문장을 배제해야 한다는 문장론의 '의법義法'설을 주장했다. 그는 동성파 고문古文의 초조初祖가 되어 일대정종一代正宗으로 불렸다. 명나라 귀유광歸有光 등의 주장을 계승하여 간결하고 단아한 문장을 지었다. 황명을 받들어 팔고문八股文을 선별해 『흠정사서문欽定四書文』을 편찬했다.

135 주공천조周公踐阼: 『예기』 「문왕세자文王世子」 편에 나온다. 무왕이 죽자 주공은 성왕이 너무 어려서 천하가 분열되는 것을 염려하여 섭정을 했던 것이다.

257
왕염손
王念孫

왕염손王念孫(1744~1832)은 청나라 고증학자이자 문자 음운학자. 호가 석구石臞. 단옥재이며 공광삼孔廣森 등과 함께 대진에게 사사하여 훈고음운訓詁音韻의 기초학을 배웠다. 그 방법론은 고음에 의해 고의를 구하기 때문에 확고한 기초 위에 널리 여러 책을 치밀하게 비교·검토하여 그 결론을 간소하게 표현했다. 그 때문에 세간에서는 실사구시의 학문, 대진·단옥재, 아들인 왕인지王引之와 함께 '대단이왕戴段二王'의 학문이라 일컬어졌다. 또 당시 전대흔錢大昕, 노문초盧文弨, 소진함邵晉涵, 유태劉台와 더불어 오군자五君子로 일컬어진다. 저서로 『독서잡지讀書雜志』[136] 등이 있다.

대인大人(왕염손)이 말했다.

"훈고詁訓의 뜻에는 소리도 포함한다. 글자의 소리가 같거나 비슷한 것은, 종종 경전에서 가차假借했다. 따라서 배우는 자는 발음으로 옳은 뜻을 구하고, 가차한 글자를 고쳐서 본래 글자로 읽으면 의혹이 잘 풀릴 것이다. 만일 가차한 글자를 그대로 보고 억지로 해석하면 글의 뜻이 왜곡되어 병폐가 된다. 그러므로 모공毛公의 『시전詩傳』에서는 가차한 글자를 많이 바꾸었는데, 가차할 글자를 고쳐 쓸

136 『독서잡지讀書雜志』: 왕염손의 저서로 교감 분야의 대표작이다. 『일주서逸周書』 『전국책』 『사기』 『한서』 『관자管子』 『안자춘추晏子春秋』 등의 책을 교감하고 교정한 부분이 많다.

때는 본래의 글자로 뜻풀이했으니, 이미 고쳐서 읽는 선례를 열었다. 정현鄭玄이 『시경』에 전箋을 붙이고 『예기』에 주注를 달 때 번번이, '아무개 글자는 아무개 글자로 읽어야 한다'고 했는데, 가차를 읽는 사례가 매우 분명해졌다. 후대 사람이 정현이 글자를 고쳐 읽은 것을 병폐로 여긴 것은 옛 글자에 가차가 많은 것을 모르기 때문이다"라고 했다.

왕염손이 또 말했다.

"경서를 해설하는 자는 경서의 의미를 이해하는 데 목표를 두어야 한다. 앞 사람의 전傳과 주석이 모두 경서에 합당한 것은 아니니, 그중에서 경서의 뜻에 합당한 것을 선택하여 따라야 한다. 그 전주箋注가 모두 합당하지 않다면 자기의 뜻으로 경서의 뜻을 거슬러 헤아리고 다른 경서를 참고하여 완성된 뜻으로 증명하면 비록 다른 설을 짓더라도 안 될 것이 없다. 기필코 어떤 대가의 설을 전적으로 지키려고 하여 조금도 융통성이 없는 것은, 하소공何邵公[137]이 묵묵히 고수하다가 강성康成에게 베인 것과 같다"[138]고 했다. 그러므로 대인大人이 경서를 연구한 것은, 여러 설이 아울러 나열되어 있으면 그중 옳은 것을 구하고, 가차가 있으면 그 독음을 고쳤으니, 무릇 한학漢學의 문호門戶에 익숙하지만 한학의 울타리에 얽매이지 않은 것이다.

大人(念孫)曰: "詁訓之指, 存乎聲音, 字之聲同聲近者, 經傳往往假

137 하소공何邵公: 전한의 경학자 하휴何休(129~182). 소공邵公은 그의 자다. 임성任城 번樊 사람으로, 학문이 깊고 넓어서 사람들이 "육경을 정밀하게 연구하여 당세의 선비들이 그 경지에 이르는 자가 없었다精研六經, 世儒無及者"라고 칭송했다. 경서를 정밀하게 해석하여, 황제의 스승인 진번陳蕃이 그를 막료로 삼았다. 그러나 진번이 궁중 투쟁에 패하여 당고黨錮의 화를 입자, 하휴 또한 벼슬길이 막혀 고향으로 돌아갔다. 이때 경서의 해석을 시작했다. 저서로 『공양춘추해고公羊春秋解詁』가 전해진다.

138 하소공이 (…) 같다: 강성康成은 정현鄭玄의 자다. 정현은 하휴와 동시대의 유명한 학자로 또한 당고의 화를 입었다. 정현은 금고 기간에 하휴의 『공양묵수公羊墨守』 『곡량폐질穀梁廢疾』 『자씨고황左氏膏肓』을 읽었는데 그 견해에 동의할 수 없었다. 정현이 반박하는 글을 다시 쓰자, 역사서에서는 "『묵수墨守』를 드러냈고, 『고황膏肓』에 침을 놓았으며, 『폐질廢疾』을 고쳤다"고 했다. 하휴가 보고 말하기를 "강성이 내 방에 들어와 내 창을 가지고 나를 베었다"고 했다.

借. 學者以聲求義, 破其假借之字, 而讀以本字, 則渙然冰釋. 如其假借之字而強爲之解, 則詰鞫爲病矣. 故毛公『詩傳』, 多易假借之字, 多易假借之字, 而訓以本字, 已開改讀之先. 至康成箋『詩』注『禮』, 婁云某讀爲某, 而假借之例大明. 後人或病康成破字者, 不知古字之多假借也." 大人又曰: "說經者, 期於得經意而已. 前人傳注, 不皆合於經, 而擇其合經者從之. 其皆不合, 則以己意逆經意, 而參之他經, 證以成訓, 雖別爲之說, 亦無不可. 必欲專守一家, 無少出入, 則何邵公之墨守, 見伐於康成矣." 故大人之治經者, 諸說竝列, 則求其是. 字有假借, 則改其讀, 蓋孰(熟於漢學之門戶, 而不囿於漢學之藩籬也." 『경의술문經義述聞』

258

왕인지
王引之

왕인지王引之(1766~1834)는 청나라 관리이자 훈고학자로 부친의 학업을 계승하여 문자음운의 학문에 통달하는 한편 9경 3전九經三傳과 진한秦漢의 문헌을 널리 섭렵하고 연구하여 의의를 밝혔으며, 그 방법이 과학적이었다. 또 대진·단옥재 및 부친과 함께 '대단2왕戴段二王'의 학문으로 불렸다. 저서로 『경전석사經傳釋詞』[139] 『경의술문經義述聞』[140]이 있다.

공자진龔自珍이 평소 왕인지王引之 선생에게 들은 것을 끌어와서 다음과 같이 기술했다.

"나의 학문은 제자백가를 연구할 겨를이 없어서 단지 경서만 연구했고, 내가 경서를 연구할 때는 대도大道에 대해서는 감히 이어받을 수 없고 유독 소학小學을 좋아했다. 저 삼대三代의 언어와 지금의 언어는, 연燕나라 사람과 월越나라 사람이 함께 말하는 것과 같이 현격한 차이가 있다. 따라서 내가 소학을 연구할 때 나는 통역관이 된

139 『경전석사經傳釋詞』: 왕인지가 지은 자서字書. 10권. '사詞'란 허자虛字(지시사·접속사·조사·부사 등)를 말하며, 전한까지의 고전에 나오는 허자 160자를 자세히 해설했다. 허자의 대부분은 취음자取音字이기 때문에 실자實字로서의 원래의 뜻으로 해석할 경우 오류가 많다. 따라서, 오히려 음이 상통하는 면에서 의미의 관련을 보는 태도로 쓰이고, 배열도 후喉·아牙·설舌·반설半舌·치齒·반치半齒·순脣의 '칠음七音'의 순서로 되어 있다.

140 『경의술문經義述聞』: 왕인지의 대표적 저술로 『주역』『상서』『시경』 등의 저술을 교감하고 잘못된 글자나 빠진 글자, 탈간脫簡 등을 고찰하여 교감한 것이다.

것처럼 했다. 가장 중요한 요점은 '소학으로 경서를 설명하고 소학으로 경서를 바로잡을 뿐이다'라고 생각한다."

또 선생에게 다음과 같이 들었다.

"내가 소학을 써서 경서를 바로잡을 때는 고쳐야 할 것도 있고, 고치지 말아야 할 것도 있었다. 주周나라 이후로 서체書體가 6~7차례 변화했는데, 사관寫官[141]이 그것을 주관했다. 따라서 사관이 잘못했으면 나는 과감하게 고쳤다. 맹자와 순자 이후로는 참공槧工[142]이 그것을 주관했다. 따라서 참공이 잘못했으면 나는 과감하게 고쳤다. 당唐·송宋·명明의 선비는 간혹 표음문자〔聲音文字〕를 알지 못하고 경서를 고쳐, 오류가 아닌 것을 오류라고 생각하여 이에 함부로 고쳤는데, 나는 그들이 고친 것을 과감하게 고쳤다. 주나라가 몰락한 후부터 한나라 초기까지는, 경사經師[143]에 옛 서적이 없고 상이한 글자가 많아서, 나는 하나를 선택하여 확정할 수 없어 고치지 못했다. 가차하는 법은 그 유래가 오래되었는데, 그 본래의 글자는 열에 여덟 글자는 구할 수 있었고 열에 두 글자는 구할 수 없었으니, 반드시 본래의 글자를 구하여 가차한 글자를 고쳤다. 문장을 고찰하는 것은 성인의 임무여서 내가 고치지 못했으나, 사관寫官과 참공槧工이 범한 오류는 의심하고 또 생각한 끝에 알 수 있었다. 다만 대부분의 책은 확실한 증거가 없어서, 후학자의 입에 오르내릴까 두려워 또한 고치지 않았다."

自珍爰述平生所聞於公者, 曰: "吾之學, 於百家未暇治, 獨治經. 吾治經, 於大道不敢承, 獨好小學. 夫三代之語言, 與今之語言, 如燕·越之相語也. 吾治小學, 吾爲之舌人焉. 其大歸曰: '用小學說經, 用小學校經而已矣.'." 又聞之公曰, "吾用小學校經, 有所改, 有所不改. 周以降, 書體六七變, 寫官主之. 寫官誤, 吾則勇改. 孟·荀以降, 槧工主之. 槧工

141 사관寫官: 옛 서적의 필사를 담당하던 관리다.

142 참공槧工: 글자를 새기는 장인을 가리킨다.

143 경사經師: 한나라 때 경서를 해설하고 가르치던 학교다.

誤, 吾則勇改. 唐·宋·明之士, 或不知聲音文字而改經, 以不誤爲誤, 是妄改也, 吾則勇改其所改. 若夫周之沒, 漢之初, 經師無竹帛, 異字博矣, 吾不能擇一以定, 吾不改. 假借之法, 由來舊矣, 其本字什八可求, 什二不可求, 必求本字以改假借字, 則考文之聖之任也, 吾不改. 寫官槧工誤矣, 吾疑之, 且思而得之矣. 但群書無佐證, 吾懼來者之滋口也, 吾又不改." 『공자진공부상서고우왕문간공묘표명龔自珍工部尙書高郵王文簡公墓表銘』

259

최술
崔述

최술崔述(1740~1816)은 청나라의 고증학자로 호가 동벽東壁이다. 경서에 관한 한유漢儒의 주해를 믿지 않았고, 또 경서 전반을 비판적으로 다루었다. 특히 『예기』는 성인의 경이 아니며 『주례』를 잡서라고 하는 등 회의懷疑·변위辨僞·고신考信 세 가지로 고대사에 대한 재검토를 단행했다. 대표작 『고신록考信錄』 36권 외에도 『최동벽유서崔東壁遺書』[144] 등 많은 저서를 남겼다.

1. 맹자가 말하길 "『서경』의 내용을 모두 믿는다면, 차라리 『서경』이 없는 것이 나을 것이다. 나는 「무성武成」 편에서 두세 쪽을 취할 뿐이다"라고 했다.[145] 성인이 경서를 읽을 때도 이와 같이 신중함을 다했는데, 하물며 주석과 제자백가의 책과 같은 것은 어떠했겠는가?

맹자는 "널리 배우고 자세히 해설하는 것은, 돌이켜보고 그 요점을 잘 해설하려고 하는 것이다"라고 했다. 그렇다면 많이 듣고자 하는 것은 지식이 풍부함을 자랑하려는 것이 아니라, 서로 참고하여 살

144 『최동벽유서崔東壁遺書』: 최술의 저작으로 총 34종이며 88권으로 구성되어 있다.

145 맹자가 (…) 했다: 『맹자』 「진심 하」에 나온다. 기존 지식에 대한 검증이 필요하다는 뜻이다. 맹자가 『서경』 「무성武城」의 주 무왕이 은나라 주왕을 정벌하여 목야에서 싸울 적에 "피가 흘러서 절굿공이를 떠내려가게 했다血流漂杵"라는 구절에 대하여 믿을 수 없음을 지적하여 말하기를 "『서경』의 내용을 모두 믿는다면 차라리 『서경』이 없는 것이 나을 것이다. 나는 「무성」에서 두세 쪽만 취할 뿐이다盡信書, 則不如無書. 吾於武成, 取二三策而已矣"라고 한 데서 유래했다.

펴서 바로잡아 한 곳에 귀결시키고자 한 것일 뿐이다. 만약 그 해박함을 과시했으나 그 가운데 선택할 것을 알지 못한다면, 비록 다섯 수레에 실린 책을 다 읽고 네 개의 창고에 쌓인 책을 다 보았다고 하더라도, 오히려 학식이 보잘 것 없고 견문이 적은 자이지만 큰 실수가 없는 자보다 못할 것이다.

孟子曰: "盡信書, 則不如無書. 吾於『武成』取二三策而已矣." 聖人之讀經, 猶且致愼如是, 況於傳註, 又況於諸子百家乎? 孟子曰: "博學而詳說之, 將以反說約也." 然則欲多聞者, 非以逞博也. 欲參互考訂而歸於一是耳. 若徒逞其博而不知所擇, 則雖盡讀五車, 徧閱四庫, 反不如孤陋寡聞者之尙無大失也. 『고신록제요考信錄提要』

2. 경전經傳의 문장에도 또한 종종 실제를 넘어서는 것이 있다. 「무성武成」에서, '피가 흘러 절굿공이를 떠내려 보냈다血流漂杵'는 구절과, 「운한雲漢」 시에서, '주周나라의 살아남은 백성은 한 사람도 남지 않았거늘周餘黎民, 靡有孑遺'[146]이라는 시구는 맹자가 본래 말한 적이 있었다. 「비궁閟宮」의 '형서荊舒의 나라를 징벌하니, 감히 우리를 막아서는 이가 없네荊舒是懲, 莫我敢承'[147]라는 시구는 실정에 맞지 않은 찬양이라는 것은 다시 논할 필요도 없다.

전국시대에는 이와 같은 풍속이 더욱 융성했다. 순우곤淳于髡·장주莊周·장의張儀·소진蘇秦과 같은 무리가 말을 과장하고 설을 꾸며서 조그만 일로 큰 풍파를 일으킨 것은 이루다 말할 수 없다. 맹자의 글

146 주나라의 (…) 않았거늘: 『시경』 「대아·운한雲漢」에 "가뭄이 너무 심하여 밀쳐낼 수 없네. 조심하고 두려워하여 벼락처럼 여기고 천둥처럼 여기네. 주나라의 백성이 남은 이가 없거늘, 호천상제가 나를 남겨두지 않으리라旱旣大甚, 則不可推. 兢兢業業, 如霆如雷. 周餘黎民, 靡有孑遺. 昊天上帝, 則不我遺"라고 한 데서 나온 말이다. 전쟁의 참혹함을 비유한다.

147 형서의 (…) 네: 『시경』 「노송·비궁閟宮」에 "융적을 치니, 형서가 이에 징계되었다戎狄是膺, 荊舒是懲"라고 했다. 융적은 서융과 북적을, 형서는 초楚나라와 서舒나라를 병칭한 말로 남쪽의 오랑캐들을 이른다.

가운데에도 종종 그러한 것이 있다. 순舜이 창고를 고치고 우물을 판 일과, 알리지 않고 장가든 일, 이윤이 다섯 차례 탕湯에게 나아가고 다섯 차례 걸桀에게 나아간 것과 같은 것이다. 그 말은 반드시 유래가 없는 것은 아니겠지만, 실제 처음의 일은 결코 그와 같지 않았을 것이다. 다만 그 이야기를 전하는 자가 칭송하는 말을 점점 더하여, 힘써 포장하려 해서 마침내 그 일의 타당성을 깨닫지 못했을 뿐이다. 또한 문왕께서는 정사를 펼치느라 밥 먹을 겨를이 없었고,[148] 감히 유람과 사냥을 즐기지 않았다고 하여 그의 동산(囿)[149]이 사방 70리라고 한 것이나, 관숙이 은나라를 감독한 것은 무왕이 시킨 것인데 주공의 업적으로 돌리는 것 등은 맹자가 다 분별할 겨를이 없었거나 기록하는 자가 그 말을 잊어버렸기 때문이겠지만 모두 그 실체를 알 수 없으니, 실제로 일어난 일이라고 여길 수는 없다.

經傳之文, 亦往往有過其實者. 『武成』之血流漂杵, 『雲漢』之'周餘黎民, 靡有孑遺.' 孟子固嘗言之. 至『閟宮』之'荊舒是懲, 莫我敢承.' 不情之譽, 更無論矣. 戰國之時, 此風尤盛. 若淳于髡·莊周·張儀·蘇秦之屬, 虛詞飾說, 尺水丈波, 蓋有不可以勝言者. 卽孟子書中, 亦往往有之. 若舜之完廩浚井, 不告而娶, 伊尹之五就湯, 五就桀. 其言未必無因, 然其初事斷不如此. 特傳之者遞加稱述, 欲極力形容, 遂不覺其事當耳. 又如文王不遑暇食, 不敢盤於遊田, 而以爲其囿方七十里. 管叔監殷, 武王使之, 而屬之周公, 此或孟子不暇致辨, 或記者失其詞, 均不可知, 不得盡以爲實事也. 『고신록제요』

148 불황가식不遑暇食: 『서경』「주서·무일」에 나온다. 문왕의 덕을 칭송하여 "아름답게 부드럽고 아름답게 공손하시어 백성을 품어 보호하며, 홀아비와 과부에게 은혜를 입혀 생기가 나게 하시어, 아침부터 해가 중천에 뜰 때와 기울 때에 이르도록 한가히 밥 먹을 겨를도 없으시어 만민을 모두 화합하셨다徽柔懿恭, 懷保小民, 惠鮮鰥寡, 自朝至于日中昃, 不遑暇食, 用咸和萬民"라고 했다.

149 동산囿: 새와 짐승을 번식시키고 기르는 곳. 옛날에는 농한기에 사냥하여 무예를 강습했다. 그러나 농사를 짓는 농토와 채소밭은 달릴 수 없었으므로 한가롭고 빈 땅에 동산을 만든 것이다.

260

강번
江藩

강번江藩(1761~1831)은 청나라 학자로 오파고증학吳派考證學의 혜동惠棟·강성江聲·여소객余蕭客에게 사사한 문장가로 경사와 시문에 뛰어났다. 평생 벼슬하지 않고 경서 및 제자백가를 두루 섭렵했으며, 훈고와 고증학에 조예가 깊었다. 학술사인 『한학사승기漢學師承記』(8권)에서 청대 한학의 원류를 밝혔다. 그 외에 『경해입문經解入門』 등이 있다.

경서를 연구할 때는 대의大義에 통달하는 것이 중요하다. 하나의 경서 가운데에는 모두 대의가 수십, 수백 조목이 있으니, 깊이 연구하여 자세히 밝혀 종합적으로 철저하게 이해해야 유익하다. 만약 간신히 글을 따라 단어만 풀이하여 하나라도 마음으로 깨닫는 것이 없으면 곧 통달할 수 없다. 또 자료를 참고하여 실증하는 것도 본래는 대의를 구하는 것이니, 다만 의리義理와 관계된 것은 반드시 널리 참고하고 자세하게 분별하여 분명하지 않은 것은 염두에 두지 말아야 한다. 만약 세세한 사건은 갑작스럽게 확정할 수 없으니 일단 예설을 그대로 따르고 부질없이 시간과 힘을 소비할 필요는 없다.

소학小學[150]을 꼭 익혀야 한다. 허신許愼의 『설문說文』은 소학의

150 소학小學: 한나라 때의 문자를 가리켜 소학小學이라고 했다. 아동이 소학(교육기관)에 들어가서 먼저 문자를 배웠기 때문에 붙인 명칭이다. 후대에는 문자文字, 훈고訓詁, 음운音韻 등을 연구하는 학문을 가리킨다.

대강大綱이다. 서현徐鉉과 서개徐鍇 두 형제[151] 이후로는 오직 청나라의 여러 선생이 그 의의를 알 수 있었다. 단옥재의 주석은 비록 번다하지만 정밀하면서 박학다식하여 절로 미칠 수가 없어, 학자들이 받들어 종주로 삼았는데, 그 후에 풍계분馮桂芬과 왕염손王念孫이 각자 주를 붙였다.[152]

고서古書의 옛 주석을 꼭 읽어야 한다. 그것은 성현과의 거리가 멀지 않았기 때문에 경서를 고증할 수 있었다. 또 진秦나라 이전 시기의 책에서는 한 글자가 천금과 같고, 곧 당나라 이전의 책도 매우 적절하고 빈말이 적다. 초학자가 시를 읽을 때는, 먼저 그 책의 진위眞僞를 먼저 분별하고 다음으로는 교감된 선본善本을 구해야 한다. 나의 『경여자상표리經與子相表裏』 편 〔『경해입문經解入門』 4권〕에 나열된 각종의 시는 모두 읽기에 합당하다.

청나라 사람의 경학서는 꼭 읽어야 한다. 무릇 경서의 언어는 오직 한나라 사람만이 해석할 수 있고, 한나라 유학자의 언어는 오직 청나라의 경서에 통달한 유학자만이 두루 해석할 수 있다. 그렇게 여기는 이유는, 청나라의 여러 훌륭한 학자는 읽은 책이 많고 책에 기록한 것이 진실하며 책을 교정한 것이 자세하고, 고서古書 보기를 좋아했으며 옛 책을 감히 가벼이 여기지 않고 옛 학설을 경솔하게 반박하는 것을 즐기지 않았다. 그래서 생각하고 깨달으며 교정하고 예를 들며 진위를 분별하는 데 뛰어났다. 그러므로 경학에 천고의 으뜸이 되는 책이 많아서, 『황청경해皇淸經解』[153]로 대종大宗을 삼았다. 나의

151 서현徐鉉과 서개徐鍇 두 형제: 소학에 능통하여 『설문』을 교정했다. 저서로 『설문보說文譜·설문해자운보說文解字韻譜』 『설문계전說文繫傳』 등이 있다.

152 풍계분馮桂芬과 (…) 붙였다: 풍계분은 『설문단주고증說文段注考證』을, 왕염손은 『광아소증廣雅疏證』을 남겼다.

153 『황청경해皇淸經解』: 청나라 때 출판된 경서 연구총서. 완원阮元이 청대의 경해서經解書를 출판할 목적으로 그의 문인과 속관에게 명하여 1825년부터 출판을 시작해 1829년에 완성했다. 주로 경서의 주석서나 수필, 문집 가운데서도 경서의 주해나 고증에 관련된 것이면 수록하여 명말 청초의 고염무 이하 73명의 저술을 비롯하여 모두 188종, 1400권이 수록되어 있다.

『근유설경득실近儒說經得失』 편〔『경해입문經解入門』, 권3〕에 나열된 각각의 책은 모두 선본이라서 읽을 만하다.

총서叢書를 꼭 구입해야 한다. 총서에 수록된 고금의 각 부분은 무려 수백 종류이고, 중간에는 반드시 지극히 중요한 것이 많다. 단행본을 나누어 구입해서 여러 곳에 쌓아두면 온전하게 보존할 수 없다. 총서를 구입하면 한 번에 잃어버리지 않을 수 있고 또 그 가격을 합산해도 또한 단행본보다 배는 저렴하다. 그렇다면 한 권의 책을 구입했는데, 그 가운데 저술하기 어려운 것은 바로 돈을 낭비한 것이 아니라고 말할 수 있으니, 한번 훑어본다면 또한 좋을 것이다. 다만 판각본이 좋은지 그렇지 않은지는 알아야 한다. 명나라에서 새긴 총서는 대부분 거칠고 엉성하다. 청나라 사람이 새긴 판본은 대부분 정밀하고 좋은데, 이손二孫·이노二盧·공孔·필畢 등의 여러 전문가의 판본은 더욱 좋다. 그 서체는 으레 한결같지 않으나, 그 가운데 정밀하게 교감한 판본과 정밀하게 주석한 판본이 있어서 시장에 가서 총서를 본다면 그 안목을 시험해볼 수 있을 것이다. 대부분의 옛 서적은 조금도 소홀해서는 안 된다.

독서는 넓게 해야 한다. 널리 읽는 것을 먼저하고 요약하는 것을 뒤에 하는 것이, 『논어』와 『맹자』의 공통된 법칙이다. 학자는 먼저 많이 보고 많이 듣고 나서, 다음으로 마음속의 깨달음을 말해야 한다. 만약 보잘것없는 여러 권질의 책을 고수하면서 "경서에 통달했다"고 말한다면, 그런 일은 분명 일어날 수 없다. 그렇다면 널리 배우는 방법은 어떻게 하는 것인가? 요점을 두는 데 달려 있다고 할 수 있을 뿐이다. 태사공太史公이 "유학자의 유파는 때에 따라 요점을 두었다. 고서는 이해하지 않으면 안 되고〔진짜는 많지 않으나 진실로 고서 가운데 유용하지 않은 것은 없다.〕 유용한 책은 보지 않으면 안 되며〔옛 책이나 요즘 책에 제한을 두지 않는다.〕 전문 서적은 자세하게 살펴서 통달하지 않으면 안 된다"고 했다. 이와 같이하면 끝까지 연구할 만한 경계가 있게 된다.

널리 배우는 것도 중요하고 정밀한 것도 중요하지만 통달하는 것이 더욱 중요하다. 널리 배우되 정밀하지 않으면 범람하는 것에 가깝고, 정밀하되 통달하지 않으면 구속되는 것에 가깝다. 그러나 이해하기 어려운 말에 정통하려면 반드시 박학함으로 말미암아 들어가서, 마음과 노력을 서로 지극하게 해야만 이와 같은 경지에 다다를 수 있다.

어려운 것을 두려워하는 것에 대해 경계해야 한다. 만약 앞서 말한 것에 복잡한 사정이 거듭되어 있으면, 그 일은 끝내기가 어려울 것 같다. 그러나 사물에는 시작과 끝이 있고, 일에는 먼저 할 일과 나중에 할 일이 있으니 순서에 따라서 들어가서 오래도록 하면 저절로 그만둘 수 없게 된다. 또 요즘 사람의 독서는 옛사람들에 비해 100배는 더 쉽다. 옛사람들은 서적이 적어서, 한 글자에 담긴 하나의 의미를 모두 자기가 찾아야 했다. 그러나 요즘 사람은 명확하게 완비된 시기에 태어났다. 여러 앞 시기의 현인은 모두 지극히 정밀한 책을 소유하여, 전시대 사람들이 옳다고 여긴 것은 분명하게 증명했고, 옳지 않다고 여긴 것은 분석하여 분별했으며, 고찰하기 어려웠던 것은 고찰해냈고, 볼 수 없었던 책은 뽑아서 편집했다. 한번 진서와 위서를 구분하여 고서에서 그 절반을 제거했고, 한번 단점과 장점을 구분하여 여러 시대의 글에서 10의 8~9를 제거했다. 또 여러 현인은 후세 사람이 정신과 기력을 아낄 수 있는 책을 저술하기를 매우 좋아하여, 한편으로는 수집하여 채워넣었고〔혹은 여러 책 가운데서 찾아내었고, 혹은 보충해서 온전하게 갖추었고, 혹은 편집했다.〕 한편으로는 교감하여 바로잡았으며, 한편으로는 문헌은 상고하여 증명했고, 한편으로는 보충하여 기록했다. 이러한 책은 모두 일생의 정력을 쌓아서, 전대의 완성된 책을 계승한 이후에 완성된 책이다. 그러므로 동일한 책을 옛사람은 10년이 되어야 바야흐로 통달할 수 있었으나 요즘 사람은 3년이면 가능하다. 전대 사람이 매우 괴로웠기 때문에 후대의 사람은 매우 즐겁고, 여러 현인이 집을 지었기 때문에 우리는 거기에 거처하며, 많은 사람이 새로운 물건을 만들었기 때문에 우리들은 그것을 사용한다. 지금 만약 열심히 공부하기를 좋아한다면 진실로 무익한 정신을 낭비하지 않고, 몸과 마음에 실효가 있는 것을 거둘 수 있을 것이다. 삼가 그 말에 놀라 두려워하여 은하수처럼 끝이 없다고 여기지 않을 것이다.

治經貴通大義 每一經中, 皆有大義數十百條, 宜研究詳明, 會通貫串, 方爲有益. 若僅隨文訓辭, 一無心得, 仍不得爲通也. 又考據自是要義, 但關繫義理者必應博考詳辨, 弗明弗措. 若細碎事件, 猝不能定, 姑仍舊說, 不必徒耗日力.

宜講小學 許氏『說文』, 爲小學之大綱. 二徐而下, 惟國朝諸老能知其義. 段氏注雖繁, 而精博自不可及, 學者須奉爲宗主. 後及桂·王各注.

宜讀古書古注, 以其去聖未遠, 可以證經. 且秦以上書一字千金, 卽唐以前亦切實少空話. 初學讀詩, 惟先辨其書之眞僞, 次求其校勘善本. 而余『經與子相表裏』篇〔『經解入門』卷四〕所列各種皆宜讀.

宜讀國朝人經學書 蓋經語惟漢人能解, 漢儒語惟國朝通儒能徧解. 所以然者, 國朝諸大儒讀書多, 記書眞, 校書細, 好看古書, 不敢輕古本, 不肯輕駁古說, 善思善悟, 善參校, 善比例, 善分別眞僞, 故經學爲千古之冠. 書多矣, 以『皇淸經解』爲大宗. 而余『近儒說經得失』篇(『經解入門』卷三 所列各書皆善可讀.

宜購叢書 叢書所收古今各部, 無慮數百種, 中間必多極要者. 分購單行本, 積數處不得全. 購叢書, 則一擧可以不遺, 且積算其價, 又倍廉於單行之本, 則購一書, 而其中之難著, 正可作不費錢論, 涉獵一過, 亦是好處. 惟要知刻本善否! 明刻叢書, 類多荒率. 國朝人刻本, 率皆精好, 二孫·二盧·孔·畢諸家之本尤勝. 其書體例不一, 中有精校本·精注足本, 過市遇叢書, 可檢其目, 多古籍者, 萬不可忽.

讀書宜博 先博後約, 『語』『孟』通義. 學者先須多見多聞, 再言心得. 若株守一部兔園冊子數帙, 而云通經 必無其事. 然則博之道如何? 曰在有要而已. 太史公曰, "儒家者流, 時而有要. 古書不可不解, 〔眞者不多, 眞古書無無用者.〕 有用之書不可不見〔不限古今〕, 專門之書不可不詳考貫通. 如是則有涯涘可窮矣.

貴博貴精尤貴通 博而不精, 則近於汎濫, 精而不通, 則近於拘執. 然精通難言, 必由博而入, 心力交致, 方能臻斯境界.

戒畏難 如前所言層累曲折, 其功似乎難竟. 然物有本末, 事有先後, 依次而入, 久之自不能已. 且今人讀書, 有較易於古人百倍者. 古人書籍少, 一字一義皆當自己尋覓, 今人生明備之會, 諸先正皆有極精之書, 前人是者明證之, 誤者辨析之, 難考者考出之, 不可見之書采集之. 一分眞僞而古書去其半, 一分瑕瑜而列朝書去其十之八九. 且諸公最好著爲後人省精力之書. 一蒐補〔或從群書中蒐出, 或補完, 或綴緝.〕, 一校訂, 一考證, 一補錄, 此皆積畢生之精力, 踵曩代之成書而後成者, 故同一書, 古人十年方通者, 今人三年可矣. 前人甚苦, 後人甚樂. 諸公作室, 我輩居之. 諸公製器, 我輩用之. 今日若肯用功, 眞可不費無益之精神, 而收身心之實效者, 愼無驚怖其言, 以爲河漢而無極也.

『경해입문經解入門』 7권 「평일독경과정平日讀經課程」

261

전대소
錢大昭

전대소錢大昭(1744~1813)는 청나라 학자로 자가 회지晦之, 죽려竹廬, 굉사宏嗣다. 1796년에 효렴방정孝廉方正에 뽑혔고, 『사고전서』 교록校錄에 참여했다. 경사에 능했고, 문자훈고학에 정통해 형 전대흔錢大昕과 함께 소식, 소철 형제에 비견되기도 했다. 훈고에 밝으면 의리는 저절로 드러난다고 하여 경학은 문자학과 성운학 등 소학에 바탕을 두어야 한다고 주장했다. 저서로 『후한서보주後漢書補注』[154]가 있다.

독서는 경서經書에 대해 통달하는 것을 근본으로 삼고, 경서에 대해 통달하는 것은 문자를 아는 것을 우선으로 삼는다. 경학은 반드시 소학에서 재료를 취하기 때문에 정사농鄭司農[155]은 육경六經에 정통하면서도 먼저 훈고를 밝혔고, 소학은 반드시 경학에 의거한 까닭에 허

154 『후한서보주後漢書補注』: 전대소가 지은 역사서. 8권으로 이루어져 있다. 저술에 『후한서연표』 『후한서』 『삼국지』를 이용했고, 그 외에도 지지地志, 금석金石, 문집 등을 참고했다.

155 정사농鄭司農: 후한 때의 관리이자 경학자인 정중鄭衆(?~83)을 이른다. 하남河南 개봉開封 사람으로 자가 중사仲師고, 정흥鄭興의 아들이다. 경학자들은 정중을 선정先鄭이라 부르고, 정현鄭玄을 후정後鄭이라 부른다. 중랑장과 대사농 등을 지내 정사농으로 불리면서 환관이었던 정중과 구별했다. 아버지의 좌씨학을 계승했고, 『주역』 『시경』 『주례』 『국어』, 역산曆算에도 밝았다.

좨주許祭酒[156]는 오로지 육서六書에 집중하여 정수를 구하면서도, 경서의 뜻도 아울러 연구했다.

讀書以通經爲本, 通經以識字爲先. 經學必取資於小學, 故鄭司農深通六經, 而先明訓詁. 小學必資於經學, 故許祭酒專精六書, 而竝研經義.『한학상태漢學尙兌』

156 허좨주許祭酒: 허신許愼을 이른다. 허신이 태위남각좨주太尉南閣祭酒 벼슬을 한 적이 있어서다.

262

전당
錢塘

전당錢塘(1735~1790)은 청나라 관리이자 학자로 자가 학연學淵, 우미禹美이고, 호가 개정漑亭이다. 1780년 진사가 되고, 강녕부학교수를 지냈다. 전대흔의 조카로, 성음과 문자, 율려, 역산에 정통했으며, 만년에는 『춘추』를 정밀히 연구했다. 저서로 『율려고문律呂考文』 등이 있다.

왕무언王無言에게 준 편지에서 "사군자士君子는 독서할 때 원대한 뜻을 알기 위해 힘써야 한다. 경서에서는 성왕聖王의 제도와 문물에 대해서 고찰해야지 훈고의 설에 빠져서는 안 되고, 역사서에서는 호걸의 모략을 살펴보아야지 사적事跡의 차이점을 자세히 밝히려고 해서는 안 된다"라고 했다.

與王無言書: "士君子讀書, 宜務知大者遠者, 於經宜考聖王之制作, 而不必溺於訓詁之說, 於史宜觀豪傑之謨略, 而不當纖悉於事迹同異之間. 『호해문전湖海文傳』

263

완원
阮元

완원阮元(1764~1849)은 청나라의 사상가로 요직을 역임하면서 학자를 육성하고 학술 진흥에 힘썼다. 경사, 수학, 천산天算, 여지輿地, 편찬, 금석, 교감 등의 방면에 모두 조예가 깊어 문종文宗으로 일컬어진다. 한나라 훈고를 주로 한 고대의 제도·사상의 탐구를 목표로, 독특한 역사적 방법론을 전개한 『국사유림전國史儒林傳』을 지었다. 또 금석문 연구인 『적고재종정이기관지積古齋鐘鼎彝器款識』 등의 찬술로 청나라 고증학을 집대성했다. 광둥에 학해당學海堂, 항저우에 고경정사詁經精舍를 설립하고, 학자를 모아 『경적찬고經籍纂詁』 『십삼경주소교감기十三經註疏校勘記』를 편찬했다. 또 청대의 경학 저술을 집대성한 『황청경해皇清經解』를 편찬하기도 했다. 저서로 『연경실집揅經室集』[157]이 있다.

세상 사람들은 항상 한 번의 눈길에 10줄을 읽는 재주를 자랑하는데, 나는 그것이 우습기만 하다. 1줄에 10번의 눈길을 줄 수 있어야, 비로소 진짜 독서를 할 수 있기 때문이다.

世人每矜一目十行之才, 余哂之. 夫必十目一行, 始是眞能讀書也. 『퇴암수필退庵隨筆』

157 『연경실집揅經室集』: 청나라 서풍書風에 큰 영향을 끼친 『북비남첩론北碑南帖論』과 『남북서파론南北書派論』, 송학宋學의 해석을 비판한 『성명고훈性命古訓』 등이 수록되어 있다.

264

고광기
顧廣圻

고광기顧廣圻(1766~1835)는 청나라 문헌학자로 호가 간빈澗薲, 자호가 사적거사思適居士이고, 서재를 사적재思適齋라 불러 그 이름으로도 알려져 있다. 가경 연간에 제생이 되었다. 경학과 소학에 정통했고, 서적을 교감하는 능력이 뛰어났다. 완원, 호극가胡克家, 손성연孫星衍 등과 책을 교감하여 간각刊刻했다. 교감한 책이 송간본『의례소儀禮疏』, 송 순희간본淳熙刊本『문선文選』을 비롯하여 수십 종류에 이른다. 저서로『사적재집思適齋集』[158]이 있다.

1. '사적思適'으로 서재의 이름을 지은 것은 어째서인가? 고광기 선생께서 자재子才 형소邢邵의 말에서 선별한 것이다. (…) 선생께서는 가난하여 서재를 열 수 있는 형편이 아니어서, 곧 그 자신이 의지해 사는 곳에 '사적思適'이라는 이름을 붙였다. 그가 서재 가운데 앉아있을 때는, 책상에 책을 진열하여 쌓아놓았는데 정씨停氏가 소장한 것이거나 동지에게 빌려온 것, 해진 상자에 담겨 있는 것을 쌓아놓고 서로 참고하여 조사 검토했다. 그렇게 해서 누가 교정하지 않은 오류를 저질렀으며, 누가 교정하는 과정에서 오류를 저질렀는지를 생각했다. 생각해도 알 수 없을 때는 마음속에서 괴로워하고 근심 속에서 평온하지 못하여, 안절부절못하며 마치 잃어버린 물건을 찾을 수 없

158 『사적재집思適齋集』: 고광기의 시문집이다. 18권으로 구성되어 있다.

을 때 막막해하는 것과 같았다. 사람들은 항상 그 스스로 편안해 하지 못함을 비웃지만, 편안해 하지 못하는 것이 아니라, 그 평안함을 구하려고 한 것이었다. 생각하여 깨달으면 확 트이는 것이 마치 암실이 열리고 해와 달이 비치는 것과 같아서, 온 세상의 편안함 중에 진실로 이보다 편안한 것은 없었다.

以思適名齋者, 何也? 顧子有取於邢子才之語也. (…) 顧子貧, 齋非所能闢也, 卽其身之所寓而思寓焉, 而'思適'之名亦寓焉. 當其坐齋中, 陳書積几, 居停氏之所藏, 同志之所借, 及敝篋之所有, 參互鉤稽, 以致其思, 思其孰爲不校之誤, 孰爲誤於校也. 思而不得, 困於心, 衡於慮, 皇皇然如索其所失, 而杳乎無覩. 人恒笑其不自適, 而非不適也, 乃所以求其適也. 思而得, 豁然如啓幽室而日月之 ; 擧世之適, 誠莫有適於此也."『사적재기思適齋記』

2. 광기廣圻 선생이 차분하게 고서에서 어그러지거나 잘못된 곳에 대해 논평했는데, 털끝과 같이 자질구레하고 어지러운 실과 같이 뒤엉켰으나, 한 번 분석을 하고 나니 환하게 마음이 열리고 눈이 밝아졌다.

先生(廣圻嘗從容論古書舛譌處, 細若毛髮, 棼若亂絲, 一經剖析, 豁然心開而目明.『이조락간빈고군묘지명李兆洛澗蕡顧君墓誌銘』

265

팽조손
彭兆蓀

팽조손彭兆蓀(1769~1821)은 청나라 시인이자 학자로 변문과 시에 능통했고, 고증과 교감학에 정통했다. 젊어서 재주가 있다는 명성이 있었지만 오래도록 곤궁하게 지냈고 불우했다. 일찍이 강소포정사 호극가와 양회전운사兩淮轉運使 증욱曾燠의 막하에 들어갔다. 1821년 거인이 되고, 효렴방정으로 천거를 받았지만 부임하기 전에 죽었다. 교감에 뛰어나 고광기와 함께 원나라본 『통감』과 『문선』을 교열하여 높은 평가를 받았다. 저서로 『소모상관집小謨觴館集』[159] 『참마록懺摩錄』 등이 있다.

1. 도를 배울 때는 먼저 사물의 이치를 탐구해야 하는데, 이치를 탐구하는 것은 전적으로 독서에 달려 있다. 한漢·당唐·송宋의 학자들이 경서를 해석한 것에는 각각 이점과 병폐가 있다. 대략 명물名物과 실제實際에 대해서는 반드시 선유先儒의 설에 의존해야 하고, 의리義理의 정밀함과 심오함에 대해서는 송나라 학설을 따라야 한다. 나는 오직 좋은 것을 택하여 따르면서 일방적으로 주장하는 것 없이 내 몸과 마음을 이롭게 하는 것을 구할 뿐이다. 한·송의 학문을 단호하게 구분하는 것은 모두 불필요한 일이다.
學道須先窮理, 窮理全在讀書. 漢唐宋儒者, 說經各有利病. 大約名物

159 『소모상관집小謨觴館集』: 팽조손의 저작으로 시집 8권, 시여詩餘 1권, 문집 4권 시속집 2권, 속집시여續集詩餘 2권으로 구성되어 있다.

實際, 必藉先儒. 義理精深, 要歸宋學. 我惟擇善而從, 無所偏主, 以求我裨益身心而已.斷斷於漢學宋學之辨者, 皆所不必!『참마록儳摩錄』

2. 독서할 때 두루 보기를 좋아하는 것은 일을 망치기에 가장 좋은 방법이다.『근사록』에서 "한편의 글을 읽다가 다 읽지도 않았는데, 또 다른 글을 보려고 하면 절대 일을 이룰 수 없다"라고 했는데, 내 평소 가장 깊이 병폐로 여기던 것이다.
讀書愛博覽, 最壞事.『近思錄』所謂"看一般未了, 又要一般, 都不濟事" 此我生平受病最深處.『참마록』

266

방동수
方東樹

방동수方東樹(1772~1851)는 청나라 학자이자 시인으로 어려서 아버지 방적方績에게 배웠고, 나중에 요내에게 고문을 배웠다. 동성파의 대표적 인물이다. 제생으로, 일찍이 등정정鄧廷楨의 막료로 있었다. 완원과 교유했으며, 『강녕부지』와 『광동통지』의 편찬에 참여했다. 고염무, 만사대萬斯大, 강번江藩 등의 청나라 고증학을 배척하고 정주이학을 추종했다. 정주학과 육왕 심학의 차이점이 점漸과 돈頓에 있다고 보아, 돈오頓悟를 지향하는 심학을 배척했다. 저서로 『한학상태漢學商兌』[160] 『의위당문집儀衛堂文集』이 있다.

의리義理는 때때로 실재하는 언어나 문자를 벗어나는 경우가 있다. 그러므로 맹자는 "내 뜻으로 다른 이가 지향하는 뜻을 미루어 짐작한다以意逆志"[161]고 했다. 이는 문자가 말의 뜻을 방해하기 때문이 아니다.

義理有時實在語言文字之外, 故孟子曰, "以意逆志" 不以文害辭意故也. 『한학상태漢學商兌』

160 『한학상태漢學商兌』: 방동수가 지은 책이다. 1826년 각본과 1874년의 중각본 등이 있다.

161 내 (…) 짐작한다: 『맹자』 「만장萬章 상」에 나온다. "자신의 뜻으로 작자의 뜻을 찾아아는 것이 시를 아는 것이라고 할 것이다說詩者不以文害辭 不以辭害志 以意逆志 是爲得之"라고 했다.

267

유개
劉開

유개劉開(1784~1824)는 청나라 학자로 요내에게 배웠다. 사람됨이 호탕하여 얽매임이 없었고, 사람들과 교유하기를 좋아했는데, 담론을 나눌 때도 폐부를 찌르는 의견을 제시했다. 문장 또한 종횡으로 거침없어 기기奇氣가 완연했다. 방동수, 관동管同, 매증량梅曾亮 등과 이름을 나란히 하여 '방류매관方劉梅管'이라 불렸다. 저서로 『광열여전廣列女傳』 『맹도시문집孟塗詩文集』 등이 있다.

군자가 학문할 때는 반드시 묻기를 좋아한다. 묻는 것과 배우는 것은 서로 보완해서 실행해야 하는 것이다. 배우지 않으면 의문이 생길 수 없고, 묻지 않으면 지식을 넓힐 수 없다. 배우기를 좋아하면서 성실히 묻지 않으면 진실되게 학문을 좋아할 수 있는 자가 아니다. 이치가 분명해도 혹 일에서 달성되지 못하고, 지식이 방대해도 혹 세밀한 것에 대해서는 알지 못하는데, 묻지 않는다면 어찌 해결하겠는가? 자기보다 현명한 자에게 물어서 의문을 깨뜨려야 하니, 이른바, "도가 있는 자에게 나아가 시비를 바로잡는다"[162]는 것이다. 자기보다 못한 자에게는 물어서 하나라도 얻기를 구해야 하니 이른바 "능숙한

162 도가 (…) 바로잡는다: 『논어』「학이」 편에 "군자는 먹음에 배부름을 구함이 없으며, 거처함에 편안함을 구함이 없으며, 일에는 민첩하고 말에는 신중하며, 도 있는 이에게 나아가서 자신을 바로잡으니 배우기를 좋아한다고 할 수 있다君子食無求飽 居無求安 敏於事而愼於言 就有道而正焉 可謂好學也已"라고 한 구절에서 인용한 것이다.

것을 가지고도 능숙하지 않은 것에 대해 묻고, 견문이 많은 것으로도 견문이 적은 자에게 묻는다"[163]는 것이다. 자기와 비슷한 자에게는 물어서 노력하는 데 재료로 삼아야 하니, 이것이 이른바 "서로 논쟁하며, 질문을 상세하게 해서 분명하게 분별한다"는 것이다.

君子之學必好問, 問與學相輔而行者也, 非學無以致疑, 非問無以廣識. 好學而不勤問, 非眞能好學者也. 理明矣, 而或不達於事, 識大矣, 而或不知其細, 舍問, 其奚決焉? 賢於己者, 問焉以破其疑, 所謂"就有道而正"也. 不如己者, 問焉以求一得, 所謂"以能問於不能, 以多問於寡"也. 等於己者, 問焉以資切磋, 所謂"交相問難·審問而明辨之"也. 『문설問說』

163 능숙한 (…) 묻는다: 『논어』「태백」에서 증자가 안회에 대해 평한 것으로, "능하면서 능하지 못한 이에게 물으며, 학식이 많으면서 적은 이에게 물으며, 있어도 없는 것처럼 여기고, 가득해도 빈 것처럼 여기며, 자신에게 잘못을 범해도 계교하지 않는 것은, 옛적에 내 벗이 일찍이 그러하였다以能問於不能, 以多問於寡, 有若無, 實若虛, 犯而不校, 昔者吾友嘗從事於斯矣"라고 했다.

268

매증량
梅曾亮

매증량梅曾亮(1786~1856)은 청나라 학자로 요내를 사사하여 후기 동성학파의 대표 인물이 되었다. 1822년 진사, 호부낭중 등을 역임했다. 고문에 힘을 쏟아 경사에서 20여 년을 살았는데 명성이 자자했다. 시 또한 청수했다. 만년에는 양주서원揚州書院의 주강 등을 지냈다. 저서로 『백현산방문집柏峴山房文集』[164]이 있다.

주周·진秦·한漢과 당唐·송宋 문인의 훌륭한 작품은 모두 완전히 암송하는 것이 좋다. 책을 읽는 자는 신체 기관 중 하나인 눈만 사용할 뿐인데, 그것을 암송하면 귀로 들어오니, 하나의 기관을 더하게 되는 것이다. 또한 입에서 나와서 소리에서 완성되고 기氣에서 통하게 된다. 기라는 것은 내 몸 가운데서 매우 정밀한 것이다. 내 몸의 지극히 정밀한 것으로 옛사람의 지극히 정밀한 것을 수용하는 까닭에 혼연히 합치되어서 구별이 없게 된다.

周·秦·漢及唐·宋人文, 其佳者皆成誦, 乃可. 夫觀書者, 用目之一官而已, 誦之而入於耳, 益一官矣. 且出於口, 成於聲, 而暢於氣. 夫氣者, 吾身之至精者也. 以吾身之至精, 御古人之至精, 是故渾合而無有間也. 『여손지방서與孫芝房書』

164 『백현산방문집柏峴山房文集』: 매증량의 저작이다. 31권인데 문집 16권, 속집 1권, 시집 10권, 속집 2권, 병문騈文 2권으로 구성되어 있다.

269

양장거
梁章鉅

양장거梁章鉅(1775~1849)는 청나라 학자로 자가 굉중閎中, 거림茝林이고, 호가 거린茝鄰이며, 만년에는 자호를 퇴암退菴이라 했다. 1802년 진사가 되어 예부주사에 오르고, 장쑤 순무에 이르러 양강총독을 겸했다. 장쑤 지방의 장단점에 대해 정확하게 알아 사람을 쓰고 재화를 배치하는 데 큰 틀을 잘 유지했다. 아편전쟁 때 상하이에 주둔했다가 병으로 사직했다. 정주이학의 영향을 깊이 받아 정주의 주경설主敬說을 추구했으며, 경전에 두루 통하고 훈고에 뛰어났다. 저서로 『하소정통석夏小正通釋』『퇴암수필退庵隨筆』 등이 있다.

1. 책을 읽을 때 많이 읽는 데 힘쓰지 말고, 다만 철저하게 과정을 세워서 그치지 않도록 하면 날마다 늘어나고 달마다 쌓여서, 온축되는 것이 저절로 풍부해질 것이다.

구양공歐陽公(구양수)은 "『효경』『논어』『맹자』『역』『상서』『시』『예』『주례』『춘추좌전』을 보통 사람의 자질을 기준으로 해서 날마다 300자를 읽으면, 불과 4년 반 만에 마칠 수 있다. 조금 우둔한 사람은 보통 사람이 읽는 양의 반을 줄여도 또한 9년이면 마칠 수 있다"라고 했다.

동방삭이 글을 올리면서 자신에 대해 일컫기를, "12살에는 글쓰기에 대해 배웠고 15세에 검술을 배웠으며 16세에는 『시경』과 『서경』에 대해 배워서 22만 자의 문장을 외웠습니다. 19세에는 『손자병법』과 『오자병법』을 배워서 22만 자의 문장을 외웠으니, 모두 44만 자의 문장을 외웠는데 이때 제 나이가 22세였습니다. 16세부터 『시경』과 『서경』을 배워서 18세에 이르러 마쳤고, 또 19세부터 병법을 배워서 21세에 이르러 마쳤으니, 모두 3년의 과정이었습니다. 3년 사이에 22만자의 문장을 외웠으니, 해마다 7만3300자의 문장을 외운 것입니다. 이것을 1년 360일로 계산하면 하루에 겨우 203자를 외웠을 뿐이니, 대체로 보통 사람보다 조금 못 미친 수준의 과정일 뿐입니다"라고 했다.

하후씨夏侯氏가 지은 『동방선생상찬東方先生像贊』에서는 "눈길이 지나치는 대로 입으로 외웠고 귀로 듣는 대로 마음에서 새겼으니, 그의 민첩함이 이와 같았다. 지금 그가 스스로 크게 자랑하는 것이 보통 사람에서 조금 아래 정도의 과정에 불과하다. 옛사람이 책을 읽는데 얽매이지 않았으되, 한 권의 책을 읽을 때 반드시 그 책의 쓰임을 얻기를 생각하여, 죽을 때까지 그것을 지키며 잃어버리지 않았으니, 이와 같다면 비록 많이 읽지 않기를 바라더라도 그렇게 되지 않을 것을 알 수 있다"라고 했다.

〔염복신閻復申은 "『의례』『공양전』『곡량전』은 날마다 300자를 읽으면, 1년 3~4개월 사이에 마칠 수 있는데, 읽는 양을 절반으로 줄여도 2년 6개월을 넘지 않는다"라고 했다.〕

讀書不務多, 但嚴立課程, 勿使作輟, 則日累月積, 所蓄自富. 歐陽公言, "『孝經』『論語』『孟子』『易』『尙書』『詩』『禮』『周禮』『春秋左傳』, 準以中人之資, 日讀三百字, 不過四年半可畢. 稍鈍者減中人之半, 亦九年可畢." 東方朔上書, 自稱十二學書, 十五學擊劍, 十六學『詩』『書』, 誦二十二萬言, 十九學『孫吳兵法』, 亦誦二十二萬言, 凡臣朔固已誦四十四萬言, 此時朔年二十二. 自十六學『詩』『書』, 至十八而畢, 又自十九學兵法, 至二十一而畢, 皆作三年課程. 三年誦二十二萬言, 每年正得七萬三千三百餘言, 以一年三百六十日計之, 則一日纔得

二百零三言耳. 蓋中人稍下之課也. 夏侯氏作『東方先生像贊』云, "經目而誦於口, 過耳而請於心, 其敏給如此. 今其所自誇大, 不過中人稍下之課, 可見古人讀書不苟, 讀一書必思得此一書之用, 至於終身守之不失. 如此雖欲不多不得也."〔閻復申曰, "『儀禮』『公羊傳』『穀梁傳』, 日讀三百字, 一年三四月可畢, 卽減半, 亦不過二年半."〕『퇴암수필退庵隨筆』

2. 책을 읽을 때는 반드시 세심함을 위주로 해야 한다. 소자용蘇子容은 다른 사람이 고사故事를 말하면 반드시 그 출처를 찾아보았고, 소문충蘇文忠은 저술할 일이 있을 때면 비록 눈앞에 펼쳐진 일이라도 소장少章과 숙당叔黨 등의 여러 사람을 거느리고 검색해 본 이후에 출간했다.

명나라 때의 사람은 책을 읽을 때 대부분 자세히 읽지 않아 일에 큰 해를 끼쳤다. 왕양명이 왕수계王守溪[165]를 위하여 전傳을 지으면서, 그의 『성설性說』을 최고라며 칭찬했다. 『성설』 가운데서 공자의 말을 인용하여, "마음의 신명神明을 성性이라고 하니, 나는 단지 공자를 통해 결단하는 근거로 삼는다고 생각한다心之神明謂之性, 以爲吾止以孔子爲斷"라고 했다. 원래 문장을 알 수는 없으나 곧 그것을 '성聖'이라고 해야지, '성性'이라고 해서는 안 된다. 기록이 정확하지 않고 따로 조사하지도 않으면서 글을 써서 완성했으니 우스운 일이다.

명도明道는 염계濂溪가 그에게 공자와 안연이 즐기던 곳을 찾아보도록 한 일로 인하여, 만년에는 즐거움에 대한 책〔樂書〕을 지어보려

165 왕수계王守溪: 명나라 문학가이자 관리 왕오王鏊(1450~1524)를 이른다. 왕오는 장쑤 오현吳縣 사람으로, 자가 제지濟之, 수계守溪이고, 호가 졸수拙叟다. 왕완王琬의 아들로, 어려서부터 부친을 따라 공부했는데 문장에 뛰어나서 국자감 학생들이 다투어 그의 글을 보았다고 한다. 헌종 1475년에 탐화探花(3등)로 진사에 급제했다. 원래 성적은 1등이었는데, 조정의 시책을 비판하여 밀렸다고 한다. 또 다른 설에는 대학사 상로가 자신과 왕오가 비교되는 것을 싫어하여, 고의로 3등으로 만들었다고도 한다.

고 했다. 주자가 웃으며 "즐거움에 대해 모르면서, 어떻게 책을 지을 수 있겠습니까? 즐거움은 마음에 달려 있으니, 책을 지으려 하더라도 얻지 못할 것입니다"라고 했다. 『성리性理』 중에 이 말이 실려 있는데, 사람들은 '예악禮樂'의 '악樂'으로 읽고 옆에다 '낙洛' 자로 주석을 달았다. 공부하는 사람 중에서 소주小註를 보지 않고 '악樂'자에 대해 묻는 책문에서 종종, "명도明道는 항상 책을 쓰고자 했는데, 이것은 예악의 악으로 읽어야 합니다"라고 답했다.

상주常州의 전계신錢啓辛도 또한 곁에 달아 놓은 주석인 '낙洛' 자를 본문의 글자로 잘못 알고, 그 때문에 많은 노력과 고민 끝에 '낙서洛書'[166]를 저술했다. 무릇 낙서에서 발견되었다는 거북이 등의 문양을 그리고, 설명의 말을 붙여서 명도가 끝내지 못한 뜻을 끝내려고 했으니 어찌 꿈을 설명한 것이 아니겠는가?

讀書必以細心爲主, 蘇子容聞人語故事, 必檢出處. 蘇文忠每有撰著, 雖目前事, 率令少章·叔黨諸人, 檢視而後出. 明人讀書多不細, 便大害事. 王陽明爲王守溪作傳, 最表章他的『性說』『性說』中引孔子語云, "心之神明謂之性, 以爲吾止以孔子爲斷." 不知原文乃謂之聖, 非謂之性也. 記不確, 又不去查, 落筆便成笑話. 明道因濂溪敎他尋孔·顔樂處, 晩年欲作樂書, 朱子曾笑云, "不知樂, 如何作書? 謂樂在心, 作不得書耳." 『性理』中載此語, 恐人讀作禮樂之樂, 乃於樂字下旁注洛字. 書生不看小註, 於問樂策往往答云, "明道常欲作書, 是讀爲禮樂之樂矣." 常州錢啓辛又錯以旁注洛字爲正文, 因費許多心力, 著一部洛書, 皆畫作龜文, 繫之以詞, 以竟明道未竟之志, 豈非說夢? 『퇴암수필退庵隨筆』

166 낙서洛書: 하나라의 우왕이 홍수를 다스릴 때, 낙수洛水에서 나온 거북의 등에 씌어 있었다는 45개의 점으로 이루어진 아홉 개의 무늬. 팔괘八卦와 홍범구주洪範九疇의 근원이 된다고 한다.

3. 숙자叔子 위희魏禧가 "세상에는 책을 읽기에 마땅하지 않은 사람은 없다. 책을 읽으면 현자賢者는 본래의 현명함을 더하고, 어리석은 사람은 비록 보탤 수는 없더라도 결코 손해보는 데 이르지 않는다. 어떤 이는 '사람들 중에서 만 권을 다 읽어도 한 가지 일도 제대로 할 수 없는 사람도 있으니, 이것이 책이 쓸데가 없다고 하는 것이다'라고 한다. 내가 생각해보건대, 이런 사람이 가령 책을 읽지 않았다면 마침내 일을 제대로 할 수 있을까? 두 종류의 사람이 있는데 도리어 책을 읽지 말아야 할 사람들이다. 한 종류는 잔꾀가 많은 사람으로 원래 작은 지혜가 있는데, 또 옛사람의 지혜와 기술을 참고하게 되면 곧 기교와 거짓말이 여러 가지로 나와서 끝이 없게 될 것이니 다른 사람을 해치고 자신을 죽이는 데에만 이르지 않을 것이다. 또 한 종류는 고집이 센 사람으로 이미 스스로만 옳다고 여기는데, 거기에 학문을 더하여 보충하면 곧 교만한 마음이 하늘을 찌르고 땅에 가득해서 반드시 한마디 말도 받아들이지 않을 것이다. 단 하나의 잘못도 고치지 않고서, 자신의 성질을 죽이지 않고 다른 사람과의 교류를 끊어버려서 죽을 때까지 발전할 날이 없을 것이다"라고 했다.

숙자叔子의 이 논의를 살펴보면 진실로 옳다. 그러나 책을 잘 읽지 않는 자를 위해서 말한 것일 뿐이다. 책을 잘 읽는다는 것은 기질이 변화함을 말하는데 어찌해서 이런 것을 근심하겠는가?

魏叔子(禧)曰, "世上無有不宜讀書之人, 賢者固益其賢, 下愚讀之, 縱不能益, 決不至損. 或謂人有讀破萬卷, 不能辦一事者, 此謂書無用處也. 余謂此人脫令不讀書, 遂能辦事否? 然有兩種人, 却不可讀書, 一種機巧之人, 原有小慧, 又參以古人智術, 則機械變詐, 百出不窮, 不至害人殺身不止, 一種剛愎之人, 旣自以爲是, 加之學問充足, 則驕滿之心, 漫天塞地, 必至一言不受. 一非不改, 卽不殺身亦成絕物, 終身無長進日子矣." 按叔子此論固是, 然爲不善讀書者言之耳. 善讀書者, 變化氣質之謂, 何而患此哉! 『퇴암수필』

4. 글자와 책은 진짜와 가짜가 서로 뒤섞여 있고, 양호한 것과 흠이 있는 것이 서로 보인다. 그러나 대체로 스스로 일가一家라고 이름할 수 있는 자는 반드시 일정한 부분만큼 충분한 점이 있어 스스로 설 수 있었다. 즉 성인의 경지에 출입할 수 있는 자가 그것을 보존하면 또한 본보기가 될 수 있는 것이다. 무릇 주周와 진秦의 제자백가들이 저술한 고서나 근래의 서적은 진짜와 가짜, 양호한 것과 흠이 있는 것을 논하지 말고 모두 널리 거두되 신중하게 취해야만 한다.

子書眞僞相雜, 醇疵互見. 然凡能自名一家者, 必有一節之足以自立, 卽有出入於聖人者, 存之亦可爲鑑誡. 大抵周秦諸家近古之書, 毋論眞僞醇疵, 均當博收而愼取之. 『퇴암수필』

270

소병화
邵秉華

소병화邵秉華는 여요餘姚 사람이다. 그 외에는 알려진 것이 없다.

순경荀卿(순자) 선생은 "여러 번 외워 그 내용을 꿰뚫어 보고 깊이 생각하여 통달한다"고 했고, 반맹견班孟堅(반고)은 "고문古文을 볼 때는 『이아爾雅』[167]를 읽어야 한다"고 했으니, 예전에는 '경전의 뜻에 통달하지 못하고, 육서六書를 깊이 탐구하지 않으면서 문장에 대해 말할 수 있을까?'라고 생각했다.

육조六朝 이후로 고문을 말한 자로 먼저 창려昌黎 한씨韓氏(한유)를 꼽을 수 있으나, 그는 진실로 『의례儀禮』는 읽기 어렵다고 여겼고, 『이아』를 곤충이나 물고기에 대해 주석한 책으로 여겼으며, 높은 선반에 『춘추』 3전을 묶어두어, 이윽고 송나라 사람들이 근거도 없는 학설을 맘대로 퍼트리게 하는 길을 열었다. 그러므로 그들의 말에 "문장을 지을 때는 글자의 의미를 대강 알아도 된다"고 했으니, '대강 안다略識'고 말한 것은, 도연명이 '깊은 이해를 구하지 말라'는 말을 일컬은 것이다. 옛사람의 책을 읽을 때는 아는 것이 하나라면 이해하는 것은 반이어서 옛날과 지금의 차이가 나게 되는 점을 깊이 탐구하지 않고 그 문장만 꾸며서 세상에 뽐내고 사람을 속인다면 이는 근본

167 『이아爾雅』: 기원전 2세기경 주공이 지은 가장 오래된 자전. 『시경』과 『서경』에서 글자를 뽑아 고어古語를 용법과 종목별로 19편으로 나누고, 글자의 뜻을 전국시대와 진한 때의 말로 풀이했다. 모두 3권이다.

이 없는 학문이라고 하니, 한 시대를 넘기지 못하고 쓸쓸히 사라지는 자가 많을 것이다.

荀卿子曰, "誦數以貫之, 思索以通之." 班孟堅曰, "古文讀應『爾雅』." 曾謂不通經訓, 不究六書而可以言文乎哉? 六朝以降, 言古文者, 首推昌黎韓氏, 然苦『儀禮』難讀, 以『爾雅』爲注蟲魚之書, 束『春秋』三傳於高閣, 已開宋人遊談無根之漸. 故其言曰, "凡爲文辭, 宜略識字." 略識云者, 卽陶淵明不求甚解之謂也. 夫讀古人之書, 而一知半解, 不深探古今流別之分, 而藻繪其文以炫世而欺人, 是謂無本之學, 不踰時而闃寂絕滅者多矣. 『평진관문고후서平津館文稿後序』

271

포세신
包世臣

포세신包世臣(1775~1855)은 청나라 학자이자 서예가로 등석여鄧石如에게 배웠고, 중년부터 구양순·안진경의 글씨를 연구했다. 이어서 소동파와 동기창을, 만년에는 왕희지·왕헌지王獻之의 서풍을 배웠다. 그의 글씨는 행서·초서를 주로 하여 북위 시대의 탁본에 남아 있는 서풍으로 복귀를 제창함으로써, 북비파北碑派 서론書論의 선각자로서 유명하다. 저서로 『안오사종安吳四種』[168]이 있다.

1. 포세신包世臣이 『강도江都·능서전凌曙傳』을 찬술했다. 그 사람(능서凌曙)[169]이 나(포세신)에게 전공하기 적당한 학업에 대해 물어보기에, 나는 다음과 같이 대답했다. "경經을 전공하려면 전문가 한 사람의 법을 반드시 지켜야 한다. 전문가 한 사람을 전공하여 기초를 세우면 여러 전문가를 점차 이해할 수 있을 것이다. 그러나 마음을 쓸 때, 괴로우면 생각이 막히고 즐거우면 지혜가 생겨난다. 생각이 막히

168 『안오사종安吳四種』: 포세신이 만년에 스스로 편찬한 문집이다. 『중구일작中衢一勺』 『예주쌍즙藝舟雙楫』 『관정삼의管情三義』 『제민사술齊民四術』 등의 저작이 포함되어 있다.

169 능서凌曙(1775~1829): 청나라 학자. 장쑤 강도江都 사람. 자가 효루曉樓, 자승子昇이다. 집안이 가난했지만 학문을 좋아했다. 서숙의 선생으로 일하다가 완원을 따라 책을 교정하면서 학문을 닦았다. 정현의 설을 따라 예학을 공부하다가 유봉록劉逢祿이 하휴의 『춘추공양전』을 강론하는 것을 듣고 춘추공양학에 힘을 기울였다. 공양학이 한 동중서의 『춘추번로』에 전해졌다고 보고, 옛 학설을 수집하는 한편 동시대의 설을 참고하여 『춘추번로주』를 저술했다. 또한 송원 이래 학자들이 공언空言을 일삼았다고 보아, 실사구시의 정신으로 예를 연구하며 많은 저술을 남겼다.

는 자는 학업을 마칠 수 없다. 일반적으로 책을 읽을 적에 익숙히 하지 않으면 마음이 괴로워지니, 그대는 스스로 익숙한 것을 가지고 전공한다면 괜찮을 것이다."

包世臣撰『江都·淩曙傳』, 君(淩曙)問余(包世臣)所當治業. 予曰: "治經必守一家法. 專治一家, 以立其基, 則諸家可漸通. 然心之爲用, 苦則機窒, 樂則慧生, 機窒者常不卒業. 凡讀書不熟, 則心以爲苦, 君自取熟者治之, 可也." **『독서법휘讀書法彙』**

2. 『장동자전張童子傳』에서 "책을 읽을 때 두루뭉술하게 읽는 것은 이로울 것이 없다. 나는 날마다 2000자 가량을 읽었는데, 3번 반복하면 분명할 수 있었고, 5번 반복하면 매우 익숙해졌다. 그러나 만족하는 데 이르는 것은, 틈날 때마다 암송하여 항상 100번에 이르러야만 반드시 그 뜻에 저절로 밝아지게 할 수 있었다. 주석과 해석이 많더라도 의지할 수 없다"라고 했다.

『張童子傳』, "讀書泛覽無益, 吾日讀二千字, 三遍卽可信, 五遍卽大熟. 然至其愜意者, 暇隙諷誦, 常至千遍, 必使自明其義. 注解多不可靠也." **『고문사통의古文辭通義』**

272

호달원
胡達源

호달원胡達源(1777~1841)은 청의 명신名臣 호림익胡林翼의 부친이다. 자가 청보清甫, 호가 운각雲閣이며 호남 익양益陽 사람이다. 가학을 이어 20세에 악록서원의 원장인 나전羅典의 제자가 되었다. 1819년 전시殿試에서 급제하여 진사가 되었고 여러 벼슬을 역임했다. 『묘향실문집妙香室文集』이 있다.

1. 책을 완전히 암송하지 않으면, 사색하는 효과를 다할 수 없고, 책을 정밀하게 생각하지 않으면 의리義理의 유익함을 얻을 수 없다.
書不成誦, 無以致思索之功, 書不精思, 無以得義理之益. 『인경人鏡』

2. 공부에서는 단지 '기다림待'이란 한 단어가 두려울 뿐이다. 오늘은 내일을 기다리고, 이번 달은 다음 달을 기다리고, 올해는 내년을 기다린다. 공부에서는 '익힘熟'이란 한 단어가 요구될 뿐이다. 펴서 볼 시간이 없으면 눈으로 익히고, 외우며 읽을 시간이 없으면 입으로 익히고, 깊이 사색할 시간이 없으면 마음으로 익혀야 한다.
工夫只怕一個待字, 今日待明日, 今月待來月, 今年待來年. 工夫只要一個熟字, 不時展覽則眼熟, 不時誦讀則口熟, 不時思索則心熟. 『인경』

273

공자진
龔自珍

공자진龔自珍(1792~1841)은 청나라 학자로 저장성에서 출생했다. 자가 이옥爾玉, 슬인璱人, 호가 정암定庵이다. 이름을 공조鞏祚로 고쳤다. 단옥재의 사위인 여정麗正의 아들. 예부주사를 역임했고 유봉록劉逢祿의 영향을 받고 금문파의 중견으로서 공양학의 발흥에 공을 세웠다. 위원과 함께 경세가로, 서북의 지리에 깊은 관심을 가졌으며, 명문가로서도 알려졌다.

책을 읽음에 사실을 토대로 진리를 탐구한다는 것은 예나 지금이나 변함이 없다. 이것이 비록 한나라 사람의 말이라 해도, 한나라 사람만 할 수 있는 것은 아니다.

夫讀書者, 實事求是, 千古同之, 此雖漢人語, 非漢人所能專. 『여강자병전與江子屛牋』

274

황본기
黃本驥

황본기黃本驥(1781~1856)는 청나라의 저명한 학자로 영향寧鄉 사람이다. 자가 중량仲良, 호가 호치虎癡이고 1821년에 급제했다. 검양현교유黔陽縣教諭를 역임하면서 학생을 가르치고 많은 책을 보고 학문을 닦았다. 금석을 비롯하여 다양한 분야에 일가견이 있었다. 저서로 『성역술문聖域述聞』『치학癡學』 등이 있다.

「항우본기項羽本紀」는 사공史公(사마천)의 가장 숙련된 문장인데, 반고가 선별하여 『한서漢書』에 넣으면서, 2,683자를 빼어냈다. 『사기史記』는 글자가 많아 곳곳에 글자를 많이 사용하는 묘미가 있고, 『한서漢書』는 글자를 적게 써서 곳곳에 글자를 적게 쓴 묘미가 있다. 글자가 많은 것은 잘 해설되어 있고, 글자가 적은 것은 집약되어 있다. 고서를 읽을 때는 두 책을 대조해가면서 보는 것이 필요하다. 예컨대 『사기』는 『국어』『좌전』『전국책』에서 내용을 뽑았고, 『한서』는 『사기』에서 내용을 뽑되 내용을 가감하고 고친 것이지, 내키는 대로 써놓은 것이 아니다. 이 책들을 통해 견문과 지식을 키울 수 있을 것이다.

『項羽本紀』是史公極得意文字, 班掾採入『漢書』, 節去二千六百八十三字. 『史記』多字處有多字之妙, 『漢書』少字處有少字之妙. 多者逸, 少者遒. 凡讀古書, 皆須兩本對看. 如『史記』採『國語』『左傳』『國策』『漢書』採『史記』, 其增減易置, 要非漫然下筆. 卽此可以增長見識. 『독문필득讀文筆得』

275

제세규
提細圭

제세규提細圭는 자가 진죽晉竹이고, 전당錢塘 사람이다. 저서로 『추우암수필秋雨庵隨筆』이 있다.

도연명이 "책을 읽을 때 깊은 이해를 구하지 말라"고 한 것은 품성과 감성을 함양하는 일에 대해 말한 것이고, 제갈공명이 "책을 읽을 때 큰 뜻을 대략 보라"라고 한 것은 나라를 다스리고 백성을 구제하는 방법을 강구하라는 말이다. 속된 생각에 깊이 빠져 있거나 조급한 기질이 있는 이가 구실로 삼을 수는 없다.

淵明讀書不求甚解, 是涵養性情事. 孔明讀書略觀大義, 是講求經濟事. 冥心躁氣者, 不得藉口!『추우암수필秋雨庵隨筆』

276

진례
陳澧

진례陳澧는 원서엔 진풍陳灃으로 되어 있는데 청나라 진례陳澧의 오기이므로 바로잡았다. 저서로 『동숙독서기東塾讀書記』 등이 있다.

1. 배운다는 것은 무엇인가? 책을 읽는 것이다. 주자는 "옛날에 자로가, '백성이 있어 다스릴 수 있고, 사직이 있어 섬길 수 있는데, 어찌 반드시 독서한 이후에야 학문하는 것이겠습니까?' 하자, 공자가 그가 말을 잘하는 것을 싫어했다. 그렇다면 벼슬살이는 학문에 근본해야 하고, 학문할 때 반드시 책을 읽어야 하는 것은 공자 문하에서 전해오는 법도다"라고 했다.(『진심실기盡心室記』)

내〔진례〕 생각에, 자하子夏는 "사람의 어진 마음을 어질게 여기되 색을 좋아하는 마음을 바꾸어라賢賢易色" 등 네 가지 일을 말했고, "비록 배우지 않았더라도, 나는 반드시 그를 배웠다고 평가할 것이다雖曰未學, 吾必謂之學矣"라고 했다.[170] 여기서 두 글자의 '학學' 자를 '독서讀書'로 해석해도 역시 의미가 통하니, "이와 같은 사람은 비록 책을 읽지 않았더라도, 나는 반드시 그를 책을 읽었다고 평가할 것이다"라고 말하는 것과 같다. 주자는 또한 "책은 읽는 것을 중요하게 여기니, 읽

170 자하는 (…) 했다: 『논어』 「학이」에 나온다. 자하는 "아내를 대함에 있어서 현덕을 중시하고 미색을 경시하며, 부모를 섬김에 있어서 자신의 힘을 다할 수 있고, 임금을 섬김에 있어서 자신의 몸을 바칠 수 있고, 친구와 교제함에 있어서 말에 신용이 있다면, 비록 못 배웠을지라도 나는 반드시 그를 일러 배웠다고 할 것이다賢賢易色; 事父母, 能竭其力; 事君, 能致其身; 與朋友交, 言而有信, 雖曰未學, 吾必謂之學矣"라고 했다.

는 것이 곧 배움이다. 공자는 '배우고 생각하지 않으면 얻을 것이 없고, 생각만 하고 배우지 않으면 위태롭다學而不思則罔, 思而不學則殆'라고 했으니, 배움이 곧 책을 읽는 것이다. 읽기가 끝나면 또 생각하고, 생각하기가 끝나면 또 읽어야 한다"고 했다.(『주자어류』 권10) '학學' 자를 독讀 자로 해석한 것이 더욱 분명하다.

學者何? 讀書也. 朱子云, "昔子路曰, '有民人焉, 有社稷焉, 何必讀書, 然後爲學?' 而夫子惡之. 然則仕本於學, 而學必讀書, 固孔門之遺法也."〔『盡心室記』〕 澧謂子夏言賢賢易色四事, 而云"雖曰未學, 吾必謂之學矣." 此二學字亦必以讀書解之乃通. 猶云"如此之人, 雖曰未讀書, 吾必謂之讀書矣." 朱子又云, "書只貴讀, 讀便是學. 夫子說'學而不思則罔, 思而不學則殆.' 學便是讀, 讀了又思, 思了又讀."〔『語類』卷十〕 所解學字爲讀字, 尤明白矣. 『동숙독서기東塾讀書記』「논어論語」

2. 주자의 주注에서 "'학學'이란 말은 '본받는다效'는 것이다. 나중에 깨닫는 자는 반드시 먼저 깨달은 이가 행하는 것을 본받아야 한다"라고 했다. 내(진례)가 살펴보니 '학學'을 본받다로 풀이한 것은 『상서대전』과 『광아廣雅』, 『이아』「석고釋詁」에 보인다.

오직 옛날의 성인만이 태어나면서부터 아는 자다. 후세에 이르러서는 많은 사람이 반드시 성인을 본받아야 하고, 후대의 성인은 반드시 전대의 성인을 본받아야 하며, 후세의 왕은 전세의 왕을 본받아야 한다. 요임금의 의복을 입고, 요임금이 했던 말을 외우고, 요임금이 했던 행실을 실행하면 많은 사람이 성인을 본받게 된다. 요임금과 순임금의 정치를 배워서 익히고, 문왕과 무왕을 본보기로 삼으면, 훗날의 성인이 옛 성인을 본받는 것이다. 은나라의 예禮가 하나라의 예에서 말미암고, 주나라의 예가 은나라의 예에서 말미암으니, 후세의 왕이 전세의 왕을 본받는 것이다. 뒤에 깨닫는 자가 먼저 깨달은 자를 본받는다는 것은, 성인이 후대에 일어난다고 하더라도 이 말을 바꾸지 않는다는 것이다.

朱注云"學之爲言效也, 後覺者必效先覺之所爲." 澧案, 學訓效, 見『尙書大傳』及『廣雅釋詁』. 蓋惟上古聖人生而知之, 至於後世, 則衆人必效聖人, 後聖必效先聖, 後王必效先王. 服堯之服, 誦堯之言, 行堯之行, 此衆人之效聖人也. 祖述堯舜, 憲章文武, 此後聖之效先聖也. 殷因於夏禮, 周因於殷禮, 此後王之效先王也. 後覺效先覺, 聖人後起, 不易斯言矣. 『동숙독서기』「논어」

3. '시습時習'이란 무엇인가? 옛 주석서에서 그것을 구해보면, 「학기學記」 편에서는 "대학大學의 가르침은 사시四時로 가르치되 반드시 정해진 학업이 있어야 한다"고 했다. 〔공영달의 소[171]에서는 "가르치고 배우는 도는 마땅히 수시로 익혀야 하는 것을 말한 것이다"라고 했다. 그렇게 말했으니 공충원孔沖遠(공휴원孔休源)[172]은 『논어』의 '시습時習'을 해석하여 "매일 정해놓고 학업해야 한다"고 했다.〕 『노어魯語』[173]에서는, "선비는 아침에는 학업의 가르침을 받고 낮이 되면 그 뜻을 해석하고 익히고, 저녁에는 익힌 것으로 반복하며, 밤에는 과실을 헤아려 아쉬움이 없어야 편안히 쉰다"고 했다. 이것이 일반적으로 말하는 '시습時習'이다.

후세의 책에서 그 의미를 구하면, 사마온공은 "범문정공范文正

171 공영달의 소疏: 『예기』의 주석서인『예기정의禮記正儀』를 언급한 것으로 보인다. 『예기정의』는 후한의 정현이 주석하고, 당나라의 공영달이 이를 해석하여 소疏를 단 것이다.

172 공휴원孔休源: 양나라 무제 때의 명신으로 식견이 높고 고사에 매우 해박하여 사무를 조금도 지체함이 없이 척척 잘 처리했으므로, 고사를 혼자만 외고 있다는 뜻에서 당시 임방任昉이 '공독송孔獨誦'이라고까지 했다. 공휴원이 죽었을 때 무제가 대단히 애석하게 여겨 "공휴원은 풍업이 바르고 아량이 넓고 심원했다風業貞正 雅量沖邈"라고 쓴 조서를 내리기도 했다.

173 『노어魯語』: 주나라 좌구명이 『좌씨전』을 쓰기 위해 춘추시대 8국의 역사를 모아 찬술한 『국어國語』의 편명. 『국어』는 주어周語 3권, 노어魯語 2권, 제어齊語 1권, 진어晉語 9권, 정어鄭語 1권, 초어楚語 2권, 오어吳語 1권, 월어越語 2권으로 되어 있다.

公[174]이 부府의 교육을 관장하여 여러 학생의 독서를 과정을 세우면서 자고 먹는 것까지 모두 시각을 정했다"라고 했다.〔『속수기문涑水紀聞』 10권〕 왕백후王伯厚(왕응린)는 "공부를 할 때는 반드시 과정課程을 세워서, 날마다 일정한 과정을 두어서 끊어짐이 있어서는 안 된다. 설사 빈객들이 오가더라도, 또한 조금의 분량을 설정하여 비바람이 몰아쳐도 지속해야 한다."〔『사학지남辭學指南』〕 이것이 일반적으로 말하는 '시습時習'이다. 일반적으로 독서할 때는 반드시 과정을 세우고, 아침에 이 책을 읽었으면 아침마다 이 책을 읽어야지 저녁으로 옮겨서 해서는 안 되고, 저녁에 이 학업을 익혔으면 저녁마다 이 학업을 익혀야지 아침으로 옮겨서는 안 된다. 일정한 시각에 일정한 과목을 둔 것이다. 지금의 서당 선생님들도 아이들을 가르칠 때 이와 같이 한다. 성인의 학문은 천년의 세월이 지나더라도 바뀌지 않는다.

時習者何也? 求之古傳記之書, 則『學記』云, "大學之敎也, 時敎必有正業."〔孔疏云, "言敎學之道, 當以時習之, 然則孔沖遠解『論語』時習爲每日有正業也."〕『魯語』云, "士朝受業, 晝而講貫, 夕而習復, 夜而計過, 無憾而後卽安." 此蓋所謂時習也. 求之後世之書, 則司馬溫公云, "范文正公掌府學, 課諸生讀書, 寢食皆 有時刻."〔『涑水紀聞』卷十〕 王伯厚云, "凡作工夫, 須立定課程, 日日有常, 不可間斷. 縱使出入及賓客之類, 亦須量作少許, 風雨不移."〔『辭學指南』〕 此蓋所謂時習也. 蓋讀書必立起課程, 朝讀此書, 則朝朝讀此書而不移於夕, 夕習此業, 則夕夕習此業而不移於朝. 有一定之時刻, 有一定之功課. 今塾師敎童子猶如此, 蓋聖人之學, 千古未變者也. 『동숙독서기』「논어」

174 범문정공范文正公: 북송의 정치가이자 학자인 범중엄范仲淹(989~1052)을 말한다. 범중엄은 자가 희문希文이다. 인종의 친정이 시작되자 부름을 받아 중앙에서 간관이 되었으며, 곽황후郭皇后의 폐립 문제를 놓고 찬성파인 재상 여이간呂夷簡과 대립해 지방으로 쫓겨났다. 그 뒤 구양수·한기韓琦 등과 함께 여이간 일파를 비난하면서 자신들을 군자의 붕당朋黨이라고 자칭하여 경력당의慶曆黨議를 불러일으켰다. 서하 대책을 맡고 그 침입을 막은 공으로 승진하여 내정 개혁에 힘썼으나 하송 일파의 저항으로 지방관을 지내다가 병으로 죽었다. 저술에 『범문정공집范文正公集』이 있다.

4. 「학기學記」에서 "1년 차에는 경문經文을 바르게 끊어 읽는지와 학습의 뜻을 분별하는지를 살펴보고, 3년 차에는 학업에 집중하는지와 학우와 어울려 공부하는 것을 즐기는지를 살피며, 5년 차에는 넓게 학습하는지를 살피고, 7년 차에는 학문에 대해 논하는 것을 살피며, 9년 차에는 사물의 이치를 유추할 줄 알아서 이치에 통달하는지와 굳건히 서서 유혹됨이 없는지를 살펴본다"라고 했다. 경전을 전공하는 자는, 처음에는 경전의 주소 하나를 집중해서 읽되 그 구절을 점검하면서 읽는 것이 바로 '이경離經'이다. 이 경전의 학설을 배우는 것이 바로 '경업敬業'이다. 또 여러 학자의 학설을 널리 보는 것이 바로 '박습博習'이다. 또 그 학설의 차이와 적절함에 대해 두루 논의하는 것이 바로 '논학論學'이다. 그렇게 한 후에 사물의 이치를 유추해 알고 이치에 통달하고 굳건히 서서 유혹되지 않게 되니, 이것이 경전을 전공하는 효과다.

『學記』, "一年視離經辨志, 三年視敬業樂群, 五年視博習, 七年視論學, 九年視知類通達, 強立不反." 凡治經者, 其始專讀一經注疏, 點其句而讀之, 所謂離經也. 學此一經之說, 所謂敬業也. 又博觀諸家之說, 所謂博習也. 又通論其同異得失, 所謂論學也. 然後知類通達, 強立不反, 此治經之效也. 『신민제일권제칠기고공우학해당술략新民第一卷第七期古公愚學海堂述略』

5. 주자의 『논어집주』 첫머리에 "요즘 사람은 독서를 이해하지 못한다. 예컨대 『논어』를 읽는 경우, 읽지 않았을 때 이 정도의 사람이었는데 읽고 난 후에도 또 이 정도의 사람일 뿐이라면, 곧 독서를 이해하지 못하는 것이다"라는 정자程子의 말을 실었다. 주자가 이 말을 실은 것은 배우는 사람을 경계시키려는 뜻이 깊다. 어떤 사람이 나에게, "『논어』를 읽을 때는 어떻게 읽어야 읽고 난 후에 이 정도의 사람이 아닐 수 있습니까?" 하고 묻기에, 다음과 같이 대답했다. "'자왈子

曰' 두 글자를 읽으면 마치 공자에게 직접 배우면서 이 말을 듣는 것과 같이 하고, '유자왈有子曰' 세 글자를 읽으면 마지 유자에게 직접 배우면서 이 말을 듣는 것과 같이 하면, 세우는 뜻이 저절로 높아질 것이다. 자신의 몸가짐에서부터 천하의 일에 참여하는 일까지 모두 『논어』에서 징험할 수 있다. 만약 논어 1장을 읽으면 자신의 학문을 어떻게 익힐까를 생각하고, 2장을 읽으면 천하에서 윗사람을 범하고 난을 일으키는 것은 어떤 이유인지를 생각하게 되니, 곧 식견이 저절로 높아지는 것이다.

朱子『論語集注』卷首載程子曰, "今人不會讀書, 如讀『論語』, 未讀時是此等人, 讀了後又只是此等人, 便是不會讀." 朱子載此語, 警學者之意深矣. 或問於余曰, "讀『論語』當如何讀之, 而後讀了不是此等人乎?" 答曰, "讀'子曰'二字, 則如親受學於孔子而聞此言, 讀'有子曰'三字, 則如親受學於有子而聞此言, 則立志 自高矣. 以己之身, 與天下之事, 皆於『論語』驗之. 如讀第一章, 則思己之學何如習? 第二章則思天下之所以有犯上作亂者何故? 則識見自高矣." 『신민제일권제칠기고공우학해당술략』

6. 나는 책을 읽은 지 30년이 되었는데, 이제야 독서하는 법을 알았다. 갑부甲部는 즉 주자의 『사서집주』와 『설문해자』 『광운』에 주소를 단 것이고, 을부乙部는 정사正史와 『통감』이었고, 병부丙部는 주나라 말엽의 제자백가와 송 오자五子와 육상산이었고, 본조本朝(청나라)에서는 고정림顧亭林과 육청헌陸淸獻(육농기)이었으며, 정부丁部는 『문선文選』[175]과 두보의 시·한유의 문장이었다. 이 외에는 비록 두루 보았더라도 감히 섞어놓지 않았다.

僕讀書三十年, 今乃知讀書之法, 甲部則注疏朱子『四書』及『說文廣韻』, 乙部則正史·『通鑑』, 丙部則周末諸子·宋五子·陸象山·本朝顧亭林·陸淸獻, 丁部則『文選』·杜詩·韓文, 此外雖流覽, 不敢雜也. 『신민제

일권제칠기고공우학해당술략』

175 『문선文選』: 양나라 소명태자昭明太子 소통蕭統이 진秦·한漢 이후 제齊·양梁 대의 유명한 시문을 모아 엮어놓은 책으로, 『소명문선』이라고도 한다. 30권. 130여 명의 이름난 문장가의 작품이 실려 있는데, 이중에는 무명작가의 고시와 고악부도 포함되어 있다. 편차는 문체별로 부賦·서序·논·제문 등 39종으로 나누었으며, 시는 443수이고 나머지 작품은 317편인데 부가 가장 많다. 소통은 서序에서도 밝힌 바와 같이 주로 침사沈思·한조翰藻의 내용과 형식의 글을 취했는데, 이는 그의 문학관인 동시에 당시 일반 학자들의 공통된 경향이기도 했다. 『문선』은 수나라에 이르러 널리 알려졌고 당나라에 와서 성행했다. 후대에 여러 문인이 주석을 달았는데, 그중에서 이선李善이 주한 『문선』이 가장 유명하며, 그는 각 권을 둘로 나누어 60권으로 편찬했다.

277

소의진
邵懿辰

소의진邵懿辰(1810~1861)은 청나라 학자로 1831년 거인이 되고, 내각중서內閣中書와 형부원외랑 등을 역임했다. 증국번, 매증량 등과 교유했다. 태평천국군이 일어나자 새상아賽尙阿에게 군대를 맡겨서는 안 된다고 강력하게 주장했다. 이 일로 권력자의 미움을 사 파직되었다. 이광지와 방포 등의 경학을 종주로 하면서 아울러 한나라 학자들의 경전 주석에도 정통했다. 학문은 정주이학을 종주로 삼고, 양명학의 심학에 반대했고, 금문今文을 숭상하고 고문古文을 경시했다. 건륭과 가경 연간의 고문 경학자들이 복고를 숭상하고 고증을 중시하는 것에 반대하여 전한의 금문경학을 다시 일으킨 장존여莊存與, 유봉록劉逢祿의 학풍을 계승했다. 저서로 『예경통론禮經通論』 등의 책이 있다.

1. 요즘 사람들은 잡서를 보는 것은 좋아하지만, 이치를 설명하는 책을 보는 것은 좋아하지 않는다. 한편으로는 번거로움을 참아내지 못하기 때문이고, 또 한편으로는 스스로 발전하기를 싫어하기 때문이다. 두 가지는 모두 마음의 병폐이나 스스로 발전하기를 싫어하는 화근이 더욱 크다.
今人喜看雜書, 而不喜觀說理之書. 一則因不耐煩, 一則惡其厲己. 二者皆心病, 而惡其厲己之病根尤大. 『침행록忱行錄』

2. 독서할 때, 마음은 책 속에 집중시켜야 하고 책은 몸에 지니고 다녀야 한다.

讀書宜將心捺入書中, 將書按到身上.『침행록』

278

오가빈
吳嘉賓

오가빈吳嘉賓(1803~1864)은 자가 자서子序다. 1838년 진사가 되어 한림원편수에 올랐다. 함풍 연간에 향단鄕團을 이끌고 태평군을 방어했고, 포상으로 내각중서內閣中書에 임명되었다. 1864년 남풍 삼도허三都墟에서 전사했다. 왜인倭仁, 증국번과 교유했고, 고문은 귀유광과 요내를 본받았다. 양명학을 숭상하여 잠심독오潛心獨悟를 통한 자득自得을 중시했다. 삼례三禮를 깊이 연구하여 『의례설儀禮說』 『예기설禮記說』 『상복회통설喪服會通說』을 저술했다. 그 외에 『구자득지실문초求自得之室文鈔』가 있다.

독서를 잘하는 자는 책에 담긴 내용에 신중해야 한다. 나는 책을 읽을 때 그 내용에 대해 의심한다. 단지 의심한다고 말하지 않을 뿐이지 반드시 기록해둔다. 내가 의심되는 점을 적어두어야 훗날 생각할 부분이 있다. 기록해두었던 것을 볼 때 또 내가 의심하던 것의 답을 얻어야 내가 해석할 만한 것이 있다.

나는 책을 읽을 때 그 내용에 대해 믿는다. 믿는다고 말하지 않을 뿐이지 반드시 기록해둔다. 내가 믿는 것을 기록해두어야 훗날에 근거로 삼을 것이 있다. 기록한 것을 볼 때 내가 믿을 만한 것이 있어야 내가 증거 자료로 삼을 것이 있다.

나는 책을 읽을 때 내용의 시비를 따진다. 시비를 따질 것이 있다고 말하지 않을 뿐이지, 반드시 기록해둔다. 기록한 것을 볼 때 또한 시비를 따질 것을 얻어야 내 절충안을 저술할 것이 있다. 이와 같이 해야만 내 마음을 분명하게 하고 나의 문장을 다듬을 수 있다.

善讀書者, 勤愼所存. 吾讀書而疑焉, 毋曰疑而已, 必有說. 吾著吾之所以疑, 他日有以思也. 觀說者亦得吾之所以疑, 有以爲吾釋也. 吾讀書而信焉, 毋曰信而已, 必有說. 吾著吾之所以信, 他日有以據也, 觀說者亦得吾之所以信, 有以爲吾徵也. 吾讀書而是非焉, 毋曰是非而已, 必有說, 吾著吾之所以是非, 他日有以辨也, 觀說者亦得吾之所以是非, 有以爲吾折衷也. 如是乃可以明吾心, 修吾辭. 『성남서사도서城南書舍圖序』

279

증국번
曾國藩

증국번曾國藩(1811~1872)은 청나라 문학가. 본명이 자성子城이고, 호가 척생滌生이다. 증삼曾參의 70세손으로 1838년 진사 출신이다. 상군湘軍(증국번이 후난성을 중심으로 편성한 반혁명 군대)을 결성해 태평천국의 난을 평정한 지도자이자 양무운동의 추진자다. 이홍장李鴻章, 좌종당左宗棠, 장지동張之洞과 더불어 만청사대명신으로 일컬어진다. 그는 주자학자와 문장가로도 유명하다. 산문에 능통하여 상향파湘鄉派의 창시자로 알려졌으며, 학문을 논하면서 의리義理와 고거考據, 사장詞章 어느 것 하나라도 빠져서는 안 된다고 주장했다. 『증문정공전집曾文正公全集』이 있다.

1. 육적六籍(육경)이 진秦나라 분서갱유의 화에 불타버려, 한나라는 남은 전적들을 가려 모았으며, 여러 유학자 가운데 그것을 읽는데 능통한 자를 불러 모아 구절로 나누어 자세히 해석했다. 이후로 문장을 분석하는 학문〔章句之學〕이 생겨났다. 유향劉向 부자父子는 비각祕閣의 책을 교감하여, 빠트리고 잘못 쓴 것을 교정하고, 같고 다름을 조사하여 바로잡았다.[176] 이에 서적을 교감하는 학문〔校讎之學〕이 생겨났

176 유향 (…) 바로잡았다: 유향과 아들 유흠이 궁중 비장서를 교열한 일과, 유흠이 부친의 사후 유업을 계승해, 중국 최초의 분류 도서 목록인 『칠략』을 완성한 것을 말하는 것으로 보인다.

다. 양梁나라 때의 유협劉勰과 종요鍾繇의 무리가 시詩와 문장을 품평하고, 옛 현인들을 평가했다. 그 후에 어떤 이는 붉은색과 노란색으로 작품의 수준을 가려냈다. 이에 비평을 하는 학문〔評點之學〕이 생겨났다. 이 세 가지는 모두 문인이 일삼아야 할 것이다.

自六籍燔於秦火, 漢世掇拾殘遺, 徵諸儒能通其讀者, 支分節解, 於是有章句之學. 劉向父子勘書祕閣, 刊正脫誤, 稽合同異, 於是有校讎之學. 梁世劉勰·鍾繇之徒, 品藻詩文, 褒貶前哲, 其後或以丹黃識別高下, 於是有評點之學. 三者皆文人所有事也. 『경사백가간편서經史百家簡編序』

2. 문장 기세와 완급, 소리와 맛의 깊이에 대해서는 문장을 짓는 이가 한결같이 신중하지 않으면 글의 짜임새가 즉시 변하게 되고, 책을 읽는 이가 한결같이 신중하지 않으면 경솔해서 남는 것이 없다.

詞氣之緩急, 韻味之厚薄, 屬文者一不慎, 則規模立變, 讀書者一不慎, 則鹵莽無知. 『치류맹용서致劉孟容書』

3. '일정함이 있다有恒'는 두 글자에 이르러 더욱 쉽게 말할 수 없다. 책을 보는 것〔看書〕과 책을 읽는 것〔讀書〕은 분명히 나누어서 두 가지 일로 여겨야 한다. 앞서 인계寅階[177] 선생에게 보낸 글에서 이미 자세하게 말했다. 책을 보는 것은 마땅히 많이 보고 빨리 읽어야 한다. 빠르게 읽지 않으면 다 볼 수 없다. 이것이 일정할 수 없는 이유다. 책을 읽을 때는 정밀하고 익숙히 읽어야 한다. 익숙하게 읽을 수는 있으나 완벽하게 읽을 수는 없다. 이것이 또한 일정할 수 없는 이유다.

至於有恒二字, 尤不易言. 大抵看書與讀書須畫然分爲兩事. 前寄寅

177 인계寅階: 장전張銓(1795~1872)을 말한다. 인계寅階는 그의 자다. 호가 익남翼南이고, 이진利津 사람이다. 저서로 『애산당시존愛山堂詩存』이 있다.

階先生已詳言之矣. 看書宜多宜速, 不速則不能看畢, 是無恒也. 讀書宜精宜熟, 能熟而不能完, 是亦無恒也.『복갈화산서覆葛華山書』

4. 책을 읽는 것과 붓으로 기록하는 것은 여유를 얻는다는 점에 있어 중요하다. 대동원戴東原이 말하길 염백시閻百詩는 책을 잘 보았으니, 단점을 지적할 수 있어서 옛사람의 저술에서 단점을 찾아내어 여러 방면에서 비판할 수 있었다. 요즘에는 고우高郵 왕王씨와 같은 이가 한 권의 책을 읽을 때 본문〔正文〕과 주석문〔註文〕에서 하나하나 지극히 옳은 것을 구했고, 의심나는 부분이나 잘못된 점에 대해 구차하게 동의하여 옛사람의 참된 뜻을 어지럽혀서 마음의 분별을 속이지 않았다. 만약에 차이점·글자·판본·저자 사항만을 바로잡으려고 했다면 그것은 서적의 판본·글자·사실의 차이를 바로잡는 것〔考異〕이며 원고를 비교해보고 바로 잡는 것〔校對〕이라 했으리라. 대의大義를 자세하고 철저히 조사하고 의심나거나 그릇된 내용을 고민하여 조사하는 것과 같다고 말할 수는 없다.

讀書筆記, 貴於得間. 戴東原謂閻百詩善看書, 以其能蹈瑕抵隙, 能環攻古人之短也. 近世如高郵王氏, 凡讀一書, 於正文註文一一求其至是; 其疑者非者, 不敢苟同以亂古人之眞, 而欺方寸之知. 若專校異同·某字·某本·作某, 則謂之考異, 謂之校對, 不得與精覈大義·參稽疑誤者, 同日而語.『부장렴경서覆張廉卿書』

5. 보내주신 편지에서 목록으로 정리한 책을 사고 싶다고 했습니다. 저는 일찍이 사부四部의 책은 크기가 깊은 호수와 큰 바다와 같으나 그 가운데 스스로 지은 책과 근원을 둔 물과 같은 책은 수십 부에 불과할 뿐이라고 생각합니다. 경經에는 십삼경十三經이 있을 뿐이고, 사史에는 이십사사二十四史와『통감通鑑』이 있을 뿐이며, 자子에는 오

자五子[178]와 『관자管子』 『안자晏子』 『한비자韓非子』 『회남자淮南子』 『여람呂覽』 등의 10여 종이 있을 뿐이고, 집集에는 한漢·위魏·육조六朝의 103가家의 집集 이외에, 당·송의 20여 가가 있을 뿐입니다. 이 외에 자부子部와 집부集部에 들어가는 책은 모두 위조해서 지은 것이거나 모두 표절한 것이고, 경부經部와 사부史部에 들어가는 책은 모두 비슷한 유서類書입니다. 단지 『태평어람太平禦覽』[179]과 『사문유취事文類聚』[180]만이 유서가 되는 것이 아니고, 『삼통三通』[181]과 같은 종류도 유서입니다. 『소학小學』 『근사록近思錄』 『연의衍義』 『연의보衍義補』 또한 유서類書입니다. 그러므로 예전에 그릇된 주장으로 『예문지藝文志』[182]와 『사고서목四庫書目』을 고치려는 자가 옛사람이 직접 쓴 책으로 근원이 있는 책들은, 별도로 배열하고 분명히 구별하여 가장 좋은 책을 정해야 할 것입니다. 옛사람이 지은 책을 모아서 분야를 나누고 따로 분류하여 따로 하나의 책으로 만든 것들은 깨끗이 없애야 할 것이니 보존할 만한 책은 날마다 줄어들 것입니다.

承詢及欲購書目, 鄙人嘗已謂四部之書, 浩如淵海, 而其中自爲之書,

178 오자五子: 송나라 주돈이·정호·정이·장재·주희의 학설이 담긴 책을 말한다.

179 『태평어람太平禦覽』: 송나라 이방李昉 등이 태종의 명을 받아 편찬한 백과. 처음 이름은 『태평총류太平總類』이며, 줄여서 『어람御覽』이라고도 한다. 977년에 착수하여 983년에 완성한 1000권에 달하는 방대한 책으로, 여러 가지 사항을 여러 서적에서 뽑아 모두 55부문으로 나누어 실었으며 인용한 책이 1690종이나 된다.

180 『사문유취事文類聚』: 송나라 축목祝穆 등이 편찬한 유서類書. 천도·지리·인륜으로부터 초목·충어蟲魚·예악·문물·제도·관직·음식·기용器用에 이르기까지 전 분야를 망라하고 있으며 부는 총 74부이고 목은 1003항목에 이른다. 총 236권으로 전집前集 60권, 후집後集 50권, 속집續集 28권, 별집別集 32권은 축목이 편찬하고, 신집新集 36권, 외집外集 15권은 원나라 부대용富大用이 편찬했으며, 유집遺集 15권은 원나라 축연祝淵이 보유補遺한 것이다. 당나라 구양순의 『예문유취』와 서견徐堅의 『초학기初學記』의 체제를 준용했으며, 신·외집과 유집도 축목의 전·후·속·별집의 체례를 그대로 따랐으므로, 전체가 일관된 체제를 유지하고 있다. 먼저 부를 설정하여 각 부에 약간의 목을 두고 매 목마다에 「군서요어群書要語」 「고금사실古今事實」 「고금문집古今文集」 3항을 두어 각각에 고서 중 관련 문구와 역대의 관련 고사, 관련 시문작품을 비교적 상세히 인용했다.

181 삼통三通: 『통전通典』 『통지通志』 『문헌통고文獻通考』를 말한다.

182 『예문지藝文志』: 정사正史 기록 중 당시 존재하던 전적의 목록을 수록하여 엮은 것. 중국 한나라 반고가 유흠의 「칠략」에 근거하여 『한서』 「예문지」를 지은 것이 처음이다.

有原之水, 不過數十部耳. 經則『十三經』而已, 史則『廿四史』暨『通鑑』而已, 子則五子暨『管』『晏』『韓非』『淮南』『呂覽』等十餘種而已, 集則漢魏六朝百三家集之外, 唐宋以來廿餘家而已. 此外入子集部之書, 皆贗作也, 皆剿襲也. 入經史之書, 皆類書也. 不特『太平禦覽』『事文類聚』爲類書, 卽『三通』亦類書也. 『小學』『近思錄』『衍義』『衍義補』亦類書也. 故嘗謬論修『藝文志』『四庫書目』者, 當以古人自爲之書, 有原之川瀆, 另行編列, 別黑白而定一尊. 其分門別類纂雜古人成書者, 別爲一編. 則蕩除廓清, 而書之可存者日少矣. **『여하렴방서與何廉昉書』**

6. 제제諸弟(친척 아우)는 책을 읽을 때 매일 어떻게 공을 들여야 하는지 살피지 않는구나. 나는 10월 초하루 스스로 쉬지 않고 노력하겠다고 뜻을 세운 이후부터 비록 예전처럼 게으름을 피우기는 하더라도 매일 해서楷書로 일기를 쓰고, 역사서 10장을 읽으며, 『다여우담茶餘偶譚』 1항목을 기록한다. 이것은 주된 일과로 삼은 것이라서 하루라도 쉰 적이 없었다. (…) 아우는 매일 스스로 공부하는 과정을 세웠다면 날마다 쉬지 않을 정도의 일과를 두어야 한다. 비록 배를 타거나 길을 가더라도 반드시 책을 몸에 지니고 있어야 한다. (…) 세형世兄 하자정何子貞[183]은 매일 아침부터 저녁까지 모두 글을 익힌다. 360일 사이에 시와 문장을 지을 때를 제외하고는 잠시라도 글을 익히지 않을 때가 없으니, 진실로 꾸준한 사람이라고 할 만하다. 그러므로 나는 전부터 매일 반드시 할 일을 정하여 아우를 가르쳤다. 근래에도

183 하자정何子貞: 청나라 학자이자 시인 하소기何紹基(1799~1873). 하릉한何凌漢(1722~1840)의 장자이며 자가 자정, 호가 동주거사東洲居士, 원수猨叟다. 진사에 급제한 뒤 한림원편수 등을 지냈다. 소식과 황정견의 시를 좋아했고, 글씨에도 능했다. 젊어서 포세신과 교우를 맺은 것이 서법 연구의 단서가 되었다. 아우인 하소업何紹業·하소기何紹祺·하소경何紹京도 모두 글씨에 뛰어나 '하씨 사걸何氏四傑'로 불렸다. 저서에 『설문단주박정說文段注駁定』이 있다.

편지를 써서 아우에게 보내고 따로 별도의 과정을 열지 않고서, 단지 아우에게 꾸준함이 있기만을 가르칠 뿐이었다. 일반적으로 사인士人이 책을 읽을 때, 첫 번째는 공부에 뜻을 두기를 구해야 하고, 두 번째는 깨달음이 있기를 구해야 하며, 세 번째는 꾸준함이 있기를 구해야 한다. 뜻이 있으면 결코 수준 낮은 사람이 되지 않으려 하고, 깨달음이 있으면 학문이 무궁무진함을 알아서 감히 한 번에 스스로 충분하다고 여기지 않는다. 하백河伯(황하의 신)이 바다를 보듯 하고, 우물 안의 개구리가 하늘을 엿보듯이 하는 것은 모두 깨달음이 없기 때문이다. 꾸준함이 있으면 결코 이루지 못할 일이 없다. 이 세 가지는 하나라도 빠트려서는 안 된다. 아우는 지금부터, 오직 깨달음의 경지에는 갑작스레 이를 수 없으니 뜻을 두어 꾸준하게 힘쓰고 노력해야 할 뿐이다.

諸弟在家讀書, 不審每日如何用功. 余自十月初一, 立志自新以來, 雖懶惰如故, 而每日楷書寫日記, 每日讀史十葉, 每日記『茶餘偶譚』一則, 此主事未嘗一日間斷. (…) 諸弟每日自立課程, 必須有日日不斷之功, 雖行船走路, 須帶在身邊. … 何子貞之世兄, 每日自朝至夕, 總是溫書. 三百六十日, 除作詩文時, 無一刻不溫書. 眞可謂有恒者矣. 故予從前限功課教弟, 近來寫信寄弟, 從不另開課程, 但教諸弟有恒而已. 蓋士人讀書, 第一要有志, 第二要有識, 第三要有恒. 有志則斷不肯爲下流, 有識則知學問無盡, 不敢以一得自足, 如河伯之觀海, 如井蛙之窺天, 皆無識者也. 有恒則斷無不成之事. 此三者缺一不可. 諸弟此時, 惟有識不可以驟幾, 至於有志有恒, 則弟勉之而已. 『가서家書』[184]

7. 네가 3월의 편지에서 정한 과정은 너무 많은 것 같다. 많으면 집

184 『가서家書』: 원래 제목은 『가훈家訓』으로, 증국번이 두 아들 기택과 기홍에게 보낸 편지글을 모아 편찬한 책이다.

중할 수 없으니 절대 안 된다. 그 후 편지에서 "이전에 진계목陳季牧이 『사기』를 빌려갔습니다"라고 했는데, 이 책은 익숙하게 보지 않아서는 안 되는 책인데, 네가 이미 『사기』를 보았다고 하니 결코 다른 책을 보아서는 안 된다. 학습하는 과정에 일정하게 지켜야 할 법이 없다면, 단지 집중하는 것을 법으로 삼을 뿐이다. 내가 예전에 친척 아우를 가르칠 때 항상 과정을 제한하라고 했는데, 근래에는 과정으로 다른 사람을 제한하는 것이 종종 어려운 것으로 사람을 강제하는 것임을 깨달았다. 그가 원하지 않는데 날마다 제한된 과정을 그대로 따르면 무익함만 반복하게 될 것이다. 그러므로 근래 아우를 가르칠 때는 단지 '집중專'이라는 한 글자를 둘 뿐이다.

爾三月之信, 所定功課太多, 多則必不能專, 萬萬不可. 後信言已向陳季牧借『史記』, 此不可不熟看之書, 爾旣看『史記』, 則斷不可看他書. 功課無一定呆法, 但規專耳. 余從前教諸弟, 常限以功課, 近來覺限人以課程, 往往強人以所難, 苟其不願, 雖日日遵照限程, 亦復無益! 故近來教弟, 但有一專字耳. 『가서』

8. 독서의 방법에서 반드시 바꾸지 말아야 할 것이 몇 가지 있다.

경서를 깊이 연구할 때는 반드시 하나의 경서에 집중해야지 두루 힘써서는 안 된다. 경서를 읽을 때는 연구를 통해서 의리를 찾는 것으로 근본을 삼아야 하고, 명물名物을 고거하는 것을 말단으로 여겨야 한다. 경서를 읽을 때는 '인내耐'라는 한 글자를 비결로 두어야 한다. 한 구절이라도 통하지 않으면 그 아래 구절을 보아서는 안 된다. 오늘 통하지 않으면 내일 재차 읽고, 올해 자세히 파악할 수 없으면 이듬해에 다시 읽어야 한다. 이것이 이른바 인내라는 것이다.

역사서를 읽는 법은, 자신이 처한 상황과 멀다고 여기지 말고, 매번 한 곳을 읽을 때마다 마치 내가 곧 당시의 사람들과 그 사이에서 시문詩文을 주고받으며 웃고 이야기하듯 해야 한다. 사람마다 모두 기억할 수 있기를 기대하지 말고 다만 한 사람을 기억했으면 마치 그 사람과 교제하듯이 하고, 사건마다 모두 기억할 수 있기를 기대하지 말고 하나의 사건을 기억하면 마치 그 사건을 보는 듯이 해야 한다. 경서로 이치를 깊이 궁구하고 역사서로 사건을 고찰하니, 이 두 가지를 버리면 다시 다른 학문이 없을 것이다.

대체로 전한前漢에서부터 지금에 이르기까지 글자를 아는 선비들에게는 대략 세 가지 길이 있는데, '의리지학義理之學' '고거지학考據之學' '사장지학詞章之學'이 그것이다. 각자 한 가지 방법을 고집하며 서로 비방하고 헐뜯었다. 내 개인적인 생각으로는 의리지학이 가장 훌륭한 것 같다. 의리에 밝으면 몸소 실천하는 데 알맹이가 있고, 나라를 다스리는 데 근본이 있게 된다. 사장지학도 의리를 발휘하기 위한 것이다. 고거지학은 나에게는 취할 것이 없었다. 이 세 가지 길은 모두 경서와 역사서에 종사하는 다른 방법이다. 나는 경서와 사서를 배우고 읽을 때는 의리를 연구하는 것이 마땅하며, 마음이 한결같아서 혼란스럽지 않아야 한다고 생각한다. 이러한 까닭으로 경서에 대해서는 주로 하나의 경서를 고수하고 역사서는 하나의 시대를 주로 익히되, 경서와 역사서를 읽을 때는 오직 의리를 주로 한다. 이것은 모두 핵심을 지키는 방법이므로 결코 바꿀 수 없다. 만약 경서와 사서 이외에 제자백가와 같은 종류는 그 양이 매우 많은데 그것을 읽어보고자 한다면, 한 사람의 어떤 특정 내용이나 문체 등 특정 주제별로 모아 엮은 책〔專集〕만을 읽어야지, 이것저것 뒤적여서는 안 된다. 만약에 『창려집昌黎集』(한유韓愈의 문집)을 읽는다면 눈으로 보는 것과 귀로 듣는 것이 한창려韓昌黎가 아님이 없어서, 천지 사이에 창려집 이외에는 다시 다른 책이 없다고 여겨야 한다. 이것이 하나의 전집을 완전히 읽지 않았을 때 다른 책으로 바꾸지 않는 방법이니, '오로지 하다專'는 글자가 그 비결이다.

讀書之道, 有必不可易者數端, 窮經必專一經, 不可泛騖, 讀經以研究尋義理爲本, 考據名物爲末. 讀經有一耐字訣, 一句不通, 不看下句,

今日不通, 明日再讀, 今年不精, 明年再讀, 此所謂耐也. 讀史之法, 莫妙於設身處地, 每看一處, 如我便與當時之人酬酢笑語於其間. 不必人人皆能記也, 但記一人, 則恍如接其人, 不必事事皆能記也, 但記一事, 則恍如觀其事. 經以窮理, 史以考事, 舍此二者, 更別無學矣. 蓋自西漢以至於今, 識字之儒, 約有三途, 曰義理之學, 曰考據之學, 曰詞章之學, 各執一途, 互相詆毁. 兄之私意以爲義理之學最大, 義理明則躬行有要, 而經濟有本, 詞章之學, 亦所以發揮義理者也, 考據之學, 吾無取焉矣. 此三途者, 皆從事經史, 各有門徑, 吾以爲學讀經史, 但當研究義理, 則心一而不紛. 是故經則專守一經, 史則專熟一代, 讀經史則專主義理, 此皆守約之道, 確乎不可易者也. 若夫經史而外, 諸子百家, 汗牛充棟, 或欲閱之, 但當讀一人之專 集, 不當東翻西閱. 如讀『昌黎集』, 則目之所見, 耳之所聞, 無非昌黎, 以爲天地間除昌黎而外, 更無別書也. 此一集未讀完, 斷斷不換他集, 亦專字訣也. 『가서』

9. 학문의 방법은 무궁하지만, 총괄하면 꾸준함이 있는 것이 주요하다. 형兄은 작년에 지극히 꾸준하지 않았고, 근래에는 조금 좋아졌으나 여전히 익숙하지는 못하다. 7월 초에 시작하여 지금까지 하루라도 계속하지 않은 적이 없었다. 매일 서첩에서 100글자씩 베껴 쓰고, 책에서 100글자씩 초록하고, 책을 볼 때는 적어도 20쪽을 채우면서 많은 것에 대해서는 논의하지 않았다. 7월에부터 시작하여 지금까지, 이미 『왕형공문집王荊公文集』[185] 100권, 『귀진천문집歸震川文集』[186] 40권, 『시경대전詩經大全』[187] 20권, 『후한서後漢書』 100권을 보았는데, 모두 붉은 붓으로 동그라미를 쳐서 열람했다는 표시를 했다.

185 『왕형공문집王荊公文集』: 북송 왕안석의 문집을 이르는 것으로 보인다. 왕안석은 형荊 땅에 봉해졌기 때문에 형공荊公이라고 부르며, 『임천문집臨川文集』이 전해진다.

186 『귀진천문집歸震川文集』: 명대 문인 귀유광의 문집이다. 진천은 귀유광의 호다. 그의 문인 왕집례王執禮가 교정했다.

비록 매우 바쁘더라도, 또한 반드시 당일의 학습 과정을 마쳐서, 어제 미룬 일을 오늘 보충해서 하지 않았다. 바라건대 아우도 만약 이와 같이 꾸준히 할 수 있다면, 비록 네 번째인 중간 정도의 자질이라도 당연히 성취하는 것이 있을 것이거늘, 하물며 여섯 번째에서 아홉 번째에 해당하는 상등의 자질에 있어서랴!

學問之道無窮, 而總以有恒爲主. 兄往年極無恒, 近年略好, 而猶未純熟. 自七月初一起至今, 則無一日問斷. 每日臨帖百字, 鈔書百字, 看書少亦須滿二十頁, 多則不論. 自七月起至今, 已看過『王荊公文集』百卷, 『歸震川文集』四十卷, 『詩經大全』二十卷, 『後漢書』百卷, 皆硃筆加圈批. 雖極忙, 亦須了本日功課, 不以昨日耽擱, 而今日補做, 不以明日有事, 而今日預做. 請弟若能有恒如此, 則雖四弟中等之資, 亦當有所成就, 況六弟九弟上等之資乎. 『가서』

10. 책을 볼 때는 반드시 많이 읽기를 요구해서는 안 되고 또 반드시 기억하기를 요구해서도 안 된다. 매일 일정함이 있으면 저절로 진보하는 것이 있다. 일정하게 하는 것을 싫어하고 새로운 것만 좋아하면 안 된다. 이러한 행위는 이 책을 완전히 익히지 않았는데 갑자기 저 책으로 바꾸는 것일 뿐이다.

看書不必求多, 亦不必求記, 但每日有常, 自有進境. 萬不可厭常喜新, 此書未完, 忽換彼書耳. 『家書』

11. 무슨 책이든지 처음부터 끝까지 한 번을 관통하여 읽어야 한다. 그렇게 하지 않고, 두서없이 몇 면을 제쳐보고 몇 편을 골라 베끼면

187 『시경대전詩經大全』: 명 1415년에 호광 등이 황명을 받들어 편찬한 『오경대전』의 한 편이다. 주희가 제가의 학설을 집대성해 편찬한 『시집전詩集全』과 원나라 유근의 『시경통석』을 저본으로 해 보완한 것으로 모두 20권이다.

책의 큰 줄거리와 중요한 곳을 다 알 수 없게 된다. 시를 배울 때는 『중주집中州集』[188]으로 시작해도 좋다. 그러나 나는 여러 사람의 작품을 모은 시문집〔總集〕이 특정 문체나 내용에 관한 것을 모아 엮은 책〔專集〕을 읽는 것만 못하다고 생각한다.

이 일은 사람마다 의견을 각기 달리하는데, 기호가 같지 않기 때문이다. 나의 기호는 오언고시를 읽기 좋아했고, 칠언고시에 있어서는 『창려집』을 즐겨 읽었으며, 오언율시에 있어서는 『두집杜集』을 읽었고, 칠언율시도 또한 『두시杜詩』를 가장 좋아하지만 진실로 뒤따를 수 없는 경지였다. 그리하여 『원유산집元遺山集』[189]을 함께 읽었다.

시를 짓는 것에는 칠언율시에 가장 부족한 점이 많았고, 다른 시체는 모두 깨달은 것이 있었는데, 수도〔京都〕에 함께 터놓고 말할만한 사람이 없어 애석했다. 그대가 시를 배우기를 바란다면 먼저 대가 한 명의 시집을 보아야지 이것저것 뒤적거리며 보아서는 안 되며, 먼저 하나의 시체詩體를 배워야지 각각의 시체를 동시에 배워서는 안 된다. 일반적으로 하나의 시체에 밝게 되면 모든 시체에 밝아지게 되어 있다.

無論何書, 總須從首至尾, 通看一遍, 不然, 亂翻幾葉, 摘鈔幾篇, 而此書之大局精處, 茫然不知也. 學詩從『中州集』入亦好, 然吾意讀總集, 不如讀專集. 此事人人意見各殊, 嗜好不同. 吾之嗜好, 於五古則喜讀『文選』, 於七古則喜讀『昌黎集』, 於五律則讀『杜集』, 七律亦最喜杜詩, 而苦不能步趨, 故兼讀『元遺山集』. 作詩最短於七律, 他體皆有心

188 『중주집中州集』: 금나라 때의 시를 작가별로 모은 10권 분량의 시집. 약 200명의 시 1982수가 실렸고 간략한 작가 전기가 붙어 있다. 1249년 시인이자 사가인 원호문元好問이 찬술했다.

189 『원유산집元遺山集』: 원호문(1190~1257)의 문집. 자가 유지裕之, 호가 유산遺山으로 시문에 능했으며, 당송 시의 장점을 모아 대성시킨 시인으로 평가받는다. 금나라 최후의 천자인 애종哀宗을 섬겼고, 좌우사원외랑左右司員外郞까지 지냈다. 44세 때, 금이 멸망하고 원이 세워졌으나, 벼슬하지 않고 세상 사람들로부터 문호로서의 존경을 받으면서 금의 역사 편찬을 평생의 보람으로 삼으며 자적했다. 문집 『원유산집』은 명말청초 시인 전겸익에게 큰 영향을 주었다.

得, 惜京都無人可與暢語者. 爾要學詩, 先須看一家集, 不要東翻西閱, 先須學一體, 不可各體同學, 蓋明一體, 則皆明也. 『가서』

12. 일반적으로 책을 읽을 때 이해하기 어려운 부분이 있으면, 깊게 이해하기를 구해서는 안 되고, 한 글자라도 기억할 수 없는 것이 있으면 애써 억지로 기억하기를 구해서도 안 된다. 단지 느긋하게 책에 빠져 노닐어야 한다. 오늘 몇 번을 보고 내일 몇 번을 보아서, 오래 지나면 자연히 보탬이 있을 것이다. 이미 보고 지나간 것에 대해 자신의 암호를 만들어서 대략 몇 글자로 표시해야 한다. 그렇지 않으면, 오랜 시간이 지나 그것을 이미 보았는지 아직 보지 않았는지 잊어버릴 수 있다.

凡讀書有難解者, 不必遽求甚解, 有一字不能記者, 不必苦求強記. 只須從容涵咏. 今日看幾遍, 明日看幾遍, 久久自然有益. 但於已閱過者, 自作暗號, 略批幾字, 否則歷久忘其爲已閱未閱矣. 『가서』

13. 전에 배움을 위한 네 가지 문장을 아이들에게 보여주었다. 첫째 처음 보는 책〔生書〕을 볼 때는 빨리 보기를 구해야 한다. 많이 보지 않으면 너무 협소해진다. 둘째는 고서〔舊書〕를 복습할 때는 익숙하기를 구해야 한다. 암송하지 않으면 쉽게 잊어버린다. 셋째 글자를 익힐 때는 꾸준함이 있어야 한다. 글자를 잘 쓰지 못하면 몸에 옷을 걸치지 않고 산에 나무가 없는 것과 같다. 넷째 문장을 지을 때는 심사숙고해야 한다. 잘 짓지 못하면, 벙어리가 말을 못하고 절름발이 말이 걷지 못하는 것과 같다. 네 가지 가운데 하나라도 빠져서는 안 된다.

曾以爲學四字示兒輩, 一曰看生書宜求速, 不多閱則太陋. 一曰溫舊書宜求熟, 不背誦則易忘. 一曰習字宜有恒, 不善寫則如身之無衣·山之無木. 一曰作文宜苦思, 不善作則如人之啞不能言, 馬之跛不能行.

四者缺一不可. 『가서』

14. 기택紀澤[190]아, 『한서漢書』를 볼 때는 반드시 부지런하고 민첩함으로 실행해야 한다. 매일 아주 조금이라 하더라도 반드시 20쪽은 보아야지, '독서는 정밀하게 읽는 데 달려 있지 많이 읽을 필요가 없다'는 설에 현혹되어서는 안 된다. 오늘 반쪽을 보고 내일 여러 쪽을 보고 또 다음날 미루어두었다가 중단되면, 혹 몇 해가 지나도 일부분도 마칠 수 없을 것이다. 밥을 지을 때 불을 꺼트리면 생 밥이 되고 불이 작으면 익지 않으니, 반드시 큰 땔나무를 써서 크게 불을 지펴야만 쉽게 밥이 되는 것과 같다.
紀澤看『漢書』, 須以勤敏行之, 每日至少亦須看二十頁, 不必惑於在精不必多之說. 今日半頁, 明日數頁, 又明日耽擱間斷, 或數年而不能畢一部. 如煮飯然, 歇火則冷, 小火則不熟, 須用大柴大火乃易成也. 『가서』

15. 기택이는 책을 읽을 때 기억력은 좋지 않으나 이해력은 비교적 훌륭한 편이다. 만약 그 책의 구절마다 읽어 익히게 하고 혹시라도 그것을 기억해내지 못함을 괴로워한다면, 읽을수록 더욱 어리석게 여겨져서 장래에는 경서를 다 읽지도 못하게 될 것이다. 바라건대 자식子植은 다만 기택이가 아직 읽지 않은 경서를 가지고, 매일 500~600자씩 세어서 한 번에 가르쳐주어라. 가령 10번 가량 읽게 한다면 반드시 암송하게 할 필요가 없고, 늘 익히게 할 필요가 없을 것이다. 그가 빠르게 완전히 보기를 기다린 뒤에 앞으로 경서와 주해를 보게 한다면 또한 익히게 할 수 있을 것이다. 만약 대충 읽고 대충 기

190 기택紀澤(1839~1890): 청나라 학자로 증국번의 큰아들이다.

억하고 대충 익힌다면 결코 오래 익힐 수 없을 것이니, 부질없이 날마다 공력만 소비할 뿐이다.

紀澤兒讀書記心不好, 悟性較佳, 若令其句句讀熟, 或責其不可再生, 則愈讀愈蠢, 將來仍不能讀完經書. 請子植弟將澤兒未讀之經, 每日點五六百字, 敎一遍. 令其讀十遍, 不必能背誦, 不必常溫習. 待其草草點完之後, 將來看經解亦可求熟. 若蠻讀蠻記蠻溫, 斷不能久熟, 徒耗日工而已. 『가서』

16. 독서의 방법은 보기(看)·읽기(讀)·베끼기(寫)·짓기(作) 네 가지가 있는데, 매일 하나라도 빠트려서는 안 된다. 보기(看)라는 것은, 예컨대 네가 작년에 『사기』『한서』, 한유의 문장(韓文), 『근사록近思錄』을 보았고, 올해에는 『주역절중周易折中』[191]의 종류들을 본 것이 그것이다. 읽기(讀)라는 것은 사서四書와 『시경』『서경』『역경』『좌전』 등의 여러 경서, 소명태자의 『문선』, 이백·두보·한유·소식의 시, 한유·구양수·증공·왕안석의 문장 등은 큰소리로 낭송하지 않으면 그들의 웅장한 기개를 얻을 수 없고, 평온하게 읊조리지 않으면 그 심원한 운치를 발휘할 수 없다. 부자가 재물을 축적하는 것에 비유하자면, 책을 본다는 것(看書)은 밖에서 부역을 해서 세 배의 이익을 얻는 것이고, 책을 읽는다는 것(讀書)는 집에서 신중하게 지켜서 경솔하게 소비하지 않는 것이다. 군대의 전쟁에 비유하자면, 책을 보는 것은 성을 공격하고 땅을 다투어서 국토를 확장하는 것이고, 책을 읽는 것은 해자를 깊이 파고 보루를 견고하게 하여 얻은 땅을 지킬 수 있도록 하는 것이다. 책을 보는 것은, 자하子夏의 '날마다 알지 못했던 것을 아는 것'과 서로 비슷하고, 책을 읽는 것은 '능숙했던 것을 잊지 않는 것'과 서로 비슷하다. 이 두 가지에서 한쪽도 소홀히 해서는 안 된다.

191 『주역절중周易折中』: 청대 이광지의 저작으로 『주역』에 관한 여러 대가의 설을 모았다.

讀書之法, 看讀寫作四者, 每日不可缺一. 看者, 如爾去年看『史記』『漢書』·韓文·『近思錄』, 今年看『周易折中』之類是也. 讀者, 如四書·『詩』『書』『易經』『左傳』·諸經, 昭明『文選』·李·杜·韓·蘇之詩, 韓·歐·曾·王之文, 非高聲朗誦, 則不能得其雄偉之概概, 非密詠恬吟, 則不能揮其深遠之韻. 譬之富家居積, 看書則在外貿易, 獲利三倍者也, 讀書則在家慎守, 不輕花費者也. 譬之兵家戰爭, 看書則攻城爭地, 開拓土宇者也, 讀書則深溝堅壘, 得地能守者也. 看書與子夏之日知所亡相近, 讀書與無忘所能相近, 二者不可偏廢. 『가훈』

17. 지난해 관아에 있을 때, 내가 보기〔看〕·읽기〔讀〕·쓰기〔寫〕·짓기〔作〕 네 가지를 가르쳤는데, 하나라도 빠트려서는 안 된다. 너는 지금 『통감』을 보고 있으니 '보기看' 공부를 하고 있고, 『설문說文』을 초록하니 '읽기讀' 공부를 하는 것이다. 그런데 아직도 서첩을 본떠서 쓸 수 없느냐? 『서보書譜』[192]를 본떠 쓰거나, 기름종이를 써서 구양순歐陽詢[193]이나 유공권柳公權[194]의 해서楷書를 모사하여 너의 유약한 서체를 바로잡는다면, 이것이 쓰기〔寫〕 공부이니 결코 소홀히 해서는 안 된다. 너는 작년에 『문선』 중에서 글자가 떨어져 나가고 표지도 찢어진 책으로 분류를 나누고 베낀 것을 모아서 문장을 짓는 재료로 삼았

192 『서보書譜』: 당나라 때의 서론서로 손과정孫過庭이 687년에 지었다. 옛사람의 글씨 품계, 서체, 서법 등으로 이루어지고, 왕희지를 전형으로 해서 한~육조 이후의 전통적인 글씨의 이론을 체계적으로 논술했다. 문장은 육조 이래의 사륙변려체四六駢儷體로, 그 발상이나 이론의 전개도 육조적인 미의식에 근거하고 있다. 저자 자필이라고 전해지는 초서의 진적본이 타이베이 고궁박물원에 있다. 여러 각본이 전하는 만큼 그 인기를 실감할 수 있다.

193 구양순歐陽詢(557~641): 당나라 초기의 서예가. 자가 신본信本이고, 담주 임상 사람이다. 모든 서체를 잘 했으나 특히 해서에 뛰어났다. 우세남, 저수량, 설직과 함께 초당 4대가로 불린다.

194 유공권柳公權(778~865): 당나라 후기의 서예가. 자가 성현聖賢이고, 경조京兆 화원華原 사람이다. 「현비탑비玄秘塔碑」「신책군비神策軍碑」가 있다.

는데, 아직도 평소처럼 발췌하여 베끼고 있느냐? 아니면 이미 그 일을 끝냈느냐? 『문선』의 문장을 분류하여 베끼고, 『설문說文』의 훈고訓詁도 분류하여 베껴라. 네가 평소에 작문하는 것이 너무 적으니, 이것으로 '짓기作' 공부를 대신한다면 또한 부족하다고 할 수 없을 것이다. 너는 10대에서부터 20세까지 헛되게 세월을 보냈으나, 지금 보기·읽기·베끼기·쓰기 네 가지 공부를 날마다 끊어짐 없이 한다면 성취할 수 있을 것이다.

去年在營, 余教以看·讀·寫·作四者, 闕一不可. 爾今閱『通鑑』, 算看字工夫, 鈔『說文』, 算讀字工夫. 尙能臨帖否? 或臨『書譜』, 或用油紙摹歐·柳楷書, 以藥爾柔弱之體, 此寫字工夫, 必不可少者也. 爾去年曾將『文選』中零字碎錦, 分類纂鈔, 以爲屬文之材料, 今尙照常摘鈔否? 已卒業否? 或分類抄『文選』之詞藻, 或分類抄『說文』之訓詁, 爾生平作文太少, 卽以此代作字工夫, 亦不可少者也. 爾十餘歲至二十歲, 虛度光陰, 及今將看·讀·寫·作四字, 逐日無間, 尙可有成. 『가훈』

18. 네가 『논어』를 읽고 마음속 깊이 깨닫지 못했다면, 책에 집중하여 깊이 빠져들어 즐기거나 몸소 절실하게 체험하고 관찰할 수 없었기 때문이다. 주자가 독서하는 방법을 가르칠 때, 이 두 가지 말이 적당하다고 여겼다. 네가 『맹자』 「이루離婁」 편을 보고 읽었다면, 예컨대 「이루」 첫 장의 "윗사람은 도리로써 판단할 수 없고, 아랫사람은 법도로 스스로를 지킬 수 없다上無道揆, 下無法守"는 구절을 내가 예전에 읽었을 때는 그다지 경계심을 가지지 않았었다. 근래에 외부에서 공무를 처리하고서야, 곧 윗사람은 반드시 도리에 맞게 판단하고 아랫사람은 반드시 법도를 가지고 스스로 지켜야 함을 알았다. 만약 사람마다 도리로 판단한다고 자기 스스로 인정하여 마음을 따르고 법도를 따르지 않는다면, 아랫사람이 윗사람을 능멸할 것이다. '애인불

친愛人不親' 장[195]을 예전에 읽었을 때는 그다지 다가오지 않았는데, 근래에 오랜 시일을 읽어보고서야 사람을 다스려도 다스려지지 않는 것은 지혜가 부족하기 때문인 줄 알게 되었다. 이것이 자기에게 절실했을 때 일을 체득하게 되는 하나의 단서다.

'함영涵泳'[196]이라는 두 글자도 무척 깨닫기 어려운 것이다. 내가 전에 생각해보니, '함涵'은 봄비가 꽃을 윤택하게 하고, 맑은 개울이 벼에 물을 대는 것과 같다. 비가 꽃을 윤택하게 할 때 물이 너무 적으면 투과되기 어렵고 너무 많으면 흩어져 떨어지며, 적합해야만 흠뻑 젖어서 자양액이 된다. 맑은 개울이 벼에 물을 댈 때 너무 적으면 시들고, 너무 많으면 침수되며, 적절해야 영양분을 축적하여 쑥쑥 자란다. '영泳'은 물고기가 물에서 노닐고, 사람이 발을 씻는 것과 같다. 정자程子는 "물고기가 연못에서 뛰는 것이, 매우 생기가 넘치는 경지다魚躍於淵, 活潑潑地"라고 했고, 장자는 "호수의 다리 위에서 물고기를 보고, 물고기가 노니는 것이 어찌 즐거움이 아닌 줄 알겠는가濠梁觀魚, 安知非樂?"라고 했는데, 이것이 물고기가 물에서 노니는 즐거움이다. 좌태충左太沖[197]에게는 '만 리 물줄기에 발을 씻는다濯足萬里流'는 시구가 있고,[198] 소자첨蘇子瞻에게는 '밤에 누워 발을 씻다夜臥濯足'는 시

195 애인불친愛人不親 장: 『맹자』「이루」에 나온다. "내가 남을 사랑하는데 남이 나를 친하게 대하지 않으면, 마땅히 나에게 사랑하는 마음이 있는지 돌아보아야 하고, 남을 다스리는데 제대로 다스려지지 않으면 마땅히 나의 지혜를 돌아보아야 하며, 남을 예우하는데 남이 나를 예우하지 않으면 마땅히 나의 공경을 돌아보아야 한다愛人不親, 反其仁, 治人不治, 反其智, 禮人不答, 反其敬.'"

196 함영涵泳: 물에 푹 젖어 노니는 것으로, 학문에 있어서도 학문을 완미하는 것을 가리킨다.

197 좌태충左太沖: 진晉나라 문인 좌사左思(250~305)를 이른다. 태충은 그의 자다. 10년의 노력 끝에 위·촉·오 세 나라의 도읍을 노래한 「삼도부三都賦」를 완성했는데 당시 문단의 영수였던 장화張華에게 절찬을 받아 유명해졌다.

198 좌태충 (…) 있었고: 그가 지은 「영사시詠史詩」 8수 가운데 제5수에 "베옷을 걸쳐 입고 궁문을 나와서, 당당한 걸음으로 허유 뒤따르네. 천길 높은 언덕에서 옷 먼지 털고, 만리 흐르는 강물에 발을 씻네被褐出閶闔, 高步追許由. 振衣千仞岡, 濯足萬里流"라고 한 구절을 말한다.

와 '목욕을 마치고浴罷'라는 시가 있으니, 또한 사람의 본성에 물을 즐기는 것이 하나의 즐거움이다. 독서를 잘하는 사람은 책을 물과 같이 보아야 하고, 이 마음을 꽃·벼·물고기와 같이 보아야 한다. 발은 씻는 것처럼 하면 '함영涵泳' 두 글자를, 아마도 말뜻의 밖에서 얻을 것이다. 만약 독서할 때 문장의 뜻을 해설하는 데 집중하면 도리어 깊은 경지에 들어갈 수 없으니, 주자의 '함영'과 '체찰體察' 두 단어를 따를 만하다. 마음을 다하여 그것을 구하라.

汝讀『論語』無甚心得, 由不能虛心涵泳, 切己體察. 朱子教人讀書之法, 此二語爲精當. 爾觀讀『離婁』, 即如『離婁』首章"上無道揆, 下無法守.", 我往年讀之, 亦無甚警惕. 近歲在外辦事, 乃知上之人必揆諸道, 下之人必守乎法. 若人人以道揆自許, 從心而不從法, 則下凌上矣. 『愛人不親』章, 往年讀之, 不甚親切. 近歲閱歷日久, 乃知治人不治者, 智不足也. 此切己體事之一端也. 涵泳二字, 最不易識, 余嘗以意測之, 曰涵者, 如春雨之潤花, 如清渠之溉稻. 雨之潤花, 過小則難透, 過大則離披, 適中則涵濡而滋液. 清渠之溉稻, 過小則枯槁, 過多則傷潦, 適中則涵養而渤興. 泳者, 如魚之遊水 ,如人之濯足, 程子謂, "魚躍於淵, 活潑潑地." 莊子言, "濠梁觀魚, 安知非樂?" 此魚水之快也. 左太沖有'濯足萬里流'之句, 蘇子瞻有'夜臥濯足'詩, 有『浴罷』詩, 亦人性樂水者之一快也. 善讀書者, 須視書如水, 而視此心如花如稻如魚, 如濯足, 則涵泳二字, 庶可得之於意言之表. 如讀書易於解說文義, 却不甚能深入, 可就朱子'涵泳'·'體察'二語. 悉心求之. 『가훈』

19. 내가 오언고시와 칠언고시를 지으려고 한다면, 오언고시와 칠언고시 각각 수십 편을 익숙하게 읽어야 한다. 먼저 큰소리로 낭송하여 그 기운을 북돋고 이어서 조용하게 읊조려서 그 맛을 즐겨야 한다. 두 가지는 함께 진행하여 옛사람의 성조聲調가 슬슬 자신의 입에 익숙해진 것 같으면 붓으로 시를 쓸 때 반드시 그 성조가 손목 아래

에 모여들게 될 것이다. 시가 완성되어 스스로 그것을 읽어보면, 또한 암송할 만큼 낭랑하여 일종의 흥취가 일어나는 것을 절로 깨닫게 될 것이다. 옛사람은 "시를 새로 지을 때 다시 수고로우면 스스로 오래도록 읊조린다新詩改罷自長吟"고 했고, 또 "시를 가다듬을 때 뜻대로 되지 않으면 또 길게 읊조린다煆詩未就且長吟"고 했으니, 옛사람이 고심하여 시를 지을 때, 완전하게 만드는 것은 성조를 조절하는 공부에 달려 있음을 볼 수 있다. 자구를 배치할 때는 사람이 소리 내는 것이고, 자구를 배치하지 않았을 때는 하늘이 소리 내는 것이다. 이것을 이해하는 자가 하늘의 소리와 사람의 소리를 하나로 합쳐 시를 완성할 수 있다면, 시의 언어와 뜻에 대해서는 절반 이상 성공한 것이다.
爾欲作五古七古, 須熟讀五古七古各數十篇. 先之以高聲朗誦, 以昌其氣, 繼之以密詠恬吟, 以玩其味. 二者竝進, 使古人之聲調, 拂拂然若與我之喉舌相習, 則下筆爲詩時, 必有句調湊赴腕下, 詩成自讀之, 亦自覺琅琅可誦, 引出一種興會來. 古人云, "新詩改罷自長吟." 又云, "煆詩未就且長吟." 可見古人慘淡經營之時, 亦純在聲調上下工夫. 蓋有字句之時, 人籟也, 無字句之時, 天籟也. 解此者, 能使天籟人籟湊拍而成, 則於詩之道思過半矣. 『가훈』

20. 시어詩語를 풍부하게 하려는 자는 종류별로 나누고 가려내어 몸소 화제〔話頭〕를 체득하지 않으면 안 된다. 원간재袁簡齋·조구북趙甌北·오곡인吳穀人과 같은 근세의 문인들은 모두 시어를 손수 베껴 쓴 작은 책을 가지고 있는데, 이러한 사실은 많은 사람이 알고 있다. 완문달阮文達 공이 학정學政[199]이 되었을 때, 생원과 동생童生[200]의 협대夾帶[201]를 찾아서 스스로 더 세밀하게 관찰하여 손수 초록한 것으로

199 학정學政: 청나라 때 각 성의 교육행정을 주관하는 벼슬.
200 동생童生: 생원시에서 참가한 적이 없는 사람을 가리킨다.

대략의 조리가 있는 경우라면 진학시켜 주었고, 다른 사람이 초록한 것을 요청하여 진부한 문장을 대충 기록한 것이라면 관례에 따라 벌을 주어 물리쳤다.

완공阮公은 일대의 대 선비인데 문인으로 직접 베낀 협대의 조그만 책자가 없을 수 없음을 알았다. 창려昌黎의 "사건을 기록한 자는 반드시 그 요점을 제시하고, 말을 모으는 자는 반드시 현묘한 이치를 구해야 한다"는 것 또한 종류별로 나누어 손수 초록한 작은 책자에 해당한다. (…) 네가 예전에 『설문』과 『경의술문經義述聞』을 대충 보아 넘겼는데, 두 책 가운데 초록할 만한 것이 많다. 이외에 강신수江愼修[202]의 『유액類腋』과 『자사정화子史精華』[203] 『연감류함淵鑑類函』 등과 같은 책에도 초록할 만한 것이 더욱 많다.

欲求詞藻富麗, 不可不分類鈔撮體面話頭. 近世文人如袁簡齋·趙甌北·吳穀人, 皆有手鈔詞藻小本, 此衆人所共知者. 阮文達公爲學政時, 搜出生童夾帶, 必自加細閱, 如係親手所鈔, 略有條理者, 卽予進學. 如係請人所鈔, 槪錄陳文者, 照例罪斥. 阮公一代閎儒, 則知文人不可無手鈔夾帶小本矣. 昌黎之記事提要, 纂言鉤元, 亦係分類手鈔小冊也. … 爾曾看過『說文』『經義述聞』, 二書中可抄者多. 此外如江愼修之『類腋』, 及『子史精華』『淵鑑類函』, 則可抄者尤多矣. 『가훈』

201 협대夾帶: 과거를 치를 때 시험과 관련된 자료를 기록한 작은 책자로 일종의 커닝페이퍼다.

202 강신수江愼修: 청나라 학자 강영江永(1681~1762)을 이른다. 신수愼修는 그의 자다. 고거학考據學에 특히 뛰어났으며 '삼례'를 깊이 연구하여 『주례의의거요周禮疑義擧要』를 지었고, 음운·악률·천문·지리에도 밝아 많은 저술을 남겼으며, 대진·정요전程瑤田·김방金榜 등 우수한 제자를 길러냈다. 혜동惠棟 중심의 오파吳派와 함께 고증학의 양대 계통을 이루었던 환파皖派의 핵심 인물로 박학풍을 견지했다. 특히 천문역학 방면에 뛰어나 『수학數學』과 『추보법해』를 남겼다.

203 『자사정화子史精華』: 청나라 강희제가 윤록允祿, 오양吳襄 등에게 명하여 편찬한 유서類書로 모두 160권의 방대한 분량이다. 30개 부, 280류로 나누어 서술했다.

21. 네가 경서를 공부할 때는 물론 『주소注疏』를 보고 『주전朱傳』을 보아야 하지만, 모두 잡념을 비우고 의미를 구해야 한다. 그중에서 만족스러운 것이 있으면 붉은 붓으로 표시하고, 그 가운데 의심나는 것이 있으면 다른 책에 그 부분을 베껴 쓰고, 혹 변론할 것이 많으면 간혹 몇 글자만 적어놓는다. 그 후에 의심나는 것은 점차로 밝혀 그 조목 아래에 기록하여 오래도록 점차 책을 완성하면, 자연스럽게 날마다 진전이 있을 것이다. 고우高郵와 왕회조王懷祖 선생 부자의 경학은 청나라의 최고봉인데, 모두 독서하여 얻은 바를 그때그때 적어 놓은 책〔箚記〕으로 말미암은 것이다.

爾治經之時, 無論看注疏, 看朱傳, 總宜虛心求之. 其愜意者, 則以硃筆識出, 其懷疑者, 則以另冊寫一條, 或多爲辯論, 或僅著數字. 將來疑者漸晰, 又記於此條之下, 久久漸成券帙, 則自然日進. 高郵·玉懷祖先生父子經學爲本朝之冠, 皆自箚記得來. 『가훈』

22. 『설문』을 다 보고 난 후에는 『문선』을 한 차례 자세히 읽을 만하다. 한편으로는 자세히 읽고 한편으로는 베껴서 기록하며 한편으로는 모방하여 글짓기를 하여 그것을 그대로 본받는다. 기이한 글자나 올바른 뜻은 직접 베껴 쓰지 않으면 기억할 수 없고, 모방하지 않으면 익혀서 사용할 수 없다.

『說文』看畢之後, 可將『文選』細讀一過. 一面細讀, 一面抄記, 一面作文, 以倣效之. 凡奇僻之字, 雅故之訓, 不手抄則不能記, 不摹倣則不慣用. 『가훈』

23. 집중하지 못하는 허물은, 학습이 익숙하지 못한 것에서 기인하고 뜻이 서지 않은 것에서 말미암지만, 실제로는 아는 것이 진실하지 못한 것에 기인한다. 만약 진실로 집중하지 못하는 것이 마음을 해치

고 학문을 그치게 하는 것인 줄 알면, 마치 오훼烏喙[204]를 먹일 때 사람이 죽을 수 있는 것처럼 신중할 것이니, 반드시 하나에 집중할 것이다! 집중할 수 없어서 가리는 것이 없고 지키는 것이 없으면, 비록 생각하는 것들이 사서오경四書五經에 있더라도 그저 잡념에 신경을 쓰는 것일 뿐이다. 마음은 전체를 다스릴 수 없기 때문이다!
不能主一之咎, 由於習之不熟, 由於志之不立, 而實由於知之不眞. 若眞見得不主一之害心廢學, 便如食烏喙之殺人, 則必主一矣! 不能主一, 無擇無守, 則雖念念在『四書五經』上, 亦只算游心雜念. 心無統攝故也! 『일기日記』

24. 독서의 방법에 대해서, 두원개杜元凱는 마치 강과 바다가 사물을 널리 적시고 단비가 땅을 윤택하게 하는 것과 같다고 칭송했다. 만약 견문이 너무 적고 축적된 것(蘊蓄)이 너무 얕으면 비유컨대 한 국자의 물과 같아서 결코 돌아가며 서로 물을 대어주거나 윤택하여 풍요롭고 아름답게 할 수가 없다. 그러므로 군자는 작은 도 때문에 스스로를 한계지어서는 안 된다.
讀書之道, 杜元凱稱若江海之浸, 膏澤之潤. 若見聞太寡, 蘊蓄太淺, 譬猶一勺之水, 斷無轉相灌注, 潤澤豐美之象, 故君子不可以小道自域也. 『일기』

25. 책을 읽을 때는 글자의 뜻과 문장의 의미를 풀이하는 것(訓詁)으로 근본을 삼아야 한다.
讀書以訓詁爲本. 『일기』

204 오훼烏喙: 부자附子의 다른 이름이다. 양기陽氣를 돕고, 체온이 부족한 여러 병에 효험이 있다. 특히 중풍, 담궐, 이질 등에 약으로 쓰이나 독한 극약이다.

26. 한밤중에 고금의 정사政事와 인물을 분류대로 나누어서 손 가는 대로 뽑아 기록하면 참으로 유익할 것이다.

夜深, 思將古來政事人物分類, 隨手抄記, 實爲有益. 『일기』

280

호림익
胡林翼

호림익胡林翼(1812~1861)은 청나라 관리로 아버지인 달원達源에게서 송학을 배운 뒤 국사관에 들어갔다. 얼마 후 귀주지부貴州知府가 되어 묘족의 봉기와 이원발의 난을 진압했다. 증국번 등과 함께 태평천국군을 여러 차례 격파했으며, 1854년 후베이 순무가 된 후 재정을 확립하기 위한 이금제釐金制를 시작했고 전부田賦 등을 줄이는 등 민심을 안정시키는 데 힘썼다. 저서로 『호문충공유집胡文忠公遺集』[205] 『독사병략讀史兵略』[206] 등이 있다.

1. 책을 읽을 때는 두루 수집하고 깊고 멀리 보되, 세상의 이치와 사람의 도리에 대해서 두루 통달해야 세상과 역사의 변화에 대해 알 수 있어서 탁월하게 일가를 이룰 수 있다. 겨우 문구만을 가지고서 서로 자랑만 한다면 실학實學에 힘쓰는 것이 아니다.
讀書當旁搜遠覽, 博通天人, 庶幾知上下古今之變, 而卓然成家. 若僅僅以辭句相誇耀, 非所以勵實學也. 『가서家書』

205 『호문충공유집胡文忠公遺集』: 호림익의 저술로 주의奏議 51권, 서독書犢 42권, 비차批劄 3권, 어록 8권, 독사병로讀史兵路 28권, 매영걸찬연보梅英傑撰年譜 3권, 총 135권이다.

206 『독사병략讀史兵略』: 호림익이 지은 병서로 모두 46권이다. 1860년에 완성했다. 청말과 중화민국 시기에 군사학교에서 주요한 교재로 사용되었다.

2. 학업學業의 재능과 식견은 날마다 진보하지 않으면 날마다 퇴보하기 때문에 때와 상황마다 주의하고 힘 쏟는 것을 핵심으로 삼아야 한다. 일에는 크고 작은 일 없이 모두 정해진 당연한 이치가 있으니, 일을 할 때 합당한 이치를 깊이 생각한다면 어디든 배움이 아니겠는가? 옛사람이 "이 마음에는 물이 많아서 흐르지 않으면 바로 썩어버린다"라고 했고, 장괴애張乖崖[207]도 "사람은 때에 따라 지혜를 사용해야 한다"라고 했다. 이것은 마음을 쏟지 않는 사람들 때문에 그 방법을 말한 것이다. 날마다 마음을 기울일 수 있다면 하루에는 하루의 발전이 있고, 일마다 마음을 기울일 수 있다면 하나의 일에는 하나의 일에 대한 발전이 있을 것이다. 여기에서 시작하여 날마다 쌓고 달마다 축적한다면 학업과 식견이 다른 사람에게 미칠 수 없음을 어찌 근심하겠는가!

學業才識, 不日進, 則日退, 須隨時隨事, 留心著力爲要. 事無大小, 均有一定當然之理, 卽事窮理, 何處非學? 昔人云, "此心多水, 不流卽腐." 張乖崖亦云, "人當隨時用智." 此爲無所用心一輩人說法. 果能日日留心, 則一日有一日之長進, 事事留心, 則一事有一事之長進. 由此而日積月累, 何患學業才識之不能及人也! 『가서』

3. 역사서를 읽으려면, 첫 번째는 판단력이 있어야 하고, 두 번째는 선택 능력이 있어야 한다. 판단력은 옛사람의 우열과 옛 사건의 옳고 그름을 정하는 것이니, 옛일의 정황을 자세히 살피고 부패한 의론을 쓸어버린 이후에야 판단이 그릇되지 않는다. 선택 능력은 역사서의 가치를 정하는 것이다. 역사서는 매우 많아서 대부분 각기 다른 사람의 견해를 바탕으로 하여 자신의 견해를 드러낸다. 간혹 실수하거나

207 장괴애張乖崖: 장영張詠(946~1015)을 말한다. 괴애는 그의 호다. 북송 초의 명신으로 복주濮州 사람이다. 자가 복지復之이고 시호가 충정忠定이다. 저서로 『괴애집乖崖集』이 있다.

치우친 데서 벗어나기가 어려우니 잘 골라내는 능력을 더하지 않으면 쉽게 다른 이에게 속임을 당할 것이다.

讀史第一須有判斷, 第二須有抉擇. 判斷所以定古人之優劣, 古事之正否, 詳察昔日之情形, 掃去陳腐之議論, 而後判斷斯不誤. 抉擇所以定史書之價值, 蓋史書甚多, 而皆各就本人之見解以發揮. 或失之偏, 自所難免, 非加抉擇, 易爲人欺.『가서』

281

좌종당
左宗棠

좌종당左宗棠(1812~1885)은 청나라 말기의 정치가로 농민 반란과 폭동을 진압하는 등의 경험을 통해 해군의 중요성을 인식하고 프랑스로부터 기술 원조를 받아 조선소를 설립, 양무운동의 선구자가 되었다. 그 후 서북 지방의 염군과 이슬람교도들의 반란, 위구르족의 난을 평정했으나 청·프 전쟁에서 프랑스군에게 패했다. 『가서家書』 등이 있다.

1. 독서할 때는, 옛사람이 처리한 일과 대하는 대상에 대하여, 이것은 어떤 생각이고 어떤 기상인지 자세히 보아야 한다. 자신이 세상의 일에 대처하고 대상을 대할 때 이르러서도 역시 옛사람을 기준으로 하되, 만일 옛사람이 이런 일을 마주했을 때 그 처리하는 법은 마땅히 어떠했는지와 내 마음을 따라 처리하면 또한 어떻게 해야 하는지를 세심하게 비교해본 후에야 비로소 자신의 과오가 보이고, 옛사람의 도리가 드러나게 된다. 옛사람의 책과, 자신이 세상의 대상을 대하고 일을 처리하는 태도는 결코 별개의 일이 될 수 없다.
讀書時, 須細看古人處一事, 接一物, 是如何思量? 如何氣象? 及自己處世接物時, 又細心將古人比擬, 設若古人當此, 其措置之法, 當是如何? 我自己任性爲之, 又當如何? 然後自己過錯始見, 古人道理始出. 斷不可以古人之書, 與自己處世接物爲兩事. 『서찰書札』

2. 독서할 때는 눈으로 보고 입으로 말하고 마음을 다해야 한다. 네가 독서할 때 자획의 모양을 분명하게 보지 않고 구두를 명확하게 나누지 않으면, 이것이 눈으로 보지 않는 것이다. 목구멍〔喉〕·혀〔舌〕·입술〔脣〕·어금니〔牙〕·이〔齒〕의 다섯 가지 소리가 모두 정확하지 않고 애매모호하여 들을 때 분명하지 않으며, 혹 몇 글자가 많거나 몇 글자가 적어서 혼란만 가중되는 것이 바로 입으로 말하지 못하는 것이다. 경전經傳의 정밀한 의리와 깊은 뜻은 원래 초학자가 통달하기 어려우니, 대충 엉성하게 해석하는 것에 이르러서 명백하다고 여기기가 쉽다. 점차 세심하게 체득하고 이해하려고 하여 한 글자에서는 한 글자가 놓인 용도를 찾고, 한 구에서는 한 구의 도리를 구하고 하나의 사건에서는 사건의 본말을 구하고, 허사〔虛字〕에서는 그 분위기를 자세히 살피고, 실사〔實字〕에서는 그 의리義理를 헤아리면, 자연스럽게 조금씩 깨닫는 부분이 있을 것이다. 한때 깊이 생각해도 이해하지 못한다면 선생에게 해설을 요청하고, 여전히 깨끗이 풀리지 않으면 위아래의 문장 가운데 의리가 서로 가까운 다른 장이나 다른 부분을 가지고 유추하여 찾아내기를 반복하여, 마음에서 분명하고 입에서도 분명하게 되기를 기약한 다음에야 비로소 손을 놓을 수 있다. 총괄하자면 이런 마음으로 운용하여 글자 속이나 행간에서 때때로 사색하고 찾기를 반복해야 곧 마음을 다하게 된다.

讀書要目到口到心到. 爾讀書不看清字畫偏旁, 不辨明句讀, 不記清首尾, 是目不到也. 喉舌脣牙齒五音, 竝不清晰伶俐, 朦朧含糊, 聽不明白, 或多幾字, 或少幾字, 祇圖混過, 就是口不到也. 經傳精義奧旨, 初學固不能通, 至於大略粗解, 原易明白. 稍肯細心體會, 一字求一字下落, 一句求一句道理, 一事求一事原委, 虛字審其神氣, 實字測其義理, 自然漸有所悟. 一時思索不得, 卽請先生解說, 一時尙未融釋, 卽將上下文或別章別部義理相近者反復推尋, 務期了然於心, 了然於口, 始可放手. 總要將此心運在字裏行間, 時復思繹, 乃爲心到. 『서찰』

3. 책을 읽을 때는 순서대로 점차 나아가야 한다. 익숙하게 읽고 깊이 생각하여 조용하고 깊이 빠져서 그 의리의 취지를 넓힘에 힘쓰는 데 달려 있지, 구차하고 경솔하게 공부해서는 안 된다. 마음을 기르는 방법과 몸을 보양하는 방법도 여기에 있다.

讀書要循序漸進. 熟讀深思, 務在從容涵泳, 以博其義理之趣, 不可只做苟且草率功夫. 所以養心者在此, 所以養身者在此. 『가서家書』

282

사정경
謝鼎卿

사정경謝鼎卿은 자가 시후視侯이고, 뇌양耒陽 사람이다. 저서로 『독서설약讀書說約』이 있다.

1. 책을 읽을 때〔觀書〕에는 문자로 쓰이기 이전의 단계에 마음을 두어야 하고, 의의를 탐색할 때〔索解〕에는 주석으로 밝혀지기 이전의 단계에 마음을 두어야 하며, 문장을 배울 때〔學文〕에는 문장의 뜻에 통달하기 이전의 단계에 마음을 두어야 하고, 시세에 대해 논의할 때〔論世〕에는 공적이 세워지기 이전의 단계에 마음을 두어야 한다. 흔적이 있는 것에 의존하여 단지 후대 기록에 생각이 미치는 것보다, 차라리 형태가 없는 것을 이해하여 미리 그 이전의 상황에 생각을 이르게 하는 것이 낫다. 전 시대 사람들의 어려움을 알아야 전 시대 사람들의 유익함을 얻을 수 있다.

觀書宜置心文字未作之初, 索解宜置心傳注未明之初, 學文宜置心辭意未達之初, 論世宜置心事功未立之初. 與其依傍有迹, 徒落想於後, 不若體會無形, 豫致思於先. 方知前人之難, 方得前人之益. 『독서설약讀書說約』

2. 도道에는 본말本末이 있다. 그러므로 책에는 정미精微한 책이 있고 내용이 온축된 것이 있다. 도에는 체용體用이 있다. 그러므로 책에는 가리키는 것이 있고 반응하여 미치는 것도 있다. 정미한 것은 적

고 온축된 것은 많으며 가리키는 것은 직설적이고 반응하여 미치는 것은 완곡하니, 책을 읽을 때는 혼동해서 보면 안 된다.
道有本有末. 故書有精有蘊. 道有體有用, 故書有指有趣. 精少而蘊多, 指直而趣曲, 讀書未可混視. 『독서설약』

3. 독서의 방법으로 공자가 옛글을 산삭하고 첨가한 것을 본받아, 번잡한 것을 간결하게 하고 소략한 것을 자세히 하면, 반을 넘어선 것이다.
讀書之法, 觀孔子之刪贊, 繁者簡之, 略者詳之, 則思過半矣. 『독서설약』

4. 안자顏子(안연)는 부자夫子(공자)를 "차근차근 잘 깨우쳐주시되, 문文으로써 넓혀주고 예禮로써 요약하는 것에서 벗어나지 않았다循循善誘, 不外博文約禮"라고 칭송했는데, 이것은 앎과 행동을 아울러 말한 것이다. 그러나 앎과 행동은 각자 넓게 할 것과 요약할 것이 있다. 그러므로 맹자는 "고수하는 것은 요약된 것이고 베푸는 것은 널리 하는 것이 선한 도다守約而施博者, 善道也"[208]라고 했고, 또 "널리 배워서 그것을 자세히 해설하는 것은, 돌이켜서 요약된 것을 설명하고자 하는 것이다博學而詳說之, 將以反說約也"[209]라고 했다. 후대의 선비가 학문을 할 때 간략하게 요약하려고 하는 자는 넓게 하지 않음이 병폐이고, 널리 보는 자는 요약하는 것을 알지 못하는 것이 병폐다. 교화와 양육의 묘미가 변화하는 것은 거기에서 생긴다. 한편으로 넓게 하고

208 고수하는 (…) 도다: 『맹자』「진심」에 나온다. "말이 친근한데도 가리키는 것이 먼 것은 훌륭한 말이고, 지키는 것이 간략한데도 베풀어지는 것이 넓은 것은 훌륭한 도다. 군자의 말은 허리띠를 내려가지 않고도 도가 거기에 존재하고, 군자의 지킴은 자기 자신을 수양하여 천하가 평화롭게 된다言近而指遠者, 善言也, 守約而施博者, 善道也. 君子之言也, 不下帶而道存焉, 君子之守, 脩其身而天下平"라고 했다.

209 널리 (…) 것이다: 『맹자』「이루」에 나온다.

한편으로 요약하는 것은 서로 소용이 되기를 기대한다. 우리가 책을 읽을 때는 단지 넓게만 해서도 안 되고 곧바로 요약할 수도 없으니, 만약 넓게 하고 요약하는 가르침을 받들어 큰 근원으로 삼아 요약으로 인하여 널리 하는 것에 이르고 널리 한 것으로 말미암아 다시 요약할 수 있다면, 독서로 들어가는 지름길에 어긋남이 있겠는가?

顔子稱夫子循循善誘, 不外博文約禮, 此兼知行言也, 而知行各自有博約. 故孟子曰, "守約而施博者, 善道也." 又曰, "博學而詳說之, 將以反說約也." 後儒學術, 簡約者病不能博, 博贍者病不知約. 夫化育之妙, 闢闔生焉, 一博一約, 相需爲用. 我輩讀書, 不可徒博, 不能徑約, 若奉博約之訓, 以爲宗主, 由約及博, 由博反約, 門徑豈有差乎. 『독서설약』

283

유홍업
劉鴻業

유홍업劉鴻業은 자가 백고伯固이고 상향湘鄕 사람이다. 『약언藥言』『빙언冰言』 등의 책을 편집해서 냈다.

1. 묻는 것이 곧 학문이다. 묻기를 좋아하는 것이 학문을 좋아하는 것이고, 묻기를 잘하는 것이 공부를 잘하는 것이다.
問卽是學, 好問卽是好學, 善問卽是善學. 『빙언冰言』

2. 배운 것은 반드시 사용해야 할 때 드러나야 귀하다. 그렇지 않으면 쓸모없는 유생일 뿐이다.
學者必見於用乃可貴. 不然, 一腐儒耳. 『빙언』

284

팽옥린
彭玉麟

팽옥린彭玉麟(1816~1890)은 청나라 관리로 도광道光 말에 이원발의 반란을 진압하는 데 참여했다. 나중에 뇌양耒陽에 이르러 다른 사람을 위해 경리를 맡았는데, 허장성세의 전법으로 인근에 있던 태평천국군을 물리쳤다. 다시 증국번에게 투신하여 상군 수군水軍을 통솔했다. 1863년 수군을 지휘해 구보주九洑洲를 격파하고, 진격하여 천경天京의 식량 보급로를 차단했다. 전투가 끝난 뒤 장강長江의 수사영제水師營制를 정하고 해마다 장강을 순시하니 명성이 더욱 알려졌다. 프랑스와의 전쟁 때에는 휘하 장병을 이끌고 호문虎門에 주둔하면서 화의를 강력하게 반대했다.

1. 독서의 비결을 묻는데, 비결은 다른 데 있는 것이 아니라, 그저 괴로움을 이겨내고 인내할 줄 아는 것일 뿐이다. 부모님이 가르칠 때는 마음을 딴 데 두거나 두 가지 일을 함께 하지 말고, 항상 잘 받들어 법도로 삼아야 한다. 한 구절이 통하지 않으면 그것을 명확하게 분별하고 의리를 연구하여 찾는 것으로 근본을 삼되, 사물을 고찰하여 그 근거를 찾는 것을 지엽으로 삼아야 한다. 마음에 흡족하지 않는 것이 있으면, 한 해가 가고 몇 달이 걸려도 그것을 공부해야 한다. 힘써 하나의 경서에 통달한 후에 그 경서를 다시 읽을 때, 지겹다는 생각이 들 때면 거의 그 본연의 뜻을 깨닫게 된 것이다. 내가 한 말을 따를 수 있다면 마땅히 아득하게 깨닫는 바가 있을 것이다.

承詢讀書祕訣, 無他, 兄但知攻苦能耐耳. 堂上有訓, 囑勿兼營竝騖, 兄常奉爲圭臬. 一句未通, 明辨之, 以研尋義理爲本, 考据名物爲末. 偶有不洽於心, 能窮年累月而爲之. 務使一經通後, 再讀他經, 初生厭倦, 近覺醇然. 弟能仿我所爲, 當有所妙悟耳.『가서家書』

2. 책을 읽는 것은 자수刺繡를 놓듯이 해야 한다. 그래야 가는 바늘로 수를 촘촘히 놓은 곳이 정교하게 보이게 된다. 한 권의 책을 손에 쥐고 마음 가는 대로 여러 쪽을 두서없이 읽거나 몇 장을 들춰본다면, 책의 큰 줄거리와 정미한 곳은 막연하여 알 수 없게 된다. 달리는 말을 탄 채 꽃을 보면 그 운치와 아담함을 모른다.
讀書當如刺繡, 細針密縷處, 方見工巧. 若一編在手, 隨意亂繙幾葉, 鈔摘幾章, 則此書之大局精處, 茫然不知也. 走馬看花, 騷雅不取, 卽此意也.『가서』

285

이홍장
李鴻章

이홍장李鴻章(1823~1901)은 청나라 말기의 정치가로 호가 점보漸甫, 시호가 문충文忠. 1847년 진사에 합격, 1862년 증국번의 추천으로 장쑤 순무사가 되어 태평군의 진압에 공을 세웠고, 후에 각지에서 일어나자 염비念匪 등의 난을 평정했다. 1863년 외국어 학교의 설립, 1867년 병기창兵器廠의 창설, 육해군의 편성, 유학생의 파견 등 중국의 근대화에 노력했다. 조선에 와서 일본의 독점적 세력을 방지하기 위하여, 조선의 대표 김윤식金允植 공사에게 한미 통상 조약 체결을 적극 권면했으며, 1880년 한국 관제 개혁 후에 청인淸人 마건상馬建常 등 3인을 천거하여 정치·외교·관세關稅 각처에 고문을 두게 했다.

문장을 읽는 법은, 좋아하는 것을 선별하고 뽑아서 익숙하게 암송할 수 있어야 한다. 계절마다 반드시 암송해야 할 글 몇 편을 목표로 삼되 자구字句가 어떻게 결합되고 편篇과 단락이 어떻게 배치되어 있는지 길을 다니거나 앉아 있을 때도 생각한다면, 시선을 집중하고 듣기를 반복하는 사이에 본보기를 취할 수 있을 것이다. 정신을 연마하고 익히는 것이 깊어지면 문장을 짓는 것이 저절로 매우 익숙해져서 유창해진다. 그러므로 높은 소리로 맑게 외우고 굽어 살피며 깊이 읊조리는 성실한 공부가 결코 적다고 할 수 없을 것이다.

讀文之法, 可擇愛熟誦之. 每季必以能背誦者若干篇爲目的, 則字句

之如何聯合, 篇段之如何布置, 行思坐思, 便可取象於收視反聽之間. 精神之研習旣深, 行文自極熟而流利, 故高聲朗誦與俯察沈吟種種功夫, 萬不可少也!『가서家書』

286

황보
黃黼

황보黃黼는 자가 불린紱麟이고, 호남湖南 사람이다.

1. 가장 좋은 독서법은, 책의 첫 문장을 읽을 때부터 저자가 세상에 대해 논의한 뜻을 먼저 알고, 제목을 붙이게 된 내력을 밝혀서 마음속에 분명히 하는 것이다. 내가 저자와 같은 상황에서 글을 짓는다면 어떻게 의도하고 어떻게 글을 쓰고 어떻게 어휘를 구사할지 거듭 깊이 생각하여 그 문장의 적절함을 구해야 한다. 문장이 적절하다면, 책의 수준과 우열에 모두 주관이 이루어지게 된다. 거듭 그 문장을 읽고 나서 작문법이 나와 합당한지의 여부와 나와 합치되는 것 가운데 뛰어난 것은 얼마나 드러났고 나를 넘어선 것 가운데 차이가 나는 것은 어느 단계의 수준인지 본다면 그 득실을 절로 알 수 있다. 이른바 "문장은 천고千古의 일이니, 그 득실은 마음으로 안다"[210]는 게 이것이다. 이에 읽으면 기뻐 책상을 치고 일어나 춤추고 뛰어다니며, 읽으면 슬퍼서 눈물이 줄줄 흐르고 끊임없이 하소연하게 된다. 이때는 옛사람이 내가 되고 내가 옛사람이 되는 줄도 모르고 다만 정신이 문장에 들어가고 문장이 마음에 들어와서 영원히 잃어버리지 않음을 깨달을 뿐이다. 세월이 지난 후에 붓을 움직일 때마다 마음에 들지만 스스로 어디에서 온 것인지 모른다. 그러나 초학자에게는 이러

210 문장은 (…) 안다: 두보의 시 「우제偶題」에 나오는 구절이다. "문장은 천고의 일이라, 그 득실은 마음으로 안다네文章千古事 得失寸心知"라고 했다. 『두소릉문집杜少陵詩集』 권18에 수록되어 있다.

한 경지를 바라기 쉽지 않다.

上等讀法, 將讀此首文, 先宜知人論世, 考明題目來歷, 了然於心. 如我當境作文一般, 要如何用意下筆遣詞, 再四沈思, 思之得不得. 得之, 其淺深高下, 俱有成見, 再去讀其文, 看其作法, 合我與否? 合我者高幾著? 出我者遠幾層? 得失自知矣. 所謂文章千古事, 得失寸心知者此也. 於是讀之而喜, 拍案叫絕, 起舞旋走. 讀之而悲, 涔涔淚落, 脈脈欲訴, 斯時不知古人爲我, 我爲古人, 但覺神入文, 文入心, 永不失矣. 日後動筆輒合, 在己亦不知何來, 然在初學或不易企.『논독고문법論讀古文法』

2. 다음 등급의 독서법 역시 먼저 작가가 세상에 대해 논한 것을 알고, 제목의 내력을 고찰하여 밝혀야 한다. 그렇게 한 뒤에 글자와 구절을 따라 자세히 읽고, 단어를 배치하고 어휘를 구사할 때 어떻게 단련했는지 보며, 마디와 단락을 따라 그것을 자세히 읽고 세밀히 생각하며, 이어짐과 기복이 어떻게 변화하는지 보고, 전편(通篇)의 억양과 운치에 따라 천천히 읽으면서 그 가락을 찾고, 전편을 통해 한 차례 집중하여 읽되 그 맥락과 글의 형세를 살피며, 전편의 구성·호응 관계·문장을 구성하는 법이 하나하나 완전하고 세밀한지의 여부를 거듭해서 살핀다면 그제야 고문古文에 대하여 절로 마음에 이해되는 점이 있을 것이다. 고문을 읽을 수 있다면 훗날 저절로 글을 지을 수 있다는 말이 이것이니, 초학자에게 가장 절실하다. 만약 옛사람의 글자와 글귀가 생소하여 분명하지 않고 뜻이 심오하고 명확하지 않은 경우에는, 해석할 수 있다면 해석을 하고 그렇지 않으면 깊은 이해를 구하지 않아야 한다. 독서는 대체로 글의 대의大意를 얻는 것이 중요하니, 이것이 옛사람이 독서를 잘한다고 말한 것이다. 만약 반드시 글자와 구절마다 잃어버리지 않는다면 장차 모두 알맞게 사용 수 있을 것이다. 그러나 문장을 추구해 일가를 이루려고 한다면, 가볍게

이해하고 깊은 이해를 구하지 않는다면 또한 안 될 것이다.

次等讀法, 亦須知人論世, 先考明題目來歷. 然後逐字逐句而細讀之, 看其措語遣詞, 如何錘鍊? 又逐節逐段而細思之, 看其承接起落, 如何轉變? 又將通篇抑揚唱歎, 緩緩讀之, 審其節奏, 又將通篇一氣緊讀, 審其脈絡局勢, 再看其通篇結構照應章法, 一一完密與否? 則於此首古文, 自有心得矣. 能讀古文, 異日自能作古文者此也. 初學最要! 若古人字句險僻不亮, 用意深晦不明者, 可解則解, 否則不求甚解, 蓋讀書貴得大意, 此古人所謂善讀書也. 如必字字句句不遺, 將皆可適用乎哉! 然特爲執著者開一門, 如易解而不求深解, 則又不可! 『논독고문법』

287
유월
兪樾

유월兪樾(1821~1906)은 청나라 말기의 학자로 자가 음보蔭甫이고, 호가 곡원曲園이며, 저장성 덕청德淸 사람이다. 진사에 급제하여 한림원 편수가 되었고, 그 뒤 서원의 학장으로 면학에 정진했다. 『춘재당전서春在堂全書』가 있다.

옛사람이 학사 노소궁盧紹弓[211]을 평가하기를 "다른 사람이 책을 읽으면 책의 도움을 받아들이는데, 그대가 책을 읽으면 책이 그대의 도움을 받는다"라고 하니, 노소궁이 무안해했다. 올 여름에 서안瑞安의 손이양孫詒讓(자가 중용仲容)이 새로 저술한 『찰이札迻』 12권을 나에게 보여주었다. 고서古書를 교정한 것이 모두 77종이었다. 그는 훈고에 정통하고 가차에 통달하여, 옛 전적을 근거로 삼아서 그릇된 것을 바로잡고 빠진 것을 보충하고 경서의 뜻에 근본을 두고 옛 말씀을 해석했다. 하나의 설을 내놓을 때마다 전후의 문장이 모두 기꺼이 이치를 따르게 했다. 완문달阮文達이 왕백신王伯申[212] 선생의 『경의술문經義述聞』의 서문을 지으면서 다음과 같이 말했다. "옛 성현이 읽었다면

211 노소궁盧紹弓: 청나라 학자 노문초盧文弨(1717~1795)를 이른다. 저장 인화仁和 사람. 자가 소궁召弓, 소궁紹弓이고, 호가 기어磯漁, 포경抱經이다. 노존심盧存心의 아들이다. 1752년 진사가 된 후 여러 관직을 지냈고, 퇴임한 뒤 저장 종산鍾山, 숭문崇文, 용성龍城 등의 서원에서 20여 년간 주강을 지내며 대진, 단옥재 등과 교유했다. 평생 책 교정을 즐겼는데, 가장 뛰어난 업적으로 『군서습보群書拾補』가 있다. 이 책은 38종의 경사자집에 주를 단 것이다. 17종의 책을 모은 『포경당총서抱經堂叢書』를 교간校刊했는데 가장 정심하다는 평을 받았다.

212 왕백신: 원서의 옥玉은 왕王의 오기라 바로잡았다. 백신伯申은 왕인지王引之의 자다.

반드시 활짝 웃으면서 '내가 하려는 말이 본래 이와 같았는데, 수십 년 동안 잘못 풀이했다가 이제야 분명한 풀이를 얻었구나'라고 하실 것이다." 중용仲容이 지은 『찰이』도 대체로 이와 같다. 그렇다면 책이 중용에게 받은 도움 또한 절로 얕지 않은 것이다.

나는 예전에 다음과 같이 말했다.

"교감〔校讎〕하는 방법은 공씨孔氏에게서 나왔다. 자공子貢은 진晉나라의 역사를 읽고, '삼시三豕'가 '기해己亥'를 잘못 표기한 것임을 알았다[213]고 했는데, 그것이 하나의 예다. 노나라 소공昭公 12년 조의 『공양전』에서 '백우양伯于陽'이라는 것은 무엇인가? 공자公子 양생陽生이다. 공자는 "나는 그것을 알았다"고 했다.

하소공何劭公은 "'공公'을 틀리면 '백伯'이 되고, '자子'를 틀리면 '우于'가 된다. '양陽'은 그대로 두고, '생生'은 삭제하여 빼버린 것이다"라고 했다. 이것이 곧 독서할 때 반드시 글자마다 교열하는 이유이며 역시 공씨의 가법家法이다.

한나라 유학자들은 경서를 해석하는 것으로 근본을 삼았다. 이것은 두자춘杜子春[214]으로부터 시작되었다. 두자춘은 『주례』를 전공하면서 늘 어떤 글자는 당연히 어떤 글자로 써야 한다고 했는데, 바로 글자를 바로잡는 학문의 시작이었다. 이로부터 문자를 바로잡는 것이 경서를 전공하는 일의 핵심이 되었다. 후대 사람 중에서 경서를

213 자공은 (…) 알았다: 『여씨춘추』「찰전察傳」에 "자하가 진나라에 가다가 위衛나라를 지나게 되었는데, 역사 기록을 읽는 이가 '진나라 군대에서 삼시(세 마리 돼지)가 황하를 건넜다師三豕涉河'라고 했는데, 자하가 '아니다. 이것은 삼시가 아니라 기해己亥다. 기己자와 삼三자가 서로 비슷하고, 시豕자와 해亥자가 유사하기 때문에 그렇게 썼다非也, 是己亥也. 夫己與三相近, 豕與亥相似'라고 했다. 진나라에 도착해서 그것에 대해 물어보니, '진나라 군대가 기해己亥일에 황하를 건넜습니다'라고 했다"고 했다.

214 두자춘杜子春: 후한 하남河南 구씨緱氏 사람. 전한 말에 유흠에게 『주례周禮』를 배웠다. 세상이 어지러워져 유흠의 제자 대부분이 죽었는데, 그만 명제明帝 영평永平 초까지 생존했다. 나이가 근 아흔 살이었다. 태중대부를 지냈다. 후한 때의 유자 정중鄭衆과 가규賈逵 등이 모두 그에게 배웠다. 초기에는 『춘추공양전』을 연구했으며, 나중에 『좌전』과 『주례』를 연구했다. 그가 주를 단 『주례』는 정현이 채용했으며, 정중, 가규 등에게 전해졌다. 저서에 『주례두씨주周禮杜氏注』가 있다.

전공하기 위해 여러 책을 공부하게 된다면, 글자를 바로 잡으려는 노력이 사부四部에 두루 미쳐야 한다. 자신이 책의 도움을 받기를 바란다면, 반드시 책이 먼저 나의 도움을 받도록 해야 한다. 그렇게 하지 않으면 '할신권割申勸'이 '주전관周田觀'이 되고[215] '이사사而肆赦'가 '내장문內長文'이 되어버리니[216], 구두를 제대로 끊지도 못하면서 어떻게 그 뜻을 얻을 수 있겠는가?

昔人有謂盧紹弓學士者曰, "他人讀書, 則受書之益, 子讀書, 則書受子之益." 盧爲憮然. 今年夏, 瑞安·孫詒讓·仲容, 以新著『札迻』十二卷見示, 讎校古書, 共七十有七種. 其精熟訓詁, 通達假借, 援據古籍以補正訛奪, 根柢經義以詮釋古言. 每下一說, 輒使前後文皆怡然理順. 阮文達序王伯申先生『經義述聞』云, "使古聖賢見之, 必解頤曰, 吾言固如是, 數十年誤解, 今得明矣." 仲容所爲『札迻』, 大率同此, 然則書之受益於仲容者, 亦自不淺矣. 余嘗謂"校讎之法, 出於孔氏, 子貢讀晉史知三豕爲己亥之誤, 卽其一事也. 昭十二年『公羊傳』, 伯于陽者何? 公子陽生也. 子曰, 我乃知之矣. 何劭公謂知公誤爲伯, 子誤爲于, 陽在, 生刊滅闕. 是則讀書必逐字校對, 亦孔氏之家法也. 漢儒本以說經, 蓋自杜子春始, 杜子春治『周禮』, 每曰字當爲某, 卽校字之權輿也, 自是以後, 是正文字, 遂爲治經之要. 至後人又以治經者治群書, 而筆鉞墨灸之功, 徧及四部矣. 夫欲使我受書之益, 必先使書受我之益, 不然, '割申勸'爲'周田觀', '而肆赦'爲'內長文', 且不能得其句讀, 又烏能得其旨趣乎?"『찰이서札迻序』

215 할신권 (…) 되고: 『서경』「군석君奭」 편의 원문은 "君奭曰 在昔上帝 周田觀文王之德 其集大命于厥躬"인데 해당 구절에서 '주전관周田觀'에 대해, 정현은 "고문을 보면 '주전관문왕지덕周田觀文王之德'이 아니라 할신권영왕지덕割申勸寧王之德이다"라고 했다. 이것은 원전의 글자가 전서와 모양이 비슷하여 잘못 읽어 생긴 오류다.

216 이사사而肆赦 (…) 되어버리니: '이사사而肆赦'는 『한서』「무제기武帝紀」의 "형벌은 간사함을 막으려고 하는 것이고, 사면해주는 것은 친애함을 보이려는 것이다夫刑罰所以防姦也, 而肆赦所以見愛也"라는 구절에 나온다. 여기서 '이사사而肆赦'를 잘못 읽어 '내장문內長文'이라고 본 것이다.

288

장지동
張之洞

장지동張之洞(1837~1909)은 청말의 정치가·학자로 호가 호공壺公, 무경거사無竟居士이며, 만호가 포빙抱冰이다. 광아廣雅란 호도 썼다. 젊었을 때 사장詞章을 잘 지었다. 보정寶廷, 진보침陳寶琛, 장패륜張佩綸 등과 함께 청류淸流로 불렸다. 1863년 진사시에 합격했으며, 프랑스와의 전쟁 때 양광총독에 임명되어 풍자재馮子材를 기용해 프랑스군을 격파했다. 호광총독으로 20여 년을 지내면서 노한철로盧漢鐵路를 깔고 한양철창漢陽鐵廠과 평향매광萍鄕煤礦, 호북창포창湖北槍炮廠을 경영하는 한편 방직사국紡織四局를 설치하고 양호서원兩湖書院 등을 창설하여 양무파의 영수가 되었다. 저서로 『서목답문書目答問』[217] 『유헌어輶軒語』 『광아당집廣雅堂集』 등이 있다.

1. 독서에는 마땅히 들어가는 문과 지름길이 있다. 제멋대로 돌아다니며 귀의할 곳이 없으면 평생을 해도 얻는 것이 없다. 문을 찾아 들어가면 일은 반이 되나 효과는 그 배가 된다.

책에는 경서〔經〕, 사서〔史〕, 문장서〔詞章〕, 경제서〔經濟〕[218], 천문수학서〔天算〕, 지리서〔地輿〕가 있는데, 경서는 어떤 것을 읽고, 역사서는

217 『서목답문書目答問』: 장지동이 편찬했다. 주로 학생들에게 어떠한 책을 읽어야 하는지, 어떤 판본이 선본善本인지 알려주는 내용이다.

218 경제서經濟: 국가를 다스리는 것을 다루는 책을 말한다.

어떤 것을 읽으며, 경제서에는 어떤 조목들이 있는가? 그 종류에 따라 찾아보면 각각의 주석서〔專注〕가 있게 마련이다.

경서의 주석서에 이르러서는 어떤 책이 스승에게서 전수받은 오랜 학문이고, 어떤 책이 근본 없는 세속의 학문인가? 역사서의 주석에 이르러서는 어떤 책에 법이 있고 어떤 책이 체제를 잃었는가, 어떤 책이 상세하고 주도면밀하며, 어떤 책이 엉성하고 오류가 많은가? 문장서〔詞章〕에 이르러서는 어떤 책이 정통의 모범적인 문장이고 어떤 책이 아류인가? 등에 대해서 더욱 선별하여 분석해야만 총명함을 잘못 사용하는 지경에 이르지 않는다. 이 일에는 당연히 스승이 있어야 한다. 그러나 스승을 어찌 쉽게 얻을 수 있겠는가? 책이 곧 스승이다. 지금 여러 학생을 위하여 한 명의 좋은 스승을 지목하니 『사고전서총목제요四庫全書總目提要』[219]를 한번 읽어본다면 대략 학문의 문과 지름길을 알 수 있을 것이다.

讀書宜有門徑. 汎濫無歸, 終身無得. 得門而入, 事半功倍. 或經, 或史, 或詞章, 或經濟, 或天算·地輿, 經治何經? 史治何史? 經濟是何條? 因類以求, 各有專注. 至於經注孰爲師授之古 學? 孰爲無本之俗學? 史傳孰爲有法? 孰爲失體? 孰爲詳密? 孰爲疏舛? 詞章孰爲正宗? 孰爲旁門? 尤宜抉擇分析, 方不致誤用聰明. 此事宜有師承, 然師豈易得, 書卽師也. 今爲諸生指一良師, 將『四庫全書總目提要』一過, 卽略知學問門徑矣. 『유헌어輶軒語』

2. 독서할 때는 폭넓게 읽어야 한다. 먼저 폭넓게 읽고 난 뒤에 요약

219 『사고전서총목제요四庫全書總目提要』: 청나라 때 만들어진 책 목록서. 기윤紀昀이 총책임을 맡아 소진함邵晉涵·대진戴震·주수창周壽昌 등이 작성한 원고의 선별·윤문을 전담하고 경부經部 서적의 제요를 직접 집필해 1782년에 완성했다. 총 200권이며 『사고전서』에 들어가는 모든 책을 '경經, 사史, 자子, 집集' 등 네 분류로 나누어 목록을 정리했으며, 각 서적의 이름 밑에 그 대요大要를 간단하게 설명했다. 줄여서『총목제요總目提要』라고도 한다.

하는 것이, 『논어』와 『맹자』에 두루 통용되는 법칙이다. 물론 어떤 종류의 학문이든 우선 많이 보고 많이 들어서 거듭 마음으로 이해해야 한다. 천하에 있는 책은 늙어 죽을 때까지 읽어도 이루 다 읽을 수 없으니, 넓게 읽는 방법은 어떻게 해야 하겠는가? 중요한 것을 선택하는 데 달려 있을 뿐이다.

고서古書는 해석하지 않을 수 없고〔참된 책은 많지 않으며 참된 고서는 쓸데없는 것이 없다.〕 유용한 책은 보지 않을 수 없으며〔고서나 요즘 서적에 제한이 없다.〕 전문서적은 자세히 살펴서 통달하지 않을 수 없다.〔어떤 학문을 할 것인지 뜻을 세우는 것이니, 이런 종류의 책이 곧 전문서적이다.〕 이와 같이 할 수 있으면 경계가 있어 끝까지 연구할 수 있다.

만약 경서를 전공하는 자가 잡되게 보고 억지로 사색하면, 위서僞書나 통속적인 책에 근거하는 경우가 많다. 역사서를 읽는 자가 그 말만 기억하고 역사를 서술하는 방법을 깨닫지 못한다면, 이상한 소문만 많이 모은 채 중요한 사건의 전말은 체계적으로 고찰하지 못한다. 문장을 지으려는 자가 잘 사용하지 않는 전고나 어려운 글자를 쓰면서 원류와 분파에 대해 분명히 모르면, 글을 화려하게 꾸미고 지나치게 아름답게 쓰면서도 글자의 뜻이 정확한 표준에 맞지 않고 인용도 단지 유서類書에 의지할 뿐 근원을 구하지 않는다. 경세서를 연구하는 자가 당대의 고사故事에 대해서 통달하지 못하면, 비록 입으로는 거침없이 말하고 수만 자의 글을 써 내려 가더라도 오히려 조악할 것이다. 여러 폐단을 제거할 수 있어야만 곧 폭넓다고 할 수 있다.〔비록 눈으로 보지 못한 책이 있고, 문장에 보기 드문 말이 없더라도 폭넓음에는 해가 되지 않는다.〕

讀書宜博. 先博後約, 『語』『孟』通義. 無論何種學問, 先須多見多聞, 再言心得. 天下書, 老死讀不可徧, 博之爲道將如何? 曰在有要而已. 古書不可不解, 〔眞者不多, 眞古書無無用者.〕 有用之書不可不見, 〔不限古今.〕 專門之書不可不詳考貫通, 〔立志爲何等學問, 此類書卽是專門.〕 如是則有涯涘可窮矣. 若治經者, 雜覽苦思, 而所据多僞書俗

本. 讀史者, 記其詞語, 而不曉史法, 多蒐異聞, 而本事始末未嘗通考. 爲詞章者, 頗有僻典難字, 而流別不明, 華藻富豔, 而字義不合雅訓, 引用但憑類書, 而不求本源. 講經濟者, 不通當代掌故, 雖口如懸河, 下筆萬言, 猶之陋也. 能祛數弊, 斯爲博矣. 〔雖目有未見之書, 文無希見之語, 不害爲搏.〕『유헌어』

3. 책을 읽는 것에 대해 기억력이 좋지 않은 것으로 핑계를 대지 말라. 요즘 사람 중에서 독서를 좋아하지 않는 자가 이것으로 구실을 삼는 것을 늘 보는데, 이는 사람을 속이는 짓이다. 하루에 책 한 쪽을 기억하고 한 달에 한 권을 기억하면 10년 사이에 100여 권을 기억할 수 있다. 주죽타朱竹垞[220]가 말하기를 "세상에 어찌 한 번 보고 잊지 않고, 한 글자라도 빠트리지 않는 자가 있겠는가? 다만 매우 중요한 곳을 가려내어 그 부분을 기억할 뿐이다"라고 했다. 죽타竹垞는 청나라에서 가장 박식하고 고상한 사람인데, 그가 이처럼 배우는 자들에게 알려주었다.
讀書勿諉記性不好. 每見今人不好讀書者, 輒以此藉口, 此欺人也. 日記一葉, 月記一卷, 十年之內, 可記百餘卷矣. 朱竹垞有言, 世豈有一覽不忘, 一字不遺者? 但須擇出切要處記之耳. 竹垞爲本朝第一博雅人, 其說如此, 以告學者. 『유헌어』

4. 독서는 두려워하거나 어려워할 필요가 없다. 한 권의 경서나 한 권의 역사서, 옛 문집 중에서 하나의 학파와 문장 중에서 하나의 문체, 경제經濟 중에서 하나의 분야를 가지고 전념해서 검토해야 한다. 옛 스승에 대해서 두루 본보기로 삼되 그 대략을 살펴보고 핵심을 알

220 주죽타朱竹垞: 청나라 학자 주이존朱彝尊을 이른다.

면, 다시 차례로 섭렵해나갈 뿐이다. 이와 같이 하면 10년이 안 되어 스스로 우뚝 설 것이다.〔총명하고 노력하며 스승과 벗을 얻은 자는 그 성취가 이 정도로 그치지 않을 것이다.〕 이 이후로는 근처에서 학문의 원천을 만나게 된다.〔아울러 여러 전적을 정밀하게 연구하여 좋게 되기를 바라지만 단지 사람이 타고난 정신과 기력은 세월의 제한이 있다. 그러므로 하나를 위주로 하되 나머지 것으로 보충하면 종신토록 써도 다하지 않을 것이다. 재능이 남는 자는 마음대로 하면 된다.〕 무릇 끊어진 항로에 배를 띄워서 바다에 이르려고 하거나, 말을 몰아 북쪽으로 가면서 월越나라에 이르려고 한다면 어렵지 않겠는가! 나루가 분명하고 방향이 정해져서 길을 따라 간다면, 얼마 지나지 않아 목적지에 도착하는 데 무슨 어려움이 있겠는가?

讀書不必畏難, 一經一史, 古集一家, 詞章一體, 經濟一門, 專精探討. 通鑑古子, 觀其大略, 知其要領, 又其次涉獵而已. 如此爲之, 不過十年, 卓然自立.〔聰強而得師友者, 所得尙不止此.〕自茲以往, 左右逢源.〔兼精群籍原好, 但人生精力歲月有限, 以一爲主, 以餘爲輔, 已可終身用之不盡. 才力有餘者, 任自爲之.〕夫航斷港而求至海, 驅北轍而求至越, 則難矣! 若津渡顯然, 定向有在, 循途而行, 計日而到, 何難之有?『유헌어』

5. 독서할 때 책이 없다거나 여가가 없다고 핑계 대지 마라. 살 수 있으면 사고 살 수 없으면 빌리되, 책을 얻을 때마다 보기를 오랫동안 하면 저절로 풍부해질 것이다. 만약 반드시 3만 권의 책이 시렁에 꽂혀 있기를 기다린 뒤에 독서를 계획한다면 평생토록 그런 날은 오지 않을 것이다. 설령 사부四部의 책[221]을 나란히 펼쳐놓고서 그것을 하루 만에 다 읽을 수 있겠는가? 어찌됐든 일단 가지고 있는 책을 다 읽은 다음에 다른 책 읽기를 도모해야 한다.

221 사부四部의 책: 모든 고서. 중국에서는 고서를 경經·사史·자子·집集 4분류로 나누었는데 사부는 그것을 합하여 부르는 말이다.

또 하나의 폐단이 있는데, 다른 사람들에게 독서하라고 권하면 대부분 여유가 없다고 말하지만, 놀거나 낮잠 자는 시간은 생각하지 않으니 책을 읽을 시간은 많다. 한 쪽이나 여러 줄에 우연히 눈이 닿았다가 뒷날 그 일을 겪으면 혹 곧바로 적절하게 활용할 수 있게 된다. 스스로 어린 학동이 아니라고 생각해야 진심으로 독서를 하려는 자이니, 종일토록 옷깃을 단정히 하고 꼿꼿하게 앉는 것을 독서하는 시간으로 한정하는 일은 결코 없을 것이다.

讀書勿諉無書無暇. 能購, 購之, 不能, 借之, 隨得隨看, 久久自富. 若必待插架三萬, 然後議讀, 終身無此日矣. 卽使四部騈羅, 豈能一日讀盡? 何如姑盡所有, 再謀其他. 更有一蔽, 勸人讀書, 多謂無暇, 不思嬉遊晝寢, 爲暇多矣! 一葉數行, 偶然觸目, 他日遇事, 或卽恰收其用. 自非幼學, 眞讀書者, 斷無終日整襟危坐, 限定讀書時刻之事也.『유헌어』

6. 책을 읽을 때는 마땅히 좋은 판본을 구해야 한다. 좋은 판본은 종이가 깨끗하고 판이 새로운 책을 말하는 것이 아니라, 선배 중에서 통달한 사람이 예전에 판각한 여러 판본을 정밀하게 비교하고 자세하게 바로잡아서 교감한 내용을 덧붙여서, 잘못되거나 빠진 글자가 없는 판본을 말한다. 여기에는 쉽고 간단한 방법이 하나 있다. 처음 공부하는 이가 책을 구입할 때는 단지 그 서문序文을 보되, 이 판본이 요즘 시대에 교정과 판각을 다시 하여 정밀하고 글자가 자세하며 정교하게 새긴 것이라면 좋다.

좋은 판본의 뜻은 세 가지가 있다. 하나는 판본이 훌륭한 것이다.〔빠진 권이 없고, 삭제된 부분이 없는 것〕 두 번째는 판본이 정밀한 것이다.〔교정이 정밀하고, 주석이 정밀한 것〕 세 번째는 판본이 오래된 것이다.〔판본에 새긴 지 오래되고 등사한 지 오래된 것〕

讀書宜求善本. 善本非紙白板新之謂, 謂其爲前輩通人用古刻數本精校細勘付栞, 不譌不闕之本也. 此有一簡易之法, 初學購書, 但看其序

是本朝重校刻, 而密行細字寫刻精工者, 卽佳. 善本之義有三, 一足本, 〔無闕卷, 無刪削.〕 二精本, 〔一精校, 一精注.〕 三舊本, 〔一舊刻, 一舊鈔.〕 『유헌어』

7. 책을 사는 데 인색하지 말아야 한다. 농사의 이익은 10분의 1에도 미치지 못하고 장사의 이익은 3배에 그치지만, 책의 이익은 자신을 선하게 하고 일족을 일으키며 어리석은 이를 교화하여 현명하게 만들고, 자손이 오래도록 보존되게 하여 아무리 퍼내도 다함이 없을 것이니 한 권의 책이 온 세상에 유익함을 주는 것이 말로 다 말할 수 없는 것이다. 옷을 아끼고 먹을 것을 줄이는 것도 당연히 해야 한다. 오직 책을 사는 것은 문호를 제대로 찾아 들어가야 하니, 만약 통달한 사람을 찾을 수 없다면 항상 서점에 들러서 책꽂이를 훑어보고, 명성이 높고 익숙한 것이라면 가져다가 반복해서 검토해야 한다. 중요한 서적과 정밀한 판본은 반드시 제때 만나야 한다.
買書勿吝, 田穀之利, 不及什一, 商賈之利, 止於三倍, 典籍之利, 淑身興宗, 化愚爲賢, 子孫永保, 酌之不竭, 一卷之書, 有益天下, 此其爲利, 不可勝言. 節衣縮食, 猶當爲之. 惟買書須得其門, 若無通人可訪, 則常過書肆, 流觀架上, 名近雅馴者, 索取繙檢. 要籍精本, 必時遇之. 『유헌어』

8. 집을 나서서 스승을 구해야지, 시골의 궁벽한 곳에 은거하면 자기보다 나은 이를 볼 수 없다. 스승이 없을 뿐만 아니라 책도 없기 때문이다. 견문을 무엇으로 넓히며, 의지와 기개는 무엇으로 격발시키겠는가? 옛사람은 천 리 길에도 책상을 매고 떠났으니, 어찌 어렵다고 두려워하며 고단함을 회피할 수 있겠는가? 만약 스승 한 분의 말씀만 고수하면 반드시 저속함이 이어져 전수할수록 더욱 어긋나게

될 것이다. 본래 훌륭한 스승을 만나는 것은 어렵고 유익한 벗은 적지 않으니, 마음을 비우고 유익함을 더한다면 벗도 스승이다.

出門求師, 伏處鄕僻, 不見勝己. 不惟無師, 抑且無書. 見聞何由廣博? 志氣何由激發? 古人千里負笈, 豈得畏難辭勞? 若守一先生之言, 必致俗陋相承, 愈傳愈謬. 名師固難, 益友不少, 果能虛心廣益, 友卽師也. 『유헌어』

289

문정식
文廷式

문정식文廷式(1856~1904)은 청나라 학자로 자가 도희道希, 도희道燨, 도계道溪이고, 호가 운각芸閣, 운각雲閣, 향덕薌德이며, 자호가 순상자純常子다. 근비瑾妃와 진비珍妃가 어렸을 때 월粵에 있으면서 그에게 수학했다. 1890년 진사가 되어 편수에 제수되었다가 시독학사에 올랐다. 갑오와 을미 때 일본과 싸울 것을 강력하게 주장하면서 마관조약馬關條約을 서명해서는 안 된다고 강변했다. 일찍이 강학회強學會에 참여했다. 무술변법 뒤 관직에서 물러났다. 시사詩詞와 변문에 뛰어났다. 저서로 『운기헌시초雲起軒詩鈔』가 있다.

경학과 역사학은 고거考據[222]를 통해 분명해진다. 그러나 시와 문장을 짓는 재주는, 고거에 말미암지 않고 마음속의 성정性情을 기르는 데 달려 있어 옛사람의 명작을 많이 읽되 그 글의 정신과 정취가 있는 바를 구해야 한다.
經史之學, 以考據而明, 詩文之才, 則不由考據, 在養胸中之性情, 而多讀古人之名作, 以求其神志氣韻之所在. 『남초일기南軺日記』

222 고거考據: 근거를 깊게 살피는 것을 말한다.

290

장유쇠
張裕釗

장유쇠張裕釗(1823~1894)는 청나라 때의 학자로 1836년 거인이 되고, 내각중서에 올랐다. 이후 관직에 나가지 않았다. 증국번에게 수학했고, 금릉金陵 무정서원文正書院과 강한江漢 녹문서원鹿門書院 등 여러 서원의 주강을 지냈다. 허신과 정현의 훈고 및 정주의 의리학에 침잠하여, 한학과 송학의 융합을 주장했다. 고문에 있어 만청시대 대가의 한 사람이다. 저서로 『염정문초濂亭文鈔』[223]가 있다.

저자가 세상을 떠난 지 오래되어 자신이 저자의 경지에 이르기를 구한다면, 그 미묘한 뜻에 통달하기를 힘써서 의도하는 바 없이 한다면 이르지 못할 리가 없습니다. 그러므로 반드시 익숙하고 또 오래도록 암송하여 자신의 음성과 기운이 옛사람과 차이가 없도록 합치된 뒤에야 자연스럽게 깊이 합치되는 신묘함이 있어 잘할 수 있는 일을 깊이 연구할 수 있게 됩니다.

깊이 생각하고 힘써 찾는 것을 일삼는 사람 같은 경우에도 진실로 때에 따라 역시 그 뜻을 얻을 수 있습니다. 그러나 마음으로 합치하여 형체의 구속에서 벗어나고, 은연중에 합치하여 의론에 드러난 것과는 차이가 있을 것입니다. 그러므로 요씨姚氏와 여러 대가들의

223 『염정문초濂亭文鈔』: 청나라 장유쇠張裕釗의 저작으로 15권이다. 문집 8권, 유문遺文 5권, 유시遺詩 2권으로 되어 있다.

소리에 의거하여 기를 구한다는 설[224]은 바꿀 수 없다고 했습니다. 말의 기운으로 말미암아 그 뜻에 통달하여 그 문장과 법칙에 미치고, 그 깊이를 깨달아 자신이 스스로 문장을 지으면 한결같이 뜻을 위주로 하여 문장의 풍격과 법칙이 함께 따르게 됩니다. 그대는 이 말이 옳다고 생각하십니까? 그대는 "어려움 속에서는 기운이 약해지니, 암송하는 것을 오래 하면 기운이 그 말을 실을 수 없다"라고 했는데, 저도 요즘에 역시 이것을 병통으로 여기고 있습니다. 지난번 강녕江寧에 있을 때, 방존지方存之에게 들으니 "어른들이 전하는 바에 따르면, 유해봉劉海峯은 매우 건장하여 날마다 옛사람의 작품을 한껏 소리 내어 읽었고, 요석포姚惜抱는 기운이 약해지는 것을 근심했지만 역시 낭송하는 것을 그만두지 않고서 단지 그 소리를 낮출 뿐이었습니다"라고 했습니다. 이것도 역시 하나의 방도일 것입니다.

夫作者之亡也久矣, 而吾欲求至乎其域, 則務通乎其微, 以其無意爲之而莫不至也. 故必諷誦之深且久, 使吾之聲氣與古人訢合於無間, 然後能深契自然之妙, 而究極其能事. 若夫專以沈思力索爲事者, 固時亦可以得其意, 然與夫心凝形釋, 冥合於言議之表者, 則或有間矣. 故姚氏曁諸家因聲求氣之說爲不可易也, 由氣而通其意, 以及其辭與法, 而喻乎其深, 及吾所自爲文, 則一以意爲主, 而辭氣與法胥從之矣. 閣下以爲然乎? 閣下謂苦中氣弱, 諷誦久則氣不足載其辭. 裕釗邇歲亦正病此. 往在江寧, 聞方存之云, "長老所傳劉海峯絕豐偉, 日取古人之作縱聲讀之. 姚惜抱則患氣羸, 然亦不廢哦誦, 但抑其聲使下耳." 是或亦一道乎! 『염정문초濂亭文鈔』

224 요씨姚氏와 (…) 설: '소리를 바탕으로 하여 기운을 추구한다因聲求氣'는 뜻으로, 청나라 때 동성파 고문론의 중심을 이루는 말이다.

291

원창
袁昶

원창袁昶(1846~1900)은 청나라 관리로 자가 상추爽秋, 중려重黎다. 1876년 진사가 되고, 호부주사戶部主事에 올랐다. 실학을 강조했다. 의화단 사건 때 진압을 건의하고, 서방 연합군에 대해서는 주전론을 펴 서태후의 미움을 받아 피살되었다. 『우호제금집于湖題襟集』이 있다.

공부방〔家塾〕의 과정에는 "훑어보기〔看〕·읽기〔讀〕·베껴 쓰기〔寫〕·글짓기〔作〕의 넷을 주요 목표로 삼았다. 숙독해야 할 책(경서經書나 『문선文選』『고문사류찬古文辭類纂』[225])은 의리의 바탕을 윤택하게 한다. 생소한 책〔生書〕[226](사류史類)은 변화에 대응하는 뜻을 넓히고, 글자를 쓰면서 마음을 쓸 때의 조급한 수준을 관찰하고, 문장을 지어서 기른 기운의 깊이를 시험한다. 모두 갖추어져야 학업을 하는 기반이 서는것이다.
家塾課程曰, 大約以看·讀·寫·作四字爲提綱. 讀熟書(經類及『文選』『古文辭類纂』)以沃其義理之根, 看生書(史類)以擴其通變之趣, 寫字以觀其用心之靜躁, 作文以驗其養氣之淺深, 四者具而學生之基業始立. 『경적거요부록經籍擧要附錄』

225 『고문사류찬古文辭類纂』: 요내가 1779년에 편찬한 고문 선집. 총 74권으로, 선진시대부터 편자와 거의 동시대에 이르는 고문까지 엄선하여 13개 문류로 분류하고, 각 문류의 원류에 대한 고찰을 붙여 편찬했다. 고문의 교과서로 일컬어진다.

226 생소한 책生書: 처음 읽는 생소한 책이나 아직 배우지 않은 부분을 가리킨다. 반대말로 숙서熟書가 있다.

292

주일신
朱一新

주일신朱一新(1852~1900)은 청나라 학자로 자가 용생蓉生이고, 호가 정보鼎甫다. 1876년 진사가 되고, 한림원서길사와 산시陝西 감찰어사 등을 지냈다. 프랑스와 문제가 생기자 글을 올려 싸울 것을 주장했다. 나중에 조경肇慶 단계서원端溪書院의 산장山長과 광저우 광아서원廣雅書院의 주강을 지냈다. 정치적으로는 캉유웨이康有爲의 변법운동에 반대하고, 경세치용을 주창했다. 학술적으로는 안산농顏山農, 하심은河心隱, 이지 등을 왕학王學의 말류로 배척하고, 주희의 이학을 추숭했다. 저서로 『패현재시문집佩弦齋詩文集』이 있다.

1. 모든 학생은 각각 본성에 가까운 것으로 나아가는데 어떤 이는 한 분야만 전공하고 어떤 이는 여러 분야를 전공하는 등 각자 재량과 역량을 헤아려 공부해야 한다. 이때 수준에 따라 차례대로 나아가는 것이 중요하니, 많이 공부하는 것을 욕심내서 정밀하게 하지 않아서는 안 된다! (…) 일반적으로 한 권의 책을 공부하여 먼저 깊이 통달하기를 구하고 차례로 다른 책을 두루 보아야 한다.
諸生各就性之所近者, 或專治一門, 或專治數門, 各自量才力爲之. 貴循序而漸進, 毋貪多而不精! (…) 凡治一書, 先求貫通, 以次旁及. 『학규學規』

2. 학해당學海堂[227]의 독서 방법은 문장 끊어 읽기〔句讀〕·초록하기〔鈔錄〕·비평하기〔評點〕·저술하기〔著述〕의 네 부분으로 나뉜다. 지금 여러 학생은 학업에 종사한 지 오래되지 않았으니, 저술하기는 조금 미뤄두고 초록하기를 하여 외우는 것이 유익하다. 배우기를 좋아하는 사람은 의당 그리 해야 하니 그 편리함을 따른 것이다. 다만 문장 끊어 읽기와 비평하기 두 부분도 결코 얕보아서는 안 되니, 전공하기에 합당한 책과 그 주소註疏를 아울러, 모두 붉은 붓을 써서 구두점을 찍어야 한다.

學海堂讀書章程, 分句讀·鈔錄·評點·著述四門. 今諸生從事未久, 著述一門, 漸且從緩. 鈔錄一門, 有益記誦, 好學者當自爲之, 亦聽其便. 惟句讀評點二門, 斷不可少, 所當專治之書竝注疏, 均用朱筆點句. 『학규』

227 학해당學海堂: 청대 도광 시기의 유명한 서원. 경사經史와 훈고訓詁를 종지로 삼아 교육했다.

독서법에 관한 책

이 책의 편집을 마치고 나서, 평소 알고 있던 지식에 따라 독서법과 관계된 여러 종류의 전문 서적을 종류별로 차례를 정하여, 대략의 설명을 붙여 이것을 연구하는 분들이 자료로 삼을 수 있게 했다.

1. 고대의 독서법과 관계된 전문저서

『주자독서법朱子讀書法』, 송나라 보광輔廣 원저, 장홍張洪·제신齊熙 보정

이 책은 모두 주희의 『어록』과 『문집』 중에서 독서법에 대해 논의한 글을 뽑아 기록한 것이다. 중국의 독서법 관련 전문서적 중에서는 거의 이 책이 최초다. 『사고전서』에 수록된 것은 모두 4권인데, 『제요』에서는 "송나라 장홍과 제신이 함께 편찬했는데, 원본은 오래전에 일실되었고, 지금은 『영락대전』의 기록에서 뽑아낸 것이다"라고 했다. 무릇 보광의 원본과 반양鄱陽 왕씨王氏의 속편續編으로 거듭하여 보정한 것이다. 살펴보면 보씨輔氏는 이름이 광廣이고, 주희의 제자다. 장홍은 자가 백대伯大이고, 제신齊熙은 자가 충보充甫인데 모두 반양潘陽 사람이다. 근래 저장성도서관에서 장홍 등이 보정한 판본을 보았는데, 팔기서원본八旗書院本이었다.

『독서분년일정讀書分年日程』, 원나라 정단례程端禮 찬

이 책은 모두 3권이다. 『제요提要』에서 보광이 편찬한 『주자독서법朱子讀書法』에 따라 수정했다고 했다. 원래 조목인 6조로 기준을 삼아 과정을 나누어 세웠다. 살펴보면 단례端禮의 자가 경숙敬叔이고 광원廣元 사람이다. 사몽경史蒙卿에게 배웠으며 주희朱熹의 '명체달용明體達用'의 뜻을 전한 『외재집畏齋集』이 있다. 이 책은 서점에 유통되고 있어 쉽게 얻을 수 있다.

『송선현독서법宋先賢讀書法』

이 책은 한 권뿐인데 저자를 알 수 없으며 『사고존목四庫存目』에 보인다. 『제요提要』에서는 "편찬한 사람의 이름이 나타나지 않았다. 채록한 송나라 유자의 설은 모두 20명인데 주자의 설이 많다. 그 방법은 경서를 익히는 것에서 시작하여 자신이 직접 힘써 실행하는 것으로 끝난다. 명나라 만력 병오년丙午年(1606)에 포전蒲田이 강진江震과 이서鯉序를 시켜 중간했으나, 또한 누구에 의해 편집되었는지에 대해서는 언급하지 않았다"고 했다.

『독서십육관讀書十六觀』, 명나라 진계유陳繼儒 찬

이 책은 『보안당비급寶顏堂祕笈』에 실려 있는데, 진계유의 문집에도 수록되어 있다. 비록 수천 자에 불과하지만, 말이 매우 투철하여 읽는 이에게 깊은 깨우침을 준다.

『독서법讀書法』, 청나라 위제서魏際瑞 찬

『소대총서昭代叢書』에 실려 있으나 실제 글자 수가 1000여 자도 되지 않는다.

『독서작문보讀書作文譜』, 청나라 당표唐彪 찬

이 책은 12권으로 작문법을 함께 언급했다. 독서법을 종류와 조목별로 구분하여 취할 만한 것이 매우 많다. 『주자독서법』과 『독서분년일정』의 뒤를 잇는 비교적 훌륭한 저작이다. 서점에도 많이 유통되었다.

『선정독서결先正讀書訣』, 청나라 주영년周永年 찬

이 책은 『영겸각총서靈鶼閣叢書』 가운데 실려 있는데, 책 앞에 염경명

閣敬銘 등의 서序가 실려 있어 미완성 원고임을 알 수 있다. 전서全書는 시대별로 차례를 삼았는데, 송나라 학자들의 독서법이 비교적 많이 실려 있다. 다만 재료로 뽑은 것이 두서가 없이 난잡하다는 것이 아쉽고, 또 누락된 곳이 많아서 완벽하다고 할 수 없다.

『**독서설약**讀書說約』, **청나라 사정경**謝鼎卿 **찬**
이 책은 모두 3권인데 『허자천의虛字闡義』와 함께 간행되었다. 사정경은 자가 시후視侯이고 뇌양耒陽 사람이다. 책에는 성리학자의 말을 채록한 것이 많다.

『**유헌어**輶軒語』, **청나라 장지동**張之洞 **찬**
이 책은 모두 6권이다. 책의 내용은 어행語行·어학語學·어문語文·학구어學究語·경피자敬避字·마감조례磨勘條例 등 여섯 종류로 나뉜다. 장지동이 쓰촨 독학督學으로 있을 적에 당시 학자들에게 독서와 학문에 대한 방법을 알려주기 위해 지은 것이다. 책은 과거의 문장 일부분을 제외한 나머지는 모두 알차고 볼만하여 서점에도 유통되었다. 또 북평문화서사北平文化書社에서 장지동의 『유헌어輶軒語』와 『권학편勸學篇』등의 책 중에서 독서법에 대해 논의한 내용을 엮어 『독서법讀書法』이라는 책을 만들었는데, 가격이 저렴하고 쉽게 구할 수 있다.

『**독서법휘**讀書法彙』, **청나라 두귀지**杜貴墀 **편**
이 책은 『동화각총서桐華閣叢書』에 실려 있는데, 문인 유조우劉肇隅가 지은 서序가 있다. 두씨杜氏는 자가 중단仲丹이고 호남湖南 파릉巴陵 사람이다. 『독서법휘』에서 역대 독서법과 관련된 글을 모아 선집했는데, 『선정독서결先正讀書訣』과 체제가 대략 동일하다. 다만 후반부는 자못 혼잡스러운데 수사법修辭法과 작문법作文法의 각 방면을 두루 다루고 있다. 아마 정리가 완전히 되지 않은 것 같다.

이상은 독서법과 관련된 과거의 전문 저서다. 보광의 『주자독서법』을 최초의 저술로 삼았고, 비교적 자세히 갖춰진 것으로는 보광의 책 외에 정단례의 『독서분년일정』과 당표의 『독서작문보』, 주영년의 『선정독서결』, 장지동의 『유헌어』 등의 책을 추천한다. 이외에 『주자전서朱子全書』 중에서 독서법과 관련된 글과 진몽뢰陳夢雷의 『고금도서집성古今圖書集成』「독서부讀書部」에서부터 풍반馮班의 『둔음잡록鈍吟雜錄』, 양장거梁章鉅의 『퇴암수필退菴隨筆』 등에 이르기까지 독서법과 관련된 자료는 역시 풍부하지만 전문 저술이 아니기 때문에 별도로 나열하지 않고 여기에 붙여놓았다.

독경讀經

초판인쇄 2023년 3월 2일
초판발행 2023년 3월 9일

지은이 장밍런
옮긴이 김명환 김동건
펴낸이 강성민
편집장 이은혜
기획 노승현
마케팅 정민호 이숙재 박치우 한민아 이민경 박진희 정경주 정유선 김수인
브랜딩 함유지 함근아 박민재 김희숙 고보미 정승민
제작 강신은 김동욱 임현식

펴낸곳 (주)글항아리 | 출판등록 2009년 1월 19일 제406-2009-000002호

주소 10881 경기도 파주시 심학산로 10, 3층
전자우편 bookpot@hanmail.net
전화번호 031-955-8869(마케팅) 031-941-5161(편집부)
팩스 031-941-5163

ISBN 979-11-6909-099-5 03150

잘못된 책은 구입하신 서점에서 교환해드립니다.
기타 교환 문의 031-955-2661, 3580

www.geulhangari.com